STEIDL

taschenbuch 143

Lew Kopelew (1912–1997) studierte Germanistik in Moskau. Von 1941 bis 1945 war er im Fronteinsatz, wurde 1945 festgenommen und war bis 1954 inhaftiert. Nach seiner Rehabilitierung 1956 publizierte er vor allem über deutsche Literatur. 1968 folgte der Ausschluß aus der Partei, 1977 das Publikationsverbot. Schließlich wurde er 1981 mit seiner Frau ausgebürgert. Bis zu seinem Tod lebte er in Köln.

Bei Steidl sind erschienen: »Rußland, meine schwierige Heimat«, »Waffe Wort«, »Laudationes«, »Tröste meine Trauer«, »Und schuf mir einen Götzen«, »Kinder und Stiefkinder der Revolution«.

Als deutsche Originalausgabe erstmals 1976 erschienen.

Wir senden Ihnen gern unser kostenloses Gesamtverzeichnis zu:
Steidl Verlag, Düstere Straße 4, D-37073 Göttingen

02 03 04 05 7 6 5 4 3 2

Umschlaggestaltung: Klaus Detjen
Satz, Druck, Bindung: Steidl, Düstere Straße 4, D-37073 Göttingen
Printed in Germany
ISBN 3-88243-678-6

Lew Kopelew

Aufbewahren für alle Zeit!

Nachwort von Heinrich Böll

Aus dem Russischen von
Heddy Pross-Weerth und Heinz-Dieter Mendel

Steidl

Inhalt

Sechster Teil: Wieder in Moskau

Siebter Teil: Triumph der Gerechtigkeit

Aufbewahren für alle Zeit!

Mit diesem Befehl wurden alle Aktendeckel gestempelt, in denen sich Material über »Staatsverbrechen« (§ 58) befand. Dies ist die Geschichte eines Falles gemäß § 58 aus den Jahren 1945 bis 1947 und zugleich der Versuch einer Beichte.

Die hier geschilderten Ereignisse und Begebenheiten haben sich tatsächlich so zugetragen. Namen und Lebensgeschichten mancher Personen wurden verändert. Diejenigen jedoch, denen der Dank des Verfassers für einstige Hilfe nicht schaden kann, und umgekehrt auch diejenigen, die er für hoffnungslose Schufte halten muß, werden genannt.

Dieses Buch ist gewidmet:

Nadeshda Koltschinskaja, meiner ersten Frau, in unverbrüchlicher Freundschaft,

Sofija Borisowna und Sinowij Jakowlewitsch Kopelew, meinen verstorbenen Eltern,

Maja und Lena, meinen ältesten Töchtern,

den Verstorbenen Jelena Arljuk, Galina Chromuschina, Maria Lewin-Singer, Abram Bjelkin, Walentin Lewin, Boris Ssutschkow,

den Lebenden Berta Korfini, Inna Lewidowna, Michail Arschanskij, Arnold Goldstein, Alexander Isbach, Boris Issakow, Michail Kotscherjan, Michail Krutschinskij, Jurij Maslow, Wladislaw Mikoscha, Iwan Roshanskij, Nikolaj Teljanz

– einigen von ihnen habe ich mich inzwischen entfremdet; doch ohne sie alle – Verwandte, Kollegen, Kameraden und Freunde – hätte ich nicht überlebt –

Raja Kopelewa-Orlowa, meiner Frau und besten Freundin: ihr verdanke ich, daß dieses Buch geschrieben werden konnte.

Die Geschichte denkt uns vor, der Roman fühlt uns vor... Die Schrift aber, die uns nur Stoff überliefert, fordert von uns, ihn zu verarbeiten, eigene Tätigkeit, zu der wir nicht immer aufgelegt sind, eigene freie Übersicht und Fertigkeiten, das Gewonnene zurechtzustellen.

Johann Wolfgang Goethe

Ihnen allen zum Gedenken webe ich die Hülle. Aus den armen Worten, die ich von ihnen selbst gehört.

Anna Achmatowa

Erster Teil: Die ersten Tage der Ewigkeit

1. Verhaftung

Der 5. April 1945 war ein sonniger, klarer Tag. Einer, an dem man schon frühmorgens weiß, daß das Leben herrlich ist und alles gut werden wird. Das Lazarett war in ein deutsches Dorf südöstlich von Danzig verlegt worden, in geräumige Backsteinhäuser. Seit zwei oder drei Tagen hatte ich wieder fast normale Temperatur, der Rücken, in Graudenz von einer zusammenkrachenden Barrikade verletzt, tat weniger weh, auch die Kopfschmerzen hatten nachgelassen.

Mehr als zwei Wochen waren vergangen, seit man mich aus der Partei ausgeschlossen und von der Arbeit in der Politverwaltung der Zweiten Bjelorussischen Front suspendiert hatte – ich war als Oberinstrukteur für die »Arbeit unter den Truppen des Gegners und in der Feindbevölkerung« eingesetzt gewesen. Noch am selben Tag hatte man mich mit über 40 Grad Fieber ins Lazarett eingeliefert; brennender, würgender Schmerz machte mich fast blind. Ich konnte kaum gehen, wie ein Häkchen zusammengekrümmt hustete ich und unterdrückte krampfhaft das Stöhnen.

Aber an diesem Morgen war ich schon fast wieder gesund...

Der Kommissar des Lazaretts kam, ein magerer, breitgesichtiger Major. Wir kannten uns schon lange, seine Frau arbeitete in unserer Schreibstube. Er hatte mich schon mehrmals besucht und sich teilnahmsvoll meine Geschichte angehört: Parteiausschluß wegen »mangelnder Wachsamkeit und bürgerlich-humanitärer Einstellung in Form von Mitleid mit den Deutschen.« Er versprach, mich nach Moskau verlegen zu lassen: »Dort betreibt man die Medizin gründlicher, auch mit Parteiangelegenheiten kennt man sich da besser aus.«

Als er an diesem Morgen kam, war der Wortkarge freundlich wie immer. Erst später kam mir in den Sinn, daß er doch irgendwie anders gewesen war, mir nicht grade ins Gesicht gesehen hatte.

»Wir werden verlegt. Befehl, alle nicht Bettlägerigen zu entlassen, teils zur Truppe, teils zum Reserveregiment. Du begibst dich erst mal zur Reserve, kriegst ein Fahrzeug von mir. Von dort aus stößt du wieder zu uns zum neuen Standort, da werden wir dich auskurieren, oder, wenn's glückt, nach Moskau schicken.«

Ich zog mich um, nahm meinen Koffer, die Pistole, den Mantel und meine »Personalakten« – ein großes Paket, fünffach versiegelt.

»Leg dich einstweilen auf meine Pritsche. Der Wagen muß erst entladen werden. Da hast du Radio und Beutezeitungen.« Das Zimmer war sonnig. Durch die offene Luftklappe kam der Geruch von warmer, feuchter Erde.

In den Beutezeitungen die üblichen Meldungen: »Harte Abwehrkämpfe« – »Dem Feind gelang es, vorzustoßen« ... Fanatische Aufrufe und hysterische Durchhalteparolen, unsinnig in ihrer stupiden Hartnäckigkeit. Ich schaltete das Radio ein, hörte Musik.

Ohne anzuklopfen kamen zwei Männer herein: ein Hauptmann und ein Oberleutnant, salutierten höflich.

»Entschuldigen Sie, sind Sie Major Kopelew?«

»Ja.«

»Der General will Sie sprechen wegen eines Arbeitsauftrags.«

»Welche Gattung?«

Im Frontstab hatte jede Truppengattung und jede Politverwaltung – Luftwaffe, Artillerie, Pioniere, Panzer – ihre eigenen Abwehrabteilungen; überall wurden Offiziere gebraucht, die Deutsch konnten. Mich kannten viele Stabsoffiziere, und es wunderte mich daher nicht, daß mich jemand anforderte, ohne meine Überstellung zur Reserve abzuwarten.

Der Hauptmann lächelte: »Unsereiner fragt nicht, wo er eingesetzt wird.« Auch diese sibyllinische Antwort wunderte mich nicht. Die Abwehrleute lieben nun mal Geheimniskrämerei.

»Gehen wir – ist es weit? Kann ich den Mantel so überhängen, oder nimmt der Kommandant es genau?«

»Bloß zwei Häuser von hier, wir werden keinem Kommandanten über den Weg laufen.«

Wir gingen die breite Dorfstraße hinunter: umzäunte Steinhäuser mit geräumigen Wirtschaftshöfen. Auf der Straße trocknender, breit auseinandergewalzter Lehm. Lastwagen fahren vorbei, ein paar Jeeps, Soldaten laufen herüber und hinüber.

Durch eine Toreinfahrt über einen weitläufigen Hof gelangen wir in eines der Häuser.

Ein großes Zimmer: das übliche Durcheinander einer Stabsschreibstube. Jemand sagt: »Der General bittet, sich ein paar Minuten zu gedulden.« Wir gehen ins anstoßende Zimmer, in der Mitte ein großer Tisch. Soldaten und Offiziere stehen und sitzen herum. Der junge Oberleutnant mit dem runden, gutmütigen Gesicht fragt harmlos: »Was ist das für eine Pistole, die Sie da haben, Genosse Major? Sonderbares Futteral.«

»Belgischer Browning. Erstklassig.«

»Vierzehn Schuß? Darf ich mal sehen?«

Ich war neugieriges, auch neidisches Interesse an der großen, schweren, aber sehr anschmiegsamen und absolut zuverlässigen »Belgierin« längst gewöhnt. Also zog ich sie aus dem Halfter und reichte sie dem Oberleutnant. Im selben Augenblick sagt von der anderen Seite der Hauptmann, der mich hergeführt hatte, lächelnd, aber in völlig verändertem, offiziellem Ton: »Und jetzt lesen Sie bitte das!«

Er streckte mir ein kleines Stück Papier hin: ein vorgedruckter Verhaftungsbefehl.

Das erste Gefühl: ein Schlag vor den Kopf, aufs Herz – dann: Nichtbegreifen und bitterstes Gekränktsein.

»Warum haben Sie mir die Pistole abgeluchst? Hatten Sie Angst, ich würde schießen?«

»Na ja, schon gut, schon gut! Geben Sie Ihre Papiere her, nehmen Sie die Ordensbänder ab. Entleeren Sie Ihre Taschen. Ihre Sachen untersuchen wir in Ihrer Gegenwart...«

Ein Soldat brachte meinen Koffer herein, öffnete ihn: Wäsche, Briefe, Manuskripte, Bücher, Tabak – alles wurde auf den Tisch gekippt.

Meine Gedanken wirbelten wüst durcheinander. Ich zwang mich, ruhig zu bleiben. Eins war ganz klar: Sabaschtanskij hatte mir dies eingebrockt. Aber *was* hatte er ausgeheckt, um meine Verhaftung zu erreichen? Was war geschehen, seit ich ins Lazarett gekommen war?

Ich fragte nach der Begründung für meine Verhaftung, fragte, wie die Anklage laute. Der Hauptmann war inzwischen mürrisch geworden und aufreizend eilig. Er antwortete kalt: »Wissen wir nicht. Wir führen Befehle aus. Die Verhaftung ist vom Frontkommandierenden bestätigt. Begründung erfahren Sie beim Verhör. Grundlos wird bei uns niemand verhaftet.«

Sie wühlten in den Büchern. Ich hatte ›Mein Kampf‹ bei mir, außerdem Bücher von Goebbels, Robert Ley, Alfred Rosenberg, auch ein paar SS-Zeitschriften wie ›Das Schwarze Korps‹.

Aber das alles interessierte niemanden. Sie warfen es gleich beiseite, in verärgert-gelangweilter Ungeduld. Hefte jedoch,

Tagebücher, Manuskripte, Briefe sahen sie sich genau an. Besonders sorgfältig handgeschriebene Manuskripte des Buches, an dem ich arbeitete: ›Ein Vierteljahrhundert Lüge. Über Formen und Methoden der nationalsozialistischen Propaganda.‹

Auch bei den Tagebüchern wurden sie neugierig. Ich fürchtete, sie würden sie vernichten, und fing an zu erklären, daß sie nicht nur privaten, sondern vor allem historischen Wert hätten.

»Passiert nichts, bleibt alles erhalten. Wird im Durchsuchungsprotokoll registriert.«

(Alles wurde vernichtet. Meine Nachforschungen – viele Jahre später – verliefen ergebnislos.)

Die Briefe meiner beiden Töchter hatte ich gesonders aufbewahrt. Der Hauptmann betrachtete sie verächtlich.

»Och, Kinderbriefe ...« Er machte sich schon dran, sie zu zerreißen.

Ich brüllte ihn an: »Wagen Sie es nicht! Das lasse ich mir nicht gefallen ...« Ich verlor jede Beherrschung, der Kopf dröhnte vom Blutandrang. Es waren Sekunden jener Raserei, die nur noch blinde Wut kennt, die alles, was ihr in den Weg kommt, überrennt. Sekunden, in denen man Dinge sagt oder tut, die man später bedauert. Ich stürzte an den Tisch. Ein paar Leute packten mich von hinten und hielten mich fest. Der Hauptmann schreckte zurück: »Was fällt Ihnen denn ein? Was ist das schon? Alter Papierkram. Vergessen sie nicht, daß Sie verhaftet sind. So was! Schreit hier rum!«

»Sie haben wohl keine Kinder, sonst würden Sie nicht fragen: ›Was ist das schon?‹«

Die Briefe wurden nicht zerrissen und auf meine Forderung ins Durchsuchungsprotokoll eingetragen als »soundso viele diverse Briefe«.

Sie hatten es sehr eilig – der Hauptmann, der Oberleutnant und noch zwei andere. Ich bestand darauf, daß auch meine Hefte und Manuskripte eingetragen würden. Sie winkten ab. »Geht nicht verloren ...«

Schon damals, in der ersten Stunde, empfand ich – noch unklar zwar – jene absolut undurchdringliche Gleichgültigkeit, mit der Worte ohne jede Verbindlichkeit gesprochen werden, bloß »weil es sich so gehört« – eine Gleichgültigkeit, nicht einmal kalt, sondern einfach temperaturlos, farblos und sinnlos. Sie macht gewöhnliche Menschen fähig zur Teilnahme an jeder beliebigen Sache, öfter an einer bösen als an einer guten, öfter an einem Verbrechen als an einer Heldentat, obwohl sie auch bei sogenannten Massen-Heldentaten – im Krieg, in besetzten Städten, in Versammlungen, in denen wichtige, riskante Beschlüsse zu fassen sind – eine Rolle spielt. Diese unbeirrbaren, indifferenten Befehlsempfänger sind mit dabei, bewirken etwas, sind nötig. Vielleicht können sie zu Hause oder unter Freunden sich auch freuen, traurig sein, träumen, leiden. Aber wo sie »dienen«, wo sie »einen Posten bekleiden«, »Befehle ausführen«, wo sie keine Namen haben, sondern Dienststellungen und Ränge, dort werden sie zu einer grausam brutalen Kraft, die anwächst, sich ausdehnt wie ein verschlammter Strom.

Damals, an jenem sonnigen Aprilmorgen, kam ich zum ersten Mal mit dieser kalten Kraft in Berührung, spürte sie dann mit jedem Jahr deutlicher, quälender, erstickte an ihr, stemmte mich gegen sie, zappelte in ihrem bodenlosen, zähen Morast, tastete nach einem festen Punkt, manchmal schien es, als käme ich doch allmählich an festes Land, noch ein bißchen, und ich fände heraus, könnte herausklettern, leichter atmen ... Aber nein, von neuem wurde ich in den Sumpf zurückgestoßen, wieder zog, fesselte, würgte mich der zudringliche, klebrige, kalte Schlamm.

Die Durchsuchung dauerte nicht lange. Anschließend wurde das Protokoll zusammengestellt. Während ich meine Ordensbänder selbst abtrennte, schnitt mir der Oberleutnant gelassen, als schäle er Rinde von einem Baum, mit einem Federmesser die Schulterstücke ab. Beflissen fragte er den Hauptmann: »Auch die Kragenspiegel am Mantel?«

»Laß man, kann er behalten.«

Tabaksbeutel und Streichhölzer steckten sie in den Koffer, und der Hauptmann bemerkte beiläufig: »Rauchen von nun an verboten.«

Nach meinem wilden Protest wegen der Kinderbriefe war der Hauptmann immer verdrießlicher geworden, er sprach nur noch mit mißmutig gerunzelter Stirn.

Nach dieser Bemerkung erwachten in mir die ersten Häftlingsinstinkte. Während ich am Tisch stand, um das Durchsuchungsprotokoll zu unterschreiben, zerrte ich aus dem dort liegenden

Päckchen vorsichtig Tabak heraus und stopfte unbemerkt eine Handvoll in die Tasche.

Dann brachte man mich ins Nebenzimmer. Es war bis auf zwei Hocker völlig leer. Auf dem einen saß ein junger Matrose und kaute an einem Stück Brot – mein erster Kumpel in der Gefangenschaft.

Er hieß Petja und erzählte, er sei auf eigene Faust aus der Etappe abgehauen und an die Front gegangen, habe es satt gehabt, in diesen »Küsten-Equipagen« Kohldampf zu schieben. Man hatte ihn als Deserteur verhaftet.

Von nebenan klang die Stimme des Hauptmanns herüber. Er telefonierte: »Verbinden Sie mich mit Sabaschtanskij. – Hier spricht Koroljow. Ihr As haben wir kassiert. Nein, hat keinen Widerstand geleistet...« Dann bat er um ein Fahrzeug, um die Verhafteten nach Tuchel bringen zu lassen. Als Petja und ich mit zwei Begleitsoldaten im geschlossenen Studebaker über die Chaussee rollten, dunkelte es schon.

Woran habe ich gedacht an diesem ersten Tag? Es sind seitdem so viele Jahre vergangen, daß ich mich kaum an alles erinnern kann...

Ich versuchte mir vorzustellen, wie die Anklage lauten würde. Einige Anhaltspunkte gab es. Beispielsweise hatte ich seit Kriegsbeginn Kopien der Kriegsgefangenen-Vernehmungsprotokolle für mich aufgehoben, darunter auch Kopien einiger Aussagen, die formal unter »Geheim« registriert waren. Das konnte man zum Vorwand nehmen. Auch alle Karten und Meßtischblätter galten als geheim. Und wenn wir unsere Antifa-Männer[1] in die deutschen Stellungen hinüberschickten, gaben wir ihnen Karten mit, die wir dann als »vernichtet« verbuchten. Einige der Zurückkommenden vernichteten sie auch nach erfülltem Auftrag, manche gaben sie an andere weiter oder behielten sie selbst für spätere Aufträge. War eine auf diese Weise erhalten gebliebene Karte zufällig zu der Akte gelangt, auf der ihre Vernichtung vermerkt stand, konnte dies zur Anklage wegen Urkundenfälschung führen.

Bei der Durchsuchung hatte niemand nach Karten gefragt. Auch die Vernehmungsprotokolle der Kriegsgefangenen hatten kein Interesse geweckt. Aber vielleicht war das nur Mache gewesen? Gesucht hatten sie jedenfalls nur nach Manuskripten.

Nach dem Parteiausschluß hatte ich sofort an meinen alten Freund Jurij M. einen ausführlichen Brief geschrieben. Er arbeitete in der Politischen Hauptverwaltung der Armee. Ich war sicher, daß er gleich nach Erhalt meines Briefes seine Vorgesetzten verständigen und den Brief vorlegen würde. Es war ganz und gar unmöglich, daß ein derart plumper Lügner wie Sabaschtanskij mich würde vernichten können, noch dazu jetzt, nach Graudenz, wo wir einen derartigen Erfolg errungen hatten. Der Propagandagruppe, die ich befehligte, war es gelungen, ein deutsches Regiment zum Meutern zu bringen; daraufhin hatte die Garnison der Festung kapituliert.

Aber wenn man mich trotzdem verurteilte – man wird ja nicht erschossen –, dann ist das vielleicht Schicksal; sonst könnte es mich noch unmittelbar vor Kriegsende erwischen. Schickte man mich aber in die Verbannung oder ins Lager, dann würde ich auch dieses Leben kennenlernen, würde daraus lernen, würde schreiben.

So vieles gab es zu durchdenken. Was geschah in Ostpreußen? War eine derartige Verrohung unserer Leute wirklich nötig und unvermeidlich – Vergewaltigung und Raub, mußte das sein? Warum müssen Polen und wir uns Ostpreußen, Pommern, Schlesien nehmen? Lenin hatte seinerzeit schon den Versailler Vertrag abgelehnt, aber dies war schlimmer als Versailles. In den Zeitungen, im Radio riefen wir auf zur heiligen Rache. Aber was für Rächer waren das, und an wem haben sie sich gerächt? Warum entpuppen sich so viele unserer Soldaten als gemeine Banditen, die rudelweise Frauen und Mädchen vergewaltigten – am Straßenrand im Schnee, in Hauseingängen; die Unbewaffnete totschlugen, alles, was sie nicht mitschleppen konnten, kaputtmachten, verhunzten, verbrannten?... Sinnlos – aus purer Zerstörungswut... Wie ist das nur alles möglich geworden?

Haben nicht wir sie so erzogen, wir, die Politarbeiter, die Journalisten, die Schriftsteller – Ehrenburg und Simonow und Hunderttausende anderer strebsamer, ehrgeiziger, aber auch begabter Agitatoren, Lehrer, Erzieher, aufrichtige Prediger der »heiligen Rache«? Wir lehrten sie hassen, überzeugten sie, daß der Deutsche schon deshalb schlecht ist, weil er Deutscher ist; wir verherrlichten den Mord in Gedichten, Prosa und Malerei. »Papa, erschlag den Deutschen!« Es gab eine Zeit, in der ich mich fast schämte, kein »persönliches Konto« erschlagener Deutscher zu haben. Wir säten Chauvinismus, verhimmelten unsere Nationalhelden von Alexander Newskij bis zu General Skobelew; über den Krieg 1914 bis 1918 sagten wir dasselbe, was seinerzeit die chauvinistischen, antisemitischen Schwarzhunderter behauptet hatten: An allen Mißerfolgen waren die Spione und die »deutsche« Zarin schuld; wenn sie nicht gewesen wären, hätten die russischen Soldaten Berlin erobert. Über all das muß man nachdenken. Woher kam es, wohin führt es?

2. Im Feldgefängnis

Nach dreistündiger Fahrt gelangten wir in eine kleine verdunkelte Stadt, kutschierten in den engen Straßen herum und hielten schließlich. Einer von der Begleitmannschaft verhandelte lange mit dem Aufseher vom Dienst. Für die Aufnahme des Matrosen fehlte irgendein Papier. Der Diensthabende weigerte sich daher, ihn zu übernehmen. Mich führte man durch eine enge Eisentür. Vor mir ein schmaler, dunkler Hof. Ein dreistöckiges Backsteingebäude. Im Parterre stand am Ende des halbdunklen Korridors ein Tisch mit einer Karbidlampe. Um den Tisch saßen und standen ein paar Soldaten. Der diensthabende Feldwebel – jung, mager, pockennarbig – betrachtete mich aufmerksam und sagte freundlich, mit leichtem tatarischem Akzent: »Ich glaube, ich kenne Sie. Wie ist Ihr Name? Dienstrang Major? Erinnern Sie sich noch an den Kriegsgefangenensammelpunkt in Waldai? Sie kamen, um die Gefangenen zu verhören. Ich diente da in der Wache. Sehen Sie, und jetzt sind Sie selber Gefangener.«

Der Feldwebel tastete mich rasch und geschickt ab, blieb aber freundlich wie vorher und sagte entschuldigend: »Wissen Sie, das muß nämlich sein. Messer haben Sie keines in der Tasche? Auch keine Waffe? Gut, wir glauben Ihnen natürlich. Gebt dem Major was zu rauchen.«

Jemand gab mir Zeitungspapier und eine großzügige Portion Machorka. Ich drehte mir eine Zigarette, sie gaben mir Feuer. Streichhölzer darf man in die Zelle nicht mitnehmen. Der Diensthabende sagte im gleichen freundschaftlichen Ton: »Jetzt gehen Sie in die Quarantäne-Zelle; morgen wird Sie der Chef woandershin verlegen.«

Ein Soldat brachte mich hinunter in das Souterrain bis zum hinteren Ende des völlig dunklen Korridors, in dem ein Posten mit aufgepflanztem Bajonett gemächlich auf und ab schritt. Eine eiserne Tür, ein rundes Guckloch. Der Schlüssel klapperte, der Riegel knirschte.

Ich ging hinein, und hinter meinem Rücken klappte dumpf die Tür zu. Und wieder Riegel, Schlüsselklirren.

In der Zelle war es stockdunkel. Am entgegengesetzten Ende ein schwacher grauer Schimmer: Dort ist das Fenster. Die zum Schneiden stickige Luft verschlägt mir im ersten Augenblick den Atem. Es ist nicht nur die Stickigkeit, hinzu kommt ein besonders unangenehmer, bekannter Geruch – der säuerlich-moderige Gestank von nasser Wolle, eingetrockneter Stiefelwichse, kalter Tabaksasche, schmutziger, verschwitzter Wäsche.

Es war genau der Gestank, durch den sich deutsche Unterstände und die Auffanglager der deutschen Kriegsgefangenen auszeichnen. In unseren Bunkern überdeckt der Geruch von Machorka und Brot alles andere.

Ich hatte noch keine zwei Schritte getan, als ich auf jemanden trat.

»Wer ist da?«

»Was ist los? Verdammte Scheiße!«

»Vorsicht!«

Kein Zweifel, die Zelle war mit Deutschen belegt.

Ich riß mich zurück zur Tür. Schlug mit der Faust und mit den Stiefeln dagegen, brüllte: »Posten! Wohin, zum Teufel, hast du mich gesteckt? Hier sind ja Fritzen! Ich bin sowjetischer Offizier! Wagt nicht, mich zu verhöhnen!«

Ich schrie herum und fluchte mörderisch.

In der Zelle wurde es unruhig. Die Deutschen waren aufgewacht, unterhielten sich halblaut. Ich hörte, wie einer erklärte: »Das ist ein russischer Offizier, will nicht mit uns in einer Zelle bleiben.«

Der Posten kam ohne Eile. »Was schreist du denn?«

Ich erklärte ihm alles noch mal, verlangte, er solle den Diensthabenden holen.

»Ich – zum Diensthabenden rennen? So siehst du aus! Du sitzt die Nacht hier drin. Morgen kommt der Chef.«

»Ich höre nicht auf, Krach zu schlagen und zu protestieren.«

»Nu, dann schlag doch zu. Die Tür ist aus Eisen, kriegst du nicht kaputt!«

»Ich trete in den Hungerstreik.«

»Dann mußt du eben hungern.«

Man hörte, wie er langsam und gemächlich davonging. Ich donnerte noch ein paarmal mit dem Stiefelabsatz gegen die Tür und brüllte in wilder Wut. Plötzlich kam von der anderen Seite der Zelle eine laute, jungenhafte Stimme: »He, Bruder, Onkelchen – laß doch das Poltern. Hier sind noch mehr Russen, komm her.«

Ich bewegte mich in Richtung der Stimme, stieg über Beine und Bäuche, um mich herum halblautes Schimpfen und Stöhnen im Schlaf. Schließlich hatte ich mich bis zum Fenster durchgeschoben.

»Wie viele seid ihr?«

»Zwei.«

»Was für welche?«

»Wir sind Leningrader.«

Die beiden waren höchstens sechzehn. Als Zwölfjährige hatte der Krieg sie in einem Pionier-Ferienlager in der Gegend von Luga überrollt. Sie hungerten, arbeiteten dann in Deutschland. Später ließen sie sich für eine Spionageschule anwerben, und beim ersten Einsatz hinter den sowjetischen Linien ergaben sie sich der ersten ihnen begegnenden russischen Patrouille.

»Was denkst du, wird man uns freilassen oder verurteilen?« Ich beruhigte sie, überzeugte sie, man würde sie selbstverständlich freilassen, ich glaubte das ja selbst. Später konnte ich mich davon überzeugen, daß derartige »Spione« genauso gnadenlos verurteilt wurden wie die echten. Die Jungen erzählten, in der Zelle säßen siebzehn deutsche Feldgendarmen. Da wurde mir diese schnaufende, brummelnde, stinkende Dunkelheit noch widerlicher. Mir war, als erstickte ich langsam, aber unaufhaltsam. Die vom Diensthabenden geschenkte Machorka war längst ausgegangen. Einer der Jungen hatte noch Streichhölzer.

Wir rauchten.

»Pan, Pan, prosche, bitte, Tabak«, bettelte einer der Feldgendarmen.

Ich tat, als könnte ich nicht Deutsch: »Nix Tabak, Faschist...«

Nachdem ich meinen Mantel in der Ecke zurechtgelegt hatte, streckte ich mich, ohne die Stiefel auszuziehen, aus und schlief sofort ein.

Wieder ein sonniger Morgen. Nur ist der blaue Himmel jetzt schwarz kariert. Durch das scheibenlose, vergitterte Fenster sickert Kühle herein. Die Feldgendarmen sitzen längs der Zellenwände, die Beine angezogen. In der Mitte ist ein schmaler Durchgang. Sie haben keine Schulterstücke, aber ich höre, wie sie sich gegenseitig titulieren: Hauptmann, Oberleutnant, Wachtmeister... Einer, rotblond, flinkäugig, versucht in gebrochenem Polnisch ein Gespräch mit mir anzufangen: »Was sind der Herr? Hauptmann? Leutnant?«

Die zimtfarbenen Litzen auf Ärmeln und Kragen sehen zu müssen, widert mich an. Ich fluche nur mürrisch als Antwort. Er erklärt seinen Leuten: »Er will nicht mit uns sprechen. Die haben auch so was Ähnliches wie Ehrgefühl.« Und er fragt weiter: »Was jetzt, Krieg zu Ende?«

Ich brumme kurz: »Hitler kaputt, Germanija kaputt.«

Die Feldgendarmen orakeln über ihr künftiges Schicksal, beweisen sich gegenseitig, daß sie keinerlei Verbrechen begangen, nur Befehle ausgeführt haben. Einer der Offiziere schimpft auf Hitler, nennt ihn verächtlich »der Adolf«, einer im Mannschaftsgrad widerspricht: »Der Führer wollte das Beste, aber die Goldfasane und die Generäle haben alles versaut.«

Das Türschloß schnappt. »Fertigmachen zum Austreten!«

Zwei Aufseher führen uns auf den Hof. In der Ecke neben einem Haufen zerbrochener Kisten und Papierabfällen ist ein Graben ausgehoben – die Latrine. Ich erkläre, daß ich nicht mit Deutschen zusammen... Die jungen Aufseher lachen: »Ach so, du bist der Schreihals von gestern nacht, geh da rüber, in die andere Ecke.«

Wir kommen in die Zelle zurück. Nach den paar Minuten an der frischen Luft ist es hier düster und dumpf, dabei kam es mir beim Aufwachen doch so hell vor, sogar frisch in der Ecke unter dem Fenster.

Brot wurde gebracht und heißes Wasser in Konservendosen aus Messingblech. Ich wies beides zurück: »Hungerstreik.« Die beiden Jungen sind unzufrieden mit mir: »Du bist ja einer, Onkel, hättest das Brot uns geben sollen. Wir sind schon den dritten Tag hier, ausgehungert wie Wölfe.«

Wieder geht die Tür auf, der heutige Diensthabende hält Appell ab – läßt abzählen. Er ist laut, betriebsam und beschränkt. Es dauert lange, bis die Deutschen verstehen, was er von ihnen will: In Zweierreihe antreten! Ich erkläre wieder meinen Protest. Er winkt ab: »Sie sehen doch, Appell. Alles andere werden wir später klären.« Er ist ungehobelt, aber nicht bösartig; nur gleichgültig und mit seinen eigenen Angelegenheiten beschäftigt.

Er geht fort, kommt nach einer Weile wieder und befiehlt, Kleidung und Wäsche zur Desinfektion abzugeben. Er brüllt auf die Feldgendarmen ein, und um deutlich zu machen, was er will, zerrt und reißt er einen am Uniformrock. Der wird bleich, zittert, jammert erschrocken. Schließlich gelingt es mit Hilfe des Rothaarigen, die Sache zu erklären.

Ich weigere mich, mich auszuziehen, und bleibe als einziger zwischen den nackten, frierend sich zusammendrängenden Leuten voll bekleidet mit Mantel und Mütze. Für ein paar Minuten ist dies kein Gefängnis mehr, sondern der Vorraum eines Badehauses. Die dürren Knaben lachen laut über einen Dickwanst mit Hängebauch und wabbeligen, fast weibischen Brüsten. Schließlich kommt der Chef, er ist Oberleutnant, hat funkelnagelneue goldene Schulterstücke. Dunkel, scharfgesichtig, finster, runzelt er ständig die Stirn, sehr bemüht, dadurch älter und bedeutender zu wirken.

»Was stänkern Sie hier herum? Dies ist ein Gefängnis. Sie sind nicht bei der Schwiegermutter zum Pfannkuchenessen.« (Aus irgendeinem Grund müssen die Pfannkuchen der Schwiegermutter immer als Antithese zu Gefängnis, Kaserne, vorderster Frontlinie herhalten. An der Front lacht man über solche blöden Sprüche, im Gefängnis dagegen erhalten sie eine ungute, drohende Bedeutung.)

Ich fange an zu erklären, daß ich Offizier bin, das vierte Jahr im Krieg, und nicht mit Deutschen zusammen eingesperrt sein will.

»Für mich sind hier alle gleich – Arrestanten. Unterschiede kann ich nicht machen. Dies ist ein Feldgefängnis.«

Ich versuche ruhig zu sprechen, sogar überredend-einschmeichelnd, während kalte Übelkeit in mir hochkriecht bei der entsetzlichen Vorstellung, noch Tage und Nächte mit den Feldgendarmen verbringen zu müssen.

Der Chef antwortet immer abweisender und hochnäsiger. Da beginne ich plötzlich zu schreien, unbeabsichtigt schreie ich unwillkürlich mit dem Pathos eines Provinztragöden: »Hören Sie, Oberleutnant, wenn Sie nur einen Funken Achtung haben vor der Uniform, die Sie tragen, vor den Offiziers-Epauletten, dann können sie so was nicht zulassen. Denn ich trage dieselbe Uniform wie Sie. Ich bin weder verurteilt noch degradiert, ich bin Offizier derselben Armee wie sie. Wie können Sie es wagen, die Ehre unserer Armee zu besudeln, indem Sie mich mit faschistischen Feldgendarmen einsperren?«

Ich war von meinen Worten selber so ergriffen, daß ich fast losgeheult hätte, hatte aber auch den Chef beeindruckt. Er betrachtete mich verwundert, aufmerksam, sogar mit einer Spur von Achtung. Dann befahl er mit derselben Entschiedenheit, mit der er es eben noch abgelehnt hatte, mich zu verlegen: »Bringt ihn auf Nummer 8.« Und zu mir gewandt: »Sie müssen bedenken: Das ist die beste Zelle, die ich habe. Aber auch da gibt's sehr verschiedene Leute. Räumlichkeiten zu gesonderter Unterbringung habe ich nicht. Sie müssen begreifen, daß dies ein Felddurchgangs-Frontgefängnis ist.«

Sein Ton hatte sich bei diesen Sätzen gewandelt und nahm schließlich einen fast entschuldigenden Klang an: »Nehmen Sie Ihr Brot, und gehen Sie hinauf. Wir sind auch Soldaten, erfüllen unsere Befehle. Sie hat man verhaftet, wir müssen Sie bewachen. Nun ja, die Untersuchung wird alles aufklären...«

Im Hinausgehen empfand ich ehrliche Sympathie für den leutselig gewordenen Gefängnis-Chef; doch dann durchzuckte es mich plötzlich: seine Äußerungen glichen nur allzusehr denen, die ich vor einer Stunde von den deutschen Polizisten gehört hatte.

Zelle 8 im ersten Stock war größer und heller. An den Längswänden saßen fünfzehn Männer auf dem Fußboden. Bei meinem Eintritt schritt mir würdig ein mittelgroßer, kahlköpfiger, hagerer alter Mann mit aufmerksamen, hellen Augen, in grauem Jackett aus gutem Tuch entgegen: »Willkommen, der neue Herr. Bitte, machen Sie sich mit uns bekannt. Wie ist Ihr Name, Ihr Rang?«

Ich nannte meinen Namen.

»Sind Sie Offizier?«

»Ja.«

»Rang?«

»Major.«

»In welcher Armee?«

»In der Roten natürlich.«

»Sehr angenehm, Herr Major. Ich bin der Zellenälteste, Pjotr Wikentjewitsch Berulja, Oberst der Weißen Armee. Hier ist unsere Offiziersecke: Oberst der jugoslawischen Armee Iwan Iwanowitsch Kiveluk, Major der jugoslawischen Armee Lew Nikolajewitsch, Leutnant der jugoslawischen Armee Boris Petrowitsch Kilmow, Leutnant der polnischen Armee Tadeusz Rużanski. Drüben: Hauptmann der deutschen Armee Herr König, wir haben ihn als den Gegner in der Ecke beim Kübel einquartiert. Diese beiden sind Wlassow-Männer, das dort sind lettische Diversanten, der ein der Spionage verdächtigter Este, die beiden hier sind Deutsche: ein Obergefreiter und ein Gemeiner. Ihre Armee, Herr Major, ist bei uns bisher erst durch diese beiden Kriminellen da repräsentiert.«

Neugierig verwirrt sehe ich mich um. Immerhin – das hier ist besser als die Feldgendarmen. Ich muß sogar schmunzeln: »Kleine Familie – ärmlich, aber sauber...«

»Haben Sie was zu rauchen?«

Ich hole aus meiner Tasche eine Handvoll Tabak. Ein beglücktes Ooooch durchläuft die Zelle.

»Wir haben schon seit drei Tagen nichts Rauchbares mehr«, erklärt Berulja. »Aber Sie sind ja ein Krösus. Also gehen wir ökonomisch vor, meine Herren. Die Offiziere bekommen je zu zweit eine Zigarette, die übrigen zu dritt. Herr Major, versteht sich, fällt nicht unter diese Regelung.«

Wir rauchen. Ich fange vorsichtig an, zu fragen. Als ich höre, daß jemand schon sechs Wochen sitzt, überfällt mich kaltes Entsetzen: Das würde ich nicht aushalten, ich würde den Verstand verlieren, oder eine von den kaum geheilten Krankheiten würde mir den Rest geben.

Mir fällt auf, daß der deutsche Hauptmann aus der anderen Ecke, wo weiße zylindrische Steinguttöpfe als Abort-Kübel dienen, mich unverwandt ansieht und mit den beiden deutschen Soldaten flüstert. Er trägt die graublaue Feldbluse der Flieger – bräunlicher Teint, dunkelhaarig mit kastanienfarbenem Bart, ähnelt er einem Italiener oder Spanier.

Hier kann ich, ohne mir etwas zu vergeben, wieder deutsch sprechen.

»Warum starren Sie mich so an, Hauptmann?«

»Entschuldigen Sie, aber ich glaube, ich habe Sie wiedererkannt. Waren Sie nicht der russische Parlamentär in der Festung Courbière von Graudenz?«

»Ja!«

So treffen sich ehemalige Gegner wieder. Es war noch kein Monat vergangen.

Der Hauptmann rauchte, zog gierig und genießerisch den Rauch ein, sagte dann: »Alle Verwandten, alle Freunde halten mich für ein Glückskind: meine Familie ist begütert – Vater Bankdirektor; ich habe weder Not noch Kummer gekannt, alle Angehörigen leben, es geht ihnen gut; die Schule fiel mir leicht, immer und überall war ich vorne dran: in der Liebe, beim Skilaufen, Rudern, Fechten. Alle meine Wünsche gingen in Erfüllung. Ich wollte Flieger werden und wurde es, war bei manchen heißen Sachen dabei, gegen London, Malta, Leningrad – und blieb heil. Kriegte das Ritterkreuz. Verliebte mich in ein wundervolles Mädchen, heiratete es. Wurde mehrmals verwundet, nur leicht, aber während ich mich auskurierte, kam meine ganze Staffel um. Man steckte mich in den Stab einer Luftwaffen-Felddivision, ich geriet in diesen Höllenkessel bei Graudenz, blieb wieder heil und unverletzt. – Ich hab' mich selbst immer für glücklich gehalten. Aber jetzt weiß ich erst, was richtiges Glück ist: dieser Zug, nach so vielen Tagen der erste Zug aus dieser selbstgedrehten Zigarette, eine für drei, das ist Glückseligkeit.«

Der Hauptmann war verhaftet worden, weil er ein paar Wochen lang IC im Stab der Division »Hermann Göring« gewesen war. Man hatte ihn dorthin versetzt, um ihn eine Weile von

Lufteinsätzen zu befreien. IC war die Abteilung für Aufklärung, Spionageabwehr und Propaganda. Unsere Smersch-Leute[2] betrachteten ihre Mitarbeiter als Kollegen und Konkurrenten, verhafteten sie, wo sie ihrer habhaft werden konnten, und jagten sie ins Lager. Wie König erzählte, hatte er sich noch nicht einmal richtig eingearbeitet; als die Belagerung von Graudenz begann, hatte er erst ein paar Dutzend Gefangene und zwei oder drei Überläufer verhört. Ihm war es unverständlich, warum sie zum eingekesselten Feind übergelaufen waren. Wie sich herausstellte, waren es erst kürzlich eingezogene, junge Moldauer, die ihren Vorgesetzten grundsätzlich nichts glaubten, daher auch nicht glaubten, daß die Deutschen eingekesselt seien; sie waren übergelaufen, um dem möglichen Tod an der Front zu entgehen. Ich wußte, daß die Deutschen in Graudenz sowjetische Gefangene nicht schlecht behandelten. Aber den deutschen Feldwebel, den wir als Antifa-Mann in die Festung geschickt hatten, um für die Kapitulation zu agitieren, hatten sie aufgehängt. Der Hauptmann sagte, an dieser Sache sei er nicht beteiligt gewesen. Der Feldwebel war vom zweiten Senat, dem sogenannten Blut-Senat, des Kriegsgerichts verurteilt worden; bewacht hatte ihn die Feldgendarmerie. Nach einer Weile fragte er: »Und wie verfahren Sie in einem entsprechenden Fall mit Ihren Leuten?«

3. Ein leibhaftiger Weißgardist

Pjotr Wikentjewitsch Berulja war Berufsoffizier, 1914 schon Major. Er war ein gewissenhafter Soldat und kam mit Untergebenen und Vorgesetzten gut aus. Bei Kriegsende kommandierte er ein Regiment. Den Bürgerkrieg betrachtete er als die unvermeidlich notwendige Verlängerung des Dienstes; er blieb Regimentskommandeur, erst unter Denikin, dann unter Wrangel, wurde mehrfach verwundet und kehrte jedes Mal zur Truppe zurück. Alleinstehend, früh verwaist, hatte er vor lauter Diensteifer vor dem Krieg keine Zeit zum Heiraten gefunden. Seine Welt beschränkte sich auf das Militär – Kaserne, Kasino, Zufallsquartiere, Märsche, Marschpausen, Schützengräben, Lazarette –, ein paar Kameraden des gleichen Kadettenjahrgangs, seltene, feuchtfröhliche Herrenabende. Nach dem Zusammenbruch blieb er in Polen hängen, fand nun auch Zeit, zu heiraten: eine energische, herrschsüchtige, wohlhabende Frau. Sie hatte in Bromberg ein Damenmodeatelier geerbt, kommandierte die Schneiderinnen und ihren Mann, den sie zum Empfangschef gemacht hatte: er begrüßte die Kundinnen und führte mit ihnen Konversation.

Es kamen auch Kinder. Doch die führten ihr eigenes Leben, zuerst, solange sie noch klein waren, mit der Gouvernante, später im Gymnasium. Den Vater nahmen sie kaum zur Kenntnis. »Frau Mama« regierte alle und alles im Haus. Für Politik interessierte Pjotr Wikentjewitsch sich nicht, hatte nur eine Emigrantenzeitung abonniert, die des Soldatenbundes. Hier fand er Todesanzeigen, Nachrichten und Jubiläen und Gedenktage, erfuhr, wo alte Kameraden lebten. Regelmäßig zahlte er einen Beitrag für den Soldatenbund, den er von seiner äußerst sparsamen Frau erbitten mußte. Kein einziges Mal war er zu Tagungen oder Traditionstreffen gereist. Selbst wenn er es gewollt hätte – seine Frau würde es nie erlaubt haben. Und es zog ihn auch nirgendwo hin. Vom Bürgerkrieg war ihm ein bitterer, zäher Nachgeschmack geblieben: vergebliche Anstrengungen, vergebliche Opfer, sinnlose Grausamkeiten und sinnlose Zerstörungen. Es war ihm unerklärlich, wie und warum all das unwiederbringlich verloren war, was vor dem Krieg das Leben ausgemacht hatte. Über Begriffe wie Vaterland, Staat, Armee, Zarenhaus hatte er in seiner Jugend nie nachgedacht. Heilig und unerschütterlich existierten sie seit eh und je, bedurften keiner Erklärung, ebensowenig wie Gott und das tägliche Gebet. Irgendwo, in einer anderen Welt, trieben Feinde von Kirche und Staat ihr bösartiges Unwesen, sie waren genauso schändlich wie Mörder und Diebe und genauso unbegreiflich fremd. Doch auch Menschen, die sich bei jedem beliebigen Anlaß in ihrer Untertanentreue förmlich überschlugen, große Tiraden über Patriotismus und echte Frömmigkeit vom Stapel ließen, waren ihm unangenehm – wie Händlerinnen, die wegen jedes Kopekengewinns Gott im Munde führten und das Kreuz schlugen, oder wie diese schlechterzogenen Leute, die in aller Öffentlichkeit von ihrer Liebe schwätzen und über Gefühle schwadronieren, die Schweigen verlangen oder höchstens ein verhaltenes Flüstern wie in der

Beichte erlauben. Als Pjotr Wikentjewitsch älter wurde, dachte er häufiger darüber nach, was Rußland gewesen und was aus ihm geworden war. Die Bolschewiki verstand er ganz einfach nicht. Zwar glaubte er schon nicht mehr, daß sie alle Juden, Letten und Chinesen seien, aber er hielt sie für Wesen einer fremden, schlechten Menschenart.

Hitler hatte sich eben mit Stalin verbündet, und nach Bromberg kamen Flüchtlinge aus Ljwow und Bialystok. Pjotr Wikentjewitschs Frau und seine Kinder verfluchten sie als »Moskowiter« und ließen seine Erwiderung nicht gelten, daß das russische Volk für die bolschewistische Macht nicht verantwortlich und daß Stalin Georgier und kein Russe sei. Und dann kam das Jahr 1941. Schon im Sommer sah man in Bromberg die ersten sowjetischen Kriegsgefangenen. Pjotr Wikentjewitsch war felsenfest überzeugt, daß die Deutschen sehr rasch Moskau erobern würden, denn er hielt es für ausgeschlossen, daß die Bolschewiki den Besiegern Frankreichs, den Eroberern Norwegens und Kretas, den allmächtigen Herren Europas standhalten könnten. Doch mit jedem Monat, schließlich mit jeder Woche wuchs und erstarkte etwas Neues in ihm, das längst vergessene Gefühl des Stolzes auf »die Unseren«, ein Gefühl, wie es ihn bei der Entlassung aus der Kadettenanstalt und dem Empfang der ersten Offiziersepauletten überkommen hatte. Später war dieses Gefühl nur noch selten in ihm aufgestiegen: bei Siegesfeiern, bei der Einnahme von Przemysl und als Brussilow 1916 die Südwest-Front durchbrach.

In den Bromberger Lazaretten lagen Tausende deutscher Soldaten, die in Rußland verwundet, verstümmelt worden waren, sich die Glieder erforen hatten. Im Modeatelier wurde nun Wäsche genäht: Schlafanzüge und Lazarettkittel für die Verwundeten. Einträglicher noch waren jedoch die Aufträge der deutschen Damen, Frauen und Töchter der neuen Aristokratie der Militär- und Zivilbeamten, der SS-Offiziere und Polizisten. Offiziell fungierte eine Freundin der Frau, eine ortsansässige Deutsche, als Besitzerin des Ateliers. »Frau Mama« wollte sich nicht als Volksdeutsche registrieren lassen. Sosehr sie aufs Geld sah, den Namen einer Polin verkaufte sie nicht.

Für Pjotr Wikentjewitsch veränderte sich die Welt mit jedem Monat, mit jeder Woche deutlicher. Aus Rußland, aus seinem

Rußland, würde die Rettung kommen, sie war schon nah. Der Einzug unserer Truppen beseligte ihn. Als er die ersten russischen Soldaten und Offiziere umarmte und küßte, kamen ihm die Tränen. Er lud die Landsleute zu sich ein, bewirtete sie. Nun betrachteten auch Frau und Kinder ihn voller Hochachtung. Er gehörte ja zu dieser ungeheuren, siegreichen Kraft, die die Hitlerheere zerschlagen, die deutschen Besatzer davongejagt hatte. Doch seine Gastfreundschaft und Liebenswürdigkeit wurden dem ehemaligen Obersten der Weißen Garde zum Verhängnis. Nur vier Wochen waren vergangen, seit er beim Empfang der langersehnten Landsleute Freudentränen vergossen hatte, da schlug ihn der Untersuchungsrichter der Smersch, der Spionageabwehr, mit seiner ledernen Feldtasche ins Gesicht: »Du verdammter Lump! Gesteh, wie viele von den Unseren du aufgehängt hast! Gesteh, was für Aufträge du von der Gestapo hast!«

Mehrmals wurde Berulja bei den Verhören geschlagen. Er kam danach gealtert und sehr bedrückt zurück, wollte sich aber nichts anmerken lassen, verbiß sich die Tränen und murmelte irgendwas Zusammenhangloses. Das Sitzen fiel ihm schwer, Hinlegen war tagsüber verboten. Aber wir setzten uns in unserer Offiziersecke so auf den Boden, daß er sich zu einem Häufchen zusammengekrümmt hinter uns verstecken konnte. Dieser kleine, ausgetrocknete Mann mit der dünnen, welken Haut, der sich aufrecht wie ein Jüngling hielt, erregte nicht nur Mitleid: Er war tapfer und standhaft. Wenn nach einem Verhör in seinen hellen, wäßrigen Augen nicht etwa Furcht, sondern trauriges Nichtbegreifen nistete, wirtschaftete er schon wieder in der Zelle herum, gab die Konservendosen mit Balanda[3] aus, verteilte Tabak. Ich hatte meinen ganzen im Koffer gebliebenen Tabaksvorrat herausnehmen dürfen und ihn dann Pjotr Wikentjewitsch ausgehändigt. Er setzte die Tabaksrationen fest, hielt strikt auf die Normen und auf die Zeiten der Zuteilung. Wenn er gerade dann zum Verhör mußte, vergaß er nie, die bereitliegenden Portionen einem besonders ernannten Stellvertreter zu übergeben.

Im Mai verurteilte das Front-Tribunal unseren Zellenältesten zu acht Jahren. Er zeigte uns die Zahl mit den Fingern, als man ihn an unserer Zelle vorbeiführte.

Er war der erste leibhaftige Weißgardist, den ich kennenlernte. Ich versuchte gar nicht erst, die Sympathie, die dieser freundliche, gescheite, gutmütige Mann mir einflößte, zu unterdrükken. Doch ich war völlig überzeugt, daß solche »subjektiven Empfindungen« keine Kriterien der Entscheidung über das Schicksal eines Menschen aus dem Lager der Klassenfeinde sein dürfen. Ich glaubte, echte revolutionäre Ethik verlange, von der »objektiven historischen Notwendigkeit« auszugehen und unabhängig von persönlicher Sympathie nur vom Standpunkt der Interessen des Staates, der Partei oder eines Arbeitskollektivs zu entscheiden. Höhere Notwendigkeit kann erfordern, einen Menschen hart zu verurteilen, sogar zu töten, der einem persönlich sympathisch, vielleicht sogar blutsverwandt ist. Solche Überzeugungen waren aus einem seltsamen Mischmasch entstanden: aus kindischen Vorstellungen über Marat, Robespierre, Netschajew und die Narodowolzen[4], aus Gelesenem und Gehörtem über Dzierżiński und Pawlik Morosow, aus Romanen und aus eigener Lebenserfahrung. Uns war als oberste staatsbürgerliche und Komsomolzenpflicht eingeimpft worden, wenn nötig, Freunde und Verwandte zu verraten und vor der Partei nie das geringste Geheimnis zu haben.

Ich hatte zu keiner Zeit geglaubt, Bucharin und Trotzkij seien Gestapo-Agenten gewesen, hätten Lenin ermorden wollen; und ich war sicher, daß auch Stalin dies nie angenommen hat. Aber ich glaubte, in den Prozessen 1936 bis 1938 Stalins weitblikkende politische Taktik zu erkennen, glaubte, daß er »im Endergebnis« recht gehabt hatte, ein für allemal jede Art von Opposition auf so fürchterliche Weise zu diskreditieren. Wir lebten ja in einer belagerten Festung, mußten dicht zusammenstehen, durften kein Schwanken und keine Zweifel zulassen. Was bedeuten schon theoretische Unstimmigkeiten für all unsere Millionen Menschen, für die »breite Masse«? Die meisten werden sowieso nicht begreifen, worin der Unterschied zwischen Linken und Rechten besteht, die einen wie die anderen berufen sich auf Lenin, schwören der Oktoberrevolution und der Arbeiterklasse Treue. Und eben darum muß man alle Abweichler, alle politisch unsicheren, schwankenden Kleingläubigen als so überdimensional abscheuliche Schurken anprangern, daß jeder sich entsetzt von ihnen abwendet, daß das Volk sie verflucht und haßt.

Ich selbst hatte ja einmal mit denen sympathisiert, gegen die Fluch und Haß sich richten müssen, mich dann von ihnen rigoros losgesagt und meinen Standpunkt danach nicht mehr gewechselt. Seit ich selbst Häftling war, war ich mit aller Energie bedacht, diese Fähigkeit, »objektiv« über Geschichte und Gegenwart zu urteilen, nicht zu verlieren, und entwickelte mich im Gefängnis zu einem viel konsequenteren Stalinisten, als ich es je vorher gewesen war. Am ärgsten fürchtete ich mich davor, daß mein eigener bitterer Kummer, die unverdiente Demütigung mir die Augen trüben und mich hindern könnten, die Hauptsache klar zu sehen, das Wichtigste für das Leben des Landes und der Welt. Darin lag für mich die notwendige Quelle seelischer Kräfte: in der Überzeugung, der großen Einheit anzugehören. Nur so behielt das Leben seinen Sinn – das ganze Leben, auch Vergangenheit und Zukunft. So wurden Sinn und Ziel des Lebens dem Wesen nach durch religiöse, scheinbar rationales, in Wirklichkeit fast mystisches Bewußtsein bestimmt, das auf dem Glauben an die übermenschlichen Kräfte der einzig richtigen Ideen, der einzig rechtmäßigen Partei beruht. In diesem Bewußtsein verbarg sich aber auch ein durch und durch individualistischer Selbsterhaltungstrieb: Mag es mir auch schlecht gehen, mag man mich quälen; ich gebe nicht nach, ich bin und bleibe ehrlicher, vernünftiger und in jeder Hinsicht besser als die, die mich anklagen, verurteilen, bewachen.

Damals glaubte ich, daß die Generäle und die Tschekisten, die Richter und die Gefängniswärter eines Stammes mit mir seien, daß sie, ich, wir alle Kämpfer einer Armee, Schräubchen einer Maschine, »Späne« eines Waldes seien. Nur waren eben manche klüger, gewissenhafter, weniger mit den »Muttermalen« des Kapitalismus behaftet, andere dagegen dümmer, moralisch schwächer. Ich kannte Erzählungen von Leuten, die 1937 verhaftet und 1938/39 freigelassen wurden. Und ich hatte an der Front und auch schon vorher Mitarbeiter unserer »Sicherheitsorgane« kennengelernt, wußte, daß es unter ihnen eine Menge Karrieristen, Ignoranten, Neidhammel, Lügelbolde, Betrüger, kleinlich Eitle, auf die »Ehre der Uniform« bedachte Beamtenseelen gab. Ich wußte, daß diese Laster vielen unschuldigen Menschen zum tödlichen Verhängnis geworden waren. Aber ich war überzeugt: Wenn auch die Mehrzahl der NKWD-Leute, der Richter und Staatsanwälte schlecht und menschlich verkommen sind, im Endergebnis sind die Gründe wie die Ziele ihrer summarischen

Tätigkeit richtig, historisch notwendig. Und darum glaubte ich, daß alle Fehler, alle Fehlurteile – wie viele es auch sein mochten – das Ganze nicht verderben, die siegreiche Entwicklung zum Sozialismus nicht aufhalten könnten.

Manche, die mit mir in den Zellen, auf dem Transport, im Lager waren, hielt ich für echte Volksfeinde, die hierher gehörten. Aber ich meinte, daß auch die zufällig Gestrauchelten, die unbedacht mißliebig Gewordenen und jene, die genau wie ich Opfer von Verleumdungen und widrigen Umständen geworden waren, das Joch der Haft zu tragen hätten und vielleicht bis zum vollen Triumph der »historischen Notwendigkeit« rechtlose Sklaven dieser Notwendigkeit bleiben müßten. Wer das nicht verstehen konnte oder wollte, böse und verbittert darüber grübelte, wurde zwangsläufig zum Volksfeind. Aber wer es verstand, konnte die innere Freiheit der »anerkannten Notwendigkeit« gewinnen und damit, als höchsten Lohn, das eigene Bewußtsein, in Not und Erniedrigung seinen hohen Idealen und sich selbst gegenüber treu geblieben zu sein.

Pjotr Wikentjewitsch war früher ein erklärter Feind der Sowjetmacht, ein Weißgardist, gewesen. Seine Verhaftung und seine Verurteilung waren also absolut gerecht. Zwar sah ich, daß die frühere Feindschaft des ehemaligen Obersten ganz anderen Gefühlen gewichen war, sah, daß er ein guter, tapferer Mensch war; doch mein Parteigewissen blieb unberührt davon, daß er mir leid tat. Und den Widerspruch zwischen Gedanken und Gefühl definierte ich als »Dialektik«. Eine große Sache – Worte: passende, vieldeutige, wenn nötig, vollkommen nichtssagende, aber immerhin erklärende Worte.

4. Die internierten Jugoslawen

Der Oberst der königlich-jugoslawischen Armee Iwan Iwanowitsch Kiveluk war nicht verhaftet, sondern interniert, ebenso wie sechzehn andere jugoslawische Offiziere russischer Herkunft. Im Unterschied zu den Verhafteten bekamen die Internierten die doppelte Portion Balanda; statt 400 Gramm Brot 500 Gramm und 12 Gramm Zucker statt 9 Gramm täglich. Außerdem war ihnen täglich eine halbe Stunden Spaziergang gestattet. Ins Gefängnis waren sie so geraten: Nachdem sowjetische Einheiten ein deutsches Gefangenenlager für jugoslawische Offiziere befreit hatten, bezeichneten sich diese siebzehn als Russen; ein paar baten sogar darum, in die sowjetische Armee aufgenommen zu werden, um mitzukämpfen. Außer ihnen war noch eine Reihe anderer Russen da: ehemalige weiße Offiziere und ihre Söhne. Die meisten trauten den Sowjets nicht, gaben ihre Herkunft nicht preis, blieben für unsere Behörden jugoslawische Armeeangehörige und wurden mit den übrigen nach Jugoslawien heimgeschickt. Aber diese siebzehn, die sich selbst Russen nannten, hielt man unter dem Verdacht der Spionage und des Vaterlandsverrats fest. Zu ihrem Glück drang die Nachricht davon nach Jugoslawien. Offizielle diplomatische Anfragen setzten ein, das war ihre Rettung. Nach zwei oder drei Monaten kamen sie frei.

Einer von ihnen war Geistlicher und hatte in Gefangenschaft den Spitznamen »roter Pope« bekommen. Als ihm Ende 1942 jemand erzählte, die sowjetische Regierung erkenne alle ehemaligen Emigranten, die bereit seien, im Krieg die Sowjetunion zu unterstützen, als Bürger des neuen Rußland an, erklärte er, er wünsche unverzüglich die sowjetische Staatsbürgerschaft anzunehmen, und forderte, ihn in ein Lager für sowjetische Kriegsgefangene zu verlegen. Zum Glück gab der deutsche Lagerkommandant, ein alter Reserveoffizier, diese Erklärung nicht weiter und riet den Freunden dieses voreiligen Heiligen-Kandidaten, ihn zur Vernunft zu bringen. In den Lagern der sowjetischen Kriegsgefangenen hatte sich zu jener Zeit der Hunger wieder sehr verschlimmert, er machte das ohnehin bestialische Regime noch unerträglicher. Mit Mühe und Not ließ sich der rote Pope von seinem selbstmörderischen Vorhaben abbringen. Jetzt aber sah der Untersuchungsrichter unserer Spionageabwehr in diesem Vorhaben den klaren Beweis der Agentenlist: Der schlaue Lump wollte noch in Gefangenschaft sich bei den Unseren einschmeicheln.

Allen »Internierten« drohte man mit dem Prozeß. Iwan Iwanowitsch irritierte und bedrückte dies weit mehr als die übrigen; er war Jurist, Präsident des Obersten Jugoslawischen Militärgerichts. Eine große, schwere Reckengestalt, mit breitem, offenem, sehr slawischem Gesicht, einer starken, leicht aufgestülpten

Nase, dichtem dunkelblondem, schon ergrauendem Haar und weit auseinanderstehenden hellgrauen, guten Augen. Er sprach fließend Russisch, mit merklich westukrainischem Akzent; hier und da benutzte er serbische oder polnische Wörter.

Von Recht und Gesetzlichkeit hatte er – wie ich damals meinte – eine naiv-formalistische Vorstellung. Er war überzeugt, daß die Untersuchungsrichter bestimmt darüber orientiert sein müßten, ob die Verbrechen, deren sie die Internierten beschuldigten, überhaupt ausführbar gewesen seien. Wegen dieser Überzeugung hatte Oberstleutnant Barinow, der Stellvertreter des Chefs der Untersuchungsbehörde, ihn schon mehrmals geschlagen.

»Bitte erklären Sie mir, Herr – Verzeihung, Genosse Major, wie kann so etwas überhaupt vorkommen? Ich spreche nicht von allgemeiner Gerechtigkeit, sondern von normaler juristischer Vernunft, vom Standpunkt der geltenden Landesgesetze. Wo ist hier auch nur die primitivste, elementarste Logik? Der Untersuchungsrichter sagt: Wir ziehen Sie wegen Vaterlandsverrats zur Verantwortung. Gut, aber wessen Vaterland? Ich bin als Untertan der österreichisch-ungarischen Monarchie geboren, russischer Abstammung. Gewiß, manche meiner Verwandten sagen: Wir sind keine Russen, wir sind Ukrainer. Meinetwegen, für mich macht das keinen Unterschied, für mich war ukrainisch und russisch immer ein und dasselbe. Bei Kriegsausbruch 1914 war ich Fähnrich in der k. u. k. Armee, aber ich wollte nicht für den Kaiser Franz Josef gegen meine slawischen Brüder kämpfen und desertierte. Kaum hatten wir unsere Stellungen bezogen, lief ich noch am selben Tag zu den Russen über. In der russischen Armee wollte man mich nicht nehmen. Ich wurde abgeschoben. Über Murmansk, England, Frankreich, Italien kam ich nach Serbien und kämpfte nun für den serbischen König. In Rußland hatte ich nur 20 oder 21 Tage verbracht. Ich wurde serbischer Leutnant und später jugoslawischer Staatsbürger, heiratete noch im Krieg eine ortsansässige Russin. Als ich dann später an der Belgrader Universität studierte, blieb ich Offizier und wurde nach Beendigung meines Jurastudiums ans Armee-Tribunal versetzt. Als die Deutschen nach Belgrad kamen, verhafteten sie manche und schickten sie in Gefangenschaft, andere ließen sie in Freiheit. Verhaftet und nach Deutschland verschickt wurden alle Liberalen, Linken und Russophilen, alle, die keine Loyalitätserklärung abgaben... So wurden Lew Nikolajewitsch, Boris Petrowitsch, ich und alle, die hier in Ihrem russischen Gefängnis sitzen, verhaftet. Was für eine Heimat hab' ich denn nun verraten? Wo ist hier die elementarste Logik? Noch etwas verstehe ich nicht, aber wirklich schon gar nicht... Da ist dieser Oberstleutnant. So elegant, sieht aus wie ein intelligenter Offizier. Und plötzlich schlägt er mich mit einem Gummischlauch über die Schultern, brüllt die abscheulichsten, ordinärsten Flüche, Mutterflüche, verzeihen Sie, krakeelt wüster als ein betrunkener Strolch. Dabei bin ich älter als er, im Rang und nach den Lebensjahren, außerdem bin ich kein Häftling – das sagt er selbst. Dennoch dieses Gebrüll und diese Flüche. Mich kann er damit nicht demütigen, mit diesen schmutzigen, ekligen Flüchen erniedrigt er nur sich selbst und besudelt seine Offiziersuniform, seinen Dienstrang. Wie ist so was zu verstehen? Und wie kann man solche Leute in derartiger Position dulden?

Und noch etwas anderes verstehe ich nicht. Der Untersuchungsrichter verlangt: Bekennen Sie, wieviel Kommunisten Sie aufgehängt haben! Ich antworte ihm, daß ich das nicht konnte, ganz einfach keine Möglichkeit dazu hatte, weil politische Fälle meiner Kompetenz gar nicht unterstanden. Aber der schreit: Wir wissen alles. Gestehen Sie lieber freiwillig, sonst werden Sie erschossen. Da kam dann auch dieser Oberstleutnant mit dem Gummischlauch. Ich frage Sie, wie kann so etwas passieren. Alle meine Offiziere sind verpflichtet, das Strafrecht aller europäischen Armeen zu kennen: die Codices, die Prozeßordnungen und die ganze Jurisprudenz aller europäischen Armeen und die der japanischen und amerikanischen. Wir wissen daher genau, was welches Gericht oder Tribunal, zum Beispiel bei Ihnen, aburteilen kann und was nicht, was in die Zuständigkeit der Miliz und was in die der GPU oder, wie Sie es jetzt nennen, der Smersch gehört.

Wie kommt es, daß Ihre höheren Offiziere nicht wissen, daß ein jugoslawisches Militärgericht nur militärische Vergehen aburteilen kann: Desertion, Diebstahl von Heereseigentum, Dienstvergehen, Verletzung der Vorschriften. Alle politischen Straftaten, ebenso Spionagefälle, unterstehen dem Königlichen Gerichtshof. Ich war Präsident des Obersten Militärgerichts, das ist ein Appellations- und Kassationsgericht. Ich konnte niemanden in erster Instanz aburteilen, sondern hatte Gnadengesuche und Berufungen gegen Urteile der Kreis-Militärgerichte zu prüfen. Das muß jeder Jura-Student im zweiten Kurs wissen.«

Ich versuchte Iwan Iwanowitschs Fragen zu beantworten, redete vom Mangel an qualifizierten Kadern, von den besonderen Prinzipien des revolutionären Rechts und natürlich immer wieder über die alles erklärende Dialektik. Er hörte mir höflich zu, traute mir aber wohl nicht recht; besser, er traute mir immer weniger. Er wurde vorsichtig, zog es vor, mit mir über Literatur zu sprechen, über Unterrichtsprogramme an Schulen und Hochschulen. Einmal jedoch brach es aus ihm heraus: »Meine Tochter liebt die russische Literatur so sehr, kann auch die Sprache gut, besser als ich. Ich hatte es mir in Gefangenschaft immer so schön ausgemalt: Wenn der Krieg vorbei ist, dann sind wir Verbündete, unser Tito und Ihr Stalin sind Freunde, dann schicke ich meine Tochter zum Studium nach Kiew. Meine Eltern haben immer davon geträumt, daß ich in Kiew studieren sollte. Aber jetzt fürchte ich, ich werde sie nicht schicken. Nein, ich glaube nicht...«

Major Lew Nikolajewitsch war Generalmusikdirektor der jugoslawischen Armee. Er war in Rußland geboren. Seine Aussprache, der singende Tonfall und einiges an seiner Erscheinung ließen darauf schließen, daß er aus einer jüdischen Familie stammte. Er hatte am Petersburger Konservatorium bei Rimskij-Korsakow studiert, sein Studium einige Jahre vor dem ersten Krieg abgeschlossen und dann im Ausland Gastspiele gegeben. Der Krieg überraschte ihn in Österreich. Irgendwo in Kroatien wurde er interniert. Dort freundete er sich mit einheimischen Musikern an, heiratete die Tochter eines dieser Männer. Nach dem Krieg wurde er jugoslawischer Staatsbürger und erlangte bald einen guten Ruf als Komponist. Er schrieb Sinfonien, Oratorien, Kammermusik, Märsche und Lieder. Lew Nikolajewitsch war der Älteste in unserer Zelle, der Kränkste und Hinfälligste. Nur ihm war es erlaubt, sich tagsüber hinzulegen. So verbrachte er viele Stunden im Halbschlaf oder Melodien vor sich hinsummend. Zottelig, grau, krumm, mit grobgeschnittenen, unregelmäßigen, graublassen Gesichtszügen und einer traurig hängenden großen Nase. Die hinter schweren Lidern kaum sichtbaren

Augen kniff er kurzsichtig zusammen. An unseren gemeinsamen Gesprächen beteiligte er sich kaum, war reserviert und sehr taktvoll. Ihn quälte chronischer Durchfall, daher hatte er einen »persönlichen« Kübel, den er selbst hinaustrug. Er genierte sich wie ein Kind, litt darunter, daß er uns nachts störte und tags die Zeit kaum abwarten konnte, daß die ganze Zelle zum Austreten geführt wurde. Nur wenn das Gespräch auf Musik kam, belebte er sich, erzählte begeistert von seinem Lehrer Rimskij-Korsakow, von Mussorgskij, sang ganze Partien aus der ›Scheherasade‹, aus der ›Chowanschtschina‹, der ›Heirat‹, dem ›Jahrmarkt von Sorotschintzi‹, die er alle vollständig aufführen wollte, wenn er nur erst wieder gesund sei. Einmal haben wir zu zweit ein Lied komponiert. Er hatte ein schlichtes, trauriges Motiv und erklärte mir umständlich, was für Verse es sein müßten und welcher Versfuß in Text und Refrain. Diese meine erste »abgeschlossene« Gefängnisdichtung habe ich total vergessen, obwohl wir sie manchmal leise zu dritt sangen – Lew Nikolajewitsch, Boris Petrowitsch und ich.

Boris Petrowitsch Klimow kam als Zehnjähriger mit seiner Mutter nach Jugoslawien. Sie war Offizierswitwe und in der Weißen Armee Schwester gewesen. Er ging in Jugoslawien zur Schule und studierte dann Bauwesen. Seine Frau war Kroatin, lernte aber rasch Russisch. Glücklicherweise verstand sie sich auch gut mit der Schwiegermutter. Die Kinder, Sohn und Tochter, wurden als Russen erzogen. Boris Petrowitsch erinnerte sich nur schwach an Rußland, er liebte und verehrte die Heimat aus der Ferne. Er kannte unsere Literatur, unsere Musik, unsere Filme, las Moskauer Zeitungen und Zeitschriften, hörte Radio Moskau und kannte alle Sprecher beim Namen. Mir war es manchmal peinlich, daß er eine Menge Fakten und Daten von den Errungenschaften der ersten Fünfjahrpläne über den Aufbau im Nahen und Fernen Osten, über neue Eisenbahnlinien viel besser kannte als ich. Gierig fragte er mich nach Moskau aus, nach der Metro, nach den neuen Straßen. Er wollte genau Bescheid wissen über unser Leben, den Werktag und die Feiertage. Ich mußte ihm erklären, was ein Erholungsheim ist, wie ein Studentenwohnheim aussieht, wie man bei uns tanzt, was für Sitten zwischen Jungen und Mädchen herrschen, wie eine Dissertation verteidigt wird. Immer wieder erkundigte er sich nach Kriegsereignissen, nach der Evakuierung der Schwerindustric, nach der Blockade von Leningrad, dem Nationalkomitee Freies Deutschland, dem Verhalten der deutschen Kriegsgefangenen, der Zerstörung Kiews, nach unseren Generälen. Und immer wieder fragte er nach Stalin, von dem er mit Hochachtung und Begeisterung sprach. Ganze Tage redeten wir fast ununterbrochen, manchmal noch über den Zapfenstreich hinaus. Er war mir vom ersten Augenblick an sympathisch gewesen. Der freundliche, aufmerksame Blick seiner graublauen, jugendlich-lebhaften Augen wechselte leicht zwischen Trauer und Lächeln. Am 8. Juni wurden alle Jugoslawen freigelassen. Viele Jahre später erfuhr ich, daß sie sich noch monatelang in allen möglichen Durchgangslagern herumquälen mußten, aber wenigstens schon als freie »Repatrianten«.[5]

5. Leutnant Tadeusz

Tadeusz Rużanski, Leutnant der polnischen Heimatarmee, hatte seine Schulausbildung im Untergrund abgeschlossen. Fast alle älteren Schüler waren Widerstandskämpfer. Tadeusz befehligte einen Zug im Warschauer Aufstand vom Spätsommer 1944. Mit Tränen in der Stimme erzählte er, wie sie sich am ersten Tag, am 1. August, in Höfen und Wohnungen, auf Schuttplätzen, in Häuserruinen sammelten – alle; keiner kam zu spät, und genau zur festgesetzten Stunde gingen sie auf die Straße und sangen das Tobruk-Gebet, statt »Tobruk« sangen sie »Warschau«:

> Gott, der du bist im Himmel,
> Nimm unser Flehn in deine Hut.
> Wir beten aus Warschaus Trümmern
> Für Polens Freiheit und Blut.
> Herrgott, zerbrich des Feindes Schwert,
> Das unser armes Land verheert,
> Verleih Kraft unsern Waffen,
> Ein freies Polen zu schaffen!

Gegen Ende der zweiten Aufstandswoche gesellte sich ein deutscher Überläufer zu ihnen: Hans aus Berlin. Er erzählte ihnen, er sei der Sohn eines von Nazis umgebrachten Kommunisten, selbst Jungkommunist und wolle gegen den Faschismus kämpfen.

»Natürlich durften wir ihm nicht trauen. Er trug die verfluchte deutsche Uniform, sprach die verfluchte deutsche Sprache. Er merkte es und sagte: ›Ich sehe, daß ihr mir mißtraut, und das ist richtig. Ihr müßt mich prüfen. Dafür braucht ihr mir keine Waffe zu geben. Für euch sind die ‚Goliaths' ziemlich gefährlich, weil ihr sie nicht richtig bekämpfen könnt. Sie hauen eure Häuser und Barrikaden in Klump. Ich will euch zeigen, wie man einen Goliath kleinkriegt. Dazu brauch' ich bloß eine scharfe Zange oder eine Pionier-Axt; und eure Jungs können mich aufs Korn nehmen . . .‹

Das fanden wir in Ordnung. Als wir hörten, daß wieder so ein verdammter Goliath in unsern Abschnitt vor einer großen Barrikade reinrumpelte, zogen zwei mit MPs und Hans mit Zange und Bajonett ihm entgegen – an den Häusermauern entlang sprangen sie von Baum zu Baum – eine wunderschöne Straße war das, mit schattigen Kastanien. Der Goliath sieht aus wie ein kleiner Panzer, niedrig, ohne Turm, ein eiserner Kasten auf Raupenketten, kriecht rasselnd voran, peilt einen Bunker oder ein Haus an – rrrums! Eine halbe Tonne Sprengstoff geht hoch, und ein dreistöckiges Haus ist bloß noch ein Backsteinhaufen. Hans sprang von hinten auf den Goliath und schnitt mit dem Bajonett das Kabel durch. Die ganze Steuerung und die Zündung – das geht alles durch die elektrische Leitung, und im selben Moment, als Hans die Leitung durchtrennt hatte, blieb der Goliath stehen. Wir alle – die auf den Barrikaden und in den Häusern – schrien Vivat und Hurra und eröffneten ein solches Feuer, daß wir die Deutschen aus dem ganzen Viertel rauswarfen. Später zeigte Hans uns, wie man einen Goliath auseinandermontiert und aus seinem Sprengstoff Sprengsätze für Minen und Granaten machen kann.

Nun glaubten wir ihm natürlich und nahmen ihn als Bruder. Nur das Abzeichen mit dem Weißen Adler wollte er nicht tragen; statt dessen hatte er ein rotweißes Bändchen – auch polnisch, aber doch mit etwas Rot dabei. Einer schenkte ihm einen Rotarmistenstern, da war er sehr glücklich. Hans knackte noch anderthalb Dutzend Goliaths, und unsere Jungen lernten es von ihm.«

Ende September, in den letzten Tagen des Aufstands, hatte sich der Trupp, zu dem Rużanskis Zug zusammengeschmolzen war, ins Kanalsystem zurückgezogen. Dort, unter der Erde, erreichte sie der Befehl General Bor-Komorowskis zur Kapitulation. Ein polnischer Offizier, von zwei Deutschen begleitet, brachte den Befehl.

»Wir waren ganz abgekämpft, hatten viele Verwundete. Alle waren gräßlich hungrig, hockten in dem stinkenden Dreck, erkältet, heiser, gereizt vor Schlaflosigkeit, kopflos. Was sollte mit Hans geschehen? In die Gefangenschaft konnten wir ihn nicht mitnehmen, sie würden ihn zu Tode quälen, aber wir konnten doch einen solchen Kameraden auch nicht im Stich lassen. Er merkte, daß von ihm die Rede war, verstand schon etwas Polnisch, nicht viel, aber dies konnte man auch ohne viele Worte verstehen. Er sagte: ›Kameraden, ich verstehe, ihr denkt an mich. Das ist gut. Ihr seid gute Kameraden, aber ich kann mir selbst helfen.‹ Wir hatten noch nicht mal begriffen, was er vorhatte, da packte er schon zwei Handgranaten, riß mit den Zähnen die Zündschnüre ab, preßte sie unter die Achsel, rannte in einen entfernten Winkel und legte sich hin. Nicht mal ein Splittern flog bis zu uns, alles war ihm in die Brust gedrungen. Später, in der Gefangenschaft, hätten wir uns so gern seinen Namen eingeprägt, aber niemand kannte ihn. Alle hatten einfach Hans aus Berlin oder der Berliner gesagt – und so ein fabelhafter Kerl.«

Den Warschauer Aufständischen ging es in der Gefangenschaft sehr schlecht. Man behandelte sie nicht besser als die sowjetischen Gefangenen in der allerschlimmsten Zeit, vielleicht sogar noch schlechter. Die ersten vier Tage bekamen sie weder zu essen noch zu trinken. Die Verwundeten wurden erschossen; ausnahmslos alle wurden geschlagen. Die Wachmannschaften bestanden aus deutschen und ukrainischen SS-Männern der Division »Wolhynien«, die große Verluste bei den Straßenkämpfen in Warschau gehabt hatte.

Tadeusz hatte »bleibende Erinnerungen« an diese Zeit, alle Vorderzähne waren ihm ausgeschlagen, an Kopf und Körper hatte er Narben von Kolbenhieben und Stiefeltritten. Daher erschien mir sein Äußeres zuerst so ungewöhnlich: sehr junge, fast kindliche graue Augen, eine klare Jünglingsstirn und ein Greisengesicht mit schlaffer Haut, hängendem, zahnlosem Mund und spärlichen Haarzotteln.

Nach einem Monat Hunger, Schlägen, Verhöhnung, als täglich Dutzende der schon von den letzten Aufstandstagen Entkräfteten starben, die Aufseher aber nicht erlaubten, die Leichen fortzutragen – »sollen man erst noch mehr werden« –, erschien im Lager eine Kommission deutscher und polnischer Ärzte. Sie suchten die Kräftigsten aus, solche, die noch gehen konnten, und ließen sie noch am selben Tag in ein anderes Lager verlegen, mit sauberen Baracken und einem gut eingerichteten Krankenrevier. Hier wurden sie herausgefüttert. Man machte sie nicht bloß satt, sondern gab ihnen stärkende, wohlschmeckende Speisen, später auch Schokolade und Wein. Als sie kräftig genug waren – für Tadeusz war sogar ein Gebiß angefertigt worden –, begannen militärische Übungen und Unterweisungen. Instrukteure waren polnische Offiziere in alten polnischen Uniformen. Auch alle »Kursanten« erhielten polnische Uniformen, nur die Stiefel waren deutsche Knobelbecher. Man lehrte sie Patisanenkriegführung. Voll Stolz erzählten die Instrukteure von ihren Einsätzen gegen die Deutschen, wie die Heimatarmee aufgestellt und bewaffnet wurde, wie sie Waffen- und Munitionsdepots aufgebaut, illegale Verbindungen organisiert hatten. Manchmal hospitierten deutsche Offiziere im Unterricht, hörten interessiert zu, salutierten beim Kommen und beim Gehen.

Zuerst begriff niemand, was das zu bedeuten hatte; alle freuten sich nur über das gute Essen, freuten sich, wieder eine Waffe in der Hand zu halten, wenn es auch nur Lehr-Waffen waren – Flinten mit angebohrten Läufen und ohne Schloß. Das Jahr 1945 begann. Sie erhielten vorzügliche warme Winteruniformen, und noch im Januar wurden die Einheiten formiert. Tadeusz kam zu einem Trupp von dreißig Mann. Führer war ein polnischer Major, Berufsoffizier, der schon seit 1939 im Gefangenschaft war. Er ließ seinen Trupp antreten, und ein deutscher Oberstleutnant mit roten Generalstabsstreifen hielt eine Ansprache:

»Meine Herren, bis jetzt waren wir Gegner. Aber die deutsche Wehrmacht weiß den soldatischen Heldenmut ihrer Gegner zu würdigen und zu schätzen. Wir achten die Vaterlandsliebe und Kühnheit, die Sie unter schwersten Bedingungen bewiesen haben.

Die deutsche Wehrmacht ist genötigt, sich zurückzuziehen und das Territorium Ihres Vaterlandes zu verlassen. Wir wissen, daß viele von Ihnen Grund haben, uns zu mißtrauen, verbittert zu sein durch all das, was sie während der deutschen Besatzung erlebt haben. Aber, meine Herren, Sie sind Soldaten, Ihnen brauche ich nicht auseinanderzusetzen, daß dieser Krieg an Ausmaß und Erbitterung nicht seinesgleichen hat.

Nach dem Endsieg des Deutschen Reiches wird in ganz Europa eine neue, vernünftige und gerechte Ordnung herrschen, würdig den Traditionen unserer gemeinsamen europäischen Kultur. So erbittert wir einander bekämpft haben, sind wir dennoch gleichermaßen Europäer. Jetzt nahen von Osten asiatische Horden. Ihre Heimat wird von jenen Barbaren angegriffen, die Ihre Kameraden in Katyn ermordet haben, die Hunderttausende von Polen nach Sibirien verschleppt haben, die Sie im Stich gelassen haben, als Sie in Warschau gegen uns kämpften. Jüdische und mongolische Mordbrenner dringen in Ihr Land, rohe, grausame Moskowiterhorden, die Ihr Volk anderthalb Jahrhunderte lang geknechtet und geknebelt haben.

Gestern noch waren wir Gegner. Aber heute hat die Geschichte selbst anders entschieden. Durch den Willen der Geschichte, im Interesse aller Völker Europas, im Interesse Ihrer und unserer Heimat sind wir Bundesgenossen geworden. Darum liefern wir Ihnen die beste Bewaffnung, die beste Ausrüstung, Verpflegung und Munition und geben Ihnen die Chance, mit der gleichen Kühnheit und Standhaftigkeit, mit der Sie gegen uns gekämpft haben, das schwergeprüfte Polen gegen den Überfall der Sowjets zu verteidigen.«

Danach sangen die Polen ihre Hymne »Noch ist Polen nicht verloren«. Anschließend wurden sie auf drei dicke Laster verfrachtet. Sicherheitshalber hatten die vorsichtigen Deutschen sie unbewaffnet aufsteigen lassen, die Waffen fuhren extra: MPs, Pistolen, MGs, Panzerfäuste, Handgranaten, drei Minenwerfer, Granatwerfer, sehr viel Sprengstoff, alle Sorten Munition, zwei Funkausrüstungen, Medikamente, Zeltbahnen, Heizaggregate und sogar Kisten mit Cognac.

Ein deutscher Leutnant mit einem Feldwebel und zwei Mann begleitete den Trupp. Sie fuhren in den Wald. Abseits der Chaussee, irgendwo westlich von Bromberg, hielten sie. Von Osten klang Artilleriebeschuß herüber. Schon unterwegs hatten sich die Polen untereinander über die nächsten Schritte verständigt. Kaum waren sie ausgeladen und bewaffnet, nahmen sie auch schon die Deutschen fest, die keinen Widerstand leisteten. Der Trupp verschanzte sich im Wald, schickte Aufklärer zur Erkundung deutscher Stellungen aus, um dann anzugreifen. Aber gegen Morgen zeigte sich, daß die Deutschen sich schon davongemacht hatten. Sowjetische Panzer rollten die Chaussee entlang. Singend im Gleichschritt zog ihnen der polnische Trupp entgegen. Die ersten sowjetischen Soldaten und Offiziere empfingen sie brüderlich, tranken mit ihnen deutschen Cognac, tauschten zur Erinnerung Pistolen mit ihnen aus. Doch danach wurden die Polen entwaffnet, interniert und bald darauf zu Verhafteten und Untersuchungsgefangenen erklärt unter der Anklage: »Vaterlandsverrat«.

Der naive Rechtsgelehrte Iwan Iwanowitsch war starr vor Staunen und Entrüstung. Wir rieten Tadeusz, dem Untersuchungsrichter zu sagen, daß eine solche Anklage rechtlich gar nicht möglich sei. Er tat es, und der Untersuchungsrichter entgegnete ihm darauf:

»Die sowjetische Armee ist Polens Verbündete. Die Deutschen sind unsere gemeinsamen Feinde. Sie haben deutsche Waffen getragen, um die sowjetischen Heere anzugreifen; damit haben Sie Ihre Heimat verraten. Sie sagen, daß für Sie nur ein polnisches Gericht zuständig ist. Aber wir sind die Bundesgenossen Polens und werden über Sie als Verräter Polens urteilen, und das Gericht wird herausfinden, wer Gnade oder gar Freispruch verdient.«

Wir diskutierten die Zuständigkeitsfrage von Untersuchung und Gericht, versicherten einmütig Tadeusz und den beiden deutschen Fahrern – es waren die beiden Soldaten, die neben Hauptmann König beim Kübel saßen –, daß alles gut ausgehen werde.

Der eine Deutsche war ein Gefreiter aus Hamburg mit einem blassen, intelligenten Gesicht, umrahmt von einem halbrunden dunkelblonden Bart. Er war Kommunist. Wegen politischer Unzuverlässigkeit wurde er als »wehrunwürdig« zunächst nicht eingezogen, schließlich aber kam er in ein Reservebataillon. Er urteilte über alles, was mit ihm geschah, mit frappierender Objektivität, fast gleichmütig. Er ärgerte sich nicht, schimpfte nicht, weder auf die, die ihn festgenommen hatten, noch auf die, die ihn verhörten. Er sagte, er verstehe das Mißtrauen und die Erbitterung der russischen Genossen. Er glaubte, man werde ihn zu Zwangsarbeit verurteilen, und bedauerte nur, daß er Rußland, von dem er schon so lange träume, auf diese Weise kennenlerne. Aber auch das sei gut, nun könne er beim Aufbau des Sozialismus mithelfen. Seine Einstellung entsprach genau der vieler deutscher Kommunisten, die ich kannte – sie war folgerichtig, logisch, entwickelte eins aus dem andern. Es war die pedantische Folgerichtigkeit abstrakter Überlegungen; und das sah so aus: Die Hitlerarmeen haben schlimmstes Unglück über euer Volk gebracht; gewöhnliche Leute identifizieren eine Armee mit dem betreffenden Volk; außerdem duldet das deutsche Volk seit langem das Hitlerregime; die Sowjetbürger identifizieren Armee und Volk, darum müssen sie allen Deutschen und besonders allen Deutschen in Uniform mißtrauen; es ist nur konsequent, daß ich ein Objekt von Mißtrauen und Haß der Sowjetbürger bin. Anders kann es gar nicht sein. Das läßt sich nicht verhindern. Trotzdem bleibe ich Kommunist und bin verpflichtet, so gut, wie ich irgend kann, zum Nutzen des Sowjetlandes zu arbeiten, denn das heißt für das Weltproletariat und damit auch für das deutsche Proletariat.

Anfang Mai war die Gerichtsverhandlung. Tadeusz bekam acht Jahre, seine Kameraden Fristen von 8 bis 15 Jahren. Alle Deutschen wurden zum Tod durch Erschießen verurteilt, auch der kommunistische Gefreite. Ich weiß nicht, ob dieses ungeheuerliche, unsinnige Urteil vollstreckt wurde. Im Feldgefängnis wurden damals keine Hinrichtungen vorgenommen, alle Abgeurteilten kamen ins Hinterland, nach Grodno oder nach Brest.

6. Hiwis

Auch an zwei andere Männer aus Zelle 8 habe ich mich später oft erinnert. Sie trugen deutsche Uniformen, hatten aber unsere Feldmützen und Stiefel. Der ältere, lebhaftere hatte einen kupferroten, borstigen Bart und strahlendblaue, flinke Augen, der andere war sehr dünn, schweigsam und trübsinnig.

Von allen Zellengenossen wurde der Rote am häufigsten zum Verhör gerufen. Ein paar Mal kam er zerschunden, schwer atmend zurück, stöhnte dumpf, sah gehetzt und trostlos verzweifelt aus. Man nannte sie Wlassow-Leute[6]. Diese Bezeichnung und der Anblick der deutschen Feldblusen an russischen Männern weckten in mir Verachtung und Feindseligkeit. Sie waren Verräter. Einerlei, ob aus politischen Gründen oder aus Feigheit, sie waren Verräter, hatten den Nazis gedient. Was konnte widerwärtiger sein? Bald merkte ich, daß sie keine Wlassow-Männer, sondern Hilfswillige, »Hiwis«, waren. So nannten die Deutschen eine besondere Formation Wehrmachtsangehöriger, die 1943 aufgrund einer neuen Felddienstordnung aufgebaut worden war. Jede Infanteriekompanie, jede Artilleriebatterie und die entsprechenden Panzergliederungen durften nun ihre nichtkämpfenden Einheiten: Troß, Küchenpersonal, Sanitäter, Hundeführer, Schlosser und so weiter durch freiwillige sowjetische Kriegsgefangene ersetzen; man gab ihnen deutsche Uniformen ohne Schulterstücke, deutsche Soldatenverpflegung, etwas geringere Löhnung und in der Regel keine Waffe.

Die ersten Hiwis hatte ich im Sommer 1944 in Bjelorußland gesehen. Unsere Soldaten rechneten manchmal eigenmächtig mit ihnen ab, gleich an Ort und Stelle ihrer Gefangennahme: »A-a-a-h, Landsleute, Verräter, zum Teufel mit euch, verfluchte Wlassow-Bande, Hunde!« Sie hatten noch Glück, wenn sie sofort erschossen oder aufgehängt wurden. Es kam auch vor, daß sie lange gequält und schließlich zu Tode getrampelt wurden.

Ich wußte, daß Hiwis keine Wlassow-Leute sind, und dachte daher, sie würden nicht zum Tode verurteilt werden. Ich wußte auch, daß man selbst die echten Wlassow-Leute nicht pauschal verdammen durfte. Die meisten hatten sich nur verpflichtet, um dem Hungertod zu entgehen, andere mit der festen Absicht, sowie sie bewaffnet seien, zu den Partisanen zu gehen. Doch die einen wie die andern rangierten in meiner Vorstellung, wenn nicht als Feinde, die vernichtet werden mußten, so doch in jedem Fall als Wesen niedrigerer Kategorie, verächtlich und selbst daran schuld, daß man ihnen Mißtrauen und Widerwillen entgegenbrachte. Denn keiner, der ehrlich gekämpft, seine gefallenen Kameraden und Freunde begraben hat, kann ihnen je verzeihen. Und niemals können die Soldatenwitwen und -waisen und die in diesem Krieg Verstümmelten denen verzeihen, die dem Feind geholfen haben, ihm dienten, wenn auch nicht freiwillig, die sein Brot gegessen und seine Uniform getragen haben.

So empfand ich, und so dachte ich nicht nur in den ersten Tagen und Monaten der Haft, sondern auch später noch. Erst als ich Jahre später anfing, die Beschränktheit und Ungerechtigkeit so rigoroser und grausamer Generalisierungen einzusehen, als ich viele Gefangenen-Schicksale kennenlernte, viele Schilderungen gehört hatte – sehr verschiedene und doch in der Hauptsache erschütternd ähnliche –, konnte ich allmählich objektiver urteilen, vernünftiger und verständnisvoller. Trotzdem blieben das Mißtrauen und die Feindseligkeit noch lange lebendig, wenn auch durch Mitleid gemildert, und natürlich blieb das Bewußtsein der eigenen Überlegenheit. Es war das gleiche Gefühl, das gelegentlich immer noch Neger, Juden, Zigeuner, überhaupt »Fremde« und auch »das einfache Volk« bei Menschen erwecken, die nur mit dem Verstand, mit der Logik rassistische, antisemitische, chauvinistische oder gesellschaftlich-elitäre Vorurteile überwunden haben. Logischen Erwägungen ist mit dem Verstand beizukommen, das emotionale, unwillkürlich Aufgenommene haftet sehr lange, wenn nicht für immer.

Ich brauchte Jahre, um mich wirklich von diesem zähen Gift zu befreien, das in allen militant-patriotischen Vorstellungen verborgen ist. Und die beiden Hiwis, mit denen ich die ersten Haftwochen in einer Zelle des Feldgefängnisses verbrachte, ihren Erzählungen zuhörte, mit ihnen und über sie diskutierte, waren die ersten, die mir dabei halfen. Nur aus den sowjetischen Kriegsgefangenen wurden Hiwis rekrutiert. Die Soldaten aller anderen Armeen, die gegen Deutschland im Felde standen oder gestanden haben, konnten – wenn auch kümmerlich – in normalen Kriegsgefangenenlagern leben. Auch in der Gefangenschaft blieben sie Bürger ihrer Länder, selbst wenn es ein so trauriger Rest war wie das »Generalgouvernement«. Sie bekamen Pakete von ihren Angehörigen, vom Roten Kreuz, korrespondierten mit ihren Familien, wußten genau, daß sie gleich nach dem Krieg heimkehren konnten. Aber unseren Soldaten war schon im Frieden in den Kasernen eingeschärft worden, daß Gefangenschaft Vaterlandsverrat ist. Vielen war hinreichend bekannt, was in den Jahren 1937/38 vorgegangen war. Viele wußten von den unanfechtbaren Gesetzen der Wachsamkeit, die argwöhnisches Mißtrauen gegenüber allen forderten, die irgendwie mit dem Feind und ganz allgemein mit Ausländern in Berührung gekommen waren; sie wußten, daß niemand, der in Gefangenschaft gewesen war, sei es in Finnland oder bei den Japanern, heimkehrte.

Das alles erleichterte der deutschen Propaganda die Arbeit. Sie bewies, daß sowjetische Bürger, einmal in Gefangenschaft, nicht mit dem Mitleid ihres Staates rechnen konnten, daß Stalin sie »alle abgeschrieben hatte«, daß sie daher keine Briefe, keine Pakete bekamen, daß der sowjetische Staat als einziger in der Welt die Haager und Genfer Abkommen zur Behandlung von Kriegsgefangenen nicht anerkennt und alle Gefangenen als Verräter betrachtet.

Ich bekam dies oft von Deutschen und von Polen zu hören, mit denen ich im Gefängnis und im Lager zusammentraf. Dennoch hatte es in keinem anderen Land soviel Helden-Märtyrer gegeben, die trotz allem »ihrer strengen Mutter« treu blieben, die in Todeslagern und Wlassow-Kasernen Untergrundkampfgruppen aufbauten, die aufrecht zur Folter und in den Tod gingen.

Aber auch diejenigen, die keine Helden waren, die unter der langen Folter zusammenbrachen, einer Folter, der nur die sowjetischen Kriegsgefangenen unterworfen waren – dem langsamen Verhungern –, könnten höchstens stumpfsinnige, sklavische Beamte des Todes verurteilen und bestrafen: jene Untersuchungsrichter, Staatsanwälte und Richter, in denen alles menschliche Empfinden pervertiert wurde zu routinierter, bürokratischer, gleichgültiger Grausamkeit. Ihre Vorstellungen von Recht, Gesetzlichkeit, gesunder Vernunft, ja selbst von den Interessen des Staates, dem sie dienten, wurden ausschließlich von den jeweils neuesten Instruktionen, dem unablässigen Streben, so und nur so zu handeln, »wie es sich gehört«, um keine Unzufriedenheit, kein Mißfallen bei übergeordneten Instanzen zu erregen, geleitet und bestimmt.

Dieses Bestreben war das A und O, Grundlage und Wesen der Tätigkeit aller Glieder dieser riesenhaften, vielgliedrigen und vielstöckigen, unersättlich gefräßigen Menschenvertilgungsmaschine, deren einzelne Aggregate sich Organe der Staatssicherheit, Staatsanwaltschaft, Gericht, Militärtribunal, Hauptlagerverwaltung (Gulag) nannten.

Diese wie von Kafka erfundene, roh-primitive, plump-mechanische und zugleich ungemein komplizierte Maschinerie mahlte und mahlte unaufhaltsam – blind und tausendäugig-wachsam, taub und tausendohrig-hellhörig. Sie sog Hunderttausende von Menschen in sich hinein, Menschen, die Krieg, Gefangenschaft, deutsche Konzentrationslager, Gestapofolter, Hunger und tödliche Gefahren überstanden hatten, und zermalmte sie.

Die Konstruktion dieser Elend und Tod produzierenden Maschinerie war so seltsam, daß sie den unheilverkündenden Stempel »Vaterlandsverrat« (§ 58–I, a und b) gleichmäßig nicht nur jenen aufgedrückte, die aus freien Stücken den Nazis gedient hatten (als Hilfspolizisten, Kapos, Denunzianten oder SD-Spitzel), sondern auch denen, die das schwere Kriegsgeschick und die mitleidlose Gleichgültigkeit des Stalinschen Staates zu Hiwis gemacht hatten oder die als rechtlose Gefangene oder als Ostarbeiter fronen mußten und bitterste Not litten. Selbst die heldenhaften Anführer von Lageraufständen und Meutereien in Ostformationen, auch die letzten Verteidiger von Brest erhielten diesen Stempel. Männer wie der Partisanenkommandant Gilj-Rodionow, wie Oberst Nikolaj Buschmanow und Politruk Andrej Rybaltschenko, die als Wlassow-Freiwillige gleichzeitig das Berliner Komitee der KPdSU organisiert hatten, und viele, viele andere wurden unterschiedlich als Vaterlandsverräter nach Paragraph 58 – I angeklagt und verurteilt.

Allen, die in Gefangenschaft gewesen waren, stellten die Untersuchungsrichter die gleichen Fragen.

»Warum haben Sie sich nicht erschossen, statt sich zu ergeben?«

»Warum sind Sie nicht im Gefangenenlager umgekommen?«

»Welche Aufträge bekamen Sie von Gestapo und Abwehr?«

Die von den Engländern und Amerikanern Befreiten wurden zusätzlich gefragt: »Welche Aufträge bekamen Sie von der angloamerikanischen Spionage?«

Einer, der diese Verhöre selbst hatte über sich ergehen lassen müssen, sagte: »Wenn die Deutschen sofort erklärt hätten: ›Entweder Arbeit für uns oder Genickschuß‹, dann hätten höchstwahrscheinlich die meisten gesagt: ›Erschießt uns, ihr Hunde, wir werden nicht zu Verrätern!‹ Aber wenn man wochenlang, monatelang gehungert hat, wenn man an nichts anderes mehr denken kann als an Essen, wenn man Gras frißt, alte Lederriemen kaut, wenn man sich auf eine rohe Steckrübe, auf ein Stück Aas stürzt, ohne sich um den Posten zu kümmern, der einem in den Rücken schießen kann, und ohne den Kameraden wahrzunehmen, der schon neben einem umgefallen ist, dann bringen einen keine Drohungen, kein Schlagstock, sondern eine Schüssel Suppe und ein Stück Brot dazu, Wlassow-Mann oder Hiwi zu werden, und man merkt gar nicht, wie. Hunger ist schlimmer als Tod. Hunger dörrt das Gehirn, den Charakter und das Gewissen aus, man hört auf, ein Mensch zu sein, der Verstand erlischt. Wer den Hunger aushielt, diesen Hunger, der ist wirklich ein Held, ein Übermensch, früher hätte man gesagt – ein Heiliger.«

Diese Meinungen hörte ich nicht nur einmal. Je mehr ich selbst hungern mußte, um so besser verstand ich sie. Um so mehr bewunderte ich Menschen, denen der Hunger Tapferkeit und Gewissen nicht rauben konnte. Aber die Untersuchungsrichter und die Staatsanwälte, die weder Hunger noch Gewissen kennen, konnten nicht verstehen und wollten es auch nicht.

7. Anklage nach Paragraph 58

Auf das erste Verhör brauchte ich nicht lange zu warten. Es fand im selben Gebäude statt, in einem großen, schmutzigen, fast leeren Zimmer. An den Wänden stapelten sich Papierhaufen, Reste von zertrümmerten Möbeln. In der Ecke am Fenster saß ein junger Hauptmann an einem kleinen Tisch. Er hatte ein rosiges Gesicht, wie frisch gewaschen, waagerechte Brauen, helle, wache Augen. Die gewellten hellblonden Haare waren sorgfältig gekämmt.

»Setzen Sie sich.« Der Stuhl stand dicht am Tisch. »Ich bin Ihr Untersuchungsrichter, Hauptmann Poschechonow.« Er sprach ruhig, korrekt und betrachtete mich neugierig.

»Zuallerst und vor allem protestiere ich entschieden gegen meine Verhaftung und dagegen, daß man mich, einen sowjetischen Frontoffizier, in der ersten Nacht zu deutschen Feldgendarmen in eine Zelle gelegt hat. Das ist durch nichts gerechtfertigt...«

Der Hauptmann lächelte: »Sie sollten jetzt lieber nicht ans Protestieren denken, sondern an Ihren Fall. Sie sind verhaftet und angeklagt auf Grund eines sehr ernsten Paragraphen des Strafgesetzbuches: Paragraph 48, Artikel 10, Teil 2, und Paragraph 193, Artikel 2 g. Für das eine wie für das andere droht Ihnen Tod durch Erschießen.«

Bei dem Wort »Erschießen« wurde es mir kalt im Magen. Dann mein erster Gedanke: klar, Einschüchterung, das ist wohl so der übliche Auftakt. Hauptsache: der Kerl merkt nicht, wie übel dir zumute ist; nicht den Kopf verlieren; denken, denken, denken, nicht übereilt sprechen... »Was bedeuten diese Artikel? Ich bin kein Jurist.«

Er reichte mir ein kleinformatiges Buch »Strafgesetzbuch der UdSSR«, ich fand 58–10: »Propaganda oder Agitation, die dazu auffordert, die Sowjetherrschaft zu stürzen, zu unterminieren oder zu schwächen oder konterrevolutionäre Verbrechen zu inspirieren, sowie Herstellung, Verbreitung oder Aufbewahrung von Schriften entsprechenden Inhalts werden bestraft mit Freiheitsentzug nicht unter sechs Monaten. Werden die gleichen Handlungen bei Massenaufruhr oder unter Ausnutzung religiöser und nationalistischer Vorurteile der Massen während eines Krieges oder in Gebieten, über die der Kriegszustand verhängt ist, begangen, werden sie bestraft nach dem im Paragraph 58–2 dieses Gesetzbuches aufgeführten höchsten Strafmaß zum Schutz der Gesellschaft: Tod durch Erschießen.« Dazu Paragraph 193–2 g: »Befehlverweigerung im Feld, Aufwiegelung zur Befehlsverweigerung... Ebenfalls höchstes Strafmaß.«

Das Kältegefühl in meinem Inneren verdichtete sich. Aber die Gedanken blieben klar und übersichtlich.

»Diese Paragraphen betreffen mich in gar keiner Weise. Meine Treue zur Heimat habe ich in vier Kriegsjahren mehr als einmal bewiesen. Nie habe ich einen Befehl verweigert. Erst vorigen Monat hat mich Generalmajor Rachimow, der Kommandeur der 37. Garde-Division, zur Auszeichnung vorgeschlagen, und das nicht im Stab, sondern öffentlich vor der Truppe. Und auszeichnen wollte er mich nicht aufgrund irgendwelcher fremder Empfehlungen, papierener Berichte, sondern für konkrete Leistungen, deren Zeugen er selbst und mehrere seiner

Offiziere in Graudenz gewesen sind. Sie können das ohne Schwierigkeiten überprüfen…«

»Alles Nötige werden wir überprüfen. Und wie es im Sprichwort heißt: ›Für das Gute – danke. Für das Schlechte mußt du büßen.‹«

»Ich habe nichts Schlechtes getan.«

»Über diesen Punkt bestehen verschiedene Ansichten. Was ist in Ostpreußen vorgefallen? Weswegen hat man Sie aus der Partei ausgeschlossen?«

»*Das* soll der Grund sein? Diese schamlosen Verleumdungen, diese absolut unsinnigen, aus der Luft gegriffenen Lügen…«

»Wir glauben nicht Worten, sondern Tatsachen.«

Das Verhör begann nach dem üblichen Schema: Geburtsort, Name der Eltern, Verwandte im Ausland? Verhaftet? Wo studiert? Wo gearbeitet?

Schließlich: »Und nun habe ich Sie zu informieren, daß Sie beschuldigt werden, im Augenblick entscheidender Kämpfe – als unsere Truppen das deutsche Territorium betraten – sich mit der Propagierung bürgerlichen Humanismus befaßt und Mitleid mit dem Feind gehabt zu haben; daß Sie ferner, statt Ihren Auftrag durchzuführen – nämlich den moralisch-politischen Zustand der Bevölkerung in Ostpreußen zu erkunden, die mögliche Tätigkeit des faschistischen Untergrunds zu untersuchen –, sich um die Rettung Deutscher bemühten, das moralische Niveau der Truppe schwächten, gegen Rache und Haß agitierten – gegen den heiligen Haß auf den Feind! All dies waren keine zufälligen Fehler. Die Ursachen liefen tiefer, wie aus den Akten ersichtlich ist: Sie nahmen sich heraus, in Versammlungen und in Einzelgesprächen in unzulässiger Form unsere Führung zu kritisieren, unsere Presse, die Artikel des Genossen Ehrenburg. Sie drückten Ihr Mißtrauen in die Zuverlässigkeit unserer Alliierten aus; Sie erlaubten sich Äußerungen, die unter den Bedingungen des Krieges, der Front als demoralisierend, geeignet, den Kampfgeist der Truppe zu zersetzen, zu bewerten sind…«

»Diese Beschuldigungen weise ich samt und sonders mit aller Entschiedenheit zurück. Jetzt endlich begreife ich, warum ich verhaftet wurde. Bisher konnte ich mir nicht vorstellen, daß so etwas möglich ist. Üble Verleumdung hat die Parteiversammlung irregeführt. Meine Freunde und Kameraden, die die Verleumder ohne weiteres entlarvt hätten, waren absichtlich abkommandiert und auf diese Weise unschädlich gemacht worden. Aber wie können derartig plumpe Lügen bei Ihnen in der Abwehr so mir nichts, dir nichts geglaubt werden? Die Wahrheit ist doch ohne weiteres festzustellen. Sie müßten ...«

»Was wir müssen, wissen wir selbst. Jetzt zum Beispiel müssen wir diese Untersuchung durchführen. Ergibt sie, daß Sie unschuldig sind, werden Sie freigelassen. Ergibt die Untersuchung keine eindeutigen Resultate, wird die Gerichtsverhandlung den Fall klären. Bei uns wird kein Unschuldiger verurteilt.«

Diese Worte beruhigten mich mit einem Schlag, weckten in mir fast fröhliche Gedanken: Jetzt müßte alles gut werden. Sabaschtanskij hatte eindeutig zu dick aufgetragen, als er meine Verhaftung mit derselben Beschuldigung durchsetzte, mit der er meinen Parteiausschluß erreicht hatte. Jetzt würden die wirklichen Fakten ans Licht kommen. Auf Versammlungen, bei denen sture Funktionäre oder korrupte Kreaturen wie General Okorokow präsidieren, ist es kaum möglich, die Wahrheit zu beweisen, jetzt aber wird offenkundig werden, was für ein schamloser Lügner Sabaschtanskij ist, was für eine feige Null Beljajew! Jetzt wird alles ans Licht kommen, die Untersuchung wird mich von der Notwendigkeit befreien, allein diesen ganzen Schmutz wegzuschaufeln, wird die Niedertracht und Gemeinheit der beiden Lumpen an den Tag bringen. Warum haben sie sich auch mit mir angelegt? Offenbar hatten sie mich als einen Feind betrachtet, der ihnen gefährlich werden konnte. Ihre »Arbeit« bestand ja darin, zu denunzieren, zu verleumden, zu intrigieren, nach Orden und Posten zu jagen. Im übrigen hatte ich niemals etwas gegen sie unternommen. Damals glaubte ich, damit richtig und prinzipientreu zu handeln; denn die Hauptsache war ja der Krieg. Mir kam es darauf an, alles zu tun, was irgend in meinen Kräften stand, den Feind zu schwächen, den Sieg zu beschleunigen. Im Vergleich dazu waren Unstimmigkeiten mit den eigenen Leuten Bagatellen, Nichtigkeiten. Kleinlicher Hader, der vom Eigentlichen, von der Hauptsache ablenkte, war unzulässig.

Es mußten noch viele Jahre vergehen, bis ich begriff, daß in diesem Einzelfall – in meinem begriffsstutzigen Eingekeiltsein in ungelöste (wie mir aber schien, gelöste) Widersprüche von »größerem und geringerem Übel«, »objektiver und subvjektiver Wahrheit« – sich unmittelbar der Hauptwiderspruch unseres gesamten Lebens spiegelte, verkörpert im Schicksal mehrerer Generationen. Ja, nicht nur in einer, in mehreren Generationen. Hunderttausende von alten Bolschewiki, die tapfer auf den Barrikaden gekämpft, die in den zaristischen Zuchthäusern und Kerkern, an den Fronten des Bürgerkriegs den Mut nicht verloren hatten, begannen zehn, fünfzehn Jahre später zu lügen, zu katzbuckeln, dem »großen Führer« zu huldigen, dem »Vater der Völker«; feige verrieten sie ihre Freunde und entehrten sich selbst. Und die meisten handelten nicht aus Frucht und eigennütziger Berechnung, sondern weil sie glaubten, es sei notwendig für die große Sache, für die Sicherheit des Sowjetlandes, für den Kampf gegen den Faschismus. Meine Altersgenossen wie meine jüngeren Zeitgenossen zogen – lange nach all dem, was 1930, 1933, 1937, 1939 geschehen war, nach den Hungerkatastrophen, nach der Jeshowschtschina[7], nach dem Hitlerpakt und der polnischen Teilung – freiwillig in den Finnland-Krieg, schlugen sich 1941 bis 1945 an den Fronten und in Partisaneneinheiten.

Und wenn 1953 ein neuer Krieg ausgebrochen wäre, wären wir gewiß wieder als Freiwillige ausgezogen mit dem Ruf »Für die Heimat, für Stalin«. Hätte es damals schon die geplante Zusammenfassung der Juden in einem sozialistischen Ghetto im Fernen Osten gegeben, hätten sich auch dort Hunderttausende von Jungen aller Altersstufen freiwillig gemeldet, die aus ihren Baracken am Amur nach Korea, nach Vietnam, nach Kuba, nach Taiwan gezogen wären, an jede beliebige Front, um zu beweisen, daß sie sowjetische Patrioten sind, und vor allem, weil sie gerade dies für die Hauptsache, für das Allerwichtigste hielten: sich einzusetzen mit Gut und Blut.

Damals, zur Zeit dieses ersten Verhörs, war ich von einem fest überzeugt: Das Ziel heiligt die Mittel. Unser großes Ziel war der Sieg des Weltkommunismus; um seinetwillen kann man und muß man lügen, rauben, Hunderttausende, ja Millionen von Menschen vernichten – alle, die diesem Ziel hinderlich im Wege stehen oder im Wege stehen könnten. Um das Regime zu retten, muß man den Zug opfern, um die Armee zu retten – das Regiment. Von dem, den es trifft, schwer zu verstehen. Aber jedes Schwanken, jedes Zweifeln in derartigen Fällen rührt nur von

»intelligenzlerischer Wehleidigkeit« von »liberaler Schwäche« derer her, die den Wald vor Bäumen nicht sehen. So wie ich urteilten alle meine Freunde. So urteile ich auch zu jener Zeit, als ich bestimmte Zweifel hegte, als ich glaubte, daß Trotzkij und Bucharin in manchem recht hätten, als ich sah, wie die »totale Kollektivierung« und die »Entkulakisierung« durchgeführt wurden, sah, wie die Bauern im Winter 1932/33 erbarmungslos ausgeplündert wurden; ich war selbst dabei, suchte und grub nach verstecktem Getreide, mit der eisernen »Sonde« stieß ich in die Erde – wo sie nachgab, einsackte, war die Grube mit dem Korn. Ich wühlte die Großvätertruhen um und um, hörte nicht auf das Heulen der Weiber, das Winseln der Kinder. Damals war ich überzeugt, daß wir alle die große sozialistische Umgestaltung des Dorfes vollbringen, daß es danach allen Bauern unendlich viel besser gehen würde, daß ihr Jammer, ihre Leiden nur aus »mangelnder Bewußtheit« stammten oder von den Umtrieben des Klassenfeindes herrührten, daß die, die mich geschickt hatten, besser als die Bauern wußten, wie sie zu leben, zu pflügen, zu säen hätten.

Und in dem furchtbaren Frühling 1933, als ich die Verhungerten, die Frauen und Kinder sah – aufgedunsen, blau, kaum noch atmend, schon mit verlöschenden, tödlich gleichgültigen Augen; die Leichen, Dutzende von Leichen in Bauernpelzen, in zerrissenen Jacken, schiefgetretenen Filzstiefeln und Bastschuhen. Die Toten lagen in den Katen auf den Öfen, auf den Fußböden, im Schneematsch der Höfe in Staraja Wodolaga, unter den Brücken in Charkow. Ich sah es und verlor darüber nicht den Verstand, brachte mich nicht um, verfluchte nicht diejenigen, die schuld hatten am Verderben »nichtbewußter« Bauern; ich sagte mich nicht los von denen, die mich im Winter hergeschickt hatten, um den Bauern ihr letztes Korn wegzunehmen und um jetzt, im Frühling, die zum Skelett abgemagerten, von Ödemen Aufgedunsenen anzutreiben, aufs Feld hinauszugehen und in »Stoßarbeit den bolschewistischen Aussaatplan zu erfüllen« – nein, ich verlor nicht den Verstand, und ich brachte mich auch nicht um, ich verfluchte niemanden und sagte mich nicht los. Ich glaubte nach wie vor, weil ich glauben wollte, so wie seit eh und je alle glauben, die vom Wunsch besessen sind, übermenschlichen und außermenschlichen Kräften und Heiligtümern zu dienen, Göttern, Imperatoren, Staaten, den Idealen Tugend, Freiheit, Nation, Rasse, Klasse, Partei; Idealen, die zu ihrer Verwirklichung Menschenopfer fordern. Die fanatischen Anhänger der edelsten Ideale verheißen den Nachkommen das ewige Glück, vernichten aber gnadenlos ihre Mitmenschen – oder sie bieten den Toten die paradiesische Seligkeit, morden, verkrüpppeln die Lebenden und halten sich selbst für tugendhafte Helden, sind überzeugt, daß sie Böses nur um des künftigen Guten willen tun, daß sie lügen im Interesse ewiger Wahrheiten.

»Und willst du nicht mein Bruder sein, so schlag' ich dir den Schädel ein ...« sangen die Deutschen. Ebenso dachten und handelten wir alle – fanatische Anhänger der alleinseligmachenden Lehre des Kommunismus. Und als wir sahen, daß im Namen unserer hohen, guten Ideen niederträchtige, grausame Dinge geschahen, und als wir selbst an ihnen teilhatten, da fürchteten wir uns erst recht davor, schwankend zu werden, in Verwirrung zu geraten, in Zweifel zu fallen, in Häresie, fürchteten uns davor, den blinden Glauben zu verlieren.

1930 und 1933, häufiger noch 1937 war mir unheimlich zumute, überkam mich böse Trauer. Aber ich überzeugte mich, wie ich es gewöhnt war, wie ich es gelernt hatte: »Tragische Dialektik«, »Unvermeidliche Fehlschläge«, »Überspannungen«, »Logik des Klassenkampfes«, »objektive historische Notwendigkeit«, »barbarische Mittel im Kampf gegen Barbarei« ...

Die Begriffe Gut und Böse, Menschlichkeit und Unmenschlichkeit waren für uns hohle Abstraktionen. Und ich dachte nicht darüber nach, warum Menschlichkeit abstrakt sei, historische Notwendigkeit oder Klassenbewußtsein aber konkret waren. Begriffe wie Gewissen, Ehrenhaftigkeit, Humanität hielten wir für idealistische Vorurteile, intelligenzlerische, bürgerliche und eben deswegen lasterhafte Vorurteile.

All dies erkannte ich erst viele Jahre später. Doch schon in den letzten Kriegsmonaten fühlte ich es wie eine unaufhaltsam wachsende Bedrohung. Damals begann ich zum ersten Mal wirklich nachzudenken und kam zu dem Schluß, daß absolute, dogmatisch unerschütterliche sittliche Normen unbedingt notwendig seien. Die Relativität der Moral – alles, was uns nützt, ist gut, alles, was dem Feind nützt, ist schlecht –, die wir predigen, dies Dialektik nennend, schadet schließlich uns, schadet dem Sozialismus, erzieht skrupellose Handlanger des Todes. Heute erschlagen sie flink die Feinde – wirkliche oder vermeintliche –, morgen werden sie genauso leichthin die eigenen Leute umbringen. Ich sprach diese Gedanken aus, diskutierte, versuchte zu überzeugen, daß es nicht angehe, unseren Soldaten zu erlauben, die Gefangenen zu quälen und zu töten, daß es nicht angehe, die polnischen und deutschen Bauern auszuplündern. Ich machte mir Sorgen, in erster Linie, wenn auch nicht ausschließlich, um unser Land, unseren gesellschaftlichen Aufbau. Was wird später nach dem Krieg aus diesen Burschen, die von der Schule an die Front gegangen waren, ohne etwas gelernt zu haben außer schießen, sich eingraben, vorstoßen, in Deckung gehen, Granaten werfen? Sie sind an Blut, Tod, Grausamkeit gewöhnt. Sie müssen sich täglich davon überzeugen, daß Zeitungen und Radio, sogar ihre eigenen Vorgesetzten bei den Meetings durchaus nicht so vom Kriege sprechen, wie sie ihn selbst tagaus, tagein stündlich sehen und erleben.

Die Gewöhnung an Gewalt und Lüge, der Unglaube an das Wort, das »von oben« kommt, müssen sich einmal gegen uns selbst wenden. Wie kann man das vermeiden?

Ich wurde aus der Partei ausgeschlossen wegen solcher Gedanken und Überlegungen, die ich offen ausgesprochen hatte. Man sah darin »Propagierung des bürgerlichen Humanismus und Mitleid mit dem Feind«. Mich packte Zorn, ich begriff nicht, warum man mich so mißverstand; mir taten doch nicht die Feinde leid, sondern unsere eigenen Leute. Wieder und wieder dachte ich darüber nach, im Lazarett und im Gefängnis, auch an jenem ersten Hafttag im Lkw, der mich zum Feldgefängnis brachte. Während ich den Sternenhimmel betrachtete, der von der Plane halb verdeckt wurde, und die Silhouetten der beiden Begleitsoldaten, dachte ich darüber nach wie über eine neue Lebensaufgabe. Ein System der echten marxistischen Ethik müßte ausgearbeitet werden. Bisher war dazu noch keine Zeit gewesen: Revolution – Aufbau – Krieg. Aber nach dem Krieg wird ethische Erziehung das Allerdringendste sein. Millionen von Menschen sind verroht, vertiert, demoralisiert durch den

Faschismus, den Krieg und unsere eigene militärische, nationalistische und oft verlogene Propaganda. Daß diese Propaganda vor und vor allem im Krieg notwendig gewesen war, daran zweifelte ich nicht; aber ich war mir klar darüber, daß sie giftige Früchte zeitigen mußte.

Zweiter Teil: Wie es begann

Aus dem ersten Verhör war eindeutig hervorgegangen, daß ich aufgrund von Denunziationen des Oberstleutnants Sabaschtanskij verhaftet worden war.

Ich hatte ihn im Mai 1944 als Chef der 7. Abteilung der Politverwaltung der 50. Armee in Roslawl kennengelernt. Dort lag der Stab der neu aufgestellten Zweiten Bjelorussischen Front. Er gefiel mir auf Anhieb. Nicht groß, stämmig – später wurde er immer fetter, prall und straff, fast ein Kubus – mit rundem kräftigem Kopf auf kurzem Hals; sein Gesicht war dunkel und breit mit kindlich runden Backen, die Augen – dunkle Kügelchen – blickten manchmal traurig, träumerisch, manchmal glitzerten sie schlau. Er sprach mit weichem Poltawa-Akzent, scherzte gern, spielte auch wohl den Einfaltspinsel, aber man spürte: er ist gescheit, energisch, hartnäckig. Wenn er über seine Abteilung zu berichten hatte, sprach er einsichtsvoll und wohlwollend über seine Untergebenen, ohne sich selbst herauszustreichen. Doch es wurde durchaus deutlich, daß er von sich überzeugt war, seine Sache verstand und sehr wohl wußte, daß er das Brot der Armee nicht umsonst aß.

Am ersten Abend unserer Bekanntschaft nahm ich ihn zum Übernachten mit in das Häuschen, in dem ich einquartiert war. Wir redeten bis zum Morgen. (Später, auf Parteiversammlungen und bei den Verhören, erkannte ich einiges von dem, was ich ihm in dieser Nacht erzählt hatte, wieder – allerdings erheblich abgewandelt.)

»Nenn mich Milja – der Pope hat mich Minej getauft. Im Zorn auf den Vater hat er sich diesen blöden Namen ausgedacht. Also heiße ich Minej Demjanowitsch – kann kein Mensch aussprechen, der noch keinen halben Liter intus hat; aber von klein auf nennen mich alle Milja. Der Vater war Kleinbauer, gehörte zur Dorfarmut, aber du weißt ja, bei uns im Poltawaschen hungerten auch die Armen nicht, sie lebten eigentlich nicht schlechter als die Mittelbauern irgendwo in Mittelrußland.« Als Junge hatte Sabaschtanskij Schweine gehütet; trotzdem hatte er die Schule absolviert. Er gehörte zu den ersten Komsomolzen, wurde Sekretär der Dorfzelle.

»Und dann ging das so: erst Instrukteur im Rayon-Komitee, dann Stellvertreter in dieser und jener Abteilung, dann Sekretär – 1937, weißt ja, als die Kader so schnell ausgetauscht wurden, wurde ich Erster Sekretär des Komsomol-Rayon-Komitees, dann Mitglied im Gebietskomitee. Seit 1939 Sekretär des Stadtparteikomitees in Ljwow, Erster Sekretär. Und dann kam ja auch bald der Krieg.«

In dieser Nacht wurden wir rasch Freunde. Wir lagen im Dunklen, rauchten, sprachen vom Krieg, vom Leben vorher, von unseren Familien. Er erzählte: »Lange Zeit lebte ich, kann man sagen, ohne jedes Privatleben, immer in Hast und Eile. Da war das Rayon-Komitee, Versammlungen, Meetings, Dienstreisen durch die Dörfer, Plenarsitzungen, Konferenzen. Dann wurde ich Erster Sekretär. Das heißt: Wohnung und jeder Komfort standen mir zu, interessierten mich aber nicht. Ich hatte zu arbeiten, und es kam vor, daß ich wochenlang nicht ins Bett kam, in den Kleidern schlief, kaum die Füße unter einen Tisch streckte; dabei war ich ein junger Kerl. Überall Mädchen. Die wissen: der Sekretär ist Junggeselle, heften sich einem an die Hacken. Aber rumschäkern konnte ich mir nicht leisten, ich lebte ja wie auf dem Tablett – Rayon, Stadt –, alle kennen dich, jeder weiß von jedem alles. Dann ernannten sie mich in einem neuen Rayon zum Ersten Sekretär. Ich komme an – steht da ein ganzes Haus für mich, mit Möbeln! Fütter dich in der Kantine und schlaf allein. Das war mir zuwider. Ich beschloß zu heiraten. Aber wie stellt man das an? Ich hatte keine Zeit, herumzusuchen, herumzuspazieren. Außerdem konnte man dabei ganz schön reinfallen, Wachsamkeit ist geboten. Aber noch länger leben wie ein herrenloser Hund wollte ich auch nicht. Also entschloß ich mich. Am ersten Abend nach meiner Ankunft blieb ich länger im Komitee und sah mir die Personalakten aller Komsomolzinnen der Stadt an – eine vom Dorf zu nehmen wäre nicht gut gewesen, hätte gleich Klatsch gegeben: Der Sekretär hat sich seinen Betthasen in die Stadt geholt. Na ja, bei den Personalpapieren liegen ja auch die Fotos, ich brauchte nicht blind zu wählen. Bald hatte ich eine gefunden – sie arbeitete in der Gewerbegenossenschaft als Stenotypistin, Mitglied des Komsomol-Zellenbüros; Fragebogen vorzüglich, Eltern Dorfarme, die ganze Familie fleckenlos; Charakteristik gut, auch äußerlich angenehme

Erscheinung. Am andern Morgen lasse ich sie rufen. Sie kommt, ist ängstlich – warum hat der Erste Sekretär persönlich sie rufen lassen – dazu allein? Ich erkläre ihr sofort alles ganz offen und genau, ohne Drumherum – so und so, ich muß heiraten; über dich habe ich objektive Daten, und jetzt sehe ich auch, daß du ausgezeichnet zu mir paßt. Ich, weißt du, habe keine Zeit und keine Möglichkeit für Liebe und solche Romanzen. Ich will dich natürlich nicht drängen, ich mache dir als Genosse einen Vorschlag. Du kannst jetzt gehen, drüber nachdenken, ich warte bis heute abend um neun; wenn du einwilligst, komm her. Während ich spreche, gucke ich sie mir an, sie gefällt mir tatsächlich, so eine dunkle, flinkäugige, und die Figur – genau wie es sich gehört. Ich merk' schon, die ist wirklich anständig, verwirrt natürlich, ist ja immerhin ein Mädchen. Und ich frage: ›Hast du jemanden, mit dem du gehst?‹ Sie schüttelt den Kopf. Ich sage: ›Wenn da früher mal was war, das interessiert mich nicht, wir sind ja keine Spießer.‹ Sie ging weg, irgendwie still.

An dem Tag hatte ich viel zu tun, leitete die Bürositzung, empfing Leute, ständig ging das Telefon: Anrufe vom Gebietskomitee, aus den Dörfern; aber irgendwie im Herzen war so eine Unruhe – kommt sie, kommt sie nicht? Es wurde schon Abend, alle anderen hatte ich weggeschickt, sitze allein in meinem Büro, kann nicht lesen, nicht schreiben, starre immerzu zum Fenster, das Fenster geht zur Straße... Dann wird es dunkel, na ja, sie kommt nicht, denke ich, muß mir aus den Personalakten eine andere suchen. Und irgendwie kränkt mich das... Auf einmal sehe ich: sie kommt. Ich erkenne sie schon von weitem. Sie geht, als ob ihr die Beine nicht richtig gehorchen, bleibt stehen, denkt, geht wieder. Ich sehe hinunter, ziehe die Vorhänge ganz zurück, damit sie sehen kann, im Zimmer ist Licht, fange sogar an zu schwitzen, so sehr nehme ich mir das Ganze zu Herzen. Sie geht unten ins Haus, braucht, wie's mir vorkommt, sehr lange bis zum Büro. Am liebsten wäre ich ihr entgegengelaufen, aber das ging natürlich nicht, durfte nicht sein; Autorität muß man auch der Frau gegenüber behalten. Dann klopft sie – ganz leise. Ein Weilchen warte ich noch – aber das Herz schlägt mir wie ein Kälberschwanz –, dann sage ich ruhig und gesetzt: ›Herein!‹ Sie kommt rein, ganz blaß, und ich sehe Tränchen. Da stehe ich auf, komme hinter meinem Schreibtisch vor, gehe zu ihr hin und umarme sie, daß die Rippen krachen, und küsse sie so fest, daß sie beinahe ohnmächtig wird.

Am andern Tag zieht sie zu mir. Wir lassen uns auf dem Standesamt registrieren – alles, wie es sich gehört, aber es gibt kein Hochzeitsfest, derartige Mätzchen liebe ich nicht. Und du wirst es nicht glauben, sie war noch unberührt, obwohl sie eine temperamentvolle Person und schon über zwanzig war und so hübsch – trotzdem: ehrbar. Möglich natürlich, daß das Vorurteile, Überbleibsel sind, aber mir war es doch sehr angenehm. Und so leben wir seitdem. Sehr gut leben wir. Die Arbeit hat sie aufgegeben, kümmert sich nur noch um die Hauswirtschaft, wir haben zwei Söhne. Aber ich achte darauf, daß sie kulturell und politisch nicht zurückbleibt, ich bringe ihr Zeitungen und Bücher, sie geht auch zu den Versammlungen und politischen Kursen. Jetzt, in der Evakuierung, arbeitet sie wieder, sie wurde auch in die Partei aufgenommen...« Er erzählte mit schlecht verhehltem Stolz: Siehst du, Bruder, wie bei richtigen Menschen das persönliche Glück aufgebaut wird!

Mir war das alles fremd und irgendwie nicht ganz geheuer, nicht nach meinem Geschmack, doch abschätzig über ihn zu urteilen, bestand kein Anlaß. Er war anders als meine Freunde und ich, aber deshalb keineswegs schlechter.

Den ersten Zusammenstoß hatten wir wegen Dieter. Der Flieger Dieter W. geriet gleich zu Beginn des Krieges in Gefangenschaft. Seine Maschine, er war Pilot eines Fernaufklärers, wurde über Leningrad abgeschossen, und er landete mit seinem Fallschirm direkt im Sommergarten. Im Lager wurde er Antifaschist, absolvierte die zentrale Antifa-Schule in Krasnogorsk. Er war ein junger, hochaufgeschossener Bursche, langschädlig, hellblond, mit lebhaften, klugen Augen und regelmäßigen Gesichtszügen. Er war gutmütig, strebsam und naiv selbstbewußt. In ihm verband sich die preußische Offizierserziehung, die Exaktheit in Wort und Bewegung, Entscheidungskraft und Verantwortungsfreude forderte, mit pedantischem Fleiß bei der Aneignung der theoretischen Grundlagen des Kommunismus. Er war sehr wißbegierig, scharfsinnig, tapfer und mit Maßen auf Offiziersart arrogant. Frauen gegenüber wandelte er sich vollkommen, wurde weich, zart – aber ohne Süßlichkeit –, starrte träumerisch und vieldeutig in die Ferne, in seiner Stimme tauchten besondere Modulationen auf – wir sagten dann: »Er balzt.«

Zu uns war er als Frontbeauftragter des Nationalkomitees Freies Deutschland[8] gekommen. Der Arbeit dieses Komitees und seiner Beauftragten legte man in Moskau große Bedeutung bei. Manuilskij[9] sagte: »Wir werden das deutsche Heer mit Hilfe der Deutschen zersetzen.« Wir betrachteten das Komitee als Keimzelle einer künftigen antifaschistischen Volksfront. Es war daher unbedingt erforderlich, daß das Komitee, seine Publikationen, seine Vertreter und Bevollmächtigten sich das Vertrauen der deutschen Soldaten erwarben. Infolgedessen hatten wir Befehl, strikt darauf zu achten, daß alle Flugblatt-Texte, die im Namen des Nationalkomitees abgefaßt und hinter den deutschen Linien abgeworfen wurden, nur von Deutschen geschrieben und redigiert wurden. Die Lautsprecherübertragungen durften nur von ihnen selbst gesprochen werden. In der im Namen des Nationalkomitees geführten Propaganda, die unter dem schwarzweißroten Banner des kaiserlichen Deutschland auftrat, durfte auch nicht der leiseste ausländische Akzent zu hören sein.

Wir durften die von den Frontbeauftragten verfaßten Flugblätter nur kürzen, nicht redigieren. Als Dieter zum ersten Mal in Sabaschtanskijs Abteilung bei der 50. Armee kam, war der geradezu elektrisiert von einer aktuellen Richtlinie, die aus der Politverwaltung gekommen war. Es wurde »konkrete Propaganda« gefordert, wir sollten uns direkt an bestimmte Einheiten und namentlich an bestimmte Personen aufgrund konkreter Vorfälle wenden. Nachdem Sabaschtanskij ein paar Einzelheiten über das persönliche Leben und die dienstlichen Beziehungen der Offiziere eines deutschen Regiments erfahren hatte, dachte er sich ein »raffiniertes« Flugblatt aus. Er befahl Dieter, dies als »persönliche Brief-Instruktion des Nationalkomitees« abzufassen und die Offiziere namentlich über den Empfang ihrer »Berichte« zu verständigen, nach der »Durchführung früherer Anweisungen« zu fragen und ihnen zum Schluß zu befehlen, nun »zum offenen Kampf überzugehen«. Ein derartiges Flugblatt mußte, davon war Sabaschtanskij fest überzeugt, die deutschen Offiziere diskreditieren, da ja einige darin erwähnte tatsächliche Ereignisse seine Glaubwürdigkeit garantierten.

»Hei, die Gestapo wird sie aufs Korn nehmen, und damit schwächen wir ihre Kader!«

Dieter weigerte sich, das Flugblatt zu schreiben, das keinem der Adressaten schaden, wohl aber die Idee des Nationalkomitees hoffnungslos zugrunde richten würde. Sabaschtanskij wurde wütend, schrieb den Text selbst und befahl seiner Dolmetscherin, ihn zu übersetzen. Sie war eine junge Jüdin aus Bjelorußland. Sie hielt Jiddisch und Deutsch für dieselbe Sprache, die sich nur in der Aussprache und einigen grammatischen Details unterscheide. Sie übersetzte also das Flugblatt ins Jiddische mit einigen Korrekturen aus ihren Erinnerungen an den Deutschunterricht in der Schule. Dieter weigerte sich, zu unterschreiben. Sabaschtanskij forderte und befahl. Dieter entgegnete, Sabaschtanskij sei nicht sein Vorgesetzter. Der schimpfte Dieter Faschist und sperrte ihn ein.

Ich wurde in Sabaschtanskijs Abteilung geschickt, um den Konflikt beizulegen und Dieter zu uns zum Frontstab zurückzubeordern. Ich sagte Sabaschtanskij alles, was ich von dieser Geschichte hielt, und zwar in nicht sehr gewählten Ausdrücken. In der Sache widersprach er kaum, aber es kränkte ihn, daß ich für dieses Bürgersöhnchen, diesen Faschisten eintrat und seinetwegen ihn, den sowjetischen Offizier, Parteigenossen und Freund, so grob anschnauzte. Er sagte traurig und vieldeutig, daß wir im Umgang mit den Deutschen – »diesen sogenannten Antifaschisten« – nicht die Wachsamkeit vernachlässigen, nicht vergessen dürften, wer die eigenen Leute sind und wer nicht. Diese Redereien erklärte ich mir damit, daß er möglicherweise fürchtete, es könne aus seinem Mißgriff ein »Fall« für höhere Instanzen, ein »Personalverfahren« entstehen. Ich beeilte mich daher, ihn zu beruhigen, und gab ihm zu verstehen, der Zwischenfall sei erledigt, aber er solle für die Zukunft eine Lehre daraus ziehen.

Wir blieben weiterhin Freunde. Er kam mir vor wie ein »echter Sohn des Volkes«, ein »Soldat der Partei, der zum Offizier herangewachsen ist«. Wir alle kannten Stalins Äußerungen über »Offiziers- und Unteroffizierskader der Partei«. Nur manchmal empfand ich ein flüchtiges Unbehagen, wenn ich ihn in abgedroschenen, geschmacklosen Phrasen reden hörte, wenn er mit angelerntem, pathetischem Vibrieren in der Stimme die Worte »Partei«, »Heimat«, »bolschewistische Parteilichkeit«, »Volk«,

»Sozialismus« aussprach. Mir klangen sie bei ihm hohl, leer, tot, und mich durchzuckte der Geldanke, ob er nicht etwa heuchle, ob er nicht einfach ein listiger, wendiger Karrierist sei.

Wenn ich mich bei solchen Zweifeln ertappte, unterdrückte ich sie sofort als rückständige, intelligenzlerische Skepsis. Ich verbot mir den verfluchten Hang zur Reflexion, der einfache Dinge kompliziert macht – aus Mangel an gesundem »Klasseninstinkt« und »Parteilichkeit«. Parteilichkeit bezieht sich auf alles in der Welt – auf Theorien und Handlungen, auf die Geschichte und auf die Gegenwart, auf alle Menschen und auf sich selbst. Parteilich sein heißt, immer so zu handeln, wie die Partei es im gegebenen Augenblick braucht. Im Begriff bolschewistischer Parteilichkeit lag etwas Mystisches, das sich konkreten Vorstellungen entzog, etwas Allumfassendes, Universales. Früher meinte man, dieser mystische Zug entspringe dem proletarischen Klasseninstinkt, doch dann »veraltete« diese Anschauung, und wir glaubten, wahre Parteilichkeit erwachse vor allem aus der praktischen Erfahrung des inneren Parteilebens und aus makelloser, ideengebundener politischer Schulung. Dazu gehörte das Studium aller Arten von Abweichungen und zahlreicher Beispiele der Parteischädigung durch Vernachlässigung der Wachsamkeit oder durch das Eindringen feindlicher ideologischer Konterbande. Hauptvoraussetzung der Parteilichkeit war eiserne Disziplin: Ende der dreißiger Jahre entstand ein merkwürdiger Kult mit den Parteiausweisen; die Registratursektionen aller Parteiinstanzen wurden zum Allerheiligsten. Das Parteibuch zu verlieren kam einer Todsünde gleich. Das alles kam mir durchaus vernünftig und notwendig vor.

Sabaschtanskij war für mich die Verkörperung echter Parteilichkeit – mir noch unerreichbar, denn ich war sozial nicht vollwertig. Manchmal bemerkte Sabaschtanskij so nebenbei, es gebe Leute, die sehr gebildet, sehr gelehrt seien, ausländische Sprachen beherrschten, Geschichte und Literatur studiert hätten und sogar Marx gründlicher gelesen hätten als er; sie hätten von klein auf lernen können, ohne sich um was anderes zu kümmern, sie hätten ungestört ihre Hosenböden auf Schulbänken abgewetzt, weil sie das Geld für diese Hosen, für das Brot, für das Butterbrötchen in der Pause nicht selbst verdienen mußten. »Aber ich hab' mir von Kind an alles mit eigenen Händen erarbeitet, und später diente ich in der Partei: Entkulakisierung, Kollektivierung, Fünfjahrpläne, Kampf gegen die Feinde...« Darum beneide er auch die allergelehrtesten Leute nicht. Er habe Partei-Universitäten, ja geradezu Akademien absolviert und Dinge gelernt, die man auch auf der allerschönsten Schulbank nicht lernen kann.

Ich »empfing die Belehrung«, aber sie wurmte mich, und ich erwiderte jedes Mal, daß auch ich durchaus nicht in Vaters Hosen studiert hätte, daß auch ich bei der Kollektivierung und bei den Fünfjahrplänen mitgearbeitet hätte. Aber ich tat es mehr zur Selbstbestätigung; insgeheim glaubte ich (und war stolz auf meine Objektivität und meinen »Dialektismus« – vielleicht näherte auch ich mich echter Parteilichkeit), daß er mir unschätzbare Vorzüge voraus hatte und daß die Qualitäten, die mich reizten, von seiner Verwurzelung im Volk nicht zu trennen waren. In der Tat: er war ein hervorragender Parteifunktionär, vernünftig, zielbewußt und infolgedessen absolut vertrauenswürdig; etwaige Mängel, die aus natürlichen Charakterwidersprüchen stammten, waren demgegenüber unwichtig.

Einmal kam er zu uns in die Abteilung. Wir gingen zusammen zum Essen. Die Küche lag in einer Mulde. Wir setzten uns an den Abhang, löffelten aus unseren Kochgeschirren und unterhielten uns. Beiläufig machte ich eine lobende Bemerkung über Dieter. Sabaschtanskij fuhr sofort hoch. Seine Augen verengten sich, wurden dunkel, das ganze runde, rotbackige Gesicht verhärtete sich, verschärfte sich. »Belehr du mich gefälligst nicht! Er ist ein Faschist, eine Bestie! Er ist unser Feind, Sohn eines Bourgeois und selber Bourgeois, noch dazu ein deutscher. Einstweilen müssen wir ihn benutzen, klar, aber dann am besten umlegen...«

Ich wollte ihm gerade widersprechen, da kam, weiß der Kuckuck woher, Dieter auf uns zu. Fröhlich, lachend, zufrieden mit sich und der Welt.

Sabaschtanskij sah ihn fast noch im selben Augenblick, in dem er »Faschist, Bestie... umlegen« gesagt hatte, und schaltete blitzschnell um: »Ah, Dieter... fein! Guten Tak, libär Gänosse, wie gäht's? Seit wann bist du wieder hier?« Schwungvoll streckte er ihm die Hand hin und grinste.

Dieter war froh und fühlte sich geschmeichelt durch die Freundlichkeit des Oberstleutnants, der ihn noch vor kurzem hatte einsperren lassen. Das konnte nur bedeuten, daß er sein Unrecht eingesehen hatte und es auf diese Weise ohne überflüssige Worte zugab, ohne sich von seiner Chef-Würde etwas zu vergeben.

Als Dieter gegangen war, bemerkte ich: »Na, weißt du, du bist ja ein phantastischer Schauspieler, Milja, du könntest mindestens im Künstlertheater auftreten.«

Er sah mich aufmerksam an: »Was denn? Mit denen muß man so umgehen. Der Feind ist tückisch, man darf ihm nicht zeigen, daß man ihn durchschaut. Er muß glauben, daß wir dumme Tölpel sind, um so eher erwischen wir ihn...«

Und ich dachte: das ist echte Volksklugheit, das ist die Selbstbeherrschung des echten Bolschewiken, erfahren, wachsam, frei von moralischen Vorurteilen.

Später gab es ein paar kleine Zwischenfälle, die mir seinerzeit ganz unwichtig erschienen. Erst im Gefängnis erinnerte ich mich ihrer, und mir wurde klar, daß sie alle Glieder einer Kette waren, Fäden eines Spinnennetzes, in dem ich mich verfing, ohne es zu merken.

Im Sommer, als wir begannen, die Deutschen in Bjelorußland einzukesseln, wurde ich zu Sabaschtanskijs Abteilung abkommandiert und zum Führer einer großen Gruppe bestimmt, die mit zwei Lautsprecherwagen ausgerüstet war.

Wir hatten zwei Frontbeauftragte des Nationalkomitees Freies Deutschland bei uns: Dieter und Hans R. Jedem war ein Begleitoffizier zugeteilt, Hauptmann D., aus unserer Abteilung, für Dieter, und Hauptmann K., ein Mitarbeiter aus der Armeeabteilung, der auch den Armee-Lautsprecherwagen befehligte, für Hans R.

Ein paar Tage zogen wir über Straßen und durch Dörfer, hielten an, richteten unsere Lautsprecher auf den Wald und forderten die deutschen Soldaten auf, sich in Gefangenschaft zu begeben. Sie kamen einzeln oder in kleinen Gruppen, und wir schickten sie ohne Bewachung nach hinten mit einem Zettel »so und so viele Überläufer auf dem Weg zum Sammelpunkt«. Später erfuhren wir, daß sich ihnen unterwegs meist noch andere anschlossen; am Sammelpunkt korrigierten sie unseren Zettel, manchmal hatte sich die Zahl verdoppelt. Aber es gab auch deutsche Widerstandsnester mit Panzern und schwerer Artillerie.

Auf so ein Widerstandsnest stießen wir im Wald hinter dem Dorf Dratschewka, nördlich der Minsker Chaussee. Wir machten ein paar Sendungen: zuerst getragene Musik, dann sprachen Dieter, Hans und ein paar deutsche Soldaten, die sich erst kürzlich in Gefangenschaft begeben hatten. Doch es kamen keine Überläufer. Statt dessen schoß es von Zeit zu Zeit aus dem Wald: Artillerie und Granatwerfer.

Gegen Abend, nach einem ziemlich heftigen Feuerüberfall, meldete Hauptmann K., sein Wagen sei nicht in Ordnung. Nein, getroffen sei er nicht, aber mit den Apparaten stimme etwas nicht. Ich hatte schon früher gelegentlich den Eindruck, der Hauptmann sorge sich gar zu liebevoll um seinen Wagen und sei etwas zu ängstlich um dessen Sicherheit bemüht. Stets parkte er ihn möglichst weit von etwa gefährdeten Stellen, um rasch mit ihm zurückgehen zu können. Aber ich verstand nichts von der Technik und konnte seine Angaben nicht überprüfen. Nachts fuhren wir ins Dorf, sehr müde. Aßen ein paar Bissen, warfen uns auf den strohbedeckten Fußboden einer großen Hütte und schliefen ein.

Noch vor Morgengrauen weckten mich mein Stellvertreter Major Sch. und Dieter. Beide rüttelten mich kräftig, und Major Sch. rief: »Die Deutschen sind im Dorf – unsere Wagen fahren raus!«

Im Nu waren wir auf der Straße und erwischten unseren Lautsprecherwagen nur noch, weil er nicht sofort angesprungen war. Die schmale Dorfstraße entlang rannten Soldaten, holperten Troß-Karren, drängten Autos. Hinter Häusern und Gemüsegärten krepierten Handgranaten, knatterten MPs. Dieter schnappte sich eine weggeworfene MP, streckte sich auf dem Kotflügel aus und schoß in die Richtung, aus der das Feuer kam.

Wir entkamen unversehrt aus dem Dorf. Am Waldrand war schon eine Verteidigungsstellung aufgebaut, die ein Oberstleutnant der Panzer kommandierte. Der andere Wagen mit Hauptmann K. war weitergeprescht und ohne Halt bis zur Chaussee gefahren. Major Sch., ich, noch ein Offizier aus Sabaschtanskijs Abteilung und ein paar freiwillige Soldaten gingen zur Erkundung ins Dorf zurück.

Auf der Straße war es still. Kein Schuß. Hier und da Spuren der Panik: herumliegendes Gepäck, ein verlassenes Fuhrwerk, zusammengeknüllte Mäntel, ein paar weggeworfene Gewehre. Auch im Dorf war es still und leer. Wir gingen vorsichtig, gebückt an den Hauswänden entlang. Plötzlich sehe ich: Vor einer großen Scheune geht ein Posten auf und ab, ein älterer Soldat, mit von Machorka verfärbtem Schnurrbart, in formloser, plattgedrückter Feldmütze, der Mantel ist zu kurz, die Schöße sind ausgefranst. Die MP ist neu, tadellos.

»Was machen Sie hier? Wer hat Sie hier eingewiesen?«

»Der Abteilungskommandeur.«

»Und wo ist der Abteilungschef?«

»Drüben in der Stellung.«

»Seid ihr weit getürmt?«

»Wir sind überhaupt nicht getürmt...« Und dann voll Stolz: »Kanoniere stehen, wo sie hingestellt werden.«

Ich fühlte, daß ich rot wurde. Der Soldat sprach ganz unbefangen, ohne Vorwurf oder gar Verachtung. Trotzdem: *wir* waren ja vor ein paar Minuten ausgerissen.

»Und wo sind die Fritzen?«

»Weiß der Teufel. Irgendwo über alle Berge.« Er machte eine vage Armbewegung. »Die rannten so rum, suchten wohl die Straße. Im Dorf lag unsere Infanterie und irgendwelche vom Troß, die gerieten in Panik, hauten ab. Aber unsere Kanoniere blieben da, gaben den Fritzen Zunder, schossen einen Tiger in Brand und noch ein paar Schützenwagen; da sind sie wieder abgedampft.«

Wir gingen bis zum anderen Dorfende. Alles war so, wie der Kanonier es beschrieben hatte. Eine Artillerieabteilung hatte eine kombinierte deutsche Einheit zurückgeschlagen. Die Deutschen hatten die Stellung, von der aus wir gesendet hatten, umgangen und versucht, mit Panzern und Mannschaftspanzerwagen zur Minsker Chaussee durchzubrechen. Die Gefangenen erzählten, bei ihnen habe noch keiner gewußt, daß die Russen schon in Minsk waren; man hatte ihnen befohlen, sich nach Minsk durchzuschlagen. (Das muß am 9. oder 10. Juli gewesen sein; wir hatten Minsk schon am 4. eingenommen.)

Erst anderthalb oder zwei Stunden später hatte ich die ganze Gruppe wieder eingesammelt. Es fehlte nur Hauptmann D. Die Fahrer, Hauptmann K. – alle, die ausgerissen waren und Sch., Dieter und mich im Stich gelassen hatten – machten Ausflüchte:

»Hauptmann D. sprang heraus und schrie: ›Haut ab! Wir sind umzingelt!‹ Wir dachten, das wäre ein Befehl und Sie seien schon vorausgelaufen, weil Sie glaubten, daß man die Fahrzeuge in dem engen Hof nicht wenden könnte.« (Tatsächlich hatte man sie am Abend nur mit Mühe hineinbugsieren können.)

Wie sich dann herausstellte, war Hauptmann D. als erster getürmt. Er hatte in der Hast sogar fremde Stiefel angezogen. Er hatte weder versucht, auf uns zu warten, noch überhaupt, uns ausfindig zu machen. Er begab sich schnurstracks in die Verwaltung und beklagte sich dort, wir hätten *ihn* im Stich gelassen.

Am nächsten Tag kamen wir zum Armeestab zurück. Ich meldete Sabaschtanskij all diese Vorkommnisse. Mißbilligend erwähnte ich auch den übervorsichtigen Hauptmann K. und bat, seinen Lautsprecherwagen, der so geheimnisvoll und plötzlich nicht mehr funktionierte, inspizieren zu lassen. Sabaschtanskij wurde ärgerlich, und es gefiel mir, daß er seinen Untergebenen mir gegenüber so temperamentvoll verteidigte.

»Du bist absolut im Unrecht. K. ist seit Kriegsanfang an der Front. Eben daher ist er vorsichtig. Über dich dagegen beschweren sich die Leute, daß du einfach vorpreschst, ohne dich drum zu kümmern, ob's nötig ist – daß du dich wichtig machst, bloß um näher am Feind zu sein. Das sind, weißt du, längst überholte Allüren. Im Bürgerkrieg, bei den Partisanen, da ging das wohl. Aber bei uns hier darf man nicht mehr mutwillig den Schädel hinstrecken; außerdem muß die Technik geschont werden und das Material. Ich habe in meiner Abteilung nur einen einzigen Lautsprecherwagen, und du hast ihn ausgerechnet in der vordersten Linie eingesetzt. K. hat völlig richtig gehandelt. Er hat Verantwortungsgefühl. Das darf man nicht mit Feigheit verwechseln.«

Diese Argumente übrzeugten mich. Und mein eigenes Verhalten weckte um so mehr Zweifel in mir, als ich nur zu genau wußte, wie scheußlich mir jedesmal zumute war, wenn wir uns der vordersten Linie näherten, wenn es über dem Kopf unheildrohend brummte, pfeifend heulte oder zischte, als zerreiße jemand festen Stoff, wenn die MG-Garben immer näher und immer böser peitschten, die Explosionen immer wilder krachten, die Erde entsetzt zitterte, wenn die vom Flugzeug ausgeklinkte Bombe, hysterisch jaulend, natürlich genau auf meinen

Kopf fiel. Das alles war schrecklich und ekelhaft. Um vor den anderen und vor mir selbst meine Angst zu verbergen, mußte ich ungeheuerlich fluchen, die blödsinnigsten, unflätigsten Verwünschungen ausstoßen, mir den Anschein absoluter Wurstigkeit geben, die alleralbernsten Witze erzählen, feixen und versuchen, mich abzulenken. Am besten war es, etwas Konkretes zu tun, auf das man sich konzentrieren konnte, etwa bis zu diesem oder jenem Baum, Graben oder Bunker zu gelangen; die Pfeife zu putzen; die Fußlappen neu zu legen; die Platten für die »Musikbegleitung« in der richtigen Reihenfolge zu ordnen. Wenn es während einer Sendung nur Artillerie- oder Granatwerferfeuer gab, brauchte man die Übertragung nicht zu unterbrechen; man sprach weiter, wiederholte aber jeden Satz mehrmals. Schon im Nordwesten war ich in den Ruf eines »Draufgängers« geraten. Diesen Ruf wollte ich mir erhalten. Ich ging deshalb oft weiter vor, als angebracht war; ich überzeugte mich und die andern, daß das notwendig sei, daß nur so unsere Lautsprecherübertragungen wirken könnten. Ich ging genau dahin, wohin zu gehen ich mich am meisten fürchtete. Hinterher war es angenehm – man hatte es geschafft, trotz allem, man hatte nicht klein beigegeben – und auch peinlich: Denn es war bubenhaftes Spiel, einerlei, was gute Freunde auch immer sagen mochten; es war die künstliche Tapferkeit des Feiglings, individualistische Selbsterziehung, aber nicht wirkliche Mannhaftigkeit wie bei unseren Soldaten, die ruhig, ohne zu schwanken, mit klarem, kühlem Verstand jede Handlung überlegten, sicher und zweckmäßig.

Dies alles fiel mir bei Sabaschtanskijs Worten ein; ich stimmte ihm schweigend zu und kam auf das Gespräch nicht wieder zurück. Aber die Feigheit des Hauptmanns D. war augenfällig und gefährlich für jeden, der in heiklen Situationen mit ihm zusammen war. Ich meinte, er müsse aus der Partei ausgeschlossen und aus der Abteilung versetzt werden; dem Gesetz nach verdiente er sogar das Kriegsgericht: Er war für Dieter verantwortlich, der unter keinen Umständen von den Deutschen geschnappt werden durfte. Aber das Kriegsgericht war doch zuviel: Man müßte ihn einfach davonjagen und in seine Beurteilung eintragen, daß er Kameraden im Stich gelassen, seine Soldatenpflicht vergessen und seine unmittelbaren Aufgaben nicht ausgeführt hat. Ich sagte, daß ich bei einer schwierigen und gefährlichen

Aufgabe, etwa hinter die deutschen Linien zu gehen, Dieter gern mitnehmen würde – er hat schon öfter gezeigt, was er taugt –, aber niemals den Hauptmann D.

»Was fällt dir ein! Wie kannst du überhaupt so was sagen? Das will ich gar nicht erst anhören. Du vergleichst einen sowjetischen Offizier, einen Parteigenossen, mit einem Deutschen, einem Bourgeois und Faschisten, und wie! Du verdrehst ja alles.«

Den eigentlichen Kern der Sache bestritt er nicht. Er wußte, daß ich recht hatte: auch das Verhalten seiner Leute – des Hauptmanns K. und der Mannschaft seines Lautsprecherwagens – war bei der Flucht aus Dratschewka äußerst fragwürdig gewesen. Er redete mir gut zu, wollte mich freundschaftlich umstimmen:

»Was kommt denn schließlich dabei heraus? D. ist schlecht, und Dieter ist gut – unser Offizier ein Feigling, aber dieser dreckige Fritz tapfer. Na? Urteile doch selbst, was dabei herauskommt. Ist denn das unsere Fragestellung?«

Als ich in die eigene Abteilung zurückkam, waren meine »politisch fehlerhaften Äußerungen« dort schon bekannt. Parteiorganisationsleiter der Abteilung war der alte Hauptmann Z-kij, stolz auf seine lange Parteizugehörigkeit, aber furchtsam vor jeder Obrigkeit. Wegen seiner polnischen Herkunft hatte er 1937 Todesangst ausgestanden. Gutmütig, nicht besonders klug, kränklich beleidigt, war er immer darauf bedacht, auszugleichen, »scharfe Kanten zu glätten«, zu beruhigen, Frieden zu stiften; er verhielt sich devot Älteren wie Jüngeren gegenüber. Er war als Instrukteur für »polnische Angelegenheiten« eingesetzt und hatte daher damals noch wenig zu tun. Doch seines Alters und seiner Kränklichkeit wegen beließ man ihn in dieser Stellung, und so lebte er im ganzen sehr behaglich. »Persönliche Fälle« gab es bei uns nicht, die Parteigruppe kam selten zusammen, die meisten von uns waren fast ständig bei der Truppe. Und nun begann unser allersanftester Partorg, den zu kränken wir uns alle hüteten – er konnte darüber sogar Tränen vergießen –, mich zu erziehen. Dabei griff er sich bald kummervoll pathetisch an den Kopf, bald versuchte er, drohend vieldeutig seinem krächzenden Tenörchen einen metallischen Klang zu geben.

»Wie kannst du nur in einer solchen Zeit, nach allem, was geschehen ist, derart unverzeihliche, empörende, objektiv antiparteiliche Worte aussprechen! Wie kannst du einen sowjetischen Offizier mit einem Deutschen vergleichen, einen Faschisten einem Kommunisten vorziehen?«

Er wiederholte im Grunde das gleiche, was Sabaschtanskij schon gesagt hatte. Ich schimpfte, kam ihm mit Beweisen. Aber Z-kij und der Abteilungschef Oberstleutnant R. reden auf mich ein, überzeugten mich, daß ich unrecht hätte, daß D. – wie auch immer er sich verhalte – sowjetischer Offizier, Kommunist sei, Dieter dagegen – was auch immer er tue – kein Unsriger sei, einer anderen Welt angehöre. Ich müsse doch verstehen, solle doch erkennen... Beide wollten die Sache nicht vor die Parteiversammlung bringen, sie verlangten nicht einmal eine schriftliche Erklärung von mir. Ich solle ganz einfach eingestehen, daß ich Unrichtiges gesagt hätte, solle es vor ihnen eingestehen.

Dieses ganze müßige Geschwätz zog sich über ein, zwei Tage hin. Unterdessen kamen immer neue Gefangene, unter ihnen auch Generäle; die Front hatte an einigen Stellen die alte deutsche Grenze in Ostpreußen erreicht und sogar überschritten. Jetzt war es das Wichtigste, vorn zu sein, bei den vorrückenden Truppen, bei den Gefangenenverhören die Unmengen erbeuteter Papiere durchzusehen. Ich gestand also ein, daß ich mich vergaloppiert hätte, damit sie mich nur endlich wegließen. Es geschah weiter nichts Besonderes, doch D. blieb unbestraft. Z-kij erklärte: »Wenn man jetzt eine richtige Untersuchung einleitete, müßte man ihn natürlich belangen, obwohl ihr ja alle ausgerissen seid, der eine früher, der andere später. Wer kann bezeugen, daß er jenem anderen Offizier die Stiefel weggenommen hat und daß es nicht vielleicht umgekehrt war? D. sagt, ihr alle hättet ihn im Stich gelassen. Wir sind auf dem Vormarsch, da werden wir keine Leute zur Untersuchung abziehen. Außerdem – wenn wir alles ernsthaft und gründlich untersuchen, kann man auch deine unzulässigen Reden nicht verschweigen. Die werden nicht nur deine Feinde empören – wir kennen und lieben dich –, aber andere könnten offiziell vorgehen. Deine Parteirüge ist noch nicht aufgehoben.«

D. wurde einfach aus der Abteilung abkommandiert und zur Armee versetzt. Ich entschuldigte das Eingeständnis meines »falschen Verhaltens« vor mir selbst wie immer mit der »Hauptsache«. Außerdem wolle ich mich nicht ein weiteres Mal vor einer Parteiversammlung rechtfertigen müssen. Ich hatte es schon oft gemußt. Das erste Mal wurde ich aus dem Komsomol ausgeschlossen als Vetter eines »unverbesserlichen Trotzkisten«; das war im Februar 1935 in Charkow an der Universität gewesen; zum zweiten Mal im September 1936 am Moskauer Institut, und später hatte ich mich wieder und wieder vor Rayon-Komitees, vor dem Stadt- und Gebietsbüro zu rechtfertigen. Dann, an der Front, im Sommer 1942, wurde ich nicht als Kandidat in die Partei aufgenommen, weil mein damaliger Chef sich beschwert hatte, ich sei undiszipliniert und moralisch labil (ich hätte ein Verhältnis mit einer Dolmetscherin), vor allem aber, ich hätte mir erlaubt, die Führung zu kritisieren. Schließlich, das letzte Mal, im Frühjahr 1944, erhielt ich eine Parteirüge wegen »Vernachlässigung der Wachsamkeit«, die in »unzulässig freundschaftlichen Beziehungen zu Popen« bestanden hatte.

Nein, lieber eine Woche unter Beschuß, lieber die härtesten Artillerie-Attacken als dies hier: Steh und beweise, daß du die Heimat liebst; erkläre, daß du selbstverständlich deine Fehler einsiehst und bereit bist, ihre Wurzeln bloßzulegen; bitte, dir zu glauben, daß du mit allen Kräften, bis zum letzten Blutstropfen ... und dann auf hämische und idiotische Fragen antworten müssen, zuhören müssen, wie alles, was du eben gesagt hast, verdreht und entstellt wird, wie sie absichtlich blanken Unsinn über dich erfinden, dazu aufrufen, dir nicht zu glauben, mit verlogenem Pathos dich in den Dreck ziehen und albern über das quatschen, was für dich die Hauptsache im Leben, das Heiligste ist.

Nein, bloß das nicht noch mal! Widerlich und ekelhaft, sich heute daran zu erinnern. Das Grauen vor dieser Prozedur veranlaßte mich – außer der uneigennützigen Sorge um die Hauptsache – auch im Februar und März 1945, mich Sabaschtanskij, Beljajew und Mulin gegenüber geradezu selbstmörderisch passiv zu verteidigen. So kostete es sie keine große Mühe, mich hinter Schloß und Riegel zu bringen.

9. Sabaschtanskij als Vorgesetzter

Im Spätsommer war Sabaschtanskij Chef unserer Abteilung geworden, und das nicht ohne mein Zutun. General Okorokow, Chef der Front-Politverwaltung, ließ mich zu einem vertraulichen Gespräch kommen; er war mit unserem derzeitigen Abteilungschef Oberstleutnant R. unzufrieden. »Er ist irgendwie grau, ohne Initiative, ohne Saft und Kraft. Ich habe seinetwegen schon mit Moskau gesprochen, aber dort erklärt man mir, sie hätten niemanden, ich solle meine eigenen Kader befördern...«

Oberstleutnant R. war Lehrer für Geschichte oder Politökonomie. Nicht groß, flach, wirkte er im ganzen irgendwie verrenkt. Er hatte einen großen, blanken, verbeulten Schädel, abstehende Ohren, helle, blasse Augen. Nie erhob er die Stimme, sprach leise und eintönig. Dumm war er nicht, ein wackerer Mann und sehr gewissenhaft. Er sagte und tat nur das, was er wirklich für notwendig hielt. Vorgesetzten gegenüber war er bis zum Stottern schüchtern, aber er redete niemandem nach dem Mund, heuchelte und log nicht. Wenn er philosophierte, und er philosophierte gern, bemühte er sich um eine gewählte Ausdrucksweise. Allem Neuen, Ungewohnten, Unvorhersehbaren gegenüber verhielt er sich zögernd – mißtrauisch. Der General irrte sich nicht, wenn er ihn »initiativlos und beschränkt« nannte.

Dagegen schwoll der General selbst immer mehr an im Bewußtsein seiner eigenen Größe und Erhabenheit – gerade in diesen Tagen hatte er seine Beförderung zum Generalleutnant bekommen – und verübelte es R. vor allem, daß der nicht zu liebedienern, zu schmeicheln verstand, daß er weder lügen konnte noch wollte, ihm keinen Sand in die Augen streute, indem er gewaltige Aktivität und Einfallsreichtum vortäuschte, um »für die Ehre unseres Frontabschnittes und unserer Verwaltung zu sorgen«.

Ich verteidigte R., aber ohne besonderen Enthusiasmus – einfach weil es selbstverständlich ist, jemanden zu verteidigen, der den Zorn einer voreingenommenen Obrigkeit auf sich gelenkt hat. Auf Okorokows direkte Frage, wer R. ersetzen könnte, nannte ich, ohne lange zu überlegen, als ersten Sabaschtanskij. Und ich hielt mich dabei für sehr schlau, wußte ich doch, daß er ein emsiger, tatkräftiger Kerl, ein echter Parteimann war, dazu mein Freund, der auf mich hören würde. Unabhängig von dieser Überlegung erschien er mir damals wirklich als der geeignetste unter vielen, wenn nicht gar der beste von allen potentiellen Chefs.

Bald nach seiner Ernennung hatten wir einen neuen Zusammenstoß.

Ich schrieb ein paar Flugblätter, die sich an die ostpreußische Zivilbevölkerung richteten, an den Volkssturm, an die Jugend und die Frauen, die Panzersperren bauten und Panzerfallen gruben. Von einigen unserer Beobachtungsstellen aus konnte man im Scherenfernrohr zusehen, wie sie dort schanzten. Die Flieger meldeten, Zehntausende von Zivilisten seien an verschiedenen Stellen entlang der Grenze eingesetzt worden.

Die Flugblätter wurden nicht gedruckt. Sabaschtanskij sagte fest und bestimmt: »Schmeiß das weg. Ostpreußen kriegen teils die Polen, teils wir. Wir werden den Leuten keinerlei Wechsel auf ihre Zukunft geben. Abgesehen davon: an die Zivilbevölkerung wenden wir uns sowieso nicht. Unsere Angelegenheit ist die Front, nicht das Hinterland. Den Weibern, Kindern, Volkssturmleuten wird es schlimm genug ergehen. Das brauchst du ihnen nicht noch auf die Nase zu binden. Das ist eine diplomatische Angelegenheit, weißt du. Wenn wir irgendwas schreiben – ein Wort ist kein Spatz –, und das erweist sich dann als politisch falsch... Nein, wir stellen keinerlei Wechsel aus.«

Vergeblich versuchte ich ihn umzustimmen, indem ich ihn daran erinnerte, daß auch 1918 die Revolution in Berlin, in den Städten tief im Hinterland begonnen habe, als beim größten Teil des Heeres noch eiserne Disziplin herrschte. Wir brauchten doch gar nichts anderes zu versprechen außer Frieden und dann die üblichen Formulierungen von Leben schonen und so weiter... Sabaschtanskij gab nicht nach und beendete das Gespräch kategorisch und vielsagend: »Das alles, hörst du, ist keine Sache für unseren Grips, das ist eine Anordnung von oben und Punkt...«

Zwei Wochen später jedoch, als ich von einer Fahrt in die vorderste Linie zurückkam, erfuhr ich, aus Moskau sei aus der Glawpur[10] ein unzufriedenes Telegramm gekommen, das Sabaschtanskij fehlende Propaganda in Ostpreußen vorwarf. Sie schickten an die Bevölkerung gerichtete Flugblatt-Texte mit. Wie so viele Verlautbarungen aus der Glawpur waren sie weitschweifig, voll propagandistischer Rhetorik. Wir besprachen die Angelegenheit auf der Abteilungsversammlung, und ich sagte, daß wir andere Texte brauchten, konkretere, und daß wir die ja hätten.

Sabaschtanskij unterbrach mich sofort mit leiser, böser Stimme:

»Sie sind natürlich schadenfroh, daß unsere Abteilung einen Rüffel gekriegt hat, aber hier hat man nicht schadenfroh zu sein, hier hat man zu arbeiten.«

»Wieso schadenfroh? Was denken Sie sich da aus? Ich spreche von der Arbeit, von tatsächlicher Arbeit.«

»Ich bin derjenige, der hier von Arbeit spricht. Und ich denke mir nichts aus. Ich gebe Befehle als Chef, da die Partei und die militärische Führung mich nun einmal beauftragt haben, hier Chef zu sein. Also gedulden Sie sich gefälligst, machen Sie hier keine großen Sprüche, und spielen Sie sich nicht als Klugscheißer auf. Ihre fröhlichen Flugblättchen werden wir trotzdem nicht drucken. Wir haben die Fritzen weder zu amüsieren noch zu trösten. Uns liegen von Moskau geprüfte Texte vor, und *die* verbreiten wir. Darüber hinaus haben wir denen nichts zu erzählen.«

Unvermittelt, als habe er auf einen Schalter gedrückt, befaßte er sich nach dieser Feststellung mit etwas anderem. Und schon wenige Minuten später ging er in anderem Zusammenhang wieder zum freundschaftlichen Du über, sagte irgend etwas Schmeichelhaftes über meine Arbeit in der vordersten Linie.

Bald darauf fuhren wir zusammen zur 48. Armee. Dort wurde ich krank. Schwere Erkältung. Kippte eine doppelte Portion Wodka mit Aspirin, Salz und Pfeffer gemischt herunter und lag dann mit dem Pelzmantel zugedeckt in einer Art Dämmerzustand, den heißen, schweren Kopf ins Kissen gedrückt. Im selben Raum aß Sabaschtanskij mit dem Chef der Armeeabteilung zu Abend. Ein paarmal riefen sie mich an: »Willst du noch was zu trinken?« Ein-, zweimal sagte ich »nein«, später antwortete ich gar nicht mehr. »Er schläft«, bemerkte der Gastgeber, und Sabaschtanskij, als sei er auch davon überzeugt, daß ich schliefe, redete sofort drauflos:

»Ja-a, das ist ein schwieriger Bursche, egozentrisch, mit diesen, weißt du, intelligenzlerischen, anarchistischen Überbleibseln. Mich kann er nicht ausstehen. Ich, na – ich fühle das, er traut mir nicht und mag mich nicht. Und dabei mag ich ihn sehr. Sicher, ich sehe alle seine Mängel, ich sehe, daß er mich ohne weiteres in einem Löffel Borschtsch ersäufen würde. Aber ich schätze ihn, nicht nur in der Arbeit – da ist er natürlich erste Klasse, feurig, wenn auch manchmal überspitzt. Aber er hat Sachverstand, Bildung, Erfahrung, ist mit der Seele dabei. Ich, verstehst du, achte und liebe ihn nicht nur deshalb, sondern als Freund. Aber er – liebt mich nicht und achtet mich nicht.«

Was bezweckte er mit diesem Geschwätz? Daß ich aufsprang, protestierte?

Im Fiebernebel dachte ich ärgerlich: was für primitive Kniffe. Nein, ich wollte meine Beziehung zu ihm nicht klären. Böses wünschte ich ihm gewiß nicht, und ich war auch immer noch überzeugt, daß er im Amt des Chefs das kleinere Übel war. Aber sein Freund konnte ich nicht mehr sein, konnte auch nicht Freundschaft heucheln. So, wie die Dinge sich verändert hatten, konnte ich nicht einmal das Gute, das ich von ihm dachte, ihm gegenüber aussprechen, es hätte wie Speichelleckerei gewirkt.

Mehrmals äußerte Sabaschtanskij sein Befremden darüber, daß Dieter die Positionen der Gefechtsstände einiger unserer Divisionen und die Namen der Generäle so genau kannte. Als er mit ihm unterwegs zu einem Armeestab war, hatte Dieter ihm sogar den Weg gezeigt:

»Hat sich vor mir noch gebrüstet, der Lump, mit seinen Kenntnissen – ›drüben stehen die Katjuschas, und dort, sehen Sie, ist der Gefechtsstand des Generals Soundso‹.«

»Was ist daran verdächtig? Er war doch lange Zeit bei diesen Divisionen, die Generäle haben ihn zu sich eingeladen, ihn mit Wodka bewirtet, waren doch neugierig: Das ist ein Fritz, der arbeitet bei uns ...«

»Kannst du etwa dafür bürgen, daß er kein Spion ist, der Material sammelt? Kannst du dafür bürgen, daß er uns nicht verkauft?«

»Für die Zukunft kann ich mich nicht verbürgen, aber gegenwärtig ist er bestimmt kein Spion, kann es auch gar nicht sein.

Das ist doch absurd. Schon deswegen, weil er seine Kenntnisse ja gar nicht verheimlicht, sogar noch stolz darauf ist. Gerade das beweist doch, daß er keine schlechten Absichten hat...«

»Geschenkt, geschenkt! Damit du nämlich genau das denkst, darum quasselt er so, der ist schlauer als du. Und dieser Hans, das ist ein ganz großer Faschist, seinem Rang nach ist er ein politischer General – uns wickelt er ein wie komplette Trottel.«

»Womit hat er uns eingewickelt? Gib nur ein einziges Beispiel.«

»Ganz einfach dadurch, daß wir ihm vertrauen, daß wir vergessen, wer er ist. In der Schule laßt ihr ihn nach seinem Gutdünken schalten und walten. Er fährt mit Dieter an die verschiedenen Frontabschnitte, studiert den Standort der Stellungen.«

»Erstens: Hans fährt schon lange nirgends mehr hin.«

»Aber Dieter. Glaubst du denn, der würde ihm nicht brühwarm berichten? Hans ist der Chef und Dieter sein Handlanger.«

»Das alles sind pure Phantasien, *deine* Phantasien. Es gibt nicht die geringste Grundlage dafür. Wer Hans ist, das vergesse ich bestimmt nicht, ihm traue ich nicht recht. In der Schule kann er übrigens durchaus nicht schalten und walten, wie er will. In allen Unterrichtsstunden, die er abhält, ist Roshanskij dabei. Roshanskij und ich stellen die Unterrichtsprogramme und -pläne auf.«

»Du bist unbelehrbar. Sagt man dir ein Wort, gibst du zehn zurück. Aber ich hack' mir die Hand ab, daß diese Faschisten uns hintergehen und sich ins Fäustchen lachen.«

»Also los, meinetwegen, schicken wir sie doch zurück nach Moskau.«

»Das werden wir auch. Ich werde schreiben, man soll uns andere Leute geben, und die beiden schicken wir zurück.«

Hans R., den Sabaschtanskij, obwohl er ihn als »faschistischen General« bezeichnete, längst nicht so haßte wie Dieter, war tatsächlich ein hoher nazistischer Funktionär gewesen: Gau-Propagandaleiter – ein Goebbels auf Provinzebene. Chemiker und Schwiegersohn des Besitzers einer kleineren chemischen Fabrik, war er 1930 in die Partei eingetreten. Wie er erklärte, hatte ihn der Zorn über den Versailler Vertrag dazu veranlaßt und die Feindschaft gegenüber den Konkurrenten des Schwiegervaters, unter denen es auch Juden gab. Eine romantische Regung sei hinzugekommen: der Traum vom heroischen Auferstehen des ruhmvollen Deutschland – und dann vor allem Goebbels' Esprit und Rhetorik. Von Goebbels sprach er übrigens auch weiterhin mit deutlicher Hochachtung, wenn er auch gelegentlich etwas von »Demagogie« und »diabolischer Tücke« einfließen ließ. In den Krieg war Hans als Freiwilliger gegangen, um seine Treue zu den Idealen des Nationalsozialismus zu besiegeln. Er wurde Leutnant, Kompanieführer, geriet im Frühjahr 1942 bei Rshew in Gefangenschaft. Anfangs ging es ihm sehr dreckig. Er erzählte, wie man ihn während eines Verhörs roh mit einem Holzscheit geschlagen und barfuß in den Schnee hinausgejagt hätte. Das war ihm nicht unerwartet gekommen, damit hatte er gerechnet. Dagegen verblüffte es ihn, daß er nicht totgeschlagen, sondern in die Etappe, ins Lager geschickt wurde, wo die gefangenen Offiziere ordentlich behandelt wurden und nicht mal unbedingt arbeiten mußten. Dies hatte ihn überrascht und für die Antifa-Propaganda empfänglich gemacht. Er besuchte die Lagerschule, studierte Marxismus, überzeugte sich, daß Deutschland den Krieg verlieren würde, und schloß sich dem Nationalkomitee Freies Deutschland an. Er war das genaue Gegenteil von Dieter: zurückhaltend, schweigsam bis zur Melancholie und nachdenklich. Ich sprach mehrere Male mit ihm, lange, ohne ihn auszufragen. Mir lag sehr daran, sein Vertrauen zu gewinnen, um einen besseren Einblick in die Seele eines richtigen Nazis zu gewinnen. Er war gescheit, oder besser, er besaß gesunden Menschenverstand, sprach besonnen und überlegt. Dennoch fiel es ihm schwer, wirklich überzeugend die Gründe seiner geistigen Umwandlung zum Antifaschisten darzustellen. Den Anspruch auf »romantischen Idealismus« – so verbrämte er seine Vergangenheit – gab er nicht auf; gleichzeitig operierte er mit den marxistischen Begriffen der gesellschaftlich-historischen Gesetzmäßigkeit, der Klassengegensätze und so weiter, Begriffen, deren Anwendung er fleißig und gewissenhaft bei uns gelernt hatte. Mir gefiel es, daß er sich nicht damit beeilte, auf alles, was er früher geglaubt hatte, zu spucken, daß er sich nicht in leidenschaftlichen Anklagen und Selbstbezichtigungen verlor, die neuen Götter nicht unnötig pries, nicht den aufdringlichen, beflissenen Übereifer des Renegaten an den Tag legte, der im Gesprächspartner immer Widerwillen und Argwohn erregt.

Er war mittelgroß, hatte ein rundes, sehr jugendlich wirkendes Gesicht, ging etwas gebeugt, sprach leise, höflich, ohne jede Unterwürfigkeit, verläßlich, ruhig. In Augenblicken der Offenheit sprach er über seine Frau und die Töchter – naiv, hilflos, sentimental. Dann klangen wohl auch Töne eines falschen Pathos mit: »Ich weiß, daß im neuen Deutschland für mich kein Platz sein wird – außer im Gefängnis; aber ich werde alles tun, was für das neue Deutschland, für das Glück meiner Kinder nötig ist...«

Auf der Parteigruppenversammlung unserer Abteilung sagte Sabaschtanskij, er halte die Informiertheit von Hans R. und Dieter W. für gefährlich und schädlich, er möchte die Meinung aller Genossen darüber hören. Mulin – sein Stellvertreter und Chef des Reaktionssektors – deklamierte sofort drauflos von unserer Verantwortung vor der Armee, vor der Heimat, und zu mir hinüberblickend erinnerte er an einige Politoffiziere, denen der Umgang mit den Fritzen ein solches Vergnügen bereite, daß darüber ihr Parteibewußtsein abstumpfe und ihre revolutionäre Wachsamkeit einschlafe.

Ähnliches, nur ziemlich schiefzüngig, brachte auch, sich verhaspelnd, unser neuer Partorg hervor; er verwirrte sich in zahlreichen »sozusagen«, »ich meine«, »natürlich«, »im allgemeinen«.

Nina Michajlowna, Sekretärin und Lektorin, kniff erschrokken und böse die Augen zusammen, verschluckte sich vor patriotischer Erregung und nannte noch ein paar Verdachtsmomente gegen diese sogenannten Antifaschisten.

Als ich die Hand hob, flüsterte Mulin vernehmlich: »Das Wort hat der Verteidiger.« Ich hielt mich damals für außerordentlich scharfsinnig und sagte, die Situation pfiffig taxierend:

»Jetzt, kurz vor der Offensive, kann es in dieser Frage keinerlei divergierende Auffassungen geben. Deutsche – und seien sie auch Antifaschisten –, die mehr wissen als unsere eigenen Leute außerhalb ihres eigenen Frontabschnitts, sollten am Vorabend der Offensive nicht unmittelbar an der Front sein. Ich schlage daher vor, beide abzukommandieren, Moskau zur Disposition zu stellen und statt ihrer zwei andere Antifa-Männer anzufordern, die wir unter Bedingungen arbeiten lassen, die ihnen nicht das Gefühl geben, wir mißtrauten ihnen, aber unter denen sie keine Möglichkeit haben, etwas zu erfahren, das sie nicht unbedingt wissen müssen.«

Damit war diese Kontroverse beigelegt. Am andern Tag wurden Dieter und Hans nach Moskau abkommandiert, und Sabaschtanskij zeigte mir so nebenbei sein Begleitschreiben, in dem er schwarz auf weiß vermerkt hatte: »Es besteht begründeter Verdacht, daß sie sich mit der Sammlung von Spionagematerial beschäftigt haben.«

Da vergaß ich alle Beherrschung und Diplomatie. Das war nicht nur eine bösartige Lüge – ein solcher Vermerk konnte den Tod bedeuten. Ich sagte Sabaschtanskij, er habe keinen einzigen Anhaltspunkt für eine derartige Beschuldigung. Er verhalte sich niederträchtig und nicht wachsam. Er dürfe lediglich auf die Tatsache hinweisen, daß die beiden zu viel wüßten und daß er eine derartige Informiertheit für unerwünscht halte und sie daher abkommandiere. Sollte er aber diese Verleumdung abschicken, hielte ich es für meine Pflicht als Kommunist, ihn zu desavouieren, an Manuilskij und Burzew einen Sonder-Report zu geben sowie an Erich Weinert im Nationalkomitee einen Brief zu schreiben.

Diese Drohungen hörte er sich ziemlich ruhig an, begann nicht zu streiten, gab überraschend schnell nach und beauftragte mich, ein neues Begleitschreiben abzufassen. Für alle Fälle gab ich Dieter Briefe an Weinert und an Jurij M. mit, in denen ich ausführlich darlegte, wie gut und tapfer sich Dieter in schwierigen Situationen verhalten hatte, wie gewissenhaft er und Hans R. gearbeitet hätten.

Ein Monat verging. Sabaschtanskij fuhr zur Allunions-Armee-Konferenz nach Moskau und kehrte in ganz vorzüglicher Stimmung zurück. Unsere Beziehungen beschränkten sich mittlerweile auf das rein Dienstliche. Bei Begegnungen war er ruhig, freundlich, sogar zuvorkommend – die Inkarnation von Großmut und parteilicher Prinzipientreue.

Auf der ersten Abteilungsversammlung nach seiner Rückkehr aus Moskau sprach er angelegentlich darüber, was für eine gute Nummer wir in der Glawpur hätten, wie sehr man dort unsere Flugblätter lobte, und, so ganz nebenbei: »Ach, ja, sie lobten auch unsere Wachsamkeit. Dieser Dieter W. wurde als Spion verhaftet, und Hans R., der zwar noch nicht überführt ist, flog aus dem Nationalkomitee und wurde in ein Straflager gesteckt...«

Blicke von Mulin und Nina Michajlowna – allgemeines Gemurmel –, man sieht mich an. Ich bin überzeugt, daß er lügt, kann es aber nicht beweisen und schweige. Jemand fragt: »Hat sich das hier an unserem Frontabschnitt herausgestellt?« Sabaschtanskij antwortet vage, nebulös. Etwa so, daß noch nicht alle Einzelheiten bekannt seien. Dann sprach er über die Notwendigkeit, die Wachsamkeit weiterhin zu verschärfen.

»Wenn wir auch keine vollendeten Schlafmützen gewesen sind, als wir sie wegschickten, hatte vorher doch ein gewisses Erlahmen der Wachsamkeit stattgefunden.«

Weitere Wochen vergingen. Als aus der Glawpur der Chef der 7. Verwaltung, Generalmajor Burzew, zu uns kam, erfuhr ich von seinem Adjutanten, alles, was Sabaschtanskij gesagt hatte, erstunken und erlogen war: Dieter arbeitete in der Redaktion der Zeitung des Nationalkomitees und Hans R. als Komitee-Beauftragter in einem Offizierslager. Bei der nächsten Begegnung mit Sabaschtanskij bemerkte ich in Anwesenheit einiger Leute auch wie nebenbei:

»Genosse Oberstleutnant, Sie sind in bezug auf Dieter und Hans falsch informiert worden. General Burzews Adjutant hat etwas ganz anderes berichtet.«

»Dann ist seine Information falsch, oder er spricht aus anderen Gründen nicht darüber.«

»Er machte konkrete Angaben über ihre derzeitige Verwendung. Warum sollte er uns anlügen, wem würde es nützen, schon verhaftete Spione uns gegenüber zu loben?«

Sabaschtanskijs Augen wurden klein, seine Muskeln verhärteten sich; mit wie gewöhnlich leiser, aber vor Wut heiserer Stimme sagte er: »Sie wollen Ihre Nazi-Freundchen verteidigen, wollen gescheiter als alle andern sein. Ein für allemal: Hören Sie auf mit diesem Gequatsche. Ich habe gesagt, daß ich unanzweifelbare Nachrichten habe, und ich gestatte Ihnen nicht, mich zu kontrollieren. Diese Aufgabe haben Sie nicht und werden Sie auch nie bekommen.«

»Ich verteidige niemanden und nichts außer der Wahrheit; Nazi-Freunde habe ich nie gehabt – und Sie zu kontrollieren, mache ich mich nicht anheischig.«

»Mir scheint, ich habe deutlich gesagt, daß dieses Gequatsche beendet ist. Kennen Sie das Dienstreglement oder nicht? Beendet – das bedeutet beendet!«

Bis zu jener Versammlung, auf der ich aus der Partei ausgeschlossen wurde, erwähnte Sabaschtanskij diesen Fall nicht mehr. Dort aber wiederholte er alles in verschärfter Version – Dieter als Spion verhaftet, und Kopelew trat für ihn ein: »Vor der ganzen Abteilung hat er mich angepöbelt, weil ich die Faschisten – die armen Kerle – beleidigt hätte.« Später, bei der Untersuchung, sprach er schon wieder etwas anders, bestätigte, ich sei mit Dieter und Hans befreundet gewesen, mit Kriegsgefangenen, die, obwohl sie für uns arbeiteten – im Krieg muß man schließlich alle benutzen –, doch natürlich eindeutig Bourgeois und in der Tiefe ihrer Seelen auch Faschisten seien.

Bei der Gegenüberstellung während der Untersuchung, als ich ihn an seine Erzählung von Dieters angeblicher Verhaftung erinnerte, zuckte er nur verächtlich die Achseln – der denkt sich diesen Unsinn aus, um mich zu verleumden, um die eigentliche Schuld zu verschleiern.

10. Ljuba

In meinem ersten Gespräch mit Sabaschtanskij, nachdem er bei uns Abteilungschef geworden war, sagte ich zu ihm, als er nach dem offiziellen zum »freundschaftlichen« Teil übergegangen war, ich hielt es für erforderlich, ihm als Vorgesetzten wie als Genossen mitzuteilen, daß Oberleutnant Ljuba N., Instrukteur in unserer Abteilung, meine Frau sei. Ich hatte zwar Familie, die ich auch gar nicht zu verlassen gedachte, und Ljuba wußte das selbstverständlich – auch sie hatte einen Mann, zu dem sie nach dem Krieg zurückkehren würde; aber jetzt liebten wir uns, und ich wollte, daß Sabaschtanskij das durch mich erführe. Ich bat ihn, dies bei der Aufstellung von Kampfgruppen zu berücksichtigen, ebenso bei Abkommandierung zu Dienstfahrten und bei der Quartierverteilung. Er sah mich von der Seite an:

»Sonst sagt du immer: Hauptsache ist der Nutzen für die Arbeit?«

»Das sage ich und glaube ich. Ljuba und ich arbeiten ausgezeichnet zusammen.«

»Gut, meinetwegen. Ich werde es berücksichtigen, obwohl ich kein Freund von diesen Frontehen bin. Aber bei dir mache ich natürlich eine Ausnahme. Hauptsache, der Arbeit ist es nicht abträglich...«

Ljuba und ich waren schon mehr als ein Jahr zusammen. Schon seit dem Nord-Westen. Sie hatte unmittelbar vor dem Krieg das Institut absolviert, kam zuerst zum Landsturm, wurde MG-Schütze; als man die Mädchen von der vordersten Linie zurückzog und zum Sanitätsdienst abstellte, weinte sie erst, dann schlug sie Krach; schließlich gab sie sich zufrieden und schleppte Dutzende von Verwundeten aus dem Feuer. Als bekannt wurde, daß sie Deutsch sprach, machte man sie zum Sprecher für Lautsprecherübertragungen. Im Februar 1943 wurde sei zum Instrukteur in der 7. Abteilung einer Armee befördert. Anfangs sträubte sie sich, wollte nicht in die Etappe, aber die Beförderung zum Offizier schmeichelte ihr natürlich. Sie war klug, tapfer, sehr egozentrisch, manchmal fast kindlich. Sie konnte bitterlich weinen, weil sie etwa mit dem »Roten Stern« und nicht mit dem Orden des »Vaterländischen Krieges« ausgezeichnet wurde, wie sie erwartet hatte. Sie kommandierte gern und bemühte sich, wie ein ernster, ausgepichter, erfahrener Frontsoldat auszusehen. Aber sie war klein, hatte Sommersprossen, kurze, kleinmädchenhafte, störrische Rattenschwänze, die sich keiner Frisur fügten und sich auch nicht unter die Feldmütze bändigen ließen. Abschneiden wollte sie sie nicht, sie wußte genau, daß kurze Haare ihr nicht standen. Unter Freunden, wenn es einmal nicht notwendig war, sich »zu betragen, wie es sich gehört«, konnte sie selbstvergessen tanzen, sich ausschütten vor Lachen – wie ein Kind, bis zu Tränen. Aber sie war auch bedächtig und umsichtig, verstand es, sanft zu schweigen, mit ihren grauen, dicht bewimperten Augen die gröbsten Zahlmeister und wüstesten Rauhbeine anzuhimmeln, um Benzin zu ergattern, ein neues Paar Filzstiefel, einen Halbpelz, Wodka oder was die Truppe sonst nötig hatte, oder auch um die Freistellung eines Soldaten, den sie brauchte, durchzusetzen.

Der Chef der Armee-Abteilung, in der sie im Februar 1943 arbeitete, beging Selbstmord. Es hieß, sie hätten etwas miteinander gehabt, er sei ihretwegen eifersüchtig auf einige Würdenträger der Politabteilung gewesen. Einige Tage ging Ljuba herum wie eine Schwerkranke, sprach fast nichts, aß nichts. Man beorderte sie zur Frontverwaltung, von dort wurde sie zu mir abkommandiert. Im ersten Monat versuchte ich, sie durch Arbeit abzulenken, vermied es, das Vorgefallene zu erwähnen. Und obwohl sie mir leid tat, verhielt ich mich ihr gegenüber eher ablehnend, denn ein paar ordentliche Kerle aus der Armee hatten schlecht über sie gesprochen.

Später erzählte sie von selbst, betonte, sie sei mit dem Chef nur gut befreundet gewesen, zeigte mir Briefe seiner Frau an sie und Briefe ihres Mannes mit Grüßen an ihn. Wir kamen uns rasch näher, obwohl das zunächst mit Liebe nichts zu tun hatte. Schließlich sagte ich ihr, wenn wir schon Tag und Nacht zusammen arbeiteten, würde es sich nicht vermeiden lassen, auch zusammen zu schlafen; wozu das also auf die lange Bank schieben? Vielleicht stürben wir ja auch eines Tages zusammen durch dieselbe Granate.

Damals, im Frühjahr 1943, wurden solche Fragen an der Front sehr einfach gelöst. Ein Jahr zuvor galten Frontliebschaften noch als Vergehen, die bestraft wurden. Und die Schuldigen wurden unverzüglich getrennt. Es tauchte die verächtliche Abkürzung »PPSh« (feldmarschmäßige Ehefrau) auf, in Analogie zu den Bezeichnungen für die Maschinenpistolen »PPD« und »PPSch«. Aber Ende 1943 sickerte ein Gerücht durch – ob zu diesem Thema regelrechte Verordnungen erlassen wurden, weiß ich nicht –, Stalin habe gesagt: »Ich verstehe nicht, warum man Frontoffiziere dafür bestraft, daß sie mit Frauen schlafen. Es ist doch etwas ganz Natürliches, daß ein Mann mit einer Frau schläft. Wenn ein Mann mit einem Mann schläft, das ist nicht natürlich, das muß bestraft werden. Aber sonst?«

Und tatsächlich wurden »natürliche« Beziehungen nicht mehr bestraft. Viele hatten ihre ständigen Kampfgefährtinnen – dieser freundlichere Ausdruck ersetzte bald das ordinäre PPSh. Einige Generäle hielten Nachrichtenhelferinnen, Serviererinnen, Schwestern, Stenotypistinnen für ihr Freiwild. Es entwickelte sich ein besonderer Typ des niedlichen, frechen Mädchens in sorgfältig »auf Figur« gearbeiteter Uniform, Chromlederstiefeln, onduliert, geschminkt, mit kokett aufgesetzter Feldmütze oder

Kosaken-Pelzmütze, in unwahrscheinlich weißen Halbpelzen »auf Taille«.

Die Soldaten betrachteten sie mit fröhlicher Bosheit, manchmal auch mit Widerwillen, am häufigsten aber waren sie neidisch auf die, für die diese Prinzessinnen erglühten. In der Truppe wurde die Medaille »Für Kriegsverdienste« ironisch umbenannt »Für Liebesdienste«, und die Frontsoldaten empfanden es als Beleidigung, diese Auszeichnung zu erhalten.

Ich glaube, daß das niederträchtige Ehegesetz von 1944[11] zum Teil die unmittelbare Folge jener Verhältnisse war, die sich damals entwickelten. Die Frauen im Hinterland hatten Schreckliches zu leiden, mußten weit über ihre Kräfte arbeiten. Der Krieg zerstörte, löste zumindest auf lange Zeit fast alle früheren Bindungen zwischen den Menschen und schuf neue, kurzlebige Beziehungen in den Einheiten, in den Lazaretten, in den Evakuierungsstationen, in den Ruhestellungen, in den zahllosen Nomadenlagern des Landes – kämpfend, zurückweichend, angreifend, vorstürmend, abwehrend, evakuiert, re-evakuiert, hoffend, verwirrt, rastlos schuftend, schwankend zwischen Verzweiflung und Hoffnung, zwischen Lüge und Wahrheit, zwischen Heldentaten und Missetaten – wieviel gerechter und ungerechter Zorn kochte damals in den Menschen! Und wie soll man jenen Zorn beurteilen, der die Frauen überkam, die, abgeschunden von Arbeit, Unterernährung, Sorgen, ständiger Angst – lange kam kein Brief – vor der Zeit gealtert waren, wenn sie erfuhren, vielfach übertrieben natürlich, welch sorgloses Dasein die Mädchen im Felde führten: jung und dreist, kannten sie kein Schlangestehen, keine Lebensmittelmarken, keine bedrückende Fraueneinsamkeit – fällt heute ein Freund, kommt morgen ein anderer.

Das neue Gesetz sollte die traurigen Frauen im Hinterland trösten und die flotten Frontkavaliere ermuntern, sich nicht zu scheuen, »sondern fruchtbar zu sein und sich zu vermehren« – die Kriegsverluste in der Bevölkerung mußten ja wieder aufgefüllt werden! Im Nachteil waren nur die aufrichtig liebenden, vertrauensvollen oder aus ihrem normalen Leben durch den Krieg herausgerissenen Frauen, die es nach lange vermißter Freude verlangte – mochte sie auch flüchtig sein. Ebenso die schlicht Mitleidigen – vielleicht fällt er morgen schon, ohne eine Frau geliebt zu haben – und die Schüchternen, die Hungrigen, die Willenlosen, die einem Vorgesetzten nicht widerstehen können, sie und ihre künftigen Kinder, Millionen unehelicher, vaterloser Kinder. Übrigens gab es nicht selten auch richtige Front-Ehen. Ich sah Beispiele echter, strahlender Liebe, besonders leuchtend bei jenen, die ständig mit dem Tod lebten.

Zu den Oktoberfeiertagen kamen wir alle in der Abteilung zusammen. Ich war in der Parteiversammlung der Politverwaltung gewesen. General Okorokow sprach und erwähnte in seiner Rede auch mich, lobte meine Arbeit und meinte, es sei an der Zeit, die Parteirüge vom Frühjahr »wegen Umgangs mit Popen« zurückzunehmen; dabei fügte er hinzu: »Hier bei uns geht das Gerücht, er habe einen Trotzkisten zum Vetter, mit dem er 1929 verbunden gewesen sei. Dazu stelle ich fest: Der Politverwaltung ist das bekannt, es war ihr schon bekannt, als wir ihn als Kandidaten in die Partei aufnahmen. Er hat nichts verheimlicht. Wir kennen ihn seit Kriegsbeginn, seine militärische und politische Arbeit ebenso wie seine Fehler. Seine Disziplin läßt zu wünschen übrig, sein politiches Profil indessen kennen wir zur Genüge. Wir betrachten alle Redereien über diesen Vetter als vollkommen überflüssig. Das muß festgestellt werden, Genossen.«

Ich saß auf der Bank vor Sabaschtanskij. Hin und wieder wechselten wir ein paar Worte. Auch diesmal drehte ich mich zu ihm um, merkte, wie er mich konzentriert betrachtete, und sagte: »Möcht' bloß wissen, wer der Schweinehund ist, der solchen Mist verbreitet, dem würde ich gern die Fresse karieren.«

Er antwortete nicht, winkte ab zum Zeichen, daß er dem Redner zuhöre.

Mehr über diese Angelegenheit wußte ich damals nicht; ich glaubte, daß Mulin das »Gerede über den Vetter« verbreitete; viel später – zu spät – erfuhr ich, daß Sabaschtanskij der Hauptschwätzer gewesen war.

Abends feierten wir in der Abteilung. Tranken, sangen, tanzten. Dann bestand Sabaschtanskij darauf, in die Politverwaltung im Nachbardorf, fünf Kilometer von hier, zu fahren und dort weiterzufeiern. Die Einladung galt allerdings nicht allen, nur den höheren »verdienten« Offizieren. Unsinnig und willkürlich war so eine Einteilung nach der Chef-Laune: der ist »verdient«, der nicht. Besonders scheußlich war es, ausgerechnet am Tag der Oktoberrevolution sich von den jüngeren Kameraden und Manschaften derart abzusondern. Irgendwas in dieser Richtung sagte ich – ich hatte nicht wenig getrunken und war bei der Wahl meiner Worte wohl nicht gerade dezent.

Sabaschtanskij knurrte: »Immer hast du was zu stänkern, und immer gegen die Führung. Der kleinbürgerliche Anarchismus steckt eben doch noch tief in dir.«

Wir stritten uns, Ljuba mischte sich ein, zog mich fort und versuchte, mich zu überzeugen, daß man doch nicht immer aus allem ein Problem machen dürfe. Dann fuhr sie in Sabaschtanskijs Wagen ab. Die Zurückgebliebenen feierten weiter: Offiziere, Soldaten, Chauffeure, Setzer, Drucker, Wachmannschaften.

Zwei Stunden später kam Sabaschtanskij mit den anderen zurück – ohne Ljuba. Er sagte mitfühlend: »Na, nimm's nicht schwer. Du bist nicht mitgekommen, da ist die Deine eben dageblieben. Oberst S. hat sie eingeladen. Vermutlich bis morgen früh. Ja, Bruder, die Weiber verstehen sich zu rächen...«

Auch durch den Rausch hindurch traf mich die böse Kränkung. Der Garde-Oberst war Stellvertreter des Chefs der Politverwaltung – gestriegelt und gepflegt, prachtvoll gewachsen: breite Brust, schmale Taille – pomadisiert, nach Eau de Cologne duftend, selbstzufrieden, ein glubschäugiger Strohkopf. Ich wurde wütend, trank immer mehr, tanzte Gopak und Ljawonicha, sang mit Sabaschtanskij: »Oj – in die Berge« und »Hopfen«, küßte mich mit ihm und verfluchte die Weiber.

Plötzlich, unerwartet rasch, kam Ljuba zurück, richtiger, sie kam gerannt, ohne Mantel, eine Achselklappe der Feldbluse halb abgerissen, außer Atem – sie war die ganzen fünf Kilometer gelaufen, im Wald, durch den Dreck. Es war so dunkel, und sie hatte Angst gehabt, obwohl sie ihre Pistole bei sich hatte.

»Warum haben Sie nicht auf mich gewartet, Genosse Oberstleutnant?«

Sabaschtanskij grinste: »Sie haben mir doch gar nicht gesagt, daß Sie mit zurückfahren wollten.«

Beim Anblick Ljubas war ich noch wütender geworden, trank und tanzte noch wüster. Dann ging ich. Sie holte mich auf der Straße ein, wollte mit mir sprechen. Ich riß mich los, schimpfte. Ging fort, betrunken, böse vor Kränkung und Übelkeit.

Am andern Tag mied ich sie, bereitete meine nächste Fahrt an die Front vor. Aber Ljuba zwang mich, sie anzuhören. Sabaschtanskij hatte sie neben S. placiert. Als sie sich zur Rückfahrt aufmachten, ging S. mit hinaus und drängte alle, doch noch mit zu ihm zu kommen, um seine Platten anzuhören. Ljuba wollte nicht, aber Sabaschtanskij sagte: »Wo denken Sie hin? Der Oberst lädt ein, da darf man doch nicht so unhöflich sein!«

Sie gingen also alle zusammen, aber an der Tür zum Haus des Obersten drehten Sabaschtanskij und Mulin sich plötzlich, ohne sich erst zu verabschieden, um: »Wir haben sie hergebracht.« Der Oberst versuchte, sie hereinzuziehen, zerrte ihr den Mantel herunter, den sie nur umgehängt hatte, sie riß sich los, lief davon...

Ich fühlte mich miserabel, verfluchte mich und Sabaschtanskij; aber ich schrie auch sie an, warum sie überhaupt mitgefahren sei. Sie bat mich, bloß keinen Skandal zu machen. Oberst S. war am Morgen gekommen, hatte den Mantel gebracht und sich entschuldigt, und zwar, wie sie es verlangte, in Gegenwart von Sabaschtanskij, Mulin und Kljujew. Kljujew als Partorg hielt es für nötig, mir das alles zu erzählen. Dabei bewegte ihn vermutlich weniger die Sorge um »normale Beziehungen zwischen Genossen« als der Einfluß der Stenotypistin Tonja, seiner Frontfrau, die mit Ljuba befreundet war. Der Partorg ermahnte mich, »nicht zuzulassen, daß private Angelegenheiten die Arbeit beeinträchtigen«. Er sprach lange, gurgelte endlos glucksend mit einer lauwarmen Brühe monotoner Wortverbindungen.

Nach dieser Unterredung mußte ich Sabaschtanskij aufsuchen, mich abmelden zur Dienstfahrt. Er sah mich vorsichtig an, hörte meine Meldung, lächelte: »Schon gut – setz dich, reden wir...«

Und eiskalt vor unterdrückter Wut gab ich eine vorher überlegte Deklaration von mir: »Genosse Oberstleutnant, Sie sind der Chef, ich bin Ihr Untergebener. Haben Sie die Güte, sich nur in dienstlichen Angelegenheiten an mich zu wenden. Persönliche Beziehungen kann es zwischen uns nicht mehr geben, da ich Sie für einen Schuft halte.«

Er sah mich neugierig und mit leichter Trauer an: »Kriegserklärung? Intrigenspiel?«

»Ich intrigiere nicht. Krieg kenne ich nur einen – den vaterländischen. Sie brauchen sich nicht zu beunruhigen, ich werde nicht schlechter arbeiten als bisher. Gespräche über meine Privatangelegenheiten werde ich mit niemandem führen, und ich hoffe, daß Sie das nicht von mir fordern werden. Natürlich wäre es das beste, Sie würden mich in eine andere Abteilung abkommandieren. Wohin es beliebt, in jede andere Armee, in die Reserve.«

»Von mir kommt man so einfach nicht los. Bei mir fliegt man mit einem Knall und ohne Parteibuch.« Er sprach leise, sogar schmeichelnd, aber seine Augen hatten sich verengt und glitzerten böse.

»Vor Drohungen habe ich mich noch nie gefürchtet, ich fürchte sie auch jetzt nicht. Den Parteiausweis haben nicht Sie mir gegeben.«

»Gut. Hören wir also auf mit dem Gewäsch.« Er sah mürrisch drein. In der Intonation seiner Worte lag eine eigenartige Mischung von kindlichem Gekränktsein und obrigkeitlicher Strenge. »Die Aufgabe Ihrer Dienstfahrt ist klar? Sie können gehen.«

Von da an sahen wir uns nur noch selten. Als ich nach drei Wochen zurückgekommen war, hatte man Ljuba inzwischen nach Moskau zu einem Kurs für die künftigen Mitarbeiter der Besatzungsverwaltung abkommandiert. Meinen Rapport reichte ich Sabaschtanskij schriftlich ein und machte, daß ich ins Nachbardorf kam, in dem unsere Antifa-Schule lag. Dort erleichterte ich mein Gemüt in Gesprächen mit Iwan Roshanskij. Gemeinsam arbeiteten wir einen neuen Flugblatt-Text für die bevorstehende Offensive aus.

Wir feierten Neujahr 1945. Aus allen Abschnitten waren wir zum Feiern herbefohlen worden.

Im Dorf Bjalaj stand ein großes Haus, wohl die ehemalige Schule oder ein Vereinshaus. Dort wurde der Bankettsaal hergerichtet. Die Obrigkeit erhielt ihren Tisch auf der Saalbühne. Ich mußte an die Schlußszene in Meyerholds Inszenierung von »Verstand schafft Leiden« denken. Der General und die Abteilungschefs mit ihren Frontehefrauen und Kampfgefährtinnen saßen oben. Sabaschtanskij klemmte sich bescheiden, aber mit Würde, an die Ecke des Bühnentisches. Unten waren die langen Tische auch reich gedeckt: Terrinen mit Kartoffeln, Kohl, Gurken, Teller mit Schmalz und eingemachtem Schweinefleisch, viele Flaschen. Den Wodka tranken wir aus Emaillebechern. Der General brachte einen endlosen Toast aus auf den Weisesten der Weisen, den Genialsten der Genialen, den größten Feldherrn der Geschichte, die Koryphäe aller Wissenschaften; er wiederholte sich, zählte alle Großtaten und welthistorischen Errungenschaften auf: die Zerschlagung der Opposition, das Kolchos-Glück, die Entlarvung der Volksfeinde, die Eroberung des Nordpols, die Schaffung der mächtigsten Armee, die Schaffung unserer glorreichen Industrie, die Erschaffung all dessen, was ist... Und er begann die erhabene Stufenleiter von vorn: der Größte der Großen, der Geliebteste der Geliebten, der Scharfsichtigste der Scharfsichtigen, der Tapferste der Tapferen...

Wir vermieden es, einander anzusehen, traten von einem Fuß auf den andern, hielten stehend unsere Becher in den Händen.

Endlich: das alle erleichternde Hurra! Auf das neue Jahr – das Jahr des Sieges! Ringsum Stimmengewirr. Toaste. Jemand ruft: »Auf unsere siegreiche Front, auf das tapfere Hinterland, auf alle Waffengattungen, auf unseren General!« Sabaschtanskij kletterte von der Bühne hinunter, ging mit seinem Schnapsbecher an den Tischen entlang, kam zu mir. Sah mich mir rührender Offenheit an: »Laß uns Frieden machen. Müssen denn alte Kameraden sich wegen eines Frauenzimmers überwerfen? Es soll so sein wie im Kosaken-Lied: ›Werd mich mit einem Weib nicht plagen, wir wollen Freunde sein wie eh und je...‹« Mir schwirrte der Kopf. Ich hatte schon viel getrunken und kaum etwas gegessen. Und wirklich – war es denn nicht sinnlos, sich zu streiten? Der Krieg war noch nicht zu Ende, die Kämpfe würden sehr bald wieder anfangen. Was soll da kleinlicher Zwist? Ljuba ist in Moskau, hat sicher schon längst einen andern oder ist wieder bei ihrem Mann.

Wir stießen an, umarmten uns, küßten uns und tranken zusammen weiter. Dann ging ich fort, um Hitlers Neujahrsbotschaft zu hören. Bei den Deutschen begann das neue Jahr zwei Stunden später. Wir fuhren zusammen ins Dorf. Ich ging zu Iwan Roshanskij, trank mit ihm, beschwerte mich über die Führung, klagte mich an. Und wie jedesmal wurde ich im Gespräch mit Iwan ruhiger, alles wurde leichter. Er kannte viele Gedichte auswendig – von Tjutschew, Rilke, Pasternak; er verstand sich auf Musik, Malerei, Geschichte. Alles, was ich liebte, was mir teuer war, kannte er, und er wußte vieles, was ich erst noch lernen wollte. Er zeigte mir die Sternbilder, erklärte mir die Relativitätstheorie und das Heisenberg-Prinzip. Er sprach niemals hastig, dann und wann stockend, die Stirn runzelnd, wählte Worte, die dem Nichteingeweihten verständlich waren.

Manchmal kam er mir wie ein weiser, leidenschaftloser Beobachter vor; doch je näher ich ihn kennenlernte, um so deutlicher spürte ich in ihm die lebendige, glühende Seele eines scheuen, gütigen Menschen, der die Poesie des Wortes und des Gedankens heiß liebte. Zurückhaltend aus Schüchternheit und kluger Skepsis, wollte und konnte er sich nicht anpassen. Er war ein scharfsinniger und freier Denker, der sich selbst unter Kontrolle hatte. In vielem war er das genaue Gegenteil von mir – dem Sprunghaften, Inkonsequenten, Oberflächlichen und Unbeherrschten. Ich zappelte und strampelte im buntscheckigen Chaos meiner vielseitigen, aber unvollständigen Kenntnisse, wußte, daß sie dürftig und unsolid waren. Ich war noch fest verknotet in entgegengesetzte, einander ausschließende Heiligtümer: schwor auf die Komsomol- und Volkstumsideale, wollte der marxistischen Philosophie und dem Stalinschen soldatischen Pragmatismus treu sein, versuchte, kompromißlos ehrlich zu sein und mich gleichzeitig in der Parteilichkeit zu vervollkommnen. Weil ich hin und wieder die Unmöglichkeit erkannte, dies alles zu vereinen, wurde ich reizbar bis zur Hysterie, zornig auf mich, dachte mir immer neue dialektische Pirouetten aus, freute mich, wenn es gelang, den Widersprüchen zuweilen zu entkommen und Gedanken und Seele sich erholen konnten. Die beste Erholung hatte ich neben mir: Iwan. In seiner Nähe wurde klar und selbstverständlich, was wirklich unsterblich, wirklich wichtig ist: Gedichte und Bücher, Symphonien, philosophische Dispute, physikalische Entdeckungen. Im Vergleich dazu waren alle Marschälle und Generäle, alle Befehle Stalins, alle Reden Hitlers und das Treiben aller Sabaschtanskijs und alles, was ihnen groß und notwendig erscheint – ein Nichts.

Die Offensive begann. Sie durchbrach die deutsche Front schon in den ersten Stunden am Narewufer bei Pultusk und Roshansk. Unsere 48. Armee schwenkte scharf nach Nord-Nordwest und drang über Mlawa und Soldau in Ostpreußen ein. Um mit den Ereignissen Schritt zu halten, mußten wir die Front-Antifa-Schule erheblich vergrößern. Für unsere Schüler erfanden wir ein neues Betätigungsfeld: »Panik-Kommissare.« Beschleunigt ausgebildete deutsche Gefangene sollten im nahen deutschen Hinterland als angeblich von ihren Truppenteilen Versprengte oder der Einkesselung Entkommene Gerüchte vom Anrücken der Front verbreiten, gegebenenfalls schreien: »Die Russen sind durchgebrochen« oder »Die Panzer kommen!«

Ich verbrachte ein paar Tage bei unseren vorrückenden Panzertruppen und sammelte Gefangene ein. Das wichtigste war für uns, sie »noch mit Haaren« zu bekommen. An den Sammelstellen schor man die Gefangenen sofort kahl. Wir konnten aber jetzt nicht warten, bis ihre Haare wieder zum normalen preußischen Militärschnitt nachgewachsen waren. Es glückte mir, eine ausreichende Gruppe zusammenzubringen.

Zusammen mit den Kandidaten für die Antifa-Schule nahmen wir drei Verwundete mit, um sie unterwegs in einem Verbandsplatz oder Feldlazarett abzuliefern. Wir fuhren nachts: Die Lazarette, mit denen ich gerechnet hatte, waren aber schon verlegt und folgten den vorgehenen Truppen; andere zu suchen, hatten wir keine Zeit. Ich nahm die Verwundeten mit in die Schule, damit sich am nächsten Tag Leute vom Wachpersonal um sie kümmern sollten.

Es ging schon gegen Morgen. Beljajew, aus dem Schlaf gerissen, schimpfte ärgerlich. Ich wurde wütend. Noch vor wenigen Stunden war ich bei der kämpfenden Truppe gewesen, bei denen, die schon fast eine Woche lang angriffen, ohne Schlaf, ohne Ruhepause, die kaum Zeit hatten, zu essen und zu trinken, in größter Hast ihre Kameraden begruben und weiterstürmten, zerrauft, ungewaschen, vom Kampfrausch besessen – immer nur vorwärts, vorwärts. Und wenn es auch fröhlicher ist, anzugreifen, als in der Stellung zu hocken, so ist es doch unendlich viel mühseliger, schwieriger, beängstigender. Du rennst oder kriechst unter Beschuß dem Tod entgegen, er läuft neben dir, um die Wette mir dir. Jeder Angriff kostet Gefallene, Verwundete, Verstümmelte. Aber hier hinten konnte man das Schießen nicht einmal hören: gefahrlose, schläfrige Ruhe.

Es war das erste Mal, daß Beljajew und ich uns stritten. Bisher hatte er sich mir gegenüber immer nur freundlich, kameradschaftlich verhalten. Ich nahm auch diesen Wortwechsel nicht ernst, war viel zu müde.

Erst viel später, während meiner Untersuchungshaft, erfuhr ich bei der Gegenüberstellung mit Beljajew, daß er nach meiner Abfahrt die drei Verwundeten hatte erschießen lassen. Dem Untersuchungsrichter sagte er: »Sie waren Faschisten, antisowjetisch eingestellt.« Wie konnte er, der kein Wort Deutsch verstand, das beurteilen? Vor dem Untersuchungsrichter berief er sich auf das Zeugnis Iwans. Später stellte sich heraus, daß Beljajew gelogen hatte.

Beljajew war ein Etappenhengst; den ganzen Krieg über trieb er sich in Stäben und Polit-Abteilungen herum. Im Sommer 1944 wurde er Chef unserer Front-Antifa-Schule. Da er nicht Deutsch konnte, überließ er Iwan und mir die gesamte Unterrichts- und Erziehungsarbeit, befreite uns dafür von allen administrativen Verpflegungs- und sonstigen Sorgen und leitete, wie wir glaubten, gewissenhaft und sachkundig den ziemlich umfangreichen Wirtschaftsbetrieb der Schule. Die Frontlinie rückte erheblich schneller vor, als wir angenommen hatten. Schon während ich Jagd auf ungeschorene Fritzen machte, durchbrachen unsere Stoßtrupps, bestehend aus Panzern und motorisierter Infanterie, die deutschen Abwehrstellungen an der ostpreußischen Grenze.

Nördlich von Ziechenau ist das Gelände leicht hügelig: sanft abfallende Hänge, unter schütterer Schneedecke rostbraune Grasbüschel; gleichmäßige, dunkle Wege durchschneiden die weißen Felder. Hier und da vereinzelte Ziegeldächer hinter grauem Gespinst kahler Baumgärten. Und auf allen Wegen kreuz und quer zogen Truppen – Panzer, Lkws, Artillerie, Infanterie und Troß. Ihnen entgegen – lange Züge von Gefangenen. Immer öfter schimmerten zwischen den schmutziggrauen Soldatenmänteln andere Farbflecke: dunkle Eisenbahnuniformen, das Fahlblau der Flak-Kanoniere, das bräunliche Grau der Arbeitsdienstler, das Räuberzivil des Volkssturms.

Als ich mich bei Sabaschtanskij zurückmeldete, sagte er: »Eben ist durchgekommen: die Kosakendivisionen vom Korps Oslikowskij sind von Süden her in Ostpreußen eingedrungen und greifen erfolgreich an.«

Ich bat ihn, Ljuba, die aus Moskau zurückgekommen war, und mich sofort dorthin abzukommandieren. Ich redete auf ihn ein, bestürmte ihn, umschmeichelte ihn geradezu. Er war sehr liebenwürdig, aber geheimnisvoll-vage: Höheren Orts sei befohlen worden, Frauen einstweilen noch nicht nach vorn zu schikken. »Fahr mit Beljajew. Ihr seid ja Freunde.«

Wir fuhren mit einem Lkw. Vorn im Führerhaus: Beljajew, ich und der Fahrer – ein älterer Großstädter, servil, hastig, mit dem Gehabe eines erfahrenen Schwarzfahrers. Hinten saß meine Ordonnanz, der Sibirier Sidorytsch, ein vierzigjähriger Kolchosbauer aus der Gegend von Tjumenj, kurzbeinig, breitschultrig, gehorsam; er hatte die Umgangsformen eines altgedienten, zuverlässigen Sergeanten. Erst vor kurzem war er mir zugeteilt worden; faktisch war er Bewacher der beiden Beauftragten des Nationalkomitees Freies Deutschland, Major Bernhard Bechler und Oberleutnant Heinrich Graf Einsiedel. Auf Anordnung Sabaschtanskijs mußte ich mit ihnen zusammen in einem Haus wohnen, damit sie zum Essen nicht in die allgemeine Offizierskantine gingen. Sidorytsch und ein deutscher Bursche versorgten uns als »gesonderte Unterabteilung«. Wenn ich auf Dienstreise war, blieb Sidorytsch zurück, »für den Haushalt«.

Dieses Mal schlug Sabaschtanskij mir vor, ihn mitzunehmen. Wir erreichten Ostpreußen bei Tage. Unterwegs wenig Verkehr, nur vereinzelte Fahrzeuge. Unmittelbar an der Grenze – der Vorkriegsgrenze – an einer Brücke über einen verschneiten Graben sahen wir einen Reiter: ein Troßsoldat zockelt auf einer räudigen Mähre dahin, die langen, dürren Beine angewinkelt, mit unordentlich gebundenen Wickelgamaschen, in riesigen, lehmbeschmierten Stiefeln. Vor sich hält er einen zerbeulten, mit Riemen und Bindfaden zusammengebundenen Koffer; hinter sich hat er einen großen Sack mit herausquellenden bunten Stoffen befestigt, darüber ein Bund Heu in eine Zeltbahn gepackt. Er trägt einen verdrückten, erdverschmutzten Mantel und eine graue Ohrenmütze: ein ganz gewöhnlicher Troßsoldat. Er reitet gemächlich, ohne Eile, wundert sich über nichts. Er reitet durch Ostpreußen. Unser Soldat. Er stammt aus Rjasan oder aus Orjol oder aus der Gegend von Moskau. Er reitet durch Deutschland, als habe es kein 1941 gegeben, keine deutschen Stellungen vor Leningrad, keine Panzer dicht vor Moskau, kein Stalingrad, keine Hakenkreuzfahne auf dem Elbrus.

Hat es das etwa gar nicht gegeben? Doch, das gab es, alles das. Aber nun reitet er durch Deutschland – kein apokalyptischer Reiter, kein Wunder vollbringender Recke, kein Tschapajew in schwarzer Burka, nur ein einfacher Troßsoldat mit seinem Beute-Plunder, er reitet, als sei nichts gewesen. Ich versuchte, Beljajew gegenüber dies alles auszusprechen, so ergriffen war ich, so deutlich spürte ich die Realität, die Greifbarkeit unseres Sieges. Mich hatte eine ganz eigenartige Stimmung gepackt: eine feierlich-fröhliche, eine konzentrierte, erregte Neugier. Was kommt jetzt? Wir hatten vorher verabredet, auf welche Weise wir das Überschreiten der deutschen Grenze gebührend »dokumentieren« wollten. Nachdem wir auf der Karte genau die Linie gefunden hatten, kommandierte ich: »Alles raus zum Pinkeln!« Es kam uns besonders geistreich vor, auf diese Weise, nebeneinander am Straßenrand stehend, unseren Einmarsch in das verfluchte Feindesland zu würdigen.

Beljajew schaute sich um, konnte seiner Bewegung kaum Herr werden, sagte mit stockendem Atem in männlicher Schamhaftigkeit, die keine richtigen Worte findet: »Weißt du, ich bin sehr froh... sehr... daß jetzt... dieser Tag... dieses Erlebnis... gerade mit dir, mit dem Freund, daß wir gemeinsam...« Ich antwortete genauso unzusammenhängend. Wir umarmten uns.

Unser Lkw ratterte nun über eine deutsche Chaussee. Sie war von regelmäßig gepflanzten Bäumen gesäumt. Unter dem zermatschten Schnee glänzte glatter Asphalt.

Bald stießen wir auf vier oder fünf Soldaten, die ihre Einheit verloren hatten, junge Kerle, nur ein etwas älterer dabei: ein muskulöser, blonder Moskauer mit flinken Diebsaugen. Beljajew sagte: »Die können einstweilen bei uns bleiben, immerhin sind wir hier in Deutschland und haben außer Sidorytsch keine bewaffneten Leute bei uns.«

Wir erreichten die ersten ostpreußischen Dörfer: Groß-Koslau und Klein-Koslau – sie brannten. Der Fahrer mußte sich in der Straßenmitte halten. Auf beiden Seiten standen die Häuser unter ihren Ziegeldächern in hellen Flammen. Der hohe Baum vor der brennenden Kirche schwelte und qualmte. Menschen waren nicht zu sehen. Wir fuhren einige Minuten wie durch einen Feuertunnel die schmale, gewundene Dorfstraße entlang. Es war erstickend heiß und unheimlich; Funkenregen sprühte, Feuerbrände flogen. Beljajew schrie abwechselnd: »Gib Gas, gib Gas – Teufel noch mal, wir verbrennen.« Und: »Los, kehr um – wir sind verloren!«

Auf dem Dorfplatz stand ein Pferdekarren, daneben ein paar Troßsoldaten. Wir hielten an: »Hat es hier schwere Kämpfe gegeben?«

»Kämpfe? Wieso? Die sind doch abgehauen, ehe wir kamen – nicht ein Zivilist ist geblieben.«

»Sie haben also Minen gelegt und entzündet?«

»Wer? Die Deutschen? Nein – Minen waren doch überhaupt keine da, das Feuer haben unsere gemacht.«

»Warum denn das?«

»Ach, weiß der Henker, warum. Einfach so, zum Spaß.«

Ein bärtiger, mürrischer Soldat knurrte in trägem Zorn: »Es heißt eben: hier ist Deutschland. Also: schlagt alles kaputt, verbrennt alles! Übt Rache! Und nun – wo sollen wir jetzt schlafen, wo sollen wir unsere Verwundeten hintun?« Ein anderer starrte traurig in die brennende Straße: »Was hier alles verkommt! Unsere Leute zu Hause sind hungrig und nackt, und hier verbrennt alles ohne jeden Nutzen.« Beljajew belehrte sie: »Die Fritzen haben die ganze Welt ausgeraubt, bloß daher haben sie so viel. Bei uns haben sie alles zerstört, jetzt geht es umgekehrt. Mitleid haben die nicht verdient.«

Ich hielt dies für einen törichten, plumpen Versuch, den Soldaten die schwer erklärbare Barbarei der Vorgänge zu erläutern. Derartige überheblich belehrende, heuchlerisch-beschwichtigende Phrasen für das Volk sind widerlich. Warum etwas sagen, daß man nicht glaubt und von dem man weiß, daß auch die Zuhörer es nicht glauben werden? Ich erwiderte ohne besondere Schärfe: »Nicht mit ihnen brauchen wir Mitleid zu haben, aber mit uns. Sinnlose Zerstörungen schaden uns, nicht ihnen.«

Wir fuhren durch ein anderes brennendes Dorf, sahen an der Landstraße eine Kuhherde. In diesen Tagen gab es auf allen ostpreußischen Straßen Herden schwarz-weißer Kühe, ohne Hirten, ungefüttert, ungemolken, brüllend.

Mich quälte und erbitterte die Vorstellung, daß bei uns zu Hause in den verbrannten, verödeten Dörfern das gepflegte ostpreußische Herdbuch-Vieh einen märchenhaften Schatz bedeuten würde. So dachte ich und wurde darüber böse und traurig. Irgendwo, tief innen, machte mich das Mitleid mit den ostpreußischen Bauern beklommen, die ja nicht nur keine Kühe, sondern auch keine Heimat mehr hatten – wir wußten damals schon, daß Polen und wir das Land behalten würden. Doch dieses Mitleid war dumpfer, schwächer, vager als der unmittelbare scharfe, nagende Zorn über die Sinnlosigkeit der Vergeudung hier, während dort, bei uns, so entsetzliches Elend herrschte. Dort in den verwüsteten Brandstätten am Ilmensee, bei Smolensk und Minsk – überall, überall, wo der Krieg gewütet hatte. Ja, auch dort, wohin er nicht gelangt war. Wo er aus der Ferne unsichtbar Brot und Blut verschlang, wo Frauen auf den Äckern sich selbst vor den Pflug spannen mußten wie Wolga-Treidler, wo ein Stück Zucker ein sehnsüchtig erträumter Genuß war, wo großäugige, bläulichblasse Kinder mühsam das erdschwarze, säuerlich-bittere, der Teufel weiß woraus zusammengebackende Brot herunterwürgten.

An all das dachte ich und sprach davon, damals in den ersten Stunden auf ostpreußischen Straßen. Beljajew stimmte mir zu; aber plötzlich, als er vor uns eine schwarz-weiße Kuh sah, schrie er wie außer sich: »Los drauf! Gib es ihr, los!«

Der stumpfe Kühler unseres Ford stieß sie in die Seite. Aber offenbar tat sie dem Fahrer leid, er war besser als sein Vorgesetzter. Die Kuh wankte, brüllte auf und humpelte ungeschickt auf drei Beinen die flache Böschung des Straßengrabens hinunter seitwärts aufs Feld. Beljajew riß die Augen weit auf, stieß mich beiseite und schrie, während er aus dem Wagen sprang: »He, los, schießt, Feuer! Heizt ihr ein!«

Unsere Passagiere waren im Nu hinten aus dem Wagen gesprungen, Sidorytsch kletterte gemächlich hinterher. Die Schießerei begann. Die schwarze Kuh auf dem weißen Feld in vierzig, fünfzig Schritt Entfernung war ein bequemes Ziel. Aber sie stürzte nicht sofort. Als sie schließlich fiel, hob sie noch einmal den Kopf und erhielt den Gandenschuß. Nach längerem Palaver wurde sie gehäutet; Sidorytsch und der flinkäugige, großmäulige Moskauer erwiesen sich als Spezialisten, arbeiteten Hand in Hand, rasch und konzentriert.

Mir war gleichzeitig zum Lachen und zum Speien zumute. So waren wir also in Feindesland gekommen, um eine Kuh zu erlegen. Beljajew winkte ab. Er hatte, was ich bisher an ihm nicht kannte, einen Vorgesetzten-, besser: einen Vormundston angenommen: »Du sei still, du bist ein Trottel, ein Intelligenzler, aber ich bin ein praktischer, ein real denkender Mensch, ich verstehe, was du nicht begreifen kannst. Das Leben und der Krieg, das sind kompliziertere Dinge, als du ahnst.«

Gegen Abend kamen wir nach Neidenburg. Brände erhellten die Stadt. Straßenzüge standen im Flammen. Die Unsrigen hatten sie in Brand geschossen. Dennoch waren viele Häuser verschont geblieben. Große, breitästige Bäume säumten die Straßen. In einer Seitenstraße lag an der Zierhecke eines Hauses, das vom Trottoir durch ein hohes Gitter getrennt war, die Leiche einer alten Frau: ihr Kleid war zerrissen, zwischen ihren mageren Schenkeln stand ein Telefonapparat, der Hörer war ihr, so gut es ging, in die Scheide gestoßen. Auf den Straßen streunten Soldaten herum. Gemächlich schlenderten sie von Haus zu Haus, einige hatten Bündel oder Koffer bei sich. Einer von ihnen erklärte redselig, die Deutsche da sei eine Spionin gewesen; sie hatten sie beim Telefon erwischt, da ließ man sie nicht erst lange kreischen.

In Neidenburg wurde Beljajew immer energischer und immer geschäftiger.

Es lockte ihn zu den wohlhabender aussehenden Häusern. Gewöhnlich blickten seine Augen schwermütig, ölig verhangen; jetzt begannen sie scharf zu glitzern. Er disponierte nun enthusiastisch, geradezu kühn: aus einem schon brennenden Haus entkam er mit knapper Not den herabstürzenden Balken, als er einen gewaltigen Gobelin mit Schäferszenen à la Watteau herausschleppte. In einem anderen befahl er, die Standuhr mitzunehmen – ein Riesending, anderthalb Mann hoch, wie ein Glockenturm. In einem dritten hatte es ihm das Klavier angetan, und von überallher nahm er Packen von Bettwäsche und Kleidung mit.

Ich versuchte gar nicht erst, ihn zurückzuhalten. Die Häuser waren leer, viele bis auf den Grund zerstört. Wir wateten durch Glasscherben und zerbrochenes Geschirr, durch Berge von Gerümpel. Mich zog es magisch zu den Bücherschränken und Schreibtischen. Im Haus des Amtsrichters entdeckte ich eine prachtvolle Bibliothek. Schränke bis zur Zimmerdecke. Im einen Philosophie, im anderen Geschichte, im dritten juristische Werke. Ein Schrank enthielt Werke über Napoleon, ein anderer Hunderte von Büchern russischer Autoren in deutschen Übersetzungen von Lomonossow bis Scholochow; dann ein Schrank mit Emigrantenliteratur: Thomas und Heinrich Mann, Lion Feuchtwanger, Leonhard Frank und so weiter. Außerdem hatte dieser Amtsrichter eine hervorragende Plattensammlung besessen: klassische Musik ebenso wie Aufnahmen der Reden Kaiser Wilhelms, Eberts, Hindenburgs und Hitlers. Im Schreibtisch fand ich die säuberlich numerierten Briefe seines Sohnes. Er war in Kanada, in englischer Gefangenschaft. Dies alles mußte sichergestellt und abtransportiert werden. Mit Beljajew gab es Streit: Er befahl unseren Passagieren, das Klavier und den ganzen übrigen Krempel abzuschleppen; allein konnte ich natürlich mit den Büchern nicht zurechtkommen. Ich redete, genauer, schimpfte auf ihn ein, und schließlich wurde wenigstens ein Teil der Bücher mit auf unseren Lastwagen verladen.

Aber wichtiger als all das war unser eigentlicher Auftrag, der im Marschbefehl so formuliert war: »Durchführung politischer Erkundung, Studium des politisch-moralischen Zustandes der Feindbevölkerung und der Tätigkeit des faschistischen Untergrunds.« Wir hatten also mit den Menschen zu sprechen, mit der Feindbevölkerung. Der erste Tag unseres Aufenthalts in Ostpreußen ging zur Neige, und ich hatte bloß ein paar Leichen gesehen.

Da fiel mir in einer Gruppe von Soldaten eine alte Frau auf. Sie trug einen langen, sehr abgetragenen Plüschmantel mit einem räudigen Pelzkragen undefinierbarer Spezies, um ihren Hut hatte sie einen Schal gebunden. Ich sprang aus der Fahrerkabine, lief hinüber. Die Soldaten waren gutmütig aufgelegt, radebrechten: »Soldatt, Soldatt, gutt, gutt.«

Ich sprach die Frau an. Sie sah verschreckt aus, verwirrt, mißtrauisch, antwortete unzusammenhängend, stockend: »Ich suche die Tochter – meine Tochter mit den Kindern, ich hab' doch die Lebensmittelkarten. Sie haben Hunger...« Dann, etwas ruhiger geworden, erzählte sie, sie sei Witwe, ihre Tochter auch. Der Mann der Tochter war in Afrika gefallen, sie seien arme Leute.

»Wo wohnen Sie? Wo ist Ihre Tochter? Kommen Sie, ich begleite Sie hin.«

Sie geht zögernd, fürchtet sich sehr. Murmelt etwas. »Wir sind arme Leute, bei uns können Sie nichts holen. Die Tochter ist krank...«

Ich beruhige sie: »Niemand tut Ihnen was Böses. Ich will Sie nur sicher nach Hause bringen, Sie können nicht auf der Straße bleiben.«

Die Alte humpelt eilig los, verhaspelt sich in ihrem zu langen Plüschmantel, preßt ihr Täschchen eng an sich. Ich gehe neben ihr. Der Lkw folgt uns.

Beljajew beugt sich aus der Fahrerkabine, nörgelt: »Was soll das? Wozu läßt du dich mit der ein? Ist sicher eine Verrückte.«

»Immerhin, der erste lebende Bewohner Ostpreußens!«

Die Alte spricht allmählich zusammenhängender. Niemand hatte die Russen so bald erwartet; die Herren von der Kreisleitung hatten immerzu beruhigt, und dann auf einmal hatten sie sich Hals über Kopf davongemacht. Aber die kleinen Leute, warum sollten die denn fliehen?

Wir gingen eine Straße entlang, dann durch eine andere. Hier gab es weniger brennende Häuser, die Dunkelheit wurde dichter. Beljajew drängelte wieder: »Die führt uns in einen Hinterhalt. Wir sollten sie erschießen, sie ist sicher ein Lockvogel.«

Ich antwortete mit einem drastischen Fluch.

Schließlich kommen wir zu einem Haus am Stadtrand. Die Straße ist nur auf einer Seite bebaut mit Häusern und Gärten, auf der anderen sind Äcker oder Brachfeld, in der Dunkelheit ist nicht zu erkennen, wie weit sich das hinzieht. Vor dem Haus Militärfahrzeuge, ein paar Soldaten, am Tor ein Posten.

»Hier wohnt meine Tochter!«

Der Posten sagte, weder in diesem Haus noch in der Nachbarschaft befänden sich Einheimische: »Wenn hier noch eine einzige Frau wäre, dann wüßten wir es – aber todsicher!«

Die Alte begriff nichts und wollte nicht glauben, daß ihre Tochter nicht mehr hier sei, flehte, man möge sie doch ins Haus lassen. Ich erklärte ihr, daß es nicht gehe: hier sei jetzt ein Stab einquartiert worden. Wir gehen zur Stadt zurück, vielleicht ist die Tochter zu Bekannten gegangen. Ich lade sie ein, in unseren Wagen zu steigen.

Wieder fängt sie an, wirr zu stammeln. Immer wieder von der Tochter, den Lebensmittelkarten, den Kindern.

Wir gehen stadteinwärts. Der Wagen fährt an, gerät in eine Schneewehe, bleibt stecken. Beljajew springt heraus, ihm nach die Passagiere, stoßen den Wagen wieder auf den Weg, erreichen mich und die Alte. Beljajew, böse und entschieden: »Sie hat uns absichtlich in die Irre geführt. Sie ist eine Spionin. Hast du ihre Papiere kontrolliert?« Er reißt ihr das Täschchen weg. Sie kreischt erschrocken auf. Er knipst die Taschenlampe an, schmeißt allen möglichen Kram aus dem Täschchen heraus: Sicherheitsnadeln, Brotmarken.

»Meine Karten! Meine Karten für Brot!« jammert sie.

Beljajew zieht kurzentschlossen seine Pistole: »Die ist Spionin. Erschießen, los! Verdammt noch mal!«

»Mensch, bist du des Teufels? Bist du völlig übergeschnappt?« Ich packe ihn an der Hand. Ich drehe mich um. Der jüngste unserer Passagiere hat die Alte schon in den Schnee gestoßen, schießt nun aus unmittelbarer Nähe auf sie. Sie fiept wie ein Kaninchen. Ich brülle, nun völlig außer mir: »Was machst du da, du Schweinehund?«

Er schießt munter drauflos, noch und noch und noch. Im Schnee liegt ein dunkler, unbeweglicher Klumpen. Das Soldaten-Bengelchen beugt sich darüber, nimmt sich den räudigen Pelzkragen.

Ich drehe mich wieder zu Beljajew um. Was nun? Soll ich ihm in die schwermütig-öligen Augen schlagen? Ich bin schon nicht mehr erregt, sondern zu Tode erschöpft, absolut schlaff: ein niederträchtiges Gefühl. Und gleichzeitig der schäbige, beschwichtigende Gedanke: du hättest ja doch nicht helfen können. Die Alte wäre sowieso umgekommen, wenn nicht morgen, dann übermorgen; und dann vielleicht qualvoller, vielleicht hätte sie noch Furchtbares über ihre Tochter erfahren müssen. Zum ersten Mal bereitet mir Beljajews Anblick Schrecken und Ekel. Also dazu ist er fähig! Er sagt unvermittelt, beinahe sanft: »Na, laß schon, wegen einer alten deutschen Hexe wirst du dich doch nicht mit den eigenen Leuten überwerfen? He? Freundschaft zerstören? Hab dich nicht! Der Teufel soll sie holen!« Und auf meine unausgesprochenen Fragen antwortend: »Man hätte es ihr doch sowieso besorgt! Wenn nicht der, dann hätte sie jemand anderes erledigt.«

Grausame Feiglinge – das ist ein ganz besonders übler Menschenschlag. Feigheit gebiert viele Laster. Ein gutmütiger Feigling wird niemals niederträchtige Handlungen anstiften, wird niemanden absichtlich dem Henker zutreiben. Der gutmütige Feigling fürchtet nicht nur den eigenen Schmerz, den eigenen Tod, er fürchtet auch für andere. Der grausame Feigling ist von Grund auf schlecht, er rächt sich für ausgestandene eigene Angst, sobald er sicher ist, daß er ungestraft quälen, erniedrigen, töten kann.

Es sind archaische Instinkte, die Kinder zu Tierquälerei veranlassen, grausame Instinkte – bei Knaben häufiger als bei Mädchen –, vormenschliches, animalisches Erbe aus der allerfrühesten Beziehung zur Welt. In ihrer vollsten Ausprägung treten diese Instinkte beim grausamen Feigling in Erscheinung. Und am schändlichsten, am gemeinsten ist jene Feigheit, die nicht nur grausam, sondern auch ehrgeizig ist, die sich prunkvoll ideologisch verbrämt. Sie erzeugt lebensfrohe Mörder und wollüstige Henker, die nicht nur schamlos und skrupellos zu Werke gehen, sondern sich dessen auch noch stolz-bescheiden rühmen, mit ihrer eigenen Grausamkeit prahlen in der Überzeugung, dem Staat, dem Vaterland, dem Gesetz oder sonst einem hohen abstrakten Begriff zu dienen.

Beljajew erwies sich als ein grausamer, prätentiöser und deshalb gemeiner Feigling.

Und wieder fahren wir durch die Straßen, in der flimmernden, zuckenden Beleuchtung des Feuerscheins ungezählter Brände. Ein düster-purpurnes, grimmiges, fiebriges Leuchten. Wir erkundigen uns bei entgegenkommenden Soldaten, wo der Stadtkommandant einquartiert und wo noch deutsche Bevölkerung zu finden sei.

In der Kommandantur beschrieb man uns Straße und Haus, in dem noch »ein paar deutsche Weiber« seien. Es war ein einstöckiges Haus, mit einer Ziegelmauer umgeben, am Ufer eines Sees oder Teichs. Der Zugang führte durch einen umzäunten

Hof. Durch den Schnee war ein Pfad getrampelt, aber die Tür war geschlossen und die Fenster heil. Wir gingen zu dritt: Beljajew, Sidorytsch und ich. Alles war dunkel. Im Korridor hörten wir etwas wie Ächzen oder Stöhnen. Beljajew wich sofort zurück. Ich erschrak auch, knipste die Taschenlampe aus, rief: »Wer da? Hände hoch und rauskommen!« und zog den Revolver. Sidorytsch stand ruhig neben mir, entsicherte seine MP. Dann wieder leises, winselndes Ächzen. Es wurde ungemütlich. Vielleicht lag hier irgendwo ein Verwundeter. Beljajew hinter uns wollte seine Angst schon gar nicht mehr verbergen: »Bleib stehen, geh nicht weiter, da – dort hinten – eine Falle!« Jetzt wurde ich wütend, knipste die Lampe an, stieß mit dem Fuß eine Zimmertür auf. Es war die Küche. Leer. Das Stöhnen kam von nebenan. Sidorytsch ging schweigend mit. Im Zimmer stand ein Tisch mit unordentlich zusammengeschobenem Geschirr. In einem Alkoven stand ein großes Bett, von dort kam das Stöhnen. Im Lichtkegel sahen wir eine Frau mit einer Pelzmütze auf dem Kopf, zugedeckt mit Decke und schwerem Federbett. Das Gesicht fahl, die Augen geschlossen. Stockend kam ihr winselndes Stöhnen. Ich spreche sie an. Sie stöhnt. Ich hebe das Federbett hoch. Mir scheint, als liege sie im Mantel: das Laken ist blutig. Sie liegt auf dem Rücken in einer Blutlache. Neben ihr ein kurzes Messer mit buntem Kunststoffgriff. Solche Messer machten bei uns die ganz Geschickten aus dem Plexiglas abgeschossener Flugzeuge. Das Blut fließt in mehreren Rinnsalen, aus Stichen in Brust und Bauch.

Beljajew kam heran. Er hatte wieder Mut gefaßt und die benachbarten Zimmer durchsucht. Überall Spuren eiliger, oberflächlicher Plünderung. Haufen von Wäsche, alten Kleidern, Geschirr. Bücher gab es kaum, nur die Bibel, einen Kalender und die Psalmen.

»Los, gehen wir, hier gibt's nichts Gescheites.«

»Wo denkst du hin, man kann sie doch nicht einfach so liegen lassen?«

»Was soll man denn mit ihr machen? Krepiert ja sowieso. Ist sicher auch Spionin.«

Wieder dieses beschämende Gefühl der Ohnmacht.

»Sidorytsch, erschieß sie!« Das befahl ich. Befahl es aus Mitleid und Ohnmacht, aus feiger Schwäche. Man hätte sie verbinden müssen, einen Sanitäter suchen. Aber wenn man einen findet, würde der überhaupt kommen? Sie war ja schon fast verblutet.

Ich gab den Befehl und ging hinaus, Beljajew hinter mir. »Siehst du, das war richtig. Die ist ja trotz allem ein Mensch.« Hinter uns ein kurzer Feuerstoß. Wir rauchten im Hof. Sidorytsch kam nicht. Beljajew kriegte schon wieder Angst: »Was ist bloß mit dem?« Schrie: »Sidorytsch!« Der kam mit einem Bündel.

»Was hast du da geholt?«

»Nu ja, hatte da Stiefel gesehn. Sind zwar getragen, aber noch ganz fest.«

Die Nacht verbrachten wir in einem zweistöckigen Haus mit großer Garage und weiträumigem Hof an der Hauptstraße, über die ab und zu Wagenkolonnen rollten.

Im Hof standen schon ein paar Militärfahrzeuge. Es war angenehm, nun bei den eigenen Leuten zu sein. Schließlich waren wir in Feindesland, in einer feindlichen Stadt. Das Haus hatten Pioniere und ein Beute-Kommando besetzt. Wir aßen mit drei jungen Offizieren Beuteverpflegung, tranken Beutegetränke, französischen Cognac, ostpreußischen Bärenfang. Unversehens gab es Streit. Der Beute-Hauptmann posaunt im Zeitungsjargon, daß alles völlig gerecht zugehe, alles, wie es sein muß. »Was haben sie denn bei uns gemacht? Ehrenburg schrieb ganz richtig: ›Zittern soll das Mörderland!‹«

Beljajew schweigt, er ißt, trinkt, murmelt hie und da etwas Zustimmendes. Der Pionier-Oberleutnant und ich widersprechen: rächen müssen wir uns an denen, die es verdient haben, nicht alle Deutschen sind Faschisten; wir dürfen uns nicht an Zivilisten, an Frauen und Kindern vergreifen; und die Hauptsache: Marodieren zersetzt die Moral der Truppe.

Am meisten erregt sich der zweite Pionier, auch Oberleutnant, er ist sehr jung, hat klare graue Augen, dunkelblonden Bürstenhaarschnitt. Im kantigen, scharfgeschnittenen Gesicht mit der hohen Stirn noch eine Spur knabenhafter Weiche. Er ist einer von jenen Jungen, die im Krieg rasch reiften und zu Männern wurden. Sie wecken in mir immer ein beklemmendes Gefühl von Zuneigung und Sorge, von Entzücken und Mitleid. Sie besitzen jenen knabenhaften bewußten Ernst, der plötzlich in romantisch leidenschaftliches Geschwätz ausbricht oder in ausgelassene Bubenstreiche. Sie sind erfahrene Krieger, ohne Angeberei, sachlich und tapfer.

Ich traf sie bei der Artillerie, bei den Minenwerfern und den Pionieren, vor allem aber bei der Artillerie. Sie nannten sich bei den Vornamen Petja, Valja, Ssewa, Mischa, spielten Schach und Schiffeversenken, diskutierten über Filme, Fußball, Majakowskij und Liebe und verstanden es, das Feuer ihrer Batterien genau zu dirigieren. Ihre Anordnungen kamen ohne Hast.

Gewöhnt, mit Mannschaften umzugehen, die meist älter waren als sie, erteilten sie ihre Befehle sicher und ruhig, auch noch im gerechten Zorn ließen sie sich nicht dazu hinreißen, zu brüllen oder unflätig herumzuschnauzen. Vor den Vorgesetzten nahmen sie schneidig Haltung an; ihr untadeliges Auftreten, die Klarheit ihrer knappen Rapporte begeisterte die Berufsoffiziere, die der linkischen, unbeholfenen und redseligen Reservisten herzlich überdrüssig waren. Mit unerhörtem Einfallsreichtum und schamlosester Schmeichelei verstanden sie es, auch den knauserigsten Zahlmeister um den Finger zu wickeln. Die Abteilungsstäbe, die in der Regel drei bis vier Kilometer hinter der vordersten Linie lagen, verachteten sie als tiefste Etappe. Lagen sie in Ruhestellung, sangen sie traurig und betrunken die Komsomolzenlieder »Befehl kam – auf nach Westen«, »Das blaue Tüchlein«, »Semljanka«. Hatten sie einen Kameraden zu beerdigen, schwiegen sie düster, unterdrückten die Tränen; wenn einer plötzlich aufschluchzte, fluchte er sofort um so grimmiger.

Bei der Infanterie fand man sie seltener. Dort waren die Leute bunter zusammengewürfelt, die Verluste größer, häufiger wechselte die Zusammensetzung von Mannschaften und Offizieren, fest verwurzelte Kameradschaften konnten sich nicht bilden. Solche Kerle sind in der Einzahl undenkbar. Sie sind immer eine »Gemeinschaft«, eine »Landsmannschaft«, ein »Haufen« aus einer ehemaligen Schulklasse, einem Studienkurs oder einer Betriebsabteilung. In der Infanterie ist der Dienst schwerer, sind die Sitten rauher, die jungen Offiziere vergröbern rasch, werden hart.

Der Pionier-Kompanieführer in Neidenburg war einer dieser »strengen Jünglinge« des Großen Krieges. Zornig legte er sich mit dem Beute-Hauptmann an, stritt heftig, bitterböse, beredt, in konsequenter, leidenschaftlicher Überzeugung. Die papierenen Vokabeln aus Büchern und Zeitschriften klangen bei ihm frisch, wie im Augenblick geschaffen.

»Wir sind eine sozialistische Armee. Wir sind Internationalisten. Wie darf man von Rache an den Deutschen sprechen? Das ist nicht unsere Ideologie – sich an einem Volk zu rächen. Was sagte Genosse Stalin? ›Die Hitler kommen und gehen ...‹ Kommen Sie mir nicht mit Ehrenburg: der ist kein Marxist. Ich habe von klein auf gelernt: Alle Werktätigen aller Länder sind Brüder. Marx und Engels waren auch Deutsche, auch Liebknecht, auch Thälmann, und es gibt auch heute deutsche Kommunisten und Arbeiter und Bauern und ganz einfach anständige Menschen. Es ist ja unmöglich, daß ein ganzes Volk aus Faschisten besteht. So was können nur die Faschisten selber behaupten ...«

Er sprang auf, lief im Zimmer auf und ab, peitschte seine Stiefelschäfte mit einer irgendwo aufgelesenen Reitgerte. Es brachte ihn auf, daß wir dem Beute-Hauptmann nicht schärfer widersprochen hatten. »Sie verhalten sich versöhnlerisch. Das ist politisch falsch. Es geht nicht darum, daß Marodieren uns schadet, Plündern und Schänden sind in jedem Fall gemeine Verbrechen, und Marodeure muß man auf der Stelle erschießen. Es geht darum, daß bei uns kein Chauvinismus aufkommen darf! Chauvinismus zu dulden ist politisch falsch, absolut falsch!«

Wir legten uns auf zusammengeschobenen Stühlen zum Schlafen, nachdem wir den Kachelofen noch tüchtig mit Briketts versorgt hatten.

Ich wachte auf, weil es im Zimmer sehr kalt geworden war und davon, daß Beljajew mich rüttelte.

Ich hörte keinen einzigen Schuß. In den Fenstern hing derselbe rötlich zuckende Himmel. Irgendwo brummten Motoren klangen Stimmen auf.

»Du hast geträumt!«

»Geh nicht ans Fenster, sie haben ins Fenster geschossen. Bist du verrückt, siehst du's denn nicht?«

Tatsächlich, in beiden Fenstern waren runde Löcher und strahlenförmig von ihnen ausgehende Sprünge. Anscheinend eine Maschinenpistole. Aber von der Straße kam nur friedliches Motorengebrumm. Irgendeinen vorbeikommenden »Rächer« hatte wohl der Anblick der unbeschädigten Fenster geärgert.

Den nächsten Tag verbrachten wir noch in Neidenburg. Beljajew ging auf Beute aus, ich suchte Bevölkerung.

Unsere Leute von der Spionageabwehr hatten sich in einem unzerstörten Haus einquartiert. Zu ihnen ging ich, um zu erfahren, ob sie auf »Werwölfe« gestoßen seien. Bisher noch nicht, nur einen Zivilisten, der sich als Kommunist ausgab, hatten sie festgehalten. Sie ließen mich mit ihm sprechen. Es war ein gedrungener, kräftiger, breitschultriger Mann mit rotblonden, schon angegrauten Haaren, wasserblauen, erschrocken-verständnislosen Augen, das Gesicht wie von Fieber gerötet, große, kurzfingrige Hände mit rötlichem Flaum. Er trug Joppe und Pullover, aber weder Mantel noch Mütze. Aus der Joppentasche zog er einen Packen Dokumente: einen Entlassungsschein aus dem KZ (1938), einen Gewerbeschein – er war Bäcker –, eine Heiratsurkunde, eine Notariatsurkunde, die ihn als Eigentümer der vom Schwiegervater geerbten Bäckerei auswies, einen Wehrpaß mit dem Vermerk »wehrunwürdig«, schließlich noch Steuerquittungen. Gesondert von all diesen Papieren, in einem vergilbten Umschlag extra aufbewahrt, fand sich der verdrückte Mitgliedsausweis der KPD (die Beiträge waren bis Mai 1933 bezahlt), die Mitgliedskarte der Roten Hilfe, das Abzeichen mit der roten Faust.

Auch ohne all diese Beweisstücke hatten ein paar Fragen genügt, um mich davon zu überzeugen, daß der Mann wirklich Kommunist war: Er kannte gewisse Einzelheiten der Organisation ebenso wie der propagandistischen Alltagsarbeit, und er sprach darüber so, wie es kein Außenseiter kann. Gewiß, er hätte zu den Nazis übergelaufen sein, hätte kapituliert haben können. Doch die lebendige Sprache beugt sich schwerer als alles andere der Fälschung und birgt in sich unscheinbare, auf den ersten Blick unbedeutende, in Wirklichkeit aber entscheidende, untrügliche Kriterien. Das Hitlerregime hatte sein eigenes Vokabular ausgearbeitet, das nicht nur die Nazis selbst und alle im Nazismus Erzogenen benutzten, es war auch in die Umgangssprache all derer eingedrungen, die sich angepaßt hatten. Sie hatten sich daran gewöhnt, »der Führer« zu sagen statt Hitler, der »Reichsmarschall« statt Göring, Hitlers Staatsstreich nannten sie »Machtübernahme«, die Jahre der Weimarer Republik »Systemzeit«, den Überfall auf Polen »Polenfeldzug«. Sie sprachen allen Ernstes von ihren sozialistischen oder sozialen Fabriken, Betrieben, Institutionen. Charakteristisch war schon die Identifizierung der Begriffe »sozialistisch« und »sozial« in bezug auf Fabrikkantinen, Klubs, Werks-Krankenhäuser und -Kinderhorte, Park- und Grünanlagen, KdF-Veranstaltungen und andere Errungenschaften des »nationalen Sozialismus«. Zur spezifisch nazistischen Sprache (der Philologe Klemperer nennt sie »Lingua Tertii Imperii«, die »Sprache des Dritten Reiches«) gehörten Wörter wie »Blutorden«, »Gefolgschaft«, »Sippe«, »Jungvolk«, »Volksgemeinschaft«, »Wehrertüchtigung«; und schließlich war die Intonation entlarvend, in der Wörter wie Führer, Reich, Wehrmacht, Luftwaffe gesprochen wurden.

Der Neidenburger Bäcker sprach eine andere Sprache. Er war ganz gewiß nicht gebildet, war auch kein redegewandter Gesprächspartner, wie man ihn unter Handwerkern, kleinen Kaufleuten und anderen Angehörigen des unteren Mittelstandes in deutschen Städten so häufig antrifft. Er sprach ungelenk, ohne besonders auf grammatische Korrektheit zu achten, ohne den Versuch zu machen, seinen breiten ostpreußischen Dialekt zu verbergen. Aber er sprach die unverfälschte Sprache eines deutschen Kommunisten, eines Kommunisten, der nicht nachgegeben, sich nicht gebeugt hatte, der die zwölf Jahre hindurch nicht nur sein Parteibuch sorgsam aufbewahrt hatte, sondern auch glaubte und hoffte. Er markierte nicht den Helden, erzählte, daß er nach dem KZ keine Verbindung mehr mit der Partei gehabt habe. Mit niemandem. Er war hierher in diese Stadt übersiedelt, aus der seine Frau stammte, hatte vom Schwiegervater die Bäckerei übernommen. Jeden Monat mußte er sich bei der Polizei melden. Er hatte keine Freunde, um nicht anderen mit seiner Freundschaft zu schaden.

Nachdem ich überzeugt war, daß er die Wahrheit sagte, gab ich ihm die Hand, nannte ihn Genosse und ging zum Du über. Seine Augen röteten sich, seine Stimme begann zu zittern. Ich tat, als bemerkte ich es nicht, steckte ihm Zigaretten zu, wand mich qualvoll im Bestreben, beim Beantworten seiner Fragen glaubhaft zu lügen.

»Genosse, erklär mir, warum man mich eingesperrt hält. Als hier die Panik ausbrach, die Evakuierung, schlossen meine Frau und ich den Laden, sperrten das Haus ab und versteckten uns im

Keller. Daß die Rote Armee einzog, merkten wir, weil das Schießen aufhörte, die Panzer hereinrollten. Da machte ich die Bäckerei wieder auf, ging vors Haus mit meinen Ausweisen und einem Tablett voll frischer Brötchen. Aber die Soldaten packten mich, brachten mich hierher; ich durfte nicht mal meinen Mantel anziehen. Die Genossen Kommissare und der Dolmetscher sagten: ›Werden wir alles überprüfen, wird sich alles aufklären.‹ Und nun halten sie mich schon achtundvierzig Stunden fest. Ich habe gebeten, sie möchten meine Frau verständigen, die macht sich doch Sorgen. Und sie möchten mir auch meinen Mantel holen. Du verstehst, ich beklage mich nicht. Klar, Krieg ist Krieg, da ist Mißtrauen selbstverständlich – mich könnten ja auch die Nazis geschickt haben. Klar, muß alles überprüft werden. Nein, ich beklage mich bestimmt nicht, verstehe das ja, man gibt mir auch zu essen und zu rauchen – und die Behandlung ist... na schon... gut... nur einer hat mir eine runtergehauen – aber das kam wohl, weil er mich nicht verstand, und, sicher, hat er durch die Faschisten viel Schlimmes erlebt. Aber ich bin doch keiner, lebe nun seit sieben Jahren hier, alle kennen mich, meine Bäckerei, meine Familie; sie wissen auch, daß ich im KZ war und wie ich hier lebe. Das ist alles ganz einfach und schnell zu überprüfen. Und die Frau macht sich bestimmt große Sorgen, hat's mit dem Herzen. Den Sohn haben sie eingezogen, so ein Bürschchen, erst achtzehn. Und schon nach einem Monat – keine Nachricht mehr von ihm, nichts. Die Tochter mit den Kindern wohnt in Berlin, ausgebombt, in irgendwelchen Baracken untergekrochen. Der Schwiegersohn ist seit Stalingrad verschollen. Meine Frau, verstehst du, hat's schwer, ist doch die Mutter. Bitte, geh zu ihr, sie soll sich nicht bangen, sie soll mir den Mantel schicken, auch die Mütze, ein Kissen und Stiefel. Und sie soll mir schreiben, wie sie zurechtkommt allein, woher sie das Mehl kriegt – jetzt.«

»Ich gehe zu deiner Frau, ich verspreche es dir. Aber vielleicht ist sie doch inzwischen evakuiert worden. Es wird ja hier in der Gegend noch gekämpft, und es könnte auch noch schlimmer werden. Die Zivilisten müßte man evakuieren. Die Stadt brennt.«

»Ich verstehe nicht, wie das passieren konnte. Die Nazis haben sich Hals über Kopf davongemacht, der Volkssturm hat sich verkrümelt. Hier wurde fast gar nicht geschossen, woher dann die Brände?«

»Ja, das sind Einheiten, aus dem Kessel bei Johannisburg und Lyck ausgebrochen, bei denen sind SS-Truppen...«

Ich log, starr vor Scham, vor böser Scham über all dies ringsum, über meine Hilflosigkeit und mein leeres Geschwätz, aber ich log anscheinend glaubwürdig. Die Wahrheit war so ungeheuerlich und aberwitzig, daß jede Lüge wahrscheinlicher klingen mußte.

Ich gab ihm noch Zigaretten, Tabak und irgendwelche Fleischkonserven. Danach sprach ich mit unseren Abwehrleuten. Ein Oberleutnant verhielt sich wohlmeinend. »Sie glauben also, daß der Mann tatsächlich Kommunist ist? Was sind das aber für Kommunisten, die einen Hitler dulden! Schon gut, jedenfalls ist er kein Faschist. Was mit seinem Haus ist? Da steht nichts mehr. Ich hab' Leute hingeschickt: Haus und Bäckerei brannten. Seine Frau? Sie wissen ja selbst, was hier los war. Wo sie jetzt suchen? Ob sie überhaupt noch lebt?« (Ich dachte: Vielleicht ist es ausgerechnet die Frau, die Sidorytsch gestern auf meinen Befehl erschoß.) »Wir werden ihm sagen, sie sei ins Hinterland evakuiert worden. Ihn lasse ich so bald wie möglich zum Sammelpunkt schaffen; in Soldau werden die Zivilisten gesammelt und überprüft. Hat er warme Sachen? Gut. Sergeant, los, durchsuch unbeschädigte Wohnungen und hol dem Fritzen einen Mantel oder einen Pelz, der Major hier sagt verbindlich, daß der Fritz kein schlechter Kerl ist, fast sogar ein Kommunist...«

Der Dolmetscher, ein hübscher, schmalgesichtiger junger Leutnant, grinste schief, überheblich und mißtrauisch. Er konnte nur sehr schlecht Deutsch, und wie es in solchen Fällen häufig vorkommt, kompensierte er sein mangelhaftes Verstehen durch um so größere Feindseligkeit.

»Alle heulen sie jetzt, sie wären Kommunisten! Den auch noch warm anziehen? Vielleicht ihm noch ein Federbettchen geben, ein Schnäpschen anbieten? Und was haben sie mit unseren Leuten gemacht?«

Ich unterdrückte die aufsteigende Wut, hatte genug Überlegung, um mir vorzustellen, daß es nur der arme Bäcker später würde büßen müssen, wenn ich den Dolmetscher zusammenschnauzte. So bemühte ich mich, ganz ruhig und sachlich zu sprechen, das Gleichgewicht zwischen Majorsautorität und vorsichtiger Überredung zu halten. Diesen rotznasigen Snob durfte man nicht verärgern, aber auch durch bittenden Ton nicht noch arroganter machen. Dann ging ich und vermied feige ein zweites Zusammentreffen mit dem Bäcker – ich weiß nicht einmal seinen Namen, nachdem ich meinen ganzen Vorrat beschwichtigender Lügen an den Abwehrmann übergeben hatte.

Die Soldaten brachten mir einen hochgewachsenen, leicht gebeugten Greis in langem, zweireihig geknöpftem schwarzem Mantel und rundem schwarzem Hut. Er ging schwerfällig, trat tastend auf, und an der Art, wie er mit seinem großen Knotenstock aufstieß, merkte man, daß er blind war.

Silbergrauer, eckiger Schädel, helles, flächiges Gesicht, glatt rasiert, die unzähligen nicht tief, aber scharf gezeichneten Runzeln sauber gewaschen, die grauweißlichen unbeweglichen Augen schimmerten trüb. Er hatte die knotigen Hände und abfallenden Schultern eines Menschen, der körperlich viel und schwer gearbeitet hat. Er spricht langsam, nicht laut, bemüht sich, Hochdeutsch zu sprechen in der breiten, gedehnten Redeweise der ostpreußischen Landbevölkerung. »Geboren wurde ich, als wir den Krieg mit den Franzosen hatten, mit dem Napoleon. Vater fiel bei Sedan. Er war Soldat und vorher Landarbeiter, Tagelöhner. Mutter war Kuhmagd beim Baron. Ich und meine Brüder und Schwestern – wir arbeiteten bei den Herrschaften oder beim Bauern. Auch meine Frau war Magd. Eigenes Land haben wir nie gehabt. Unsere Kinder gingen in die Stadt, ein Sohn nach Amerika. Ist schon lange her, war damals nach dem anderen Krieg, als die Inflation war. Der zweite Sohn ging zur Reichswehr, ist wohl jetzt Feldwebel oder Wachtmeister, hat schon längst Söhne, sind auch Soldaten. Sie wohnen nicht hier, weit weg am Rhein.

Ich war nie Soldat, nicht in dem Krieg, wo der Kaiser noch war, und nicht in diesem Krieg, wegen der Hand. An der rechten fehlen ein paar Finger. Ein Auge wurde blind, als ich noch jung war, jetzt bin ich seit zehn Jahren ganz blind. Meine Frau starb schon vor dem Krieg. Die Gemeinde zahlt mir Rente. Ich wohnte bei der Kirche, am Friedhof. Die Blumen erkenne ich am Geruch, hab' dem Friedhofsgärtner immer gern geholfen.

Als alle wegmachten, sagten: die Russen kommen, bin ich nicht mit, hab' ja nichts zu fürchten. Ich weiß noch, wie die Russen im vorigen Krieg hier waren. Kosaken und gewöhnliche Soldaten, waren Menschen wie wir, haben mir nichts getan. Was gibt's da auch zu fürchten? Man sagt, die Bolschewiken schlagen alle Deutschen tot, wegen dem Führer. Aber ich habe nie was mit Politik zu tun gehabt. Was brauche ich Politik? Was hab' ich zu fürchten? Wer tut schon einem blinden, alten Mann was? Wo ich wohne? Bisher im Haus neben der Kirche. Da wohnte der Kirchendiener, und ich hatte ein Zimmer bei ihm. Das Haus ist abgebrannt. War nichts mehr rauszuholen. Was ich hatte, ist alles verbrannt. Na was, ich sehe ja sowieso nichts. Gestern habe ich in einem leeren Haus übernachtet. Die Soldaten waren freundlich: gaben Suppe und Brot. Viele Brände gibt es in der Stadt. Ich rieche den Rauch und fühle die Hitze, die ganze Stadt brennt. Das verstehe ich nicht. Zeit für mich, zu sterben.«

Ich gab ihm einen Kanten Brot und Konserven. Den Soldaten auf der Kommandantur berichtete ich, was der Alte mir erzählt hatte. »Na gut, soll er hier bei uns irgendwo unterkriechen.«

Beljajew saß während dieses Gesprächs gelangweilt und ungeduldig herum. Er wollte mit unserem Lkw seine Trophäen in eine polnische Stadt bringen, dort ein provisorisches Depot einrichten und dann nach Ostpreußen zurückkehren.

Abends kamen wir in Ciechanów an. Beljajew fand ein ihm zusagendes Quartier – einen kalten Friseurladen. Hier stellte er das Klavier ab, warf die ausgeweidete Kuh in eine Ecke, verstaute den Gobelin, die Standuhr und eine Menge Bündel und Koffer. Die Bücher brachte ich mit Hilfe polnischer Milizionäre ins Bürgermeisteramt. Die Zivilverwaltung amtierte schon seit ein paar Tagen.

Die Bücher und Mappen wurden in einem kleinen Zimmer untergebracht. Später schaffte ich auch die in Allenstein gesammelten Bücher und Dokumente dorthin. Zwei Jahre danach erfuhr ich, daß die Stadtverwaltung monatelang geduldig darauf gewartet hatte, daß der Pan Major wiederkommen und seine Sachen abholen werde. Erst im Herbst nahm M. I. Rudowino sie mit, die Direktorin der Moskauer Zentralbibliothek für fremdsprachige Literatur; sie war damals Oberstleutnant und befaßte sich mit der Demontage erbeuteter Bibliotheken.

Wir übernachteten bei dem gastfreundlichen Friseur, bezahlten ihn mit Wodka, Tabak und Zigaretten, zechten in Gesellschaft einiger lustiger Polinnen und durchreisender Offiziere. Am anderen Morgen fuhren wir auf demselben Weg durch total zerstörte Dörfer, durch das noch immer brennende Neidenburg in das verhältnismäßig unversehrt gebliebene stille Hohenstein.

Wenige Kilometer von der Stadt entfernt lag die Grabstätte Hindenburgs. Das Mausoleum – stilisiert als mittelalterliche Festung – galt als Symbol des deutschen Sieges im Sommer 1914. Man hatte es auf eben der Anhöhe errichtet, von der aus Hindenburg die entscheidenden Kämpfe gegen das Armeekorps Samsonow befehligt hatte. Schon vor Beginn unserer Offensive war ich ganz entschieden der Ansicht gewesen, daß diese steingewordene Eiterbeule deutschen Hochmuts unbedingt vernichtet werden müsse. Doch als wir die Chaussee verließen und die schnurgerade Allee zwischen zwei Reihen hoher, aufrechter, prächtiger Bäume entlangfuhren, wurde mir unbehaglich zumute. Auf dem frisch zugeschneiten Asphalt war kaum eine Wagenspur zu ahnen. Beljajew wiederholte ständig:

»Hier ist bestimmt alles vermint.«

Das Monument war gesprengt. Ein Teil der Mauern und Türme war in wüste Backsteinhaufen zusammengebrochen. Vor Minen hatte ich seit eh und je einen heillosen Respekt. Beljajews Überlegungen klangen überzeugend. Wir fuhren daher nicht an das Festungsmausoleum heran, sondern drehten um und kehrten auf die Hauptstraße zurück.

Am Abend kamen wir nach Allenstein. Die Stadt war fast kampflos in unsere Hand gefallen. Für alle so überraschend, daß, als die Kosaken des Generals Oslikowskij schon den Bahnhof besetzt hatten, noch etwa anderthalb bis zwei Stunden die fahrplanmäßigen Züge aus Königsberg, Johannisburg und Lyck einliefen: Militärzüge, Güterzüge, Personenzüge voller Flüchtlinge. Ein sowjetischer Offizier saß im Dienstraum, die MP auf dem Tisch, rauchte und kämpfte völlig übermüdet gegen den Schlaf.

Der deutsche Fahrdienstleiter, halbtot vor Schreck und Scham, gab mechanisch seine gewohnten, dem Fahrplan entsprechenden Anweisungen.

Jenseits der hohen, schmalen Fenster mit den akkuraten Verdunkelungsvorhängen aus festem schwarzem Packpapier erklang bald aufgeschreckt-nervöses, bald hartnäckig-forderndes Pfeifen der Lokomotiven; Räder quietschten, aus den Ventilen entweichender Dampf zischte, Bremsen kreischten. Vereinzelte Schüsse klatschten, kurze MG-Salven. Schreie, eiliges Füßetrappeln. Aufgeregtes Lärmen der gehetzt hin- und herwogenden Menge, dazwischen jäh hochstrebendes, hysterisches, rasch unterdrücktes Frauenweinen, Kindergeschrei und wieder Getrappel, Schüsse, Kommandorufe, vielstimmiges Durcheinander deutscher Stimmen. Die Ankömmlinge wurden zusammengetrieben, Schreie, Schüsse, Heulen, Schimpfen und von neuem: Lokomotivenpfiffe, Dampfzischen. Die Stadt hatte durch Bomben und Artilleriebeschuß kaum gelitten. Aber schon in der ersten Nacht begannen die Brände. Auf einem der Hauptplätze stand ein vierstöckiges Kaufhaus lichterloh in Flammen. Man hatte es weder rechtzeitig evakuieren noch wenigstens rasch plündern können. Hinter den großen, von der Hitze gesprungenen Schaufenstern sah man brennende Sofas und Schränke. Das Feuer toste bunt und lärmend, hie und da barst etwas, krachte, zerknallte. Über das Trottoir flossen violette Flammenbäche in die schmale Abflußrinne am Straßenrand. Es roch beklemmend nach brennendem Zucker.

»Was hier bloß alles vergeudet wird«, sagte düster der ältere Soldat.

Ein anderer fluchte: »Sauerei, verdammte, die haben's nicht mehr, und wir kriegen's nicht mehr!«

Beim Anblick des brennenden Kaufhauses ging Beljajew geradezu in die Luft, wutschnaubend quasselte er von sinnloser Zerstörung und den Gefahren für die Diszplin der Truppe. In einer Straße, die auf den Platz zuführte, sah ich drei Zivilisten: eine Frau und zwei Männer zogen ein überdimensionales Bündel mit sich. Sie gingen vorsichtig, drückten sich an den Häuserwänden entlang.

»Stoj! Halt! Stehenbleiben!«

Die Frau antwortete russisch. Der Aussprache nach konnte sie aus Bjelorußland sein, vielleicht auch aus der Gegend von Smolensk.

»Wir sind eigene Leute – eigene –, wir mußten hier beim Bauern arbeiten. Der Deutsche ist abgehauen. Wir sind eigene – russische – sowjetische Leute. Ihr da, ihr Soldaten, kommt her, geht in diese Straße da, da ist ein großes Haus, sehr reich. Da gibt es Fräuleins, Pani, Uhren, jede Menge Sachen. Da war noch niemand, keiner hat was angerührt.«

Wir suchten ein ruhiges, abgelegenes Haus zum Übernachten. Unser Lkw wendete in der engen Straße, die der Feuerschein vom Platz herüber kärglich beleuchtete. An der einen Seite hohe, düstere Mauern – vermutlich ein Fabrik- oder Speichergebäude –, an der anderen ein langgestrecktes fünfstöckiges Haus. Am Bürgersteig waren ein paar deutsche Lkws und Pkws geparkt, zugeschneit, dann noch zwei oder drei sowjetische Laster, Studebakers und Fords. Wir zwängten uns dazwischen, stiegen aus, gingen in den Hof. Die der Straße zugewandten Baulichkeiten lagen verödet da, schienen menschenleer zu sein. Aber über den Hof führte ein durch den frischen Schnee getretener Pfad.

Offene Türen, dunkles Treppenhaus. Beljajew, wie immer, kam als letzter. Wir schickten unsere Passagiere, von denen uns nur noch drei geblieben waren, vor. Ihr Anführer war ein hochgewachsener, dunkler, zigeunerähnlicher Sergeant mit großen, feurigen Augen. Höflich, diensteifrig, schweigsam. Es gab bei ihm ein paar kaum merkliche, aber untrügliche Zeichen: das gekonnt treuherzige Lächeln, eine Halsbewegung und die leichte Kopfneigung im Gespräch mit dem Genossen Major, der Gang, weich, katzenhaft leicht, tänzelnd, dabei die Knie scharf abgewinkelt, fast, als mache er eine Kniebeuge – das war ein Gauner, ein Gauner ersten Ranges.

Von irgendwoher aus dem zweiten Stock kamen gedämpft Geräusche eines Handgemenges, eine atemlose, entsetzte Frauenstimme: »Pan ... Nein ... Mein Gott ... Pan ... Pan ... !« Jemand von uns rief laut: »Wer da? Halt! Stehenbleiben!«

Gewehrschloßknacken. Oben ein erschrockener Aufschrei, Füßetrappeln, wir hetzten die Treppe hinauf, am Treppenabsatz eine offene Wohnungstür, wir treten ein, der Korridor ist leer. Stimmen, denen wir nachgehen: ein großer Raum, Eheschlafzimmer, drinnen eine Menge Leute: Frauen, Kinder, zwei alte Männer. Sie hocken an den Wänden auf den breiten Ehebetten, auf Stühlen und Koffern. Hindenburglichter blaken. Dicht bei der Tür steht ein Panzerhauptmann, so ein Dreikäsehoch mit runden roten Backen und verlegen schielenden Augen. Vor sich auf einen Tisch hat er ein kleines Mädchen gesetzt, füttert es mit Schokolade.

»Was machen Sie hier, Hauptmann?«

»Habe Bescheid gesagt: das Haus brennt! Hier sind doch Kinder – ich liebe Kinder.«

»Waren Sie das? Da eben auf der Treppe?«

»Wo? Ich? Wieso? Wie kommen Sie darauf? Ich bin doch schon eine halbe Stunde hier, wollte nur Bescheid sagen, daß das Haus brennt.«

Während wir mit dem Hauptmann sprachen, herrscht um uns angstvoll gespannte Stille. Ein paar Frauen, die beiden alten Männer, sogar einige Kinder haben die Hände erhoben, haben kapituliert.

Erst als ich auf deutsch sage: »Haben Sie keine Angst, Ihnen geschieht nichts«, höre ich, daß sie wieder zu atmen beginnen, jemand schluchzt.

Einer der alten Männer, er sitzt etwas abseits in einer dunklen Ecke, sagt laut, rasch, eingelernt: »Pan Kommissar, wir sind Polen, bitte Pan, wir sind keine Deutschen, wir sind Polen.«

Ich frage ihn auf polnisch. Er wiederholt seine Worte, versteht mich offenbar überhaupt nicht. Ängstlich tut er so, als sei er schwerhörig. Eine Frau kreischt hysterisch: »Polen sind wir, Polen...!«

»Regen Sie sich nicht auf! Sie brauchen nicht zu tun, als seien Sie Polen. Wozu? Wozu die Unwahrheit sagen? Sie brauchen sich auch nicht zu fürchten. Wir kämpfen nicht gegen das deutsche Volk, sondern gegen die Nazis, gegen die Wehrmacht, aber nicht gegen Zivilisten. Haben Sie keine Angst: Marodeure und Frauenschänder bestrafen wir. Ist dieser Mann hier einer von Ihnen zu nahe getreten?«

»Nein – nn-nein – gewiß nicht...«

»Stimmt es, daß das Haus brennt?«

Dazwischen eine Kinderstimme:

»Mama, ich will aber nicht aufbrennen!«

Der Hauptmann versteht offenbar etwas Deutsch und sagt: »Jajaja, brännt, brännt!«

Beljajew: »Sofort nachsehen! Los, los – feststellen!«

Der schwarzäugige Sergeant und unser Fahrer, der mit heraufgekommen war, gehen hinaus.

Ich werde nun umringt, plötzlich sprechen alle. Eine Frau drängt sich dicht an mich heran, nicht alt, mit einem komischen Turban auf dem Kopf, geschminkt, mit einschmeichelndem Blick. Sie ergreift meine Hand, drückt sie an ihren ziemlich fetten Busen: »Retten Sie uns, Sie sind ein kultivierter Mensch. Wir hassen Hitler, wir haben Kinder...«

Ein fünfzehn- bis sechzehnjähriges Mädchen, so eine flachsblonde, langbeinige Klassenbeste, vielleicht BDM-Führerin, radebrecht in der Art, wie in deutschen Kinderbüchern Neger und Ausländer sprechen:

»Sie gut sprechen Deutsch. Sie uns retten vor Feuer. Wir Sie werden sagen danke.«

Einige Frauen schieben eine junge Frau vor, hübsch, rundlich, auch so einen Turban auf dem Kopf, mit einem Säugling im Arm.

»Hier, sehen Sie, die ist erst dreißig und hat schon zehn Kinder, hat das Mutterkreuz...«

Ich gratuliere formell. Die Kleine, mit der der Hauptmann sich abgibt, ein weißblondes, helläugiges freundliches Kind, gehört zu den Töchtern dieser kinderreichen Mutter. Sie heißt Urschel und ist vier. Zutraulich fragt sie mich:

»Onkel, hast du auch Kinder?«

»Ja, das hab' ich, auch Töchter, fünf und acht.« Ich zeige ihr die Fotos. Die Frauen drängen näher, wollen die Bilder sehen. Entzückte Ausrufe. Riesiges Interesse. Viel falsches Getue natürlich, aber daneben auch echte Erleichterung, Entspannung nach den ausgestandenen Ängsten.

Der Sergeant kommt zurück.

»Es brennt am anderen Ende. Das Feuer kommt über das Dach. Kann ungefähr in einer Stunde hier sein.«

Der Panzerhauptmann weiß, wo die Sammelstelle für Obdachlose und Flüchtlinge ist. Ich erkläre es den Leuten. Wieder der Ausruf: »Mama, ich will doch aber nicht aufbrennen!«

Wir beschließen, alle zur Sammelstelle zu bringen, sie dürfen nur das Nötigste mitnehmen. Großes Durcheinander, Klagen und Jammern. Jemand sagt: »Oben sind auch noch Leute, Schulzes. Das sind Kommunisten...«

Die Klassenbeste kommandiert mit heller, befehlsgewohnter, überzeugender Stimme herum, natürlich war sie BDM-Führerin. Übrigens waren es ihre Eltern, die sich vorhin als Polen ausgegeben hatten, sie stellten sich mir unterwürfig vor, als sie merkten, daß ihre Tochter allgemeines Vertrauen genoß. Sie nimmt mich am Arm: »Kommen Sie mit zu Schulzes, Herr Major.« Sie hat schon begriffen, daß ich kein Kommissar bin, und redet nun auch kein Negerkauderwelsch mehr.

Wir gehen die dunkle Treppe hinauf in die vierte Etage. Zutraulich hält sie meine Hand, für einen Augenblick scheint es mir plötzlich, als drücke sie etwas stärker. Aber es ist stockdunkel. Das Treppenhaus hat keinerlei Beleuchtung mehr. Meine Taschenlampe schimmert nur noch ganz schwach. Wir klopfen. ein magerer, hochgewachsener alter Mann mit hoher Stirn und großer Nase öffnet.

»Herr Schulze, unser Haus brennt. Dies ist ein sowjetischer Major. Unten sind noch andere rote Soldaten. Sie sind alle sehr nett und freundlich und wollen uns an einen sicheren Platz bringen.«

»Willkommen, Genosse!« Den Alten zieht es zu mir, ich drücke ihm die Hand. Er möchte mich offenbar umarmen, traut sich aber nicht. Wir gehen ins Zimmer. Am brikettbeheizten Ofen sitzen eine dicke Frau, in einen Schal gewickelt, und ein alter Mann. »Das ist meine Frau, Genosse, ist auch Genossin. Sie ist sehr krank. Das Herz macht's nicht mehr. Ich war drei Jahre im Gefängnis, dann drei Jahre KZ. Danach unter ständiger Beobachtung. Unser Sohn ist umgekommen.«

Die Frau versucht aufzustehen.

»Endlich, Genosse, endlich!« Sie weint.

»Und das ist mein Freund, auch Genosse, aber ihn haben sie nicht erwischt. Er verschwand beizeiten aus seinem Heimatort, kam hierher, half uns. Er ist alter Gewerkschaftler, ausgezeichneter Tischler. Ein Meister, wie es kaum noch welche gibt.«

Er ist breitschultrig, gedrungen, hat kurzgeschnittenes graues Haar, Hängebacken, einen buschigen Schnurrbart unter der klumpigen Nase. Wir drücken uns fest die Hand. Ich dränge zur Eile. Herr Schulze aber möchte mir seine Heiligtümer zeigen.

»So lange habe ich das Abzeichen Rot-Front verstecken müssen und die Bilder von Lenin, Liebknecht, Marx.«

»Genosse, das Haus brennt. Sie müssen schnell machen, die Leute müssen gerettet werden. Und wir müssen außerdem noch kämpfen.«

Chaotisch mischen sich in mir Gedanken und Gefühle: bittere, zornige, beschämende. Wieder eine Begegnung mit deutschen Kommunisten. Ringsum Feuer, Raub, Vergewaltigung. Womöglich sind diese drei hier gar keine Kommunisten? Man müßte es überprüfen. Dazu ist jetzt keine Zeit. Vielleicht waren es auch Kleinmütige, die sich angepaßt, Mimikry gemacht hatten. Aber soll man sie deswegen totschlagen? Ist das eine Rechtfertigung für uns? Im Augenblick werden sie jedenfalls nicht umkommen. Aber was geschieht in der unteren Wohnung und auf dem Weg? Unten sind unsere Passagiere und der verwegene Hauptmann. Was, wenn sie sie insgeheim ausrauben, die verängstigten Frauen in die Dunkelheit wegschleppen? Beljajew wird es bestimmt nicht verhindern. Ich treibe Schulze an, bemühe mich dabei, nicht grob zu werden. Und er möchte doch so gerne noch weitererzählen. Seine Frau bewegt sich kaum. Weint.

Endlich ist es soweit. Wir können mit dem Aufladen beginnen. Zuerst setzen wir die alten Frauen in den Wagen. Irgend jemand fragt schluchzend fortwährend nach seinem Koffer. Meine Helferin kommandiert herum.

»Hören Sie doch endlich auf! Es geht ums Überleben, um die Kinder, und Sie heulen einem Koffer nach!«

Die kinderreiche Mutter der kleinen Urschel hat ihren Kinderwagen im Bunker gelassen und möchte ihn holen. Beljajew begleitet sie. Der Fahrer keift böse: »Wie lange sollen wir hier noch warten?« Er hat schon wieder getrunken und schimpft mit den Soldaten, die den Leuten mit ihrem Gepäck behilflich sind.

Die kleine Urschel hat ihre Handschuhe verloren. Ich gebe ihr meine, sie ist selig, zeigt sie allen: »Der russische Onkel hat mir Handschuhe geschenkt.«

Ich nehme sie auf den Arm, klammere mich an dieses kleine Lebewesen. Es brennt mir hinter den Lidern.

Beljajew kommt mit Urschels Mutter zurück. Sie haben den Kinderwagen nicht gefunden. Die Frau hat blutige Handflächen. Beljajew sieht verlegen aus, vermeidet meinen Blick. Ich frage die Frau, was geschehen ist. Aus Zorn, Verwirrung und Scham frage ich laut, scharf. Sie, schnell, übertrieben munter: »Nichts, gar nichts. Ich bin bloß hingefallen, es ist so dunkel, werd's gleich verbinden.«

Ich beuge mich zu ihr, frage leiser: »Hat man Ihnen was getan?«

Aus den Augenwinkeln sehe ich den erschrockenen, beobachtenden Blick Beljajews.

»Nein, nein. Mir hat keiner was getan. Der Herr Offizier ist so liebenswürdig, hat mir geholfen. Nein, wirklich, Sie brauchen nichts Schlimmes zu denken.«

Sie lächelt. In den Augen Angst und Schmerz, die Hände mit den blutigen Innenflächen gehoben, auch in den Händen Angst und Schmerz.

Schließlich sind alle verladen. Achtundzwanzig Menschen, mehr als die Hälfte davon Kinder. Auf der Ladefläche regiert die Klassenbeste. Ich hatte sie scherzend Vize-Kommandant genannt. Sie nimmt das ganz ernst, schreit herum, verteilt Plätze, besetzt um. Und schon hört man: Irgend jemand scharwenzelt vor ihr, fragt oder bittet flüsternd etwas. Sie erwidert laut, damit alle es hören: »Geben Sie endlich Ruhe – Sie sehen doch: die russischen Offiziere sind gut...«

Beljajew steht neben mir, flüstert stockend: »Weißt du, meiner Meinung nach, jetzt – das fühle ich, haben wir die beste Tat all dieser letzten Tage getan – die Kinder, die sind ja genauso wie bei uns.«

Ich hebe Urschel auf den Wagen. Sie küßt mich zum Abschied schmatzend auf die Backe. Beljajew murmelt immer weiter irgendwas von Humanität, Edelmut, Hochherzigkeit.

(Eine Woche später meldete er beim Parteikomitee, ich hätte mich damit »beschäftigt, Feindbevölkerung und ihre Habe zu retten, hätte Mitleid mit den Deutschen gepredigt, ungeachtet des Unwillens seitens der Offiziere und Mannschaften«. Das gleiche wiederholte er dann vor der Parteiversammlung und vor dem Untersuchungsrichter. Die Worte »Rettung von Deutschen und ihrer Habe« wurden zur Formel im Text des Beschlusses, mit dem man mich aus der Partei ausschloß, ebenso in allen Anklageakten bei der Voruntersuchung und bei der Gerichtsverhandlung.)

Der Sergeant und seine Leute klettern hinten auf den Wagen. Der Fahrer ist schon in der Kabine. Der Motor heult auf. Der Wagen stößt zurück und drückt Beljajew und mich mit seinem Heck gegen den hinter uns stehenden deutschen Lkw. Zum Glück waren bei dem die Bremsen nicht angezogen. Er gibt nach. Wir fluchen beide mörderisch.

Endlich gelangen auch wir in die Kabine. Der Fahrer ist völlig betrunken: »Was fahren wir hier die Fritzen spazieren – sollen lieber alle verrecken. Laß sie doch, verdammt noch mal, verbrennen – die Teufelsbrut...«

Der Panzerhauptmann hat einen Jeep und zwei Mann bei sich. Er fährt voraus, um uns den Weg zur Sammelstelle zu zeigen. Es schneit spärlich. Einige Straßenzüge liegen in hellem Feuerschein.

Sammelstelle ist das Packhaus am Bahnhof. Ich gehe erst mal allein hinein, um den Kommandanten zu suchen und zu fragen, wo wir die Leute ausladen können.

Ein Oberleutnant, in zerknautschtem Mantel, unrasiert, mit geröteten Augen – vor Übermüdung oder vom Saufen:

»Können meinetwegen da drüben hingehen, dort hinten, in die Ecke da. Da sind noch mehr Kinder, das macht sich schon.«

Im Packhaus – einer riesigen Baracke mit hölzernen Stützpfeilern – herrscht Halbdunkel. Auf dem Fußboden, auf Bänken, Tischen, Koffern und Bündeln hocken die Leute dichtgedrängt. An den Eingängen stehen ein paar Soldaten. Von der Straße her hört man Grölen, Harmonikaspiel, betrunkenes Singen. Unser Wagen hält fünfzig Schritt vorm Eingang. Näher kann er nicht heranfahren, Munitionswagen, Lkws, zwei Panzer versperren die Zufahrt. Der Oberleutnant fragt: »Haben Sie Soldaten bei sich? Die sollen die Leute herbegleiten. Hier lungern besoffene Panzergrenadiere herum, treiben der Teufel was – plündern, vergewaltigen, sind zu allem fähig.«

Ich rufe Beljajew und den Sergeanten. Meine Assistentin regiert immer noch tatkräftig. Aus der Dunkelheit tauchen hin und wieder torkelnde Soldaten auf: »He, Frau, komm – dawaj Uri!«

Wir jagen sie schimpfend davon. Auch Beljajew gibt sich Mühe. Schulze und sein Freund führen die stöhnende kranke Frau. Eine weibliche Stimme kreischt, ihr Koffer sei gestohlen. In diesem Augenblick ertönt hinter uns ein gellender Schrei. Ins

Packhaus, auf das wir zugehen, stürzt ein Mädchen: groß, schön, hellblonder zerraufter Zopf, das Kleid über der Brust zerrissen. Durchdringend schreit sie: »Ich bin Polin, ich bin Polin, Jesus Maria – ich bin doch Polin!« Zwei Panzergrenadiere sind hinter ihr her, beide in den schwarzen, gerippten Helmen. Der eine – großnasig, muskulös, dicklippig – ist schlimm besoffen, krächzt wüste Flüche. An der aufgeknöpften Uniformjacke klirren Medaillen, der Stern des Ruhm-Ordens. Der andere ist phlegmatischer, schlendert hinter dem Kameraden her.

Ich pflanze mich vor ihnen auf: »Schluß jetzt, beherrscht euch gefälligst, Genossen Panzergrenadiere!«

Neben mir steht der Oberleutnant, hebt träge seine Pistole, in schon zur Gewohnheit gewordener Geste:

»Haut ab! Befehl des Oberkommandos: auf Schändung steht Erschießen auf der Stelle.«

Hinter ihm sichern zwei oder drei Soldaten den Weg zur Eingangstür. Nahebei lachen andere Soldaten. Natürlich über uns. Noch ein paar Panzerleute kommen auf uns zu. Ich ziehe meine Pistole und fühle mich vor Entsetzen starr und hohl werden; wenn ich tatsächlich auf die eigenen Kameraden schießen muß, auf diese prachtvollen, tapferen Kerle, die doch nur der Wodka um den Verstand gebracht hat...

Schon torkelt einer direkt auf mich zu, schreit heiser, speichelnd:

»Ihr da – Offiziere, Arschlöcher –, auf unseren Buckeln führt ihr Krieg. Wo bist denn du gewesen, verflucht noch mal, als ich brannte? Und wo warst du, Schweinehund, als ich den ›Tiger‹ knackte?«

Ich versuchte noch lauter zu brüllen: »Besudle dich nicht, besudle deinen Ruhm nicht. Wag es nicht, das Mädchen anzurühren! Sie ist Polin! Du hast doch selber eine Mutter, hast Schwestern, eine Braut oder eine Frau. Denk an die!«

»Hach, und die Deutschen, was haben die gedacht? Laß mich, zum Teufel mit dir! Ich will die Frau. Ich hab' mein Blut vergossen!«

Andere Panzerleute ziehen ihn mit sich fort, feindselig stiert er zu mir und dem Oberleutnant herüber. Aus der Dunkelheit Stimmen: »Das sind so die Richtigen! Offiziere, die wegen einer Deutschen die eigenen Leute abknallen wollen!«

Der Oberleutnant wiederholt monoton: »Abhauen! Befehl des Oberkommandos.«

Wir bringen die Polin zur Nachbarbaracke, aus der sie geflohen war. Dort sind »nichtdeutsche Zivilisten« untergebracht. Dasselbe Dunkel, dieselbe Enge, nur mehr Männer und weniger Koffer. Man hört Russisch, Polnisch, Ukrainisch, Tschechisch, Französisch. Eine fröhliche Mundharmonika spielt. Ein Italiener singt mit hohem, leicht gequetschtem Tenor ein getragenes Lied, süß wie ein bunter Sahnebonbon.

Ich kehre in die deutsche Baracke zurück. Unsere Abgebrannten haben sich schon irgendwo im Innern eingerichtet. Beljajew drängt: »Los, komm, los. Wir müssen uns noch ein Nachtquartier suchen.« Aber ich will noch nicht, muß doch mit der Bevölkerung sprechen.

Im trüben, ungleichmäßig schmutzig-orangefarbenen Laternenlicht, im fahlen Schein der Hindenburglichter und dem scharlachroten Widerschein der eisernen Öfchen sitzen, liegen, drängen sich in Grüppchen vor allem Frauen und Kinder. Wenig Männer. Einer im Pelzmantel ist Eisenbahner, ein anderer Arzt. Ein dritter, ein hagerer Beinamputierter, sieht wie ein Offizier aus. Um sie herum Frauen: alte, junge, barhäuptige, in Hüten, in Turbanen, in einfachen Tüchern, wie unsere Frauen sie tragen, in eleganten Mänteln mit Pelzkragen, in abgewetzten, formlosen Sachen, in Decken gewickelt. Und überall Kinder jeder Altersstufe – vom Halbwüchsigen bis zum Säugling. Einige ganz bunt angezogen, gut gepflegt. Aber die übrigen sehen nicht anders aus als Kinder auf Moskauer Bahnhöfen. Überall müde, verschreckte, auch einfach neugierige, verwunderte Blicke. Manche schlafen, auf Bündeln zusammengekrümmt oder auf den Knien ihrer Mütter. Der entsetzte Schrei der Polin hat sie nicht geweckt, auch nicht das rauhe Schimpfen an der Tür. Helle, dunkle, schlafende Kindergesichter. Über ihnen die Augen der Mütter: entzündete, im Schreck versteinerte, schmeichlerische, mühsam lächelnde, von Angst, von Verzweiflung, von bitterem Nichtbegreifen gläsern starre Augen.

Ich sage ein paar Worte auf deutsch, und plötzlich kommen von allen Seiten Stimmen: laute und hartnäckige Fragen, leise, schüchterne, fassungslose, höfliche und gereizte.

»Was geschieht mit uns?«

»Womit sollen wir morgen unsere Kinder füttern?«

»Kommen wir nach Sibirien?«

»Soldaten haben uns aus unserem Haus gejagt. Da sind noch Lebensmittel. Dürfen wir die holen?«

»Wohin bringt man uns von hier? Wann?«

»Was wird aus uns? Wir haben den Krieg doch nicht gewollt. Wir sind doch bloß kleine Leute.«

»Müssen wir wirklich nach Sibirien?«

Beljajew drängt. Sein Edelmut freut ihn schon nicht mehr, er will endlich von hier fort.

Ich antworte auf all die Fragen mit einer kurzen Rede, versuche dabei ruhig, kühl, in knappen Sätzen zu sprechen, und ertappe mich plötzlich dabei, daß ich in diesen bellenden preußischen Kasernenhofton verfallen bin. Sie hören sehr aufmerksam zu, stumm, fast andächtig. Manche stimmen zu, teils aufrichtig, teils servil.

»Zur Zeit wird im Stadtgebiet noch gekämpft. An den Bränden und Zerstörungen sind SS und Werwolf schuld. Haben Sie davon gehört?« (Frauenstimmen: Diese Teufel, haben die immer noch nicht genug? Zustimmende Rufe.) »Einige unserer Soldaten haben sich schlecht benommen. In unserer Armee kämpfen 20 Millionen Mann.« (Ogottogott – die sind stark!) »Klar, daß in dieser Riesenarmee auch Schweinehunde dabei sind. Viele unserer Leute sind sehr verbittert, wir kamen hierher aus Moskau, aus Leningrad, aus Stalingrad, von der verbrannten Erde, aus Ruinen, Trümmer- und Brandstätten. In jeder Familie gibt es Tote. Wir haben diesen Krieg nicht gewollt.« (Stimmen: Wir auch nicht. Das waren die Hitlerleute und die Generäle – wir haben selbst zu leiden.) »Sicher, viele von Ihnen wollten ihn nicht. Aber Hitler und seine Räuberarmee haben uns überfallen. Ich bedaure Sie, mir tun Ihre Kinder sehr leid, die trifft ja keine Schuld.« (Viele Stimmen: Ja, ja, die Kinder. O Gott, wofür sollen die Kinder büßen? Herr Kommissar, schonen Sie die Kinder! – Hört auf! Stört doch den Herrn Offizier nicht beim Sprechen!) »Aber für alle Ihre jetzigen Nöte und Leiden haben Sie Ihrem Führer und den übrigen großen Herren zu danken.« (Stimmen: Ja, ja, dieser Führer, verflucht soll er sein, samt seinen Goldfasanen. Eine Greisenstimme aus der Dunkelheit: Der Herr hat uns gerichtet, sein Wille geschehe, laßt uns des Herrn Gnade erflehen! Viele Frauenstimmen: Ja! Ja! Herr Gott im Himmel, laßt uns beten, uns ist nichts als das Gebet geblieben!) »Zur Zeit befinden sich unsere Stoßtruppen in Ihrer Stadt, sie führen die Offensive an, ihre Aufgabe ist Kampf. Bald, ich weiß nicht genau wann, aber vielleicht schon in einigen Stunden, wird die Verwaltung ihre Arbeit aufnehmen – die sowjetische Militärverwaltung und die polnische Zivilverwaltung.« (Stimmen: Die Polen, wie schrecklich, die werden sich furchtbar rächen!) »Reden Sie keinen Unsinn, Polen sind auch Menschen, euch haben doch bloß die Nazis gegeneinander aufgehetzt. Von Ihnen wird nichts weiter verlangt als Ruhe und Diszplin. Sorgen Sie für Ordnung in Ihrem Umkreis, helfen Sie den Schwächeren: den Kindern, den Kranken, den körperlich Behinderten. Haben Sie Geduld und Hoffnung! Auf Wiedersehen!«

Stimmengewirr: »Auf Wiedersehen, auf Wiedersehen... Danke... Was für ein freundlicher Herr – ich hab' euch ja gesagt, das Schlimme ist bloß die kämpfende Truppe. Wenn die weg ist, wird bald Ordnung sein.«

Beljajew zieht mich zum Ausgang: »Jetzt komm aber endlich, der Fahrer ist stockbesoffen, kippt um, schläft ein – wir kommen nicht fort.«

Noch ehe wir auf die Straße kommen, spricht uns eine Frau an, barhäuptig, mit dunkelblonden, wirren, fast bis zu den Schultern hängenden Haaren. Sie ist mager und spitznasig. Ihre großen Augen glänzen erregt. Das schiefe Lächeln ihrer schlaffen, dünnen, sich kaum öffnenden Lippen steht in keiner Beziehung zu den fiebrig schimmernden Augen. Der Mantelkragen ist hochgestellt, um die Schultern hat sie ein Tuch. Lange, magere Finger. Sie flüstert: »Herr Kommandant, man hat Sie belogen, als man Ihnen sagte, ich könnte keine Kinder kriegen. Das ist nicht wahr. Ich kann Kinder haben. Verstehen Sie – ich kann wirklich gebären.«

»Was wollen Sie, worum handelt es sich?«

»Sie haben doch so viele Soldaten. Ich bin noch jung. Ich bin einverstanden – ich will – ich brauche einen Mann – ich will Kinder haben... Befehlen Sie Ihren Soldaten...«

Beljajew »Was will denn die?«

Mit Mühe mache ich mich von ihr los. Ihre mageren Finger krallen sich fest in meinen Mantelärmel. Sie drängt sich mit

Brust und Leib an mich. Ich bitte ein paar Frauen, sie wegzubringen. Die lenken sie ab: »Laß den Herrn Offizier in Ruhe. Du bist doch ein anständiges Mädchen. Komm mit, komm, dort drüben, da gibt's Kavaliere.«

Eine erklärt mir: »Sie ist sterilisiert. Erblicher Schwachsinn. Nach der Sterilisierung ist sie erst völlig verrückt geworden. Belästigt die Männer. Bitte entschuldigen Sie.«

Wir übernachteten in einem großen Einfamilienhaus, in dem sich die Korrespondenten einquartiert hatten – Journalisten, Fotoreporter, Kameramänner. Wir aßen und tranken allerlei Erbeutetes. Ein ziemlich junger Hauptmann, Korrespondent einer unserer großen Zeitungen, sagte neidisch: »Sie haben es gut, Sie beherrschen die Sprache, können alles verlangen, worauf Sie Lust haben, oder fragen, wo man es kriegen kann. Die Deutschen freuen sich, daß Sie ihre Sprache sprechen und geben von selbst. Ich kann bloß ›Uhr‹ sagen und ›Frau komm‹, aber was heißt zum Beispiel Radioapparat, Gold, Silber, Seide?«

»So, Sie meinen also, Sprachkenntnisse sind zum Plündern da?« Verständnisloser Blick, konfuses Grinsen. Er weiß nicht, ob ich es ernst meine.

»Schämen Sie sich denn nicht, zu plündern? Und Sie überlegen auch noch, wie es am leichtesten geht?«

Er errötet, ist verwirrt, murmelt: »Nun, nein, wieso, ich habe doch bloß geulkt.«

Ein anderer Korrespondent mischt sich ein. Wir kennen uns seit Kriegsbeginn: er ist ein arroganter Opportunist und Alleswisser; jetzt im Suff noch zynischer als gewöhnlich: »Was fällt dir ein, hier Moral zu predigen? Hast es noch immer nicht satt, die Fritzen zu bedauern? Es ist Krieg, verstehst du, du Intelligenzler mit Schulterstücken. Krieg nämlich und keine Vorlesung an der Universität. Wozu quakst du hier herum? Wir saufen ihren Cognac, fressen ihren Schinken. Nehmen ihre Uhren, ihre Weiber, ihren ganzen Kram. Das ist Krieg, verstehst du, du bärtiger Säugling!«

»Aha, und du merkst wohl gar nicht, daß du wie ein Faschist redest?«

»Leck mich doch am Arsch mit deiner Philosophie, deinem liberalen Gesäusel...«

»Stinktier! Marodeur!«

Wir waren drauf und dran, uns zu verdreschen. Man mußte uns gewaltsam trennen. Später versöhnten wir uns, tranken auf den Sieg, sangen sentimentale Soldatenlieder.

Am anderen Morgen brummte mir der Schädel. Wir hatten auf Betten, Sofas, Haufen von Federbetten und Teppichen geschlafen. Es stank nach Erbrochenem, nach ungewaschenen, verschwitzen Körpern, kaltem Tabakmief und vor allem nach Zigarettenasche. Beljajew war munter und vergnügt: »Gestern hab' ich in allem dir gehorcht, und ich bedauere das nicht, denn wir haben eine wirklich gute Tat vollbracht. Aber heute geht es andersherum, heute werde ich kommandieren. Plündern gestatte ich nicht. Keinem werde ich erlauben, irgend jemanden zu bestehlen. Aber sieh doch selbst, soviel Wertvolles liegt noch in den Geschäften und Lagerhäusern, das geht doch einfach kaputt. Soviel leerstehende Wohnungen gibt es. Das verbrennt doch alles oder wird von den Polen geholt. Sind denn unsere Familien schlechter? Wozu sonst wohl, glaubst du, wurde uns erlaubt, Pakete nach Hause zu schicken? Die Führung weiß schon, was sie tut.«

Ich mochte nicht streiten.

Tatsächlich war kurz vor Beginn der Winteroffensive erlaubt worden, Pakete nach Hause zu schicken. Jeder Soldat durfte monatlich ein oder zwei Pakete bis zu acht Kilo Gewicht schikken. Jeder Offizier doppelt so schwere. Das war direkte, unzweideutige Ermunterung, zu rauben und zu plündern. Was hätte der Soldat sonst nach Hause schicken sollen? Alte Fußlappen? Reste seiner Ration?

Als dieser Erlaß gekommen war, sprach ich mit Sabaschtanskij darüber. Er war gerade gut gelaunt. Wir waren ja unter uns, verständige, erfahrene Genossen, hatten voreinander nichts zu verbergen.

»Du weißt ja, uns allen steht der Krieg bis hier! Dieser verfluchte Krieg hat uns alle verbittert und verdreckt, uns alle, die Soldaten im Kugelhagel mehr als die übrigen. Solange wir im eigenen Lande kämpften, war alles einfach: wir kämpften um unsere Häuser, um den Feind zu verjagen, zu vernichten, um das Land zu befreien. Weißt du ja alles selbst. Aber jetzt – du und ich, wir wissen, daß man Hitler und dieses ganze giftige Nazigezücht endgültig und mit den Wurzeln ausrotten muß. Aber der Soldat, der schon das vierte Jahr an der Front steht, mehr als einmal verwundet war, der weiß nur, daß er irgendwo sein Zuhause hat, daß seine Frau und seine Kinder hungern. Und immer noch muß er weiterkämpfen, nun aber nicht mehr, um sein Heim, sein Dorf, sein Land zu verteidigen, sondern um im Feindesland anzugreifen – vorwärts! Wir sind Materialisten, wir müssen uns klar darüber sein. Das heißt: Was ist zu tun, damit der Soldat Lust zum Kämpfen behält? Erstens: Er muß den Feind hassen wie die Pest, muß ihn mit Stumpf und Stiel vernichten wollen. Und damit er seinen Kampfwillen nicht verliert, damit er weiß, wofür er aus dem Graben springt, dem Feuer entgegen in die Minenfelder kriecht, muß er zweitens wissen: Er kommt nach Deutschland, und alles gehört ihm – die Klamotten, die Weiber, alles! Mach, was du willst! Schlag drein, daß noch ihre Enkel und Urenkel zittern!«

»Heißt das also, er darf Frauen und Kinder umbringen?«

»Was kommst du mit Kindern, Idiot. So was gibt's doch nur in Ausnahmefällen. Lange nicht jeder wird Kinder töten. Wir beide jedenfalls nicht. Aber wenn du schon davon anfängst: Laß die, die es in blinder, leidenschaftlicher Aufwallung tun, auch kleine Fritzen töten, bis es ihnen selbst über ist! Du hast doch ›Die Haidamaken‹[12] gelesen? Wie Gonta – erinnerst du dich – seinen eigenen kleinen Söhnen, weil sie katholisch waren, die Kehlen aufschlitzte? Das ist Krieg, Bruder, keine Theorie und keine Literatur. In Büchern, natürlich, da muß es das alles geben: Moral, Humanität, Internationalismus. Das ist alles schön und gut und theoretisch richtig. Aber jetzt laß erst mal Deutschland in Rauch und Flammen aufgehen, danach kann man dann wieder richtige und schöne Bücher schreiben über die Humanität und den Internationalismus. Jetzt kommt es darauf an, im Soldaten den Kampfwillen zu stärken. Das ist der Kern der Sache!«

Ich widersprach ihm, aber nicht allzu heftig, hielt im Grunde diesen ganzen Disput für spekulativ. Primitive, vulgärmarxistische Ansichten gab es zweifellos bei einigen ungebildeten Politoffizieren der Armee, bei Leuten, die nicht nur ungebildet waren, sondern auch keine Achtung vor den Soldaten hatten, denn sie maßen die gesamte Armee mit ihren eigenen rohen und unzulänglichen Maßstäben.

Über Sabaschtanskijs moralische Grundsätze hegte ich damals schon keinerlei Zweifel mehr. Aber ich wollte nicht wieder streiten, wollte es ganz bewußt und entschieden nicht. Es hätte keinen Sinn gehabt. Auch im Bürgerkrieg hatte es solche Kerle gegeben. Ohne Leute wie ihn gewinnt man keinen Krieg und keine Revolution. So viele passende und überzeugende Klischees drängten sich mir auf: »Geburtswehen der Geschichte«, »Für den Kommunismus kämpfen nicht nur edle Helden, sondern Millionen Menschen, auch die Fanatiker, auch die Lasterhaften, auch die nicht Klassenbewußten«, »Das Ziel rechtfertigt die Mittel«. Sabaschtanskijs Argumente waren gemein, aber er stand mit seiner Meinung keineswegs allein. Derartige verlogene Spekulationen sollten künftige Plünderungen rechtfertigen. Doch ich konnte mich nicht entschließen, dieser Art unseres eigenen Faschismus offen entgegenzutreten, ich versuchte es nicht einmal. Davon jetzt, Jahrzehnte später, zu schreiben, ist peinigend und beschämend, aber unvermeidlich.

So war das. Und am anderen Tag in Allenstein akzeptierte ich die Gerechtigkeit von Beljajews Forderung: Gestern kommandierte ich, heute er, und ich wehrte mich kaum, ihm zu folgen. Zuerst fuhren wir zum Bahnhof, Beute einsammeln, dann zum Postamt, wo der Packraum zur Hälfte mit Feldpost-Paketen vollgestopft war, dann zu einigen leerstehenden Einfamilienhäusern, in denen noch wertvolle Möbel zurückgeblieben waren. Ich half Koffer schleppen, Behälter voller Pakete tragen und besprach mit ihm in vollem Ernst, was wir unserem General – dem Chef der Politischen Frontverwaltung – als Souvenir aus Ostpreußen mitbringen sollten. Wir entschlossen uns für eine dreiläufige Jagdflinte, ein großes Album mit Dürer-Stichen in geschnitzter hölzerner Kassette – Auflage 300 Exemplare.

Meine Feldflasche war immer gefüllt mit Cognac Frères Ogiers, meine Taschen voller Zigarren. Ich war an starkes Kraut gewöhnt. Unsere Antifa-Männer und die deutschen Gefangenen wunderten sich immer, daß wir den Rauch tief inhalierten und nicht nur den Mund damit ausspülten, wie es sich gehörte. Wir rauchten die langen, starken Zigarren wie gewöhnliche, selbstgedrehte Machorka. Anfangs wird einem zwar schwindelig und etwas übel davon, aber man gewöhnt sich rasch daran. Alle die Cognacs, Schnäpse, Liköre – wir tranken die ganze Zeit ziemlich viel – und der herbe, ätzende Tabakqualm schufen ein etwas verschwommenes, vages Gleichgewicht der Gefühle und des Bewußtseins. Es war gräßlich und ekelhaft, was rings um uns geschah und gesprochen wurde. Und gerade jetzt, da das Ende des Krieges so unmittelbar bevorstand, überfielen einen öfter und böser die Gedanken an den Tod, die bisher durch Vernunft und Gewohnheit unterdrückt und gebändigt gewesen waren.

Auf dem Bahnhof häuften sich auf einem der Bahnsteige Schweinehälften und Speckseiten, über die man wegklettern mußte. Auf offenen Güterwagen standen Lkws und Pkws, Kanonen, Panzer. In den Packwagen lagen Zivilistenbesitz und Heeresgut. Zwei Wagen waren bis obenhin vollgepackt mit Radioapparaten, an der Bahnsteigkante hatte man Volksempfänger aufgestapelt. Hin und wieder ein Toter. Vor einem Personenwagen sah ich die Leiche einer kleinen Frau. Das Gesicht vom hochgerutschten Mantel bedeckt, die Beine, in den Knien abgewinkelt, auseinandergerissen. Eine dünne Schneeschicht und ein schamhaft darüber geworfener Stoffetzen verhüllten kaum den verkrümmten, geschändeten Körper. Offenbar hatten mehrere sie vergewaltigt und dann getötet, vielleicht war sie aber auch so gestorben, im schrecklichen Krampf erstarrt.

Offene Güterwagen, mit Kisten beladen. Beljajew, der schon wieder angetrunkene Fahrer, der Sergeant und seine Kameraden hantierten mit Äxten und Stemmeisen, brachen die Kisten auf: hauptsächlich Federbetten, Matratzen, Kopfkissen, Decken, Mäntel.

Vom Nachbarwagen herüber plötzlich eine leise Altfrauenstimme: »Soldat, Soldat!«

Ich gehe hin, klettere auf den Wagen. Zwischen Kisten verschiedener Größe ein Nest aus Matratzen und Kissen. Darin eine in Schals und Tücher gewickelte Person, eine dunkle, schneegepuderte Kapuze, halb verborgen darin ein dreieckiges, verhutzeltes Gesichtchen. Große, helle Augen. Sie blicken ganz ruhig, verständig, sogar freundlich.

»Wie sind denn Sie hierhergeraten, Großmutter?«

»Bitte, Soldat, erschieß mich. Bitte, sei so gut.«

»Wo denken Sie hin, Großmutter! Haben Sie keine Angst, es geschieht Ihnen nichts Böses.«

Zum wievielten Mal wiederhole ich nun schon diese Standardlüge! Nichts Gutes wird ihr geschehen.

»Wohin wollten Sie fahren? Haben Sie Verwandte hier?«

»Niemanden habe ich. Tochter und Enkel wurden gestern von euren Soldaten erschlagen. Der Sohn kam schon früher im Krieg um. Und der Schwiegersohn ist wahrscheinlich auch tot. Alle sind tot. Ich brauche nicht mehr zu leben, ich kann nun auch nicht mehr leben.«

Sie spricht ganz gelassen, einfach, ohne Phrase. Kein Jammern, keine Träne. Völliges Abgeschlossenhaben mit dem Leben. Nur von daher kann eine solche Ruhe kommen. Und, vielleicht, aus Demut und aus dem Bewußtsein menschlicher Würde.

»Bitte, Soldat, erschieß mich. Du hast doch eine Waffe. Du bist gut. Du kannst es ganz leicht, mit einem einzigen Schuß. Ich habe auch schon andere gebeten, die habe nur gelacht, haben nichts verstanden. Aber du verstehst. Ich bin alt, krank, kann schon nicht mehr aufstehen. Bitte erschieß mich.« Ich murmele irgend etwas Tröstliches: »Warten Sie noch ein bißchen, nur noch ein Weilchen, man wird Sie von hier fortbringen, zu Menschen, ins Warme.«

Ich springe vom Wagen ab. Nur fort von dieser leisen Bitte, von diesen Augen.

Beljajew hatte mit seinem Kommando inzwischen einen Waggon mit Koffern gefunden, jetzt diskutierten sie: Soll man die Koffer aufmachen und rausholen, was einem gefällt, oder soll man sie ungeöffnet so wegschleppen, »die Katze im Sack«? In den Packwagen wühlen einzeln und in Gruppen ebensolche Trophäen-Jäger wie wir. Bei den Radioapparaten schimmern rote Streifen. Ein General mit seinem Adjutanten, zwei Soldaten schleppen Koffer und Ballen. Der General ist sehr geschäftig, ordnet emsig an, fuchtelt mit einem Stöckchen mit silbernem Knauf herum, zeigt auf etwas im Wagen. Ich will jemanden von der Kommandantur suchen. Beljajew ruft: »Geh nicht zu weit weg. Wir finden uns sonst nicht mehr wieder.« Ich erzähle ihm von der alten Frau. Er winkt ungeduldigt ab: »Wieder eine Extrawurst. Spuck drauf. Die Alte krepiert doch sowieso.«

Vor den Personenwagen lagen ein paar kaum zugeschneite Leichen. Auf einem der Bahnsteige steht ein Backsteinhäuschen mit großen Fenstern, ein Eisenbahner-Dienstraum. Drinnen ein quadratisches, helles Zimmer. Ein Tisch mit Telefon, ein Ofen und breite Bänke. Am fast erloschenen Ofen hockt zusammengekrümmt ein alter Eisenbahner mit grauem Hindenburgbart. Ein anderer liegt zur Wand gekehrt auf der Bank, mit dem Mantel zugedeckt. Ich fange zu sprechen an. Der Sitzende antwortet einsilbig, gleichgültig. Anscheinend ist er todmüde, von der Kälte benommen, von ausgestandenen Schrecken so erstarrt, daß ihn nun nichts mehr erschrecken, nichts mehr erstaunen kann.

Ich spreche von der alten Frau, rede wieder in diesem bellenden Kasernenhofton: »Unverzüglich aus dem Güterwagen holen, zum Sammelpunkt bringen.«

Er sieht mich gänzlich verständnislos an. Faselt zusammenhanglos: »Alte? Im Güterwagen?«

Der Liegende dreht sich zu mir um. Er ist jünger. Sein unrasiertes, mageres Gesicht ist dunkel von Krankheit oder Schmutz. Er spricht röchelnd: »Besser für sie, rasch zu sterben, besser für uns alle, rasch zu sterben.«

Der Sitzende winkt ihm schwach ab: »Halt den Mund.«

Er senkt den Kopf, als erwarte er einen Schlag oder Schuß. Übertrieben munter, aber immer noch im Kasernenhofton: »Reden Sie keinen Quatsch. Alles wird sich einrenken. Bringen Sie die Frau weg, verstanden?«

Der Sitzende hebt den Kopf, sagt müde: »Jawohl.«

Der Liegende dreht sich wieder zur Wand.

Von draußen ruft Beljajew: »Wir wollen weiter. Wo bist du?«

Ich rufe zurück. Gehe. Ich hatte getan, was ich konnte. Werden sie die Alte holen? Und was hätte sie davon? Ich verbiete mir, darüber nachzudenken und über all das andere: Darüber, daß ich selbst ja auch feige und gemein bin.

Die Straße vor dem Postamt ist breit, Bäume zu beiden Seiten, gleichmäßige gepflasterte Bürgersteige, eiserne Gitter, Häuser mit steilen Dächern.

Kaum Verkehr. Vereinzelte Fahrzeuge. Sie haben es nicht eilig, fahren kaum schneller als ein Pferdefuhrwerk. Die Soldaten betrachten die Häuser abschätzend – in welchem würde sich die Einkehr lohnen?

Mitten auf der Straße kommt eine Frau. In einer Hand trägt sie ein Bündel und eine Tasche, an die andere klammert sich ein Mädchen. Die Frau hat um den Kopf, quer über die Stirn, ein schon durchgeblutetes Tuch als Verband. Ihre Haare sind zerzaust. Das Mädchen ist ungefähr 13 oder 14, hat weißblonde Zöpfe, ein verweintes Gesicht. Das kurze Mäntelchen ist schmutzig, die hellen Strümpfe an ihren langen Fohlenbeinchen sind blutig. Vom Bürgersteig her rufen Soldaten sie an, lachen. Die beiden gehen schnell, sehen sich aber immer wieder um, bleiben stehen. Die Frau möchte offenbar umkehren, aber das Mädchen zieht sie vorwärts, in die andere Richtung.

Ich gehe zu ihnen herüber, frage. Die Frau bestürmt mich, fleht: »O Herr Offizier, Herr Kommissar! Ich bitte Sie, um Gottes Willen! Mein Junge ist noch zu Hause, er ist doch noch klein, erst elf Jahre. Die Soldaten haben uns fortgejagt, haben uns geschlagen, vergewaltigt. Auch die Tochter, sie ist erst 13 – so ein Unglück – zweimal. Mich haben viele ... Sie haben uns geschlagen, auch den Jungen. Um Gottes willen, helfen Sie. Uns hat man fortgejagt, er liegt noch dort, im Haus. Er lebt doch noch, aber sie fürchtet ... man hat uns fortgejagt, wollte schießen. Sie will nicht nach dem Bruder sehen.«

Das Mädchen, schluchzend: »Mama, aber er ist doch schon tot!«

Ein paar Soldaten kamen zu uns herüber.

»Was ist denn mit denen los?«

Ich erzähle kurz. Einer, schon älter, mürrisch, mit einer MP: »Schändliches Gesindel! Banditen, Bestien, die so was tun!«

Der andere, jüngere: »Na, und die Fritzen, was haben die getan?«

Ich antworte: »Das waren Faschisten, Deutsche. Aber wir sind Russen, Sowjetbürger.«

Der Ältere: »Frauen und Kinder haben doch nichts getan.«

Ein Soldat in ölverschmiertem Sweater, wohl ein Fahrer, spuckt einen unverständlichen Fluch aus, geht weg. Zwei andere gucken schweigend zu, rauchen.

Ich frage die Frau nach ihrer Adresse, verspreche ihr, hinzugehen und mich um den Sohn zu kümmern, sage ihr, sie sollen zur

Sammelstelle gehen: Der Bahnhof ist ja ganz in der Nähe. Mehrmals wiederholt sie Straße und Hausnummer, Wohnung. Der Junge heißt Wolfgang, hat einen blauen Anzug an. Ich bitte den älteren Soldaten, der auf die Banditen geschimpft hat, die beiden zur Sammelstelle zu bringen. »Ich kann meinen Wagen und meinen Kumpel hier nicht allein lassen.«

Ich bitte – befehlen wäre hier sinnlos –, denn unterwegs könnte den beiden doch noch etwas passieren. Ich schenke ihm Zigaretten. Schließlich willigt er ein.

Herumstehende Soldaten, halb teilnahmsvoll, halb spöttisch: »Sieh mal an: Geleitschutz. Ist ja wohl nötig, damit man die beiden nicht schon wieder umlegt.«

Aber der Alte wirft schon die MP auf den Rücken: »Nu dawaj, Frau, komm.«

Ich erkläre ihr, daß der Soldat sie begleiten, beschützen wird. Sie schaut ungläubig, beinahe irre, wiederholt ständig: Wolfgang, hellblond, grauäugig, blauer Anzug, Straße, Hausnummer, Wolfgang.

Das Mädchen drückt sich an die Mutter, weint nicht mehr, schluckt nur krampfhaft.

Sie gehen die Straße entlang. Voraus stapft der Soldat im Mantel, auf der Schulter die MP, Lauf nach unten.

Die Sonne war herausgekommen. Vor uns eine lange, leere Straße. Dünne Schneestreifen auf dem Asphalt, Schiefer- und Ziegeldächer, schmiedeeiserne Gartengitter. Ostpreußen. Eine Frau mit blutigem Kopfverband, ein Mädchen auf dünnen, zitternden Beinen – und Soldaten, manche schimpfen hinter ihnen her, manche bedauern sie – einer beschützt sie, statt seinen Wagen mit Beute vollzupacken –, und manche sehen gleichgültig zur Seite.

Von irgendwo, gar nicht weit, klingt vertrautes Grollen herüber: Artillerie. Außerhalb der Stadt wird gekämpft. Und wir sammeln hier »Trophäen«. Beljajew und ich mit ihm, zusammen mit allen anderen Plünderern. Wir gehören alle zusammen: der General, der auf dem Bahnhof das Einheimsen Deutscher Koffer befehligte, der Pionieroberleutnant, der an den Internationalismus glaubt, die Panzergrenadiere, die hinter der Polin herrannten, und alle, die jetzt dort an der vordersten Linie kämpfen, durch den Schnee mit den schwarzen Flecken frischer Einschläge vorstoßen, alle, die Königsberg erobern werden, die sterben, verbluten, und alle, die in den Etappen saufen und Frauen quälen. Wir alle gehören zusammen. Die Anständigen und die Schufte, die Tapferen und die Feiglinge, die Gutherzigen und die Grausamen. Wir alle zusammen, da gibt es kein Entrinnen, niemals und nirgendwohin. Ruhm und Schande lassen sich nicht voneinander trennen.

Eine andere Straße. Eine lange Mauer, über die Zweige herausragen. Auf der gegenüberliegenden Straßenseite ein paar kleine Häuser mit niedrigen Staketzäunen und Gemüsegärten. Auf dem Bürgersteig kommen zwei Frauen. Sie haben Phantasiehüte auf, an dem einen flattert sogar ein Schleierchen. Sie tragen gediegene Mäntel, sind wohlgenährt und gepflegt. Gemächlich gehen sie dahin, unterhalten sich. Über den Fahrdamm führt ein junger Soldat ein lahmendes Pferd am Zügel. Ihm entgegen kommen zwei andere. Sie ziehen einen mit Koffern und Bündeln bepackten Karren.

Die Frauen sehen mit Verachtung, zugleich aber auch neugierig zu ihnen herüber, ohne jede Angst. Ich gehe zu ihnen. Sie sehen mich genauso neugierig-abweisend an.

»Was machen Sie hier auf der Straße? Wo wollen Sie hin? Wissen Sie denn nicht, daß das gefährlich für Sie ist?«

Beide betrachten mich prüfend, ungläubig und mit Widerwillen. Eine kurze Sekunde sehe ich mich in ihren Augen: ein baumlanger, schwarzer, zottiger Kerl mit struppigem Schnurrbart, drei Tage alten Borsten im Gesicht, in verknautschtem, aufgeknöpftem Mantel – es ist etwas wärmer geworden –, bepackt wie ein Kamel: Kartentasche, Feldflasche, Feldstecher, Beutel mit MP-Magazinen, schwere Pistole und ein langes Messer, aus einem deutschen Bajonett gemacht, mit farbigem Plexiglasgriff. Die Ältere, etwa Vierzigjährige, verzieht die Lippen zu einem säuerlich-höflichen Lächeln, sagt in Berliner Tonfall: »Endlich ein Offizier, mit dem man reden kann. In unserer Straße sind alle Lebensmittelläden geschlossen oder ausgeraubt. Wir müssen Lebensmittel kaufen, Karten haben wir.«

Die zweite, die Jüngere, hat denselben Akzent: »Ja. Seit vorgestern haben die Kinder kein Brot und keine Butter.«

»Jetzt können Sie nirgendwo etwas bekommen. In der Stadt wird noch gekämpft«, (ich lüge, um sie einzuschüchtern), »und außerdem sind hier die Stoßtruppen, da gibt's Soldaten, die jahrelang ohne Frauen waren, die könnten sehr rauh mit Ihnen umgehen. Kehren Sie um, gehen Sie nach Hause.«

Die Ältere mit dem säuerlichen Lächeln, im selben kessen Tonfall wie vorher: »Aber warum denn, wir sind doch keine Militärpersonen?«

Die Jüngere kichert: »Nein, nein, wir sind keine Krieger. Wir brauchen Lebensmittel, haben doch Karten.«

Ich sehe mir diese beiden törichten Hühner an. Anscheinend ahnen sie gar nicht, können sich überhaupt nicht vorstellen, was ihnen blüht.

»Wer sind sie?«

»Evakuierte aus Berlin.«

»Wo sind Ihre Männer?«

Sie werden lebhafter, zu Konversation bereit. Die Ältere: »Mein Mann ist Leutnant. Zum Glück wurde er verwundet und liegt jetzt im Lazarett.« Die Jüngere: »Mein Mann ist u. k. – er ist Ingenieur in Pommern. Sagen Sie bitte, wann wird es wieder Postverbindung geben?«

Beljajew kommt heran: »Du liebe Zeit, was sind denn das für aufgedonnerte Puten? Die sind auf Männerfang aus.«

»Sie suchen nach einem Lebensmittelgeschäft.«

Beljajew lacht: »Und das glaubst du? Guck doch bloß ihre Busen an. Die zwei haben es satt, ohne Männer zu leben. Na, unsere Leute werden sie schon trösten.«

Die Frauen flüstern miteinander.

»Ich sage Ihnen jetzt in vollem Ernst: Sie müssen sofort nach Hause. In ein oder zwei Tagen wird in der Stadt wieder Ruhe und Ordnung sein. Aber jetzt, begreifen Sie doch endlich, Sie können getötet, vergewaltigt werden.«

Die Ältere trumpft auf, zieht die Lippen ein: »Das ist unmöglich! Das ist doch unzulässig!«

Die Jüngere blinzelt erschrocken: »Warum? Wofür?«

»Aus keinem anderen Grund als dem, daß viele Soldaten sehr erbittert sind, daß sie sich rächen wollen. Die deutschen Soldaten haben unser Land ausgeraubt, haben getötet und vergewaltigt.«

Die Ältere zornig: »Das ist ganz unmöglich. Das glaube ich nicht.« Die Jüngere schluchzt auf: »Was können wir denn dafür?«

Ich habe keine Zeit mehr für Konversation. Scharf, schroff, wieder im Kasernenhofton: »Machen Sie sofort, daß Sie nach Hause kommen. Ist Ihre Wohnung weit von hier?«

Die Ältere schweigt beleidigt. Die Jüngere schüchtern: »Hier um die Ecke, zwei Blocks weiter.«

»Unverzüglich nach Hause! Dalli! Das werden Sie mir später noch mal danken!«

Unschlüssig drehen sie sich um, gehen fort. Gekränkt, mißtrauisch, verächtlich.

Die Soldaten mit dem Karren und der mit dem Pferd sind stehengeblieben, beobachten uns, lachen: »Da wäre nun so was Appetitliches, und der Major kann sogar ihre Sprache...« Sie schimpfen, aber ohne Zorn.

Wir durchstreifen noch ein paar Straßen. Auf dem Trottoir liegt ein Toter in einem langen, dunklen Mantel, wie ihn Pfarrer tragen. Aus einer eingeschlagenen Balkontür hoch drüben im dritten Stock ragt ein Klavier, man hat vergeblich versucht, es durch die Türöffnung hinunterzustoßen. Daunenfedern fliegen herum.

»Hier hat man meistens auf Daunen geschlafen«, erklärt unser Fahrer.

Im Stab des Armeekorps die übliche geschäftige Hast. Deutsche Einheiten – noch ist ungewiß, wie viele und welche Truppengattungen; Panzer und Sturmgeschütze sind jedenfalls dabei – versuchen von Osten her durchzubrechen, umgehen die Stadt am Nordrand. Der Stab hat seine eigenen Sorgen, der Kampf geht weiter. Aber die Stadt nimmt der Soldat auseinander: Trophäen, Frauen, Saufgelage.

Man erzählt uns, daß der Divisionskommandeur, Oberst Smirnow, eigenhändig einen Leutnant erschossen hat, der seine Leute zu einer in einem Torweg liegenden Deutschen »ordentlich« anstehen ließ.

Von einem anderen der vielen schrecklichen Ereignisse dieser Tage hörten wir im Stab. Einige der russischen Mädchen, die zur Zwangsarbeit nach Deutschland verschleppt worden waren, arbeiteten als Serviererinnen bei uns im Stabskasino. Als Zivilistinnen hatten sie keine Uniform erhalten, waren aber reichlich mit Beutegarderobe ausgestattet worden. Eine von ihnen – der

Erzähler beschrieb sie ausführlich und wehmütig: Sie war die Hübscheste von allen, jung, gut gewachsen, fröhlich, die Haare wie pures Gold fielen ihr in Locken über die Schultern, wissen Sie, so wie es die Polinnen und Deutschen tragen, und sie ging so adrett gekleidet! Gestern trug sie einen Eimer Suppe über die Straße. Da schlendern ein paar angetrunkene Soldaten herum, sehen: Hoppla, eine Fritzin, eine Hündin – und aus der MP eine Garbe quer über den Rücken. Sie lebte keine Stunde mehr. Hat noch geweint: warum, wofür? Sie hatte doch schon an die Mutter geschrieben, daß sie bald nach Hause käme.

Im Stab wurde ein Befehl von Marschall Rokossowskij verlesen: Standrechtliches Erschießen für Plündern, Vergewaltigung, Raub, Mord von Zivilpersonen.

Beljajew hörte zu, stierte mit seinen Glotzaugen auf den Fußboden. Nickte hin und wieder: so – so, sehr richtig! Später sagte er zu mir: »Siehst du, die Führung hat das Ganze schon in den Griff bekommen, die Ordnung wird bald wiederhergestellt sein; und du wolltest nervös werden.« Er sah mich prüfend an, grinste angestrengt: »Also trinken wir auf den Marschall, der richtige Befehle erläßt.«

Als wir aus Ostpreußen zu unserer Einheit zurückfuhren, überholten wir Handwagen, Schlitten, hochbepackte Fahrräder. Man hörte Russisch, Polnisch, Ukrainisch, Italienisch, Französisch, Holländisch.

Manche trieben Kühe mit sich. Einmal sahen wir auch ein Kuhgespann: schwarz-weiße Kühe zogen einen hochwandigen Leiterwagen, drumherum eine Schar fröhlicher Mädchen, Russinnen und Polinnen, auch ein paar Burschen in Baskenmützen und Casquettes mit der französischen Trikolore.

An einer Wegkreuzung trafen wir auf einen Militär-Lkw, daneben ein Haufen Volk. Laute, böse Stimmen, Frauenkreischen, wüstes Schimpfen. Ein paar unserer Soldaten – dem Zustand ihrer Uniform nach Etappenhengste – nahmen weinenden, auf russisch und polnisch protestierenden Mädchen ihre Koffer weg und stießen mit den Gewehrkolben die Beschützer der Mädchen zurück. Der geradezu stutzerhaft gekleidete Spieß in einer Mütze mit schwarzem Schirm brüllt: »Deutsche Hündinnen, Huren, Verräterinnen!«

Einem jungen Franzosen hatten sie das Gesicht blutig geschlagen, er will sich rächen, seine Kameraden halten ihn zurück. Wir gehen zu der Gruppe hinüber. Beljajew neben mir. Der Spieß erklärt: »Der da, der Scheiß-Fritz, brabbelt: Kamrat, Kamrat...«

»Aufhören! Sofort!« schreie ich wild. »Wen schlagt ihr Idioten? Das ist doch kein Fritz, der ist Franzose, unser Verbündeter. Gebt den Mädchen ihren Kram zurück! Eben erst haben wir sie aus der faschistischen Knechtschaft befreit. Und ihr beklaut sie jetzt!«

»Knechtschaft? Guck doch, was die für feiste Visagen haben, wie die aufgeputzt sind? Ha, Franzosen. Der soll Kamerad sein? Der Arschficker!«

Die Mädchen und ihre Freunde haben bemerkt, daß wir auf ihrer Seite sind, und reißen die Koffer wieder an sich. Der Spieß, mehr verwirrt als eingeschüchtert, starrt uns an. Ich schimpfe weiter, laut und gewaltig. Beljajew tut es mir nach, zieht seine Pistole: »Befehl von Marschall Rokossowskij: Plünderer auf der Stelle erschießen!«

Der Spieß wird fahl, springt in seinen Wagen. Laut aufheulend startet der Studebaker mit einem so jähen Satz, daß die Soldaten im Wageninneren durcheinanderfallen.

Wir fahren in entgegengesetzter Richtung. Ausgebrannte Häuser in Neidenburg, qualmende, schwelende Brandstätten in Groß-Koslau. Wir fahren stumm. Ich rauche bis zur Übelkeit. Beljajew will ein Gespräch anknüpfen. Immer das gleiche Thema: es ist doch Krieg. Verrohung. Da kann man nichts machen.

Ich halte es nicht mehr aus. Fange an zu reden, halblaut, damit der Fahrer es nicht versteht. Der war sowieso schon wieder betrunken und sang irgendwelche zotigen Lieder. »Von dir hätte ich nicht erwartet, Sascha, daß du bei so was mitmachen würdest. Warum hast du diese alte Frau erschießen lassen – und all das? Laß, antworte nicht, versuch nicht, dich rauszureden. Es war gemein. Und ich bin genauso ein Schuft, weil ich nichts verhinderte. Haben wir uns den Sieg so erträumt? Ist das die Rote Armee? Das ist sinnloses Wüten von Machno-Banden... [13] In meiner Tasche habe ich ein deutsches Buch, vor zwanzig Jahren in Königsberg erschienen. Es heißt ›Russischer Einmarsch in Ostpreußen im August 1914‹. Ein deutscher Historiker hat es geschrieben, ein höherer Beamter, Nationalist. Er notierte sorgfältig alles, was er Schlechtes an den Russen feststellen konnte. Und weißt du, was das war? *Ein* Fall von Vergewaltigung, die schuldigen Kosaken wurden erschossen. *Einige* Fälle von Totschlag. Und *jedesmal* haben russische Offiziere eingegriffen, haben die Schuldigen bestraft. Der deutsche Verfasser zählt alle geschlachteten Hühner, alle ramponierten Obstbäume, jede Ohrfeige – wo es irgend geht, spricht er von Kulturlosigkeit, Barbarei und lobt die deutschen Bürgermeister, die es fertigbrachten, die Bevölkerung zu schützen. Das heute zu lesen ist schrecklich. Verstehst du, schrecklich und schmachvoll. Damals, das waren Zarenheere! Und nun benehmen sich unsere Leute so unvergleichlich viel roher, grausamer, gemeiner. Die ganze Schande fällt aber auf uns, ja auf uns, die Offiziere und die politischen Leiter. Wenn alle so wären wie dieser Leutnant, dieser Pionier...«

»Meinst du etwa, die Führung wüßte das nicht? Zunächst ist ja erlaubt worden, Pakete zu schicken. Und jetzt, wo es nötig wird, kommt der Marschall-Befehl. Das ist Politik! Genosse Stalin weiß...«

»Hör auf, immer alles auf Stalin abzuwälzen, er ist der Oberbefehlshaber, ihm unterstehen Dutzende von Frontabschnitten und das ganze Hinterland und die internationale Politik. Aber hier an Ort und Stelle sind wir selbst die Obrigkeit, und wir alle – Generäle und Offiziere – verhalten uns nach Ehrenburgs Rezept. Welche Rache lehren wir: deutsche Weiber aufs Kreuz legen, Koffer, Klamotten wegschleppen. Bei Smirnow, der diesen Hundesohn erschoß, herrschte schon vor allen Befehlen Rokossowskijs Ordnung. Und in der Batterie des Pionierleutnants sicher auch. Begreif doch: In ein, zwei Monaten treffen wir mit den Engländern und Amerikanern zusammen. Die Deutschen fliehen vor uns zu ihnen. Und stell dir vor, was wird später aus unseren Soldaten, die zu Dutzenden über eine Frau herfielen? Die Schulmädchen vergewaltigten, alte Frauen ermordeten? Sie kommen zurück in unsere Städte, zu unseren Mädchen. Das ist schlimmer als jede Schande. Das sind Hunderttausende von Verbrechern, künftigen Verbrechern, grausame und dreiste mit den Ansprüchen von Helden.«

Ich sprach, flüsterte, es preßte mir die Kehle zusammen. Er hörte zu, fast ohne mich zu unterbrechen, brummte gelegentlich beschwichtigend: »Ja, hm-ja, natürlich – aber das wird schon alles wieder in Ordnung kommen.« Eine Woche später schrieb er eine Meldung an den General: »Auf der Rückfahrt aus Ostpreußen weinte er vor Mitleid mit den Deutschen, sagte, Genosse Stalin sei über die Lage nicht informiert, sei zu beschäftigt mit internationalen Angelegenheiten. Er nannte unsere Armee eine Machno-Bande und beschimpfte in nicht wiederzugebenden Ausdrücken die militärische und die politische Führung und den Genossen Ehrenburg.«

12. Die ersten Schritte »in Sachen...«

Als wir aus Ostpreußen zurückkamen, fanden wir die Politverwaltung schon westlich von Ciechanów in einem kleinen Ort. Sabaschtanskij trafen wir nicht an. Er war nach Ostpreußen gefahren und hatte Ljuba als Dolmetscherin mitgenommen. Beljajew war mit Beute beladen. Die weiblichen Mitarbeiter der Abteilung wirtschafteten aufgeregt herum, teilten den Krempel unter alle auf, bedachten auch die Abwesenden. Der General befahl mich zu sich. Nun war Beljajew für diese Fahrt verantwortlich, es wäre daher formell gegen das Reglement gewesen, wenn ich ohne ihn zum General ging. Außerdem hatte Beljajew sicher Angst, daß ich die ganze Wahrheit erzählte – das konnte ihm jetzt, nach dem Befehl Rokossowskijs, gefährlich werden. Ich forderte ihn also auf, mitzukommen. Er dankte mir gerührt: »Du bist ein wirklicher Freund, ich hab' immer gewußt, daß du ein echter Freund bist.«

Der General hatte Besuch: ein Oberst aus Moskau, aus der Kaderverwaltung. Sie fragten uns mit unverhohlener Neugier aus, nach allem, was in Ostpreußen vorgefallen war. Beljajew schwieg, ich berichtete, bemühte mich, so nüchtern, konkret und trocken wie möglich zu sprechen. Natürlich sprach ich auch über Plünderungen, Vergewaltigungen, sinnlose Zerstörungen. Der General und sein Gast unterbrachen mich kaum, und ihre Einwürfe waren nicht allzu intelligent.

»Ja, die Unseren verstehen es... Nein, Häuser in Brand stekken ist unzulässig – kann man nicht dulden, sind zu rege, die Brüder... Schlafmützen in den Beutekommandos...«

Der General beendete das Gespräch: »Deutsche zu bemitleiden, besteht kein Anlaß. Soll es ihnen eine Lehre sein. Zerstören, natürlich, das darf nicht sein; gehört ja jetzt alles uns oder den Polen... Nun ja, wo man trinkt, gibt's auch Scherben. Um so schöner bauen wir alles wieder neu.« Unsere Geschenke nahm der General gleichgültig, wenn nicht gar enttäuscht, entgegen; offenbar hatte er mehr erwartet. Den kostbaren Dürer sah er nicht einmal an[14].

Am Abend kam auch Ljuba wieder, erzählte von ihren Eindrücken in Ostpreußen, aufgeregt und wie immer in ihrer kessen Sachlichkeit. Sie erwähnte alle Einheiten, an deren Stellungen sie vorbeigekommen waren, nannte die genaue Uhrzeit und, wie es sich für Operationsberichte gehörte, deklinierte die Substantive nicht. Sie waren auch durch Allenstein gekommen, hatten Häuser und Wohnungen inspiziert. Ljuba erzählte, die Bewohner säßen immer noch verstört und verängstigt in ihren Wohnungen oder Luftschutzkellern: »Kommt jemand von uns herein, heben alle die Hände hoch, auch die Kinder. Vergewaltigungen sind seltener geworden.« Sie erzählt munter, ungezwungen wie von jeder beliebigen Dienstfahrt oder Kampfepisode. Als ich ihr das vorhalte, schweigt sie, runzelt verärgert die Stirn. Ich gehe in den Nebenraum und beginne meinen Rapport zu schreiben: »Ich bitte, mich aus der Abteilung, aus der Politverwaltung oder überhaupt aus der Armee zu entlassen. Der Krieg ist fast zu Ende, und meine Gesundheit wird zunehmend schlechter. Hinzu kommt, daß es mir kaum noch möglich ist, mit meinen unmittelbaren Vorgesetzten unter den Bedingungen der bevorstehenden Okkupation zusammenzuarbeiten.«

Beljajew war hereingekommen, sah mir über die Schulter. Soll er's nur lesen, er war ja auch gemeint. Plötzlich riß er den noch nicht fertiggeschriebenen Bogen an sich, zerknüllte ihn und warf ihn in den Ofen.

»Bist du wahnsinnig? Begreifst du nicht, was du damit heraufbeschwörst? Man wird dich aus der Partei jagen. Sabaschtanskij hat dich sowieso auf dem Kieker. Schaufel dir doch nicht selbst dein Grab! Und Ljuba hast du auch grundlos gekränkt. Komm mit, wir haben noch französischen Cognac und Sardinen...«

Wir tranken zu viert. Beljajews »Frau« stammte aus Kiew, bei uns arbeitete sie als Übersetzerin. Es stellte sich heraus, daß wir uns kannten: Wir hatten dieselbe Schule besucht. Als Kind war sie hübsch gewesen, klein und dunkel. Ich erkannte sie kaum wieder: Sie war schlaff geworden, glanzlos. An diesem Abend machte sie sentimentale, schmachtende Augen, redete auf mich ein: »Sascha ist dein bester Freund. Ihr wart so lange zusammen an der Front. Jeder hat schließlich seine Fehler. Aber zu einer Gemeinheit ist er nicht fähig, sonst könnte ich ihn ja nicht lieben...«

Von der alten Frau in Neidenburg erzählte ich ihr nichts. Auch nicht von den blutigen Handflächen der bleichen jungen Mutter in Allenstein.

Wir tranken, auf daß es nicht das letzte Mal sei. Dann schliefen wir – beide Paare – in den breiten, mit Federpfühlen ausgelegten Ehebetten. Ljuba hatte mehr als sonst getrunken. Anfangs hatte sie unaufhörlich, hysterisch gelacht; aber im Bett flüsterte sie gequält: »Für mich war es so schrecklich, die deutschen Frauen und Kinder zu sehen, weißt du, ganz schrecklich...«

Kurz darauf fuhr ich mit einem neuen Auftrag nach vorne. Sabaschtanskij traf ich flüchtig, wir sprachen kaum. Ich hatte eine Gruppe zu führen, zu der Fliegeroberleutnant Graf E. als Frontbeauftragter des Nationalkomitees gehörte, dazu die Techniker des Lautsprecherwagens und drei Antifa-Schüler – Zöglinge unserer Schule. Die Richtung war Thorn-Bromberg. In diesen Tagen machten Geschichten wie die folgende die Runde: Ein sowjetischer Soldat geht in eine deutsche Wohnung und bittet um was zu trinken. Aber die Deutsche, kaum hat sie ihn gesehen, zieht den Schlüpfer aus und legt sich auf die Couch... Viel wurde erzählt von Unterwürfigkeit und Kriecherei. So sind die: Für einen Kanten Brot verkaufen sie ihre Frauen und Töchter.

Unsere Gruppe arbeitete mit dem Lautsprecherwagen erst in der Nähe von Jaroslaw, später bei Thorn. In der Zuckerfabriken von Jaroslaw stießen wir unversehens auf Gegenwehr. An einem himbeerrosigen Morgen zog unser Studebaker in Kolonne mit Lkws, Artillerie und Katjuschas über eine dicht mit Bäumen gesäumte Chaussee. Deutsche Panzer standen rechts von uns einen Kilometer entfernt auf einer Straße, die im spitzen Winkel auf uns zulief. Sie beschossen unsere Kolonne. Mit näselndem Zischen flogen die Geschosse herüber. Dumpf grollten ab und zu Detonationen, MG-Salven knatterten. An unsere Fahrerkabine schlugen krachend die von den Kugeln heruntergerissenen Äste. Im Straßengraben und über den grauen Acker liefen unsere Soldaten einzeln und in Gruppen. Die Wagenkolonne bewegte sich viel langamer als sie. Von hinten Beschuß, links ganz nahe unsere Artillerie. Unruhige Gedanken bedrängten mich. Wenn sie uns abschneiden? Einkesseln? Wenn unser Wagen draufgeht? Hinten saßen doch die Antifa-Männer in deutschen Uniformen und Helmen. Wenn unsere Soldaten sie sähen, könnte Panik ausbrechen. Die eigenen Leute würden auf uns schießen. Was konnte man tun? Nichts weiter, als geduldig abwarten, Ruhe bewahren, den Fahrer mit sorglosem Gerede aufmuntern. Rauchen. Aus der Feldflasche Schnaps trinken, der nach Gummi und Tischlerleim stank.

Für einen Augenblick durchfuhr es mich: So sieht auch mein Schicksal aus – selber schieße ich nicht, ein Auto lenke ich nicht, ausreißen will und kann ich nicht, nirgendwohin. Weiß, wir liegen unter Beschuß, aber es gibt keine Deckung, und es gibt nichts Sinnvolles zu tun. Es bleibt nur eins, zu hoffen, daß es bald, vielleicht schon hinter der Biegung dort, leichter wird. Vielleicht kann ich dann irgend etwas Nützliches tun.

Schließlich erreichten wir Thorn. Die Deutschen hatten es kampflos aufgegeben. Zum ersten Mal seit Monaten sahen wir eine unzerstörte Stadt. Bis dahin waren wir nur durch Ruinen und Brandstätten gezogen. In der Innenstadt krümmten und wanden sich enge Gäßchen. Die spitzgiebligen Häuser, die Johanniskirche mit dem Bildnis des Kopernikus – das alles war wie auf Bildern in den deutschen Büchern meiner Kindheit. Am Stadtrand dehnten sich helle, breite Straßen. Hier herrschten Beton, Glas, Stahl. Wir wurden mit echter Freude empfangen. Ganz anders als in Bialystok und Grodno, wo man weder das Jahr 1939 noch das Jahr 1941 vergessen hatte. Nicht selten hatten wir Furcht und Mißtrauen in den Augen gesehen. Zwar erfuhren wir dort ausnehmend höfliche Gastlichkeit, aber nachts durfte man nicht allein durch die Straßen gehen. Es gab Schießereien aus dem Hinterhalt.

In Thorn halfen wir, die örtliche Selbstverwaltung einzurichten, bewaffneten die polnische Miliz. Wir tafelten mit ihnen, tranken auch viel. Im früheren Gestapo-Haus fanden wir das unversehrte Archiv, in anderen Behörden große Vorräte an Lebensmitteln, Konserven, Spirituosen. Ab und zu kam es zu spontanen Meetings. Auf dem Platz mit dem bronzenen Kopernikus am gewaltigen Globus, in den Straßen beim Gefängnis und vor dem Gestapo-Gebäude. Ich sprach bis zur völligen Heiserkeit. Zu rhetorischem Schwung begeisterten mich die zärtlich-entzückten Blicke und das Lächeln der jungen Damen. Themen und Worte der Ansprachen waren meistens dieselben.

»Für eure und unsere Freiheit... der auferstandene Geist von Grunwald[15] ... Für ewig zerschmettern wir die räuberischen Teutonen, die Todfeinde aller Slawen. Das Blut der Helden hat die russisch-polnische Bruderschaft gefestigt... Vorwärts, auf nach Berlin...!«

Unerwartet kam ein Funkspruch, der mich in die Verwaltung zurückrief. Spät abends kamen wir an, verteilten Gastgeschenke: Cognac, Wein, Zigaretten, Konserven. Wieder waren wir zu viert. Beljajew hielt mit irgend etwas hinterm Berge, war beklommen. Später rief er mich beiseite.

»Ich muß mit dir reden. Da ist was Dummes passiert: Ich habe Sabaschtanskij von unserer Fahrt erzählt, und er hat mir befohlen... verstehst du, befohlen, mich gezwungen, über dich eine Erklärung zu schreiben.«

»Was? Worüber?«

»Über Ostpreußen, über deinen Rapport... Er hat sie dem General übergeben. Der wurde fuchsteufelswild, zerriß die Empfehlung, die er dir für die Partei-Vollmitgliedschaft geschrieben hatte. Deswegen läßt man dich jetzt kommen. Ich wollte dich warnen, als Freund. Du mußt begreifen – er hat mich gezwungen. Wegen meines Bruders, du weißt ja selbst, was los war...«

Wegen des Bruders... Im Herbst hatte Beljajew mir unter dem Siegel der Verschwiegenheit erzählt, daß sein Bruder, den er gefallen glaubte (mehr als einmal hatte er zu mir gesagt, wir seien wie Brüder: Dir und mir ist der einzige Bruder gefallen), noch am Leben war. Er war in Gefangenschaft geraten, inzwischen aber inhaftiert, saß er im sogenannten Filtrierlager, in dem die ehemaligen Kriegsgefangenen überprüft werden. Damals hatte er mich gefragt, ob er das berichten oder besser verschweigen solle. Ich hatte ihm geantwortet: »Sascha, die Partei darf man nicht betrügen. Dein Gewissen wird dir keine Ruhe lassen. Und noch schlimmer, wenn es von anderer Seite her bekannt wird. Ich halte dicht, von mir erfährt keiner was, aber du mußt es sagen. Für dich kann das doch gar nicht gefährlich werden, alle kennen dich. Wir haben einen furchtbaren Krieg geführt, und jetzt, wo er fast zu Ende ist, wird man die Einschätzung eines kampferprobten Offiziers und Parteigenossen nicht deshalb revidieren, weil ein Verwandter von ihm in Not oder gar in Schuld geraten ist.«

Damals nickte Beljajew zustimmend. Später aber übermannte ihn wohl Furcht; mein Verhalten erschreckte ihn. Er verstand es nicht, hielt es offenbar entweder für Scheinheiligkeit oder für törichte Donquichotterie; jedenfalls – nach Ostpreußen und nach Rokossowskijs Befehl – empfand er es als bedrohlich und für ihn besonders gefährlich. Sabaschtanskijs Handlungsweise dagegen war ihm vollkommen verständlich: der hatte ihn gekauft. Die Bezahlung lohnte sich: Chef-Protegé, Orden, Beförderung. An jenem Abend machte ich mir noch nicht klar, wohin Beljajews Verrat führte. Er war mir bloß widerlich, tat mir aber in seiner Jämmerlichkeit auch leid. Genauso hatte ich ihn ja in Ostpreußen erlebt.

»Ach, du Scheißkerl, was hast du denn geschrieben?«

»Alles – wie wir aneinandergeraten sind –, dachte nicht, daß der es so ernst nehmen würde...«

»Du hast mir aber doch selbst erzählt, daß er mich nicht mag...«

Am andern Morgen ging ich zu Sabaschtanskij, meldete mich zurück und warf nebenbei hin: »Beljajew sagt, er hätte eine Meldung über mich geschrieben.«

Sabaschtanskij zuckte zusammen: »Hat er dir das selbst gesagt? Was für eine Meldung?«

»So was wie eine Beschwerde über mich auf der Fahrt nach Ostpreußen.«

Ich dachte nicht im Traum daran, meinerseits über Beljajew auszupacken. Er über mich – ich über ihn – Intrigen ohne Ende und Grenzen. Nein, ich würde ihn nicht demütigen, mich nicht so verhalten wie er und Sabaschtanskij. Außerdem wäre es nutzlos: Bei jeder Intrige wäre Sabaschtanskij sowieso der Gewinner. Ich wollte, er sollte begreifen, daß ich nicht gegen sie »kämpfte«, und sollte mich in Ruhe lassen.

Sabaschtanskij vorsichtig: »Wieso? Gab es was zum Beschweren?«

»Kann ich mir nicht vorstellen. Meiner Ansicht nach gab es nichts und konnte auch nichts geben.«

»Also hat er sich was ausgedacht, dich verleumdet?«

»Weiß ich nicht, will auch meine Nase da gar nicht erst reinstecken. Ob er absichtlich gelogen oder sich irgend was eingebildet hat, weiß ich nicht. Mit unserer Freundschaft ist es so und so zu Ende, aber für Intrigen bin ich nicht zu haben. Glaub mir: du kennst mich einigermaßen – wir haben uns gezankt und wieder vertragen –, mich interessieren weder Beförderungen, Dienstränge noch Orden. Hauptsache ist für mich das Gewissen... Der Krieg ist bald zu Ende. Gerade jetzt wird unsere Arbeit von Tag zu Tag wichtiger. Ich will arbeiten, und das mit ganzer Kraft, und will mich dabei nicht behindern lassen. Ich brauche weder Lob noch Schmeichelei, ebensowenig brauche ich Gezänk und Intrigen.«

»Bist ja ziemlich stolz!«

»Stolz? Meinetwegen, wenn das Stolz ist. Jeder hat seinen eigenen. Der eine braucht für seinen Stolz unbedingt äußere Ehrungen, Glanz, sein Bild in den Zeitungen...«

»Findest das wohl lächerlich?«

»Nein, durchaus nicht. Das gehört zum Soldatenehrgeiz. Diesen Stolz verstehe und achte ich. Aber für mich ist es wichtiger, selbst davon überzeugt zu sein, daß ich nützlich bin, daß ich – wie man so sagt – der Sowjetunion diene. Und ich hoffe, daß du mich verstehst.«

»Agitier mich nicht. Bin schon längst agitiert.«

Ich ging, fühlte hinter mir seinen wachsamen Blick. Mir schien, als habe ihn meine Fairneß irgendwie beeindruckt.

Der General empfing mich kalt. Sagte »Sie«, ein Zeichen seiner Ungnade. »Bei mir ist eine Meldung eingegangen. Von Beljajew. – Der ist doch Ihr bester Freund? Ich war so wütend, daß ich beschloß, die Angelegenheit vor die nächste Parteiversammlung zu bringen, und meine Empfehlung für Sie zum Partei-Vollmitglied zerriß. Aber vorher will ich noch Ihre Erklärung hören.«

Er reichte mir zwei säuberlich beschriebene Bogen, da stand zu lesen: »Ich halte es für meine Pflicht als Parteimitglied und

Offizier, folgendes zur Kenntnis zu bringen ... und schon vorher führte er Gespräche, in denen er sein Mitleid mit den Deutschen äußerte, seine Unzufriedenheit mit der politischen Führung bezüglich der Deutschen ... Ich habe diese Redereien einfach nicht ernst genommen. Jedoch in Ostpreußen ...« Und weiter alles, was schon angeführt worden ist: »Verteidigte und rettete Deutsche ... erregte die Unzufriedenheit unserer Offiziere und Soldaten ...«

Während ich das las, sah ich die feigen, geilen Augen, hörte die metallische Stimme: »Spionin. Erschießen.«

Sah die blutigen Hände der blassen Frau, fühlte, wie Zorn und Abscheu mich erstickten, befahl mir: ›Reiß dich zusammen, beherrsch dich, fahr nicht aus der Haut.‹

»Das alles ist nicht wahr.«

»Wieso, was heißt das: ist nicht wahr?«

»Schlichte Unwahrheit und ungeheuerlich, unsinnig verdrehte Fakten.«

»Aber warum sollte er über Sie die Unwahrheit schreiben?«

»Das weiß ich nicht. Was ich vermute, ist eine rein politische Angelegenheit, über die ich nicht sprechen will. Was hier steht, ist die blanke Unwahrheit. Sie kennen mich, Genosse General, habe ich Sie je belogen?«

»Nein, ein Lügner sind Sie nicht, das weiß ich.«

Im Dienstzimmer des Generals befand sich noch ein Oberst aus Moskau, und während ich Beljajews Erklärung las, war auch Sabaschtanskij eingetreten; der General fuhr fort: »Aber ich glaube dieser Erklärung. Nicht zuletzt, weil ich dich – Sie kenne. Sie sind kein schlechter Kerl, ein gebildeter Mann, ein ordentlicher Soldat. Aber alle wissen auch: Sie sind zu gutmütig ... Sie haben diese intelligenzlerische Weichlichkeit. Das wurde schon öfter kritisiert. Warum regst du – regen Sie sich als einziger darüber auf, daß die Gefangenen nicht mit Samthandschuhen angefaßt werden?«

»Ich kümmere mich vor allem um unsere Armee, um ihre Moral, um ihre Kampfkraft.«

»Schon gut, darum kümmern Sie sich nicht allein, aber um die Gefangenen kümmern Sie sich als einziger.«

»Auch nicht ich allein.«

»Na ja, aber jedenfalls du mehr als andre. Sagen Sie uns doch noch einmal, wo Sie Ihre Kindheit verbracht haben?«

»Meine Kindheit? In Kijew und bis zu meinem fünften Lebensjahr im Dorf Borodjanko bei Kijew.«

»Aha! Und in was für einer Familie, bei wem wurden Sie erzogen?«

»Familie? Mein Vater ist Agronom, meine Mutter ist Hausfrau, sie erzogen mich – und dann die Schule, die Jungpioniere...«

»Ich frage nicht nach Ihrer Familie, sondern nach dem deutschen Gutsbesitzer, bei dem Sie erzogen wurden.«

Diese Frage war so unsinnig, daß ich sie zunächst gar nicht verstand und zurückfragte: »Was ist das für ein hirnverbrannter Blödsinn? Das ist eine vollkommen idiotische Lüge, leichter als leicht zu entlarven. Meine Eltern leben in Moskau, es gibt Dutzende von Leuten, die mich von Kind an kennen.«

Der General schielte zu Sabaschtanskij hinüber, der schwieg und starrte mich an.

Ich fange an, ruhiger und bestimmter zu werden: »Genosse General, die eine wie die andere Lüge ist ohne weiteres aufzuklären. In Ostpreußen waren wir die ganze Zeit mit anderen Leuten zusammen im Stab des Armeekorps. Und die Verleumdung hinsichtlich des Gutsbesitzers ist einfach ein schlechter Witz. Ich ahne jetzt, woher er stammt. Als ich zehn, zwölf Jahre alt war, arbeitete mein Vater als Agronom in einem Sowchos, dessen Direktor Deutscher war. Während der Sommerferien besuchten wir meinen Vater dort. Ich spielte mit den Enkeln des Direktors. Davon habe ich gelegentlich erzählt, auch hier dem Genossen Sabaschtanskij habe ich davon erzählt.«

Nein, es kam mir nicht bloß so vor, als erröte Sabaschtanskij. Auf seinen hart gewordenen Backenknochen erschienen dunkle, purpurne Flecken, aber er sagte mit seiner normalen leisen Stimme: »Dennoch ist mir absolut unverständlich, warum Ihr bester Freund, Beljajew, Lügen über Sie verbreiten sollte.«

»Sehr einfach, er ist eben kein Freund, wenn er lügt. Aber warum er lügt, das weiß ich nicht, und ich will es auch gar nicht erfahren. Wenn ich versuchen wollte, das herauszukriegen, gäbe es Zank, und der würde unsere Arbeit behindern.«

Der General wandte sich in etwas verändertem Ton dem Oberst zu: »Er verschleiert hier irgendwas, was, das weiß ich nicht. Aber lügen tut er wirklich nicht, besser: er kann es nicht. Im Gegenteil, er hat sich oft selbst dadurch geschadet, sich in Streit eingelassen. Auch mit mir hat er gestritten. Der reinste Don Quijote oder – Hamlet... nur auf Kreisebene, wie der da, dieser, erinnere dich, aus dem Kreis Schtschigrowsk. Jaja, genau das bist du: ein Hamlet aus dem Kreis Schtschigrowsk[16]. Bist viel zu gutmütig... Dabei bist du doch Jude. Wie kannst du bloß die Deutschen lieben? Weißt du denn nicht, was die mit den Juden machen?«

»Was heißt lieben? Ich hasse die Faschisten, aber nicht, weil ich Jude bin«, (daran, daß ich Jude sein soll, wurde ich bisher nur selten erinnert), »sondern als sowjetischer Mensch. Das bedeutet aber: Mein Haß kann sich nicht in Vergewaltigung und Plünderei ausdrücken...«

»Na, na, Hamlet von Schtschigrowsk... Wer vergewaltigt denn? Die Weiber kommen ja von selbst angerannt, und dann tun sie dir noch leid?«

»Nicht sie tun mir leid, sondern die Unsrigen. Es geht um unsere Moral, unsere Disziplin, unseren Ruhm... In Ostpreußen verrieten wir unsere Moral.«

»Schon gut, Partei und Armeeführung wissen auch ohne Major Kopelew, was Moral und Disziplin ist. – Ich sage dir jetzt folgendes: Wir werden die Sache nicht aufgreifen. Brächten wir sie vor die Parteiversammlung, würdest du mit Sicherheit ausgeschlossen. Überleg doch mal selbst, wie sich das von außen ansieht: mal säuft er mit Popen Wodka, geht in die Kirche – dabei ist er doch Jude –, mal weint er über die Deutschen... Wir kennen dich – das ist eben Hamlettum, ungenügende Parteilichkeit, du hast noch keinen festen Kern. Dein Kopf ist nicht schlecht, aber dein Partei-Rückgrat ist schwach und das Herz viel zu weich, ungefestigt. Den Feind bemitleiden bedeutet die eigenen Leute verraten. Unterbrich mich nicht. Also, aufgreifen werden wir die Sache nicht. Die Empfehlung für dich halte ich noch zurück. Dem Genossen Sabaschtanskij verbiete ich vorläufig, dich auf deutsches Territorium abzukommandieren – sprichst ja auch Polnisch, kannst dich in Polen nützlich machen. Auch in Polen haben wir noch zu kämpfen. Die Polen werden dir schon zeigen, wie zärtlich sie die Deutschen lieben. Von der Auszeichnungsliste streiche ich dich einstweilen. Arbeite, bewähre dich durch die Tat.«

Sabaschtanskij und ich gingen zusammen fort. Sprachen über Verschiedenes. Über Flugblätter, die ich schreiben würde, darüber, wie sich die Ausbildung in der Antifa-Schule beschleunigen ließe. In welcher Weise man Roshanskij und den neuen Frontbeauftragten des Nationalkomitees, Major Bechler, in ihrer Arbeit unterstützen könne. Wir sprachen sachlich und ruhig.

Zwei, drei Tage später erhielten wir einen Eilauftrag: der Befehl des Staatskomitees für Verteidigung über die Arbeitsmobilisierung aller männlichen Deutschen vom 18. bis zum 60. Lebensjahr war zu übersetzen und in großer Auflage zu veröffentlichen.

Major Goldstein und ich übersetzten den Text und brachten ihn Sabaschtanskij. Mulin und Kljujew waren bei ihm. Sabaschtanskij fragte: »Und was meinen Sie wohl, wird man mit diesen Zivil-Fritzen machen?«

»Arbeiten werden sie – man wird sie zu uns und nach Polen schicken, damit sie unsere zerstörten Städte wieder aufbauen. Selbstverständlich werden sie arbeiten.«

Sabaschtanskij entgegnete halblaut, vieldeutig, mit geheimer Vertraulichkeit im Ton, die besagen will: weißt ja, ich bin in Staatsgeheimnisse eingeweiht, die einem normalen Sterblichen nicht zugänglich sind, ich könnte einiges erzählen: »Mir ist unter anderem bekannt, daß man sie alle zu uns in den Osten schaffen, nicht hier irgendwo in der Nähe lassen wird. Und was meinen Sie, bedeutet das?«

»Na, was schon? Arbeiten werden sie, und vermutlich wird man sie umerziehen wie Kriegsgefangene.«

»Es ist indessen bekannt, daß für sie alle zusammen, wie viele Millionen man auch auftreiben wird, so ungefähr 40 bis 42 politische Arbeiter zur Verfügung stehen. Das reicht noch nicht mal für die politische Arbeit unter dem Bewachungspersonal. Sie kommen ins Lager, Zwangsarbeit, viele Jahre, wenn nicht lebenslänglich.«

Das war eine infame Lüge. Sabaschtanskij war nicht nur gerissener, sondern auch klüger als ich. Er wußte genau, daß ich auf eine fein ausgeklügelte, berechnete Provokation nicht hereinfallen würde, außerdem fehlten ihm die theoretischen Kenntnisse für einen komplizierten Disput. Darum agierte er absichtlich plump und primitiv, um ganz sicher zu gehen.

Ich erwiderte ruhig, überzeugt von der absoluten Richtigkeit dessen, was ich sagte: »Na, das ist doch wohl eine sehr ungenaue Information ... Warum sollten wir mit den Zivilisten härter verfahren als mit den Kriegsgefangenen? Die haben Bibliotheken, Klubs, Wandzeitungen, Laienzirkel ...«

»Womöglich auch Sanatorien und Erholungsheime?«

»Was sollen die Übertreibungen? Schließlich ist ein Kriegsgefangenenlager kein Zuchthaus. Die Leute arbeiten, kriegen ihre Verpflegungsration, können sich bis zu einem Kilo Brot erarbeiten.«

»Wa-a-as? Habt ihr gehört, bis wohin er sich versteigt? Ein Kilo Brot? Unsere eigenen Leute, unsere Werktätigen, meine Frau etwa, kriegen 400, höchstens 500 Gramm Brot, und die Fritzen ein Kilo ...!«

»Durchaus nicht alle. Die Ration ist 400 Gramm. Wer die Arbeitsnorm zweifach übererfüllt, kann es zu einem Kilo bringen, das weiß jeder.«

Mulin und Kljujew schwiegen. Goldstein wollte etwas sagen, aber Sabaschtanskij ließ ihn nicht zu Wort kommen, er hatte sich auf mich eingeschossen: »Sieh mal einer an! Da haben wir ja schon wieder einen Ihrer üblen Scherze – den Fritzen ein Kilo Brot ...«

»Das ist nicht meine Erfindung. Die Normen setzt die Verwaltung fest, und Genosse Stalin weiß, was er tut.«

Er lief purpurrot an, seine Lippen bebten, fast flüsternd sagte er: »Wagen Sie nicht, den Namen des großen Führers mit Ihrem Gewäsch zu besudeln, das erlaube ich nicht!«

»Wagen *Sie* nicht, mich zu beleidigen! Was heißt hier besudeln? Lüge besudelt. Sie lügen, und ich spreche die Wahrheit.« Er sprang hoch und rief mit zitternder Fistelstimme: »Hören Sie auf! Ich befehle ...!«

Alle standen auf. Mulin, Kljujew und Goldstein bedrängten mich.

»Was fällt dir ein ... laß doch ... wozu die Aufregung? Genossen, was soll das denn?«

Sabaschtanskij, urplötzlich weich und mit klagender Stimme: »Ich kann über solche Dinge nicht ruhig sprechen ... Es ist Krieg

– verflucht soll er sein ... Ich will nicht, versteht ihr, ich will nicht, daß meine Söhne noch einmal in den Krieg ziehen müssen ...«

»Das ist es doch! Niemand will das ... und deswegen muß man so handeln, daß kein Grund zu einem neuen Krieg entstehen kann ... Aber Sie sprechen von Zuchthaus ... ohne politische Erziehung ... Und das ist doch das genaue Gegenteil.«

»Es reicht – genug! Wir wissen ja schon alle längst, daß man dich nicht überzeugen kann. Los haut ab, druckt das da.«

Es vergingen noch zwei Tage. Wir instruierten in der Schule eilig eine Gruppe Antifaschisten zum Einschleusen in die deutschen Stellungen. Da ließ mich Antonenko kommen, der Parteisekretär der Politverwaltung.

Früher einmal war er sicher der tollste Kerl in seiner Komsomolzelle gewesen – krausköpfig, braunäugig, lustig, von den Mädchen bewundert. Die Armee hatte ihn nach und nach abgehobelt und geglättet. 1934 waren wir, wie sich gesprächsweise herausgestellt hatte, gleichzeitig im 337. Schützenregiment der 80. Division in Mariupol gewesen, er als Politruk der Kaderkompanie, ich als gewöhnlicher einjähriger Rotarmist des Studentenbataillons.

»So geht's, und jetzt sind wir beide Major.«

Für einen Augenblick schwang im Unterton dieses gewisse Unbehagen mit, das viele Kader-Politarbeiter in den ersten Kriegstagen den Reservisten gegenüber empfanden. Damals waren die Aktiven manchmal sehr erbittert über die Untüchtigkeit der Neuen. Im August 1941 bei Nowgorod zum Beispiel fluchten die aktiven Panzerleute: »Verdammt, diese Reservetrottel! Dreimal haben wir die Deutschen aus Porchow und aus Dno rausgeschmissen. Die türmten wie die Windhunde, und wir nichts wie hinterher. Aber das eigene Fußvolk, das kam nicht nach, blieb hübsch in Deckung, wollte im Feuer nicht vorgehen, feige Nachtwächter die! Und wir steckten tief in der Scheiße: hinter den feindlichen Stellungen, ohne Sprit, Munition verschossen, mußten unsere eigenen Panzer knacken und uns mit Beuteknarren zurückschlagen. Und als die Deutschen zum Gegenangriff vorgingen, da sollten wieder wir die Front halten. Die Reserve-Trampel aber, wenn die schon mal ihre Ärsche hochkriegten, hielten sie auch gleich die Pfoten hoch und stolperten in Gefangenschaft. Schlappschwänze verfluchte ...«

Die Gegensätze zwischen Aktiven und Reserve hatten sich schnell ausgeglichen. Schon gegen Ende des ersten Kriegsherbstes waren sie nicht mehr voneinander zu unterscheiden. An der Front wurden Verdienste und Mängel nach den Leistungen im Einsatz beurteilt. Aber die Politarbeiter in der Etappe – und je weiter hinten, desto mehr – sahen noch lange scheel auf die unverbesserlichen Zivilisten, die weder »richtig auftreten« noch »richtig grüßen« konnten und trotzdem die Überlegenheit der Aktiven nicht anerkannten. Sie verstanden nichts von Subordination, waren aber oft gebildeter und regsamer als die aktiven Politoffiziere und rückten daher allzu schnell in Stellungen und Ränge, auf die man in Friedenszeiten jahrelang warten mußte.

Antonenko sagte mit eisiger Höflichkeit: »Hier ist Material über Sie eingegangen. Eine ernste politische Beschuldigung. Schon wieder sind Sie für die Deutschen eingetreten. Sie haben sich angemaßt, sich in unzulässiger Weise über die militärische Führung, über unsere Presse, über die eifrigen Leser von Ehrenburg zu äußern. Unzulässig und antiparteilich. Sie werden jetzt einen Rapport schreiben, das heißt eine Erklärung an das Parteibüro. Was ist in Ostpreußen vorgegangen? Wie kommen Sie dazu, Deutschen zu helfen, Mitleid mit dem Feind zu predigen, für Humanität zu agitieren? Was für Reden haben Sie in der Abteilung gegen die Maßnahmen des Verteidigungskomitees und des Oberkommandos geführt? Ich persönlich hätte von Ihnen derartiges nicht erwartet. Das geht über jedes Maß.«

»Aber das sind doch Lügen. Nichts dergleichen habe ich getan.« Ich hörte meine eigene Stimme, angestrengt, gequetscht, fremd. Antonenko empörte sich: »Und jetzt wollen Sie auch noch leugnen? Wir haben hier die maßgebliche Erklärung von Oberstleutnant Sabaschtanskij. Wie könnte das eine Lüge sein? Er ist bewährter Parteigenosse. Kristallklar. Sein ganzes Leben – so kann man wohl sagen – ist Parteiarbeit. Und Sie kennen wir auch zur Genüge. Kaum waren Sie in der Partei, da erhielten Sie schon eine Rüge. Und wieviel Zusammenstöße hat es mit Ihnen gegeben! Über Ihre Moral und Ihre ungesunden Stimmungen erhielten wir schon von der Nord-West-Front Signale. Schon dort haben Sie sich reichlich viel herausgenommen.«

»Was sollen hier Disziplinarstrafen und Wortwechsel? Es handelt sich doch um eine politische Beschuldigung und um eine glatte Verleumdung. Sabaschtanskij und ich haben uns in der Wolle gehabt; Maßnahmen des Verteidigungskomitees habe ich nicht kritisiert, das kann und will ich auch gar nicht. Im übrigen waren Goldstein, Mulin und Kljujew dabei. Sie sind Zeugen des Gesprächs.«

Antonenko sagte, er werde auch von ihnen Erklärungen anfordern.

Nachdem ich ihn verlassen hatte, ging ich direkt zu Sabaschtanskij. Nannte ihn einen Verleumder und Lügner. Er wurde krebsrot, seine Augen verengten sich zu Schlitzen. Er stemmte sich mit beiden Fäusten auf den Tisch und sagte grimmig leise: »Verlassen Sie unverzüglich mein Zimmer. Scheren Sie sich raus! Sofort, sonst rufe ich die Wache. Sie werden sich für alles zu verantworten haben. Diese Worte werden Ihnen noch leid tun. Machen Sie, daß Sie rauskommen!«

Schimpfend ging ich hinaus, suchte mir Zeugen. Kljujew brummelte noch doppelzüngiger und zusammenhangloser als sonst: »Du wirst doch nicht deswegen – sozusagen in Hitze geraten! Das wird sich alles klären. Man muß doch sozusagen begreifen. Die Partei wird es aufklären. Politische Fehler sind sozusagen natürlich unzulässig – aber natürlich wird man alles aufklären.«

Mulin wandte die Augen ab, sagte, er könne sich nicht erinnern, daß ich das Verteidigungskomitee kritisiert hätte: »Immerhin hast du schon früher unrichtige Äußerungen von dir gegeben, Fehler muß man eingestehen. Vielleicht hat Sabaschtanskij sich zu sehr aufgeregt, aber er ist schließlich ein absolut parteitreuer Mensch, und vor allem: Er ist der Chef. Du vergißt ständig, daß wir hier in der Armee sind. Parteiarbeit an der Front hat nun mal ihre Besonderheit.«

Goldstein erregte sich so, daß ihm sein gewöhnliches Phlegma völlig abhanden kam: »So eine Intrige, so eine schändliche Intrige! Nichts dergleichen hast du gesagt. Das ist doch absurd. Natürlich schreibe ich ans Parteibüro, ich weiß alles noch ganz genau. Der Streit ging um ein Kilo Brot für die Gefangenen. So ein Lump! Der gerät ja allmählich außer Rand und Band, der Genosse Oberstleutnant Sabaschtanskij. Aber so was kann ihm keiner glauben.«

Goldstein schrieb dann auch die volle Wahrheit. Kljujew und Mulin dagegen behaupteten, sie seien vor dem Streit weggegangen, hätten nichts gehört und wüßten nichts. Mulin redete mir zu, einen Rapport einzureichen, in dem ich mich dafür entschuldige, den Chef beleidigt, beschimpft, in »Ausübung dienstlicher Obliegenheiten angeschrien« zu haben. Ich solle in der Erklärung »die Formulierung ändern«. Nichts schreiben von Lüge und Verleumdung, bloß von Mißverständnis, damit kein weiterer Zank entstehe. »Denn wir sind Politarbeiter, alles, was wir tun, alle Beziehungen sind politisch. Schreib, man habe dich falsch verstanden, und gib deine Schroffheit und Undiszipliniertheit zu.«

Mulin suchte mich noch mehrmals auf, war honigsüß, betonte immer wieder, daß die Offensive vorangehe, daß man zur Truppe müsse und sich nicht mit persönlichen Querelen herumschlagen dürfe.

Er überschlug sich geradezu in Freundschaftlichkeit, spielte den Parlamentär, den Vermittler und machte sich gleichzeitig Sorgen um mich und vor allem um unsere gemeinsame »große Pflicht«. Der Krieg ging dem Ende zu, wir hatten jetzt mehr zu tun als je zuvor, bald würden wir in Berlin sein. Warum sich dann wegen einer Bagatelle mit den Frontkameraden, mit den Kampfgenossen verzanken? Und er überredete mich.

13. Graudenz. Letzter Einsatz

Wichtiger als alles andere war mir, so rasch wie möglich nach vorn zu kommen. Ich schrieb die Erklärung: eindeutig im Inhalt – nichts dergleichen gesagt und gedacht; zurückhaltend in der Form – »man hat mich mißverstanden«, gab meine Undiszipliniertheit zu, bereute meine Grobheit gegenüber dem Chef, entschuldigte mich und reichte den Rapport ein. Unmittelbar danach wurde ich einer Gruppe zugeteilt, die wieder Beljajew befehligte, zusammen mit Galina Chromuschina und Major Nepotschilowitsch, dem Instrukteur für die Arbeit unter der polnischen Bevölkerung. Wir folgten der vorrückenden 2. Stoß-Armee. Die Politabteilung der Armee hatte uns einen großen Übertragungswagen zugeteilt, und wir nahmen einige Absolventen der Antifa-Schule mit zum »Einschleusen«.

Beljajew und ich saßen in der Fahrerkabine, sprachen jedoch kaum miteinander. Wir durchfuhren saubere Kleinstädte und Dörfer. Schnee lag noch auf den Dächern und in breiten Flecken im Wald zwischen den Bäumen. Aber die Straßen waren schon dunkel und sauber; sogar der Abendwind atmete frühlingshafte, weiche, feuchte Frische. Ich wollte an etwas Schönes denken – an das bevorstehende Kriegsende, an den Einzug in Berlin, wo wir uns mit den Engländern und Amerikanern treffen würden. Es wird Zeit, sich ernsthaft mit der englischen Sprache zu befassen, auch unsere Alliierten wird man agitieren müssen.

In der warmen Dunkelheit der Kabine döste ich ein und erwachte von Beljajews erschrockenem Aufschrei: »Halt! ... Verdammte Scheiße! Die schießen ja! Dreh um!«

Unser Ford-Lkw wendete rasch und fuhr irgendwohin zur Seite. Wir standen an der Einbiegung zu einem mit Bäumen bepflanzten Weg. Rechts, ziemlich entfernt, und links, ganz nah, dunkelten irgendwelche Gebäude oder Ruinen. Vorn schimmerte durch die Bäume hindurch freies Land – Acker oder Brachland. Dort zerflossen am Himmel Leuchtkugeln in blaßgrünen und dunkelrosa Flecken etwa einen Kilometer von uns entfernt. Von dorther knatterten ein MG und MPs.

»Wir sind in die vorderste Linie geraten«, erboste sich der Fahrer. »Nur gut, daß der Fritz Leuchtkugeln losläßt, sonst kämen wir ihm genau zum Abendessen zurecht, oder wir gerieten auf eine Mine und in Gottes Paradies. Wozu haben sie 'ne Karte, Genosse Major? Sollten Sie lieber jemand anderem geben.«

Um auf die Karte zu sehen, hätte Beljajew die Taschenlampe anknipsen müssen, das wollte er nicht. Hinter uns kamen noch zwei andere Wagen. Wir erkannten von weitem die Scheinwerfer. Der verwirrte Beljajew ächzte: »Was machen die, was machen die bloß?« In seiner Angst hatte er ganz vergessen, daß er den Befehl hatte, und fügte sich widerspruchslos meinen Anordnungen. Ich nahm ihm die große dreifarbige Lampe ab, gab sie dem Fahrer, befahl ihm, mit dem roten Licht zu blinken, dem Wagen entgegenzulaufen und sie aufzuhalten.

Hinter den Bäumen hervor kam ein Soldat, ohne Eile, den Mantel umgehängt, rauchte eine Selbstgedrehte und fing an, gemächlich zu erklären: »Hier ist unsere vorderste Linie. Dort bei der Wiese ist seine Verteidigung. Aber hier bei uns ist es ruhig. Der Deutsche ist im Kessel; schießt mal, mal nicht. Aber kriecht nicht raus. Da im Bunker ist der Zugführer. Der Kompanieführer da hinten, weiter rechts, in dem Haus, wo der Garten ist. Bis zum Deutschen ist's nicht mal ein Kilometer, vielleicht 700 Meter, vielleicht 800, so ungefähr.«

Beljajew, durch die gelassene Gesprächigkeit des nicht mehr jungen Soldaten ermutigt, fing an, ihn zurechtzuweisen: »Was soll das heißen? Schöne Ordnung bei euch Arschlöchern – verdammt noch mal. Vorderste Linie und kein Posten: offene Straße, spazier, wo du Lust hast. Wir fahren hier direkt zu den Deutschen, keiner sieht das, keiner hält uns an. Auf so was steht Kriegsgericht! Warum sind keinerlei Zeichen am Weg?«

»Was für Zeichen brauchen wir denn in der vordersten Linie, Genosse Offizier? Entschuldigung, es ist dunkel, kann Ihren Rang nicht erkennen. Hier ist die vorderste Linie, das weiß jeder, den es angeht. Deshalb bin ich ja auch zu Ihnen rausgegangen. Wir dachten zuerst, als wir den Wagen mit Licht kommen sahen, der Deutsche wäre vielleicht schon getürmt oder hätte sich ergeben oder der Krieg wäre aus. Aber da sehen wir, der läßt wieder Leuchtraketen los und schießt, na ja, da bin ich eben hergelaufen, nachsehen, was das für welche sind.«

»Gelaufen? Und warum bist du in der vordersten Linie unbewaffnet? Und wie stehen Sie überhaupt da? Rauchen einstellen, wenn Sie Meldung erstatten!«

Ich unterbrach den mutig gewordenen Beljajew. Wenn auch unbeabsichtigt und zufällig, waren wir doch an eine sehr günstige Stelle geraten. Hier konnte man die Antifa-Leute hinüberschikken. Wenn sie auf unsere Scheinwerfer nur eine Salve abgeben, bedeutet es, daß der Abschnitt ruhig ist. Beljajew stimmte zu.

Wir waren inzwischen in den Bunker des Zugführers gegangen, auch der Kompanieführer, ein Oberleutnant, kam, und wir improvisierten rasch eine »Operation«.

Den Lautsprecherwagen stellten wir abseits der Chaussee in den Schutz einer steinernen Scheune. Die vier Antifa-Männer sollten durch das Unterholz und dann in kurzen Sprüngen über die Wiese bis zu den deutschen Gräben laufen. Dort sollten sie sagen, sie seien aus der Gefangenschaft ausgerückt und könnten nachts durch unsere Linien schleichen. Zur größeren Glaubwürdigkeit wollten wir Leuchtraketen hochgehen lassen und hinter ihnen herschießen. Zwei Soldaten führten sie durch ein Minenfeld.

Beljajew ging in einen Bunker zu den MG-Schützen. Prahlte später damit, daß er mit einem MG auf die deutschen Leuchtraketen geschossen habe. Galina und ich sendeten. Wir forderten die Eingekesselten auf, sich zu ergeben, drohten mit schonungsloser Vernichtung aller, die Widerstand leisten würden. Versprachen glückliche Heimkehr nach dem unmittelbar bevorstehenden Kriegsende. »Der Krieg ist längst verloren. Hitler zögert die Kapitulation nur hinaus, um Galgenfrist für sein verfluchtes bißchen Leben herauszuschinden. Wollt ihr dafür sterben, daß Hitlers Untergang noch ein paar Tage oder Wochen verschoben wird? Sollen deswegen eure Frauen Witwen, eure Kinder Waisen werden? Überlegt es euch, ehe es zu spät ist!«

Anfangs hörten sie uns offenbar zu, nur die Leuchtkugeln flogen immer dichter. Minutenlang war der halbe Himmel mal violett, mal hellgrün. Dann begann plötzlich Feuerzauber. Aber sie schossen nicht auf uns, sondern irgendwohin zur Seite und stellten das Feuer bald wieder ein. Wir redeten noch eine Weile, ließen Platten mit wehmütigen Liedern laufen, bis direkt am Wagen zwei Antifa-Männer auftauchten – blaß und verdreckt; einer zitterte vor Schreck und vor Schmerzen, es hatte ihn an der Schulter erwischt. Sie berichteten, daß der älteste von ihnen, ein Feldwebel, der etwa hundert Schritte voraus war, unmittelbar vor den deutschen Gräben verwundet worden sei. Als er rief: »Kameraden, nicht schießen!«, begann der Beschuß. Dann hörten sie ihn schreien: »Nicht schießen, nicht schießen, hier sind Kameraden! Ihr habt mich verwundet, helft mir!« Anscheinend haben sie ihn in den Graben geholt. Dann hatten auch die anderen gerufen: »Kameraden, nicht schießen!« Und da kam von drüben, direkt auf sie gerichtet, MP-, MG- und Gewehrfeuer, pausenlos, so daß sie kaum zurückkriechen konnten. Der vierte muß wohl gefallen sein.

Beljajew bekam sofort wieder Angst. Zwei Leute verloren – die Deutschen werden sie unter Druck setzen, bis sie alles erzählen: Wie miserabel die vorderste Linie hier ist, daß Polit-Offiziere mit Ü-Wagen da sind. »Natürlich werden die Deutschen uns schnappen wollen, lebendig oder tot. Hier können wir auf keinen Fall bleiben.«

Er brabbelte vor sich hin, geiferte, rollte die trüb-weißlichen Augäpfel. Dann fiel ihm wieder ein, daß ja er das Kommando hatte.

»Ich habe hier den Befehl, verstehst du. Ich bin verantwortlich für den Wagen und für die Leute. Ich befehle, unverzüglich abzufahren. Wir müssen den Divisionsstab suchen. Wir sind in die Division befohlen.«

Mit schmeichlerischem Lächeln gab er mir die Karte: »Du wirst die Kolonne führen. Kennst dich mit Straßen besser aus. Los, los, weg hier, ehe es hell wird.«

Gegen Morgen kamen wir zum Stab des 16. Regiments der 38. Gardeschützendivision, der sich im Kontor und den Werkhallen einer Zuckerwarenfabrik am Südostrand von Graudenz einquartiert hatte. Auf dem Fabrikhof standen Kanonen und Granatwerfer. Die erfinderischen Artilleristen hatten ein paar 75-mm-Geschütze in Haus geschafft, in den ersten Stock, und richteten die Rohre aus den Fenstern. Sie schossen damit ins Stadtzentrum, das gut sichtbar in einer Talsenke lag. Die vorderste Kampfzone verlief 400 bis 500 Meter vom Regimentsstab entfernt. Unsere Schützen hatten ein Eisenbahndepot und eine Arbeitersiedlung besetzt, die sich im rechten Winkel zur Chaussee in zwei Häuserzeilen hinzog. Die Deutschen hatten sich in einer Fabrik für Straßenbaumaschinen verschanzt, hinter einer hohen Ziegelmauer. Eine mächtige Barrikade aus schweren Zugmaschinen und Bulldozern verlängerte die Fabrikmauer und versperrte die Straße. Und weiter rechts von der Chaussee – von uns aus gesehen – war die deutsche vorderste Linie eine einzelne Straße, die durch Brachland führte, mit Schuttabladeplätzen, einigen einzeln stehenden Gebäuden, offenbar Werkstätten, einem Autofriedhof, Bergen von rostigen, ausgebrannten Pkw- und Lkw-Skeletten. Die deutsche Straße war von unserer Arbeitersiedlung etwa zwei- bis dreihundert Meter entfernt. Dort und hier kleine graue Häuser – einstöckige Zementwürfel – oder rötliche zweistöckige Backsteinhäuser, dazwischen von Zäunen eingefriedete unbebaute große Flächen mit Büschen und jungen Bäumen. Hinter jedem Haus lag ein Hof mit Wirtschaftsschuppen und Gemüsegarten. Hier bei den leeren Hühner- und Ziegenställen hatten unsere Granatwerfer Stellung bezogen.

Es war der dritte Tag der Belagerung. Es war sehr laut. Unsere Kanonen und Granaten ballerten und heulten Tag und Nacht. Mehrmals täglich griffen unsere Kampfflieger an. Die Deutschen erwiderten grimmig mit ziemlich dichtem Artilleriefeuer. Trafen auch unseren Fabrikhof und die Siedlung. Beljajew fuhr nach dem ersten Feuerüberfall ab und überließ mir das Kommando. Nach einer Woche kam auch Sabaschtanskij für ein paar Stunden. Gegen Ende der Belagerung, als die Straßenkämpfe im Gange waren, tauchte er noch einmal für zwei Stunden auf, ließ sich aber nicht weiter herab als bis zum Divisionsstab, ein paar Kilometer vor der Stadt auf einem Berg. Dort lagen gut ausgestattete Kasernen, in den Festungskasematten gab es komfortable Unterkünfte. Bei seinem zweiten Besuch befahl er mir telefonisch, den Ü-Wagen zum Korps zu schicken; statt dessen bekamen wir einen Anderthalbtonner, einen Wanderkino-Vorführwagen. Den Lautsprecher konnte ich für die Sendungen benutzen – in den Straßen wurde man zum Glück auf kurze Entfernungen verstanden.

In den ersten Tagen, als hauptsächlich in den Stadtrandbezirken Feuergefechte stattfanden, machten wir unsere Übertragungen vom Eintritt der Dunkelheit bis zum Tagesanbruch, entweder aus der Siedlung rechts von der Chaussee oder links aus dem Hof des Eisenbahndepots gegenüber der Fabrik. Tagsüber verhörten wir Gefangene und Überläufer. Hastig schulten wir diejenigen von ihnen, die uns zum Einschleusen geeignet erschienen, erklärten ihnen, wie sie ihre Kameraden agitieren müßten, damit sie sich ergäben. Von den Beobachtungsstellen der Artillerie oder der Luftaufklärer aus betrachteten wir die deutschen Stellungen, rechneten aus, wo wir diese eilig Umerzogenen, frisch gebackenen Antifa-Männer ansetzen konnten, und schickten sie nachts los. Dafür forderten wir gewöhnlich die Hilfe der Aufklärer und Granatwerfer an, die entweder ablenkendes Feuer oder Feuerschutz gaben.

Am ersten Tag, als die Siedlung besetzt worden war und die Deutschen sich auf dem Brachland verschanzt hatten, begannen die üblichen Scharmützel. Der Regimentsstab befahl daher, die Bevölkerung weiter ins Hinterland zu evakuieren, hinter die Stadtlinie. Die meisten Bewohner gingen in der Nacht los; schleppten sich in großen Gruppen über die zum Teil unter

Beschuß liegende Straße, verschreckt, mit unterdrückten Stimmen sprechend, sie zogen Kinderwagen, Schubkarren, Fahrräder, mit Sachen vollgepackt; flüsternd trieben sie widerspenstige Ziegen an, die vor den nahen Schüssen scheuten.

Einige Familien weigerten sich standhaft, wegzugehen. Die jüngeren Offiziere, die die Granatwerfer- und Schützenstellungen in der Siedlung befehligten, drängten sich auch nicht übermäßig. Sie und die Soldaten fühlten mit den Frauen, die sich von ihren Häusern, ihren Kellern, ihren Vorräten nicht trennen wollten.

Es entstand ein eigenartiges, sehr freundschaftliches Gemeinschaftsleben zwischen diesen Menschen verschiedener Schicksale, verschiedener Sprachen. Die Frauen stillten ihre Kleinen in der engen, überheizten Stube, die mit allem möglichen Hausrat vollgestopft war, und nur wenige Schritte hinter den mit Federbetten und Kissen gesicherten Fenstern erklangen abgehackte Kommandos, krachten und jaulten die Granaten. Soldaten, die in anderen Stuben im Quartier lagen, kamen aus der Feuerstellung und aßen zusammen mit ihren zivilen Nachbarn in den engen Küchen. Es gab manches zärtlich verliebte Paar und stürmische, leidenschaftliche Affären, auch zufällige und hastige Liebkosungen in dunklen Unterständen. Aber es gab auch einfach gute Freundschaften mit den Frauen, die die Soldaten beköstigten, ihre Sachen wuschen und stopften.

Als ich am Tag unserer Ankunft diese Häuser besuchte, fragte ich, ob nicht eine der Frauen den Soldaten, die die Stadt verteidigten, über unseren Sender ein paar Worte sagen wolle. Bei den Volkssturmleuten gab es eine Menge »Beutegermanen«, Volksdeutsche oder auch Polen, die sich zu Deutschen erklärt hatten.

Sofort meldeten sich mehrere Kandidatinnen. Ich wählte Fräulein Elsbeth. Sie hatte eine hohe, klingene Stimme, las flüssig und ausdrucksvoll Deutsch und Polnisch. Während der Übertragung las sie den vorbereiteten Text ausgezeichnet. Doch anschließend sprach sie – für mich unerwartet – noch viel besser »von sich aus«: »Ich sehe hier, was für Kanonen die Russen haben, die werden alles kaputtmachen, alles! Hört auf zu kämpfen! Hört, Volkssturmmänner, werft die Waffen weg, kommt her!... Diese verfluchten Nazis richten sich selbst sinnlos zugrunde und wollen euch mit vernichten. Habt Erbarmen mit unserer armen Stadt, hört auf zu kämpfen, kommt her!«

Ein Ausbruch aus der Zuckerfabrik die Chaussee entlang wurde vorbereitet. Wir wollten den stürmenden Einheiten »Mit Klang und Rädern« folgen nach der Artilleriedevise »Infanterie mit Feuer und Rädern einholen«. Am 23. Februar, dem Tag der Roten Armee, stellten wir unseren Wagen bei einem zerstörten Haus gegenüber der Fabrik auf. Dort befand sich eine Beobachtungsstelle der Atilleriedivision. Galina und ich machten einige Sendungen in deutscher Sprache; Nepotschilowitsch sprach polnisch; danach spielten wir ein Konzert für die eigenen Leute. Den Artilleristen gefiel das ungeheuer. Sie bewirteten uns mit französischem Cognac und beschlossen plötzlich, einen festtäglichen Salut auf bekannte Ziele abzugeben. Telefonisch verständigten sie die Batterien, auf das Kommando der Lautsprecherstimme zu hören. Und ich, toll vor Begeisterung, schrie pathetische Kommandos ins Mikrophon. Das gefiel unseren angetrunkenen Gastgebern erst recht, und sie verlangten: »Los, mach weiter, mehr, noch mehr...!« »Für die reinen Tränen unserer Mütter, für unsere Frauen und Bräute, für unsere zerstörten Städte, für unsere verbrannten Äcker – vier Granaten im Lauffeuer – Feuer! Unseren Freunden und Kameraden, die im Kampf gefallen sind, zu ewigem Gedenken, ewigem Ruhm – Feuer!«

Dicht neben uns dröhnten die Abschüsse, weiter entfernt, über uns, heulten, rollten sie, schlugen polternd und abgehackt ein, bald schwer und dumpf, bald klirrend wie mächtige Hämmer auf Stein. Der Himmel über uns stöhnte, brauste, summte. Auf der deutschen Seite jagten Leuchtraketen einander, das bleiche, diffuse Licht erlosch kaum noch. Die deutschen Granatwerfer bellten böse, aber seltener. Von der Straßenbaumaschinen-Fabrik her setzte MG-Feuer gegen die Mauer des Hauses ein, hinter der wir standen, peitschte wild. Unsere Lautsprecher tönten mit aller Macht:

»Es geht der Krieg des Volkes an,
Der heilig-heil'ge Krieg...«

Wir stießen mit den Artilleristen an. Galina kam, dicht an die Mauer gedrückt, besorgt über den Hof. Nur allzu berechtigt fühlte sie sich als einzig Nüchterne und Vernünftige unter uns. Sie verlangte, wir sollten den Wagen tiefer in den Hof schieben.

Von den deutschen Barrikaden aus, die keine 500 Meter entfernt waren, hätte er leicht gesehen werden können. Ein einziger Schütze von dort, es brauchte gar nicht mal ein besonders guter zu sein, hätte unser ganzes Konzert verdorben.

Mit den Schultern schoben wir den singenden Wagen vorsichtig, um das Lied nicht zu unterbrechen. Der Rausch und die feierliche Musik – der Choral vom heiligen Krieg – die Kälte der Gefahr – wenn auch von den Barrikaden kein Mündungsfeuer aufblinkte – erregten alle noch mehr.

Das Leben war herrlich, der Sieg nahe, um uns wundervolle Kampfgefährten. Soll doch die tapfere und kluge Galina kommandieren, und ich werde alles tun, was notwendig ist, damit der Krieg bald beendet wird. Und ich fürchte mich nicht, und ich denke nicht an das Häßliche und Gemeine, nicht an die Barrikaden und nicht an Sabaschtanskij – ihn soll der Teufel holen mit allem Drum und Dran; und ich habe doch recht, alles wird gut werden, sollen die Arschkriecher in der Politverwaltung ihre Orden bekommen, mir ist diese Nacht wichtiger als alles...

»Es geht der Krieg des Volkes an...« Das Lied verklang. Und der älteste unserer Gastgeber rief: »Los, Major, noch einen Salut für den Feiertag – vier Granaten im Lauffeuer.« Und atemlos vor Freude schrie ich ins Mikrophon: »Für unsere Heimat, für unser Moskau – für unsern großen Stalin – für unsere stillen Flüsse und grenzenlosen Steppen – für unsere Birken – für unsere Kinder – vier Granaten – Feuer-r-r!«

Und wieder brüllten die Geschütze.

Gegen Morgen begann der Angriff. Wir begaben uns zu einem andern Regiment, dem sechsten, das den Straßenkampf anführte. Auf der breiten Adolf-Hitler-Straße am Trinka-Kanal sendeten wir Agitkonzerte. Die Entfernung zu den Hörern war in der Regel kaum größer als eine Straßenbreite, allenfalls ein oder zwei Häuserblocks weit. Den Wagen schoben wir in eine Toreinfahrt, den Lautsprecher hängten wir an ein Balkongeländer oder einen vorspringenden Sims. Störend war nur, daß es fast gar keine dunklen Stadtteile mehr gab. Die Häuser brannten, niemand löschte, ringsum war alles vom zuckenden, rötlich-orangegrellen Feuerschein erhellt. Wir stellten uns nach Möglichkeit dort auf, wo der Rauch sich schon senkte, oder verbrannten erbeutete Rauchkörper, die die bestrichenen Abschnitte mit dichtem schwarzen Qualm einhüllten, durch die wir unsern Anderthalbtonner in die Sendestellung brachten.

In den ersten Tagen nach dem Durchbruch zur Stadtmitte richteten wir uns zusammen mit dem Bataillonsstab in einem Haus an der Adolf-Hitler-Straße ein. Es war ein Eckhaus, das andere Eckhaus schräg gegenüber hielten die Deutschen noch. Das Bataillon, erschöpft von vielen Stunden fast pausenloser Kämpfe, hatte den Befehl, in einigen Häusern Ruhestellungen zu beziehen.

Nachts nach der Sendung trafen wir in einem der nach hinten gelegenen Zimmer mit anderen Offizieren zusammen. Im Kachelofen brannten Braunkohlebriketts. Wir saßen in weichen, niedrigen Sesseln. Auf dem runden Tischchen und auf dem Fußboden, auf dem Teppich, ein Tohuwabohu von Flaschen, Schachteln, Konservendosen. In der Pfanne auf dem Ofen zischte aromatisch schmorendes Fleisch.

Wir schmausten ausgiebig, sangen, lachten. Einer der Gäste lehrte uns ein neues Lied.

»Triffst vorn an der Front
du 'nen alten Freund...«

Plötzlich von unten ohrenbetäubendes Krachen. Alles um uns zitterte, bebte, barst auseinander. Statt der Zimmerwand erschienen der in Feuerschein glühende Himmel und die Brandmauer des Hauses gegenüber mit einer riesigen Reklame darauf. Wir rutschten mit unseren Sesseln, dem Tisch und dem Teppich schräg abwärts durch rollendes Getöse, Knirschen, Klirren von zerbrechendem Glas in die feuchte Nachtkühle. Wir fielen, klammerten uns aneinander und glitten plötzlich – einer liegend, der andere halb sitzend in dem Durcheinander auseinandergebrochener Wandstücke, Fensterrahmen, Glasscherben, Stühle, Flaschen und Konservendosen auf das leicht abschüssige Teerpappenvordach, zwei Meter unterhalb des Fußbodens jenes Zimmers, in dem wir eben noch gesungen hatten:

»Wir trinken auf die Heimat,
Unsere freie Heimat...«

Das waren Panzergranaten. In den beiden unteren Stockwerken war das unterste zu oberst gekehrt – eine grauenvolle Wüstenei. Einige Soldaten waren tot, auch einige Zivilisten, die in ihren Wohnungen geblieben waren. Aber bei uns oben war nur ein Teil der Wand fortgerissen, dadurch hatte sich der Fußboden gesenkt. Keiner war verletzt. Der ausgestandene Schrecken wandelte sich wie gewöhnlich in hektische Ausgelassenheit. Noch in derselben Nacht fanden wir ein anderes Quartier in der Blumenstraße: in der Beletage die Wohnung eines SS-Obersturmführers mit kompletter schwerer Mahagoni-Einrichtung, Samtportieren, Spitzengardinen, Seidensteppdecken und Daunenplumeaus auf den riesigen Betten, Geschirr, Tafelsilber und einer Speisekammer randvoll mit Wein, Lebensmitteln und Vorräten aller Art.

Aber wir hatten kaum Muße, diesen Luxus zu genießen. Nachts sendeten wir fast ohne Pause, tags verhörten wir Gefangene und Überläufer. Andere Sorgen kamen hinzu: die Marodeure, recht verschiedenartiges Gesindel – aus der Front herausgezogene Aufklärer eines Strafbataillons, Fuhrleute, Fahrer und jede Art von Etappenhengsten. Auf das Gerücht hin, Graudenz sei schon gefallen, machten sich die Trophäenjäger eilig ans Geschäft.

Die meisten Bewohner des Stadtzentrums hatten sich bei Beginn der Belagerung in den Kellern, die als Luftschutzräume eingerichtet waren, in Sicherheit gebracht. Die Trophäenjäger drangen in die leeren Wohnungen ein und hausten hier genau wie in Ostpreußen. Andere, beherztere Uhrensucher inspizierten auch die Luftschutzräume:

»Ausweiskontrolle. Wo sind hier Fritzen versteckt?« Und mit vorgehaltener MP staubten sie Uhren und Schmuck ab, schleppten Frauen mit ... Ein, zwei Mal erwischten wir im Keller unseres Hauses solche Ausweiskontrolleure. Es sprach sich in den anderen Häusern rasch herum, sogar bis in die Nachbarstraßen, daß hier sowjetische Offiziere die Zivilisten beschützten. Jammernde Frauen, seltener auch Männer, kamen gerannt: »Hilfe, Raub«, »Gewalt«, »Bitte, Pan, kommen helfen«. Und wir liefen los, schafften Ordnung ...

Ein langer Lulatsch, eklige Visage, in grünem Tarnanzug und tief gegürteter Wattejacke, stieß ein blasses Mädchen vor sich her, hatte ihre magere Hand auf den Rücken gedreht. Als er die auf ihn zulaufenden, pistolenschwenkenden Offiziere sah, ließ er sie los und rannte davon. Wir holten ihn nicht ein, griffen aber seinen Kumpan, einen besoffenen Sergeanten mit rotrandiger Etappenmütze. Er feixte verlegen, zog aus seinen Taschen, aus dem Busen ganze Trauben von Ringen, Uhren, Ohrringen: »Ja, ich wollte doch nichts Böses, bitte sehr, die sind ja Faschisten, haben geraubt und gestohlen, als wir kämpften. Wir waren mit bei Stalingrad. Also kann man nehmen, was die vorher gestohlen haben ...«

Ein Teil der Sachen konnte den Eigentümern zurückgegeben werden. Das Übrige wurde registriert, in ein Paket verpackt und zusammen mit dem Soldbuch des Marodeurs zum Korps-Stab geschickt. Ihn selbst übergaben wir dem für ihn zuständigen Zugführer.

Ein junger Kerl in sauberem Mantel, den Mützenstern blank geputzt, spaziert gemütlich über den Bürgersteig. Mit der einen Hand führt er ein Fahrrad, in der andern trägt er einen großen Koffer. Laut heulend kommt eine Frau hinter ihm her. Es sei ihr letzter Besitz, ihre Kinder blieben nun nackt und bloß, und das Rad habe sie vom Vater geerbt, den die Deutschen im Krieg umgebracht hätten. Neben ihr stolpert ein kleines Mädchen, vielleicht sieben Jahre alt, ein paar schreiende und klagende Frauen haben sich ihr angeschlossen. Nepotschilowitsch und ich machen uns auf. Weil wir noch kaum richtig geschlafen haben, sind wir besonders wütend. Ich ramme dem Kerl die Pistole derart in den Bauch, daß er zusammensackt.

»Du Arschloch! Beraubst Frauen und Kinder! Beleidigst die sowjetische Armee. Wir werden dich auf der Stelle abknallen wie einen tollen Hund und nicht mal begraben. Hier wird dein Kadaver liegen mit einem Plakat ›Marodeur‹!«

Er stottert hastig, zu Tode erschrocken, atemlos: »Das hab' ich doch gar nicht gewußt. Ich dachte doch ... Pakete schicken ist doch erlaubt. Unser Chef hat gesagt: Man darf Pakete schicken. Ich wußte nicht – es stand da so im Hof –, daß es ihr Fahrrad ist ...«

Wir nahmen ihm sein Soldbuch ab. Geburtsjahr 1927. Funker. Noch kein Jahr bei der Armee.

Mittlerweile hatte sich um uns eine ganze Menschenansammlung gebildet – Frauen, Kinder, ein paar Männer. Nepotschilowitsch erklärte ihnen, daß unsere Armee Marodeure schonungslos bestraft, daß diejenigen, die rauben, plündern, vergewaltigen, von den Deutschen hergeschickte Provokateure seien und daß dieser Bursche vor Gericht gestellt und wahrscheinlich erschossen wird.

Gleich erhoben sich mitleidige Stimmen: »Nein, nein, doch nicht erschießen! Ist ja so ein junger Kerl, noch dumm ...« Der Soldat, bleich und verstört, murmelt nur immer vor sich hin: »Ist doch erlaubt, Pakete zu schicken – ich dachte doch, man darf es. Ich dachte, das macht nichts.«

An der nächsten Ecke schlug eine Granate ein. Von der Parallelstraße her donnerndes Krachen der Detonation. Festungs-Artillerie. Kreischend stürzten die Frauen in den nächsten Hauseingang. Wir führten den erfolglosen Marodeur ab. Das Soldbuch behielten wir und schickten es später mit einem Dutzend anderer Papiere zum Rapport an den Korpskommandeur persönlich. Den Bengel brachten wir ein paar Straßen zurück und ließen ihn laufen: »Sieh zu, wo du bleibst, wag es nicht noch mal.«

Kurz vor Tagesanbruch sauste ein Lkw mit ein paar besoffenen Soldaten an uns vorbei, hielt, die Soldaten polterten in einen der Keller. Hinter uns kam einer der neuen polnischen Polizisten in Windjacke und weiß-roter Armbinde angelaufen: »Die plündern – ganze Gruppe – haben Maschinpistol ...«

Er wußte nicht, ob er auf die sowjetischen Freunde schießen durfte, wenn sie plünderten.

Wir rannten hinter ihnen her, auch Galina, die Mannschaft des Lautsprecherwagens und der Fahrer. Am Kellereingang stießen wir auf ein paar verängstigte Frauen: »Retten Sie uns, die bringen uns um.«

Aus dem Keller klang schrilles durchdringendes Weinen und Schreien.

Einer dieser Schweinehunde hatte, sei es, um die Leute einzuschüchtern, sei es »bloß zum Spaß«, eine MP-Garbe über die Köpfe abgefeuert, eine von der Wand abprallende Kugel hatte eine junge Frau am Kopf verletzt. Sie blutete, schrie mit hoher, hysterischer Stimme: »Mord! Mord! Ich sterbe! Wofür? Wofür?«

Später zeigte sich, daß die Wunde nicht gefährlich war, vom Scheitelbein war ein Hautfetzen losgerissen. Aber es blutete stark. Die Frauen und Kinder ringsum heulten und schluchzten lauter als die Verletzte, die nur noch wimmerte: »Och, ich sterbe, och, ich sterbe, brauche Priester! – Bitte, Pan, holen Priester...«

Wir überließen sie Galina und machten uns auf, die Marodeure einzufangen. Von mehreren Seiten rief man uns zu, sie seien noch irgendwo unten.

Der halbdunkle Keller hatte mehrere größere und kleinere Räume, enge Gänge, vollgestopft mit Menschen und Bündeln, und war nur schwach von Hindenburglichtern erhellt; über die gewölbten Decken und Wände strichen riesige Schatten. Wir wußten nicht, was geschehen würde, wenn einer dieser Lumpen – in der Betrunkenheit oder aus Angst – zu schießen anfinge. Wie sollten wir ihn unschädlich machen oder auch notfalls erschießen, wenn sich zu Tode erschrockene Menschen um uns drängten? Nepotschilowitsch und ich riefen auf polnisch: »Alles hinlegen, die Kinder zudecken! Lichter nicht auslöschen!«

Dann auf russisch: »Kommt raus! Ergebt euch im Guten! Wer freiwillig rauskommt und sich ergibt, den lassen wir laufen, wer Widerstand leistet, wird auf der Stelle erschossen.«

Vom Eingang her Rufe: »Hier sind sie, hier!«

Bis wir uns zwischen den weinenden, jammernden, irgend etwas bittenden Menschen durchgedrängt hatten und zum Eingang gelangten, waren sie schon draußen auf dem Hof. Einer unserer Soldaten schrie auf, wischte sich die blutende Nase: »Dieser Teufel – hat mir den Kolben ins Gesicht gestoßen, so'n Schweinehund...«

Der Lkw mit den Marodeuren rollte vom Hof. Wir rannten auf die Straße, es glückte mir, aufs Trittbrett zu springen, die Pistole durchs Fenster zu stoßen. Der Kerl in der Fahrerkabine, bepackt mit irgendwelchen Plüsch- oder Samtvorhängen, stieß meine Hand zurück und schlug mir ins Gesicht. Der Motor heulte auf. Ich fiel rückwärts auf jemanden, der mit mir gelaufen war, und begann zu schießen. Auch die anderen schossen den Flüchtenden aus ihren Pistolen nach. Der junge polnische Polizist fragte aufgeregt: »Pan Kommandant, darf ich auch?« und schoß kniend aus seinem Gewehr.

Der Lkw entkam, aber über die Häuser flogen Blendraketen. Vom Eckhaus, in dem der Bataillonsstab einquartiert war, kamen Soldaten angelaufen. »Wer schießt denn da?«

Am Tag nach diesem Zwischenfall kam Sabaschtanskij beim Divisionsstab auf dem Berg an und schickte von dort Major Bechler zu uns. Er sprach telefonisch mit Nepotschilowitsch; Galina und ich waren vorn.

»Was fällt euch ein, hier Polizei zu spielen? Behindert die Kampfordnung, zieht Soldaten zum Polizeidienst ab und drückt euch vor euren eigentlichen militärischen Aufgaben. Die Führung hier ist äußerst ungehalten. Es ist nicht eure Aufgabe, Marodeure zu fangen und Zetermordio zu schreien, wenn irgendwo ein Soldat sich ein deutsches Flittchen greift – meinetwegen auch ein Polackenweib, das ist völlig gleichgültig! Und Sie, Genosse Major, geben gefälligst keine Widerworte, sondern empfangen einen Befehl, den Sie auch an Major Kopelew weiterzugeben haben, soweit er für die Operation verantwortlich ist. Folgende Kampfaufgaben sind zu erfüllen: den Feind zersetzen, sich nicht durch Nebendinge ablenken lassen, wie etwa alle Arten von Humanitätsduselei! Ich schicke Ihnen den Frontbeauftragten des Nationalkomitees Freies Deutschland, Major Bechler[17]. Setzen sie ihn hundertprozentig ein, aber mit Umsicht, ohne die Wachsamkeit zu vernachlässigen. Verstanden?«

Oberst Smirnow, Chef der Korps-Politverwaltung, fing nach dieser Maßstäbe setzenden Visite Sabaschtanskijs an, uns zu kontrollieren. Mehrmals kamen Melder aus dem Regimentsstab, die uns an den Draht riefen. Smirnow verlangte von uns tägliche Vorlage unserer Tagesarbeitspläne, Bericht über ihre Durchführung und die Texte unserer Sendungen. Ich vermied nach Möglichkeit die direkten Telefongespräche, schob uns weiter vor, an die vorderste Linie heran, und verfaßte höfliche schriftliche Berichte, die telefonisch durchgegeben wurden: so und so viele Sendungen, soundso viele Gefangene verhört. Und die Pläne sahen so aus: Fortsetzung der Tätigkeit des gestrigen Tages an der Kreuzung so und so...

Kein einziges Mal habe ich Oberst Smirnow zu Gesicht bekommen, und nur einmal vernahm ich sein wütendes Schimpfen durchs Telefon.

Am 2. oder 3. März begann ein neuer Sturmangriff: Wir gingen zusammen mit dem 6. Regiment vor.

In der ersten Nacht überschritt das Regiment den Trinka-Kanal. Der Kanal war kaum breiter als eine enormale Straße, aber die Brücken waren demoliert. Dort, wo wir hinübergingen, gab es nur noch Brückenreste und ein Stück gußeisernes Geländer. Wir kamen ziemlich schnell hinüber, ohne besondere akrobatische Verrenkungen und fast ohne Störung. Nur einer unserer Begleitsoldaten bekam eine MP-Kugel in die Schulter.

Galina versorgte ihn im nächsten Hausflur. Er fluchte dabei ein paarmal gewaltig – sich nach jedem Fluch höflich entschuldigend –, und nachdem er mit einem Beute-Verbandspäckchen verbunden worden war, ging er mit uns weiter, sagte nur: »Bis zur Hochzeit verheilt's.«

Im Städtischen Gymnasium befand sich das deutsche Lazarett. Wir kamen von der Gartenseite heran. Die Straße auf der anderen Seite des Gartens lag unter Beschuß. Aber an den bronzierten Spitzen der eisernen Gitterstäbe hingen einige weiße Fahnen mit dem roten Kreuz.

Im Lazarett kam uns ein Oberstabsarzt im weißen Kittel über dem Uniformmantel entgegen. Er sprach einwandfrei Russisch mit weichem Petersburger Akzent.

»Ich bin in Leningrad zur Schule gegangen – damals hieß es Petrograd –, ins Gymnasium. Mein Vater war auch Arzt, wir wohnten am Litejnij-Prospekt. Das Lazarett ergibt sich ohne Widerstand. Wir vertrauten auf Ihre Radio-Übertragungen, wir glauben an die Großmut der siegreichen russischen Armee. Hier in den Kellern liegen 246 Verwundete, zum Teil Schwerverwundete. Wir appellieren an Hochherzigkeit und Erbarmen. Die deutsche Führung hat befohlen, das Lazarett in keinerlei Kampfhandlungen einzubeziehen. Bitte, ich bitte Sie sehr, das Lazarett nicht als Stellung, als Befestigung zu benutzen.«

In den großen Garten strömten unablässig neue Soldatengruppen. Aber auf der Straße an der Frontseite des Gymnasiums lagen die Deutschen. Einige Brände rechts und links erhellten breite Häuserblocks. Unmittelbar gegenüber dem Haupteingang der Schule stieg eine enge steile Gasse wie ein schmaler Spalt zwischen den hohen, dunklen Häusern aufwärts – die Berggasse. An ihrem steilsten Abschnitt versperrte eine Backstein-Barrikade den Durchgang; jenseits der Barrikade wand sie sich einen dunklen Hügel empor, an dessen Hang Schützengräben ausgehoben waren, auf der Höhe befand sich hinter Ziegelmauern das Fort.

Die Deutschen beschossen das Lazarett tatsächlich nicht. Einige unserer Soldaten traten aus dem von den Bränden in der Nachbarschaft erleuchteten Hauptportal, zu dessen beiden Seiten sich akkurate, rechteckig gestutzte Büsche hinzogen – eine lebende Hecke vor den schmalen Vorgärten. Die Männer bemerkten auf der gegenüberliegenden Straßenseite an der Ecke das Aushängeschild einer Bierstube, und zwei liefen sofort hinüber. Rechts und links ratterten sofort MP-Salven, klatschten einzelne Schüsse.

Der Kompanieführer, ein stämmiger Leutnant in Kosakenpelzmütze und deutscher Fliegerlederjacke, fluchte in heiserem Tenor: »Wohin rennt ihr ohne Befehl – Hundesöhne! Zurück!«

Andere Soldaten suchten Deckung hinter den Büschen der Vorgärten. Im Vestibül des Lazaretts brachte man schon ein MG in Stellung. Der Oberstabsarzt rief erschrocken: »Herr Offizier! Ich bitte Sie, ich flehe Sie an – hier ist ein Lazarett...«

Der Leutnant schnauzte ihn an, sah dann fragend auf uns, die beiden Gast-Majore, und befahl, ohne erst lange auf unsere Meinung zu warten: »Feuer einstellen! In allen Stockwerken Stellungen beziehen! Nicht schießen ohne ausdrücklichen Befehl!«

Er versuchte, die auf die andere Straßenseite Hinübergelaufenen zurückzubeordern. Aber schon barst drüben klirrend die Schaufensterscheibe des Bierlokals, und eine jungenhafte Stimme rief: »Genosse Leutnant! Wir könenn jetzt nicht zurück, die Scheißfritzen schießen wie verflucht! Wir werden hier sichern.«

Während wir alle Stockwerke und die Keller kontrollierten, hatten andere Offiziere und Soldaten den Oberstabsarzt mit einigen Ärzten und Schwestern gefangengenommen und in den Regimentsstab gebracht. Wir konnten ihnen rasch helfen, brauchten dem Oberstleutnant nicht einmal zuzureden. Er befahl sofort: »Ärzte und Schwestern unverzüglich zu den Verwundeten!«

Aber in der Zwischenzeit, wie uns der Leutnant – der Kompanieführer – mitteilte, hatten ein paar Hitzköpfe aus der Divisionsaufklärung es fertiggebracht, einen verwundeten Offizier zu erschießen. Er habe eine SS-Fresse gehabt. Die Aufklärer schimpften, sie hätten einen gefallenen Genossen rächen wollen. Ein anderer Augenzeuge berichtete, der Deutsche habe russisch gesprochen, noch dazu Mutterflüche benutzt, da hätten die Aufklärer gesagt: »Das ist ein Wlassow-Mann!« und ihn sofort in den Hof geschleppt und erschossen.

Ein anderer, auch Leichtverletzter, war ins Gesicht geschlagen worden, vermutlich auch von diesen Heißspornen.

Bis Tagesanbruch hatten wir im Lazarett die Ordnung wiederhergestellt, und nach dem Prinzip: ›Wer den Stock aufnimmt, der ist Korporal‹, ernannte ich Galina zum Lazarett-Chef. Der Kompanieführer, der seinen Gefechtsstand im Erdgeschoß bezog, gab ihr ein paar Leichtverwundete zum Schutz bei. Sie säuberten die Keller rasch von Unbefugten. In einem abgelegenen Raum stöhnten Schwerverwundete, einer mit verbundenem Kopf wälzte sich hin und her, phantasierte: »Volle Deckung! Feuer!« und heulte unartikuliert.

Die Leichtverwundeten unterhielten sich schon friedlich mit unseren Soldaten, tranken mit ihnen aus Bechern und Kochgeschirren irgendwelchen undefinierbaren Sprit und grölten: »Wojna – Scheiße! Krieg kaputt – Roß karosch – Ruß Soldat karosch ...«

Galina und Nepotschilowitsch inspizierten die Vorräte, wiesen die Köche an die Arbeit; die Verwundeten erhielten ein Frühstück, wie sie – so versicherten einige – seit Kriegsbeginn keins mehr gehabt hatten.

Bechler und ich verhörten einige Leichtverwundete, suchten geeignete Leute zum Einschleusen aus. Schnell fanden sich Freiwillige – wir wählten zwei junge Obergefreite –, der eine mit einer Handverletzung, der andere mit einer leichten Schulterwunde.

Bechler und ich gaben ihnen ein Schreiben an den Fort-Kommandanten, in dem wir zu Übergabe aufforderten und ehrenhafte Bedingungen versprachen. Außerdem versorgten wir sie mit Flugblättern des Nationalkomitees Freies Deutschland.

Nachdem es hell geworden war, gingen sie mit einer Rote-Kreuz-Fahne zum Hauptportal hinaus und geradewegs die Berggasse aufwärts. Niemand schoß auf sie, obwohl die rechts und links angrenzenden Straßen noch von Deutschen besetzt waren und die Detonationen der Granaten herüberdröhnten. Unsere Kampfsicherung in der Bierstube – es waren nicht mehr zwei, sondern schon ein gutes Dutzend Soldaten – begrüßte sie mit betrunkenen, aber freundschaftlichen Zurufen.

Der Leutnant in der Kosakenmütze rannte aus dem Portal und röhrte: »Laßt sie in Ruhe! Verdammt noch mal! Laß die Parlamentäre passieren!«

Nepotschilowitsch und ich brüllten mit: »Parlamentäre passieren lassen!«

Über der Backstein-Barrikade oben in der Gasse tauchten Köpfe in Helmen auf. Auf dem Hügel vor dem Fort erschienen ein paar Landser in langen grauen Mänteln.

Auch aus einigen Fenstern der Berggasse streckten sich behelmte Köpfe heraus. Fragten was. Unsere Abgesandten antworteten. Aus einem Fenster flog ein leichtes MG und schlug klirrend aufs Pflaster. Zwei deutsche Soldaten gesellten sich zu den Parlamentären, dann noch einer und noch einer – schließlich fand sich in der Gassenmitte eine ganze Gruppe unbewaffneter Soldaten ein; einige folgten den Parlamentären. Nepotschilowitsch, Bechler und ich rannen nun hinaus, darauf bedacht, daß unsere betrunkene Kampfsicherung keine Kampfhandlungen eröffne. Aus der Querstraße rechterhand peitschten einzelne Schüsse, knatterte eine kurze MP-Salve, als wir sie kreuzten. Aber frontal wurde nicht mehr geschossen. Hinter uns, beim Eingang zum Gymnasium, vereinzeltes Hurrarufen.

Der Leutnant übertönte die Schreier: »Aufhören mit Hurra – nicht schießen!« Bei den Deutschen auf der Straße kurze Verwirrung – einer stürzte ins Haus zurück. Wir winkten mit unserern Mützen: »Kameraden, keine Angst!«

Nepotschilowitsch rief den Unsrigen zu: »Genossen, Ordnung halten! Die wollen sich ergeben. Nicht schießen – erschreckt sie nicht – verhaltet euch diszipliniert, dann werden sich auch die anderen ergeben.«

Bechler und ich riefen auf deutsch: »Kameraden, laßt die Parlamentäre passieren. Kommt zu uns!« Wieder beugten sich Soldaten aus den Fenstern. Einer fragte: »Wer seid ihr?«

Zum erstenmal sprach ich zu bewaffneten deutschen Soldaten nicht durch einen Lautsprecher, sondern unmittelbar, Auge in Auge.

»Wir sind Offiziere der Roten Armee und versprechen euch im Namen unseres Oberkommandos, daß euch nichts geschehen wird. Und das ist Major Bechler vom Nationalkomitee Freies Deutschland.«

Bechler rief in knappem Kommandoton: »Alles herhören! Unverzüglich Waffen weg! Herauskommen!«

Die Parlamentäre waren mittlerweile schon hinter der Barrikade verschwunden. Wir gingen weiter die Gasse hinauf, teils auf dem Fahrdamm, teils auf dem Bürgersteig, sprachen mit den aus den Häusern kommenden Soldaten. Nepotschilowitsch stieß zu uns. Er konnte nicht Deutsch, aber um so ausdrucksvoller schmettere er die wenigen Worte, die er kannte: »Kammratt, komm, komm! Gefangenengerrettett – Krieg – Scheiße! Kamratt, komm!«

Nepotschilowitsch, ein hochgewachsener, breitschultriger Bjelorusse mit treuherzigen hellgrauen Augen, verfügte über das breiteste, gutmütigste Lächeln, das sich um seine große rosafarbene Nase legte und sein langes, knochiges Gesicht ungemein verschönte. Er sprach fröhlich mit den deutschen Soldaten in deutsch-polnischem Kauderwelsch.

Aus einem Torweg schrillte polnisch eine fieberhaft aufgeregte, begeisterte Bubenstimme: »Die Russen kommen! Die Russen kommen!«

Nun war Nepotschilowitsch in seinem Element: »Es lebe das freie Polen! Es lebe die russisch-polnische Freundschaft!«

Eine großäugige junge Polin klammerte sich an mich, eine andere küßte mich, hochspringend, auf die Backe, ein grauhaariger Pole schüttelte meine eine Hand, die andere hielt ein Bürschchen fest, rief unermüdlich: »Die Russen kommen! Die Sowjets kommen!« Wieder ein anderer schob mir eine Flasche Wodka in die Manteltasche. Nepotschilowitsch war in der Menge ihn umringender, begeistert jubelnder Frauen und Kinder regelrecht untergetaucht und schon gar nicht mehr zu sehen.

Da ratterte von oben, vom Fort her, ein MG. Die Salve zerriß die Luft, prallte an eine Hauswand, Fenster zersplitterten.

Alle suchten Deckung an Hausmauern und in Eingängen. Drei tote deutsche Soldaten lagen auf dem Straßenpflaster.

Unsere MG-Schützen erwiderten aus den der Barrikade zunächst gelegenen Haustüren und Fenstern. Der Leutnant in der Kubanka befahl, auf Dächern und an Fenstern Stellung zu beziehen. Major Bechler drängte: »Man muß die Leute in einem Hof sammeln, einen Dienstältesten einsetzen.«

Wir riefen: »Rechts im Hof antreten! In Zweierreihen!«

In einem langen, engen knieförmig gebogenen Hof stellten wir eine Kolonne auf – 72 Mann. Zwei Schwerverwundete legte man auf notdürftig aus Brettern montierte Tragen. Sie wurden zusammen mit ein paar Leichtverwundeten ins Lazarett gebracht. Bechler und ich verhörten die Gefangenen kurz: Sie gehörten alle zu 250. Division des Generalmajors Fricke, des Kommandanten der Festung Graudenz und Chefs der ganzen Garnison.

Nepotschilowitsch »mobilisierte« schon ein paar junge Polen, befahl ihnen, sich mit deutschen MPs und Karabinern zu bewaffnen und die deutschen Gefangenen zu bewachen. Zum Chef der Wachtposten bestimmte er einen unserer Sergeanten, der nur eine Handverwundung hatte.

Vom Fort her wurde nicht mehr geschossen. Nur aus einer Querstraße hinter der Barrikade fielen vereinzelte Schüsse. Während wir die Gefangenen verhörten, mit den Einwohnern sprachen, die nach und nach ihre Keller verließen, rückte schon der Regimentsstab auf die Berggasse vor und quartierte sich in einem der ersten Häuser ein. Der Hausherr, ein älterer Rechtsanwalt, seine Frau und seine Tochter – Frau eines polnischen Offizeirs – nahmen uns sehr freundlich auf: Durch alle Räume zog bald das Aroma von bratendem Fleisch, warmem Teig und Gewürzen.

Der Oberstleutnant und sein Sampolit[18] waren sehr zufrieden. Die Kampfaufgabe des Regiments war übererfüllt: Diese Blocks sollten erst in der Nacht – mit Artillerieunterstützung – gestürmt werden. Und nun waren sie ohne Verluste genommen, auch das Nachbarbataillon bewegte sich schon auf das morgige Ziel zu – die Deutschen liefen einfach davon, als sie uns hier spazierengehen sahen.

Von der Straße Geschrei, Rufe: »Sie kommen! Sie kommen!«

Die Parlamentäre kamen zurück. Sie brachten eine Note des Fortkommandanten Hauptmann Findeisen: »Ich bitte den deutschen Major, zu Verhandlungen ins Fort zu kommen. Ich bitte, während dieser Zeit das Feuer einzustellen.«

Unsere Abgesandten waren erregt, sprachen durcheinander: »Den Landsern hängt alles zum Hals raus – habe die Nase voll ... Alle haben uns gefragt ... Nein, nein, geschimpft hat keiner, auch nicht gedroht. Die haben nur gefragt, wie die Russen sind, ob sie sehr wütend sind.«

Bechler und ich schickten sie unverzüglich mit einer neuen Note zurück. Ich schrieb: »Hauptmann Findeisen! Verhandlungen können nur am Standort der sowjetischen Truppen geführt werden. Ihre Lage ist hoffnungslos. Wenn Sie den Widerstand fortsetzen, machen Sie sich schuldig an weiterem sinnlosen Blutvergießen. Allen, die sich ergeben, garantieren wir das Leben und die Rückkehr in die Heimat. Bei Widerstand wird kein Pardon gegeben.«

Bechler schrieb, er rate dem Hauptmann, der Stimme der Vernunft zu gehorchen, zu begreifen, daß Ehre und Pflicht des Offiziers gebieten, an das Schicksal der Soldaten und der Zivilbevölkerung zu denken.

Vom Fort her wurde nicht mehr in die Berggasse hinuntergeschossen. Das Fort schwieg. Auf dem Hügel zeigte sich keine Seele. Unsere Aufklärer versicherten, die Deutschen hätten die Gräben am Hang geräumt. Beide Parlamentäre gingen mit unseren Noten und weiteren Flugblatt-Päckchen wieder los. Unsere Soldaten begleiteten sie in aller Offenheit. Die Leichen der drei toten Deutschen zogen sie vom Fahrdamm und legten sie an den Rand des Bürgersteigs. Nur aus weiter entfernten Stadtteilen war Kampflärm zu hören.

Der Zugführer hatte Feuerstellungen in den Eckhäusern bei der Barrikade postiert. Vo dort aus gingen die Parlamentäre nach rechts durch eine Gasse, die zum Forteingang hinaufführte. In dieser Gasse wurde noch gelegentlich aus Wohnhäusern geschossen. Eine Toreinfahrt bei der Barrikade war von einer MG-Bedienung besetzt worden. Junge Soldaten sicherten eilig die Feuerstellung mit Säcken, erbeutenen Kabelrollen und anderem Plunder. Ein sehr junger, sehr großer, langbeiniger Sergeant – sein Mantel reichte ihm kaum bis zu den Knien, und die roten Hände ragten weit aus den Ärmeln heraus – folgte den Parlamentären um die Ecke in die Gasse hinein, drehte aber sofort wieder um, hielt sich die Backe: »Die Arschlöcher schießen!«

Eine Kugel hatte sein Jochbein gestreift und das Ohrläppchen verletzt, es blutete stark, er fluchte wild und krächzte: »So sind die, das nennen sie sich ergeben, die Halunken! Jetzt aber ran, Leute! Jetzt zeigen wir denen aber mal richtige Agitation!«

Von der Feuerstellung in der Toreinfahrt aus konnte man das Feuer nur die Berggasse aufwärts zum Fort richten und auf den Teil der Querstraße, von dem aus nicht mehr geschossen wurde.

Ich schnauzte den Sergeanten an, er habe hier nicht auf eigene Faust Krieg zu führen, er solle abhauen und sich verbinden lassen. Der lechzte aber nach sofortiger Rache, drückte einen Lappen auf die Wunde und gab zurück: »Sie führen Gespräche mit denen, schreiben ihnen Briefchen, aber die – die schießen, die Hunde... Nein, mein Blut verzeihe ich denen nicht. Und jetzt drauf, Leute!«

Ich brüllte: »Nicht schießen! Verhandlungen nicht stören!« Der Sergeant schrie zurück: »Die stören ja die Verhandlungen, diese Sauhunde, mich hätten sie beinah umgebracht.«

»Sergeant, gehorchen Sie dem Befehl eines Offiziers! Lassen Sie sich verbinden.«

»Sie sind hier nicht der Chef. Hier ist die vorderste Linie! Sie können über Fritzen befehlen... Und die, die schlagen uns tot...«

Die Soldaten hörten dem Wortwechsel zu, einige aus einem anderen Zug kamen heran. Jemand unterstützte den Sergeanten, wies auf die Leichen: »Da, haben die eigenen Leute erschossen, die sich ergeben hatten. Denen darf man nicht trauen...«

Andere versuchten zu beschwichtigen: »Gehorch gefälligst dem Major! Was heißt denn hier vorderste Linie? Du führst den Kampf nicht an. Der Major ist für diese Abschnitt verantwortlich, und Kampf ist hier überhaupt keiner...«

Der Leutnant kam dazu: »Was soll das Meeting hier? Auseinandergehen, sofort, alle an ihre Plätze. Es ist Kampfbereitschaft befohlen. Wo ist der Sanitäter? Sergeant, halt den Mund. Kein Feuer ohne Befehl.«

Von der Ecke her fröhliche Rufe: »Sie kommen... sie kommen!«

Sie kamen zu viert. Voran die beiden Parlamentäre mit der Rote-Kreuz-Fahne, hinter ihnen ein Offizier in Helm und langem Mantel, mit weißen Bandagen umwickelt. Die Binden waren kreuzweis über den Helm gelegt, überkreuzten die Brust, umgürteten ihn und baumelten an den Mantelschößen herunter. Ein Soldat, genauso umwickelt, begleitete ihn. Wir gingen dem dicken, burgundergesichtigen Hauptmann entgegen. Unsere Leute umringten sofort die ganze Gruppe. Der Hauptmann grüßte, die Hand am Helm, und fragte mich mit erschrocken und verwundert aufgerissenen Augen: »Sind Sie Major Bechler?«

»Nein, ich bin russischer Major. Bitte stellen Sie sich zunächst selbst vor!« Er grüßte noch einmal, wobei er leicht schwankte. Er war betrunken: »Hauptmann und Bataillonskommandeur Findeisen, Fortkommandant. Ich will mit dem deutschen Major vom Nationalkomitee Freies Deutschland sprechen. Ich bitte um Waffenstillstand und Bedenkzeit.«

»Dies ist Major Bechler.«

Bechler nickte knapp. Aber der Hauptmann, die Hand am Helm, vermochte fast eine Minute lang nicht seine weitaufgerissenen Augen von ihm loszureißen. Schließlich sagte ich: »Sämtliche Verhandlungen werden im Stab geführt werden. Sie kommen mit uns zum Oberstleutnant, dem dienstältesten Offizier, der diesen Abschnitt befehligt.« (Aus alter Gewohnheit nannte ich die Dienststellung nicht.)

Schon vorher hatte ich den Kompanieführer beauftragt, schleunigst den Regimentskommandeur zu benachrichtigen.

Wir gingen die Berggasse hinunter. In hellen Scharen zogen Soldaten hinter uns her. Kinder kamen aus den Häusern gelaufen, Zivilisten sahen uns nach. Als wir bei den Leichen der drei deutschen Soldaten vorbeikamen, machte Feindeisen vor jedem einzelnen die Ehrenbezeigung. Die Unseren unterhielten sich: »Guck mal, wie der seine Soldaten achtet! So machen die das: die Toten ehren, aber den Lebenden in die Fresse...« Bechler, der neben dem Hauptmann ging, sagte: »Diese deutschen Soldaten wurden von Ihren Kugeln getötet – vor einer Stunde... Aus Ihrem Fort wurde in eine Kolonne Kriegsgefangener geschossen...«

»Schrecklich... schrecklich! Das habe ich nicht gewollt. Ich habe keinerlei entsprechenden Befehl gegeben.«

»Aber Ihre Soldaten haben geschossen. Deutsche auf Deutsche. Soweit ist es mit Ihnen gekommen! Das Nationalkomitee hat oft genug davor gewarnt.«

Der Oberstleutnant trat aus dem Haus und ging uns entgegen. Er hatte schon Zeit gefunden, seinen neuen Waffenrock mit den goldenen Schulterstücken anzuziehen – führte ihn also sogar während der Kämpfe stets mit sich – und sah sehr bedeutend aus. Ich sprang vor, knallte die Hacken zusammen, stand stramm und meldete mit schallender Stimme, damit alle unsere Leute und auch die Polen hören konnten, was für ein außerordentliches Ereignis stattfand: »Genosse Oberstleutnant, der Fortkommandant, Hauptmann Findeisen, bittet um die Erlaubnis, eine Bitte vortragen zu dürfen!«

Findeisen schnaufte, warf sich in die Brust, knallte die Hacken zusammen, die Hand – mit der Handfläche nach außen – am Helm.

Der Oberstleutnant zögerte, und nachdem er mir die Hand gereicht hatte, als träfen wir uns heute zum erstenmal, blinzelte er und flüsterte: »Was jetzt? Muß ich ihm die Hand geben?«

Im gleichen Flüsterton gab ich zurück: »Noch nicht. Lassen Sie ihn mit ins Haus kommen.«

Laut sagte er: »Ich bitte Herrn Hauptmann, mir zu folgen.« Wir gingen hintereinander ins Haus. Im Treppenhaus drängten sich die Bewohner. Frauen keiften ihre Buben an, die bäuchlings über den Treppengeländern hingen.

Im Salon des Rechtsanwalts hatte die Hausfrau auf ein Tischchen neben die Feldtelephone ein Tablett mit Kaffee und eine Schale mit Gebäck gestellt. Alle setzten sich, auch Findeisen, ohne den Mantel aufzuknöpfen. Er sprach hastig, abgerissen, über seine roten Backenknochen rollten ein paar dünne Tränen: »Ich bin deutscher Offizier... mein Eid... das eherne Gesetz der Pflicht... die Ehre des Offiziersstandes... Befehl höher als Leben... das Kriegsglück ist veränderlich... es geht nicht um mich... ich spreche nicht von mir... ich verstehe... ich vertraue der Großmut der russisches Führung... Großmut ist die Zierde des Siegers... ich darf nicht kapitulieren ohne den Befehl des dienstältesten Kommandeurs, Generalmajor Fricke... Er ist Divisionskommandeur und Kommandant der Festung Graudenz... Ich muß seine Genehmigung einholen... Ich bitte daher um einen Waffenstillstand, damit ich den General persönlich über die Lage unterrichten kann. Ich hoffe, ihn zu überzeugen... Ich bitte um zwölf Stunden Bedenkzeit.«

Ich übersetzte und fügte rasch hinzu: »Geben Sie ihm die nicht! Er ist selbst gekommen, also ist er ›reif‹. – Geben Sie ihm nicht mehr als eine Stunde.«

Der Oberstleutnant hörte zu und schlürfte seinen Kaffee. Er verhielt sich höflich-zurückhaltend und genoß die Situation über die Maßen. Zum erstenmal in seinem Leben empfing er einen feindlichen Parlamentär. Und dann gleich so einen gewichtigen, breitmäuligen und – heulenden.

»Sagen Sie ihm, daß ich eine so lange Waffenruhe nicht zubilligen kann. Er als Frontoffizier wird das verstehen. Ich habe auch meine Befehle. Unsere Truppen sind an der ganzen Front im Vormarsch. Ich kann nicht meinen Abschnitt allein zurückhalten.«

Findeisen lief die Nase, er schniefte ungeniert und benutzte das Ende einer seiner Binden als Taschentuch.

»Ich bitte sehr, ich bitte nachdrücklichst – wenigstens bis zum Abend... nur bis zum Abend... ich appelliere an Ihren Edelmut... Ich werde dem General die Aussichtslosigkeit der Lage schildern.«

»Fragen Sie ihn, was er zu tun beabsichtigt, wenn der General seine Erklärung nicht akzeptiert und befiehlt, den Widerstand fortzusetzen.«

»Dann kapituliere ich. Das werde ich auch dem General mitteilen. Zunächst bitte ich um die Genehmigung. Erhalte ich sie nicht, melde ich, daß ich nicht anders kann, und kapituliere.«

»Warum brauchen Sie soviel Zeit zu dieser Besprechung? Ihr General befindet sich in der Kaserne, einige hundert Meter von Ihnen entfernt. Sie haben direkte Verbindung...«

»Es kann sein, daß er mich zur persönlichen Berichterstattung befiehlt...«

Ich übersetzte und fügte hinzu: »Geben Sie nicht nach. Wenn der General ihn kommen läßt, dann wird er ihn prompt wegen Feigheit vor dem Feind festsetzen und einen anderen Fortkommandanten ernennen.«

Der Oberstleutnant erhob sich langsam und würdevoll, wir sprangen alle auf. Er richtete sich majestätisch hoch auf und sagte: »Ich gebe Ihnen zwei Stunden Bedenkzeit. Vergleichen wir die Uhren: Nach Moskauer Zeit ist es sechzehn Uhr dreißig, nach Ihrer Zeit also vierzehn Uhr dreißig. Ich werde bis achtzehn Uhr dreißig Moskauer Zeit warten. Danach: Feuer aus allen Rohren! Das bedeutet rücksichtslose Vernichtung und kein Pardon.«

Ich übersetzte und sprach jedes Wort so drohend wie möglich, damit es in das umnebelte Gehirn des Betrunkenen eindringe.

Er hatte Haltung angenommen, leicht schwankend, hob die Hand zum Helm: »Zu Befehl! Jawohl!«

Bechler, der bisher geschwiegen hatte, sagte leise und hart: »Die beiden Parlamentäre begleiten Sie, Hauptmann, Sie sind verantwortlich für Leben und Ehre der beiden Männer.«

»Jawohl!«

Zum Abschluß fragte ich: »Sie geben also Ihr Offiziersehrenwort, daß Sie unsere Übereinkunft einhalten werden?«

»Jawohl! Mein Ehrenwort!«

Daraufhin reichte ich ihm die Hand. Der Oberstleutnant, sein Sampolit und Bechler ebenfalls. Findeisen schlug bei jedem Handschlag die Hacken zusammen, verbeugte sich und weinte, ohne die Tränen abzuwischen.

Bechler, ich, der Bataillonskommandeur, durch dessen Stellung wir jetzt gingen, sein Adjutant und einige Soldaten begleiteten Findeisen mit seiner Ordonnanz und den beiden Parlamentären mit der Rote-Kreuz-Fahne.

Als ich später dem Oberstleutnant vorwarf, er habe Findeisen zuviel Zeit geschenkt, winkte der nur fröhlich ab: »Wieso denn? Ich habe doch überhaupt keine schweren Waffen, kann nur leichte Granatwerfer ranziehen. Gibt ja noch keine richtigen Brücken wieder über den Kanal. Drohen kann ich gut: Feuer aus allen Rohren. Bloß, wo sind meine Rohre? ›Stark sind meine Armeen – nur weit hinter Wäldern und Seen‹. In zwei Stunden kommen Sturmgeschützte – der General hat es mir fest zugesagt, dann können wir anders reden; dann, bitte schön, höchstens 10 Minuten Bedenkzeit – und auf geht's!«

Wir besuchten Galina im Lazarett. Dort herrschte tadellose Ordnung.

Nepotschilowitsch war es inzwischen schon gelungen, so etwas wie eine politische Vertretung der Bevölkerung einzuberufen. Er hatte in diesem Viertel ein oder zwei Mitglieder der polnischen Sozialdemokratischen Partei und noch ein paar »sehr antifaschistisch eingestellte Intellektuelle« aufgetrieben. Mit ihrer Hilfe rekrutierte er Leute für die polnische Miliz und bewaffnete sie mit deutschen Gewehren. In einigen Wohnungen nähte man eilig riesige Mengen rotweißer Armbinden. Ich hatte den Eindruck, es wären genug, um die ganze Stadt damit zu versorgen.

Der Regimentskommandeur lud uns zum Essen ein. Nepotschilowitsch brachte einen älteren Herrn mit – scharfnasig mit grauen, dünnem Schnurrbart, auf der blassen Glatze schimmerten sorgfältig gekämmte dünne, schwarzsilbern melierte Haare. Nepotschilowitsch stellte ihn feierlich als standhaften Antifaschisten vor: Führer der Sozialisten in Nordpolen.

Regimentskommandeur und Sampolit fühlten sich etwas unbehaglich durch die Verzwicktheit und Delikatesse ihrer diplomatischen Mission. Wie verhält man sich gegenüber dem Vertreter eines verbündeten Landes, der zugleich Führer einer Partei ist, von der bei uns schließlich jedes Kind weiß, daß sie eine »sozial-faschistische« ist? Nepotschilowitsch bewillkommnete den alten Herrn auf polnisch und auf russisch, ich tat es ihm nach.

Unser Gast bemühte sich, unauffällig die Falten seines Jacketts zu glätten, das bestimmt früher einmal sein »guter Anzug« gewesen war. Offenbar war er sehr hungrig. Er schluckte krampfhaft, hielt sich aber im Essen sehr zurück, aß langsam, trank in ganz kleinen, vorsichtigen Schlucken. Während des Essens trank er nur zwei kleine Gläschen Cognac, trotzdem rötete sich sein Gesicht immer mehr, Schweiß überzog es wie ganz feiner Tau. Allmählich begann er auch zu lächeln und wurde mitteilsam: »Graudenz war immer eine polnische Stadt. Bei uns gab es viel weniger Volksdeutsche als in Thorn oder Bromberg. Wir waren eine Soldatenstadt, schon zur Kaiserzeit eine sehr große Garnison: Kavallerie, Artillerie, Pioniere. Die Forts und die Festung Courbière, zwei Kilometer nördlich der Stadt, hat schon Friedrich von Preußen bauen lassen. Erst unter Wilhelm wurden die Anlagen modernisiert, und dann hat Pilsudski sie noch einmal modernisiert, so blieb Graudenz, auch als es wieder zu Polen gehörte, eine Soldatenstadt: Ulanen, Kadettenanstalt, Militärflugplatz. Bei uns wurde gewitzelt: Ein Viertel aller Zivilbewohner sind Soldatenkinder, ein Viertel Offizierskinder, ein Viertel ihre Mütter, das letzte Viertel ihre Großväter, Großmütter und betrogenen Ehemänner.

Die Nazis hielten hier ein sehr scharfes Regiment. Viele Geiseln haben sie erschossen oder erhängt. Gauleiter Koch hatte die bestialischsten SS-Männer hierher kommandiert. Und der noch amtierende Kreisleiter ist ein Fanatiker. Darum verteidigen sich die Deutschen so verbissen. Dieser General Fricke hat nicht nur Angst vor dem Kreisleiter, sondern auch vor dem Stabschef der Festung – für die Festung haben sie einen Extra-Stab. Dieser Chef heißt François. Seine Vorfahren waren französische Refugiés. Die ganze Sippe – sicher schon seit mehr als 200 Jahren – immer Offiziere und Generäle. Sein Papa war im ersten Krieg Ludendorffs rechte Hand. Er, der jüngste Sohn, war noch voriges Jahr bloß Leutnant, führte nicht mal eine Kompanie, bloß einen Zug. Aber als dann im Juli die Generalsverschwörer Hitler erledigen wollten und in Berlin schon der Umschwung anfing, da half dieser François, die Verschwörer zu fassen. Und in einer einzigen Nacht kletterte er vom Leutnant zum Major, ein halbes Jahr später war er Oberst. Auch ein Fanatiker; aber es heißt, er sei tapfer. Bloß erbarmungslos gegen alle, auch gegen die eigenen Leute. Der General fürchtet ihn, der Kreisleiter ist sein bester Freund...«

Vom Korridor her laute Stimmen, fröhliches Rufen: »Die Deutschen ergeben sich, sie kommen! Eine ganze Kolonne.«

Seit Findeisens Abgang war kaum mehr als eine Stunde verstrichen; und schon kam die Berggasse hinab mit einer großen weißen Fahne (einem Bettlaken) ordentlich in Viererreihen eine Kolonne, voran flatterte ein Wimpel mit dem roten Kreuz. Die Spitze bildeten unsere beiden Parlamentäre und ein Offizier mit Pelzjoppe und Schiffchen, ein junger Oberleutnant. Er kommandierte: »Das Ganze halt!«, kam zu mir und übergab mir seine Pistole in einem Futteral aus Sämischleder. »Fort-Garnison – sieben Offiziere, 126 Soldaten und Unteroffiziere kapitulieren. Stellvertretender Kommandant Oberleutnant Soundso.«

»Wo ist Hauptmann Findeisen?«

»Er ging zum Divisionskommandeur. Die Offiziere unserer Garnison betrachten das Verhalten des Hauptmanns als eines Offiziers unwürdig. Er hat Ihnen sein Wort gegeben und dachte nicht im mindesten daran, es zu halten, überlegte sogar, in einem Überraschungscoup nach Norden durchzubrechen. Sämtliche Offiziere des Forts verweigerten ihm den Gehorsam. Außerdem war er total betrunken. Die Soldaten konnten ihn weder achten noch ihm vertrauen.«

Wir brachten die Offiziere zu Galina ins Lazarett. Sie wollten die Verwundeten besuchen, sich überzeugen, daß sie tatsächlich anständig behandelt würden. Die Kolonne schickten wir, von zwei unserer Soldaten und einigen polnischen Milizionären begleitet, zum Sammelplatz.

Der Regimentskommandeur besichtigte das Fort, überzeugte sich, daß seine Bataillone die angrenzenden Wohnviertel besetzt hatten. Er kehrte sehr zufrieden in den Stab zurück und sagte: »Befehlsgemäß sollte dieser Stadtteil erst übermorgen genommen werden, aber wir haben auch schon den Straßenzug ostwärts besetzt – den Gefechtsstreifen der Nachbarn. Gut haben wir den Plan übererfüllt. Regelrecht ›Stoßarbeit‹. Ich habe schon General Rachimow Meldung erstattet. Er befahl, euch allen zu danken, und fragte, in welcher Form die beiden Parlamentäre zu belohnen seien.«[19]

Einstweilen stopften wir ihnen die Taschen mit Zigaretten und Schokolade voll und ließen sie deftig zu Abend essen. Der Koch des Oberstleutnants richtete in der Nachbarwohnung eine regelrechte Großküche ein, zum technischen Leiter hatte er die Rechtsanwaltsfrau ernannt, der einige andere Damen assistierten.

Bechler und ich verfaßten eine Botschaft an Oberst Steuble, den Kommandanten des befestigten Kasernenviertels. Unter seiner Führung verteidigten sich nur noch ein Regiment der 250. Division und zwei Bataillone Volkssturm. Die anderen Regimenter, Reste der Division Hermann Göring und Volkssturm, hielten den Nordrand der Stadt, nordöstlich der Kasernen, und die nördlichen Vorstädte einschließlich der Festung Courbière.

Diese Botschaft unterzeichneten wir zu dritt: der Oberstleutnant als Kommandant der angreifenden Truppe; ich im Auftrag der Höheren Kommandostelle und Bechler als Bevollmächtigter des Nationalkomitees Freies Deutschland. Die Parlamentäre zogen wieder los. Wir begleiteten sie ein Stück. Es wurde schon dunkel; einige Straßen waren von Bränden erhellt, in den anderen herrschte undurchdringliche Finsternis. Wo die neue vorderste Linie verlief, konnte niemand mit Bestimmtheit sagen. Zweimal wurde aus Häusern geschossen, wir nahmen Deckung in Winkeln und Höfen. Einmal beschossen uns die Eigenen, sie gehörten zu einem Bataillon, das von den Verhandlungen nichts wußte.

Wir verabschiedeten uns von den Parlamentären an einer Kreuzung. Links führte eine Straße in dunkelgrauen Nebel zur

Weichsel, rechts in der Nähe brannte Häuser. Orange-purpurfarben pulsierte das Feuer und übergoß die breite Straße. In der Nähe tackten unsere MGs immer häufiger, die MP-Salven jaulten, hallend explodierten Panzerfäuste, abgehackt – Granaten.

Wir überzeugten uns, daß die beiden unversehrt über die Kreuzung gelangt waren, ließen eine Spähergruppe dort, die ihre Rückkehr abzuwarten hatte, und gingen zum Stab zurück; ein Funker meldete, »vom Berge« sei angerufen worden, käme gleich noch einmal. Oberst Smirnow hatte schon vor zwei Tagen angeordnet, unsern Agit-Wagen einer anderen Division zu übergeben, die von Norden her die Stadt angriff. Diese Anordnung war nicht durchführbar, weil niemand wußte, wo die auf dem Marsch befindliche Division zu suchen war, wohin man fahren müsse. Wir ließen daher den Wagen in einem Hof in der Blumenstraße, befahlen dem dienstältesten Techniker, Benzin zu besorgen, wo immer er es auftreiben könne, »dem Berg« die Lage zu melden und dann entweder neuen Anweisungen entsprechend vorzugehen oder uns einzuholen, nachdem die Brücken hergestellt seien.

Smirnow rief wieder an, tobte: sein Befehl sei nicht ausgeführt, der Wagen bei der anderen Division nicht angekommen. Niemand sei da, der den Text des Ultimatums, das der Korps-Kommissar unterzeichnet habe, übertragen könne.

Ich begann von der Kapitulation des Forts zu berichten, daß schon mehr als 200 Mann sich ergeben hätten und daß daher das Regiment schon heute die Linie, die erst für übermorgen festgesetzt sei, erreicht habe, daß wir schon ein Ultimatum in die Kasernen geschickt hätten.

Er hörte gar nicht zu. Schrie: »Ich weiß: Sie saufen da in den Kellern mit polnischen Huren herum. Sie sind ganz einfach feige, lassen den Wagen im Stich, behaupten, Sie hätten kein Benzin. Ich bringe Sie vors Kriegsgericht wegen Befehlsverweigerung und Feigheit vor dem Feind!«

Ich hatte den Eindruck, daß er betrunken war. Seine Stimme kam näselnd und stotternd durch die Leitung, seine Worte waren ohne jeden Sinn. Ich versuchte, vernünftig zu entgegnen, schließlich aber wurde ich wütend, sagte, er habe kein Recht, so grob zu sein, er sei nicht mein Vorgesetzter. »Ich habe eine selbständige Operation in höherem Auftrag zu erfüllen.«

Da schnappte er über: »Jetzt wird mir klar, daß Ihr Chef Ihnen eine richtige Charakteristik gab. Sie können nichts anderes als unsere Soldaten und Offiziere verleumden. Wir wissen alles, alles. Was ist da zu erwarten, wenn jemand kein Gewissen, keine Ehre hat!«

Ich gab zurück: »Ich werde das Offiziersehrengericht anrufen. Sie haben kein Recht, mich zu beleidigen! Wir arbeiten hier Auge in Auge mit dem Feind; Autos können nicht durch die Luft fliegen. Sie brüllen da hinten in Ihrer sicheren Etappe, verstehen keinen Pfifferling von der Arbeit, meckern nur herum und beleidigen andere.«

Da schien er sich etwas zu beruhigen und sagte: »Wer wessen Chef ist, wird man Ihnen schon noch beibringen, und jetzt führen Sie gefälligst meinen Befehl aus. Es gibt schon wieder Brükken. Schicken Sie mir jemanden, der Benzin und den Text des Ultimatums abholt. Machen Sie fix, daß der Text bis zum Morgen in alle Widerstandsnester übertragen wird. Klar? Befehl ausführen!«

Klar war, daß hinter all diesem Gezeter Sabaschtanskij grinste. Klar war auch, daß man diesem besoffenen Radaubruder nicht begreiflich machen konnte, daß unser Lautsprecher nur auf 250 bis 300 Meter zu hören war, wir also nicht »alle Widerstandsnester« erreichen konnten, die sich immerhin über zehn bis zwölf Kilometer verteilten.

Eine Weile war ich wie vor den Kopf geschlagen. Zu schroff war der Kontrast: Ein so bedeutsamer Tag, Gefangenenkontrolle, fröhlicher Stolz, daß wir sie entwaffnet hatten, daß wir dem Regiment wirklich hatten helfen können, wir alle: Galina, Bechler, Nepotschilowitsch, unsere Parlamentäre und ich – ja, und wie hatte wir ihnen geholfen! Und dann auf einmal dieses befehlshaberische besoffene Gebrüll eines Gernegroß.

Ich schickte Galina hinauf. Zur Begleitung nahm sie eine ortsansässige Krankenschwester und einen Soldaten mit und ging durch die brennende Stadt. Ihr entgegen rollten Sturmgeschütze und Kanonen, die schon über die neuen Brücken kamen. Sie wurden von den ördlichen, höher gelegenen Stadtteilen aus beschossen. Ich sah aus der Richtung, in der Galina davonging, die flammendrot-schwarzen Windhosen der Explosionen – schwere Festungsartillerie: Die Einschläge wirbelten violett-orangefarbene Rauchwolken über die Brandstätten.

Mich erschreckte der Gedanke: Wenn Galina jetzt fällt oder schwer verwundet, verstümmelt wird, jetzt, unmittelbar vor Kriegsende, dann ist das meine Schuld, meine und die Sabaschtanskijs und dieses Schreihalses. Dann müßte ich beide und mich selbst abknallen. Doch sofort wurde ich zornig auf mich: Niemandem würde das nützen, nur Schaden anrichten und Kummer bringen – Schaden der Sache und Kummer den Unschuldigen – meiner Familie und ihren Familien.

Noch ehe Galina gegangen war, hatten sie und Bechler zwei leicht verwundete Offiziere und den Oberleutnant, der die Fortbesatzung in die Gefangenschaft geführt hatte, überzeugt, daß die Offiziere die Parlamentärfunktion übernehmen müßten, sie hätten mehr Autorität und würden es besser machen als die jungen Soldaten.

Unterdessen kehrten die Parlamentäre aufgeregt zurück: In den Kasernen hatten einige Offiziere sie angebrüllt, ein Oberleutnant hatte ihnen die Fahne weggerissen und wollte sie erschießen, schrie »Verräter« und »Überläufer«. Andere hielten ihn gewaltsam zurück: Man dürfe sich gegen die Rote-Kreuz-Fahne nicht vergehen. Oberst Steuble hatte sie genau ausgefragt, man konnte erkennen, daß er nervös war; er ging dann fort, um sich mit seinem Stab zu beraten, es war weithin zu hören, wie die drinnen sich stritten. Danach kam er wieder, erklärte, eine schriftliche Antwort könne er nicht geben. Er habe einen Befehl auszuführen. Das russische Kommando möge sich direkt an General Fricke wenden, der allein zu entscheiden habe. Auf dem Rückweg hatten sie im Kasernenhof mit den Soldaten gesprochen. Einige hatten gesagt: »Wenn der Russe kommt, rühren wir keinen Finger, der ganze Scheißdreck steht uns bis hier...« Die Parlamentäre hatten sich auf dem Rückweg einen Plan überlegt und sagten: »Von dem Törchen, durch das sie uns rein- und wieder rausgelassen haben, bis zum Eingang des Kellers, in dem der Stab sitzt, sind es kaum hundert Schritt, mehr nicht, und nichts im Weg. Direkt an der Außenmauer sind einzelne Schützenlöcher mit MG- und MP-Schützen, aber in der Nähe gibt's nur wenige, und von den Schützenlöchern aus kann man ja auch nur nach draußen richtig feuern. Geben Sie uns

MPs, Pistolen, Handgranaten, wir holen uns noch ein paar Kameraden aus dem Lazarett, sechs, sieben Leute, das reicht, mehr wäre nicht gut. Wir gehen noch mal mit der weißen Fahne hin, nehmen den Stab fest, dann ergibt sich die Garnison, die Landser leisten keinen Widerstand ...«

Dieser Plan klang verführerisch. Aber es war klar, daß wir Parlamentäre nicht bewaffnen und unter weißer Flagge als Stoßtrupp einsetzen durften. Nach kurzer Beratung beschlossen wir etwas anderes: Die Parlamentäre gehen wieder waffenlos, aber ihnen folgt ein Trupp Aufklärer und MP-Schützen – etwa fünfzig Mann.

Die Straße zu den Kasernen führte durch ein Tal zwischen zwei verschneiten Hängen. Auf dem höheren, steileren standen die Kasernen. Zum Eingangstor führte eine schrägansteigende, zweigeteilte Zufahrt hinauf, zum Törchen in der Mauer – 50 Meter vom Haupttor entfernt – eine Treppe direkt vom Hang aus. Auf der anderen Straßenseite, etwas weiter vom Kamm entfernt, dunkelten irgendwelche Gebäude – Magazine oder Garagen. Eins davon brannte; Soldaten waren nirgends zu sehen. Die Parlamentäre sollten zu fünft mit drei weißen Fahnen gehen – drei ihrer Kameraden aus dem Fort kamen mit – und dem Oberst ein neues Ultimatum überreichen, an ihn und an den General gerichtet. Zwei sollten den Stab im Keller aufsuchen, drei im Hof bleiben, die Landser agitieren und sie darauf vorbereiten, daß, falls das Ultimatum wieder abgelehnt werde, die Russen unverzüglich und gnadenlos zuschlagen würden.

Wenn der Oberst in die Kapitulation einwilligte, sollten alle fünf herauskommen, die weißen Fahnen schwingen und mit den Taschenlampen, die wir ihnen mitgaben, blinken. Wenn er wieder ablehnte, sollten nur zwei herauskommen mit nur einer Fahne. Die andern sollten versuchen, Soldaten, die sich etwa auf dem Wegstück vom Törchen zum Stab zeigten, abzulenken. Die Spitze des Stoßtrupps stürmt dann die Treppe hinauf durch das Törchen zum Keller und nimmt den Stab fest. Die zweite Gruppe sichert vom Straßengraben gegenüber und folgt nach ein paar Minuten der ersten. Unsern Soldaten schärften wir ein, sie dürften vor dem Eindringen in den Stabskeller nicht schießen, keine Handgranate schleudern. Im weiteren aber der Situation entsprechend handeln: weiße Leuchtrakete bedeutet Kapitulation, rote – Feuer eröffnen.

Inzwischen rollten schon schwere Sturmgeschütze heran, und in den Nachbarstraßen husteten dumpf unsere schweren Granatwerfer. Der Stoßtrupp sollte unbemerkt gehen. Darum führten polnische Milizionäre, die die Stadt wie ihre Westentasche kannten, uns alle, auch die Parlamentäre, durch Gassen, Höfe und unterirdische Gänge, die die Luftschutzkeller untereinander verbanden. Diese Gänge waren während der Belagerung verbreitert und beträchtlich verlängert worden.

Ungefähr eine halbe Stunde blieben die Parlamentäre fort. Unser Stoßtrupp lag im Straßengraben, wo unter dünnem Eis kalte Jauche gluckste. Plötzlich drang vom Kasernenhof der Lärm vieler Stimmen. Kommando-Rufe. Über der Böschung zeigten sich Schatten, sie winkten mit weißen Fahnen und blinkten mit den Taschenlampen. Hinter dem Tor: Poltern, Krachen, Knirschen – man räumte die Barrikade weg, Riegel wurden zurückzugeschoben, die schweren Torflügel öffneten sich: eine Kolonne mit weißer Flagge. Voran die Parlamentäre.

Ihre zweite Ankunft hatte in der Garnison eine regelrechte Meuterei zum Ausbruch gebracht. Die erste Meuterei in einer Wehrmachtseinheit! Die Soldaten hatten ihre Stellungen verlassen und die Kapitulation verlangt. Die Offiziere resignierten und zogen sich in die Festung zurück. Niemand hatte sie gehindert. Zusammen mit zwei Feldwebeln ließen die beiden ältesten Parlamentäre die Soldaten antreten, mehr als dreihundert, und führten sie in die Gefangenschaft. Fast alle trugen schwere, vollbepackte Tornister. Der Stoßtruppführer feuerte eine weiße Leuchtrakete ab, dann noch eine und noch eine und schickte dann ein paar Soldaten vor, die verhindern sollten, daß versehentlich auf uns geschossen würde. Die Gefangenen marschierten in Reihen, offen durch die Straßen, buntscheckig angeleuchtet vom Schein der brennenden Häuser. Unsere Soldaten schrien ihnen fröhlich zu: »Wojna – Scheiße, Russ' gut... Gitler kaputt...«

Einige in der Kolonne stimmten an, die Reihen strafften sich, marschierten gleichmäßiger, im Takt:

»In der Hei - mat, in der Hei - mat,
da gibt's ein Wiedersehn.«

An einer großen Straßenkreuzung stand ein Sturmgeschütz, ein paar Soldaten sahen gespannt auf die Vorbeimarschierenden. Ein älterer Sergeant sagte nachdenklich in bjelorussischem Dialekt: »Guck bloß den Germanski an, der marschiert auch noch in Gefangenschaft mit Gesang. Hat gestern noch auf uns losgedroschen, heute singt er, damit wir Mitleid mit ihm haben.«

Auf der Berggasse trafen wir Galina mit dem Vorführwagen. Oberst Smirnow hatte erst mörderisch geschimpft und gedroht, dann hatte sie ihn nach und nach umgestimmt; er gab sogar zu, vielleicht etwas zu heftig gewesen zu sein, ließ ihr ein paar Kanister Benzin geben und schickte sie mit seinem eigenen Jeep zurück, verlangte aber von uns, unter allen Umständen das von ihm verfaßte Ultimatum zu übertragen.

In dieser Nacht war von Schlaf keine Rede. Ich übersetzte das Ultimatum. Bechler korrigierte und schrieb es ins Reine, zwei Exemplare, eins bekamen die alten Parlamentäre, das andere nahmen die Offiziere mit, die nun als Unterhändler eingesetzt waren.

Der Bataillonskommandeur, ein Hauptmann mit dunklem, verwittertem, wie verräuchertem Gesicht, war ruhig-freundlich und sachlich, glich einem erfahrenen Handwerksmeister, befahl den Aufklärern, die Parlamentäre zu begleiten, breitete einen großen Stadtplan aus und wählte mit uns die Stellung für den Lautsprecherwagen.

Der Gegner hielt nur noch einen schmalen Streifen – den nördlichen Stadtrand mit Wohnhäusern und Industrieanlagen. Im Nordwesten zog sich ein Stadtwald oder Park bis zur Weichsel hin und umrundete hufeisenförmig die Festung. Zwischen der deutschen Verteidigungslinie und den Gebäuden, die seine Kompanien besetzt hatten, verlief die Chaussee. Vermutlich nur an einer Stelle – und zwar ganz nahe am Wald – betrug die Entfernung zwischen unseren und den deutschen Stellungen höchstens 300 Meter. Nur dort konnten wir hoffen, gehört zu werden. Wir mußten uns beeilen und die Dunkelheit ausnutzen. An einem Häuschen mit Garten fuhren wir von hinten über den Hof und parkten, den Zaun zusammenfahrend, den Anderthalbtonner im Garten.

Auf der deutschen Seite war es still und dunkel. Als wir mit voller Lautstärke loslegten, gingen zwei oder drei Raketen hoch. Sie hörten uns also, schossen aber nicht. Den Lautsprecher hatten wir in einen Baum gehängt und drehten ihn hin und wieder, um in andere Richtungen zu sprechen. Zunächst lasen wir den Text des Ultimatums, dann berichtete unser neuer Sprecher, ein deutscher Student, wie sich die Übergabe des Forts und der Kasernen abgespielt hatte. Galina und ich improvisierten – ich beschimpfte vor allem Hauptmann Findeisen wegen seiner Feigheit und seines Verrats, weil er sein gegebenes Wort gebrochen hatte[20].

Ich war hundemüde. Gegen Morgen war kalter, feuchter, nach Brand riechender Wind aufgekommen. Galina und ich stapften neben dem Wagen auf und ab, vertraten uns die Beine. Sprecher und Fahrer waren in der Fahrerkabine eingeschlafen. Den Technikern hatte ich befohlen, Platten laufen zu lassen, Musik und Text abwechselnd – wir hatten Sprechplatten aus Moskau. Der Himmel wurde langsam grau. Ein trauriges Lied ertönte. Pause. Kein Laut aus dem Wagen. Ich wollte schon nach dem Rechten sehen, aber Galina hielt mich am Ärmel fest und legte mit eigentümlichem Lächeln den Finger an die Lippen: »Still!« Dann lachte sie plötzlich hell auf.

»Was hast du denn?«

»Hast du's nicht gemerkt? ... Es ist still! Vollkommen still! Mir war irgendwie komisch. Wußte selbst nicht, wieso. Jetzt hab' ich begriffen. Wie lange sind wir hier? Mehr als zwei Wochen. Aber so eine Stunde hat es noch nicht gegeben. Fast eine ganze Stunde lang fiel kein einziger Schuß ...«

Unser Lautsprecher knackte; dann kam Erich Weinerts weicher Bariton: Er las ein Gedicht über deutsche Kinder, die vergebens auf ihre Väter warten.

Ein Melder kam gelaufen: »Sie werden verlangt. Es kommen wieder Deutsche.«

Mitten auf der Straße am Wald stand eine kleine Gruppe. Der Hauptmann berichtete, der Gegner habe den Wald und die letzten Häuser der Stadt geräumt, unsere Schützen gingen schon bis dicht an die Sperre der Waldstraße. Pioniere entschärften die Minen. Kein Schuß von deutscher Seite. Aus der Festung waren ein paar Überläufer gekommen. Mit ihnen der mit der roten Visage, der gestern noch das Fort kommandiert hatte. Er war wieder betrunken, brabbelte was von »Offizier, Offizier«. Der Hauptmann hatte ihn zum Regimentsstab bringen lassen.

Bechler und Nepotschilowitsch kamen eilig auf uns zu. Sie waren dem besoffenen Findeisen begegnet. Aus seinem Gestammel schloß Bechler, daß General Fricke dem Hauptmann befohlen hatte, zu den Russen zu gehen und sein Versprechen zu erfüllen, weil schon im Radio verbreitet würde, daß er ein Feigling und Betrüger sei. Für einen deutschen Offizier sei der Tod leichter zu ertragen als die Schande. Findeisen bat, man solle ihn entweder sofort erschießen oder öffentlich eine Ehrenerklärung für ihn als Offizier abgeben. Bechler berichtete, ich übersetzte, alle lachten. Vom Wald her ein fröhlicher Ruf: »Genosse Hauptmann, hier sind Fritzen mit weißer Fahne – weiter wollen sie nicht, wollen mit dem ranghöchsten Offizier sprechen...«

Auf dem Weg neben einer kümmerlichen, aus ein paar Holzstämmen aufgestapelten Sperre brannte ein Lagerfeuer. Angenehmer Geruch von bratendem Fleisch. Die Soldaten am Feuer sahen gleichmütig zu der Gruppe Deutscher hinüber. Der Hauptmann nickte: »Guck an, wie unsere Brüder es sich gemütlich gemacht haben, nennen sich Gefechtsvorposten und stekken vor der Nase des Gegners ein Lagerfeuer an. Scheren sich einen Dreck um die weiße Fahne. Als ob der Krieg vorbei wäre.«

Jenseits der Straßensperre standen unsere Offiziersparlamentäre, bei denen ein Offizier in Schirmmütze, weißer Tarnjacke und einer Rotkreuz-Binde am Arm, begleitet von einem Soldaten mit einer Lazarettfahne. Ein paar Soldaten mit Helmen und schweren Tornistern hielten sich abseits.

Als wir herankamen, trat der rotblonde Oberleutnant vor, salutierte, und ebenso knapp und ruhig, wie er am Vortag die Kapitulation des Forts gemeldet hatte, sagte er: »General Fricke gab uns keine schriftliche Antwort. Er schickt den Herrn Oberstabsarzt und bittet die sowjetischen Offiziere und Major Bechler, in die Festung zu kommen.«

»Heißt das, er kapituliert?«

Der Oberstabsarzt, sehr blaß mit geröteten Lidern, sagte müde, traurig und langsam, als müsse er jedes Wort mühsam rekapitulieren: »General Fricke ersucht das russische Kommando um Großmut. In der Festung sind zweieinhalbtausend Verwundete. Die Mehrzahl liegt in ungenügend geschützten Räumen. Der General bittet, das Artilleriefeuer und die Luftangriffe einzustellen. Wir haben keine Möglichkeit mehr zur Gegenwehr.«

»Heißt das, Sie kapitulieren?«

»Ich bin nicht ermächtigt, über eine Kapitulation zu verhandeln. Ich bin Arzt, ich denke in erster Linie an die Verwundeten. General Fricke gestattete mir, mitzuteilen, daß aus der Festung nicht geschossen werden wird, nicht geschossen werden kann, wir haben keine Munition mehr. Aber über Kapitulation zu sprechen, bin ich nicht befugt. Ich bitte nur um Milde und habe die Worte des Generals zu übermitteln: Er lädt die sowjetischen Offiziere und den deutschen Major ein.«

Als ich dies dem Hauptmann übersetzte, zuckte er die Achseln. »Meinetwegen. Gehen wir. Funker! Kabelrolle mitziehen!«

Ich beauftragte Galina, die Parlamentäre und ihre Begleiter zum Stab zu bringen. Die Soldaten mit den Helmen waren gewöhnliche Überläufer. Der Oberstabsarzt weigerte sich, mit ihnen zusammen zu gehen: »Das sind Deserteure.«

Ich wollte schon Galina meine Feldtasche mit meinem Parteibuch und den Ausweisen übergeben – ich durfte sie bei einem Gang ins feindliche Lager nicht bei mir haben –, da sah ich, daß sie dunkelrot geworden war und Tränen in den Augen hatte. »Warum soll ich in die Etappe? Die haben doch einen Dolmetscher bei sich. Major Nepotschilowitsch hat sowieso in der Stadt zu tun. Der kann sie doch begleiten.«

»Du bist eine Frau. Verstehst du denn nicht? Du darfst nicht zu Fritzen gehen, die sich noch nicht ergeben haben.«

»Warum darf ich nicht? Warum? Du weißt doch, daß ich mit ihnen sprechen kann.«

Vor den andern durfte ich den Streit nicht fortsetzen. Ich übergab Nepotschilowitsch meine Feldtasche mit den Ausweisen. Galina tanzte fast vor Freude. Sie hängte ihm auch ihre Feldtasche über und sprach begütigend auf ihn ein, der sich beleidigt verdüstert hatte: »Sie wissen doch, daß ich dolmetschen kann, dort wird es Verhandlungen geben.«

Sie konnte ihre fieberhafte Aufregung kaum beherrschen und bemühte sich daher, streng sachlich zu sein: »Parteiausweise mitnehmen?«

»Hier lassen! Alles wie auf Feinderkundung, keinerlei Papiere.« Der Hauptmann rief ins Telefon: »Sag dem dritten, er soll sofort weitergeben: Feuer auf die Festung einstellen. Auch die Flieger verständigen. Klar? Ich gehe in die Festung zu Verhandlungen, ich und diese Gäste von da oben. Der Fritzen-General persönlich hat uns eingeladen. Verstanden? Wiederholen! Stimmt! Kein Feuer auf die Festung. Gegner ergibt sich.«

Beim Abschied fragte ich den Oberstabsarzt, ob die Durchlässe durch das Minenfeld gekennzeichnet seien.

»Bleiben Sie auf dem Weg, nur auf dem Weg.«

Wir gingen.

Voran der Bursche des Bataillonskommandeurs mit der Lazarettflagge. Hinter uns zwei Funker, mit Kabelrolle und Feldtelefon; sie zogen die Leitung.

Wir gingen auf dem Waldweg über einc dünne, bröckelige Schneedecke, umgingen Wegsperren, sprangen über Gräben: sie waren leer, Patronenkisten lagen herum, Helme, Gasmasken, Handgranaten, allerlei Plunder; ein umgekipptes MG, offenbar hatten sie begonnen, es abzumontieren, und es sich dann anders überlegt.

Bechler sagte: »Völlige Auflösung; die gingen zurück ohne Feindberührung! Die deutsche Armee ist erledigt.«

Dann: die hohen, grauen, massigen Festungsmauern. Der Wall mit beschneitem Gebüsch. Über den Graben führte eine Backsteinbrücke mit eisernem Geländer, irgendwann einmal muß hier eine Zugbrücke gewesen sein. Ein mächtiges Eisentor. Nirgends ein Mensch. In der Stille waren deutlich Vogelstimmen zu vernehmen.

Kaum näherten wir uns dem Tor, als sich ein Pförtchen öffnete. Zwei Offiziere ohne Mäntel kamen heraus. Der eine salutierte militärisch, der andere reckte den Arm zum Hitlergruß, besann sich und legte die Hand an die Mütze. Ich grüßte ebenfalls und sagte so ruhig und alltäglich wie möglich: »General Fricke hat die russischen Offiziere und den deutschen Bevollmächtigten vom Nationalkomitee Freies Deutschland eingeladen.« Der Ranghöhere der beiden knallte die Hacken zusammen: »Der General bittet, uns zu folgen. Ich werde Sie führen. Ich bin Abteilungschef, Oberstleutnant...«

Ich stellte uns vor. Der Bataillonskommandeur benahm sich, als geschehe gar nichts Besonderes. Galina blickte finster drein, Bechler kniff ironisch die Augen zusammen.

Der Oberstleutnant stellte seinen Begleiter, einen Hauptmann, vor. Er war mager, schmalgesichtig und dünnbeinig, blickte düster-angestrengt aus eng zusammenstehenden Augen. Auf der Feldbluse trug er das EKI, die silberne Nahkampfspange, das goldene Verwundetenabzeichen, das Deutsche Kreuz in Gold – ein rechter Haudegen.

Wir traten in eine lange Tordurchfahrt. Der Fahnenträger und die Funker blieben etwas zurück. Der Bataillonskommandeur befahl halblaut: »Nicht zurückbleiben, dalli!«

Der rotbäckige Bursche mit der Kabelrolle sprang so ungestüm vor, daß er den deutschen Hauptmann zur Seite stieß und dabei lauf seufzte: Par-r-don! Aus der Tordurchfahrt kamen wir wieder auf eine Brücke, die über einen Graben führte, dahinter eine zweite, nicht weniger gewaltige Mauer. Wieder ein Tor, die Offiziere salutierten stumm und ließen uns durch ein Pförtchen eintreten. In dem großen Hof standen zu beiden Seiten Soldatenkolonnen, alle mit Tornistern, einige hatten auch Säcke und Koffer bei sich. Krächzende Kommandos: »Achtung! Stillgestanden! Links um! Au-gen rechts!«

Scharren, Knirschen, Absatzknallen.

Wir schritten die Front ab. Einen Augenblick war ich verwirrt. Sollte ich salutieren? Es ging nicht anders. Ich tat es – nicht besonders exakt, nicht straff mit angewinkeltem Ellbogen, sondern lässig, fast winkend, unser Hauptmann blinzelte mir zu: »Nehmen Parade ab.«

Aus dem ersten langen Hof kamen wir in eine knieförmig gebogene Gasse, auch dort angetretene Soldaten. Dann ein zweiter, noch längerer Hof voller Soldaten. Wieder Kommandos, Scharren, Ausrichten, Anglotzen. Wir gingen grüßend vorbei. Plötzlich hörten wir hinter uns anschwellenden Motorenlärm, von überallher entsetzte Rufe: »Flieger! Flieger! Volle Dekkung!...«

Hunderte von Soldaten rannten, suchten Deckung an den Mauern, hinter Kistenstapeln, warfen sich zu Boden, preßten sich an die Erde, drückten sich in Mauernischen, drängten sich in Klumpen an den Türen.

Wir gingen nebeneinander in langer Reihe. Der Oberstleutnant, unser Bataillonskommandeurs, Galina, ich, Bechler und der Hauptmann. Die Funker und der Fahnenträger stapften hinterher. Der Oberstleutnant fragte, blaß lächelnd: »Haben Sie Ihre Flieger nicht verständigt?«

Ich versuchte zu verbergen, wie hundeelend mir zu Mute war: eisiges Entsetzen – von den eigenen Bomben getötet zu werden! Und das jetzt, unmittelbar vor Kriegsende!

»Selbstverständlich wurden sie benachrichtigt. Aber möglicherweise haben sie den Befehl nicht rechtzeitig bekommen.«

Laufen oder in Deckung gehen war nicht möglich. Warum? Warum muß man groß tun vor dem schon besiegten Gegner? Doch in stummem Einverständnis gingen wir: Galina, der Bataillonskommandeur, Bechler, die Soldaten und ich, duckten uns nicht, taten keinen Schritt zur Seite. Die beiden deutschen Begleitoffiziere blieben nicht zurück.

Zwei Maschinen flogen mit betäubendem Getöse dicht über die Dächer. Ich spürte: Die Halsbinde klebte an der nassen Haut, Schweiß brannte in den Augen. Ringsum im Hofe Zurufe. Galina war rot geworden, blinzelte fröhlich: »Schwein gehabt.«

Das dunkle Gesicht des Hauptmanns erhellte sich, er lächelte: »Vorbei!« Aber schon nach wenigen Minuten kam es wieder, diesmal von vorn, das donnernde, grollende Heulen, das zur Erde drückt, das Herz zusammenpreßt.

Der Funker schimpfte: »Zweiter Anflug...« Und wieder Rufe von allen Seiten: »Flieger! Flieger!«

Wir warfen uns auch jetzt nicht zu Boden, rannten nicht davon, gingen nur ein klein wenig schneller, mit holzsteifen Beinen. Und wieder donnerten die schwarzen Schatten über uns weg, man spürte den reißenden Luftstrom. Aber keine Bomben, kein Beschuß. Als sie schon weit hinten heulten, stach mich für wenige Sekunden ein schwarfer Schmerz im Nacken: im Motorengeheul schien eine MG-Salve zu tacken. Und wieder fühlte ich Schweiß in die Augen, über Hals und Rücken rinnen.

Vor uns eine niedrige Tür – der Zugang zum nächsten Hof. Dort wimmelte ein graues Durcheinander sich in Klumpen drängender Soldaten. Wo mag nur endlich der Eingang zu dem verdammten General sein? An meinem linken Ellbogen fühlte ich Galinas Schulter, fühle durch den Stoff, wie angespannt ihre Muskeln sind. Aber sie lächelt forciert fröhlich: »Schwein gehabt.« Der Hauptmann hinter ihr blickt nach oben, horcht, als sei er bloß neugierig. Der deutsche Oberstleutnant geht mit steifen Knien, blaß, die Lippen zusammengepreßt, schielt auf uns – eher ärgerlich als erschrocken. Bechler, auf der rechten Seite, ist wie immer gelassen ruhig, er sieht gelangweilt auf seine Füße – Fatalist. Der dünnbeinige Hauptmann gibt ein bißchen an, grinst, neigt sich zu Bechler, sagt ihm irgendwas.

Hinter uns schnauft der Funker: »Dritter Anflug... wollen uns bloß erschrecken!«

Unser Fahnenträger rennt in die Hofmitte, schwenkt die weiße Fahne. Ein ganz junger Kerl, sicher noch nicht lange Soldat, hat nur Vormarsch und Sieg erlebt. Nun stellt er sich mitten in die feindliche Festung in seiner grünen Wattejacke, in seiner verfilzten Mütze und schwenkt die weiße Rot-Kreuz-Fahne. Niemand hat es ihm befohlen. Er lief von selbst, um den Fliegern zu signalisieren, daß sie nicht schießen sollen. Dort steht er. Unmöglich, daß er keine Angst hat – aber er schwenkt übermütig die Fahne, den Kopf zurückgeworfen, die dünnen Jungenbeine in den großen Beutestiefeln breit gespreizt, und ringsum feindliche Soldaten in Deckung, drücken sich an Mauern und Kistenstapel.

Der deutsche Hauptmann sagt anerkennend: »Tapferer Kerl, Ihr Soldat. Sieht man gleich: der ist noch nicht kriegsmüde...«

Wir gehen an liegenden, kauernden, zusammengekrümmten, sich in die Mauern förmlich einschraubenden Soldaten vorbei. Stimmen lassen sich kaum unterscheiden, es ist, als habe man Wattepfropfen in den Ohren. Und das Dröhnen der hinter uns herannahenden Motoren bohrt sich schon wieder von weitem in den Schädel wie der Bohrer in einen kranken Zahn. Umsehen geht nicht. Ob sie beim dritten Anflug ihre Bomben abwerfen? Alle Muskeln verkrampfen sich, unerträglich schmerzt der Nakken, das Hemd ist patschnaß. Das heulende Getöse macht taub und blind, die Haare sind naß, wie eben gewaschen. Und wieder fliegen sie über uns weg.

»Bitte, hierher!«

Der Oberstleutnant öffnet die Tür zu einem mehrstöckigen Backsteinbau, führt uns in den Keller. Die Wände sind mit Holz abgestützt. Wir gehen über einen hellen, mit Linoleum ausgelegten und mit einem Teppichläufer bedeckten Korridor. »Bitte, hierher.«

Eine dunkel-kirschfarbene Tür. Ein großes Zimmer. Gedämpftes Deckenlicht und eine starke Tischlampe in der Ecke, dem Eingang gegenüber. Ein großer Schreibtisch, Telefone, Bronzeschreibzeug. Hinter dem Tisch erhebt sich ein nicht großer, semmelblonder, glattgekämmter Mann mit hagerem Gesicht. Am Uniformrock rote Generalsspiegel mit Gold. Er steht, die Hände auf die Tischplatte gestützt. Rechts an der Wand erheben sich ein paar höhere Offiziere von einem Diwan.

Der Oberstleutnant meldet, nicht laut, aber klar artikuliert: »Herr Generalmajor, ich habe die Ehre, Ihnen die russischen Offiziere vorzustellen: Major... Hauptmann... Fräulein Gardeoberleutnant... und der deutsche Major Bechler.«

»Bitte nehmen Sie Platz, meine Herren. Cognac? Zigarre? Oder vielleicht Kaffee?«

»Danke, Herr General. Wir sind gekommen, um die Kapitulationsbedingungen zu besprechen.«

»Meine Herren, ich habe Ihnen schon durch den Oberstabsarzt mitteilen lassen, daß ich nicht ermächtigt bin, zu kapitulieren. Ich habe strengsten Befehl, nicht zu kapitulieren. Befehl vom Oberbefehlshaber. Ein Befehl ist dem Offizier heilig.«

»Bedeutet das, Sie wollen das sinnlose Blutvergießen fortsetzen? Warum haben Sie uns dann hierher gebeten?«

»Meine Herren, verstehen Sie mich, ich darf nicht kapitulieren, ich kann aber auch keinen Widerstand mehr leisten. Hier sind Verwundete ohne genügenden Schutz, zweitausendfünfhundert Mann. Die Munitionsvorräte schwinden.«

»Also ergeben Sie sich?«

»Ich appelliere an die Großmut des Siegers. Ich vertraue auf die berühmte Hochherzigkeit und den Edelmut der russischen Offiziere. Ich bitte, das Artilleriefeuer und die Luftangriffe einzustellen.«

»Was meinen Sie damit? Sie wollen sich nicht ergeben, aber bitten trotzdem, daß wir das Feuer einstellen. Herr General, wir führen seit vier Jahren Krieg – einen gnadenlosen Vernichtungskrieg –, und nun fordern Sie uns zu einem merkwürdigen Manöverspiel auf.«

Bechler trat einen Schritt vor.

Während er dem General zuredete, übersetzte ich dem Hauptmann. Der hörte zu, lachte auf.

»Schon gut, der Teufel soll ihn holen. Soll er's formulieren, wie er Lust hast. Aber du forderst jetzt eine klare Antwort: entweder – oder. Werden sie Widerstand leisten, wenn wir kommen, oder nicht? Wir müssen es jetzt sofort wissen, denn am andern Weichselufer ist die Artilleriedivision in Stellung gegangen. Lange warten wird die nicht.«

Der General hörte zu, die Augen gesenkt, sah dann zu seinen Offizieren hinüber. Die standen schweigend und betrachteten uns mit höflicher Neugier. Hinter der zweiten Tür waren Stimmen zu hören, monoton ausgerufene einzelne Worte: Dort war die Nachrichtenzentrale, der Tonfall der Fernsprecher ist in allen Sprachen gleich.

Der General sprach müde, gequält: »Ich kann nur wiederholen: Ich führe einen Befehl aus. Darum kann ich keinerlei Abmachungen unterschreiben, keine Bedingungen erörtern. Ich verlasse mich auf die Großmut und den Edelmut des Siegers.«

Der Hauptmann hörte die Übersetzung an und nickte zufrieden. »Nun gut, wenn das so ist, ist die Sache ja klar. Gib mir einen Dolch.«

Er ging zum Tisch und durchtrennte mit zwei kurzen Schnitten eines Bajonetts mit Plexiglasgriff die Fernsprechleitung.

Der General griff sich theatralisch an die Stirn und ließ sich schwer in seinen Sessel fallen.

Bechler unterhielt sich mit den Offizieren. Unsere Funker hatten schon ihren »Haushalt« auf dem Generalsschreibtisch installiert. Der Hauptmann rief ins Feldtelefon: »Sag dem dritten – alles in Ordnung! Ich bin schon drin. Sofort die MP-Schützen-Kompanie hierher! Los, bißchen fix! Auf schnellstem Wege. Hier sind Vorräte und Beute zu bergen. Los, los!«

Nach einer knappen halben Stunde marschierten unsere Soldaten in den Festungshof ein. Fast hätte es um die Festungsvorräte zwischen den Soldaten der 37. Gardedivision und der neu angekommenen 290., die laut Plan die Festung und nördliche Vorstadt einnehmen sollten, ein Handgemenge gegeben.

Schließlich begann man mit der Räumung der Festung. Ein Gefangenensammelpunkt war am entgegengesetzten Stadtrand in anderen Kasernen eingerichtet. Die erste Kolonne, die wir am Eingang trafen, bestand aus Ärzten, Feldschern, Sanitätern und Schwestern. Man hatte sie an die Spitze gestellt, um durch das Rote Kreuz die Herzen der Sieger zu besänftigen. Darum brachte man sie als erste fort und ließ zweitausendfünfhundert Verwundete ohne Versorgung; ein junger Arzt im Feldwebelrang weinte fast.

Im Festungshof, beim Eingang zum Magazin, aus dem unsere Soldaten schon Marmelade-Eimer herausschleppten, stand ein gesatteltes Pferd an einen Pfahl gebunden. Ich rief ein-, zweimal: »Wem gehört der Gaul?« Als keine Antwort kam, schwang ich mich drauf, holte im Galopp die Sanitätskolonne ein und ließ sie kehrtmachen – zurück in die Festung. Die Begleitsoldaten freuten sich: Sie konnten sich nun doch auch noch ordentlich mit Beute versorgen.

Galina, Bechler und ich brachten General Fricke und zwei seiner Stabsoffiziere in die Division zu General Rachimow. Er hörte meinen Rapport an, betrachtete die Gefangenen ohne besondere Neugier, nickte höflich.

»Gut, daß Sie sich ergeben haben. Dafür werden Ihre Soldaten Ihnen dankbar sein – auch die Soldatenfrauen und die Soldatenkinder. Und wir danken euch, liebe Genossen«, er drückte jedem von uns die Hand, »sehr gut habt ihr gearbeitet. Jetzt bringt die Gefangenen zum Korps. Dort, wißt ihr, ärgert sich der Nachbar, daß wir vor ihm da waren, seine Trophäen einsammelten... da bringt ihm wenigstens die Haupttrophäe.«

Nun hatten wir zwei Tage Ruhe. Wir aßen bis zur völligen Erschlaffung, tranken Beutecognac, schliefen lange. Am zweiten Tag dankte General Rachimow vor den zum Appell angetretenen Truppen feierlich seinen Offizieren – den Regimentskommandeuren, Bataillonskommandeuren und Kompaniechefs –, und zum Schluß dankte er unserer Gruppe dafür, daß wir tatkräftig geholfen haben, ihre Kampfaufgabe so erfolgreich und unblutig zu erfüllen. Der Chef des Stabes verlas einen Befehl über Auszeichnungen und zur Auszeichnung Vorgeschlagene. Auch wir gehörten dazu: Galina und Nepotschilowitsch für den »Vaterländischen Krieg 2. Klasse«, ich für den »Vaterländischen Krieg 1. Klasse«, Bechler für den »Roten Stern«.

Wir gingen über eine friedliche Straße. Man sah nun schon mehr Zivilisten als Soldaten und viele Kinder. Vor uns ging plötzlich eine Barrikade in die Luft. Donnern, berstendes Glas. Schwarzer Qualm, Schreie. Ein dünner Holzbalken fiel surrend wie eine riesige Hummel auf den Balkon eines Hauses, an dessen Mauer ich mich gekauert hatte. Der Balkon krachte herunter, Ziegel schlugen auf den Asphalt. Von hinten schallendes Klatchen, ein Aufschrei – und ein schwerer Stoß rammte mich ins Kreuz, streckte mich wie einen Frosch auf das nasse Trottoir. Ein Soldat, der dicht hinter mir gehockt hatte, stöhnte – er war an der Schulter getroffen. Ein paar Sekunden wagte ich nicht, die Beine zu bewegen; Rückgratverletzung, das bedeutete: lebenslänglich lahm. Als ich merkte, daß mir die Beine gehorchten, stellte ich mich erst auf alle viere und richtete mich dann ganz auf. Der Soldat wurde fortgetragen, schwerer Schulterbruch, aber ich konnte mir selbst helfen, grinste selig: heilgeblieben! Und der Schmerz im Rücken war erträglich...

Die nächsten Tage verbrachte ich wie im Halbschlaf, in farbigem Nebel, verschwommen, betrunken, fiebrig. Die Kameramänner Wladimir Mikoscha und Mischa Kotscherjan brachten Galja und mich aus Graudenz fort. Ich schluckte irgendwelche deutschen Analgetica, trank sehr viel und konnte trotz der Schmerzen immerhin gehen, hielt mich aber nur mit Mühe aufrecht. Drei Tage blieben wir in Thorn, hausten mit den Kameramännern bei deren Freundin, einer älteren, schwermütig-hübschen polnischen Offizierswitwe. Den Mann hatten die Deutschen 1941 erschossen. Ihre Kinder, Sohn und Tochter, hatten das illegale polnische Gymnasium absolviert. Die ganze Familie, auch ihre Nachbarn, nahmen uns auf wie gute Freunde. Drei Kampfflieger stießen noch zu uns, ein junger Hauptmann, Held der Sowjetunion, und zwei Leutnants. Diese drei Nächte durchzechten, durchsangen und durchtanzten wir. Einer der Nachbarn, ein alter Arzt, erklärte mir, bei einer Rückgratverletzung helfe unbedingt Bewegung.

»Wenn der Pan Major sich nicht schont, wird Gott ihn schonen.« An diese Lehre habe ich noch oft gedacht, sie hat mir noch oft geholfen.

Der Hauptmann mit dem goldenen Helden-Sternchen war ein fröhlicher, geselliger Bursche. Komischerweise forderte er strikt, daß niemand über den Krieg sprechen dürfe: »Red, was du willst, erzähl von mir aus Märchen, aber keinen einzigen Ton über den Krieg!«

Für jede Bemerkung, die auch nur irgendwie mit dem Krieg zusammenhing, verhängte er eine Strafe: ein großes Glas Wodka in einem einzigen Zug herunterkippen, ohne was dazu zu essen. Er brachte uns auch bei, »nach Metern« zu trinken. Man stellte die ausgetrunkenen Gläser in einer Reihe vor sich auf den Tisch. Wer die längste Reihe hatte, war Sieger.

In der dritten oder vierten Nacht bekam ich hohes Fieber, konnte den Kopf nicht heben, phantasierte. Ich kann mich nicht erinnern, wie Galina und Nepotschilowitsch mich in das Dorf schafften, in dem unsere Antifa-Schule lag. Dort fiel das Fieber rasch, und ich konnte sogar wieder Vorlesungen halten.

Graudenz war mein letzter Kampfeinsatz gewesen. Und dies war mein letzter Tag in der Schule. Natürlich dachte ich nicht im Traum daran, es könne mein letzter sein. Unsere Erfolge waren derart eindeutig und unbestreibar, daß sie, wie ich glaubte, alle Anschuldigungen gegen mich hinfällig machten.

Eine Episode dieses letzten Tages haftet besonders deutlich in meiner Erinnerung. Der Sprecher des Lehrgangs war ein junger Tierarzt, der im Hinterland stationiert gewesen und erst kürzlich in Gefangenschaft geraten war. Er bemühte sich sehr darum, bei den sowjetischen Offizieren angenehm aufzufallen. Nach jeder Vorlesung meldete er sich eifrig zu Wort, sprach lange, eindringlich-gefühlvoll, gelehrt, in vielgliedrigen Sätzen, die er mit lateinischen Ausdrücken und frisch aufgeschnappten Redwendungen spickte – wie etwa »der unausweichliche Sieg der proletarischen Revolution«, »die geniale Führung des großen Feldherrn Generalissimus Stalin«, »die siegreichen sowjetischen Heere, die Europa und Deutschland die Freiheit bringen« – und so fort in diesem Stil.

An jenem Tag sprach ich über die Eigenarten der nazistischen Propaganda, dann über die Frontlage. Als ich wie üblich meine Vorlesung mit der Aufforderung, Fragen zu stellen, schloß, sagte der junge Tierarzt, er wolle nicht länger Deutscher sein, er schäme sich zu sehr, nach all dem, was deutsche Soldaten getan hätten. Er wolle auswandern, nach Amerika oder Australien, und dort eine andere Nationalität annehmen. Dieser treuherzige, nicht sehr kluge, aber doch recht gebildete junge Mann (er kannte Gedichte von Rilke und Hesse) konnte sich nicht verstellen. Er ereiferte sich beim Sprechen immer mehr, in seiner Stimme zitterten Tränen. Seine Kameraden blickten mißmutig oder gleichgültig auf ihn, einige schlugen die Augen nieder. Es waren deutsche Soldaten im März 1945. Sie alle hatten noch die Fanfaren der Sondermeldungen im Ohr, hatten die fanatischen, prahlerischen Reden Hitlers, Goebbels' und Görings gehört, hatten bis vor kurzem an den Endsieg Großdeutschlands geglaubt. Und nun hörten sie diesen Appell, sich von der eigenen Nationalität loszusagen.

Ich unterbrach ihn höflich, zitierte Stalins Worte »Die Hitler kommen und gehen...« und begann zu erklären, wie wir Kommunisten und Marxisten unsere nationale Pflicht verstehen. Lenin war im Ersten Weltkrieg Defaitist, er wollte die Niederlage der zaristischen Armee, aber er schrieb über den Nationalstolz der Großrussen.

Sie schauten mich an; aufmerksame, konzentrierte Augen. Bald würde das Parteibüro meinen »Fall« untersuchen: die Beschuldigung »Mitleid mit den Deutschen«. Aber es war doch Graudenz gewesen, und aus Angst vor üblem Geschwätz, vor kleinlichen Intrigen durfte ich der Wahrheit nicht ausweichen, denn diese durch den Krieg verwirrten jungen Leute sollten ja morgen unsere Genossen werden.

»Gewiß, es gibt in Deutschland viele Faschisten – die Partei hat rund sieben Millionen Mitglieder –, aber wirkliche Fanatiker gibt es bedeutend weniger. Was meinen Sie?«

»Ja, ja, natürlich, viel weniger, einige Zehntausend vielleicht, und jetzt sind es noch weniger.«

»Dafür gibt es ziemlich viele Sympathisanten, Mitläufer aus Dummheit, aus Feigheit, aus Opportunismus. Und über die überwältigende Mehrheit des Volkes, Millionen und Abermillionen Deutsche, wurden zu Opfern des Hitlerregimes, zu Opfern des Krieges...«

»Ja, ja, genau, sehr richtig. Das Volk wurde verraten und verkauft, beschissen haben sie uns. Was konnten denn die kleinen Leute gegen diese Übermacht tun?«

»Man kann sich nicht von seiner Nation lossagen, wie man sich auch nicht von sich selbst lossagen kann, nicht aus sich herausspringen kann. Ihre Anwandlung ist verständlich. Wahrscheinlich empfinden heute viele Deutsche unerträgliche Scham, Verzweiflung. Von Tag zu Tag werden es mehr. Das kann man verstehen, aber nicht gutheißen ... Wenn sich früher, vor zwei, drei Jahren, deutsche Antifaschisten in der Emigration und in der Heimat von Deutschland lossagten, damals, als die Wehrmacht siegte, als die Hakenkreuzfahnen von der Biscaya bis zur Wolga, vom Polarkreis bis in die Sahara wehten, als Hitler und Goebbels den baldigen Sieg Großdeutschlands prophezeiten, da konnten solche Anwandlungen nur Bewunderung wecken, ihre Aufrichtigkeit wurde mit Blut und Tod bezahlt. Deutsche, die in der Zeit der nazistischen Siege nicht mehr Deutsche sein wollten, waren Helden. Aber sich von seinem Volk in Jahren des Elends, der Not, der Schande loszusagen ist ein Zeichen des Kleinmuts. Ein derartiges Elend hat Ihre Heimat seit dem Dreißigjährigen Krieg nicht mehr durchlitten, eine derartige Erniedrigung nicht seit den Tagen Napoleons. Deutschland braucht jetzt mehr denn je zuvor ehrenhafte und starke Menschen.«

Ich hörte mich selbst sprechen, spürte, daß die Worte, die ich sagte, sich verselbständigten, von mir unabhängig wurden. Soldaten in fremden Uniformen hörten sie, erfahrene Frontsoldaten mit verhärteten, graudunklen Gesichtern und erloschenem Blick – und junge Rekruten, deren Gesichter weicher, heller waren, die offener blickten. Kriegsgefangene: manche wußten nichts von ihren Angehörigen, ihren Familien, andere wußten schon, daß sie von Bomben erschlagen worden waren. Die Ungewißheit peinigt sie; was ist zu Hause los, was steht ihnen und ihren Angehörigen bevor, was dem ganzen Land. Wieder andere denken überhaupt nicht nach, weder über das eine noch über das andere, sie sind einfach damit zufrieden, daß sie der Lebensgefahr entronnen sind, nicht zu hungern brauchen und sogar was zum Rauchen haben. Sie hören sich gleichmütig Propaganda an, auch wenn es eine fremde, der ihnen bekannten entgegengesetzte ist. Sie halten sich an die alte Soldatenregel: Leb von der Hand in den Mund, denk nicht an den nächsten Tag, du weißt ja nicht, ob du ihn erlebst; kümmer dich nicht um Unerreichbares, sondern nur um den Augenblick: Jetzt kann man sich satt essen, kann mit einer Frau schlafen, kann rauchen, die verlauste Wäsche wechseln, saufen – im übrigen warte geduldig und hoffe. Vielleicht glückt's ja noch mal. Und denk dran: »Die Hälfte seines Lebens wartet der Soldat vergebens.« Ich sagte ihnen, daß die wirkliche Größe Deutschlands nie durch Waffengewalt geschaffen worden sei, nie durch militärische Siege. Im Gegenteil: Die Kriege haben den Deutschen nur Not und Erniedrigung eingebracht – die Bauernkriege, die Religionskriege, der Dreißigjährige Krieg, der Siebenjährige Krieg, die napoleonischen Kriege. Man hat ihnen eingetrichtert, die preußischen, die Bismarckschen Siege hätten das Deutsche Reich geschaffen, ein mächtiges, blühendes Reich. Aber dieses Reich beruhte auf eingebildeter Macht, seine Blüte war eine Scheinblüte. Nach Sedan war noch kein halbes Jahrhundert vergangen, da verbluteten die Deutschen bei Verdun, das Reich brach zusammen, das Versailler Diktat besiegelte den Zusammenbruch. Und heute war schon klar, daß der neue Friede härter sein würde als der von Versailles.

»Aber es gibt eine andere, eine wirkliche Größe Deutschlands: Das ist die Größe des deutschen Geistes, der deutschen Arbeit, der deutschen Vernunft, des deutschen Fleißes. Darauf können Sie stolz sein. Der Deutsche Gutenberg erfand die Buchdruckerkunst, und damit hat er wirklich die ganze Welt erobert. Die Deutschen Dürer, Cranach, Holbein schufen Bilder, die seit Jahrhunderten die Menschen verschiedenster Länder und Völker erfreuen. Der Deutsche Martin Luther zerschlug die Fesseln des mittelalterlichen dogmatischen Denkens, bereicherte die deutsche Sprache, die deutsche Dichtung. Die Deutschen Leibniz, Kant, Hegel, Feuerbach haben die ganze Menschheit denken gelehrt. Die Deutschen Lessing, Goethe, Schiller, Hölderlin, Heine schufen den Weltruhm der deutschen Litertur. Und auch heute gibt es bedeutende deutsche Dichter und Schriftsteller, die man Ihnen aber vorenthält: die Brüder Heinrich und Thomas Mann, Johannes R. Becher, Bertolt Brecht, Anna Seghers, Erich Weinert. Die Deutschen Bach, Mozart, Beethoven, Schubert, Schumann, Wagner haben die Welt mit ihrer Musik erobert. Die Deutschen Helmholtz, Haeckel, Röntgen, Faber, Einstein – auch wenn die Nazis ihn als Juden verjagt haben, ist er ebenso deutsch wie Diesel und Zeppelin –, deutsche Wissenschaftler, deutsche Ingenieure, deutsche Arbeiter und deutsche Bauern haben sich Achtung und Sympathie in aller Welt errungen.«

Dann sprach ich über jene, die man wirklich wahre deutsche Helden nennen muß; ich baute eine lange Reihe auf: Ulrich von Hutten, Thomas Müntzer, Florian Geyer, die deutschen Jakobiner, Klootz und Forster, Karl Marx, Friedrich Engels, die Revolutionäre von 1848, August Bebel, Wilhelm und Karl Liebknecht, die Spartakisten, die Rotgardisten der Revolutionszeit, Ernst Thälmann, John Scheer, Edgar Andree, die deutschen Kämpfer in den Internationalen Brigaden in Spanien, die deutschen Antifaschisten im Untergrund, in den sowjetischen Heeren, bei den Partisaneneinheiten...

Ich führte ihnen vor, daß alle, die Deutschlands Größe und Würde in imperialistischer Macht, in der Zahl der Kanonen, in der Kasernenhofordnung und in räuberischen Aggressionen sehen, die als Hauptvorzug des deutschen Nationalcharakters den stumpfsinnigen Kadavergehorsam, die blinde Selbstaufopferung betrachten – daß sie die schlimmsten Feinde der deutschen Kultur sind. Nicht zufällig sind die Perioden der höchsten deutschen Kultur- und Geistesblüte zugleich Zeiten politischer und militärischer Schwäche gewesen. Um die Wende vom 18. zum 19. Jahrhundert war das kleine Weimar die Hauptstadt des deutschen Geistes; Berlin erreichte seine internationale kulturelle Bedeutung erst nach dem Zusammenbruch des Kaiserreiches, nach Versailles. Das heißt: Auch jetzt dürfen die deutschen Patrioten nicht verzagen, die militärische Niederlage des Hitler-Reiches kann und darf nicht als Niederlage des deutschen Geistes gelten, des deutschen Denkens. Im Gegenteil, erst jetzt werden all seine schöpferischen Kräfte befreit. Wieder und wieder betonte ich, daß man sich von seinem Volk nicht lossagen darf; ich sagte, wenn ich Deutscher wäre, würde ich gerade jetzt ganz besonders beharrlich meine Zugehörigkeit zum tragischen Schicksal meiner Heimat bekräftigen.

Sie hörten gespannt zu, mir schien, als hörten sie schon gar nicht mehr mich, sondern Worte, die für sich selbst leben, in unerwarteten, ungewohnten Verbindungen und Zusammenhängen. Ihnen längst bekannte Begriffe: deutscher Geist – Heimat – nationale Ehre – Ruhm der Vorfahren klangen zusammen mit vollkommen unbekannten Worten oder mit solchen, die ihnen gestern noch als Ketzerei erschienen waren: Proletarische Revolution – große Wahrheit des Marxismus – wissenschaftlicher Kommunismus, der in Deutschland entstanden war – humanistiche russische Kultur. Sie hörten so konzentriert zu, daß die Stille fast greifbar wurde. Später begannen sie zu fragen: »Welche Gebiete werden Deutschland weggenommen?«

»Stimmt es, daß ganz Deutschland zu einem einzigen Kartoffelacker gemacht wird?«

»Können wir uns nicht der Sowjetunion anschließen als eine oder mehrere Republiken – Preußen, Bayern, Württemberg?«

»England und Amerika sind doch kapitalistische Staaten – werden sie nach diesem Krieg nun die Sowjetunion angreifen?«

Ich antwortete, so gut ich konnte, manchmal mit einem Scherz. Die Minuten der Gefühlshochspannung lösten sich ins gewöhnliche Gespräch.

Während der Untersuchung war ich immer darauf gefaßt, daß man mich nach dieser letzten Unterrichsstunde in der Antifa-Schule fragen würde. Sie war ja leicht als Bestätigung der Denunziationen Sabaschtanskijs und Beljajews zu interpretieren, als »Glorifizierung der bürgerlichen deutschen Kultur«. Und unter meinen Hörern waren natürlich »Informanten«. (Die Smersch-Leute besuchten regelmäßig die Schule und unterhielten sich mit unseren Schülern. Manchmal sagten sie Beljajew, wen sie angeworben hatten, und bestanden darauf, daß die Genannten in der Schule bieben und auf keinen Fall ohne vorherige Rücksprache abkommandiert werden durften.) Aber kein Untersuchungsrichter hat danach gefragt...

Seit der Rückkehr aus Graudenz waren einige Tage vergangen. Der Schmerz im Rücken ließ manchmal für ein-, zwei Stunden nach und setzte dann erneut ein. Zeitweise überschwemmte mich Trauer, unerklärlich, dicht, dunkel. Ich wußte nicht woher, warum, weshalb. In der Kehle steckte ein zäher Klumpen, der sich nicht herunterschlucken ließ. Links unter den Rippen drückte Übelkeit.

Am 17. März wurde ich zur Versammlung des Parteibüros gerufen. Sabaschtanskij sprach lässig, beinahe versöhnlerisch. Natürlich seien politisch unrichtige Äußerungen gefallen, aber in letzter Zeit sehe es so aus, als habe der Genosse Major das eingesehen, in Graudenz habe er gut gearbeitet. Beljajew war einsilbig, gab irgendwelche eigenen Fehler zu.

Ich faßte dies als Kompromiß-Vorschlag auf und sprach auch selbst friedlich, sagte, daß die Genossen mich falsch verstanden hätten; ich wollte und konnte ihnen in keiner Weise recht geben, aber ich gab zu, daß ich unbeherrscht, undiszipliniert, grob gewesen sei und gegen die Subordination verstoßen habe.

Außer Antonenko war von den Büromitgliedern nur noch ein alter Nordwestfrontler, Oberstleutnant Golubow, anwesend. Er fragte immer wieder, ob ich auch wirklich alles sagte, was ich dächte, ob ich nicht annähme, es gebe andere Gründe dafür, daß die Genossen ausgerechnet mich falsch verstanden hätten; er habe das Gefühl, ich sagte nicht alles. Von Golubow wußte ich: klug, schlau, macht zielstrebig Karriere, zankt sich beständig mit Sabaschtanskij. Daher glaubte ich, er wolle mich als eine Art Verbündeten in eine Intrige einspannen – um mich später natürlich fallenzulassen. Und so wiederholte ich standhaft: weiter hätte ich nichts zu sagen, nähme jede entsprechende Rüge als verdient an, würde nach Kräften arbeiten und glaubte, auf diese Weise die Rüge rasch tilgen zu könenn.

Kljujew, Mulin, Goldstein waren abwesend – Sabaschtanskij hatte sie am Vortag auf Dienstreise geschickt. Die Parteiorganisation unserer Abteilung war durch Sabaschtanskij, Beljajew und den stellvertretenden Partorg Viktor Sborschtschikow vertreten. Viktor war auch an der Nordwestfront gewesen, nannte sich meinen Freund, sogar meinen Schüler. Aktiver Nachrichtenmann, arbeitete er als Techniker in der Schallaufnahme, verstand seine Sache hervorragend, war immer diszipliniert, unermüdlich fleißig, sehr sorgfältig, führte gewissenhaft alle Befehle und Aufträge aus. Mir gefiel sein trockener Humor. Mit Vorgesetzten sprach er militärisch korrekt, ohne Unterwürfigkeit; er fürchtete sich nicht, seine eigene Meinung zu verfechten. Ich half ihm, Deutsch zu lernen, trat für seine Beförderung ein und schrieb ihn in die Auszeichnungslisten. Wir wurden zusammen im Frühjahr 1943 als Kandidaten in die Partei aufgenommen. 1945 war er schon Vollmitglied, während ich wegen der Rüge vom letzten Frühjahr noch immer Kandidat war. Als ich ihn auf der Parteibürositzung sah, nahm ich es als gutes Omen. Viktor vertrat den auf Dienstfahrt abwesenden Kljujew, der in allen Tücken Sabaschtanskij folgte. Doch ausgerechnet Sborschtschikow sagte ruhig und trocken: »Ich schlage vor, ihn aus den Reihen der Parteikandidaten auszuschließen.«

Das war eine grausame Überraschung. Nicht die erste und nicht die letzte. Am anderen Tag, dem 18. März, fand die allgemeine Versammlung statt. Seit dem Morgen hatte ich Schüttelfrost und 39 Grad Fieber; ich konnte kaum gehen.

Als ich aufgerufen wurde: »Erklären Sie der Parteiversammlung...«, sprach ich ziemlich unzusammenhängend, wiederholte, was ich schon am Vortag gesagt hatte.

»Man hat mich falsch verstanden. Wie das möglich war? Ich weiß es nicht, kann es mir nicht erklären. Ich gestehe ein, daß mir Fehler unterlaufen sind, ich war unbeherrscht, undiszipliniert, habe mich nicht exakt genug ausgedrückt. Aber ich habe und hatte keinerlei Zweifel an der Parteilinie und am Oberkommando. Ich habe kein Mitleid mit den Deutschen, aber ich machte mir Sorgen um den Moral und Disziplin der Truppe. Objektiv habe ich vielleicht Fehler begangen, aber subjektiv wollte ich das Beste.«

Sabaschtanskij und Beljajew sprachen ganz anders als gestern: bestimmt und absolut kompromißlos. Sabaschtanskij berichtete mit bekümmertem Seufzer, ich hätte mich mit den deutschen Spionen Dieter W. und Hans R. angefreundet; als man sie nach Moskau geschickt habe, hätte ich einen Streit vom Zaun gebrochen und ihnen so glänzende Charakteristiken geschrieben, als hätten sie Orden und Ehrenzeichen verdient.

Ich rief von meinem Platz aus: »Das ist nicht wahr!«

Ich wurde niedergezischt, und General Okorokow sagte: »Da seht den Wahrheitsfreund – seht, was für ihn Wahrheit heißt: Spione verteidigen!«

Sabaschtanskij forderte wieder und wieder dazu auf, »die Wurzeln bloßzulegen«, den »ideologisch feindlichen Nährboden aufzudecken«. »Er hat sein Leben lang studiert, während wir gekämpft und gearbeitet haben, und bei wem hat er studiert? Wen lehrt er?«

Beljajew bereute, daß er sich »Nachlassen der Wachsamkeit« habe zuschulden kommen lassen, schließlich hätte ich ihm ja selbst anvertraut, daß ich zu Hause sehr viele deutsche Bücher,

Zeitschriften und Zeitungen sogar aus lange zurückliegenden Jahren besäße – »Die rote Fahne« und andere. Doch er, Beljajew, hätte nicht begriffen, daß dies eindeutige Anzeichen ideologischer Zersetzung seien, Zeugnisse der Verbindung mit fremder, feindlicher, kleinbürgerlicher oder sogar bürgerlicher deutscher Ideologie.

Dann sprach der Vorsitzende der Parteikommission. Lange, knarrend und melancholisch las er ganze Seiten aus Lenins und Stalins Werken vor. Er erläuterte meine demagogischen Kniffe bezüglich der Gegenüberstellung »objektiv« und »subjektiv«, die er auf Bucharin und Trotzkij zurückführte.

Ich fühlte mich immer elender. Die Teilnehmer der Versammlung hörten kaum zu, sprachen leise miteinander, gingen zwischendurch hinaus, um zu rauchen. Der Vorsitzende mußte sie mehrmals zur Ordnung rufen. Als letzter sprach General Okorokow: »Wir haben uns lange mit ihm Mühe gegeben, schon im Nordwesten; dort hieß es von ihm: ›ein bißchen verrückt, aber tapfer‹, so eine Art Don Quichotte, draufgängerisch, unbesonnen, aber ehrlich. Inzwischen haben wir ihn besser kennengelernt, haben ihn durchschaut: Eingebildet ist er, ideologisch unzuverlässig, respektiert keine Obrigkeit. Er ist, sehen Sie, ein Gelehrter, ein Kandidat der Wissenschaften, spricht verschiedene Sprachen, ist Professor bei diesen – wie nennen sie sich doch gleich – Antifaschisten, die Deutschen hören ihm zu. Aber jetzt heißt es, sich ernsthaft zu fragen, worauf er diese Antifaschisten vorbereitet, was er sie gelehrt hat. Da sich herausgestellt hat, daß er selbst mit Spionen gut Freund war... Wir haben uns jahrelang mit ihm abgegeben, haben ihn erzogen, ihm eine Rüge erteilt, die Rüge später wieder gestrichen. Wir hofften, ihn umzuerziehen, halfen ihm, sein kleinbürgerliches Herz zu überwinden, die Muttermale des bürgerlich-intellektuellen Bewußtseins. Woher kommen denn all diese Schwankungen? Daher, daß keine proletarische Stählung stattgefunden hat, kein parteilicher Kern vorhanden ist. Darum habe ich ihn Hamlet von Schtschigrowsk genannt... Aber jetzt ist alles klar. Hier handelt es sich nicht nur um Schwankungen, um zufälliges Abweichen oder um Überbleibsel fremder Ideologie – nein, hier handelt es sich um ein System! Ja, ja, ein System von Aspekten, das man Weltanschauung nennt. Und seine Weltanschauung ist uns zutiefst fremd, ja feindlich! Da spricht man dann von subjektiv-objektiv. Ich sehe das so: Subjektiv kann er sich einbilden, ein Held zu sein, ein Gelehrter, ein Professor für die deutschen Antifaschisten. Objektiv dagegen ist er ganz und gar kein Kommunist, auch kein Offizier, weder Russe noch Jude, sondern ein deutscher Agent in unserer Mitte; so ist das, und das ist die reale Objektivität...«

Der General hatte geendet und begann, in seiner Pfeife zu stochern. Um mich herum waren Männer, die die gleiche Uniform trugen wie ich. Manche sahen teilnahmsvoll-neugierig zu mir hinüber, andere mißtrauisch, feindselig: Die Mehrzahl langweilte sich einfach, hatte das Ganze satt. Es war schon spät, die Luft in dem engen Raum – offenbar eine Schulklasse – war stikkig, die Redner hatten lange und ermüdend langweilig gesprochen.

Okorokows Worte schlugen schwer ein, aber irgendwie dumpf, wie durch eine dicke Watteschicht. Der Schmerz im Rückgrat bohrte, Kopf, Augen, Muskeln taten weh, das beklemmende Fieber preßte den Kehlkopf zusammen, und in der Nase der faulige Geruch der Kieferhöhlenvereiterung.

In diesen Minuten bedrängte mich vor allem die Angst, umzufallen, zu stöhnen. Nur das nicht, man würde denken: Er simuliert, will nur unser Mitleid wecken. Eins war mir klar: Widerspruch würde nicht das geringste nützen. Der General war schlecht auf mich zu sprechen, vermutlich hatte ihm Sabaschtanskij irgendwelche Gemeinheiten über mich eingeflüstert, um mich zu provozieren und dadurch zu verzweifelter Heftigkeit hinreißen zu können.

Als der Vorsitzende fragte: »Haben Sie noch etwas zu sagen?« anwortete ich: »Nein!« und fügte dann so ruhig wie möglich hinzu: »Ich bitte, die Versammlung verlassen zu dürfen, ich bin krank.«

Wie sie entschieden, wahrscheinlich haben sie sogar abgestimmt, weiß ich nicht. Ich ging hinaus, nur darauf bedacht, mich vor Schmerzen nicht zusammenzukrümmen, nicht hinzufallen. Als ich auf die Straße trat und den Mantel überzog, stolperte ich in der Dunkelheit. Ein paar Minuten lag ich im Straßengraben, die Backe im kalten, feuchten und harten vorjährigen Gras. Mochte nicht aufstehen. Dann schleppte ich mich langsam bis zu dem Haus, in dem ich übernachtete; ich weiß nicht mehr, neben wem ich lag. Wahrscheinlich waren es Fremde. Ich nahm eine Menge Tabletten, wälzte mich unruhig. Morgens war das Fieber gesunken, aber die Rückenschmerzen hatten nicht nachgelassen, ich taumelte vor Schwäche. Mittags wurde ich in die Parteikommission des Frontkommandos gerufen. Dort ging alles sehr schnell: Ich gab meinen Parteiausweis ab, schrieb ein Gesuch an die nächste Instanz, die Parteikommission der Glawpur, bat, mich nicht auszuschließen, ich könne ohne die Partei nicht leben; ich bestritt alle Beschuldigungen, bewies ihre Absurdität, berief mich auf Tatsachen. In der Glawpur war schließlich bekannt, daß Dieter und Hans keine Spione und nicht verhaftet waren – schon diese eine Lüge mußte die Unglaubwürdigkeit der anderen Anklagen gegen mich ans Licht bringen –, berief mich auf den gesunden Menschenverstand.

Abends stieg das Fieber wieder. Ich wurde ins Lazarett transportiert, in der Kanzlei händigte man mir ein großes versiegeltes Paket aus, meine »Personal-Akten«. Nach der Entlassung aus dem Lazarett sollte ich mich zur Reserve begeben. Das bedeutete: Von meinem Posten war ich suspendiert.

Dritter Teil:
Die Ermittlung beginnt

Im Gefängnis von Tuchel blieb ich zwei Wochen. In dieser Zeit ließ mich Poschechonow zweimal kommen; das zweite Mal nur, um mich ein Protokoll unterschreiben zu lassen. Auf die Frage, wie lange ich wohl noch warten müsse, sagte er freundlich, kaum merklich zwinkernd: »Vielleicht können wir schon am 1. Mai zusammen einen heben.«

Anfangs brachte ich die Balanda, eine dünne Hirsebrühe, mit so was Ähnlichem wie Maschinenöl gekocht, einfach nicht herunter. Wir bekamen sie zweimal täglich in Konservendosen. Ich aß nur Brot und Zucker.

Dann kam der 9. April, mein Geburtstag. Mir war trostlos zumute. Früh morgens überreichte mir Boris Petrowitsch das Geschenk der Zelle – eine Tüte Zucker, zehn oder elf Rationen. Das war die erste Freude im Gefängnis: Diese Herzlichkeit von Menschen, denen es selbst schlecht ging, die Sorgen hatten, hungrig waren und doch einem anderen einen besonders kalten und düsteren Tag erwärmten und erhellten. An diesem Tag erlaubte mir die Gefängnisleitung, aus meinem Koffer Tabak und Konserven zu holen. Wir veranstalteten ein Festmahl für die ganze Zelle. Nach zehn Tagen aß ich die Balanda schon mit Appetit, und um jedes Körnchen zu erwischen, hatte ich mir genau wie die andern einen breiten Holzspan beschafft und mit einer Glasscherbe glattgehobelt.

So vergingen zwei Wochen. Dann kam der Befehl für alle: »Fertigmachen. Mit Sachen.« Das Feldgefängnis folgte der Front »vorwärts nach Westen«. Man verlud uns auf einen offenen Lastwagen – »Setzen, Beine spreizen – der nächste, ran an den Hintermann – Beine spreizen – der nächste, ran ...«

An den Seitenwänden postierten sich je zwei Begleitsoldaten mit MPs, zwei mit einem Hund setzten sich auf das rückwärtige Bänkchen.

»Nicht sprechen, nicht umdrehen; jeder Versuch aufzustehen, gilt als Flucht, es wird ohne Anruf geschossen!«

Wir fuhren lange. Die Sonne wärmte schon tüchtig. Wenn ich den Kopf reckte, konnte ich auf den Feldern und an den Bäumen am Straßenrand junges Grün erspähen. Manchmal trug uns der Wind einen Anflug von frühlingshaftem Erdgeruch zu – den leicht säuerlichen, berauschenden Hauch von feuchter, frostiger, aber sich schon erwärmender Erde.

Auf der Straße war lärmender Betrieb. Einzelne Wagen und Wagenkolonnen voller Soldaten überholten uns, oder wir überholten rasselnde und stinkende Panzer, Artillerie, marschierende Infanteriekolonnen.

Manchmal Rufe: »Wen fahrt ihr da? Wlassow-Leute! Was fahrt ihr die noch spazieren – gebt sie uns! Spione, verfluchte Schlangenbrut! Aufhängen – samt und sonders!«

Fahrgefühl, Sonne, Wind, Straßenlärm – das alles war so erquickend, machte innerlich so froh, daß ich nicht daran denken wollte, daß die MP dieses jungen, stupsnäsigen Burschen mit seinem Verwundetenabzeichen, dem Orden »Roter Stern« und noch ein paar Medaillen auf mich gerichtet war, daß ich, zusammengepfercht mit Wlassow-Männern, Spionen und Faschisten, hinter unseren Truppen herzog. Wie zum Tort waren die meisten meiner Freunde aus Zelle 8 auf einem anderen Wagen. In meinem saßen dafür einige von den deutschen Feldgendarmen.

Wir kamen durch Kleinstädte. Die Begleitsoldaten buchstabierten die Namen: Schneidemühl. Wir fuhren nach Pommern hinein. Neugier und Bitterkeit: endlich auf deutschem Gebiet. Aber wie? Ich versuchte vorsichtig, nach den Seiten hinauszusehen. Die Begleitsoldaten, von der Sonne ermüdet, schikanierten uns nicht mehr. Außerdem hatte sie gehört, daß jemand aus unserer Zelle mich ›Major‹ nannte. Sie fragten: Woher? Wofür? Nicht in Gefangenschaft gewesen? Mit dem Vorgesetzten Krach gehabt? Auch unsere Hiwis sprachen mit ihnen, baten um Machorka.

Die deutschen Städte waren längst nicht so zerstört. Wir sahen Zivilisten, Männer und Frauen, friedlich über die Straßen gehen. Manchmal fuhren wir an bronzenen oder eisernen Denkmälern vorbei – einige standen noch, andere waren umgestürzt, hilflos die Pferdehufe oder -schweife hochgestreckt –, alle ware sie einander sehr ähnlich.

Manchmal sah man einen Helm und einen buschigen Schnurrbart: Bismarck – oder einen Helm und einen Backenbart: Kaiser Wilhelm I.

Bei einem dieser dunkel-bronzenen Reiterstandbilder in Wilhelmsburg oder Friedrichsburg verließen wir die Chaussee, fuhren eine schmale Allee entlang, rollten durch ein dichtes Wäldchen, kamen an eine hohe Umzäunung. Backsteine und Gußeisen, ein Hof, ein Gut, ein Park. Hier wurden wir ausgeladen. Ein langgestrecktes zweistöckiges Gebäude, weiß mit dunklem Metalldach, mit Türmchen und Erkern. Über dem Eingang eine zerschlagene Marmortafel: das Wappen. Man trieb uns in einen großen Raum im Souterrain.

Hinsetzen! Wir setzten uns auf den Fußboden. Der Appell begann. An einem Tisch standen die Gefängnisbeamten mit Aktenstößen. Die Leitung hatte der Gefängnis-Chef Oberleutnant N. Zum ersten Mal erlebte ich nun, was sich später viele Dutzend Male wiederholte: Aufruf der Familiennamen; man muß mit Vor- und Vatersnamen, Paragraph, Straffrist oder »Untersuchungshaft« antworten.

Der Chef nimmt im Sitzen, die Zigarette im Mund, den Appell ab. Bei jeder Antwort erläutert er kurz den Inhalt des Artikels – sei es zur Belehrung seiner Untergebenen oder als Übung zur »Erhöhung seiner Qualifikationen«.

»58 – 1 b, Untersuchungshaft.«

»Vaterlandsverrat, im Krieg.«

»58, 6, 10 Jahre.«

»Spion.«

»136, Untersuchungshaft.«

»Mord.«

»193 – 1, acht Jahre.«

»Deserteur.«

»58 – 3, Untersuchungshaft.«

»Feindhilfe.«

»58 – 4, Untersuchungshaft.«

»Helfer der Weltbourgeoisie.«

»162, ein Jahr.«

»Dieb.«

»58 – 1 a, Untersuchungshaft.«

»Vaterlandsverrat, zivil.«

Und wieder »58 – 1 b« und wieder und wieder – Untersuchungshaft, 10 Jahre, 8 Jahre, Untersuchungshaft...

Ich kam an die Reihe: »58 – 10, Untersuchungshaft.«

Der Chef, überzeugt und belehrend: »Antisowjetische Agitation.«

»Das ist nicht wahr! Ich wurde verleumdet, die Untersuchung wird das klarstellen.«

Er erhob sich halb von seinem Stuhl, sah zu mir herüber: »Ach so, Sie sind das – alter Bekannter! Immer noch am Beweisen?«

»Ja!«

»Na schön – bloß, Schwatzen gibt's hier nicht!«

Wir kamen durch das Hauptportal in einen wie ein Theaterfoyer halbrunden Saal. An den Wänden hingen Hirschgeweihe, ein Wildeberkopf. In der Ecke ein umgestürzter, ausgestopfter Bär. An der weißen Stirnseite, über dem Zugang zu den inneren Räumen – zum Korridor und der breiten Treppe zum ersten Stock – stand in großen schwarz-goldenen gotischen Lettern ein langer Spruch von Ernst Moritz Arndt, irgendwas über die hohe Berufung des preußischen Edelmannes.

Unsere Zelle war gleich das erste Zimmer rechts am Korridor. Zwei große Fenster ohne Scheiben, von außen mit dicken Brettern vernagelt; nur ganz oben, damit etwas Licht hereinkam, war eine mit Stacheldraht vergitterte Luftklappe ausgespart geblieben. An der weißgestrichenen Tür waren außen Riegel und Vorhängeschloß angebracht und roh ein Guckloch hineingeschlagen, das mit einem Stück Sperrholz abgedeckt war. Im Zimmer gab es weder Pritschen noch Stroh. In der Ecke stand ein Benzintank in einem grobgezimmerten Holzgestell mit Griffen – zum Hinaustragen. Das war der Abortkübel. An der einen Wand, oben, wieder eine schwarzgoldene Inschrift über preußische Tapferkeit.

Von den alten Zellengenossen waren nur Tadeusz, Pjotr Wikentjewitsch, der Zellenälteste, und der Gauner Mischka Salkind aus Rostow verblieben. Er war erst am Tag vor der Verlegung zu uns gekommen: Ein grobes Gesicht, pickelig, mit kleinen flinken Auge dicht an der fleischigen Nase, er tänzelte in die Zelle, die Kosaken-Pelzmütze in den Nacken geschoben, und sang näselnd:

»Wechselt mir zehn Milli-onen,
verkauft mir 'n Billett nach Rostow...«

Er sagte, er sei Aufklärer, log das Blaue vom Himmel herunter über seine militärischen Heldentaten und erzählte, man habe ihn eingelocht, weil er im Suff einen Vorgesetzten geschlagen habe. Beim Appell gab er Paragraph 175 an, also Banditismus. In den Lagern und Gefängnissen unseres Landes kannte er sich schon gut aus.

In unserer Zelle war es halbdunkel und kühl, gegen Morgen zog es feucht herein. Alle lagen auf dem Fußboden auf ihren Mänteln oder Jacken. Tadeusz und ich legten uns auf seinen polnisch-deutschen Mantel und deckten uns mit meinem zu.

Am zweiten Tag war mein Kopf wieder wie zwischen glühende Reifen gepreßt, die verschleppte Kieferhöhlenvereiterung wieder akut. Bei der Morgenzählung meldete ich mich beim Diensthabenden krank. Ein paar Stunden später kam ein Feldscher – ein breiter, träger, zerstreuter Leutnant. Er maß die Temperatur, über 38 Grad, gab mir Tabletten, die ich in seiner Gegenwart schlucken mußte. Im Gefängnis ist es verboten, dem Häftling irgendwelche Medikamente auszuhändigen. Ich fragte: »Umschlag?«

»Hat keinen Sinn. Hier zieht's, und Sie liegen auf dem Fußboden. Nach einem Umschlag werden Sie sich erst recht erkälten. Das beste ist, die Mütze überhaupt nicht abzunehmen ...«

Eine Zeitlang ließ der Schmerz nach, um sich nachts zu verschlimmern, auch das Fieber stieg wieder. Tadeusz erzählte am Morgen, ich hätte im Schlaf auf deutsch und russisch geschrien und geschimpft. Der Tag verlief genauso wie der vorige – 38,5 bis 38,6. Der Feldscher verabreichte Tabletten, Erleichterung. Nachts wieder Schmerzen. Es war, als drücke man mir die Augen aus den Höhlen. Fieber, Übelkeit.

In dieser Nacht rief man mich zum Verhör. Ich wurde in den ersten Stock hinauf über einen schmalen, mit Schränken vollgestellten Korridor in ein quadratisches, halbdunkles Zimmer geführt: ein Tischchen mit einer Lampe, an der Wand ein Diwan. Die Lampe leuchtete grell, ihr Lichtkegel war aber zur Seite gedreht, so daß man nicht sehen konnte, wer am Tisch saß. Ich trat näher heran. Eine scharfe, keifende, unbekannte Stimme hielt mich an: »Nicht weiter. Setzen Sie sich dorthin.«

An der Wand, zehn Schritt vom Tisch entfernt, zwischen der Tür und dem Ofen stand ein Stuhl, den die Tischlampe scharf anleuchtete. Ich setzte mich.

»Was fällt Ihnen ein – wohl noch nicht aufgewacht, was? Nehmen Sie gefälligst die Mütze ab!«

»Ich bin krank. Kieferhöhlenvereiterung.«

»Hier ist kein Sanatorium, sondern ein Untersuchungsgefängnis. Das haben Sie zu respektieren. Mütze abnehmen!«

»Ich bin weder zum Tode verurteilt noch auf Selbstmord erpicht. Ich habe Fieber und eine vereiterte Entzündung. Ich muß den Kopf warm halten. Das ist keine Mißachtung der Behörde.« Er schwieg für Sekunden.

»Meinetwegen. Die Untersuchung Ihres Falles wird fortgesetzt. Ich bin Ihr Untersuchungsrichter, Major Winogradow.«

Er spricht monoton, unbeteiligt.

»Ich habe Ihnen mitzuteilen, daß Sie vergeblich versuchen, die Untersuchungsbehörde irrezuführen, indem Sie Ihre verbrecherischen Aktivitäten nicht zugeben. Uns ist alles bekannt. Allein ein offenherziges Geständnis kann Sie retten und Ihr Geschick erleichtern. Sie sind gebildet und sollten daher die Worte des großen sowjetischen Schriftstellers Maxim Gorkij kennen: ›Wenn der Feind sich nicht ergibt, muß er vernichtet werden.‹ Klar?«

Kopf und Augen schmerzten höllisch. Übelkeit würgte mich. Was bedeutete das? War das nur das übliche Empfangsverfahren, oder hatte sich tatsächlich etwas verändert, die Lage verschlimmert? Was wollten sie jetzt?

»Nein, nicht klar. Mir ist gar nichts klar. Ich habe keinerlei verbrecherische Handlungen begangen.«

»Sie widersetzen sich also immer noch. Sie haben falsche Aussagen gemacht. Ich selbst habe mich davon überzeugt, daß Sie versucht haben, die Untersuchungsbeamten irrezuführen. Uns ist bekannt, daß Sie Deutsche verteidigt und sich auf den Weg antisowjetischer Verleumdung begeben haben. Nur wenn Sie aufrichtig Ihre Schuld bekennen und dem Untersuchungsrichter helfen, die ideologischen Wurzeln und Grundlagen Ihrer Propagierung des bürgerlichen Humanismus...«

Also wieder die alte Leiter...

»Das ist nicht wahr. Man hat mich verleumdet. Meine Propaganda ist die Propaganda des sozialistischen Humanismus, nicht die des bürgerlichen. Ich habe nicht die Deutschen verteidigt, sondern die sozialistische Moral unserer Armee. All das habe ich schon Hauptmann Poschechonow erklärt, es steht im Protokoll. Mehr habe ich nicht zu sagen. Das Protokoll liegt Ihnen vor.«

»Was uns vorliegt, geht Sie nichts an. Wir beginnen die Untersuchung von vorn – von Anfang an. Wir werden die ideologischen Wurzeln aufdecken.« Die Schmerzen verstärkten sich unerträglich. Zuerst hatte ich durch das starke Licht, das Stirn und Backenknochen wärmte, Erleichterung verspürt, doch nun war es schlimmer als vorher. Vor Schmerzen, Fieber, Eitergeschmack, Übelkeitswallungen und Schreck verliere ich fast das Bewußtsein. Die Ohrenklappen heruntergelassen, beuge ich mich zum Tisch vor, um besser sehen und hören zu können, dabei bemerkte ich nicht, daß jemand ins Zimmer kommt. Plötzlich eine Stimme von rechts. Ich drehe mich um: ein großer Oberstleutnant in blankgewichsten Stiefeln und Etappen-Mütze. Helle Handschuhe. In der rechten Hand hält er ein langes Stück Gummischlauch, das er mit der linken tätschelt. Er spricht laut, mit herrisch-satter, widerlicher Stimme: »Will der nichts zugeben? – Gesteh lieber freiwillig, sonst müssen andere Mittel her!«

Ich fühlte mich innerlich hohl, war kalt und leer. Der Kopf – ein zusammengepreßter Schmerzklumpen. Was sollte das bedeuten? Wiederholten sich Jeshows Zeiten? Oft hatte ich davon gehört. Wird tatsächlich gefoltert? Dann sterbe ich sowieso, nur gemeiner, langsamer.

Über mir sehe ich das weiße, gepflegte Gesicht, die verächtlich herabgezogenen Mundwinkel, die sauber gestutzten Koteletten, Eau de Cologne-Duft, goldene Schulterstücke, schwarzen Gummischlauch im weißen Handschuh.

Mit einem Satz springe ich auf. Mit dem Rücken zum warmen Ofen packe ich den Stuhl an der Lehne, schwinge ihn hoch. Der umgehängte Mantel behindert mich... Einen Augenblick durchzuckt mich Freude: Ich sehe, wie der Oberstleutnant erschrocken zurückfährt.

Ich brülle. Heiser, keuchend. Ich höre mich selbst, kann mich aber nicht mehr beherrschen: »Also schlagen?... Mich schlagen?... Du willst mich schlagen... du Arschloch... schlag doch zu, schlag mich tot... Lump... Etappenschwein... los doch, bring mich um, aber trau dich nicht mit dem Gummischlauch, schieß scharf, sonst hau ich dir mit dem Stuhl deine rasierte Fresse zu Brei... du Scheißkerl, Himmel, Arsch und Zwirn – mit Gummi wollt ihr mich einschüchtern... Ich hab' die deutschen MGs nicht gefürchtet... Bring mich um, du Hund, aber die Sowjetmacht wird dir's heimzahlen!« Ich brülle, fühle Nacken und Hals steif werden. Falle beinahe – nur ja den Stuhl nicht loslassen.

Füßetrappeln vom Korridor. Leute kommen herein, die Dekkenbeleuchtung geht an. Ein dicker Oberst mit rotem, fettem, aufgeschwemmtem Gesicht streckt mir ein Glas Wasser entgegen.

»Na, laß doch, laß, trink das... niemand will dich schlagen... laß doch, beruhige dich... trink erst mal... dann rauch... Barinow, was machst du aber auch für dämliche Witze. Das hier ist doch unser Mann... Soldat... Frontkämpfer... Na ja, ist gestrauchelt... abgewichen... das bringen wir wieder in Ordnung, werden ihm helfen... Niemand will dich schlagen, auch nicht umbringen... Setz dich, beruhige dich, rauch erst mal.«

Ich setze mich, nachdem ich den Stuhl so gestellt habe, daß ich mich gegen den Ofen lehnen kann. Ich trinke, rauche eine lange Selbstgedrehte aus süß duftendem Pfeifentabak, den mir der Oberst gegeben hat. Schmerzen und Übelkeit, die für einen Augenblick wie weggeschwemmt gewesen waren, fluten zurück. Und noch etwas anderes: Ich fühle voll Scham, daß ich heule, die Tränen rinnen, und ich kann sie nicht zurückhalten.

Der Dicke ist Leiter der Untersuchungsbehörde, Oberst Rossijskij, er redet mir gut zu, geht durchs Zimmer, wedelt mit seinen kurzen, flossenähnlichen Armen, wackelt mit seinem großen, schlotterigen Bauch, der über den Gürtel quillt. Er prahlt: »Ich bin alter Tschekist, Veteran, hab' schon bei Felix[21] gearbeitet, hatte mit Sozialrevolutionären zu tun, mit Trotzkisten, Bucharinisten, hab' auch den Kirow-Mörder[22] verhört. Mich, mein Lieber, kann man nicht an der Nase rumführen.« Zwischen diesen Mitteilungen über sich selbst sagte er: »Sei offen, Bruder, öffne dich vollständig. Wir kennen dich. Wir kennen dich besser, als du dich kennst. Aber eins ist uns wichtig. Wir wollen, daß du deine Aufrichtigkeit unter Beweis stellst, ideologisch abrüstest.«

Auf alle meine Erwiderungen sagte er nur: »Laß man, laß. Mir kannst du nicht vormachen, daß der Ofen da schwarz ist, ich seh' ja: Er ist weiß. Nein Bruder, nein, mit dem Schwanz kann man nicht pflügen. Besser, du öffnest dich rückhaltlos, wirst sonst den Kerker nicht überdauern!«

Vom weißen Ofen, von der Unmöglichkeit, auf so originelle Art zu pflügen, und davon, daß ich den Kerker nicht überdauern würde, hörte ich später noch viele Male von ihm. Er kam zu den Verhören, zitierte natürlich auch Gorkij, nur nicht besonders genau.

»Weißt du, Gorkij persönlich hat gesagt, Gorkij selbst, der persönliche Freund von Lenin und Stalin, er hat gesagt, wenn du nicht gestehst, nein, wenn du dich nicht ergibst, vernichten wir dich...«

Doch in dieser ersten Nacht war Rossijskij über die Maßen freundlich. »Wir meinen es gut mit dir, wollen nur dein Bestes, deine Fehler korrigieren. Wir sind nicht gegen dich, wir kämpfen für dich. Wir haben dir ja auch den besten Untersuchungsrichter gegeben. Major Winogradow, altes Parteimitglied, Professor für Marxismus-Leninismus am Pädagogischen Institut Jaroslawl, Kandidat der Philosophischen Wissenschaft. – Wir verstehen ja...«

Ich hatte mich inzwischen gefaßt und begann zu sprechen. Sie hörten zu. Rossijskij und Barinow saßen auf dem Diwan, Winogradow am Tischchen. Sie hörten zu, ohne mich zu unterbrechen. Und ich sprach – immer in der Angst, Schmerz und Übelkeit könnten mich überwältigen –, ich erzählte von Ostpreußen, von meinen Beziehungen zu Sabaschtanskij, wie er mich plump und ganz eindeutig verleumdet habe, wie geschickt er bei der Parteiversammlung manövriert habe. Sie hörten anscheinend interessiert zu. Als ich die Selbstgedrehte zu Ende geraucht hatte, bot Barnow mir eine Papiros an. Ich sprach weiter durch Schmerzen und Fiebernebel, und meine Worte kamen mir überzeugend vor. Im Laufe der Nacht war die Temperatur gesunken, und ich sprach immer freier, belebt durch die stumme und, wie mir schien, anteilnehmende Aufmerksamkeit.

Als ich geendet hatte, räusperte sich Rossijskij und sagte: »Nun ja, wir werden es nachprüfen. Vielleicht hast du recht. Wir prüfen das, Stück für Stück. Aber du selbst mußt uns dabei helfen. Deine Sache ist ja kein Kriminalfall, sondern ein parteilicher, ideologischer Personalfall. Du mußt beweisen, daß du mit aller Entschiedenheit alle deine in der Jugend begangenen Fehler verurteilst, du weißt ja selbst – dein Trotzkismus. Da kann es kein Drumherum geben, je entschiedener du die alten Vergehen verurteilst, um so mehr wird man dir heute vertrauen. – Los, Winogradow, mach Schluß jetzt, siehst ja, er ist krank. Muß Ruhe haben... Also, dann bis später! Da, nimm noch Tabak.«

Er ging mit Barinow hinaus. Und Winogradow stellte mir die Frage, die später verhängnisvoll für den ganzen Fall wurde: »Sagen Sie, wann genau betraten Sie den Weg des Kampfes gegen die Partei und die Sowjetmacht?«

»Was meinen Sie damit? Diesen Weg habe ich nie beschritten.«

»Ich meine Ihre trotzkistische Vergangenheit. Entweder verurteilen Sie sie wirklich, das heißt, Sie bewerten sie politisch, legen die Wurzeln frei, oder sie tun das nicht – das heißt, Sie haben der Partei gegenüber ideologisch nicht abgerüstet.«

Mit dieser Sophisterei hatte er mich überspielt. Mir erschien es wie ein Axiom, dem gegenüber kein Widerspruch möglich war: ja, tatsächlich – entweder-oder...

Nicht nur die Krankheit und diese lange Nacht, das plötzliche Verhör, die anfängliche Drohung und dann die freundliche Aufmerksamkeit – dies war, wie ich erst viel später lernte, der normale Auftakt, einen Angeklagten »aufzubrechen« –, vor allem die primitive, vor langem gelernte Logik veranlaßte mich, ganz einfach zu antworten: »Im Februar 1929.«

16. Ein Blick zurück

Februar 1929. Charkow. Nur ein einziges Mal hatte ich in diesem Winter von der Arbeitsvermittlung für Jugendliche eine kurzfristige Arbeit zugewiesen bekommen – Lastträger bei der Räumung eines Lebensmitteldepots. Ich hatte also sehr viel freie Zeit, las ganze Tage. Manchmal setzte ich mich auch an die Lehrbücher, denn ich wollte zum Herbst die Hochschulaufnahmeprüfungen machen, war mir aber noch nicht klar, für welche Fakultät – Elektrotechnik oder Geschichte.

Ich las Romane und die Protokolle der Parteitage, las Marx, Engels, Plechanow, Lenin, Kautsky, Bucharin, Trotzkij, Lunatscharskij, Sinowjew, Stalin, Preobrashenskij. Die Memoiren von Clemenceau, Noske und Denikin. Das alles wurde bei uns damals noch publiziert. Ich las die Zeitschriften »Das Vergangene« und »Zuchthaus und Verbannung«, die Dokumentationen und Berichte der revolutionären Arbeit vor 1917 veröffentlichten.

Damals war ich parteilos, »nichtorganisiert«. 1927, bald nachdem ich die Siebenklassenschule beendet hatte, war ich aus der Organisation »Junge Pioniere« ausgeschlossen worden wegen »unmoralischen Lebenswandels«. Ich war nicht nur beim Rauchen ertappt, sondern auch überführt worden, daß ich Wodka trank und mit kleinbürgerlichen Mädchen herumflanierte, die sich schminkten, hochhackige Schuhe trugen und sogar selber rauchten. Nicht lange vorher war ich als Kandidat des Komsomol aufgenommen worden, aber die Zelle der elektrotechnischen Berufsschule, in die ich ging, lehnte mich bald darauf ab. Einmal weil ich wegen dieser schwerwiegenden Vergehen aus dem Pionierverband ausgeschlossen worden war, zum andern wegen noch schlimmerer Dinge: Teilnahme an einer Massenprügelei zwischen zwei Berufsschulen und ungebührliches Betragen auf einer Zellenversammlung – nach einem Referat über die internationale Lage war ich in der Diskussion gegen die Politik der Komintern in China aufgetreten: Ich verurteilte das Bündnis mit der Kuomintang. Nach den Oktoberfeiertagen flog ich auch aus der Berufsschule heraus, weil ich mich an einer zweiten Prügelei beteiligt hatte.

Nun korrigierte ich mein Geburtsjahr 1912 in 1911 und ließ mich in der Arbeitsvermittlung für Jugendliche registrieren. 1927/28 gab es manchmal für eine Woche, manchmal für einen Monat Arbeit. Mal als Hilfsarbeiter bei privatem Hausbau – die während der NEP-Zeit prosperierenden Kaufleute und Gewerbetreibenden bauten sich damals am Stadtrand eigene Häuschen –, mal als Lastträger, Laufjunge oder Abonnentenwerber. Den Verdienst hielt ich nach Möglichkeit vor Mama geheim und verbrauchte ihn für Zigaretten, Kino, Bier. An den Abenden ging ich ins Haus der Schriftsteller, hörte Dichterlesungen und kritischen Diskussionen zu. Dort versammelte sich auch einmal wöchentlich unser Literatenzirkel. Zuerst nannten wir ihn »Jugend«, dann »Großer Bär«, denn wir waren sieben, schließlich »Durchbruch«. Spötter witzelten: »Durchbruch« – »Ausbruch« – »Umbruch« – »Leistenbruch«.

Aus unserem unordentlichen Haufen gingen später einige gute, auch außerhalb der Ukraine bekannte Schriftsteller und

Literaturwissenschaftler hervor: Lydia Nekrassowa, Iwan Kaljanyk, Andrej Bjeletzkij, Sergej Borsenko, Alexander Chasin, Iwan Nechoda, Valentin Bytschko, Nikolaj Nagnibeda, Roman Ssamarin. Wir lasen einander unsere Werke vor, hauptsächlich Gedichte, meistens schlechte, bisweilen wurde das eine oder andere sogar auf der Literaturseite der Zeitung »Charkower Proletarier« veröffentlicht. 1929 kam es im »Durchbruch« zu Streitigkeiten. Nach dem Statut hatten alle Büro-Mitglieder reihum den Vorsitz zu führen, und jeder Vorsitzende maßte sich diktatorische Vollmachten an. Als Serjosha Borsenko Diktator wurde, schloß er Lydia Nekrassowa, Andrej Bjeletzkij und Roman Ssamarin mit der Begründung aus, sie seien »antisowjetische Elemente«. Ich protestierte und erhielt eine strenge Rüge wegen »Versöhnlertums«.

An einem Februarmorgen 1929 kam mein Vetter Mark Poljak. Er kam heimlich, sagte, er habe auf der Straße abgewartet, bis meine Eltern zur Arbeit und mein Bruder in die Schule gegangen waren. Er holte zwei in Zeitungspapier gewickelte, fest verschnürte Pakete aus seiner Mappe: »Versteck das, aber gut. Bei mir kann's Hausdurchsuchung geben. Und dichthalten! Zu niemandem auch nur ein Wort...«

Mark war sieben Jahre älter als ich, und alle Verwandten hielten ihn für ein Genie. Er hatte sein Biologiestudium abgeschlossen und eine Broschüre veröffentlicht »Traum und Tod«. Die Verwandten erzählten gewichtig: »Er hat schon eigene Werke veröffentlicht.« Er hielt Vorträge in verschiedenen Klubs über Themen wie »Was ist Leben?« und »Die Entstehung des Menschen«.

Ich verehrte ihn als großen Gelehrten und Besitzer einer riesigen Bibliothek. Sie nahm die Hälfte eines Bücherschrankes ein, die andere Hälfte beanspruchte sein älterer Bruder – er war Arzt – für seine medizinischen Bücher. Marks Tisch war überhäuft mit dicken Wälzern und dünnen Broschüren: Philosophie, Biologie, Geschichte, Politwissenschaft. Aber nichts Belletristisches. Über meine literarischen Prätentionen und lyrischen Versuche lächelte er geringschätzig: »Lies Kant und Hegel, Plechanow, Lenin, Freud. Die muß man kennen. Gedichte sind romantischer Mumpitz, 19. Jahrhundert, was für Mädchen-Poesiealben. Aber ein richtiges modernes Mädchen zieht heute auch schon die Wissenschaft vor: Philosophie und seriöse politische Literatur. Zeit vertrödeln mit affigen Zierpuppen, schmachtenden Idiotinnen und ihren Poesiealben ist noch tausendmal blöder, als Gedichte zu schmieren. Du kannst dir doch nicht von irgend so einem Fratz den Kopf verdrehen lassen, mit dem man über nichs reden kann, höchstens säuseln: ›Sagen Sie, glauben Sie an die Liebe?‹ – ›Wen vergöttern Sie mehr, Puschkin oder Nadson? Ach, Lermontow – ist er nicht wundervoll!‹ Na also, dann doch lieber onanieren, das ist lange nicht so schädlich wie dieses Zeitverplempern.«

Er lachte mich immer aus, war aber nicht beleidigt, wenn ich ihm bissig erwiderte, ihn einen trockenen, schwunglosen Knasterbart schimpfte, ihn Bücherwurm und Kaulquappe titulierte.

Er setzte dann nur eine geheimnisvolle, vieldeutige Miene auf – und, was wichtiger war, er gab mir interessante Bücher zu lesen. Uns besuchte er selten. An jenem Morgen vertraute er mir an, er beteilige sich an der Arbeit des Untergrundzentrums der »Bolschewisten-Leninisten (Opposition)«, der Oppositionellen, die von den Bürokraten und Stalinisten verleumderisch Trotzkisten, Sinowjewisten oder Ssapronowzen genannt würden.[23] Er gab mir allerlei zu lesen: ein Flugblatt über die Verbannung Trotzkijs den Text der »Plattform der 83« (»Vereinigte Leninsche Opposition 1927«), die »Aufzeichnung des Gesprächs Bucharins mit Kamenew im August 1928«. Schon früher hatte ich aufmerksam die Stenogramme des XIV. und des XV. Parteitags[24] gelesen, ebenso die der Parteikonferenzen und der Vollversammlungen der Komintern-Exekutive sowie die »Diskussionsblätter der ›Prawda‹«. Die Reden und Artikel der Oppositionellen imponierten mir durch ihre revolutionäre Logik und durch ihr Feuer: Sie wetterten gegen die NEP-Spekulanten, gegen die Kulaken, die entarteten Bürokraten, gegen Verträge mit der ausländischen Bourgeoisie, gegen Zugeständnisse an diese Chamberlains, und sie agitierten für die proletarische Weltrevolution. Anderseits aber hatte die Partei die Oppositionellen verworfen, und der Wille der Mehrheit ist für einen Kommunisten-Bolschewiken oberstes Gesetz, es darf keine Spaltungen geben, solange unser Land eine belagerte Festung ist...

Mark widersprach mir ernsthaft, wie einem Gleichaltrigen, bezog sich auf Lenins Beispiel – auch er war manchmal gegen die Mehrheit aufgetreten, wenn es um Prinzipien, Grundsätze, um das Schicksal der Revolution ging, als über den Frieden von Brest-Litowsk, über die Einführung der NEP erbittert gestritten wurde; damals war die Situation sehr viel schwieriger als jetzt.

Er machte mich mit dem Verbindungsmann des Zentrums »Genosse Wolodja« bekannt, es war Emmanuil Kasakewitsch, der spätere Schriftsteller und Stalinpreisträger. (Dieses Kapitel seiner Biographie kannten – soviel ich weiß – bis zu seinem Tode nur ganz wenige, ihm sehr nahestehende Menschen.) Einmal nahm Mark mich zu einem »Auftrag« mit. Wir transportierten einen schweren Koffer in einer Droschke. Es war eine Handpresse »Amerikanka«. Ich mußte sie dann auseinandernehmen und versteckte die Teile bei einigen meiner Freunde.

Anfang März wurde Mark verhaftet. Beide Pakete, über die er angedeutet hätte: »Teil des Zentrum-Archivs, ganz besonders geheim«, gab ich Iwan Kaljanyk zum Verstecken. Sein Vater, ein Werksdirektor, war unerschütterlicher Stalinist; Iwan sympathisierte mit der Opposition, interessierte sich aber viel mehr für Gedichte – er galt als der begabteste Lyriker im »Durchbruch« –, für Mädchen und einen ordentlichen Trunk. Ausgerechnet bei ihm gab es Haussuchung, keiner meiner anderen Freunde, bei denen ich die Amerikanka und die Literatur versteckt hatte, wurde behelligt. Viel später kam ich darauf, daß offenbar ein gemeinsamer Freund Iwan verpetzt hatte. Iwan hielt sich fabelhaft, verriet keinen einzigen Namen, weder vor den Durchsuchungsbeamten noch vor seinem Vater. Der war ganz und gar verstört, als ausgerechnet in seiner Wohnung im Zwischenraum zwischen der Krone des holländischen Ofens und der Zimmerdecke Pakete zutage gefördert wurden, in denen sich Protokolle und Resolutionen des Untergrund-Zentrums der Opposition, Flugblatt-Texte, Entwürfe zu Aufrufen, Chiffre-Codes, Verhafteten-Listen und anderes mehr befanden. Iwan sagte die lautere Wahrheit, als er darauf beharrte, den Paketinhalt nicht zu kennen. Auch ich kannte ihn nicht. Ebenso standhaft behauptete er, nicht zu wissen, wie diese fürchterlichen Pakete auf seinen Ofen gelangt seien, und antwortete auf alle drängenden Fragen: Er habe niemanden in Verdacht, könne sich auch nicht daran erinnern, daß ihn jemand in den letzten Tagen besucht habe; er sei die ganze Woche über betrunken gewesen.

Zur Ehre seines Vaters, Iwans des Älteren, sei hinzugefügt: Auch er half den Ermittlungsbeamten nicht, berief sich darauf, daß er selten zu Hause sei – die Fabrik befand sich in einer anderen Stadt, und er war tatsächlich nur besuchsweise in Charkow; doch von unseren Ansichten wußte er genug, denn er trank und diskutierte manchmal heftig mit uns.

Iwan wurde für den nächsten Tag zur GPU bestellt. Natürlich ging ich mit und gestand, daß ich die Pakete ohne Wissen des Wohnungsinhabers dort versteckt hatte, aber was sie enthielten – Ehrenwort –, das wüßte ich nicht (und das war die Wahrheit). Wer mich gebeten hat, die Pakete zu verstecken, könne ich nicht sagen, weil ich versprochen habe, zu schweigen. Mich an meine Komsomolzenpflicht zu mahnen erübrige sich, zwar sei ich nicht im Komsomol, aber ideologisch halte ich mich für einen Kommunisten-Bolschewisten-Leninisten, und meine Pflicht befehle mir in diesem Fall zu schweigen, weil die GPU-Beamten eine falsche politische Linie einhielten, indem sie echte Leninisten verfolgten.

Als Iwan und ich zur Vorladung gingen, war ich überzeugt, verhaftet zu werden. Ich hatte mich von dem Mädchen, in das ich gerade verliebt war, verabschiedet, einen Brief an meine Eltern geschrieben, den jenes Mädchen durch gemeinsame Bekannte übermitteln sollte. Der Untersuchungsrichter drohte zuerst und spottete: »Ihr seid mir schöne Verschwörer, solltet lieber Räuber und Gendarm spielen; wir verfolgen schon lange jeden Schritt eures gelehrten Brüderchens und damit auch euch. Wir wissen mehr von euch, als ihr selber wißt.«

Wie oft habe ich später diese sakramentale Formel noch gehört, und immer wieder konnte ich mich überzeugen, daß sie nur der Einschüchterung dienen sollte. Auch damals wußten sie nichts von dem, was ich bei einigen meiner Mitschüler versteckt hatte.

Dann wurde Iwan heimgeschickt, und mich »erzogen« nun zwei Untersuchungsbeamte, während ich versuchte, sie zu agitieren. Ich bildete mir sogar ein, Eindruck zu machen, wenn ich Lenin und Trotzkij auswendig zitierte und so unwiderlegbare Fakten anführte wie: »In der ersten Auflage der ›Fragen des Leninismus‹ hat Stalin selbst geschrieben, wer von der Möglichkeit, den Sozialismus in einem Lande aufzubauen, spricht, glaubt an eine Utopie, eine dumme und noch dazu schädliche – national-sozialistische...«

Abends ließen sie mich laufen; ich mußte mich aber schriftlich verpflichten, die Stadt nicht zu verlassen. Ich war nicht wenig enttäuscht, hatte es doch einen so rührenden Abschied gegeben, *sie* hatte mich zum ersten Mal geküßt, weil uns doch eine lange Trennung bevorstand – ich hatte mich als heroischer Revolutionär, Nachkomme der Narodowolzen und der ersten Bolschewiki gefühlt. Und nun schickten sie mich einfach nach Hause wie einen rotznäsigen Bengel.

Doch mein Verstand reichte wenigstens so weit, mir darüber klar zu sein, daß man mich in den nächsten Tagen beobachten würde. Ich schlängelte mich schlau von Besuch zu Besuch aller möglichen Freunde, Bekannten und kaum Bekannten, daß die GPU keinesfalls durch mich auf eine interessante Spur kommen konnte. Ich hatte auch noch das Glück, gerade jetzt für eine volle Woche Arbeit zu bekommen: Abonnenten-Werbung für Zeitungen und Zeitschriften. Ich trieb mich also begründet in Behörden, Betrieben und Wohnkooperativen herum, schwatzte den Leuten Prospekte auf und Abonnementsformulare zur Unterschrift (Geld kassierte ich nicht, die Abonnenten hatten den Betrag selbst bei der Post einzuzahlen). Zudem kannte ich viele Durchgangshöfe, Schleichpfade, Zaunlücken. Vergnügt über meinen Scharfsinn, verfertigte ich handgeschriebene Flugblätter: Proteste gegen Verhaftungen von Bolschewisten-Leninisten, gegen die »Willkür der Stalinschen Büttel«. Zwei meiner Freunde hatten Dutzende dieser Flugblätter in die Elektrofabrik und in die Dreschmaschinenfabrik »Hammer und Sichel« geschleust; sie waren unverdächtig, weil sie sich als Produktionspraktikanten sowieso oft dort aufhielten. Ich brachte ein Dutzend Blätter in der Lokomotivfabrik unter, als ich mit Reklame-Prospekten in die Werksbibliothek ging. Zwei Flugblätter klebte ich sogar an die Tür des Betriebskomitees, und ich konnte es mir nicht verkneifen, vor jenem Freund damit zu prahlen, der die Sache mit Iwan gewußt hatte – und in der nächsten Nacht, am 29. März, wurde ich verhaftet.

Wunderlich war es, nun im Feldgefängnis an diese erste Haft zu denken. Auch später in den Durchgangsgefängnissen von Brest, Orjol, Gorkij und selbst in dem bestorganisierten und komfortabelsten von allen, der Butyrka, dachte ich oft an diese zehn Tage, die ich im Innenbau des Charkower Arbeitshauses (das Wort Gefängnis galt als reaktionär, fast so schlimm wie Zuchthaus) verbrachte. Die Zellen für je drei Mann waren sauber und hell; das Fenster selbstverständlich ohne »Maulkorb«; über die Mauer des Innenhofes klangen vom Kriminellentrakt Lieder herüber, hin und wieder gab es dort lautstarke Unterhaltungen, auch Zänkereien von Stockwerk zu Stockwerk. Jeden Morgen konnten wir – etwas Geld hatte man uns gelassen – Zeitungen und Zeitschriften kaufen. Im Laufe des Tages kam ein Händler, der Franzosenbrötchen, Wurst, Käse, Süßigkeiten verkaufte. Auch die Bibliothekarin kam, man konnte bei ihr sogar Bücher bestellen. Die Verpflegung war nicht sehr wohlschmekkend, aber sättigend. Mittags gab es immer Fleisch, und auch zum Frühstück und Abendbrot bekamen wir manchmal Nudelsuppe oder Kascha[25] mit Fleisch. Die Aufseher redeten uns mit »Genosse« an. Pausenlos unterhielten wir uns ohne jede Behinderung durch Klopfsprache mit den Bewohnern der Nachbarzellen.

In der einen saß ein Student, ein radikaler »Dezist«[26]. Er prangerte das klägliche Versöhnlertum Sinowjews an und die hohle Phrasendrescherei Trotzkijs, die beide objektiv nur als Helfershelfer für Bucharin und Stalin wirkten. Er klopfte, man müsse endlich mit dem Geschwätz aufhören, statt dessen Streiks organisieren und Demonstrationen, man müsse die Schlüsselstellungen besetzen und, wenn nötig, Gewalt anwenden...

Auf der andern Seite saßen Mädchen, Arbeiterinnen. Sie interessierten sich weniger für theoretische und politische Probleme und klopften auch ziemlich schlecht. Hauptsächlich fragten sie nach Alter, Name, Größe, Haar- und Augenfarbe, verheiratet oder Junggeselle...

An einem der ersten Tage gab es eine lärmende Meuterei im Trakt: In den Zellen wurde gebrüllt, mit Schemeln und Bechern gegen die Türen gedonnert, die Gucklöcher eingeschlagen. Gefordert wurde: Zellen öffnen, Erlaubnis, einen »Sprecher« für den Trakt zu wählen. Wegen dieser Meuterei saß ich dann vierundzwanzig Stunden im Karzer – einer kalten Zelle im Keller ohne Bett (nur ein nackter Rahmen mit Drahtrost). Rauchen war erlaubt. Da es kein Mittagessen gab und auch weniger Brot, erklärte ich den Hungerstreik, der genau von einem Abendessen bis zum nächsten dauerte.

Nur ein einziges Mal wurde ich verhört. Und das war weniger ein Verhör – ich verweigerte die Aussage – als ein politischer Disput. Der Untersuchungsrichter, ein älterer, krankhaft abgezehrter, erschöpfter Mann, setzte mir ärgerlich auseinander, daß Oppositionelle verhaftet und dann deportiert werden müßten, weil sie – trotz all ihrem Gerede von revolutionärer Gesinnung, Treue zu Lenins Vermächtnis, Treue zur Sowjetmacht überhaupt – nichts als Schaden anrichteten, die Autorität der Partei untergrüben und den Staat schwächten. Mit offener, wohl auch ein wenig mitleidiger Verachtung sah er auf diesen grünen Bengel, der so viel zusammengelesen hatte, bis er bloß noch »Matsch im Kopf« hat, sich aber für einen Teufelskerl von Revolutionär hält.

»Sie sollten erst mal arbeiten, richtig mit Proleten zusammen, Fabrikluft atmen, an der Werkbank schwitzen. Vom Leben haben Sie bisher nur aus fremden Worten gehört, aber vom wirklichen Leben haben Sie keine Ahnung. Und dann der Partei Knüppel ins Rad schmeißen!«

Bis zum 9. Aril blieb ich im Arbeitshaus; ausgerechnet an meinem Geburtstag wurde ich entlassen. In der Gefängniskanzlei erklärte man mir, mein Vater habe die Bürgschaft für mich übernommen, und ließ mich unterschreiben, daß ich die Stadt nicht verlassen würde. Meinem Vater hatte sein alter Freund Michail Alexandrowitsch Krutschinskij geholfen, der im Bürgerkrieg das berühmte Bohun-Regiment kommandiert hatte und Vertreter von Schtschors[27] gewesen war. Mit seinem Rotbannerkampforden war er der einzige »Ordensträger« unter unseren Bekannten und Verwandten. Krutschinskij war mit dem Generalstaatsanwalt der Ukraine, Michajlik, befreundet; der erledigte meinen Fall mit einem Telephonanruf.

Wieder in Freiheit, gab ich die bisherigen Kontakte nicht gleich auf. Ein paarmal traf ich mich noch mit den »Untergründlern«, gab Flugblätter weiter. Doch im Mai brach ich offen mit der Opposition. Diese Entwicklung war beschleunigt worden durch die offizielle Entlarvung der »Rechtsabweichler« Bucharin, Rykow, Tomskij. In den Zeitungen erschienen immer häufiger Briefe von Leuten, die sich von der Opposition lossagten. Besonders tief beeindruckten mich die Briefe von Preobrashenskij, Radek, Smilga – alle drei hochgeachtete Parteiführer, alte Freunde Trotzkijs.

Anfang Juni fand außerhalb der Stadt eine geheime Versammlung statt. Meldegänger holten die Teilnehmer ab und begleiteten sie, die sonntäglichen Spaziergänger meidend, in ein abseitiges Wäldchen. »Genosse Alexander« war aus Moskau gekommen. Er referierte über die »Gegenwärtige Situation und die Aufgaben der Leninschen Opposition«. Er führte aus, das ZK habe faktisch das Industrialisierungsprogramm angenommen, das die Opposition ausgearbeitet und vorgeschlagen habe. Er erläuterte den Sinn der Diskussion zwischen der »Wirtschaftszeitung« und dem »Industrie- und Handelsblatt«, die dem endgültigen Zusammenbruch der Rechten vorausging, die ja schon längst von den Bolschewisten-Leninisten entlarvt worden seien. Die Gefahr der Entartung unserer Gesellschaft durch eine NEP- und Kulakenrenaissance könne nun als beseitigt angesehen werden; Stalin habe sozusagen die gesellschaftliche Basis und die theoretischen Bastionen seiner Machtusurpation selbst zerstört; geblieben sei jedoch der bürokratische Apparat, das System von Unterdrückung und Einengung; Stalin und Molotow hätten sich schamlos die Gedanken, theoretischen Konzeptionen und praktischen Vorschläge von Preobrashenskij, Trotzkij, Pjatakow, Sinowjew, Kamenew, Rakowskij, Salutzkij und anderen Leninisten angeeignet.

Dem Referenten wurden Fragen gestellt, es gab Repliken und Diskussionsbeiträge. Ich gehörte zu den Hitzigen, zu den Opponenten der Opposition. Wir vertraten den Standpunkt: Jetzt beginnt ein gigantischer Aufbau. Die Rechten sind entlarvt, die NEP wird sehr bald endgültig ausgespielt haben Grundsätzlich ist also die Generallinie der Partei richtig. Wozu dann noch Untergrundarbeit betreiben und das ZK bekämpfen? Darüber zu streiten, wer zuerst gewußt hat, daß der Kulak sich nicht im Sozialismus integrieren könne, wer wessen Gedanken sich zu eigen gemacht habe, sei im Vergleich zu den gewaltigen Aufgaben kleinliches Gezänk. Die Frage, ob der Sozialismus in einem Lande aufgebaut werden könne, habe natürlich prinzipielle Bedeutung, sei aber im Augenblick zweitrangig, ebenso wie die Frage nach der Erweiterung der innerparteilichen Demokratie. Jetzt gehe es darum, Fabriken zu bauen, Elektrowerke, die Rote

Armee zu stärken. Trotzkij kann sich im Ausland um die Weltrevolution kümmern, dort soll er seine Talente als Redner, Propagandist und Heerführer einsetzen, das führt ihn dann wieder in die Komintern zurück. Aber wir wollen hier arbeiten mit der ganzen Partei, mit der gesamten Arbeiterklasse und nicht die Spaltung vertiefen, nicht die Autorität des ZK untergraben.

Bald nach dieser Versammlung kam Mark aus dem Politisolator im oberen Ural zurück. Er hatte der Opposition abgeschworen nach »der Formel Iwan Smirnows«[28]. Das war die würdigste und zurückhaltend formulierte Lossage von oppositioneller Tätigkeit. Einige derer, die sich in ihrer Lossage auf die Erklärung Preobrashenskijs, Radeks, Smilgas und anderer »radikaler« Kapitulanten beriefen, wurden wieder in die Partei beziehungsweise in den Komsomol aufgenommen. Diejenigen, die sich der Erklärung Smirnows anschlossen, wurden formlos aus der Verbannung oder dem Politisolator freigelassen. Mark war parteilos. Er fand Arbeit in einem methodischen Kabinett zur pädagogischen Unterweisung technischer Kader. Auf seine viermonatige Hafterfahrung, die Teilnahme an Gefängnismeutereien und Hungerstreiks war er sehr stolz.

Durch Zeitungslektüre, Diskussionen, Beispiele der gestern noch Illegalen, mehr noch aber durch Nadja, in die ich sehr verliebt war (ein Jahr später, beide kaum achtzehn, heirateten wir), überzeugt, ging ich in diesem Sommer ins Stadtkomsomolkomitee und gab meine Lossage-Erklärung von der Opposition ab.

Niemand empfing mich dort, wie ich eigentlich erwartet hatte, jubelnd und gerührt als verlorenen Sohn. Der Vorsitzende der Kontrollkommission, Wolkow, ein scharfgesichtiger, hagerer Bursche in dunklem Russenhemd, sagte geschäftsmäßig kühl: »So. Hast es eingesehen? Was für'n Quatsch deine Genossen gemacht haben? Immerhin, besser spät als nie. So. Und besser von selbst, als daß man dich am Schlafittchen kriegt. So. Hier hast du Papier. Schreib alle auf, die du bei denen dort kennst, alle, Trotzkisten, Dezisten, Leningrader, Sinowjewisten und so weiter. Wo du den Familiennamen nicht kennst, schreib Vornamen oder Spitznamen. Schreib auf, wer, woher, wo getroffen. So. Was heißt hier – wofür? Rüstest du vor der Partei und dem Leninschen Komsomol ab oder nicht? So. Dann setz dich hier hin und schreib. Ich lasse dir Zeit, dich an alle zu erinnern.«

Ich setzte mich an seinen Tisch und stellte eine ziemlich lange Liste auf. Ich wollte ehrlich sein. Ich war fest überzeugt davon, daß man vor der Partei und vor dem Komsomol nichts verheimlichen dürfe. Trotzdem unterschlug ich ein Dutzend Namen, notierte keinen, der noch nicht verhaftet gewesen, noch kein Mal ausgeschlossen, noch nicht »aufgefallen« war. Über sie sprach ich auch später zu den allernächsten Freunden nicht, verbot mir sogar selbst die Erinnerung[29].

Ich fühlte mich unbehaglich an diesem Tisch in Wolkows Büro unter den Bildern von Lenin, Dzierżiński, Tschubarj und Petrowskij und schämte mich insgeheim: Ich betrog und unterschlug ja. Gleichzeitig war mir klar, wenn ich auf diese Liste die Namen von Tanja A., Sina I., Kima R., Sorja B., Ilja B., Kolja R. und andere schriebe, die ich selbst für die Opposition gewonnen hatte und von denen ich wußte, daß sie jetzt anders dachten – genau wie ich – und keine Parteifeinde waren und selbstverständlich niemals die Sowjetmacht schädigen würden, dann müßte ich mich noch mehr schämen; das wäre nicht zu ertragen.

Wenn sie aber trotzdem rauskriegen und erfahren, daß ich nicht alle Namen nannte? Dann sag' ich, die hätte ich vergessen oder ich hätte sie nicht für wichtig gehalten – irgendwas wird mir dann schon einfallen –, aber jetzt schreibe ich sie nicht auf.

Wolkow sah die Liste durch. Machte Notizen. Fragte bei dem einen oder anderen nach der Arbeitsstelle oder ob er Student sei.

»So. Keinen vergessen? Bestimmt nicht? Also gut. Das heißt, du rüstest offen und ehrlich vor der Partei ab. Was machst du: Studierst du? Arbeitest du? Arbeitsvermittlung für Jugendliche – das ist nichts. Für'n paar Groschen hierhin und dahin. Du hast doch was gelernt, bist sogar so gebildet, daß du dich zur Opposition verirrt hast. Das heißt, deine ganze Bildung war uns zum Schaden. So. Und jetzt streng dich an uns zum Nutzen. Das ganze Land arbeitet an der Liquidierung des Analphabetentums. Beim sozialistischen Aufbau des Dorfes braucht man gelernte Kader. So. Geh du zu deiner Arbeitsvermittlung, sag denen, du willst beim Libkes[30] mitmachen. So. Nein, wir geben dir keinerlei Auftrag, du bist ein nichtorganisiertes Element. Aber ich gebe dir den Rat: Geh auf eigene Faust. Sie werden dich hinschicken, wo man Gelernte braucht. So. Bewähr dich in der Arbeit – dann kannst du in den Komsomol. Hauptsache –

Arbeit. Worte, auf der Tribüne oder auf Papier, bleiben Worte, und wenn sie noch so schön und revolutionär sind. Die echte parteiliche Komsomolprobe ist die Tat. So.«

Die Arbeitsvermittlung schickte mich nach Osnowa ins Eisenbahndepot. Dort ernannte man mich zum »Leiter der Arbeiterschule, Stufe 2«, das waren die Halbanalphabeten. Ein Jahr später, 1930, arbeitete ich schon in der Stadt in der Lokomotivenfabrik »Komintern« als Redakteur an der Betriebszeitung. In dieser Eigenschaft arbeitete ich zeitweise auch auf dem Lande im Stab einer Wanderredaktion und in Agitationsbrigaden, half bei der »sozialistischen Umgestaltung des Dorfes«. Nach dem erbarmungslosen Druck, unter dem die Kollektivierung zustande gekommen war, hatte Stalin in einigen Artikeln die »Übergreifer« und »Schlafmützen« angeprangert und die Verantwortung für alle Gewalttaten und Grausamkeiten den untersten ausführenden Funktionären in die Schuhe geschoben. Dieses Manöver erschien mir und der Mehrheit meiner Genossen als weise bolschewistische Strategie: Die Fehler werden korrigiert, die Weichensteller werden als Exempel bestraft, damit die Autorität der Partei unerschüttert bleibt. Anders darf es nicht sein.

Ich gab meinen Aufnahmeantrag im Komsomol ab und berichtete darin natürlich ausführlich über meine früheren Vergehen, die »trotzkistischen Verbindungen«. Diese Vergehen verheimlichte ich nicht, ich übertrieb sie noch ein wenig. Mit achtzehn Jahren ist es angenehm, ein Mensch mit Vergangenheit zu sein. Ich war nichtausgelernter Elektriker, nicht wirklicher Lyriker. Zwar schrieb ich noch immer Gedichte auf russisch und auf ukrainisch, aber mir war schon klar, daß ich zum wirklichen Dichter nicht das Zeug besaß.

Doch kaum hatte ich als Werksjournalist zu arbeiten begonnen, wollte ich mich schon als erfahrener Politiker profilieren, der seine Zweifel und Schwankungen überwunden hat und deshalb um so gründlicher in seinen Überzeugungen gefestigt und theoretisch gut beschlagen ist.

Ich wurde nicht sofort in den Komsomol aufgenommen. Es gab damals noch den Kandidatenstatus für alle, die nicht Arbeiter oder Dorfarme waren. Meine Bekenntnisse erregten kaum Anerkennung, sondern eher Neugierde, ironisches Befremden und spöttische Vorwürfe. Der Sekretär des Betriebskomsomolkomitees, Kostja Trussow – lang, dünn wie eine Hopfenstange, die Mädchen fanden ihn hinreißend –, hatte eine dumpfe Stimme, die wechselnde Röte im Gesicht zeugte von Schwindsucht. Er sprach sehr ernst mit mir.

»Du trittst hier auf, als müßten wir dich für einen verdienten Genossen halten, so viel Bücher und Parteidokumente hast du durchgearbeitet, so großartig hast du mit den Trotzkisten diskutiert – meinst wohl, dafür müßten wir uns bei dir bedanken und dir den Komsomolausweis auf einem Tablett und mit Musik präsentieren. So hast du's nicht gemeint? Na ja, aber auch dafür werden wir uns nicht bei dir bedanken. Ich glaube nämlich, daß du dir noch lange nicht über alles im klaren bist. Zum Beispiel fühle und höre ich in deinen Worten nicht, daß du die Ursachen begriffen hast – die Hauptursachen nämlich, die Klassenwurzeln deiner Abweichungen. Das da ist Paschka, dein Jahrgang, hat auch die Siebenjahresschule hinter sich. Hast du jemals mit der Opposition sympathisiert, Paschka? Da hörst du's: nein. Oder Nikola? Sag, wie war das, Nikola, für wen bist du in den Diskussionen aufgetreten? Für Trotzkij oder für Bucharin? Aha, du hast dich mehr für Fußball interessiert... Na also, da siehst du's! Und du, Anja? Du denkst immer wie das ZK? Vertraust unseren Führern. Eben, da hörst du's. Das sind Arbeiterkinder, von Vater und Großvater her Proletarier. Die lachen nur über all deine Wankungen und Schwankungen, Zweifel und Abweichungen. Verstehst du? Das ist gesundes Klassen-Eingeweide, richtiges Proletenblut. Gut möglich, sogar wahrscheinlich, daß du mehr von Lenin gelesen hast; aber nicht nur von Lenin, auch von all diesen verschiedenen Opportunisten – Kleinbürgern, Menschewisten, Linksabweichlern, Rechtsabweichlern, mit einem Wort: von all den Schwätzern, die der Arbeiterschaft fremd waren und blieben. Verstehst du? Also denk mal nach und laß dich im Arbeitskessel sieden, geh in die Produktion, an die Werkbank, und schreib als Arbeiterkorrespondent. Mach Stoßarbeit, daß man's sieht. Und dann herzlich willkommen in den Reihen des Leninschen Komsomol.«

Fast ein Jahr lang arbeitete ich an der Werkbank und in der Redaktion, tags als Dreher in der Reparaturabteilung, abends und nachts schrieb ich Meldungen, Reportagen, Leitartikel, redigierte, tat Dienst in der Druckerei – wir waren reihum Korrektoren und Metteure. Seit 1931 erschien unsere Zeitung täglich, das bedeutete: drei bis vier Stunden Schlaf.

Als ich Vollmitglied des Komsomol geworden war, wurde ich zum Redakteur einer eigenen Zeitung für die Panzerbauabteilung ernannt. In Anbetracht der Geheimhaltung erschien sie in einzelnen Flugblättern für jede Abteilung gesondert. Solange ich noch Dreher blieb – höher als bis zur vierten Stufe brachte ich es nicht –, arbeitete ich nun häufig rund um die Uhr. Zum Glück befanden sich Druckerei und Redaktion in derselben Baracke. Dort schliefen wir auf Papierhaufen. Nach Hause konnte ich, wenn es hoch kam, zweimal in fünf Tagen. An den seltenen ruhigen Abenden besuchte uns der GPU-Betriebsbeauftragte Alexandrow in unserer Redaktion, die mit einer Sperrholzwand von der Setz- und Druckabteilung abgetrennt war. Dieser alte, ernste Tschekist erschien uns als gütig-strenger, echter Bolschewik. Manchmal bestellte er mich auch in sein Büro; ein stilles, langgestrecktes Zimmer am Ende des Korridors im Parterre der Betriebsverwaltung. Auch einige andere aus der »großen« Redaktion ließ er gelegentlich kommen: auch Paschka Worobjow (der mir vom Komsomolkomitee-Sekretär als Beispiel vorgehalten worden war).

Paschka war der »unermüdliche Anführer der Arbeiterkorrespondenten«. Er verbrachte ganze Tage in den einzelnen Abteilungen, kannte das Werk wie seine Westentasche, haßte Geschwätz und Faulenzer wie die Pest, war ein schonungslos böser Spötter, jedem beliebigen Vorgesetzten rieb er auch noch die am wenigsten schmeichelhaften Urteile unter die Nase. 1932 starb er an Tuberkulose. Er wußte, daß es zu Ende ging, las aber genauso gierig wie in gesunden Tagen die Zeitungen, freute sich, als die Traktoren-Abteilung ihren Rückstand überwand, und bemitleidete nun offen seine Mutter – eine Witwe. Früher hatte er sich ihretwegen vor uns geschämt, murrte unzufrieden über sie. Jetzt sagte er: »Ihr werdet ihr dann helfen müssen, Jungens. Und bitte, kränkt sie nicht, weil sie dumm ist und an Gott glaubt. Sie erlaubt nicht, die Ikonen abzunehmen. Laßt sie, man kann sie nicht mehr umerziehen. Aber sie ist eine gute Proletin. Ihr ganzes Leben hat sie geschuftet. Nur eins müßt ihr verhindern: Sie darf kein Kreuz auf mein Grab stecken. Ich hab's ihr auch schon erklärt – ich bin doch Kommunist.«

Auch Wolodja I. und Tigran M. ließ Alexandrow kommen. Wolodja, bis vor kurzem Schweißer und sehr emsiger Arbeiterkorrespondent, war schwerfällig, ohne rechte Schulbildung, aber gewissenhaft und pflichteifrig: »Du mußt mir bloß erklären, wie' sein soll – was, wie, warum, wem«; und hartnäckig war er bis zum Koller.

Tigran M. war hitzig und träumerisch, leidenschaftlicher Frauenverehrer – »Versteh, ich liebe sie alle. Heiraten kann ich nicht, heute will ich die, morgen die – alle sind wundervoll, die eine so – die andere so...«

In der Stahlgießerei, deren Arbeiterkorrespondent er gewesen war, galt er als ausgezeichneter Former. Nach einem schweren Arbeitsunfall versetzte man ihn in die Redaktion und ernannte ihn zu meinem Stellvertreter. Er war sehr leicht beleidigt, aber gutmütig und ein guter Kamerad.

Manchmal gingen wir einzeln, manchmal zusammen zu Alexandrow. Er beauftragte uns, die Stimmung in den Abteilungen zu erkunden, Kulaken-Propaganda, trotzkistische und bucharinistische Rückfälle zu melden. Er lobte einige meiner Artikel, in denen ich »trotzkistische Konterbande« in den Lehrprogrammen der Fabrikfortbildungsschule entlarvt hatte, oder die demagogischen Auftritte der Radaubrüder, die an den Gegenplänen zweifelten, die Zeichnungen für die Staatsanleihe behinderten und verspotteten. Manchmal riet er aber: »Du solltest solche Artikel nicht mit deinem Namen unterschreiben. Bei uns gibt's so allerhand Elemente. Vielleicht würden manche versuchen, mit dir Verbindung aufzunehmen, aber auf diese Weise verscheuchst du sie.«

Mehrmals schrieb ich für ihn Zusammenfassungen meiner Beobachtungen im Betrieb und dann auch in der Universität. (1933–1934 hatte ich an der philosophischen Fakultät mit dem Studium begonnen, arbeitete aber zunächst weiter in der Betriebsredaktion.) Ich versuchte dabei, die beobachteten einzelnen Fakten systematisch zu verallgemeinern: Ich war überzeugt, daß ein trotzkistischer Untergrund nicht mehr existierte, nur noch »vereinzelte Spuren« trotzkistischer Einstellung.

Am liebsten aber berichtete ich über jene ehemaligen Anhänger verschiedenster Oppositionsrichtungen – Anarchisten, Machno-Leute, Schwarzhunderter, Erzengel-Michail-Bund[31] –, die es unter den alten Meistern im Werk gab und die sich zu aufrichtigen Fünfjahrplan-Enthusiasten entwickelt hatten. Die Bezeichnung »Fünfjahrplan-Enthusiast« war damals im Schwange, und Beispiele gab es genug.

Ich berichtete aber auch über ehemalige Abweichler, die rückfällig geworden waren, wie etwa der Brigadier der Dieselmonteure, der eine höhere Soll-Verpflichtung nicht eingehen wollte und den Aufruf zum Sozialistischen Wettbewerb verspottete, oder über einen hochnäsigen Ingenieur, der die Planübererfüllung als törichte Utopie ablehnte und die Arbeiterkorrespondenten ausgelacht hatte. Hin und wieder berichtete ich über unsere ausländischen Fachleute – hauptsächlich deutsche Techniker und Ingenieure, die sich manchmal geradezu widerwärtig überheblich über unsere Lebensart und unseren Arbeitsstil lustig machten.

Doch ehe ich derartige Beobachtungen Alexandrow mitteilte, sprach ich meist auf den Versammlungen darüber und berichtete in den Zeitungen davon. Paschka und Tigran machten es genauso. Alexandrow schalt uns deswegen: »Ihr handelt unrichtig. So, wie man früher sagte: ›Der läßt die Glocken läuten, ehe er im Kirchenkalender nachgesehen hat.‹ Jetzt werden die Kerle vor euch auf der Hut sein, euch kilometerweit ausweichen. Nein, Jungens, ihr müß die Tschekisten-Taktik lernen.«

Diese Belehrungen irritierten mich ebensowenig wie meine Genossen. Der Titel Tschekist galt uns höchster Achtung wert, und die Funktionen der Geheimdienstler hielten wir für unvermeidlich notwendig: Heimtückischen Feinden kann man nur mit List beikommen, man muß täuschen, manövrieren, Spionage und Gegenspionage treiben. Darin sahen wir nichts Schimpfliches. Aber für mich erwies sich das als mehr denn schwierig durch meine Charakterveranlagung: Leicht begeistert, unbeherrscht, heftig, unfähig zur Verstellung, konnte ich vor Freunden nichts verbergen – und ich hatte viele Freunde, denen ich von meinen Besuchen bei Alexandrow und seinem Stellvertreter Majewskij erzählte. Majeswkij war gebildeter, glatter und liebenswürdiger. Er versuchte auch viel intensiver, uns die Notwendigkeit der geheimen Taktik einzuflößen. Die GPU-Beauftragten im Werk arbeiteten mit verschiedenen Mitteln und auf verschiedene Weise. Es gab auch echte Geheimdienstler,

V-Männer, mit denen sie sich insgeheim in besonderen Wohnungen trafen. Aber viele waren wie wir mehr oder weniger offene »Komsomolzen-Aktivisten«.

Als unsere Agitations-Redaktions-Brigade im Winter 1932/33 in den Patenschaftsrayons von Mirgorod und Stara Wodolaga zu den letzten Getreidebeschaffungsaktionen mobilisiert wurde – jenen, nach denen die Hungersnot ausbrach –, war uns auch ein GPU-Beauftragter zugeordnet. Er machte alles mit: ging mit uns auf Versammlungen, in denen wir stundenlang, manchmal nächtelang auf die Bauern einredeten, um sie zur Getreideabgabe zu bewegen, und auf die Suche nach versteckten Vorräten. Er ging in voller Uniform, mit der Mauser im hölzernen Futteral. Und wir sahen in ihm einen Genossen und Kameraden, halfen ihm, seine Rapporte, Akten und Meldungen zu schreiben, aus denen dann Verhaftungsbefehle für die »Widerspenstigen« und Deportationsbefehle wurden.

Bald nach dem Kirow-Mord wurde Mark im Februar 1935 erneut verhaftet und kehrte nicht mehr zurück. Er kam im Lager um. Wir hatten uns in den letzten Jahren kaum gesehen, waren beide zu sehr mit unserer eigenen Arbeit beschäftigt. Seit dem Sommer 1934 war ich voll immatrikuliert und hatte daher keine Zeit mehr für die Betriebszeitung. Schon eine Woche nach Marks Verhaftung wurde ich aus dem Komsomol und aus der Universität ausgeschlossen wegen »Verwandtschaft mit einem Trotzkisten«. Daraufhin ging ich zu Alexandrow und zu meinen Genossen in der Betriebsredaktion. Von ihnen erhielt ich folgende Charakteristik: »K. hat seine Verwandtschaft mit einem Trotzkisten und seine eigenen groben politischen Fehler, die er vor seiner Aufnahme in den Komsomol begangen hatte, nicht verschwiegen. In der Fabrik hat er sich gut entwickelt. Er bekämpfte aktiv Trotzkismus und andere Arten feindlicher Ideologie.«

Nach einem Monat nahm das Komsomolgebietsbüro den Ausschluß zurück, verpaßte mir aber eine Rüge wegen »erlahmter Wachsamkeit«. Das gehört sich so, der Vetter war ja verhaftet worden, und ich wußte nicht mal warum.

1936, schon in Moskau im Fremdspracheninstitut, wurde ich wieder aus dem Komsomol ausgeschlossen, und erst nach anderthalb Jahren erhielt ich vom ZK des Komsomol meinen

Ausweis zurück. Während dieser Zeit wurde ich mehrfach in die »Spezialabteilung« des Instituts geladen, später auch ins Stadtkomitee. Dort sprachen in abgelegenen Zimmern clevere Burschen mit mir, die mir unverblümt zu verstehen gaben, daß sie nicht nur im Rayon- oder Stadtkomitee des Komsomol tätig waren, sondern zu einer viel wichtigeren Behörde gehörten.

Sie erklärten: »Der Klassenkampf hat sich in bisher unbekanntem Maß verschärft. Viele Volksfeinde, denen es gelungen war, bis ins Herz der Partei zu dringen, sind entlarvt. Aber wir wissen nicht, wie viele noch im verborgenen leben, spionieren, Schädlingsarbeit treiben, Diversion vorbereiten. Die Wachsamkeit muß verzehnfacht werden. Nur mit größer Vorsicht darf man vertrauen, man muß beständig streng kontrollieren.«

Ich bekam hin und wieder Probe-Aufgaben. Ich mußte ins Komitee des Esperanto-Verbandes gehen. Als Schüler war ich begeistertes Mitglied der internationalen Esperantisten-Union gewesen, hatte aber später das Interesse daran ziemlich verloren. Man befahl mir, es wieder zu aktivieren, Kontakte aufzunehmen, festzustellen, wer dort ein- und ausging, was für ausländische Post dorthin kam. Manchmal forderten sie auch schriftliche Charakteristiken von einigen Lehrern und ausländischen Studenten an, zwei- oder dreimal hatte ich über schon Verhaftete zu berichten. Ich schrieb immer objektiv alles, was ich wirklich wußte. Über den verhafteten Fritz Platten konnte ich nur Gutes schreiben: ein aufmerksamer, anspruchsvoller, aber sehr freundlicher Pädagoge, ein bemerkenswerter Sportler, glänzender Erzähler, der spannend seine Fahrt mit Lenin im plombierten Zug aus der Schweiz nach Petrograd schilderte. Über Lenin sprach er immer mit besonderer Zärtlichkeit und Bewunderung.

Auch über Trude Richter mußte ich schreiben, über die im Institut das Gerücht verbreitet worden war, sie sei Gestapo-Spitzel. Ich konnte nichts anderes mitteilen, als daß sie eine strenge und gerechte Lehrerin für Stilistik gewesen war, pedantisch, hartnäckig, und daß sie keinen noch so kleinen Fehler durchgehen ließ.

Manchmal war mein Gesprächspartner – es waren mehrere, die sich abwechselten – unzufrieden: »Advokat hätten Sie werden sollen! Sie sind viel zu vertrauensselig. Und was, wenn sich herausstellt, daß Sie einem Feind Gutes nachgesagt haben? Dann fällt der Flecken auch auf Sie.«

Ich war überzeugt, daß es die Pflicht eines Kommunisten und Patrioten ist, immer und in jedem Fall die volle Wahrheit zu sagen, nichts als die Wahrheit.

Heute weiß ich, auch eine zutreffende Anzeige bleibt Denunziation. Heute sehe ich keinen essentiellen moralischen Unterschied zwischen einem Lügen-Zuträger und einem Wahrheits-Zuträger. Scham quält mich in Gedanken an all diese Probeaufgaben und meine damaligen geheimen Reflexionen darüber. »Doch die traurigen Zeilen wisch' ich nicht weg« (Puschkin).

Weder das Rayonkomitee noch das Stadtkomitee hatten meinen Ausschluß bestätigt, aber sie rehabilitieren mich auch nicht. Die Sache wurde von einer Instanz zur nächsten geschoben, von den Kontrollkommissionen in die Kanzleien der Büros und Sekretariate, sie lag überall eine Weile, wurde überprüft, wanderte in die nächste Instanz. Anfang 1938 war sie schließlich bis zum ZK des Komsomol gelangt. Ich wurde zu einer Sitzung vorgeladen, und der Referent verlas jene Auskunft, die 1935 Alexandrow erteilt hatte. Diesmal wurde mein Ausschluß sogar ohne Rüge rückgängig gemacht.

Als ich an der Front meinen Aufnahmeantrag für die Partei stellte, berichtete ich von all den Peripetien meiner verzwickten Vergangenheit. Wieder wurde irgendwas überprüft. Gestellt hatte ich meinen Antrag im Sommer 1942, aufgenommen wurde ich erst im Februar 1943.

Von all dem erzählte ich dem Untersuchungsrichter Winogradow genau und ausführlich. Zum Glück hatte ich fast alle Daten im Kopf. Im ZK mußten die alten Papiere ja noch vorliegen.

Er hörte aufmerksam zu, notierte. Dann fragte er: »Sagen Sie, was hat Sie denn damals bei den Trotzkisten so angezogen?«

Darauf antwortete ich beim nächsten Verhör. Es war wieder Nacht. Wieder Kopfschmerzen und Übelkeit...

Ich klammerte mich beharrlich an Worte, an Formulierungen, bestand darauf, selbst die Definition meiner Vergangenheit zu geben. Verlangte, meine Aussage über die Charakteristik aus dem Charkower Betrieb, die auch der GPU-Mann Alexandrow mit ausgearbeitet hatte, ins Protokoll aufzunehmen. Sie bestätigte eindeutig, daß ich in der Folge den Trotzkismus aktiv bekämpft hatte.

Winogradow winkte ab: »Darüber können Sie vor Gericht sprechen.«

Ich versteifte mich: »Ich will dies unbedingt vor dem Untersuchungsrichter feststellen. Wenn Sie erst die ganze Wahrheit kennen, werden Sie mich ohne Gerichtsverhandlung freilassen müssen.«

Fast jede Nacht mußte ich zum Verhör und abends zu Gegenüberstellungen mit Sabaschtanskij, mit Beljajew, mit Kljujew. Winogradow führte die Verhöre und auch die Gegenüberstellungen. Manchmal kam Rossijskij dazu, lebhaft und redselig. Mitunter schrie er auch herum, als sei er zornig, war es aber nicht: Er wirkte eher erheiternd als erschreckend. Immer wieder ermahnte er mich väterlich, »alles zu gestehen«, hatte aber von Mal zu Mal vergessen, was eigentlich ich gestehen sollte.

Auch Barinow kam gelegentlich, nun ohne Gummischlauch. Meist blieb er stumm, hörte nur argwöhnisch und mißtrauisch zu. Zweimal erschien der Staatsanwalt Sabolotzkij – nicht groß, dunkel, verdrießlich. Die dichten schwarzen Brauen zusammengezogen, starrte er mich gehässig und mit Widerwillen an. Er verbarg seinen leicht lispelnden jüdischen Akzent, indem er abgehackt und heiser bellend sprach. Manchmal setzte er sich neben Winogradow, blätterte in dessen Notizen, flüsterte ihm etwas zu und schickte mich wohl auch aus dem Zimmer.

»Posten! Gehen Sie mit dem Häftling auf den Flur, bis ich Sie rufe.«

Major Winogradow war listig, unwissend, gallig und feige. Seine tief in den Höhlen liegenden Augen dunkelten unter einer hohen, aber nicht klugen, bleichen Stirn, die in eine Halbglatze mit fettigem, spärlichem grauem Haar überging. Das Gesicht verengte sich nach unten wie eine Klosettmuschel, in schlaffen Falten hing die gelbe Haut der eingefallenen Backen herab. Die Lippen waren dünn und geschwungen, die Kiefer scharfkantig. Er ging am Stock, zog ein Bein nach, trug aber kein Verwundetenabzeichen; an seiner Ordensspange hingen nur die Bändchen kümmerlicher Etappenauszeichnungen: »Für Kriegsverdienste« und das »Ehrenzeichen«. Also war es wohl ein Unfall und keine Kriegsverwundung. Er sprach in dieser prätentiösen

Kanzlei-Geschraubtheit, die Bildung vortäuschen möchte, schrieb mit großer, sorgfältiger Kanzlistenschrift und unterzeichnete mit komplizierten eitlen Schnörkeln.

Unter vier Augen war er höflich, bot mir Zigaretten an, fädelte ungezwungene Gespräche ein über die deutsche Propaganda, über Hitler, über Bücher. In Gegenwart anderer benahm er sich schroff. Und bei den Gegenüberstellungen veränderte sich sogar seine Stimme. Sie klang schärfer, durchdringender, böser.

Einmal übrigens, als wir allein waren, brachte ihn die Hartnäckigkeit auf, mit der ich darauf bestand, daß Sabaschtanskijs und Beljajews Aussagen Lügen seien. Er schrie mich an: »Sie selbst sind ein Lügner!«

In dieser Nacht fühlte ich mich kräftiger und sicherer. Ich kannte ihn nun schon, fürchtete ihn auch – denn er konnte mir sehr schaden –, doch die Verachtung seiner feigen, kleinlichen Bosheit überwog die Furcht. So entgegnete ich ruhig, aber scharf: »Sie haben kein Recht, mich zu beleidigen. Kein Recht und keinen Grund. Sie führen die Untersuchung, das heißt, Sie sollen die Wahrheit herausfinden; statt dessen sind Sie voreingenommen, haben von Anfang an die Partei der Ankläger ergriffen.«

Das saß. Und obwohl er mich haßerfüllt ansah, brummte er unruhig: »Ich habe Sie nicht beleidigt. In gar keiner Weise ... Sie waren es, der einen sowjetischen Offizier als Lügner bezeichnet hat. Ich habe nur gesagt, daß er Sie für einen Lügner halten könnte.«

17. Der erste Kriminelle und der erste Staatsanwalt

Fast täglich wurden neue Häftlinge gebracht. Zweimal wöchentlich war Gerichtsverhandlung.

Ein rundgesichtiger, schlitzohriger Sergeant erzählte bekümmert: »Wir haben bloß 'ne Alte 'n bißchen rangenommen. Waren voll, drei oder vier Mann. Und unser Leutnant, ein Mordskerl – der Tollste von allen! Ganz verwegen: immer auf Biegen oder Brechen. Was wir alles getrunken hatten! Wodka bis obenhin, dann noch allen möglichen Wein. Dann wollten wir

Weiber – waren aber keine da, nicht ums Verrecken. Bloß 'ne Großmutter läuft uns übern Weg – grau, dürr, aber sonst sauber und in Ordnung. Der Leutnant gleich: ›Vorwärts, Garde, mir nach. Die Alte da hat von so was ja schon nicht mal mehr geträumt – beweisen wir, daß wir Mitleid mit ihr haben!‹ Zuerst haben wir bloß gelacht, aber der Leutnant war wie wild. Na, dann sind wir eben rangegangen. Daß das Aas krepiert ist, haben wir erst später erfahren. Na, und jetzt sind wir natürlich dran.«

Auch andere Soldaten waren wegen Teilnahme an Vergewaltigungen oder blutigen Schlägereien eingeliefert. Zwei standen unter Mordanklage. Abseits hielten sich die Spitzbuben aus den Intendanturen und Marketendereien; ihnen hatten sich zwei echte Kriminelle angeschlossen: der dicke Mischka und Wassjok, mit dem Spitznamen »Schkilett«. Er war schmächtig und schmalbrüstig, seine trüben und immer schläfrigen Schlitzaugen schienen an der Nase fast zusammenzustoßen.

Mischka faßte eine Abneigung gegen Tadeusz und mich, weil wir nicht zuhörten, wenn er mit sprühendem Speichel von seinen phantastischen Heldentaten als bester Aufklärer der ganzen Division und als Eisenbahndieb von internationalem Rang bramarbasierte. Am meisten jedoch prahlte er mit seinen Liebesabenteuern. Er erzählte außerordentlich einförmig – einerlei, ob es um stürmische Leidenschaften oder um schlüpfrige Zoten ging – im sentimentalen Schwulst der Kriminellenromantik. Heldinnen seiner Geschichten waren meist unerhörte Schönheiten – so schön, daß einem die Augen weh taten! Sie waren Ärztin, Schauspielerin, Frau eines Arztes oder Kaufhausdirektors, Generals oder Staatsanwalts. Unterm Obersten tat er's nicht. Handelte es sich um die Tochter einer prominenten Persönlichkeit, so war sie derart tugendhaft und unschuldig, daß sie Mädchen von Jungen nicht unterscheiden konnte. Stets war er der von allen Vergötterte. Man litt für ihn, wusch ihm die Füße, wollte sich seinetwegen vergiften oder ertränken, war unersättlich liebeshungrig. Andere wieder schenkten ihm »Briljanten« oder auch »Seidenläppchen« – in eurer Sprache: »Klamotten«. Und all diese Damen waren bereit, mit ihm ins fröhliche Verbrecherleben zu ziehen und ihre Männer, Väter, Ämter, ihre Wohnungen und Datschen zu verlassen – verdammt will ich sein, wenn's nicht wahr ist, mein Lebtag will ich nicht wieder in Freiheit kommen! Seine Liebesabenteuer spielten in luxuriösen Schlafzimmern oder in den allerfeinsten Hotels. Jedesmal ging er edel und traurig davon, nahm als Andenken ein Ringelchen, eine kleine Brosche oder auch ein »Medaljong« mit, Souvenirs, die er später auch nicht für Tausende verkaufte – ein Lump will ich sein, im Gefängnis will ich verfaulen! –, aber unter noch romantischeren Umständen stets wieder verlor: beim Springen von einem D-Zug auf einen Güterzug oder in einem deutschen Stab oder bei den Umarmungen einer noch »intellenteren« Schönheit.

Wir hatten Mischka ein paarmal die kalte Schulter gezeigt. Da machte er sich an Tadeusz heran, krümmte sich widerlich zusammen und lispelte: »Przeprosze, pane« (das sollte »Ich muß doch sehr bitten, Herr« heißen), »verachtest wohl einen russischen Krieger, Faschist pilsudskischer?«

Tadeusz schwieg verächtlich, während ich ihn grob anbrüllte und dabei vor Ekel außer Atem kam. Daraufhin mimte Mischka den Verrückten, winselte: »Bist selbst Achtundfünfziger, bist selbst Volksfeind: Ein Faschist verteidigt den anderen! Wenn ich auch Dieb bin – ich bin sowjetischer Dieb, bin Patriot! Aber Faschisten sollte man alle aufhängen.«

Außer mir vor Wut riß ich meinen Stiefel herunter. Stiefel sind die einzige Waffe eines von der dürftigen Ration geschwächten Häftlings.

Der Aufseher machte die Tür auf: »Ruhe da drin! Oder die ganze Zelle kriegt Karzer-Regime!«

Die meisten bedrängten Mischka, er solle das Maul halten. Er hatte schließlich angefangen. Die Prügelei fand nicht statt. Schon nach einer Minute kicherte Mischka in seiner Ecke mit dem »Schkilett«, und ich dachte gerührt darüber nach, daß wir doch trotz allem ein Kollektiv bildeten – in dem elementar Gerechtigkeit entstand, Quanität in Qualität umschlug. Als ich versuchte, dies Tadeusz auseinanderzusetzen, widersprach er nicht direkt, deutete es aber anders, auf seine Weise: Die Mehrheit der Menschen ist seelisch zum Guten disponiert, das ist eine der Grundvoraussetzungen christlicher Ethik.

Tags drauf wurde Tadeusz zur Verhandlung geholt – er bekam acht Jahre. Und als zwei Tage später der Leiter der Smersch-

Frontabteilung, Generalmajor Jedunow, durch die Zellen ging und nach Beschwerden fragte, maulte Mischka, die Achtundfünfziger ließen ihn nicht in Ruhe, der da singe polnische Faschistenlieder und gehe mit Stiefeln auf die Leute los.

Alle anderen schwiegen. Die Quantität der zum Guten geneigten Seelen war in eine andere Qualität umgeschlagen. Ich bat mir Papier aus, um schriftlich den Hungerstreik zu erklären.

Der Generalmajor, ein grauhaariger, kurzbeiniger Dicker mit rundem Kopf und dunklen, wieselflinken Augen, war außerdem noch stellvertretender Vorsitzender der Front-Partei-Kontrollkommission. Es war noch keine fünf Monate her, daß er im Dezember 1944, huldvoll lächelnd, meine Parteirüge gestrichen hatte, die mir im Frühjahr »wegen nachlassender Wachsamkeit und Freundschaft mit Popen im Dorf Rakitno« aufgebrummt worden war. Und vor nur einem Monat hatte er dann trocken meinen Ausschluß aus der Partei bestätigt.

Der General sah Mischka angewidert an; mich betrachtete er aufmerksam, fast teilnahmsvoll. Für einen Moment sah ich mich mit seinen Augen: Das Gesicht von dunklen Bartstoppeln überwuchert, die Augen entzündet – ausgerechnet an diesem Tag hatte ich wieder Fieber –, Watte in den Ohren: Mit Mühe stand ich aufrecht, konnte mich vor Rückenschmerzen kaum geradehalten.

»Das Papier bekommen Sie. Aber Hungerstreik – das führt zu nichts. Sind nicht unsere Methoden.«

Ich erhielt Bleistift und Papier und schrieb: »Ich bitte um Verlegung in eine andere Zelle. Ich bin Offizier der Roten Armee, von niemandem degradiert, und will nicht mit Verbrechern, Spionen und ähnlichem Gesindel zusammen sein. Es beleidigt nicht nur mich, sondern die gesamte Armee, deren Uniform ich trage. Ich werde darum die Nahrung verweigern, wenn man mich in dieser Zelle beläßt.«

Nach einer halben Stunde wurde ich zum Gefängnisleiter geholt. Der mißvergnügte Oberleutnant fragte gelangweilt: »Was quengeln Sie denn nun schon wieder? Ich habe Ihnen doch längst erklärt, daß hier ein Feldgefängnis ist. Wir können nicht jeden nach seinen Wünschen unterbringen. Und wohin sollte ich Sie verlegen?«

»Bitte in eine Zelle, in der wenigstens nicht nur Banditen und Wlassow-Leute sitzen; in Tuchel war ich mit jugoslawischen Offizieren zusammen.«

»Mit welchen?«

Ich nannte ihm die Namen. Und schon eine Stunde darauf wurde ich »mit Sachen« herausgeführt.

Wir gehen durch einen Flur im Parterre, durch öde Zimmer, in denen wüst durcheinander Sessel, Nußbaumstühle mit hohen Lehnen, demolierte Schränke stehen. An den Wänden hängen Hirschgeweihe und präparierte Wildschweinköpfe. Auf dem weißen Verputz heben sich in schwarzgoldenen oder schwarzroten Buchstaben »Kernsprüche« ab. Ein neuer Korridor, dann eine Tür zu einer großen, leeren Küche, dahinter ein kleiner Raum, mehr eine Abstellkammer, ein schmales Fenster ohne Scheiben, teilweise behelfsmäßig mit Brettern zugenagelt. Der Garten ist zu sehen und ein großes Stück Himmel. Auf dem Boden liegen auf frischem Stroh: Boris Petrowitsch, Iwan Iwanowitsch und Lew Nikolajewitsch. Zuerst – große Freude, Umarmungen, Fragen.

Doch dann sank die Stimmung. Als sie von meiner Hungerstreikdrohung hörten und davon, wie rasch meine Bitte um Verlegung erfüllt worden war, witterte Iwan Iwanowitsch offenbar Übles; er vermutete wohl, ich sei als Spitzel zu ihnen geschickt worden. Er sprach immer weniger, immer vorsichtiger. Lew Nikolajewitsch verstummte ganz. Nur Boris war wie immer – sei es, daß er es für gefährlich hielt, sein Mißtrauen zu zeigen, sei es, daß er den Verdacht seiner Kameraden nicht teilte. Genau wie früher fragte er mich nach allem möglichen und erzählte auch selbst viel von Jugoslawien.

Mir war klar, daß ich die beiden andern nicht umstimmen konnte, denn ich konnte ihnen doch nicht sagen: ›Was glauben Sie denn, meine Lieben, ich bin wirklich kein Spitzel‹... Mir blieb nichts anderes übrig, als selber keine Fragen zu stellen und mich nur zu unverfänglichen Themen zu äußern: Geschichte, Literatur, Kriegserinnerungen.

Die Demütigung verblaßte bald hinter einer unerwarteten Freude. Den Jugoslawen war schon in Tuchel täglich ein halbstündiger Spaziergang erlaubt gewesen, und jetzt durfte ich mit ihnen zusammen hinaus – und zwar in den Garten, nicht in den

Hof, in den man uns zweimal täglich zum Austreten an eine stinkende Grube führte. Es war ein richtiger Garten mit jungem, hell leuchtendem Grün der Sträucher und Eichen vor dem dunklen Blau-Grün der Tannen. Am hohen, tiefblauen Himmel schwammen ein paar weiße Wolkenfetzen. Der Wind war warm und weich. Mich erfaßte leichter Schwindel, plötzliche Schwäche, ich mußte mich ins Gras setzen. Mir war, als nähme ich zum ersten Mal im Leben so intensiv den Geruch von Gras und feuchter Erde wahr und die Wärme des Frühlingswindes. Ich spürte und dachte: Dies – Sträucher, Erde, Gras – ist viel, viel wichtiger als alles, was mein gegenwärtiges Leben ausmacht: Gefängnis, Untersuchung, Erwartung der Gerichtsverhandlung, Protokolle, Verhöre, Gegenüberstellungen, Mutmaßungen über Amnestie, kleiner Zorn, kleine Freuden – all das, was die Gedanken zu einem festen, schmerzhaft angespannten Geflecht verknäult.

Es war sehr schwer, nach diesem ersten Spaziergang in die Zelle zurückzukehren.

Bald hatte ich noch eine Freude: Bücher. Zu den Verhören wurde ich nachts in den ersten Stock geführt, durch einen großen Saal und über einen langen Flur, der mehrere scharfe Knicke machte. An den Wänden standen Schränke, Stellagen, Etageren, Büfetts, die aus den verschiedenen Zimmern geräumt worden waren. In einer der Flurbiegungen bemerkte ich einen Bücherschrank mit zerbrochener Glastür. Die Bücher lagen wirr durcheinander, der Flur war nur von einer schwachen Glühbirne erleuchtet.

An diesen Schrank dachte ich während des ganzen Verhörs. Auf dem Rückweg ging der halb schlafende Wachtposten hinter mir. Als wir uns der verheißungsvollen Ecke näherten, machte ich ein paar raschere Schritte, schon war ich dran, langte im Gehen in den Schrank und holte soviel Bücher heraus, wie ich greifen konnte, stopfte sie mir unter der Feldbluse in die Hose. Der umgehängte Mantel verbarg meine Beute. Der Posten rief: »Was rennen Sie denn so? Wohl Sehnsucht nach der Zelle?« Ich antwortete wahrheitsgemäß: »Muß austreten.«

Erbeutet hatte ich einen Sammelband mit Rittergeschichten; einen amerikanischen Abenteuerroman mit Cowboys, Banditen, Goldsuchern; ein Schullesebuch aus dem 19. Jahrhundert mit Schiller-Balladen, Lessingschen Fabeln und Auszügen aus verschiedenen Büchern; schließlich waren noch ein Salonroman mit einer rührenden Liebesgeschichte und ein Märchenbuch dabei.

In der nächsten Nacht begleitete mich ein jüngerer, pfiffigerer Posten. Er durchschaute mein Manöver und befahl mir, die Bücher zurückzulegen. Ich fing an zu jammern: »Mit irgendwas müssen wir uns doch abwischen. Und was ist schon dabei – ist doch alles bloß auf deutsch geschrieben!« Da erlaubte er mir, einen Teil zu behalten. Mir blieb eine illustrierte Familiengeschichte der Grafen Knebel-Döberitz, in deren Schloß sich unser Gefängnis befand, Kalender für 1902 und 1903 und statistische Jahrbücher von Pommern. Tagsüber konnte ich lesen. Die Tür der improvisierten Zelle hatte kein Guckloch. Wenn der Schlüssel klirrte, hatte ich genügend Zeit, meine Bücher im Stroh verschwinden zu lassen, ehe das aus irgendeinem Stall abmontierte Vorhängeschloß aufgemacht und der Riegel zurückgeschoben war. Als meine Zellengenossen die Bücher sahen, faßten sie wieder Vertrauen zu mir. Die beiden alten Herren konnten nicht lesen, da man ihnen ihre Brillen fortgenommen hatte. Boris konnte nur wenig Deutsch. Ich erzählte ihnen also, was ich gelesen hatte. Den größten Erfolg hatte der amerikanische Roman.

Eines sonnigen Morgens kam ein Neuer, blieb lange an der Tür stehen und sah sich düster um. Er hatte einen langen Kavalleristenmantel umgehängt, auf dem Kopf eine Schirmmütze mit blauem Rand. Breitschultrig stand er da, ohne uns zu begrüßen. Sein blonder Schopf hing in kleinen Locken auf die ausgebleichten farblosen Brauen und die zorndunklen, tiefliegenden, graublauen Augen. Das rosige Gesicht wirkte wie nach vorn gezogen, zur Nasenspitze hin, die rund und stabil keck aufgestülpt war; die olivfarbene Feldbluse und die blauen Reithosen waren aus sehr gutem Tuch, die blitzblanken Chromlederstiefel offensichtlich Maßarbeit. Auf der Feldbluse sah man säuberlich festonierte kleine Löcher für die Orden.

Ohne unsere Fragen zu beantworten, klopfte er an die Tür. Der Posten fragte ärgerlich: »Was willst du denn noch?«

»Machen Sie auf!«

Er streckte den Kopf hnaus und flüsterte. Wir konnten hören, daß er frisches Stroh verlangte, und verstanden einzelne Wörter »Staatsanwalt«, »Front«, »Armee«. Der Diensthabende brachte einen Arm voll Stroh, den der Neue in die uns entgegengesetzte Kammer-Ecke warf. Wir lachten. Ich hatte noch keinen Monat Gefangenschaft hinter mir und verstand ihn gut. Drei Männer in irgendwelchen ausländischen Uniformen, die aber Russisch sprechen, und ein vierter, der aussieht wie ein Strauchdieb.

Trotzdem setzten wir ihm weiter mit Fragen zu, und er antwortete, wenn auch mit unfreundlich gerunzelter Stirn. »Kann Ihnen doch egal sein, wer ich bin. Wozu wollen Sie das wissen? Und was haben Sie davon, wenn Sie's erfahren? – Was soll schon an der Front passieren? – Wenn ich Ihnen jetzt erzähle, daß ich Kavallerist bin, wird Ihnen davon wohler?«

Die Art, mit Gegenfragen zu antworten, der singende Tonfall und der weiche Akzent machten seine Herkunft deutlich. »Sie sind aus Odessa?«

»Und wenn?«

Nach und nach begann er doch zu erzählen. Pjotr Alexejewitsch B., ehemaliger Staatsanwalt aus Odessa, vor der Verhaftung Anklagevertreter einer Kavallerie-Division.

»Anklagen hab' ich auf mir – mehr als Haare auf dem Kopf. ›Vergewaltigung‹ hat denen da nicht genügt, mußten auch noch ›Notzucht Minderjähriger‹ dranhängen. Im großen ganzen geht's da um zwei Polinnen. In den Anzeigen gegen mich war noch von mehr als hundert Deutschen und was weiß ich wieviel Polinnen die Rede. Übrig blieben davon zwei. Und weswegen das alles? Nur aus Gemeinheit und aus Rache wegen meiner Gerechtigkeit, dafür, daß ich immer für die Wahrheit eintrete: Erschlagt mich, aber ich halte es mit der Wahrheit. Und ich kann Ihnen ganz genau sagen, daß diese Gemeinheit juristisch unhaltbar, völlig dilettantisch ist. Die denken, sie hätten einen Dummen vor sich. Ich bin selbst Jurist mit hohem Rang. ›Vergewaltigung‹, Paragraph 153, und was besagt der denn? Außerdem ist da der Sonderparagraph in der Prozeßordnung, der die Klage der Betroffenen oder ihrer Eltern vorsieht. Und wo haben die gegen mich auch nur eine Betroffene? Keine einzige werden sie finden! Wer wollte die ihnen auch in ganz Ostpreußen und Polen zusammensuchen? Zwei windige Zeugen sind da: mein Fahrer und ein Pole, bei dem wir in Quartier lagen. Wieder juristisch dilettantisch, völlig unhaltbar: Der Fahrer ist in dem Fall nämlich selber Kläger beziehungsweise Betroffener, weil ich seine Persönlichkeit beleidigt habe mit Worten und Taten: Ich hab' ihm ein paarmal welche geklebt. Dabei gibt er selbst zu, daß ich damals betrunken war. Was bedeutet das? Daß er ›befangen‹ ist, daß er mit mir ein Hühnchen zu rupfen hat und ergo als Zeuge nichts wert ist. Ich werde ihn also gemäß der Prozeßordnung als Zeugen zurückweisen. Und der Pole ist auch betroffen oder befangen: Dem hab' ich's mal in die Schnauze gegeben. Außerdem behauptet er, mein Fahrer hätte mir die deutschen Weiber zugeführt – also ist der Komplize! Zeuge gegen Zeuge; Minus mal Minus gibt für mich Plus. Mein Fahrer, dieser Wassilij, ist ein elender Wurm, Schwarzfahrer, Dieb, ein regelrechter Strolch. Und dabei habe ich ihn noch vor der Front bewahrt, ihn wie meinen eigenen Sohn gehalten. Glauben Sie mir, ich bin ein sehr guter Mensch. Das wissen alle. Meine Frau sagt auch immer: ›Petja, wegen deiner Gutmütigkeit hast du nur Unannehmlichkeiten, du kommst deswegen noch mal um.‹ Hat recht gehabt, meine Lidotschka.«

Minutenlange Stille. Er starrt zur Decke hinauf. An dem weißen Hals ein eindrucksvoller Adamsapfel. Er schluckt, schluckt, schluckt wieder, die Hände auf dem blautuchenen Knie ineinandergekrampft, daß die Knöchel weiß werden. Er leidet – der starke Mann.

»Hat also Wassilij, der Parasit, ein schönes Durcheinander angerichtet. In der Parteikommission beim Korps haben sie sogar gelacht: ›Wolltest wohl samt und sonders sämtliche deutschen Weiber haben!‹ Wassilij hatte nämlich 120 oder 130 angegeben. Verstehen Sie: das ist doch keine Logik, schon gar nicht für einen Juristen. Dabei kommen täglich ein paar Stück raus! Ich bin zwar, wie man so sagt, ein vollblütiger Mann, noch keine Frau hat sich über mich beschwert, aber das ist doch rein medizinisch-wissenschaftlich absurd. Das haben die auch begriffen. Aber fallengelassen haben sie es nur mangels Beweisen. Verstehen Sie, was das für eine Gemeinheit ist? Das heißt doch: kein Corpus delicti! Wenn sie bloß eine einzige Betroffene hätten! Wo sind die denn? Es gibt sie nicht, und so bauen sie den Fall auf einer Minderjährigen auf. Und warum? Weil das schon wieder ein anderer Paragraph ist, ein ernsterer: Wenn man will und dran dreht, kommen zehn Jahre dabei raus, bei erschwerenden Umständen sogar Erschießung. Aber das gilt natürlich nur für Friedenszeiten! Darin liegt die Gemeinheit und wieder das juristische Analphabetentum: Die wissen doch selbst, die müssen ja wissen, daß ich kein Kleiner bin, daß ich siebzehn Jahre als Jurist gearbeitet habe. Zehn Jahre als Untersuchungsrichter, sieben als Staatsanwalt. Und da hängen sie mir auch noch Dienstvergehen an: Unterdrückung von Fällen, Aktenvernichtung, Verlust von Unterlagen einschließlich Wertsachen, also Fahrlässigkeit im Amt. Die drehen das so hin, daß ich Leute aus der Intendantur und der Marketenderei, die gestohlen und Schwarzhandel getrieben hätten, freigelassen haben soll, gegen Schmiergelder natürlich. Das hat mir auch dieser Hund Wassilij eingebrockt. Und außerdem war bei mir früher ein Untersuchungsrichter, ein Klugscheißer, so ein Intelligenzler, der bei allem der Größte sein wollte, immer päpstlicher als der Papst, wachsam, politisch bewußt – dir ins Gesicht liebenswürdig, diszipliniert, kultiviert, immer mit ›Entschuldigen Sie‹ und ›Bitte sehr‹ und ›Gestatten Sie‹ und ›Dankeschön‹. Aber hinterrücks: das Messer parat! Ich hasse derartiges Gewürm, könnt's glatt umbringen. Mit Menschen hat so einer kein Mitleid, nur ums Papier jammert's ihn. An dem ist auch nichts sowjetisch, typischer zaristischer Bürokrat, Aktenwurm, elender. Und dabei ist er noch jung, hatte eben vor dem Krieg erst fertigstudiert. Aber ein Typ – wie von Gogol. Steckt überall seine Nase rein. Aber ich bin mit meiner Seele dabei! Wenn es irgend möglich ist, einen Menschen nicht einzulochen, so daß er leben kann mit der Frau und den Kindern, dann lasse ich ihn lieber laufen, statt ihn einzusperren. Und meine Lidotschka hat richtig vorausgesagt: ›Petja, du wirst noch mal durch deine Gutmütigkeit umkommen!‹ In der Division war mein Grundsatz: so wenig Straffälle wie möglich. Das ist eine Sache der Ehre, der Soldatenehre. Sie wissen ja selbst, was für ein hoher Ehrbegriff bei der Kavallerie herrscht! Auch der Divisionskommandeur hatte diese Einstellung – ein Oberst, ganz verwegener Krieger, die Brust voller Orden –, ebenso der Kommissar, alter Bolschewik, politisch gebildet, war im Bürgerkrieg bei Budjonnyj, ist ein persönlicher Freund von mir... Also dieser Untersuchungsrichter, dieser

Intelligenzler, der fängt also an, gegen mich zu stänkern, zu wühlen, beim Korps und bei der Armee. Na, da hatte ich ja Freunde, die steckten mir, daß ich den Kerl in die Wüste schicken sollte. Er, das Schwein, hatte einen unter Anklage stehenden Deserteur laufen lassen und den Fall gesetzwidrig eingestellt. Und ganz allgemein kamen in seinen Fällen üble Schlampereien ans Licht. Durcheinander überall. Und dann hatte er auch noch ein Verhältnis mit einer Stabshelferin. Da hab' ich ihn bei mir schleunigst rausgesetzt. Und der brütete nun Rache. War längst bei einer anderen Armee und schrieb Denunziationen über Denunziationen.«

In der ersten Zeit sprach der Staatsanwalt nur von seinem Fall. Als er erfuhr, daß Iwan Iwanowitsch auch Jurist war, befragte er ihn und beriet sich mit ihm über verschiedene konkrete Fälle.

»Ich kenne da noch eine Sache, auch Amtsvergehen, dazu Beleidigung...«

Aber wenn er dann zu erzählen begann, wurde rasch deutlich, daß er von einer weiteren Anklage gegen sich selbst sprach.

Mich betrachtete er zunächst scheel und mißtrauisch; er glaubte, ich versuchte, meinen Fall zu verschleiern. Erst nach und nach faßte er Vertrauen, verhielt sich fast freundschaftlich. In sein Interesse an mir mischte sich gelinde Verachtung, herablassende Verständnislosigkeit: So ein Tölpel, versteht nicht zu leben!

Er erzählte eine Menge Episoden aus seiner Untersuchungsrichterzeit. Alles klang durchaus glaubhaft, ein Lügner war er anscheinend nicht, doch er strich sich mit naiver, fast rührender Selbstverliebtheit heraus, hatte größte Hochachtung vor seinem eigenen Verstand, entzückte sich an seiner Findigkeit und an seinem Mut. Eine Geschichte hörte ich zweimal: »1928 wurde bei uns auf dem Friedhof die Leiche einer unbekannten jungen Frau mit verstümmeltem Gesicht gefunden. Keine Papiere, nichts. Die Miliz schrieb schleunigst ihren Rapport und ließ sie beerdigen. Wozu lange herumwursteln, wenn klar ist, daß alles unklar ist? Ich war damals noch jung, gerade erst zum Untersuchungsrichter ernannt. Plötzlich ruft mich der Chef der Kriminalpolizei, ein gerissener Kerl, vor dem die Gauner von ganz Odessa Angst und Hochachtung hatten. Dieser Kripochef ruft mich also, sagt: ›Na, junger Mann, was sagen Sie dazu, daß die Miliz da eine unidentifizierte Leiche eins-zwei-drei verscharrt hat? Ohne Weihrauch, ohne Leichenschmaus, wie's im Liede heißt?‹ Ich, ganz elastischer Federstahl: Das Herz hämmert, mein erster richtiger Fall! Werd euch zeugen, was der Petro für einer ist. Gehe zur Rayonverwaltung, knöpfe mir die ganzen Chefs vor. Hatte mir wegen der Solidität beim Nachbarn eine Brille geliehen! Dann noch eine Lupe und einen Magneten besorgt, um Metallteilchen anzulocken, und eine Aktentasche mit Fächern und Seitentäschchen – Leergut für Beweisstücke.«

Er erzählte weitschweifig, wie er den Tatort untersuchte, wie er eine Straßenbahnfahrkarte fand, Zigarettenstummel, eine leere Flasche, wie er die Exhumierung durchsetzte und die Obduktion, wie sich dann herausstellte, daß die Tote schwanger gewesen war. Mit Hilfe der Fahrkarte ermittelte er, daß sie in einer Tabakfabrik gearbeitet hatte, dadurch fand er auch die Vermieterin und eine Freundin der Toten. Deren Aussagen führten auf die Spur der Mörder und schließlich zu ihrer Identifizierung. Es waren zwei Matrosen, von denen der eine der Liebhaber der Ermordeten gewesen war. Sie kamen vor Gericht, wurden zum Tode durch Erschießen verurteilt, und er als Untersuchungsrichter mußte der Hinrichtung beiwohnen.

»Hinter dem alten Friedhof wurden sie abgeknallt. Ganz früh, noch vor Tag. Ich war mit dem Arzt da, genau nach Vorschrift. Das Urteil wurde verlesen, dann nach dem letzten Wunsch gefragt. Ssenka, dieser gesunde, grobschlächtige Bulle, wollte rauchen und fluchte das Blaue vom Himmel runter. Aber der andere, Jonka, heulte und jammerte nach seiner Mama, schrie, er wäre unschuldig, und machte sich in die Hose. Erschossen hat bei uns immer nur einer, ein speziell dafür Verantwortlicher aus der Operativabteilung. Mit dem Trommelrevolver, dem Nagan, in den Hinterkopf. Bums! und weg ist der Kerl. Das Grab war schon vorher vorbereitet, auch von Leuten aus der Operativabteilung, die haben sie dann auch verscharrt und die Stelle peinlich genau mit Grassoden belegt, damit keine Spur blieb ...«

Am 8. Mai wurde das Feldgefängnis nach Stettin verlegt. Wieder wurden Lastwagen mit spreizbeinig sitzenden Häftlingen vollgepackt. An den Seiten sechs Mann mit MPs und ein Schäferhund. Es war schon sehr warm. Wir fuhren durch Dörfer und kleine

Städte, vorbei an heilgebliebenen Häusern mit roten Ziegeldächern im dichten Grün der Gärten; wir überholten Lastwagen und Marschkolonnen. Und wieder Zurufe: »Wozu fahrt ihr die spazieren? Hängt die Halunken auf!«

Wir fuhren in eine große Stadt ein. An den Straßen Häuserruinen. Rauchgeschwärzte Wände, leere Fensterhöhlen, riesige Baulücken. Vereinzelte grüne Äste hingen verwaist an verbrannten Bäumen. Am Stadtrand gab es mehr unversehrte Häuser, dann eine hohe Backsteinmauer. Ein eisernes Tor. Ein Gefängnishof.

Die Wachmannschaft empfing uns merkwürdig freudlich. Viele Posten – sie waren ja alle Soldaten – trugen Verwundetenabzeichen und Orden. Beim Ausladen erfuhren wir: Der Krieg ist aus – der Krieg ist zu Ende – jetzt kommt ihr alle nach Hause...

Mit dem Staatsanwalt gehe ich über den Hof bis an die Mauer und trete fast auf eine Pappschachtel voll Tabak-Grobschnitt. Ich packe mit beiden Händen zu und rufe: »Hier gibt's Tabak!«

Gleich stürzen sich noch mehrere Häftlinge drauf. Die Posten befehlen träge: »Na, macht schon, antreten!« Ich begreife: Der Tabak ist ein Geschenk der neuen Bewacher. Der Staatsanwalt hockt am Boden, stopft sich händeweise Tabak in sämtliche Taschen und zischelt mir ärgerlich zu: »Du Esel, du dummer! Warum hast du denn bloß gerufen! Jetzt schnappen alle danach, und so hätten wir das Ganze für uns allein gehabt!« Ich habe einen schönen Tabakvorrat in meinen Taschen. Ringsum fröhliches Stimmendurcheinander von Häftlingen und Posten. Der Krieg ist aus, der Himmel ist blau, so blau, und die Sonne brennt. Sogar die Gefängnismauern aus hellem Ziegelstein und die schnurgeraden Linien der vergitterten Fenster sehen freundlich aus. Ich kann niemandem böse sein und schimpfte vergnügt zurück: »Bist doch ein Gierhammel, Staatsanwalt, willst alles für dich. Wir beide hätten es doch allein gar nicht wegschaffen können, und rauchen wollen doch alle!«

Er flüstert mir ins Ohr: »Nenn mich bloß nicht Staatsanwalt! Bist wohl verrückt geworden? Hier sind doch Kriminelle und alles mögliche Gesindel dabei. Die erschlagen uns noch beim Weitertransport. Viel mehr hätten wir nehmen können! ›Rauchen wollen doch alle!‹ Wer an alle denkt, bleibt schließlich ohne Hosen. Du bist doch ein rotzdämlicher Esel, kleiner Christus, blöder.«

Wir wurden wieder zusammen in eine Zelle gesteckt. Die Jugoslawen kamen in einen anderen Flügel, dafür erhielten wir einen neuen Mitbewohner: den langbeinigen, hageren Oberleutnant Alexej N. Er hatte einen Sergeanten aus einer anderen Einheit erschossen, der ihn beschimpft, bedroht und schließlich angegriffen hatte. Betrunken waren sie beide gewesen.

Die Zelle war klein und hell, mit Dielenfußboden und Kachelofen, der Kübel geradezu luxuriös: ein Emailleeimer mit gut schließendem Deckel, der in eine breite Rille paßte, die mit Wasser gefüllt wurde. Das Ganze hing in einem Metallgestell, das von einem polierten hölzernen Sesselring gekrönt wurde. Auf dem Fußboden lagen drei Wattematratzen. Am ersten Abend bekam jeder zwei Konservendosen mit einer bemerkenswert guten Kartoffelsuppe – so dick, daß wir uns Holzspäne ausbaten, um die Dosen ordentlich auszukratzen. Wir kriegten richtige Aluminiumlöffel! Der gutmütige Wachhabende schenkte uns eine ganze Schachtel Streichhölzer. Wir rauchten, lang hingerekelt auf unseren Matratzen. Ich brachte eine Menge Beweise dafür vor, daß in den nächsten Tagen bestimmt eine Amnestie erlassen würde. Für mich selbst erwartete ich natürlich Einstellung meines Falles und vollen Freispruch. Die Amnestie würde auch meine Ankläger und Denunzianten von einer Strafverfolgung wegen Verleumdung befreien; das hatte mir schon der Staatsanwalt erklärt, und es freute und erleichterte mich. Der Staatsanwalt war gleichfalls besser gelaunt als gewöhnlich und äußerte sich weitschweifig darüber, welche Paragraphen und welchen Straffristen unter die Amnestie fallen würden.

18. Nach dem Sieg

Nachts weckten uns Schüsse. Sie kamen von weither und ganz aus der Nähe: MPs knatterten, einzelne Schüsse ballerten, im Fenster schimmerten langsam hochsteigende blaßgrüne und rosa Leuchtraketen auf. Ketten von Leuchtspurmunition jagten in allen Richtungen vorbei. Im Hof laute Stimmen, grölender, betrunkener Gesang.

Ich begriff nicht, was los war. Gab es jetzt zum Schluß doch noch Kämpfe? War es ein Luftangriff?

»Der Krieg ist aus – sie schießen Salut!«

Der Staatsanwalt stand als breiter, untersetzter Schatten am Fenster.

Alexej lag auf seiner Matratze und weinte laut.

»Der Krieg ist aus, Sieg! Alle freuen sich. Und ich – bin im Gefängnis. Wofür – wofür denn bloß? Wofür hab' ich das verdient? Ich hatte den Sieg so herbeigesehnt – und nun Gefängnis!« Er weinte stoßweise, heiser schluchzend wie ein kleiner Junge, schlug mit den Fäusten auf Matratze und Fußboden. Der Staatsanwalt schimpfte über die Schulter zurück, ohne Zorn, mehr zum Trost: »Heul doch nicht wie ein Weib! Bin im Gefängnis, bin im Gefängnis! Ich bin ja auch im Gefängnis und ebenso schuldlos wie du, hab' auch gehofft und mich gesehnt und der da auch!«

Ich tröstete mit meinen Worten weniger sie als mich selbst: »Laßt's gut sein, Genossen! Natürlich wollten wir den Sieg nicht so feiern! Natürlich geht es uns dreckig, sehr dreckig. Aber der Sieg ist nun da! Der Krieg ist aus! Das ist für alle eine Freude, eine ganz große Freude. Und auch uns wird es nun bald besser gehen. Wir sollten wenigstens auf eine Minute unser persönliches Unglück und das Gefängnis vergessen. Los, freuen wir uns einfach, wie die Unseren zu Hause sich freuen!«

»Die freuen sich, weil sie von uns hier noch nichts wissen. Na los, rauch, damit die zu Hause nicht trauern.«

Der Staatsanwalt drehte sich eine dicke Zigarette, räusperte sich, stieß dichte Wolken aus, fluchte wehmütig und sah zum Fenster hinaus.

Alexej wurde still, rauchte auch und seufzte nur ab und zu tief auf: »Darauf hab' ich so gewartet ... Und zu Hause warten sie auf mich, jetzt nach dem Sieg ... Wenn ich doch gefallen oder wenigstens schwer verwundet wäre!«

Von draußen, aus der Freiheit, war das Schießen zu hören. Es schwoll an, verebbte, verstärkte sich von neuem. Raketen explodierten, der Himmel wurde taghell, und die Gitterstäbe am Fenster schienen noch dunkler, ja völlig schwarz zu werden. Weit weg aus der Ferne tönte unverständliches, fröhliches Stimmengewirr herüber.

Einige Tage danach wurde Alexej zur Verhandlung vor dem Tribunal gebracht. Das Urteil: zehn Jahre.

Ich blieb mit dem Staatsanwalt allein. Täglich wurden wir zum Spaziergang auf den großen Hof mit einem Rasen voller Löwenzahn geführt. Der Flieder blühte, und B. marschierte wie ein Wilder drauflos.

»Auf, vorwärts! Wir müssen trainieren! Auf dem Transport ist man verraten und verkauft, wenn die Beine nichts mehr gewöhnt sind.«

Bei der Rückkehr in die Zelle reizte ihn die Stille.

»Was schweigst du bloß immer! Los, reden wir von irgendwas! Über Weiber oder davon, wie wir vor dem Krieg gelebt haben.«

Aber es war schwierig, sich mit ihm zu unterhalten. Meinen Erinnerungen an die Universität, an die Moskauer Theater, an die Frontarbeit mit den deutschen Kriegsgefangenen hörte er ungeduldig-gelangweilt zu, mit deutlichem Unglauben.

»Vielleicht glaubst du selber, daß das alles wahr ist – weil du eben das Leben nicht kennst. Nimm's mir nicht übel, aber du bist ein Trottel. Kapier doch endlich, daß du gerade deswegen sitzt. Hast dich überlesen. Die Augen über den Büchern verdorben, das Hirn auch. Die Fritzen haben doch über dich und deinesgleichen bloß gelacht. Erzähl mir nicht, du wüßtest das. Du kannst dir das zwar einbilden, weißt aber nichts. Das ist schließlich Logik: zwei mal zwei. Wer bist du für sie? Ein Roter, ein Sowjetmensch, ein Kommissar, noch dazu Jude. Sie würden dich in einem Löffel Wasser ersäufen, wenn sie könnten. Weil sie aber nun mal in Gefangenschaft sind, du einen Revolver hast, sie aber nicht, verstellen sie sich: ›Genosse, Genosse – Hitler kaputt!‹ Nein, erzähl mir nicht, du wüßtest Bescheid und ich nicht. Das muß man verstehen. Obwohl ich weniger von ihnen gesehen habe als du und nie ein Wort mit ihnen gesprochen habe, verstehe ich sie trotzdem besser. Die haben dich bloß für dumm verkauft. Und du hast noch Schwein gehabt, daß du nur Achtundfünfzig-Zehn hast, als Quatscher, und nichts Schlimmeres. Das bringt dir nicht mehr als fünf Jahre. Dabei hättest du wegen deiner Fritzen leicht auch Spionage oder Vaterlandsverrat kriegen können. Dafür gibt's dann unter anderem die Kugel...«

Es war unmöglich, ihn umzustimmen. Unerschütterlich von sich selbst überzeugt, von seiner absoluten Überlegenheit und davon, daß er unermeßlich viel klüger und auf jede Weise erfahrener sei als ich, nahm er auch die entschiedensten Einwände überhaupt nicht zur Kenntnis, wechselte nur mit herablassendem Lächeln das Thema. Ausführlich und deftig erzählte er von seinen Erfolgen in der Liebe und im Beruf. Wortreich schilderte er seine Romanzen mit Ärztinnen, Krankenschwestern, Nachrichtenhelferinnen und berichtete, wie er dem Chef des Divisionsstabs einen einzigartigen Koch ausgespannt hatte, der hinreißende Gerichte zubereiten konnte.

Manchmal zankten wir uns. Dann beschimpfte ich ihn als Etappenschwein, das sich am Krieg mästete, während andere ihre Haut zu Markte trugen. Und ich riet ihm, Frontsoldaten genüber still zu sein von seinen süßen Mädchen, drallen Pferden, Köchen, Feldschneidern und Stabsintrigen – er könne von Glück sagen, wenn die ihm darauf nur mit Flüchen und nicht mit Fäusten antworteten.

Dann ging er in die Luft, schrie, ich hätte nicht umsonst Paragraph 58 Absatz 10 mit einer Ideologie, wie sie schädlicher gar nicht sein könne. Ein Demagoge sei ich, ein Linksabweichler, ein Heckenschütze, ein Anarchist; derartige Gleichmacherei zeuge von völliger Unkenntnis des Marxismus und des Lebens. Danach bockten wir ein, zwei Stunden, und er saß finster in seiner Ecke oder auf unserem »Sessel«, dem Nachtstuhl, pfiff wehmütige Melodien und begann dann wieder erhaben zu tönen. »He, was bist du denn so sauer wie Buttermilch? Zugegeben, ich war zu hitzig; aber du hast zuerst mit deiner Demagogie angefangen. Du willst immer nach deinen Büchern leben. Oh, ihr Ideale, ihr edlen Gefühle – wie im Theater. Das sind doch alles intelligenzlerische Überbleibsel. Ich bin aus Arbeiterknochen geschnitzt und proletarisch gestählt. Ich habe Erfahrungen in der Parteiarbeit und noch dazu juristische Bildung, ich bin durch Sächelchen gegangen, von denen du nicht mal träumst.«

Sein Zorn verrauchte immer sehr schnell. Sei es aus unstillbarem Mitteilungsbedürfnis, sei es aus Berechnung: Es war ja möglich, daß wir noch lange zusammen blieben und zusammen auf Transport kamen. Vielleicht war es auch ganz einfach natürliche Gutmütigkeit. Jedenfalls vergaß er Beleidigungen bald.

Schließlich gab ich es auf, ihm zu widersprechen; ich hatte mich überzeugt, daß er ein hoffnungsloser Fall war. Ich hörte resignierend zu und fuhr ihn nur selten an, wenn er gar zu aufdringlich wurde.

»Was kehrst du dich ab? Ich zeige dir meine Seele nackt, und du – Aufmerksamkeit Null!«

Er erzählte, daß er 1939 zur »Entladung« der Gefängnisse in Moskau[32] eingesetzt gewesen war und einer Kommission, die das Butyrka-Gefängnis entlud, zugeteilt wurde.

»Damals haben wir pro Monat zwanzigtausend Stück freigelassen«. Ausführlich wollte er über diese Zeit nicht reden, wurde düster, verschloß sich, trocknete förmlich ein.

»Damals, siebenunddreißig unter Jeshow, waren ganz schwere Rechtsbeugungen vorgekommen. Ich habe ja das NKWD nicht kontrolliert, dafür gab's einen Sonderstaatsanwalt. Er hat dort die ›Maßnahmen‹ befohlen. Das heißt, er hatte die Verhaftungsbefehle zu unterschreiben und die Untersuchungen zu kontrollieren. Aber Einfluß hatte er keinen. Da gab's keine Faxen: ›Unterschreib und halt die Schnauze! Das sind Fälle von besonderer staatspolitischer Bedeutung!‹ Damals ist allerhand passiert. Schädlinge waren auch am Werk und so weiter. Also verschärfte Wachsamkeit. Wer noch jung und hitzig war, nahm auch mal das Maul zu voll. Ich hatte schon 1935 einen Artikel im ›Sowjetischen Recht‹ veröffentlicht und darin empfohlen, die Untersuchungshaft nicht auf die Straffrist anzurechnen. War ein junger Enthusiast. Mir hat Wyschinskij persönlich geantwortet. Er schrieb einen großen Aufsatz über verschiedene Vorschläge junger Juristen und erwähnte darin auch mich, den Genossen B., der sich so weit habe hinreißen lassen, daß er schon die elementaren Normen der Rechtsordnung niederreißen wolle. Wyschinskij schrieb höflich, aber mit Widerhaken. Jetzt kann ich mich freuen, daß meine Empfehlung damals nicht durchging. Wir beide sitzen schon den zweiten Monat in Untersuchungshaft, und das zählt alles auf die Straffrist.«

Am häufigsten und längsten sprach B. über seinen eigenen Fall, über die verfluchten Verleumder, den seelenlosen Untersuchungsrichter, den juristisch ungebildeten Staatsanwalt. Manchmal meditierte er auch über seine Zukunft.

»Nein, damit ist Schluß: Staatsanwalt, das ist aus und vorbei. Für nichts in der Welt werde ich wieder Staatsanwalt. Auch nicht, wenn ich freigesprochen werde. Na ja, wenn ich verurteilt und dann amnestiert werde, nimmt mich sowieso niemand mehr als Staatsanwalt. Geht ja auch nicht, was ist das schon für ein Staatsanwalt, der selbst eine Vorstrafe hat! Wär' ja absurd. Aber ich will auch selber nicht. Schluß damit. Ich werde Advokat, Verteidiger. Die Ausbildung habe ich und Erfahrung – na, du liebe Zeit! Und weißt du, was die Anwälte verdienen? Dicke Tausender. Und ich mit meinem weichen Herzen kann viel besser verteidigen als anklagen.«

Dennoch wußte dieser vielerfahrene Jurist nichts von der OSO, der schon 1935 gegründeten Sonderkommission des NKWD, die auf administrativem Wege Fernurteile fällte. Als ich ihm erzählte, daß das Front-Tribunal meinen Fall abgewiesen und der Untersuchungsrichter mir gesagt habe, er würde nun wohl an die Sonderkommission gehen, entgegnete er voller Überzeugung: »Der hat dich nur eingeschüchtert. Was für eine Sonderkommission soll das denn sein? Unter Jeshow, da gab es die Dreier-Kommission. Aber jetzt herrscht volle Legalität. Entweder Gerichtsverhandlung oder Paragraph 204: Fall ist eingestellt. Nein, da hat er dir was weisgemacht...«

Er war beschränkt, interessenlos und so überzeugt von seiner eigenen Überlegenheit, daß er etwas, das er nicht kannte, meist als überflüssig oder sogar als »schädlich«, nicht zu uns gehörig, ablehnte.

Manchmal war er mir regelrecht zuwider. In sich selbst verliebt, kannte er nur Sorge um seine »Autorität«, sein eigenes Wohlergehen, seine Gesundheit. Daß nur ja die Muskeln nicht erschlafften, daß er sich bloß nicht Haut oder Fingernägel verdürbe! Und wie viele Menschen hatte er selbst ins Gefängnis gejagt, wie viele Haftbefehle ausgestellt, für wie viele hatte er lange Straffristen gefordert oder die Todesstrafe? Wenn er schon seinen Fahrer verprügelte, wie war er dann mit den Untersuchungshäftlingen umgegangen? Wie fürchterlich mochte er sie zusammengeschlagen haben mit diesen breiten, rosig-weißen Händen mit den gepflegten Nägeln! Selbst in der Zelle trieb er stundenlang mit Spänchen und Glasscherben Maniküre. Und wie gemein mußte er gehandelt haben, wie sich gedreht und gewunden, um seine Karriere zu sichern?

Und doch war er von Natur eigentlich gutmütig. Er wollte eher gefallen als erschrecken. In seiner Jugend war er sicher der

Anführer seiner Clique gewesen. Konnte sich sicher für ein Buch, einen Film, ein fremdes Schicksal begeistern. Mit den Jahren erst wurde die Begeisterung flacher, oberflächlicher, verdrängt und unterdrückt vom Dienst und den »eigenen Angelegenheiten«.

Im Gefängnis war es manchmal so, als kehre er – wenn auch nur zeitweilig – zu den ursprünglichen Grundlagen seiner Weltauffassung zurück. Aller Lack fiel von ihm ab. Manchmal drängte es ihn, »vom Leben, von der Literatur und überhaupt« zu sprechen. Ich erzählte ihm von Korolenko und wie der für die unschuldig angeklagten Multansker Bauern eingetreten war, wie er Bejlis[33] verteidigt hatte, wie er sowohl gegen die Weiße Abwehr wie gegen die Tscheka protestiert hatte. Hier hörte er sogar mir aufmerksam zu, und seine Begeisterung war echt und ungekünstelt: »Ja, Korolenko, das war ein Mensch, das verstehe ich, ein Held erster Klasse – wenn auch ohne juristische Bildung und parteilos. Weißt du ganz bestimmt, daß er nicht bei den Sozialrevolutionären war? Ja, Bruder, der hatte eine Seele, wie man so sagt, eine edle Seele. Ich natürlich, ich bin Materialist, habe das Examen im historischen und im dialektischen Materialismus mit Auszeichnung bestanden. Aber ich begreife sehr wohl, daß es so etwas wie Seele tatsächlich gibt. Natürlich, es gibt verschiedene Faktoren – den ökonomischen und politischen, den sozusagen moralisch-politischen, die Klassenbasis, und so weiter und so fort. Ich verstehe das alles ausgezeichnet, durch und durch. Aber nimm andererseits Lenin. Wer war Genosse Lenin? Ein Adeliger. Und die Genossen Marx und Engels – sie kamen aus der bürgerlichen, teils sogar aus der kapitalistischen Intelligenz. Von wegen, daß es bei uns in der Partei keine ehemaligen Fürsten und Gutsbesitzer gegeben hätte! Nimm zum Beispiel Andrej Januarewitsch Wyschinskij oder Tschitscherin[34]. Die sind alle gegen ihre eigenen ökonomischen Klasseninteressen aufgetreten. Und warum das, frage ich? Sie werden antworten: aufgrund ihres Bewußtseins. Selbstverständlich spielt das Bewußtsein eine entscheidende Rolle. Andererseits ist uns Marxisten bekannt, daß eben das Sein das Bewußtsein bestimmt und nicht umgekehrt. Das Sein dieser Parteigenossen war aber so, daß es ihre Standesgenossen zu einem völlig anderen Bewußtsein bestimmte – zu einem bürgerlichen oder zu einem aristokratischen. – Wo liegt denn hier, wie es im Volksmund heißt, der Hase im Pfeffer? Und hier will ich Ihnen, Genossen, in voller Verantwortlichkeit sagen …«

Wenn ihn ein Thema mitriß, versetzte er seinen Zuhörer in die Mehrzahl, schaute irgendwo über meinen Kopf weg und sprach immer lauter, als hielte er eine Gerichtsrede: »Hier haben wir es mit einer Tatsache der Seele zu tun, einem Faktum, das unsere marxistische Wissenschaft im Sinne der Psychologie und der Jurisprudenz erforscht, möglicherweise auch der Medizin, da es Kategorien von seelischen Erkrankungen gibt. Dies erweist sich als ein wesentlicher Faktor, der häufig im politischen wie im privaten Leben eine große Rolle spielt, auch in der Literatur und besonders in den moralischen Wechselbeziehungen des Alltagslebens und in der Kriminalistik. Ergo ist die Seele ein Faktum und keine Reklame. Und dieser Korolenko, das will ich dir sagen, der hatte eine große Seele. Und wenn er ideologische Fehler beging und nicht die richtige Auffassung von der proletarischen Revolution und den Grundlagen des Marxismus hatte, so muß man hier mildernde Umstände einräumen wegen seiner Erziehung, seines Alters und allgemein wegen der sozial-historischen Verhältnisse. Und andererseits, mach, was du willst, ich sage dir auf Ehre und Gewissen: So einen Menschen werde ich immer verehren, sogar lieben mit Herz und Seele, eben mit der Seele.«

Während des Spaziergangs wurde der Staatsanwalt zur Verhandlung geholt. Er war so aufgeregt, daß er sich nicht mal verabschiedete. Nach der Verhandlung kam er vorschriftsgemäß in eine andere Zelle.

Zwei Wochen später sah ich ihn bei meinem einsamen Spaziergang von weitem, als er mit ein paar anderen Häftlingen aus dem Bad geführt wurde. Er nickte mir freundschaftlich zu und hielt eine Hand mit weit auseinandergespreizten Fingern hoch: fünf Jahre.

Der Drang zum Guten hatte die Seele des ehemaligen Staatsanwalts nicht allzu oft beschwert – doch dann unverfälscht. Mein Widerwille gegen ihn verminderte sich auch dank seiner wirklich guten juristischen Ratschläge. So erklärte er mir, daß ich ein Recht darauf hatte, meine Aussagen eigenhändig niederzuschreiben, und beim Abschluß der Untersuchung »gemäß Paragraph 206« in Gegenwart des Staatsanwalts Einsicht in die gesamte Untersuchungsakte nehmen dürfe. Ich erfuhr von ihm ferner, daß ich zusätzlich Zeugen benennen und die Beifügung neuer Materialien beantragen dürfe. Diese Ratschläge nutzte ich aus. Untersuchungsrichter Winogradow und Staatsanwalt Sabolotzkij waren unangenehm überrascht, als ich höflich, aber bestimmt sagte: »Ich unterschreibe nichts, bevor ich nicht den Inhalt der gesamten Akte zur Kenntnis genommen habe, wie mir nach dem Gesetz gestattet ist, und solange meine Anträge nicht in das Protokoll über den Abschluß der Ermittlungen aufgenommen worden sind...«

Der Staatsanwalt wurde böse: »Heißt das, Sie vertrauen den Untersuchungsbeamten nicht? Was soll das? Begreifen Sie nicht, daß Sie damit Ihre feindliche Einstellung noch schwerwiegender demonstrieren?«

»Ich vertraue dem sowjetischen Gesetz. Und deshalb bestehe ich auf der Erfüllung des Gesetzes. Sie haben es allzu eilig damit, noch vor Abschluß der Ermittlungen und noch vor der Verhandlung Anklage gegen mich zu erheben. Das widerspricht dem sowjetischen Gesetz. Sie haben eben erklärt, der Paragraph 206 soll erfüllt werden, und ich bitte jetzt darum, daß er auch vollständig erfüllt wird.«

Winogradow flüsterte ihm zu: »Er sitzt in einer Zelle mit diesem B...«

Sabolotzkij sah mich drohend an: »Wer hat Sie gelehrt, bei der Untersuchung derartige Demagogie und Formalismus zu betreiben? Sagen Sie es lieber selbst, freiwillig...«

»Ich betreibe keine Demagogie und keinen Formalismus, ich bestehe nur auf Geist und Buchstaben des sowjetischen Gesetzes. Wer mich das gelehrt hat? Sie und der Untersuchungsrichter. Sie haben mir oft genug gesagt, daß man das Gesetz strikt einhalten muß, daß man es nicht verletzen darf. Sie haben mich verhaftet und beschuldigen mich, obwohl ich keinerlei Gesetze verletzt habe, und jetzt beleidigen Sie mich auch noch, weil ich auf der Einhaltung des Gesetzes bestehe.«

»Niemand beleidigt Sie. Sie bilden sich ein, sehr viel zu verstehen – Gib's ihm, soll er's doch lesen...«

Sabolotzkij ging empört hinaus.

Winogradow, mit mir allein geblieben, wurde gleich wieder manierlich, hielt mir eine Zigarette hin.

»Bringen Sie mir bloß die Papiere nicht durcheinander. Sie haben all diese Protokolle ja auch selbst unterschrieben.«

Auf dem schmutziggrünen Aktendeckel war ein schwarzer Stempel aufgedrückt: »Aufbewahren für alle Zeit!«

Für alle Zeit! Heißt das – ewig?

Tintenduftende Schwermut eines Haufens beschriebenen Papiers, die säuerliche Physiognomie eines feigen Ignoranten mit goldenen Schulterstücken. Dicke Gefängnismauern, und dahinter die Ruinen einer fremden Stadt. Hunger, der quälend in der Kehle und im Leib saugt. Die beseligende, Schwindel verursachende Zigarette. Noch zwei Züge. – Gut, wenn man sich noch eine ausbitten könnte.

Und die dunkelgrauen, steilen Buchstaben in dunkelgrauem Rahmen: »Für alle Zeit.«

»Warum für alle Zeit?«

»Gesetzliche Bestimmung. Das ist notwendig, damit kein einziger Feind nach Verbüßung seiner Strafe seine Spur verwischen kann oder irgendwohin geht, wohin er nicht darf. Es ist allgemeine Vorschrift auch für den Fall, daß sich plötzlich herausstellt, daß ein Irrtum vorliegt; damit man ihn dann korrigieren kann. Unser Gesetz garantiert volle Objektivität... Sie unterschätzen das...«

Die erste Seite der Akte überraschte mich: ein Brief des Instrukteurs einer Politabteilung, Hauptmann Boris Kublanow, an die Redaktion der Armeezeitung »Roter Stern« vom Herbst 1943: »... in Ihrer Zeitung erscheinen Artikel mit der Unterschrift Lew Kopelew. Er war in den Jahren 1927 bis 1929 aktiver Rädelsführer des trotzkistischen Untergrunds in Charkow, Helfershelfer bekannter Volksfeinde...« Es folgte eine Liste mir größtenteils unbekannter oder nur vom Hörensagen bekannter Namen und vollkommen abstruse Behauptungen.

An Boris Kublanow erinnerte ich mich gut: niedrige Stirn, dichtes, kurzgeschnittenes, dunkles Haar, dicke Nase, aufgeworfene Lippen. Er war ein unverfrorener Schreihals aus den unteren Komsomol-Rängen. 1934/35 war er Parteiorganisationsleiter beim dritten Studienkreis an der philosophischen Fakultät in Charkow. Ich hatte damals den zweiten Kurs übersprungen, kam vom ersten gleich in den dritten Kurs.

Studenten leisteten damals ihren Wehrdienst während der Semesterferien bei der Reserve. Unser Studentenbataillon hatte in der Steppe bei Mariupol gelegen. Die Verpflegung war schlecht und das Wasser noch schlechter. Wie viele andere wurde auch ich krank und konnte mich lange nicht erholen. So hatte ich Zeit, das Pensum des dritten Kurses zu erreichen. (Ich exzerpierte den ersten und zweiten Band des »Kapital«, arbeitete einen Kurs in Philosophiegeschichte von Thales bis Kant durch, die Geschichte Europas, Rußlands und der Ukraine. Die Parteigeschichte kannte ich schon über das vorgeschriebene Programm hinaus.)

Kublanow begegnete mir mit offener Feindseligkeit. Er ärgerte sich, daß ich ein Studienjahr übersprungen hatte, während er selbst in vielen Fächern »nachhing« wegen seiner Überlastung mit gesellschaftlicher Arbeit. Dabei konnte er mir nicht den Vorwurf der »Passivität« machen, ich arbeitete als Redaktionssekretär an der Universitätszeitung mit, ging weiterhin in die Fabrik und leitete dort den Erfahrungsaustausch der Arbeiter-Korrespondenten. Ganz besonders erbitterte es ihn, daß er – altes Komsomolmitglied, seit fünf Jahren in der Partei – in den Seminaren über Parteigeschichte und dialektischen Materialismus hinter mir zurückstecken mußte; hinter mir, dem Naseweis, der kaum drei Jahre im Komsomol war und die Frechheit besaß, ihn, den Kursleiter, ungenügender Kenntnisse der Werke Marx' und Lenins, der Parteitagsbeschlüsse und historischer Fakten zu überführen.

Schließlich kam es noch zu einem weder wissenschaftlichen noch politischen Zusammenstoß zwischen uns wegen der kleinen blauäugigen, lockigen Galja aus der literarischen Fakultät.

Er haßte mich mit unerschütterlicher Ausdauer. Im Februar 1935 forderte er meinen Ausschluß aus dem Komsomol und die Relegierung von der Universität als »Helfershelfer der Trotzkisten« und setzte es durch. Dabei erfand er aber so viele phantastische Unmöglichkeiten über meine »Verbindungen« zu Leuten, die ich nie getroffen hatte, daß mir das schließlich sogar half, als der Fall dem Komsomol-Gebietskomitee im Ssumy-Gebiet übergeben wurde. Zwar wurde mein Ausschluß rückgängig gemacht, aber Kublanow schaffte er, den Rektor der Universität zu veranlassen, mich nicht wieder aufzunehmen, sondern zu exmatrikulieren wegen »Nichtablegung der Kursabschlußprüfungen«. Anderthalb Jahre später, als ich im Moskauer Institut für Fremdsprachen studierte, schickte er eine ausführliche Denunziation dorthin. Sie enthielt alle schon Charkow vorgebrachten und widerlegten Beschuldigungen. Neu war nur der eindrucksvolle Schluß: »... er wurde wieder in den Komsomol aufgenommen dank der Begünstigung durch inzwischen entlarvte Volksfeinde.«

1943 hatte er meinen Namen unter einem Artikel im »Roten Stern« gelesen und daraufhin die schon zweimal widerlegte Anklage an die Redaktion geschickt. Von dort ging sie weiter an die Politische Hauptverwaltung, von da an die Abwehr. Und nun eröffnete sie also das Aktenkonvolut meines Falle mit dem Stempel: »Aufbewahren für alle Zeit!«

Zwei Wochen lang blieb ich in der Zelle allein. Auch die Nachbarzelle war inzwischen leer geworden. Mehrmals täglich machte ich meine Freiübungen, rezitierte Gedichte, Liedertexte, verfaßte ein langes philosophisch-moralisches Poem über die kalte Ewigkeit, der die Unsterblichkeit menschlicher Schöpferkraft trotzt, und kürzere, ermutigende Verse. Ein Trostgedicht ritzte ich sogar in die Tür ein. Da sie nach innen aufging, konnte die Inschrift lange unbemerkt bleiben, denn während Posten in der Zelle waren, stand die Tür offen:

»Laßt sie verleumden, verfluchen –
du bist im Recht,
der Ehrliche bist du.
Geh fest und sicher auch den dornigsten Pfad.
Denk dran:
Es gibt kein Gefängnis
für Gedanken und Träume.«

Im Stettiner Gefängnis waren als Posten gewöhnliche Soldaten eingesetzt, meist Frontsoldaten mit Verwundetenabzeichen. Sie waren ziemlich gutmütig, und nachdem ich allein geblieben war, ließen sie mich stundenlang auf dem hinteren Hof, dem Wirtschaftshof, spazierengehen. Dort wuchs kein einziger Grashalm, dafür lag allerlei herum: Kessel, Rohre, Eisenschrott, Bruchholz. Und es kamen ständig Häftlingsarbeiter vorüber – manche von ihnen, schon verurteilt, arbeiteten bis zu ihrem Abtransport in der Küche oder machten im Gefängnis sauber. Doch kein Untersuchungsrichter kam über diesen Hof. Zwar wurden die Untersuchungshäftlinge auf diesem Weg zur Verhandlung geführt, aber ihre Begleiter waren die Wachtposten, die ich ja kannte, und Mädchen mit schmalen Schulterstücken – Gerichtssekretärinnen. Ich konnte mich daher gehenlassen, konnte Zigarettenstummel auflesen, in der Sonne schmoren. Einmal stand am Tor eine kleine Blonde in adretter Feldbluse mit den silbernen Achselklappen eines Leutnants im Verwaltungsdienst. Als ich an ihr vorbeiging, nickte sie mir freundlich zu. Das war ungewöhnlich; ich blieb stehen und fragte flüsternd: »Kennen Sie mich?« Wieder nickte sie und lächelte.

»Entschuldigen Sie, ich möchte gleich nach der Hauptsache fragen: Kennen Sie auch meinen Fall?«

»Ja, ja. Das Tribunal hat Ihren Fall abgelehnt. Das ist sehr gut.«

»Danke, vielen, vielen Dank! ... Aber was wird jetzt?«

»Man kann die Untersuchung fortsetzen. Aber neue Beschuldigungen sind kaum zu bekommen. Wahrscheinlicher ist es, daß die Akte geschlossen wird ...«

Das Gespräch wurde im Flüsterton geführt und mehrfach unterbrochen – ich ging weiter spazieren, zog aber sehr enge Kreise ganz nahe beim Tor. Dann wurde ein Angeklagter gebracht, sie ging mit ihm fort, und ich erfuhr nicht einmal, wie mein guter Engel vom Gericht hieß.

Im Kesselraum im Gefängniskeller wusch ich meine abgetragene Wäsche, die Fußlappen und Taschentücher, wechselte mehrmals das rasch dunkel werdende Wasser und verfluchte die Beuteseife, die fast mehr schmutzig als sauber machte und dazu wie Aas stank. Plötzlich sah ich in einem Abfallhaufen am Feuerloch Reste eines Buches. Es war ein katholisches Brevier in Deutsch und Lateinisch. In meiner Zelle gab es keine Beleuchtung, aber Ende Mai sind die Abende lang und hell, und die Scheinwerfer auf dem Hof waren sehr stark. Vor dem Schlafengehen las ich wieder und wieder das Paternoster, das Ave Maria, das Credo.

Ich sprach Worte, die schon fast zweitausend Jahre erklangen: in römischen Katakomben, in den Hütten der Sklaven, in Klosterzellen, auf Ritterburgen, in Tausenden von Kirchen und Domen – von Südamerika bis in mein Kiew (wie exotisch war uns, den neugierigen Jungen, doch die Messe in der katholischen Kapelle vorgekommen!). Ich sprach Worte, die in den Zelten der Kreuzritter und auf den Schiffen der Conquistadoren vor vielen hundert Jahren erklungen waren. Man las sie auf allen Kontinenten, und nun auch ich in der Zelle eines Feldgefängnisses. Ein Atheist, ein Bolschewik, ein Offizier Stalins. Sich dies bewußt zu machen war gleichzeitig befremdlich und verlockend. Ich schlug das Brevier sorgfältig in ein Stück gefundenes sauberes Papier ein, legte es nachts unter das Kopfende der Matratze und trug es tags in der Tasche. Es war, als spielte ich mir Ehrfurcht diesem Buch gegenüber vor. Das Spiel enstand unwillkürlich, und ich erklärte mir, daß ich damit die Kraft des menschlichen Geistes achtete, der sich in den Worten des Gebets verkörperte, schönen, einfachen Worten, ausdrucksvoll und so offenbar sei Jahrhunderten unsterblich. Außerdem achtete ich jene menschlichen Hoffnungen, Träume, Freuden, Kümmernisse, Leiden und Tröstungen, die sich in so vielen Jahrhunderten in diese Worte ergossen hatten. Ich war überzeugt von der bedingungslos rationalen, diesseitigen Natur meines neuen und ungewöhnlichen Hanges zu Worten, die mir eigentlich schon lange bekannt waren: Es gab eben im Augenblick kein anderes Buch; und dann die besonderen Umstände – Gefängnis, ein unsinniges Untersuchungsverfahren, neue Hoffnungen...

Aber morgens beim Aufwachen repetierte ich auswendig das Vaterunser lateinisch, russisch und deutsch. Ich war betrübt, wenn ich steckenblieb, ein Wort vergessen hatte – das bedeutete: Mein Gedächtnis ist schwach geworden. Wenn ich aber alles ohne Stocken schaffte, freute ich mich und wiederholte noch und noch: »... und führe uns nicht in Versuchung, sondern erlöse uns von dem Übel.«

Russisch heißt es »von dem Arglistigen«. Ich dachte darüber nach, warum das Lateinische von »malo« spricht, das Deutsche vom »Übel« und das Russische vom »Arglistigen«; ich fand dafür allerlei sozialhistorische Deutungen und überlegte, man müsse ein Buch über die Eigenarten in der Entwicklung der russischen

Moralphilosophie schreiben. Aus meinen Gefängnisreflexionen über ein katholisches Brevier entstand viele Jahre später ein Begriff, eine Vorstellung: In der russischen Sprache und in der russischen Kunst ist das Gewissen nicht nur eine sittliche, moralische, sondern auch eine selbständige ästhetische Kategorie. Noch später erklärte ich gerade damit die organische Nähe des deutschen Katholiken Heinrich Böll zu unseren Lesern, zu den Traditionen unseres literarischen Schaffens und unserer Literaturrezeption.

Plötzlich wurde ich in einen anderen, älteren Flügel verlegt. Die Zelle war kleiner, dunkler, hatte aber ein Bett. Ein riesiger Eisenrahmen, der an Ketten von der Wand hinunterhing, nahm vier Fünftel des engen Raumes ein und ließ nur einen schmalen Durchgang übrig. An der Wand, kaum sichtbar, waren Zeichnungen und Inschriften eingekratzt. Sie ließen sich nur entziffern, wenn man unter einem bestimmten Winkel vom Fenster her draufschaute. Ein fünfzackiger Stern mit Hammer und Sichel, eine Faust in einem Kreis mit der Umschrift »Rot Front!« und zwei sorgfältig in kleinen Buchstaben eingekratzte Kolumnen: eine Liste der Werke Shakespeares auf deutsch...

Bald erhielt ich einen Mitbewohner. Er war jung, hatte ein nervöses Zucken im Gesicht und trug eine Offiziersfeldbluse mit dunkleren Flecken auf der Brust – Spuren vieler Orden und Medaillen. Der Bataillonskommandeur Gardeoberleutnant Ssascha Nikolajew aus Gorkij war verhaftet worden, weil er einen Sergeanten erschossen hatte – einen »Ritter des Ruhmesordens« –, der versucht hatte, ein minderjähriges deutsches Mädchen zu vergewaltigen. Der Sergeant war betrunken, und als Ssascha ihm befahl, das Mädchen in Ruhe zu lassen und sich wegzuscheren, brüllte er: »Du Rotznase, bist nicht von unserer Einheit – solche Kommandeure wie du gehen getrocknet zwei Dutzend aufs Pfund!«, und ging auf den Oberleutnant los. Ssascha gab mit seiner Pistole zwei Warnschüsse ab; der Sergeant griff zu seiner MP, und da schoß Ssascha ihn mit der dritten Kugel direkt ins Herz. Der Erschossene war der beste Aufklärer in seinem Regiment gewesen und zum zweitenmal für den Ruhmesorden vorgeschlagen worden. Ssascha bereute nichts, beriet aber seinen Fall wieder und wieder mit mir.

»Natürlich – streng nach Gesetz und Vorschrift hätte ich meine Soldaten rufen und den Betrunkenen entwaffnen müssen ... Der Untersuchungsrichter redet mir immer vor, ich hätte die Notwehrsituation überspitzt, hätte Machtmißbrauch getrieben, und ganz allgemein dürfe man nicht sofort die Schußwaffe ziehen. – Dieser Untersuchungsrichter ist auch Oberleutnant, noch dazu mein Jahrgang – 1920. Bloß, daß er an seinem gepflegten Uniformkittel nur eine kleine Medaille hat ›Für Kriegsverdienste‹ – meine Soldaten haben die schon gar nicht mehr nehmen wollen, nannten sie immer ›Für Liebesdienste‹, weil ja alle unsere Mädchen diese Medaille kriegen. Als Zugführer hab' ich angefangen, war dreimal verwundet, zweimal davon schwer; außerdem zweimal verschüttet, einmal schwer, einmal nur so. Das Bataillon habe ich erst in Polen bekommen an der vordersten Linie, quer durch ganz Ostpreußen und durch halb Polen. – Sieh mal hier.«

Er zieht sich den Ärmel hoch; eine frische rötliche Narbe am Oberarm: »Das hab' ich mir geholt, als wir über den Narew gingen – Handgranate auf fünf Schritt Entfernung. Junge, Junge, das hat Sterne gehagelt! Ich dachte schon, nun wär's aus, war taub und blind geworden, aber nicht für lange, höchstens eine Viertelstunde, hatte dann bloß das Loch, sogar der Knochen war heil geblieben. Hab' mich also selber verbunden und weiter im Kampf. Damals kriegte ich den Alexander-Newskij-Orden ... Jetzt sag selbst: Wie soll mich so ein Untersuchungsrichter verstehen? Der hatte sich hinter seinem Tisch verschanzt, schoß aus dem Tintenfaß nach offenem Papier-Ziel. Ich erklärte ihm das, und da war er noch beleidigt. Von seinem Kram versteht er viel: sozialistische Gesetzlichkeit, sagt er, und Überschreitung der notwendigsten ... Und sagt noch, er nimmt Rücksicht auf meine Verdienste und mein früheres Heldentum. Aber wenn ich die Untersuchung nicht achte und respektiere – diese Tintenseele soll ich auch noch respektieren und achten –, mich widersetze und nicht gestehe, dann würde er dafür sorgen, daß die Anklage ›vorsätzlicher Mord unter erschwerenden Tatumständen‹ lautet und daß ich den vollen Kübel abkriege ...«

Ssascha wurde nur selten zum Verhör geholt. Hauptsächlich ging es dabei um Einzelheiten: Wer wo gestanden hatte, in welcher Entfernung, wieviel Schuß abgegeben worden waren und in welcher Reihenfolge. Der böswillige Untersuchungsrichter versuchte, Ssascha anzuhängen, er habe erst den Sergeanten getötet und danach in die Luft geschossen.

In der Zelle mit den Inschriften blieben wir nicht lange. Es stellte sich heraus, daß der Gefängnisleiter Oberleutnant Iwanow ein Landsmann von Ssascha war, mit ihm in derselben Straße gewohnt hatte. Er brachte uns ein paar Schachteln Zigaretten, Tabak, Zigarettenpapier und Streichhölzer. Diese Schätze wurden Ssascha auf dem Korridor zugesteckt, und er mußte geheimhalten, von wem sie stammten. Dann ließ uns Iwanow in einen anderen Flügel auf einen anderen Hof mit einem kleinen Garten in der Mitte verlegen. Hier standen Fliederbüsche, alte Bäume, dichtes Gras, sogar Blumen gab es: Kapuzinerkresse und Stiefmütterchen in dicht verunkrauteten Rabatten. Wir kamen in eine ehemalige Krankenzelle im Parterre, sie war geräumig und hell, hatte zwei nicht allzu eng vergitterte Fenster und war mit sandgelber Ölfarbe gestrichen. Vier Betten standen darin, gewöhnliche Holzrahmen mit Drahtnetzböden, unsere Matratzen hatten wir mitgebracht, außerdem hatten wir einen Tisch und vier Hocker. Unseren Fenstern gegenüber waren in der Hofecke die Küche und die provisorische Kantine für das Wachpersonal unter einem Schutzdach von Brettern und Zeltplanen untergebracht. Von dorther kamen unbeschreibliche Wohlgerüche. Auch einige Häftlinge wurden zum Essen dorthin geführt. Ich erkannte meine jugoslawischen Freunde und noch etwa fünfzehn Mann in denselben Uniformen. Am zweiten Tag gelang es mir, Boris zuzurufen, und er ließ uns durch einen Wachtposten einen ganzen Laib Brot bringen, wunderbar frisches, kastanienbraunes Brot.

Unmittelbar unter unseren Fenstern standen Fässer mit graugelben Heringsrogen. Morgens kamen mehrere polnische Mädchen mit großen Schüsseln und Eimern, in dene sie den Rogen wuschen. Wir begannen, uns leise mit ihnen zu unterhalten. Sie waren Melderinnen bei der polnischen Heimatarmee gewesen, nicht verhaftet, sondern »interniert«. Ihre Anführerin war die schwarzäugige, schwarzbezopfte Wanda, die immer sang: Romanzen, Tangos, Blues, polnische Soldaten- und Partisanenlieder. Im Schutz dieser Geräuschkulisse unterhielten sich ihre Freundinnen mit uns, auch mit Ssascha, der nur ein paar polnische Worte kannte, sie aber wacker und ungeniert ständig wiederholte, um den Mädchen klarzumachen, wie sehr er sie liebte, beziehungweise lieben wollte, besonders aber Panienka Basia, die blonde...

Neben Ssascha fühlte ich mich wie ein Greis, sprach aber etwas besser Polnisch als er und fragte die Mädchen aus, woher sie seien, was sie von der Frontlage und aus Polen wüßten.

Taschen- und Handtücher verknoteten wir zu einem Seil, das wir auf Wandas Signal aus dem Fenster ließen. Die Mädchen banden Blasen mit Heringsrogen dran. Sie schärften uns ein, wir sollten ihn unbedingt lange wässern, der Rogen sei sehr, sehr salzig! Beim erstenmal reichte unsere Geduld nicht. Ein paar Hände voll spülten wir irgendwie in einem Napf mit Kaffee-Ersatz und waren entsctzt, daß er sofort auseinanderfloß; und wir konnten das Gemisch nicht abseihen, aber es wäre doch zu schade gewesen, die kostbare Speise einfach in den Abortkübel zu kippen. Und so aßen wir den höllisch salzigen, harten und nassen Rogen. Gegen Mitternacht tranken wir unsern ganzen Kaffee aus, einen großen Eimer voll. Der diensthabende Posten war ein stumpfsinniger Formalist, hatte kein Mitleid: »Nachts gibt's nichts zu bitten – wo soll ich denn jetzt Wasser für euch hernehmen?«

Wir litten qualvoll bis zum Morgen. Unsere Kehlen waren von dem brennenden Durst rauh geworden.

Der 8. Juni war ein Tag allergrößter Seligkeit, unverhoffter, unwiederholbarer Seligkeit, den ich zeitlebens nicht vergessen werde. An diesem Tag reisten die Jugoslawen ab. Boris brachte es fertig, mit mir noch auf dem Korridor zu sprechen; er schrieb sich die Moskauer Adresse meiner Familie auf und all das, was er ihr von mir ausrichten sollte. Wir umarmten uns, überzeugt, daß wir uns nie wiedersehen würden. Ssascha und ich sahen vom Fenster aus zu, wie die Jugoslawen im Hof ihre Schulterstücke anknöpften, Koppel und Portepees umlegten – sie gingen in die Freiheit.

Wir blickten unverwandt zu ihnen hinüber, riefen »Viel Glück!« und winkten hinter ihnen her.

In den folgenden zehn Jahren sah ich im Gefängnis und in der Scharaschka[35] öfter, wie Leute sich auf ihre Entlassung vorbereiteten. Es war bemerkenswert: Niemand, auch nicht die bösartigsten und verbittertsten Häftlinge, zeigte gegenüber den Fortgehenden Neid (zumindest nicht offen). Die Freiheit heiligte alles, und noch über die Freiheit eines anderen konnte man sich nur freuen.

Die Jugoslawen waren die ersten, denen ich auf dem Weg in die Freiheit das Geleit gab.

Gegen Abend holte uns der Diensthabende auf den Hof an den Tisch, nachdem die Soldaten gegessen hatten. »Befehl vom Chef. Für die Abgefahrenen ist das Essen bis Monatsende eingeplant. Sollt ihr jetzt haben.«

Der Koch, ein junger, rotgesichtiger Soldat mit zerdrückter Kappe und schmutziger Schürze über der Uniform, schaute streng, aber mitfühlend auf uns.

»Los, her mit euch, Bürger und Genossen, solange die Obrigkeit gnädig ist!«

Er stellte eine große Fayence-Terrine vor uns hin: herrlich duftende, dicke Suppe aus Nudeln, Fleischstückchen, Kartoffeln und Zwiebeln. Dazu eine Schüssel mit Brot. Wir aßen, sahen uns glücklich an und steckten für alle Fälle Brot in die Taschen. Der Koch merkte es und sagte: »Braucht keine Angst zu haben – gibt morgen frisches!«

Wir wischten die Terrine aus, erschöpft, schwitzend, lehnten uns rülpsend zurück, begannen zu rauchen.

»Wartet noch damit. Gibt noch was!«

Vor uns erhob sich eine Schüssel mit einem goldgelben Hügel Bratkartoffeln, umlegt von braunen Wällen aus gebratenem Fleisch. Ssascha ächzte: »Oooch, hättste das nicht früher sagen können – wir sind bis obenhin voll... mich zerreißt's fast...«

»Laßt euch Zeit, braucht euch nicht zu beeilen... Bis Zapfenstreich ist noch eine ganze Stunde hin. Vertretet euch die Beine, laßt's bißchen zusammensacken, habt ja reingehauen wie ausgehungerte...«

Tatsächlich »sackte« es in der Stunde, aber den ganzen Berg göttlicher Speisen konnten wir trotzdem nicht bewältigen. Unsere Bäuche schwollen an. Vor Übersättigung waren wir wie trunken. Der Koch gab uns noch Machorka: »Da, nehmt, ist Eigenbau, von zu Hause, kein gekaufter...« Nachts konnten wir beide nicht schlafen. Ssascha krümmte sich vor Schmerzen schon seit dem Abend, mich packte es erst im Morgengrauen. Zum Glück hatten bekannte, mitleidige Soldaten Wachdienst, sie brachten uns einen Eimer heißes Wasser und eine zweite Wärmeflasche – eine hatte ich schon früher ergattert. Ssascha mußte erbrechen, ich bekam Durchfall... Am Morgen konnten wir kaum auf den Beinen stehen. Aber wir verabredeten, nicht zu klagen und uns nicht krank zu melden, sondern nur das nächste Mal vorsichtiger zu essen. Beim Feldscher erbat ich mir Kohletabletten, Tannalbin und irgendwelche deutsche Magenpillen. Zwei Tage waren wir krank, taten aber, als fehle uns nichts. Der Koch merkte es von selbst.

»Meuterei im Gedärm, was? Seid nichts Gutes mehr gewöhnt. Müßt mehr Heißes trinken, das wäscht den Darm aus... Aber essen könnt ihr ohne Sorge, hier ist alles frisch, kann euch nur nützen.«

Danach richteten wir uns, tranken unmäßig viel »Kaffee« und streckten uns nach dem Essen mit den Wärmeflaschen auf den Bäuchen in der Zelle aus. Nach ein, zwei Tagen war alles in Ordnung, und es wurde uns schnell zur lieben Gewohnheit, morgens, mittags und abends darauf zu warten, bis die Soldaten gegessen hatten und wir uns an den langen Tisch setzen konnten.

Außer uns beiden wurden hier noch vier andere privilegierte Häftlinge mit dem Überfluß des Beuteguts gefüttert, das unermeßlich viel abwechslungsreicher und fetthaltiger war, als es die höchsten militärischen Normen gestattet hätten.

Da waren zwei schweigsame junge Kerle aus dem Strategischen Nachrichtendienst (Spionage im Feindgebiet). Sie galten nicht als Häftlinge, waren interniert, weil sie sich nicht ausweisen konnten, und warteten auf einen direkten Transport nach Moskau; dann ein deutscher General, stämmig gebaut, fast quadratisch, er wirkte sehr alt mit seinen dünnen, grauen Löckchen, dem burgunderroten, narbigen, wie entzündeten Gesicht. Er murrte ständig, erläuterte umständlich seine Krankheiten, brummelte manchmal völlig unverständlich, schnaubte, schimpfte.

»Ich bin Generalleutnant und fordere eine meinem Rang entsprechende Behandlung. Sollte man mich erschießen: bitte nach Vorschrift unter Wahrung der Offiziersehre! Aber hier muß ich in einen dreckiger Eimer urinieren, mich mit kaltem Kaffee rasieren. Das ist unerhört! Wozu gibt es die Haager Konvention, wenn ich fragen darf? Die Nazis sind natürlich Schweinehunde, haben Generalfeldmarschall von Witzleben aufgehängt wie einen Deserteur, wie einen Marodeur, dabei war er ein hochverdienter deutscher Offizier! Gewiß, er wollte putschen, die Macht usurpieren. Das ist ein Verbrechen, aber ein politisch-militärisches, das nicht den Verlust von Rang und Ehre nach sich zieht. Er hätte erschossen werden müssen, würdig, in voller Uniform, mit allen militärischen Ehren. Und auch hier – das ist eine komplette Schweinerei: Ich bin kein Verbrecher, ich bin Generalleutnant, Chef der rückwärtigen Verbindung Heeresgruppe Weichsel. Die Untersuchungsrichter sagen: ›Sie waren Himmler unterstellt, und der ist ein Hauptkriegsverbrecher.‹ Was geht mich das an? Ich habe meine Pflicht erfüllt und zu diesem Himmler keinerlei Beziehungen unterhalten. Ich bin Berufsoffizier. Er ist Diplomlandwirt, Parteibonze, Polizist, SS-Führer. Anständige Offiziere haben sich von solchen Kreaturen immer ferngehalten. Und wenn er zum Oberkommandierenden der Heeresgruppe Weichsel ernannt wird und ich zum Chef der rückwärtigen Verbindungen, kann ich schließlich deshalb nicht desertieren! Ich erhielt Befehle und führte sie aus. Getötet habe ich niemanden. Meine Aufgaben waren: Versorgung, Transport, Nachschub, Bau von Verteidigungsanlagen. Mit Politik habe ich mich nie befaßt. Und dann werde ich verhaftet wie ein Schwerverbrecher. Ich bin ein alter Mann, nieren- und blasenleidend, sehe schlecht. Und da nimmt man mir noch die Brille fort. Sie zum Beispiel kann ich nur aus einiger Entfernung erkennen, in der Nähe sehe ich nichts als verschwommene Flecken. Ich werde protestieren! Beim Internationalen Gerichtshof. Beim Internationalen Roten Kreuz. Ich bin General, bin Kriegsgefangener, kein Verbrecher! Warum muß ich mit einem Menschen in einem Raum schlafen, der ohrenbetäubend wie ein Panzermotor schnarcht? Warum muß ich einen schmutzigen Eimer für meine Bedürfnisse benutzen? Warum habe ich keine Brille? Ohne Brille kann ich nicht lesen ...«

Unzertrennlicher Begleiter des Generals war der Konteradmiral von Bredow. Er war es, der so schnarchte – Chef des Küstenschutzes von Stettin. Dürr, hochgewachsen, mit magerem Gesicht, schmaler, grader Nase, eingesunkenen Schläfen und kaum sichtbaren Runzeln. Die Lippen schmal und fest, die ergrauenden dunklen Haare ordentlich zurückgekämmt. Er war immer ausnehmend höflich, grüßte zurückhaltend, beantwortete Fragen stets knapp, lächelte selten, aber liebenswürdig. Wenn der General sich krächzend ereiferte und beklagte, hob er vorsichtig mit weicher Bewegung die Hand erst zum Kopf, dann zum Herzen, ließ sie bekümmert sinken, eine traurige Geste. »Sie verstehen, der alte Herr ist krank, begreift nicht mehr so recht, verdient Mitleid...«

Ssaschas und meine Seligkeit währte zwei Wochen. Manchmal blieb die Zelle den ganzen Tag über offen. Den Hof oder Garten mußten wir nur verlassen, wenn die Soldaten aßen und wenn während der Mittagspause und nach Dienstschluß die Smersch-Leute kamen. Dann verschwanden wir in unsere Zelle, lungerten herum oder spielten Karten. Ssascha hatte von unserem Wohltäter, dem Koch, zwei deutsche Kartenspiele bekommen.

Um unser Glück vollzumachen, flüsterte mir einer der Wächter zu, daß in unserem Trakt im zweiten Stock Bücher herumlägen – »Gar nicht zu zählen, wieviel tausend! Bloß, die Verwaltung ist da ganz in der Nähe, alle kommen über den Flur, mußt höllisch aufpassen!«

In zwei großen Räumen befand sich die Gefängnisbibliothek. Die Bücher standen teils noch in den Regalen, teils lagen sie haufenweise auf dem Fußboden. Mir zitterten die Hände wie im Krampf: Zuviel durfte ich nicht nehmen, lange aussuchen konnte ich auch nicht, die Türen waren aus den Angeln gerissen, jederzeit konnte jemand vorbeikommen.

Ich suche atemlos, das Herz schlägt bis zum Hals... So ein Glück: Goethe, kleinformatige Bändchen! Ich nehme ein paar, dazu die zweibändige Goethe-Biographie von Emil Ludwig und eine Taschenbibel. Dann mache ich, daß ich fortkomme. Die Bücher halte ich unter der Feldbluse mit den Händen fest, mit den Ellbogen versuche ich, das Rutschen der Hosen zu verhindern, die vom Gewicht der Beute hinabgezogen werden – ich habe ja keinen Hosenriemen. Obwohl ich in diesen Tagen mich vollgegessen und auch zugenommen habe, könnten die Hosen doch runterrutschen. Ssascha freut sich zunächst selbstlos mit, wird aber bald sauer; er hat nichts zu lesen, und ich habe nun kaum noch Lust, Karten zu spielen, nicht einmal zum Spazierengehen auf dem Hof. Das nächste Mal gingen wir zusammen in die Bibliothek, fanden für ihn ein Deutsch-Lehrbuch und illustrierte Zeitschriften – zwei Wochen Seligkeit: Wir sind satt, sind stundenlang im Freien, haben Bücher; ich hatte einen Platz hinter den Büschen gefunden, wo ich auch tagsüber lesen konnte. Nachts las ich beim Scheinwerferlicht, das in einen Teil unserer Zelle fiel. Verhöre gab es nicht, die Soldaten waren freundlich. Sie sagten, jetzt, nach dem Sieg, würden bald alle entlassen, es käme bestimmt so ein Erlaß. So viele sind im Krieg gefallen, überall werden Männer gebraucht, was soll man euch ohne Nutzen in den Gefängnissen füttern?

Derartige Erwägungen erschienen uns unwiderlegbar überzeugend. Zudem hatte das Gericht meinen Fall abgelehnt; Hoffnung wuchs immer freudiger und nartnäckiger. Ich starre in mein Buch, ohne zu lesen, stelle mir vor, wie das sein wird: Wie ich herausgerufen werde, wie ich Schulterstücke, Orden, Koffer zurückbekomme, wie ich nach Moskau fahre ... Wenn ich früher von der Heimkehr träumte, drängte sich in meine Vorstellung unweigerlich Spiegelei mit viel Bratkartoffeln – das ärgerte mich, und ich zwang mich, an etwas anderes zu denken –, aber immer und immer wieder kam dasselbe Bild: Ich komme nach Hause, Nadja, die Mädchen, Mutter weint und stellt eine große Pfanne auf den Tisch: dünne Kartoffelscheiben, goldbraun gebraten, duftend, weich, die Ränder knusprig ... Jetzt, seit ich dran gewöhnt war, satt zu sein, stellten sich andere Bilder ein: Begegnungen mit Freunden und Feinden, Gespräche in der Politverwaltung, mit Manuilskij, mit Burzew – im Geist traf ich mich mit Freundinnen ... Die Ungeduld zerrte: Wenn es doch nur bald soweit wäre!

Die Polinnen waren zunehmend mit den Jugoslawen abgefahren. Und wenn nun andere kommen, ebenso fröhliche, muntere Mädchen, vielleicht in die Nachbarzelle – da könnte man sich jetzt wohl mit den Posten absprechen, leere Zellen gibt es noch – Ssascha und ich könnten uns jeder einen netten Käfer aussuchen ...

22. Juni. Jahrestag des Kriegsausbruchs. Ich wurde herausgerufen. Es ging zum zweitenmal um den Paragraphen 206 »Abschluß des Untersuchungsverfahrens«. Das erste Mal hatte ich nicht unterschrieben, sondern auf Anraten des ehemaligen Staatsanwalts B. eine Menge Anträge gestellt. Einige davon

waren genehmigt worden: Winogradow hatte Galina Chromuschina und Iwan Roshanskij vernommen; ich hatte meine Vergangenheit und die Geschichte der Feindschaft mit Sabaschtanskij eigenhändig niederschreiben dürfen. Als ich die Protokolle von Galinas und Iwans Aussagen las, freute ich mich: gut! Sogar noch aus den tristen Tintenzeilen der Beamtensprache ging klar hervor, wie sie die Fangfragen des Untersuchungsrichters pariert und auf der Wahrheit bestanden hatten. Dagegen war meinem Antrag, Jurij Maslow zu vernehmen, nicht stattgegeben worden. Ich hatte ihm nach meinem Parteiausschluß ausführlich geschrieben, wie Sabaschtanskij gegen mich hetzte. Auch Arnold Goldstein war nicht vorgeladen worden, obwohl er Zeuge des Gesprächs war, bei dem ich, Sabaschtanskij zufolge, das Oberkommando und die Regierung attackiert haben sollte.

Ich bestand auf diesen Anträgen. Sabolotzkij wurde böse. Winogradow langweilte sich. Ich betonte, daß die Aussagen dieser beiden alles vollständig widerlegen könnten, was an verleumderischen Beschuldigungen gegen mich vorgebracht worden sei. Darum erneuerte ich im Protokoll die Anträge, Sabolotzkij sah mich angewidert an: »Schon Ihr Benehmen bei der Untersuchung zeigt Ihr antisowjetisches Innere nur zu deutlich...«

Ich ließ mich nicht provozieren, wollte keinen Skandal und keinen Zank. »Heute ist der Jahrestag des Kriegsausbruchs. An diesem Tag vor vier Jahren meldete ich mich in der ersten Stunde als Freiwilliger, obwohl ich das Recht auf Zurückstellung hatte. Ich war alle diese Jahre an der Front. Alles, was ich getan habe, liegt klar und offen vor. Ist das nicht beweiskräftiger als die Widersprüche im Untersuchungsverfahren, noch dazu, da ich zu Unrecht beschuldigt werde?«

»Schon gut, schon gut! Wir wissen, wie gut Sie Ihre Zunge wetzen können. Sie sind nicht für das verhaftet worden, was Sie vor aller Augen getan haben, sondern für das, was Sie still und heimlich betrieben: antisowjetische Propaganda nämlich. Für Ihre Verdienste besten Dank – für Ihre Verbrechen müssen Sie büßen.«

»Ich habe keinerlei Verbrechen begangen. Das geht selbst aus diesen Akten hervor.«

»Was aus den Akten hervorgeht, haben nicht Sie zu beurteilen. Werden Sie nicht unverschämt. – Abführen!«

An diesem Tag durften wir nach dem Mittagessen nicht in unsere Zelle zurück. Der Posten sagte: »Haut ab, weiter spazierengehn!« Er sagte es in einem ungewohnt unfreundlichen Ton. Nach einer Weile holte er uns und befahl ebenso unfreundlich: »Marsch in die Zelle. Genug spaziert. Nix wie Ärger euretwegen ...«

Unter dem persönlichen Kommando von Sabolotzkij war unsere Zelle durchsucht worden. Er ließ alle Bücher wegschaffen, nur die Bibel blieb mir – sie hatte zwischen den Matratzen gelegen – und die Goethe-Bändchen, die ich bei mir gehabt hatte. Auch unser Geschirr war konfisziert worden, das Rasierzeug und ein Kartenspiel, das zweite hatte Ssascha in der Tasche.

Die Zelle wurde nun wieder abgeschlossen. Zum Abendbrot ließ man uns aber doch hinaus. Der Koch schüttete uns einen ganzen Berg Fleisch hin: »Los, eßt! Was ihr nicht verdrücken könnt, nehmt mit. Morgen werden wir verlegt!«

Am nächsten Tag fuhr man uns zum Bahnhof, verlud uns in einem großen Güterwagen, dessen Tür von innen mit einer Zeltplane verhängt war. Eine zweite Zeltplane diente zur Abgrenzung des Frauenabteils. Tagsüber war der Vorhang etwas angehoben. Neun junge, hübsche Frauen in verknautschten ausländischen Kleidern – schicken, bunten. Zwei Frauen hatten Kinder: ein Mädchen, etwa drei Jahre alt, und ein Säugling, ein Knabe. Am Vorhang zum Frauensektor saß ein Wachtposten auf einem Hocker, nachts erhielt er Verstärkung von einem zweiten. Im Hauptteil des Wagens lagen mehrere Dutzend Häftlinge kreuz und quer, darunter auch die beiden Abwehrmänner, der General und der Konteradmiral. Die übrigen waren hauptsächlich Kriegsgefangene, dazu ein paar Plünderer und Deserteure.

Wir fuhren mit häufigen Aufenthalten, durften aber den Waggon nicht verlassen. Für die Männer war ein Loch in den Bretterboden gehauen, die Frauen bekamen einen Eimer.

Schon das Fahren war aufregend. Dazu die nicht abreißenden Gespräche über die bevorstehende Amnestie. Ich war noch nicht an den unerschütterlichen Optimismus der Latrinenparolen in den Lagern und Gefängnissen gewöhnt. Aber auch später noch schlich sich dieser Optimismus ins Bewußtsein und ins Unterbewußtsein, als ich mich schon viele Male davon hatte überzeugen müssen, daß alle Hoffnungen umsonst gewesen waren. Immer wieder ließen die gleichen Worte und Sätze aufhorchen: »Ich weiß es ganz genau: Die Amnestie kommt!«

Dem einen hatte es der Untersuchungsrichter gesagt, der den gedruckten Erlaß selbst gelesen hätte.

»Mir hat's der Posten beim Spaziergang gesagt, daß alle bald nach Hause fahren...«

»Im Bad hat's mir ein Nicht-Gefangener glaubhaft erzählt: Es werden schon die Entlassungslisten zusammengestellt...«

Wir fuhren nach Osten, und auch das erschien uns als gutes Omen. Es munterte uns auf, stimmte fröhlich. Ssascha, ich und noch ein paar schwatzten mit den Frauen. Aus unseren Vorräten bewirteten wir das kleine blasse Mädchen. Ein Kind in einem Gefangenentransport! Die meisten hatten glänzende Augen, die einen lächelten, redeten freundlichen Unsinn, andere verdüsterten sich, wandten sich ab.

Manchmal stockte mir der Atem, mir wurde schwindlig in dem Bewußtsein, daß dicht neben uns, einen halben Meter entfernt hinter der Bretterwand, Freiheit ist: keine Steinmauern, keine Gitter, keine Eisentüren. Und unter uns, ganz dicht, dort, wo es dröhnt und rattert, ist Erde, freies Land! Schwellen, Gleise – lauf zu, wohin zu willst!

Während der Fahrt schob der Posten die Waggontür einen Spalt breit auf, und wir sahen Dörfer, Wälder, Felder, Hausdächer vorübergleiten...

Die Nähe der unerreichbaren Freiheit, die Fahrt nach Osten, nach Osten, nach Osten – trotz allem der Heimat zu – machte uns regelrecht trunken. Wir begannen zu singen. Der Posten, ein älterer Soldat, hörte wohlwollend zu.

»Singt, soviel ihr wollt, aber bloß beim Fahren. Wenn der Zug hält, sofort Maul halten!«

Wir sangen alles mögliche. Beim Warägerlied summte sogar der deutsche Konteradmiral mit. Dann setzte er sich zu mir: »Entschuldigen Sie bitte, ich bin so angenehm überrascht, daß in Ihrer – in der Roten Armee dieses schöne alte Lied gesungen wird; das ist sehr gut – Traditionspflege ist notwendig, und dies ist ein gutes Lied. Ich kannte übrigens seine Helden. Ja, wirklich. Während des russisch-japanischen Krieges war ich ganz junger Marineleutnant auf einem deutschen Kreuzer. Wir lagen auf der Reede im neutralen Hafen Tschemulpo zusammen mit der

›Waräger‹. Damals bestand noch die traditionelle Freundschaft zwischen Deutschland und Rußland. Kaiser Wilhelm und Zar Nikolaus waren ja auch Vettern. Zwischen den deutschen und russischen Marineoffizieren herrschte echte Freundschaft, nicht nur offizielle Höflichkeit. Auch in der Ablehnung der Engländer waren wir uns einig. Die Briten unterstützten Japan. Die Amerikaner nahm man damals noch nicht recht ernst. Von ihren Matrosen sagten wir spöttisch, sie hätten Spucknäpfe auf dem Kopf, wissen Sie, sie trugen wirklich sehr eigenartige Mützen. Die ›Waräger‹ war ein ausgezeichnetes Schiff, wenn auch für damalige Verhältnisse ungenügend gepanzert und unzureichend bestückt. Dann verlangte der englische Admiral, der Dienstälteste auf der Reede, daß die russischen Schiffe ›Waräger‹ und ›Koreaner‹ auslaufen oder sich internieren lassen müßten. Die Amerikaner und, ich glaube, die Holländer waren auf der Seite der Briten, die Franzosen schwankten. Nur wir Deutschen waren strikt dagegen. Wir wollten das Ultimatum des japanischen Admirals zurückweisen, und bei einem Angriff der Japaner auf den neutralen Hafen wollten wir den russischen Schiffen helfen. Aber wir waren in der Minderheit. Ich gehörte zu den letzten deutschen Offizieren, die an Bord der ›Waräger› gingen, um Farewell zu sagen. Die vorbildliche Ordnung und der ruhige Mut der russischen Matrosen imponierte uns. In wenigen Stunden hatten sie sich der Übermacht eines erbarmungslosen Gegners zu stellen. Die Japaner waren gut zu erkennen: Sie kreuzten unmittelbar jenseits der Hoheitsgewässergrenze in enger Formation. Und am andern Tag beobachteten wir die Schlacht, besser: die Schlächterei. Ein Rudel Wölfe gegen einen edlen Hirsch. Ein Dutzend bis an die Mastspitzen bestückter, schneller Schiffe gegen die ›Waräger‹, die die langsame ›Koreaner‹, das veraltete Kanonenboot, nicht im Stich lassen wollte. Tapfer haben sie sich gewehrt. Die Japaner schossen mit ihren viel weiter tragenden Geschützen, schossen fast ohne Risiko, wie nach der Scheibe. Es war schrecklich. Viele von uns weinten. Später habe ich dann Ihre verwundeten Matrosen gesehen. Wir besuchten sie in den Küstenlazaretten: prachtvolle Kerle. Unsere deutschen Ärzte freundeten sich sehr mit ihnen an. – Ja, und dann zwei so furchtbare Kriege ... Als 1939 der Pakt mit Rußland zustande kam, waren wir sehr froh. Nein, dieser Krieg hätte nicht kommen dürfen ... Bitte, seien Sie so liebenswürdig, Ihre Kameraden zu fragen, ob sie das ›Warägerlied‹ noch einmal singen mögen. Ich möchte es so gern noch einmal hören.«

Unterwegs brachte der Gefängniskoch einmal sechs Kochgeschirre mit Suppe für seine ehemaligen Pflegebefohlenen. Ssascha und ich teilten unsere Portionen mit den Frauen. Die jüngste war Nadja aus Borissow, schwarzäugig, mit schwarzen Locken rund ums Gesicht, rundlich, mit kindlichem Pfirsichflaum auf den Backen und kecken Grübchen.

»Wie denn, werde ich wirklich verurteilt? Sagen Sie doch, aber nicht lügen, sagen Sie die Wahrheit! Ich war doch minderjährig, als der Krieg anfing, 16 Jahre, bin Jahrgang 1925. Wie die Deutschen kamen, wurde in der Schule so eine Organisation gegründet, wie Pioniere oder Komsomol, nannte sich bloß eben antibolschewistisch. Wir hatten Versammlungen, Orchester, Tanz und Lieder, machten Wanderungen mit Lagerfeuer. Und wie dann die Leute zur Arbeit nach Deutschland abgeholt wurden, riet mir ein russischer Junge, mit dem ich ging – er hatte einen prima Posten bei den Deutschen, was ganz Geheimes –, ich sollte eine Erklärung abgeben, daß ich gegen den Bolschewismus kämpfen wollte. Dann könnte ich auf eine andere Schule gehen, und wenn ich meine Sache gut machte, könnten wir später zusammen nach Deutschland fahren, nicht als Landarbeiter, sondern wie Herrschaften. Da gab ich die Erklärung und ging in die Schule ›A‹. Das ist eine Spionageschule, die einfachste, ohne Funk, Sprengmaterial, Fallschirmspringen. Wir lernten Karten lesen, Kanonen und Panzer erkennen, auch Geheimschrift schreiben, so daß nichts zu sehen ist ... Mit einem Auftrag wurde ich nur einmal zu den Sowjets geschickt, als die Front noch am Dnjepr war, bei Tschaussy. Da habe ich in einem Feldlazarett als Putzmädchen gearbeitet. Böses hab' ich nicht getan. Als die Sowjets mit der Offensive anfingen, bin ich nur nach Polen ausgerückt, wo meine Leute waren. Aber was ich denen mitbrachte, war schon alles nutzlos geworden. Man hat mich auch nicht mehr losgeschickt. Der Sonderführer sagte, ich wäre ein ›Dummerchen‹. Und dann kriegte ich es auch noch mit dem Unterleib, und dieser Junge, mein Freund, fing was mit einer andern an. Da hab' ich viel durchgemacht, damals, und später hab' ich nur noch als Küchenhilfe gearbeitet ...«

»Tags hat sie gearbeitet, nachts ging sie anschaffen... spielt sich nun hier als Jungfrau auf«, sagte leise die große Frau mit den langen, lockeren hellblonden Haaren, die Mutter des kleinen Mädchens.

»Was sagst du da, Anja? Warum bist du so? Ich hab' dir doch nichts getan – gut, du hast Kummer. Aber warum solche Ausdrücke? Ich bin nicht so eine, hatte immer nur einen Freund. Und als mich die von der SS vergewaltigten – das waren drei und ich war allein, hab' ich so geweint, so gelitten, und du sagst...« In ihren runden, schwarzen Augen stand echte Trauer, große Tränen kullerten aus den dichten Mädchenwimpern; dann flüsterte sie mir zu: »Die Anja hat mir einem ganz Großen zusammengelebt, sind richtig in der Kirche getraut, und das Mädchen ist getauft. Er kam schon im Winter um, in Polen, und sie trauert in einem fort, ist auf alle böse. Aber ich bin noch ein Fräulein, war ja nicht verheiratet. Natürlich hab' ich mich auch amüsiert, war ja so dumm und glaubte den Jungen, die sagten, der Krieg läßt das alles vergessen. Ich habe immer den Leuten vertraut, auch dem Untersuchungsrichter, hab' ihm alles genauso erzählt, wie es war.«

»Wenn du bloß von dir gequatscht hättest, Hure, glubschäugige Schlange – aber du hast ja auch alle andern reingelegt, sogar welche, die du gar nicht gekannt hast! Trotzdem wirst du hängen, direkt neben uns, und mit den Beinen strampeln!«

»Warum sagst du so was, Anja? Bei Gott, ich hab's doch gar nicht als erste gesagt. Der Hauptmann hat alles schon längst gewußt und mir bloß befohlen, daß ich es zugeben soll! Und warum denn aufhängen? Das gibt's doch gar nicht! Ich habe ganz ehrlich alles gestanden. Der Hauptmann und der Major, die haben dann gesagt: das ist ein mildernder Umstand, daß ich so ehrlich war, und dann noch, weil ich minderjährig und noch unbewußt war... Gestern bei der Gerichtsverhandlung haben sie mir das Urteil noch nicht gesagt, sind rausgegangen, haben sich besprochen, wollten es später sagen. Bei der Verhandlung hat der Staatsanwalt ja so gräßlich gebrüllt – so ein Schwarzer, wie ein Jude, kann das ›R‹ nicht aussprechen –, schrie, ich hätte die Erklärung verschwiegen, sie wäre aber gefunden worden. Aber die Erklärung, daß ich gegen den Bolschewismus kämpfen will, die hab' ich doch gar nicht selber geschrieben, hatte mein Freund mir doch gesagt, und ich war noch keine sechzehn...«

Am nächsten Abend kamen wir nach Einbruch der Dunkelheit in Bromberg an. Die Frauen wurden als erste ausgeladen. Als Ssascha und ich auf dem Lastwagen im Gefängnishof einrollten, hörten wir hysterische Frauenschreie und unverständliches Jammern. Einer der Soldaten erklärte: »Das ist die kleine Nadja, die Spionin – der haben sie ihr Urteil verlesen: fünfzehn Jahre Zwangsarbeit, strenges Regime.«

Vierter Teil: Rückkehr in die Heimat

Das Bromberger Gefängnis war klein und alt, ein paar hellgraue zwei- und dreistöckige Gebäude, kleine Innenhöfe und schmale Durchgänge mit vielen Windungen. Ssascha und ich kamen in eine quadratische Zelle am Ende eines Ganges im ersten Stock. Vom Fenster aus konnte man eine dunkle Backsteinmauer und einen grasbewachsenen Abhang sehen. Wir hatten eine breite Holzpritsche, einen an die Wand geschraubten Tisch, einen Abortkübel und kaum noch Platz zum Gehen. Unter dem Fenster kam nie ein Mensch vorbei. Schon am zweiten Tag ging uns der Tabak aus; wir kratzten die Krümel aus sämtlichen Taschen zusammen. Nach den üppigen Wochen in Stettin brachten uns die dünne Balanda, die winzigen feuchten Zuckerportionen und das angeschimmelte Brot schier zur Verzweiflung. Ssaschas Stimmung äußerte sich abwechselnd in wildem Fluchen und düsterer Erstarrung, er verkroch sich dann lange unter seinem Mantel.

Auch Bromberg war noch ein Feldgefängnis, und die meisten Aufseher waren nach Verwundungen in die Etappe kommandierte Frontsoldaten. An einen von ihnen werde ich immer voll Dankbarkeit denken. Ein älterer Mann mit grauem Gesicht und tiefliegenden kleinen Augen unter einer buckligen Stirn, äußerlich wirkte er finster und plump. Er führte uns zum Spaziergang und knurrte verächtlich, wenn wir uns auf der Suche nach Zigarettenkippen bückten: »Was habt ihr denn da verloren? Wohl Geld, hä? Schämt euch – Offiziere, und grabschen im Dreck herum! Ist doch alles vollgespuckt da...«

Wir setzten uns zur Wehr: »Hast du schon mal zwei Tage ohne Tabak gelebt? Jawohl: Offiziere, aber schämen müssen sich die, die uns so behandeln. Wir haben für die Heimat gekämpft!« Ssascha ereiferte sich, wurde pathetisch: »Den ganzen Krieg waren wir an der Front. Er ist Major, Gelehrter aus Moskau, ich bin Hauptmann, Proletarier von Vater und Großvater her. Ins Kittchen haben sie uns für nichts gesteckt. Zwei Tage nichts zu rauchen – die Ohren schwellen einem an! Gib uns lieber einen Stummel, statt zu schimpfen...«

»Ist verboten. Bin doch Posten. Wißt ihr ja selbst...«

Er schwieg düster. Seine Augen verschwanden fast unter der buckligen Stirn. Doch beim Einschließen in die Zelle steckte er mir eine Prise Machorka in die Tasche und flüsterte: »Streichhölzer habt ihr?«

»Nein, sind alle.«

Und wieder er, flüsternd: »Hab' auch keine. Wenn in dem Guckloch da – wenn da kein Glas drin wär', könnt' ich euch eine anstecken. Ich geh' mal beim Sergeanten Feuer besorgen... Paßt bloß auf, seid leise.«

Er ging. Wir hatten sofort geschaltet und drückten, einen Finger in den Mantelschoß gewickelt, das Glas des Türspions heraus. Die Splitter klirrten nur schwach.

Einige Augenblicke ängstliche Spannung – hat jemand was gehört? Dann erwartungsvolle Minuten. Ssascha drehte schon sorgfältig zwei kleine Zigaretten: auf der Pritsche, Papier druntergelegt, damit kein einziges Tabakstäubchen verlorenging. Schlurfende Schritte, am Guckloch süßlicher Rauch. »Hier, nimm. Behaltet das andere als Reserve.«

Nachts machten wir uns flüsternd näher miteinander bekannt. Er war Ukrainer, geboren im Gebiet Ssumy; die Familie war nach Sibirien gegangen, als er noch klein war. Der Vater war Soldat im japanischen Krieg, ist dann im deutschen Krieg gefallen. Er selbst hatte von Kind an als Knecht bei Kulaken gearbeitet, später im Kolchos, war Wald- und Bauarbeiter gewesen. Bei der Armee ist er zwei Jahre, dreimal verwundet, jedesmal schwer, deshalb die längste Zeit im Lazarett, deshalb auch keine Auszeichnungen.

All das erfuhren wir in zwei, drei Nächten. Wenn er uns tags spazieren führte, sprachen wir selbstverständlich nicht miteinander – erst nach Zapfenstreich. Er kam, schurrte besonders laut mit den Stiefeln, damit wir ihn erkannten, und steckte uns selbstgedrehte Zigaretten zu. Wir fragten leise: »Wie heißen Sie? Woher? Sind Sie verheiratet?«

Beim erstenmal antwortete er nicht. »Was brauchen Sie das zu wissen?« Beim nächstenmal fragte ich wieder und setzte hinzu, ich müßte doch wissen, für wen ich beten soll.

»Sind Sie denn gläubig?«

»Nicht alle, die beten, glauben, und nicht alle Gläubigen beten.«

Diese simple Dialektik und die Tatsache, daß ich zu ihm als Landsmann ukrainisch sprach, machten sichtlich Eindruck. Er schnaufte, aber nicht mürrisch, und ging. Nach einer oder anderthalb Stunden kam wieder Rauch durch das Guckloch, und nun antwortete er auch – kurz, leise. Uns fragte er nach nichts; war erstaunlich feinfühlig, der finstere, wortkarge Kerl. Noch heute schäme ich mich, daß ich nicht mehr genau weiß, wie er hieß. Er war verheiratet, hatte zwei Kinder – Sohn und Tochter. Er müßte jetzt weit über siebzig sein.

Im Bromberger Gefängnis spielten wir ganze Tage lang Karten – von unseren Stettiner Schätzen waren uns nur ein Spiel und ein paar Papierfetzen zum Zigarettendrehen übriggeblieben: Seiten aus deutschen Büchern.

Wir spielten erbittert gegeneinander. Ssascha führte streng Buch, mit Strichen an der Wand. Pro Tag spielten wir mindestens 120 bis 130 Partien. Der Rekord lag bei 206. Ssascha gewann nie weniger als 75 bis 80 Prozent der Partien, und es gab Momente, in denen ich mich darüber ärgerte. Einmal beschimpften wir uns sogar wegen irgendeiner Bagatelle. Eine Stunde lang sprachen wir nicht miteinander, mußten dann aber beide über uns lachen.

In Bromberg ließ mich der Untersuchungsrichter Winogradow nur ein einziges Mal kommen, gleich zu Anfang. Er saß in einem kleinen Zimmer an einem leeren Tisch, sah grüngelb aus, krümmte sich und verzog das Gesicht – entweder vor Schmerzen oder weil er einen Kater hatte. In seiner Stimme jedoch schwang siegessichere Schadenfreude.

»Ich habe Ihnen mitzuteilen, daß Ihr neuer Antrag gemäß § 206 vom Staatsanwalt und der Untersuchungsbehörde als unbegründet abgelehnt worden ist. Die Untersuchung Ihres Falles ist abgeschlossen. Die Akten werden den Gerichtsorganen überstellt. Verstanden?«[36]

Ich hörte gar nicht richtig zu. Er rauchte eine dicke Papiros. Vorsichtig hielt er das zerkaute, verdrückte Mundstück in seinen knochigen, gelben Fingern. Blauer Rauch zog zur Decke, und noch auf mehrere Schritte Abstand spürte ich den sinnverwirrenden Wohlgeruch. Die Szene spielte sich noch vor dem Erscheinen unseres Wohltäters ab; Ssascha und ich litten unter Hunger und Rauchgier.

»Lassen Sie mich aufrauchen, bitte – ich habe seit Tagen nicht mehr geraucht.«

»Ich habe Sie was gefragt – haben Sie verstanden?«

»Jaja, verstanden. Geben Sie mir doch Ihren Stummel zum Aufrauchen. Ich bitte Sie sehr. Sie sind doch selbst Raucher.«

Er sah mich mit Abscheu und Befriedigung an. Das Gefühl der Überlegenheit, der Genuß an der Erniedrigung des Bittstellers schien sogar sein persönliches Befinden zu bessern. Er nahm noch einen Zug, spuckte aus, legte die zerkaute Papiros auf die Tischkante: »Da haben Sie... Was sind Sie bloß für ein äh... äh...« Er fand keine passenden Worte. Dem Tonfall nach mußte so was wie »Flegel«, »Dreckskerl«, »erbärmlicher Wicht« folgen. Aber er sagte nichts, sei es aus Feigheit oder aus Mitleid. Ich riß einen Teil des nassen Mundstücks ab und zog gierig den süßlichen, schwachen Rauch ein, der dennoch schwindlig machte. Deutlich spürte ich Winogradows triumphierende Verachtung. Aber ich hatte noch einen Zug, vielleicht sogar zwei – und keine Verhöre mehr vor mir.

»Danke! Geben Sie mir doch noch eine Zigarette mit. Seit Tagen nichts zu rauchen – da kann man verrückt werden...« Er genoß diesen Sieg, sah mich hochmütig an, lehnte sich im Stuhl zurück.

»Ich bin nicht verpflichtet, Sie mit Tabak zu versorgen. – Gehen Sie!«

Mir war übel, im Kopf drehte sich alles, nicht einmal die Kraft zum Hassen hatte ich noch. Kaum daß ich mich zurückhalten konnte, meine Bitte nach Tabak zu wiederholen.

Auf dem Rückweg in die Zelle fand ich einen großen Machorka-Stummel. Das tröstete. Ssascha hatte noch zwei Streichhölzer. Wir rauchten vorsichtig, und ich stellte mir eine spätere Begegnung mit Winogradow vor: In Jaroslawl würde ich ihn finden. Nein – schlagen nicht, spucken würde ich in seine grünliche Schnauze. Rauchen würde ich und auf ihn mit Stummeln spucken.

20. Vom Bromberg nach Brest

Im Morgengrauen wurde ich allein »mit Sachen« herausgerufen: also zum Tribunal. Ssascha und ich umarmten uns und wiederholten wieder und wieder unsere Adressen.

Unten in der großen Eingangshalle standen an den Wänden aufgereiht Männer in Militärzeug und Zivil, wohl an die hundertfünfzig Häftlinge. Von ihnen abgesondert wartete eine kleine Frauengruppe. Ich wurde ebenfalls separat aufgestellt, in der Nähe der Zivilisten in »ausländischen« Anzügen und »ausländischen« Schuhen. So etwas fiel damals noch sehr auf. Der wachhabende Feldwebel hielt einen Ordner mit einem dicken Papierstapel in der Hand. Er rief mich von einer kleinen Liste auf, die an einige größere angeheftet war: »Ihr Fall ist an die OSO übergeben worden.«

Mein Koffer wurde gebracht, die Bücher und Bleistifte darin konfisziert. Das Beutegut: Unterwäsche, taillierte mandschurische Kunstseidenwäsche durfte ich behalten. Diese Sachen ernährten mich später auf dem Transport.

In langer Kolonne zogen die Häftlinge durch die morgendlichen, sommerwarmen Straßen von Bromberg. Es war mein erster Marsch mit Begleitmannschaft, bisher waren wir immer gefahren worden. Von den Bürgersteigen her schauten Frauen, Kinder, Soldaten zu uns herüber – interessiert; mitfühlende Blicke bemerkte ich nicht, es kamen aber auch keine Zurufe wie: »Aufhängen sollte man die Halunken!« In den Ruinen arbeiteten Frauen in Kopftüchern und Trainingshosen, sortierten heilgebliebene Ziegel und schichteten sie zu Stapeln auf. An den unbeschädigten Häusern leuchteten wie bunte Flecke Plakate in frischen Farben.

Ein großer alter Ahornbaum, von einem Treffer gespalten, lehnte sich halb an die Mauer eines ausgebrannten, leeräugigen Hauses. Alle Zweige waren dicht belaubt. Ich freute mich über den tapfer weiterlebenden Ahorn und nahm es als ein gutes Vorzeichen auch für mich.

Auf dem Bahnhof wurden wir wieder in Güterwagen verladen. Ich kam in einen Waggon mit Frauen, die ich schon von der ersten Fahrt her kannte. Die schwarzäugige Nadja war magerer und grau geworden, hatte aber immer noch ihr rundes Gesicht mit den Grübchen und kindlichen Pausbacken. Sie weinte nicht mehr, fragte nur noch sich selbst zum Trost: »Ob man mich nicht doch begnadigt oder wenigstens die Straffrist herabsetzt? Es kann doch gar nicht sein, daß die mich fünfzehn Jahre festhalten.

Da wäre ich ja eine uralte Frau, bis ich wieder rauskomme – fünfunddreißig Jahre! Schrecklich, so was überhaupt zu denken...!«

Die Lautesten und Aktivsten im Waggon waren vom ersten Augenblick an die Kriminellen: der kleine rothaarige, schon kahl werdende Ssaschok aus der Marijna-Roschtscha-Straße in Moskau, sein Adlatus, der langbeinige und langnasige, hagere Tolik, und ein paar Diebe. Sie hatten richtige Spielkarten mit französischem Bild, und Nadja fing eifrig an, ihnen daraus die Zukunft zu lesen. Sie hörten ernst und erwartungsvoll zu: der lange Treff-Weg, das steinerne Haus, das sie festhält, aus dem sie aber bald über den kurzen roten Weg freikommen, der Karo-Freund, der Kreuz-Feind...

Doch dann wurden die Frauen wieder aus dem Wagen geholt und dafür männliche Zivilisten gebracht. Schon in der ersten Stunde kam es zur Teilung: hier Achtundfünfziger, dort alle übrigen. Dazwischen in der Mitte wurde ein Loch in den Dielenboden gehauen – der Abort.

Mein Nachbar, bald auch mein Freund, war Kirill Kostjuchin, eine echte Wolga-Seele aus Tetjuschi. Er war groß, dunkeläugig und dunkelhaarig, mit starken Schultern und Händen, in deutscher Zivilkleidung. Er war im Lazarett verhaftet worden, in dem er nach seiner Befreiung aus dem Konzentrationslager Stutthof bei Danzig zwei Wochen verbracht hatte.

Im Kessel von Isjum war er 1942 in Gefangenschaft geraten. Nach drei Fluchtversuchen resignierte er und meldete sich zur deutschen Abwehrschule C, der höchsten Stufe der Spionageschulen. Mit einem Kameraden verabredete er sich, soviel Einzelheiten wie irgend möglich über die Arbeit der Schule und ihre Absolventen zu sammeln, um sich dann sofort nach dem Fallschirmabsprung hinter die sowjetischen Linien mit diesem Material an unsere Behörden zu wenden. Der Kamerad verriet ihn. Bei der Gestapo in Königsberg wurde er entsetzlich gefoltert – man wollte aus ihm herausprügeln, wer noch an der Verschwörung beteiligt gewesen war.

Vor der Vollstreckung der Todesstrafe retteten ihn englische Bomben und die solide preußische Bürokratie. Beim Luftangriff Ende August 1944 wurde das Gestapogebäude schwer beschädigt und ein großer Teil der Akten vernichtet. Für die dem Innenministerium unterstehenden Gefängnisbehörden kam es schlechthin nicht in Frage, einen Häftling ohne die dazugehörenden Papiere zur Exekution herauszugeben. Es fand sich ein sehr einfacher Ausweg: Die Gestapo-Fälle wurden in das Todeslager Stutthof »überstellt«. Das sowjetische Feldgericht eröffnete keine Verhandlung gegen Kirill, sein Fall kam vor die Sonderkommission.

Nach und nach bildete sich ein Gesprächskreis im Waggon. Wir fuhren nun schon einige Tage, hatten Zeit gehabt, uns kennenzulernen.

Der kleine, athletische, jugendlich Wirkende in schwarzer Feldmütze und deutscher Panzergrenadierjacke war Hauptmann Waldemar Seifert-Kettler von der Abwehr. Geboren in Charkow, kam er 1933 nach der Volksschule nach Deutschland; seine Eltern waren deutsche Staatsbürger. Während wir uns unterhielten, fiel mir ein, daß ich schon früher von ihm, dem »Oberleutnant Wolodjka«, gehört hatte, der eine Diversantenschule an der Nord-Westfront, südlich des Ilmensees, leitete. Und von mir, dem »schwarzen Major«, hatte auch er gehört.

Der bleiche Nikolaj Stepanowitsch B. mit dem schmalen Schnurrbart, dem altmodischen breitkrempigen Hut, im schwarzen Paletot mit Samtkragen, war vor dem Krieg Oberst und Dozent an der Frunse-Militärakademie gewesen. 1941 geriet er als Stabschef eines Korps bei Moshajsk in Gefangenschaft. Als die ROA, die »Russische Befreiungsarmee« unter General Wlassow, aufgebaut wurde, war er zunächst Chef der Operationsabteilung, dann Leiter der Offiziersschule, gleichzeitig aber auch Sekretär des geheimen »Berliner Komitees der KPdSU«. Sein Stellvertreter im Komitee war der braunäugige, breitwangige Andrej P. gewesen, früher Ober-Politruk, dann Wlassowscher Propagandaoffizier. Zu ihnen hielt sich Georgij Alexandrowitsch Stazjewitsch, rötlich-blond und schmal, mit einem früher elegant gewesenen braunen Mantel und einem braunen Anzug, den ich außerordentlich schick fand. Wir kamen ins Gespräch. Er stammte aus Kiew. Als siebenjähriger Stöpsel kam ich zum erstenmal in die Kiewer Kinderbibliothek, sie gehörte einer Frau Stazjewitsch; ihr Haus wurde von allen leselustigen Kindern »Bibliothek Stazjewitsch« genannt. Das war seine Mutter gewesen. Die Familie emigrierte dann: Er hatte in Deutschland studiert, wurde Ingenieur für Rohrleitungsbau und arbeitete anschließend jahrelang im Nahen Osten – in Mosul, Syrien, Palästina. Nach seiner Rückkehr wurde er in Berlin Vorsitzender des »Alldeutschen Komitees der Jungrussen«, der Anhänger des Thronprätendenten Kirill, und bald darauf sowjetischer Agent. Seine Frau war mit dem langweilig-pedantischen Hühnerzüchter Heinrich Himmler verschwägert, der später zum Reichsführer-SS und Chef der Gestapo aufstieg. Diese Familienbeziehung rettete Stazjewitsch vor dem Tod, als die Gestapo fast gleichzeitig ihm und dem »Berliner Komitee der KPdSU« auf die Spur kam. Das Komitee war nach einer sehr gewagten und raffiniert geplanten Operation hochgegangen, weil die Organisatoren sich in einem entscheidenden Punkt verrechnet hatten – nämlich in der Einschätzung der Arbeitsweise der Gestapo. Sie hatten ihren Plänen eigene frühere Erfahrungen mit den sowjetischen Sicherheitsorganen zugrunde gelegt.

Oberst B., Politruk P. und ihre Genossen hatten beschlossen, das Oberkommando der Wlassow-Armee tödlich zu treffen, indem sie Protokolle angeblicher Geheimsitzungen des Wlassow-Stabes anfertigten, bei denen das Überlaufen zu den Anglo-Amerikanern unmittelbar nach deren Landung in Frankreich beraten worden sei. (Um diese Zeit wurden in mehreren Stützpunkten an der Kanalküste in Frankreich, Holland und Dänemark Wlassow-Einheiten eingesetzt.) Dann »verquatschte« sich einer von ihnen scheinbar betrunken im Beisein eines bekannten Gestapo-Agenten, wurde verhaftet, widerstand dem ersten Grad der Folter und »gestand« erst nach schlimmeren Torturen das Versteck des Geheimmaterials. Daraufhin wurde der gesamte Wlassow-Stab verhaftet (Wlassow selbst scheint jedoch nur unter Hausarrest gestanden zu haben). Bis dahin war alles nach Plan verlaufen, aber dann gingen die Rechnungen des Komitees nicht mehr auf. Unter sowjetischen Bedingungen wäre ihr Manöver unfehlbar gewesen, das Geständnis eines einzelnen, erhärtet durch schriftliche Unterlagen, hätte zum Untergang sämtlicher Beschuldigten, sämtlicher Verdächtigen und einer nicht unbeträchtlichen Anzahl mittelbar Verdächtiger geführt. Aber die Gestapo arbeitete anders. Für Wlassow war schon sehr viel Geld ausgegeben und Propagandaaufwand betrieben worden. Der wahre Sachverhalt mußte aufgeklärt werden. Schon nach wenigen Wochen ergaben die Ermittlungen einwandfrei, daß zwar die deutschfeindliche Stimmung im ROA-Stab wuchs, die Verschwörung jedoch eine Fiktion war. Mehr noch: Die Gestapo geriet auf die Spur der Fälscher und folgte ihr bis zum »Berliner Komitee«. Die Ereignisse des 20. Juli verhinderten dann, die Recherchen mit voller Energie weiterzuführen. Direkte Beschuldigungen gab es nicht, und die Verdächtigen blieben fest. Sie alle wurden nicht zum Tode, sondern zu langen Freiheitsstrafen verurteilt und ins KZ Oranienburg-Sachsenhausen gebracht. Von dort kamen sie nach der Befreiung des Lagers direkt in unser Feldgefängnis.

Ihre Akten erhielt die Sonderkommission (OSO), allerdings mit einem höheren Rang als meine. Sie und Wolodja Seifert wurden direkt nach Moskau gebracht, Kirill, ich und noch einige OSO-Untersuchungsgefangene blieben im Durchgangsgefängnis Brest.

Nikolaj B. und Andrej P. traf ich ungefähr fünfzehn Jahre später in Moskau wieder. Nikolaj war damals nur vorübergehend dort, übersiedelte aber später endgültig nach Moskau. Andrej war aus Krasnodar gekommen, wo er noch heute lebt. Gerichtlich wurden sie rehabilitiert, jedoch nicht wieder in die Partei aufgenommen. Nur ein einziges Mitglied des Berliner Komitees wurde vollständig nach allen Paragraphen rehabilitiert und 1962 als »Held der Sowjetunion« ausgezeichnet. Es war ein Flieger, der zusammen mit Nikolaj und Andrej im Lager gewesen und mit ihrer Hilfe geflohen war, indem er ein deutsches Flugzeug entführte. Alle übrigen blieben »beschmutzt mit dem Makel der Gefangenschaft«.

Mehrere Tage waren wir unterwegs. Nachts standen wir auf Bahnhöfen. In Polen war es unruhig. Ukrainische Bandera[37]-Partisanen und Einheiten der polnischen Heimatarmee waren immer noch aktiv, besonders in Waldgebieten.

Ssaschok war unerschütterlich fröhlich, erzählte lachend und kichernd Straflager- und Gefängniserlebnisse, berichtete stolz von seinen vier entdeckten Delikten – jedes Mal Paragraph 162 W – Diebstahl. In Wirklichkeit waren es natürlich sehr viel mehr.

»Ich bin kein Spatz, der von einem Paragraphen zum anderen hüpft. Ich habe im Strafbataillon gekämpft, alle meine Sünden mit Blut abgewaschen, Orden und Medaillen gekriegt, so viele, daß man sie auf die Bank tragen könnte ...«

Mit besonderem Vergnügen erzählte er von seinen Kriegserlebnissen; er prahlte mit Maß und ziemlich glaubhaft.

»Unsern Auftrag kriegten wir einfach und genau erklärt: Die Höhe da um sieben null null einnehmen – und wenn euch Blut und Rotz aus der Nase läuft, Dampf aus den Augen quillt, wenn ihr auf den Därmen hinkriecht – nehmt sie ein! Da oben kriegt ihr alle Strafen erlassen, egal wie viele, und Orden für alle: Lebende, Verwundete und Tote. Den ›Vaterländischen Krieg‹ mindestens zweiter Klase – zum Andenken für Papa und Mama, die teure Gattin und die Kinderchen zum ewigen Ruhm! Die Aufgabe war also ganz klar. Nur daß oben auf der Höhe ein Minenfeld war, drei Reihen Drahtverhau und noch direkt auf der Erde diese Bruno-Spiralen und daß die Fritzen auf jeden Meter eingeschossen waren wie auf dem Schießstand. – Na ja, natürlich hatten wir auch die Haupt- und Kampfration gekriegt, das sind von rechts wegen 150 Gramm (Wodka), aber der Regimentskommandeur, ein feiner Kerl, kennt sich in der Soldatenseele aus, legt jedem noch hundert Gramm Beuteschnaps zu, um die patriotische Rache anzustacheln. Und dann lief alles genau wie vorgeschrieben, ganz wie in der Apotheke. Der Kriegsgott, die Artillerie, haut so hundert schwere Brokken hin, und die Granatwerfer luden auch ab, schach, schach, schach! Und schließlich spielte die Katjuscha auf, orgelte so, daß die Deutschen und wir selbst es mit der Angst kriegten – ein einziger Donner und Blitz, alles voller Rauch und Qualm, kannst nichts erkennen ... Und dann: Sprung auf, vorwärts: Freunde, hört die Kanone! Auf zum letzten Gefecht. Wir sind vom Strafbataillone, erkämpfen unser Recht!«

In Brest kamen wir morgens an und saßen lange abseits vom Bahnhof auf einem Abstellgleis. Wir saßen auf den Schienen, aufstehen war nicht erlaubt. Die Posten schrien: »Nicht die Nase hochnehmen! – Duck dich! – Sitz ordentlich ...«

Unser Transport war groß, mehr als hundert Mann. Ein Teil wurde weitergeschickt. Die Sonne brannte, aber ich hatte Glück: Die Passagiere unseres Waggons hatte man an der Backsteinmauer eines Güterschuppens im Schatten untergebracht. Während der Fahrt hatte ich eine mandschurische Kunstseidenjacke und ebensolche Hosen, außerdem Beuteunterwäsche durch Vermittlung der Posten gegen Brot und Tabak eingetauscht. Allein ein Wehrmachtsnachthemd, mehr als knielang, hatte sechs Laib helles Brot und ein Säckchen Tabak, Eigenbau, eingebracht. Kirill und ich fühlten uns wie Krösusse.

Nikolaj Stepanowitsch, Andrej und Oberleutnant Wolodjka wurden zu einem anderen Zug gebracht. Wir dagegen marschierten eine Stunde später in langer Kolonne durch die schmalen Straßen von Brest. Die Stadt erschien uns unscheinbar und schäbig. An der hohen roten Ziegelmauer des Gefängnisses wurde haltgemacht. Gegenüber eine Kirche und ein grüner Garten. Die Sonne stand hoch, die Hitze drang auf uns ein – immer dichter, trockener, staubiger. »Waser! Wasser! Trinken – bloß einen Schluck! Gebt uns doch zu trinken, seid ihr denn keine Menschen?« Die Stimmen werden immer lauter. Die Posten schreien nicht mehr, sie versuchen, uns zu beruhigen: »Ihr werdet gleich reingelassen ... Haltet noch ein paar Minuten aus ... Gleich kommt ihr rein, könnt trinken, soviel ihr wollt ...«

Plötztlich geriet die schmutzig grünbraune Menge der Häftlinge, die sich in dem schmalen Schattenstreifen zusammengedrängt hatte, in Bewegung. Das Stimmengewirr wurde lauter, aber nicht bösartig. Schmale grauweiße Zeitungsseiten schimmerten auf – die hiesige Lokalzeitung – und gingen von Hand zu Hand. Amnestie-Erlaß vom 8. Juli 1945. Das war vorgestern! Auch wir bekommen ein Blatt, ich lese vor. Die Posten sehen zur Seite, tun, als bemerkten sie das Drängen und Hinundherlaufen der Häftlinge nicht. Die aber hören gierig zu, bitten mich wieder und wieder, vorzulesen.

»Alle Fristen bis zu fünf Jahren werden erlassen.«

»Betrifft das auch die Achtundfünfziger?«

»Hast doch gehört, gilt nicht für Kriegsverbrecher.«

»Kriegsverbrecher ist doch bloß, wer bei der deutschen Hilfspolizei war, beim Sicherheitsdienst, bei der SS, kann doch den einfachen Kriegsgefangenen nicht betreffen.«

»Lies noch mal – wo gesagt ist: Die Frist wird zur Hälfte erlassen ...«

»Nach welchem Paragraphen?«

Die Zeitung mit dem Amnestie-Erlaß lenkt auch die Allerdurstigsten ab. Selbst Kirill, sonst gewöhnlich finster und immer auf das Schlimmste gefaßt, ist fröhlicher geworden.

»Weiß der Teufel, vielleicht werden ja auch wir begnadigt. Wieviel waren denn in Kriegsgefangenschaft? Millionen! Die Deutschen schrieben von zehn bis zwölf Millionen; nehmen wir an, sie haben die Hälfte dazugelogen, bleiben immer noch mindestens fünf, lauter Männer, alle im besten Alter. – Im Lazarett haben mir die Soldaten und Schwestern erzählt, daß es ganze Dörfer und Kreise gibt, in denen nur noch Frauen übriggeblieben sind und ein paar alte Männer und Kinder – an einer Hand abzuzählen ...«

»Antreten in Viererreihen! Ausrichten! Vordermann! Los, los, Beeilung. Die warten mit dem Abendessen!«

Wir marschieren ins Gefängnis ein. Der erste Hof ist weit und heiß, der zweite eng, lang und liegt im Schatten. Das Hauptgebäude, wie ein T gebaut, ist unten schwarz und oben rot. Konstruktivistische Architektur. Glatte Wände. Aus einigen Fenstern schauen geschorene Köpfe.

»Schon wieder ein neuer Haufen! Wir haben auch so schon nix zu fressen, und jetzt noch die ... He, Soldaten, wann kommt die Amnestie?«

»War schon, vorgestern!«

Stimmen aus unserer Kolonne antworten den Rufenden an den Fenstern. Die Gefängniswärter in Feldblusen mit blauen Schulterstücken brüllen drohend. Man hört ihren westukrainischen Akzent: »Zurücktreten – ich schieße! ... He, Posten! ... Los doch, schieß auf das Fenster da ... Die Banditen machen wieder Krawall ... Schluß mit der Unterhaltung, Hurensöhne, maulgefickte! Ihr erlebt sonst die Amnestie nicht mehr!«

Oben aus den Fenstern wird Unverständliches geschrien oder unflätig geflucht.

Der Posten auf dem Wachtturm schießt. Der Lärm schwillt an, ebbt ab. Wir werden ins Gefängnisgebäude eingelassen. Endloses Zählen, Überprüfung der Identität anhand der Personalakten. Erst zur Nacht kommen wir in Zelle 101 im zweiten Stock, am stumpfen Ende des Korridors, das vom übrigen Trakt durch ein großes, schwarzes Gitter getrennt ist. Im Flur sitzen an drei Tischen Aufseher, die uns und unser Gepäck durchsuchen und die Sachen, die abgegeben werden müssen, registrieren. »Los, knöpf schon auf, dreh die Tschen um ... Alles ausziehn ... Mund auf ... Schüttel mal deine Haare ... Locken haben die! Kommen morgen runter... Seid ja ganz schön rausgefressen... Stell dich nicht an, wirst nicht geschlchtet... will dir nur ins Arschloch gucken, könntest ja Geld drin versteckt haben... Uhr hast du keine?...«

Mich filzten und »registrierten« zwei träge, ältere Wärter. Sie schienen gutmütig zu sein und noch weniger diensteifrig als die anderen.

»Das Hemd da wollen Sie nicht für Zucker oder Zwiebeln weggeben? So, wir haben alles registriert. Nehmen Sie bloß nichts davon mit in die Zelle; da wird's Ihnen gestohlen, ohne daß Sie's merken. Hier ist die Quittung, sehen Sie nach, ob alles aufgeschrieben ist... So, jetzt die Unterschrift... Wissen Sie was, nehmen Sie die Quittung nicht an sich, die könnte Ihnen jemand als Rauchpapier stehlen, oder Sie verlieren sie. Ich tu sie in Ihren Koffer. Hier, sehen Sie hin, vor Ihren Augen lege ich sie da rein. Merken Sie sich nur das Datum. 10. Juli, und die Zellennummer 101, vergessen Sie es nicht. Wenn Sie rauskommen, sagen Sie Datum und Nummer, und Sie kriegen den Koffer wieder...«

(Als ich nach zwei Monaten aus Brest weitertransportiert wurde, verlangte und erbat ich meinen Koffer. Zuerst hörte man mich an, versprach, danach zu suchen; er würde sicher bald gefunden. Später kam es gereizt: »Warum haben Sie denn die Quittung nicht an sich genommen? Hier sind mehr als tausend Mann, und jemand wie Sie, ein Gebildeter sozusagen, begreift das nicht? Wer soll Ihnen jetzt glauben, wenn Sie keinen Beleg haben?«)

Noch als wir im Hof zum Marsch auf den Bahnhof aufgestellt wurden, verlangte ich den Gefängnisleiter zu sprechen. Schließlich kam der grämliche, versorgte Offizier vom Dienst, drückte mir Papier und Bleistift in die Hand: »Schreiben Sie eine Meldung mit genauen Angaben, was für Sachen, wer sie entgegengenommen hat. Wir schicken Ihren Krempel ins Lager nach, wir brauchen das Zeugs nicht, nimmt nur unnötig Platz weg.« (In der Meldung bat ich, wenigstens die losen Blätter mit meinen Aufzeichnungen in Versen und Prosa ausfindig zu machen. Auf den Koffer selbst und den übrigen Inhalt verzichtete ich. Es versteht sich, daß ich nichts wiederbekam.)

Die »Quarantänezelle« war geräumig, quadratisch, mit zwei großen Fenstern und – absolut leer. Nur in der Ecke an der Tür stand eine rostige Eisentonne: der Kübel. Hierherein wurden hundertsechs Leute gepfercht; viele hatten Säcke bei sich, andere hatten ihre Habseligkeiten einfach in den Mantel oder in eine Zeltbahn gewickelt. Kirill, ich und ein paar auf der Fahrt neugewonnene Freunde besetzten die Ecke gegenüber der Tür, neben dem einen Fenster, am andern breiteten sich die Diebe aus. In diesen beiden Ecken war es etwas weniger beengt. Alle übrigen Häftlinge saßen mehr auf ihren Säcken, als daß sie lagen, krümmten sich auf dem Fußboden, lagen übereinander. Morgens beim Aufwachen merkte ich, daß meine Beine quer über denen eines anderen lagen. Kirill schlief bäuchlings, auf seinem Rücken schnarchte ein lockiger junger Mann mit hoher Stirn.

Zur morgendlichen Zählung hatten wir uns in drei Kolonnen in Dreierreihen aufzustellen – je eine Kolonne an der Wand entlang, die dritte in der Raummitte. Zur Toilette durften wir nicht: »Das ist eine Quarantänezelle, geht auf den Kübel. Wenn er voll ist, bringt ihn raus.«

Der Wachhabende erklärte, wir müßten einen Zellenältesten wählen, der das Essen verteilt und die Kübelträger bestimmt. In unserer Ecke wurden Rufe laut: »Der Major soll das machen!« Die Diebe unterstützten den Vorschlag. Der Wachhabende fragte mich, bei welcher Armee ich Major gewesen sei.

»Aha, Rote Armee. Dann übernehmen Sie das Kommando, damit Ordnung herrscht.«

Eine Stunde nach dem Wecken kriegte wir Balanda – eine graue Brühe, selten genug ein paar dumpfig gewordene Gerstengraupen darin. Sie roch nach nassem Bast.

Durch die Durchreicheklappe in der Tür wurden die flachen Holzschüsseln geschoben, die wir dann in einer Kette von vorn nach hinten weiterreichten. Löffel standen uns nicht zu.

»Könnt es doch schlürfen, ist sowieso kaum Dickes drin.« Unsere Ecke und die der Diebe nahmen die Balanda nicht an. Wir hatten noch Brot und Zwieback. Gefängnisbrot wurde an dem Morgen nicht ausgegeben. Die Suppenausteiler sagten: »Wir haben schon den dritten Tag im ganzen Gefängnis kein Brot. Ihr seid sowieso noch nicht eingeplant. Es heißt, morgen soll welches kommen.«

Beide Fenster waren zerschlagen, nicht eine Glasscherbe steckte mehr in den Rahmen. Vom Hof her klangen Rufe herein, erst vereinzelt, dann im Chor: »Brot! Wir wollen Brot! Brooooot!«

Als Antwort kamen Rufe: »Weg vom Fenster! Ich schieße!... Vom Fenster weg!... Ich schieße! Scher dich da weg, Hurenbankert!«

Ein einzelner Schuß aus einer MP, weiter weg ein zweiter. Einer der Diebe kletterte aufs Fensterbrett: »Der da auf seinem Wachtturm dreht sich wie aufgezogen! Brot her, ihr Hunde!«

Von draußen eine zornige, noch knabenhafte Stimme: »Weg vom Fenster. Weg da, sag ich dir... Die ganze Zelle kriegt Karzer!«

»Schieß doch, Arschficker!« Und der Dieb entrollte eine lange wüste Schimpflitanei.

Ein Schuß in die Wand. Das Geräusch bröckelnden Mörtels. Der Schreihals ließ sich vom Fensterbrett rollen.

»Will uns bloß bange machen. Aber ganz jung noch – Rotz bis zum Nabel. Knallt womöglich noch vor lauter Angst...« In der Zelle erschrockenes Stimmendurcheinander. Ich erinnere mich daran, daß ich Zellenältester bin: »Keiner mehr aufs Fensterbrett... Auch wenn der Posten nicht schießt, kann die ganze Zelle bestraft oder auf Strafration gesetzt werden. Ihr habt ja gehört, daß kein Brot da ist. Und wenn welches kommt, und wir sitzen auf Strafration, nützen wir nur denen.«

»Richtig! Richtig! Klettern da rauf, die Döskopfe, um ihre Köpfe ist's nicht schade, aber zu leiden haben wir.«

»Ruhe da, Bürger, Brüder, Leute, Krieger und sonstige Bauern und Arbeiter...«

Ssaschok wälzte sich in seiner Ecke auf einer Unterlage aus Mänteln und Jacken und krähte durchdringend, den allgemeinen Lärm übertönend: »Recht hat unser Genosse Ältester, der verdiente Major! Wie er gesagt hat, so wird's gemacht. Krachschlagen ist Mumpitz. Wir sehen alle was wir heute haben. Brotmangel und drückende Enge in unserer schweren Lebenslage. Dazu noch nervöse Wachtposten und Aufseher, die schießen, wie's trifft. Indessen, das sind zeitbedingte Schwierigkeiten an der Peripherie, kleine Versorgungsstörung, die an der Wurzel ausgerottet und denen auf die Finger gegeben werden muß. Vorläufig bitte ich, in einem solchen Fall bei den gegenwärtigen Umständen Ruhe zu halten und starke Nerven zu bewahren, um nicht, wie es in der Wissenschaft heißt, der jungen Gesundheit zu schaden und vor Ablauf der Frist zu verrecken, denn das ist als reine Sabotage zu bewerten. Wenn dir die teure Heimat eine gesetzmäßige Frist verpaßt, bist du verpflichtet, sie herunterzureißen vom Wecken bis zum Zapfenstreich, als Stoßarbeiter zu schuften für das Gesamtwohl des Sozialismus. Und wer seine persönliche nationale Gesundheit nicht hütet und vor der Zeit abkratzt, ist ein Schädling, ein Volksfeind, den muß man mit aller Strenge...«

Ssaschoks Gefolge lachte übereifrig laut. Auch in unserer Ecke wurde gelacht.

Im Laufe des Tages wurde es unerträglich heiß und stickig. Wir saßen nur in Unterhosen. Vor Durst wurde die Kehle eng. Der schwache Lufthauch vom Fenster, wenn – selten genug – die Zellentür geöffnet wurde, war ein Labsal. Der Kübel durfte immer erst rausgetragen werden, wenn er voll war, wir mußten den Posten jedesmal lange darum bitten. Die Träger zu bestimmen war einfach; es fanden sich viele Freiwillige, die die stinkende Tonne tragen helfen wollten – auf dem Korridor konnte man sich am Wasserhahn satt trinken. Sogar aus der Kriminellenecke meldeten sich Leute. Ssaschok blinzelte mir zu, ich solle sie mitgehen lassen; es waren die Mittelsmänner bei Tauschoperationen.

In der zweiten Nacht riefen die Posten mich in den Flur hinaus. Der Diensthabende sagte: »Hör, Zellenältester, wir wissen, daß in eurer Zelle jemand eine Uhr, in Einzelteile zerlegt, geschmuggelt hat. Finde sie, sag ihm, er muß sie abgeben. Dafür geben wir Brot, Tabak und vielleicht einen Streifen Speck.«

Noch halb verschlafen, begriff ich nicht sofort, was er wollte, erklärte, ich wäre erst seit dem Morgen Zellenältester und kenne noch niemanden. Wolle mir Mühe geben, könne aber nichts versprechen. Und bat um Wasser.

»Wenn du keinen Schwanz kennst, kriegst du auch kein Wasser!«

Vor mir vier junge, gesunde Kerle mit blauen Schulterstücken. Zwei trugen Partisanenmedaillen. Sie sahen mürrisch drein, unerbittlich. Ich verdrückte mich in die Zelle, überwältigt von Verzweiflung und dem Gefühl der Ohnmacht und Ausweglosigkeit.

Morgens hatten wir einen Toten in der Zelle. Ich hatte ihn abends direkt neben dem Kübel sitzen sehen: ausgemergelt, bleich, rothaarig, mit einem kleinen Kopf auf dünnem Hals, in deutscher Soldatenfeldbluse, barfuß und ohne jedes Gepäck, nicht einmal ein Bündelchen. Zwei junge Plünderer wollten ihm seine Schüssel mit Balanda wegnehmen: »Mistvieh, Faschist – so was noch zu füttern – sollte man totschlagen – krepiert sowieso bald. Wozu noch den Fraß für ihn?«

Der Mann machte nicht einmal den Versuch, sich zu widersetzen, und als ich ihm kraft meines Amtes seine Schüssel wiederverschafft hatte, dankte er nicht; hielt sie eine Zeitlang auf den Knien, begriff wohl gar nicht, was er damit sollte. Dann hob er sie nicht hoch, sondern beugte sich hinunter und begann wie ein Hund zu schlabbern – nicht gierig, nicht einmal eilig, eher träge.

Ich fragte ihn, wer er sei und woher. Er antwortete lange nicht, seine glasigen blauen Augen mit den spärlichen rötlichen Wimpern schienen mich überhaupt nicht zu sehen. Ich fragte lauter, vielleicht war er ja schwerhörig.

»Wozu redest du mit dem, siehst du denn nicht, daß er verrückt ist, tickt nicht sauber...«

»Der tut nur so, der schlauärschige Hitler! Hau ihm auf gut sowjetisch auf den Kopf, das putzt die Ohren.«

»Wie heißen Sie? Sind Sie Soldat oder Unteroffizier?« fragte ich ihn auf deutsch.

»Kein Soldat. Bauer.«

Er nannte mir auch sein Dorf. Ich verstand es nicht. Dann wiederholte er: »Kein Soldat, Bauer.« Der Rest war unverständliches Murmeln.

Nun war er tot. Wir merkten es erst beim Antreten zur Zählung.

Auch an diesem Tag gab es kein Brot. Wieder klangen über den Hof vielstimmige Schreie: »Brooot!« Brooot!«

Die Balanda war genau wie gestern trübgraue, nach Bast riechende, wäßrige Brühe.

In unserer Ecke entstanden neue Bekanntschaften: ein junger Wlassow-Mann, finster, mit massiver, schwerer Stirn, und der lahme Onkel Jascha, ein älterer Moskauer Weißbinder mit vom Rauchen verfärbtem, dichtem, strohblondem Schnurrbart. Als Landsturmmann war er im Oktober 1941 bei Moshajsk in Gefangenschaft geraten, flüchtete, war in Bjelorußland bei den Partisanen, wurde ein zweites Mal mit zerschossenem Bein gefangengenommen. Kaum ausgeheilt, flüchtete er wieder. Die deutschen, die nicht damit rechneten, daß ein Hinkender ausreißen könnte, hatten ihn nicht allzu sorgfältig bewacht. Er floh auf dem Transport aus einem Bahnhofsklosett und versteckte sich bei polnischen Bauern.

Unsere Spionageabwehr sah in der zweimaligen Flucht den direkten Schuldbeweis. Daß er von den Deutschen nicht erschossen worden war, bewies in ihren Augen, daß er angeworben war und einen Auftrag bekommen hatte: »Gesteh es lieber selbst – welcher Esel soll dir deinen Stuß denn glauben?«

Ein Warschauer Ingenieur blinzelte angestrengt; er war kurzsichtig, und seine Brille hatte man ihm natürlich weggenommen. Er unterschied sich von allen anderen durch seine unnachahmliche Wohlerzogenheit, die sich in seinen Bewegungen, in der Art zu sitzen und zu liegen zeigte, obwohl er genau wie wir verschwitzt und halbnackt war. Er sprach fließend Russisch mit singendem polnischem Tonfall, war zu allen höflich und bewahrte unerschütterliche Ruhe.

Der Jüngste von uns war ein kleiner, großköpfiger Artillerie-Sergeant. Er war verurteilt wegen »Fernbleiben von der Truppe in Tateinheit mit Alkoholmißbrauch und sexueller Ausschweifung«.

»Sie rechneten das als Dersertion und haben mir acht Jahre plus drei[38] aufgelötet. Haben nicht berücksichtigt, daß ich zweimal schwer verwundet war und fünfmal leicht, daß ich Orden und Medaillen habe, mehrere Dankschreiben vom Genossen Stalin persönlich[39], jede Urkunde mit seinem Bild: für den heroischen Sieg bei Kursk-Orjol, für die Eroberung von Minsk und Warschau.«

Aufgrund der Amnestie mußte der Sergeant freikommen. Er schwankte zwischen Hoffen und Bangen, erkundigte sich wieder und wieder bei allen und jedem.

»Was glauben Sie: Ob sie mich wirklich entlassen? Vielleicht haben die hier in Brest meine Akten gar nicht, und niemand weiß von nichts. In Moskau gibt's volle Amnestie, und hier sitzt man ohne Brot.«

Kirill, der Wlassow-Mann und der Sergeant wiesen am zweiten Tag die Balanda nicht mehr zurück. Wir andern brachten sie einfach nich hinunter. Hitze, Gestank und Stickigkeit lähmten bei Tage das Hungergefühl, erst gegen Abend begannen wir zu kauen. Unsere Vorräte lagen in einem Sack unter meinem Kopfende. Ich verteilte die abgemessenen Stücke des schnell hart werdenden polnischen Brotes vorsichtig erst bei Dunkelheit – es gab ringsum einfach zu viele hungrige Augen. Wenn die Diebe ihre Gelage abhielten, wandten sich die Leute erbittert ab, andere starrten erst recht hin; die aber machten laut fachkundige Bemerkungen: »Iß doch den Zucker nicht trocken, verklebst dir ja die Kehle, wart ab, bis Wasser kommt... ach, der Halunke, der Bulle hat beschissen: steinhartes Brot gegen ein Stöffchen, ganz neu, fast reine Wolle!«

Auch am dritten Morgen gab es kein Brot.

Immer öfter, immer lauter, immer heulender langgezogen kam das Gebrüll »Broooot!« Die Posten auf den Wachttürmen schrien immer erboster dagegen an, und manchmal schien es, als riefen sie nicht aus Zorn, sondern aus Verzweiflung. Immer häufiger fielen Schüsse.

Mittags berichteten die Essenträger, es gebe kein Brot, weil die Bäckerei abgebrannt sei. »Sie haben versprochen, von einer anderen Bäckerei was zu bringen, aber niemand weiß, wann. Drei Mann, die am Fenster geschrien haben, sind erschossen. Zwei Minderjährige waren gleich tot. Ein Mann ist im Lazarett – Brustdurchschuß, atmet aber noch.«

An diesem Tag nahm auch Onkel Jascha die Balanda an. Der Ingenieur probierte ein paar Schluck und gab seine Ration dann dem Sergeanten.

»Bitte, junger Mann, nehmen Sie, seien Sie so gut.«

»Der da kann sich bald in der Freiheit den Bauch vollschlagen. Sie sollten lieber mit einem andern teilen, Pan Ingenieur.« Der Wlassow-Mann mit der mächtigen Stirn sprach leise, blickte aber so wild, daß man sich leicht vorstellen konnte: So einer mordet, ohne mit der Wimper zu zucken.

»Das stimmt. Er kommt bald frei. Deshalb braucht er auch mehr Kraft. Wir dagegen werden noch lange liegen und warten müssen...«

Die abendliche Zählung fand beim schummerigen Licht großer Eisenbahnerlaternen statt.

Nachts fiel blendend helles, bleich-violettes Scheinwerferlicht in die Fenster, jeweils kurze Lichtstöße der sich drehenden Scheinwerfer. In den Ecken bei den Fenstern blieben dunkle Flecken ausgespart, Wände und Zellenmitte waren in kurze todbleiche Helligkeit getaucht, in den Lichtstreifen wurden Menschenhaufen sichtbar, die in grotesken Stellungen wie zerbrochen schliefen. Manche schliefen geräuschlos, andere stöhnten und schnauften, wieder andere schnarchten, manche murmelten im Schlaf, flüsterten lange oder fluchten. In das heisere Schnarchen drang lautes, zum Teil unverständliches Reden, auch Winseln, Flüche und Bitten: »Nein, ich will nie wieder... Nein, nicht totschlagen!... Halt, stehenbleiben, verfluchter Hund, ich schieße!... Maaamaaa!«

In der vierten Nacht konnte ich nicht einschlafen. Mich quälten die stickige Luft, der Gestank, der Durst – Hunger verspürte ich noch nicht –, der saure, klebrige Schweiß, der in den Augen brannte und am ganzen Körper juckte; und vor allem plagten mich die Gedanken: Wie lange noch? Werde ich durchhalten? Werde ich krank werden oder sterben?

Plötzlich knarrte der Schlüssel im Schloß. Die Tür ging halb auf. Ein Streifen matten Lichts: »Ältester, herkommen! Brot empfangen!«

Im selben Augenblick war die ganze Zelle wach: »Brot! Brot! Brot!

Der Lärm schwoll an, wurde fröhlich, ungeduldig.

Aus der Diebsecke kamen schrille Pfiffe: »Hehe – Brot – Brötchen! Die gesetzliche Ration, die lebenspendende – los, Ältester, her damit, ohne Scheu! Nimm dir Helfer, damit's schneller geht!«

Ich gehe zur Tür, steige über Säcke, Rücken, Beine. Rufe Kirill und den Sergeanten zu mir, der Wlassow-Mann schließt sich uns ungebeten an. Onkel Jascha ruft uns nach. »Paß auf, Major – die Zelle ist dunkel, sie werden Brot klauen wollen!«

»Wer eine Portion zuviel nimmt, stirbt auf der Stelle!« verkündet Ssaschok. Andere Diebe bekräftigen mit Pathos: »Wer sich am Brot vergreift, kriegt die Kehle rausgerissen oder wird im Kübel ersäuft!« Merkwürdigerweise klingen ihre Stimmen immer näher an der Tür. Jemand ruf: »He, paß doch auf, wohin du trittst! Das ist mein Bauch!«

»Zieh deinen Wanst ein, du Aas, siehst doch, daß Leute kommen...«

Kirill flüsterte hinter mir: »Laß die Schakale nicht an das Brot heran, laß sie nicht ran. Sie klauen alles, und dich wird man in Stücke reißen – hörst du nicht, was sich tut?« Er hatte recht. Aber was sollte ich tun? In der Zelle werden die Rufe immer lauter, immer ungeduldiger: »Los, gib schon her, schneller...!«

Ich zwänge mich durch den engen Türspalt, ziehe Kirill, den Sergeanten und den mit der großen Stirn hinter mir her. Im Korridor stehen vier Posten und vier Brotausgeber. Zwei eiserne Karren wie Gepäckwagen auf dem Bahnhof sind bis oben hin mit Brotportionen beladen.

Herrlicher, leicht säuerlicher Geruch frischgebackenen Brots. Kühler Eisenboden unter den bloßen Füßen.

Der Oberaufseher schiebt mir zwei Rationen hin: »Los, los, fang an, gleich mit zwei Händen, damit's rascher geht! – Los!«

Drinnen in der Zelle herrscht Finsternis, unterbrochen vom fiebrig zuckenden grellen Scheinwerferlicht. Doch auch am hellichten Tag könnte keiner kontrollieren, ob das Brot von all den Hungernden richtig weitergereicht wird.

»Nein, ich übernehme das Brot nicht. So nicht.«

»Was denn, bist du wahnsinnig geworden? Das Brot nicht nehmen? Wenn ich denen das sage, fressen die dich einfach auf...«

Aus der Zelle Gebrüll, Fluchen. Hat man unsern Wortwechsel gehört? Oder zanken sie sich um die besten Plätze an der Tür?

Ich schreie aus voller Kehle: »Ich nehme das Brot nur so an, daß keine einzige Portion geklaut wird. Hört ihr denn nicht, was da drinnen los ist? Reicht euch der eine Tote nicht? Wollt ihr, daß hier morgen zehn Leichen liegen? Sie sind doch alle ausgehungert, vor Hunger fast wahnsinnig, versteht das doch! Die schlagen sich gegenseitig tot.«

Die Posten sehen sich verstört an. Gut, daß in den andern Zellen das Brot schon verteilt ist; sie sind auch nicht so überbelegt wie unsere überfüllte Quarantänezelle. Kirill und ein Brotausgeber unterstützen mich.

»Man kann umöglich im Dunklen mit dem Brot in die Zelle gehen.«

»Was sonst? Wenn wir bis zum Morgen warten, wird's noch schlimmer.«

»Wir machen es so: Alle müssen rauskommen, auf dem Flur antreten. Dann lassen wir sie nacheinander wieder hinein und geben dabei jedem seine Ration. Und wir vier stellen uns als Schutzwehr vor dem Wagen auf.«

Die Wachen flüstern miteinander, dann sagt der Wachhabende: »Also, sieh zu, Ältester, das geht auf deine Kappe!«

Der Entschluß schafft sofort Erleichterung. Wir rollen die Karren zurück. Kirill, der Sergeant und der Großstirnige stellen sich vor den Brotausgebern auf. Die Posten ziehen sich hinter das Gitter zurück, das unseren Flur vom Haupttrakt trennt, schließen hinter sich ab. Sie haben Angst. Ich öffne die Zellentür und rufe, so laut ich kann: »Achtung!« Dann erkläre ich, wie das Brot verteilt werden wird. Die meisten sind zufrieden. Ssaschok lobt mich: »Prima gemacht, Ältester Major!« Die Diebe wiederholen es. Aber auch unzufriedene Stimmen werden laut.

»Und was wird mit dem Gepäck? Wir gehen raus, und die Sachen werden geklaut?«

Ich brülle grob: »Alles raustreten, so wie jeder grade ist, ohne alle Sachen! Wer in der Zelle bleibt, kriegt kein Brot!«

»Hier ist ein kranker alter Mann, kann nicht gehen... Und da ist noch ein Kranker...«

Sie wälzen sich auf den Flur, halbnackt, barfuß, einige mit in Eile zusammengeraffter Kleidung, andere drücken Stiefel und Feldbluse an den nackten Körper. Kirill und ich stellen sie den Korridor entlang am Gitter auf. Die Schlange zieht sich bis zur gegenüberliegenden Wand. Die Posten rufen: »Nicht schubsen, nicht drängeln, nicht rumlaufen! Sonst kühlen wir euch mit dem Feuerwehrschlauch ab.«

Ich sehe in die Zelle: »Wer ist hier krank? Wer ist zurückgeblieben?«

Zwei Stimmen, die eine greisenhaft.

»Achtung! Wir fangen mit dem Ausgeben an. Die ersten Brotrationen bringe ich den Kranken. Seht her: zwei Rationen.«

Stille wie beim Gebet. Selbst die Diebe schweigen. Ich bringe das Brot dem an der entfernteren Wand Liegenden, der zweite liegt in der Mitte der Zelle. Kaum sind ihre Gesichter zu erkennen und die Hände, die nach dem Brot greifen. Auf dem Rückweg begegne ich in der Dunkelheit Schmatzenden, Stöhnenden, Kauenden, die mit ihrem Brot zurückkommen.

Auf dem Flur ist es plötzlich lauter geworden. Neuer Lärm kommt auf, Spritzen, Wasserrauschen. Ich zwänge mich durch die Tür und trete in eine kühle Pfütze. Die Drohung des Postens hatte einen der Diebe auf einen Gedanken gebracht: er drehte den Hydranten an der Wand auf. Der Wasserstrahl platschte auf den Boden. Die Reihe der Angetretenen löste sich auf: Durst ist schlimmer als Hunger. Alle schnattern fröhlich durcheinander, trinken aus der hohlen Hand, halten die Köpfe unter den Strahl. Die Posten schimpfen, rufen: »Dreht den Hahn zu!« und müssen selber lachen. Halbnackte nasse Männer springen über Pfützen, ein junger Kerl setzt sich auf den nassen Boden und quietscht fröhlich: »Immer hereinspaziert ins Wannenbad, die Herrschaften! Seebäder sind gesundheitsfördernd!«

Einige waren in die Zelle zurückgelaufen und kommen jetzt mit Bechern wieder. Kirill und ich drücken sie zur anderen Wand: erst Brotausgabe, dann holen wir uns Wasser. Die Posten rufen: »Ältester, mach den Hahn zu. Wer hat ihn aufgemacht? Du bist verantwortlich!«

Sie schimpfen und drohen, aber nicht ernsthaft, mehr der Ordnung halber. Sie haben selbst ihren Spaß und sind zufrieden, daß das Brot schneller als erwartet ausgegeben ist. Man sieht nun, daß sie Bauernsöhne sind – hier aus der Umgegend, dem Polessje –, die das Brot achten, sogar ehren; sie wissen, was Hunger ist. Und jetzt erleben sie, was Durst ist.

Brot und Wasser – die einfachsten, urältesten Lebenskräfte. Brot und Wasser sind uns jetzt wichtiger, nötiger als alle Schätze der Erde. Und dieses nächtliche Brot-und-Wasser-Fest erleuchtete sogar die stumpfen Augen der Gefängniswärter, wenn auch nur für eine halbe Stunde, mit lebendigem Licht: Die dumpfgleichgültigen und die grob-bösartigen Wächter wurden für diese kurze Zeit wieder einfache Bauernjungen, die Hungernde bemitleiden und sich an fremder Freude mitfreuen können. Sie gaben uns sogar zwei Eimer, so konnten wir uns einen Wasservorrat mitnehmen.

Nach einer Woche Quarantäne wurden wir in kleinen Gruppen auf andere Zellen verteilt.

Kirill, Onkel Jascha, der Ingenieur, ich und der Großstirnige kamen ins Parterre in eine Durchgangszelle zu Untersuchungsgefangenen. Sie war eng und hatte nur ein Fenster. Links standen durchgehende Pritschen, rechts ein schmaler Tisch, der auch als Bett diente, wenn der Platz auf den Pritschen nicht reichte. Über dem Tisch Regale für die Schüsseln. Nach der Quälerei in der Quarantänezelle kam es uns hier sauber vor, geräumig und leise. Wir waren hier nur fünfzehn, manchmal ein paar mehr.

Einige kamen aus der Umgegend: Untersuchungsgefangene, mürrische alte Männer, die unter den Deutschen Dorfälteste oder Hilfspolizisten gewesen waren; ein paar jüngere hatten zu den Bandera-Leuten gehört. Auch Soldaten waren bei uns: ein Troßfeldwebel, der in der Trunkenheit einen Grenzposten erschossen hatte, zwei Leutnants, die als Urlauber auf der Straße randaliert und eine Streife verprügelt hatten. Schließlich noch ein polnischer »antisowjetischer« Ingenieur. Gleichzeitig mit uns kam ein Krimineller in die Zelle, ein dürrer Albino ohne Augenbrauen, rosa-äugig mit dumpfstaunendem Blick. Er trug eine Uniform aus feinem Tuch, maßgeschneidert im Offiziersschnitt, und eine Kosaken-Pelzmütze mit blauem Deckel und silberner Stickerei. Gefühlvoll sang er Diebslieder. Von ihm hörte ich zum erstenmal die rührende Ballade vom Sohn des Staatsanwalts, der Dieb geworden war:

»Vom kaltbleichen Monde erleuchtet,
war nächstens der Friedhof ringsum ...«

Ausführlich erzählte er davon, wie prächtig er in Ungarn gestohlen hatte, als er Ordonnanz eines Ortskommandanten war und mit einer sechzigjährigen Frau zusammenlebte: »Wie eine Mutter war sie zu mir, hat gekocht und gewaschen, und sie ließ sich wie eine Junge ... Und für mich war es mit ihr interessant, denn die jungen Weiber da in Ungarn haben alle Syphilis ...«

21. Auf dem Transport

Aus dem Durchgangsgefängnis in Brest kamen wir im September fort. Einige hundert Häftlinge wurden in ein halbes Dutzend »Stolypin-Wagen« verladen[40]. Die Stolypin-Wagen, dem Modell nach Personenwagen, haben nur auf der Korridorseite Fenster, mit einem dichten Gitter und oben mit schmutzig-milchigem Glas versehen. Die Abteilseite hat keine Fenster und ist zum Gang hin bis zum Wagendach mit dicken Stahlstäben vergittert. Die Abteile sind dreistöckig: unten zwei Bänke, darüber Pritschen mit einer Einsteigluke und ganz oben noch einmal zwei Bretter. Alles in allem ergibt das sieben bis acht Liegeplätze. In Brest wurden je zehn bis zwölf Mann in ein Abteil gesteckt. Bis Orjol fuhren wir einen Tag und eine Nacht. Durch die Stadt ging es zu Fuß – eine lange schmutzigbraune Kolonne. Die Straßen führten zwischen Ruinen und rostbraunen Brandstätten hindurch, die stellenweise schon von staubigem Unkraut überwuchert waren. Hohläugig und verräuchert ragten die Stümpfe der Häuser empor.

Auch im Gefängnishof gab es zahlreiche zerstörte Gebäude, doch neben denen leuchteten schon neue rote Ziegelmauern und die gelben Bretter der Baugerüste. Die Durchgangszellen der vielbesungenen Zentrale Orjol sind altertümliche, düstere Räume mit Dielenfußboden und Öfen; der kleine Spazierhof ist von einem Bretterzaun umgeben. Die Ernährung bestand aus einer dünnen Brühe mit altem Kohl und schwachen Spuren ungeschälter Kartoffeln.

Wir blieben zehn Tage – dann wieder der grüne vergitterte Waggon. Zuerst waren wir zehn, zwölf Mann im Abteil, später kamen noch mehr dazu. Wir standen oft und lange – mal wurde der Wagen abgehängt und irgendwo anders angekoppelt, mal wurde er umrangiert.

In Orjol hatten wir Marschverpflegung für drei Tage bekommen: Brot und Erbswurstpulver – ein grünliches, schweres Mehl, das streng roch, gesalzen und gepfeffert war. Auf Mund und Kehle wirkte es wie Schmirgelpulver. Wasser bekamen wir nur zweimal am Tag. Der Posten brachte es im Eimer: »Schöpft euch, so gut es geht – mit 'ner Konservendose oder mit der Mütze!«

Erstickende Enge. Würgender Durst. Würgender Gestank. Ständig demütige Bitten: »Lieber Chef – Wasser!«

»Bürger Soldat, Lieber, bitteschön, die Kehle ist schon ganz verdorrt ...«

»Wasser!«

Zur Toilette wurden wir ebenfalls zweimal täglich geführt. Auch hier von allen Seiten Bitten und Flehen: »Chef, ich muß ...

lassen Sie mich um Gottes willen austreten!« »Lieber Bürger Posten, lassen Sie mich raus, ich kann's nicht mehr halten!«

»Hej, Chef, laß mich auf den Lokus, sonst geht's in den Flur...«

Von Orjol an hausten wir auf den oberen Rängen zu viert: Hauptmann Pjotr D., der nicht abzuschüttelnde Wolodja, einen Leutnant aus Krasnows Kosakentruppen[41], German Iwanowitsch, Lehrer aus Brest, und ich. Unten saßen einige Polen und Westukrainer. Unterwegs kamen noch vier Landsleute dazu – Kriminelle. Ihr Anführer Fedja-Nase stieg sofort zu uns nach oben. Er war knapp vierzig, schlank, dunkel, mit einer großen, messerscharfen, leicht zur Seite gebogenen Nase. Die drei andern blieben unten.

Der zwanzigjährige mürrisch-schweigsame Alik war ziemlich klein und hatte ein rundes, gedunsenes Gesicht; manchmal, wenn man seine blassen kalten Augen nicht sah, konnte er kindlich-lieb wirken. Sein Spezi Kolja war gesprächiger und umgänglicher – ein Jungengesicht, das nur aus Schmutzfalten zu bestehen schien. Den vierten nannten sie den »Kleinen« oder »Schket«; er war pickelig, dreckig, kaum zwölf, dreizehn Jahre alt, verkroch sich sofort unter die Sitzbank.

Fedja war höflich und umgänglich, benahm sich uns gegenüber schon nach einer Stunde wie ein alter Bekannter, bewirtete uns mit Machorka und erzählte, wie er sich 1937 aus einem Lager in Fernost »verdrückt« hatte, damals, »als die Baracken von Achtundfünfzigern überquollen«. Zusammen mit drei Kameraden wanderte er fast drei Wochen lang durch die Taiga.

»Wir waren ganz und gar ausgehungert. Da trafen wir auf einen kleinen Koreaner, ungefähr zwölf Jahre alt, so wie unser Kleiner da. Den haben wir geschlachtet. Und gebraten. Schmeckte nicht schlecht. Bloß ein bißchen zu mager. Haben uns endlich mal wieder satt gegessen. Einer wurde hinterher krank, hat gekotzt. Kam davon, daß er nicht abwarten konnte und schon vom rohen Fleisch gefressen hatte.«

Unten büffelten Alik und Kolja leise einen Lebenslauf. Alik reiste »im Tausch«. Er selbst, nur zu einem Jahr verknackt, hatte vor der Abfahrt mit einem zu zehn Jahren Verurteilten den Namen getauscht. Den neuen Namen mußte er nun bis zum Ende seiner eigenen Frist beibehalten und durfte den Tausch erst gestehen, wenn der Partner unter seinem Namen wieder in Freiheit war. Dafür drohte Alik schlimmstenfalls ein weiteres Jahr als Komplize eines Betrugs. Sein neuer Lebenslauf aber war ebenso schwierig zu behalten wie das halbe Dutzend falscher Namen: Petrow alias Ssemichin alias Artjemenko alias Nikolajew alias Chromtschenko alias Abdulajew und so weiter. Das Geburtsjahr paßte auch nur schlecht: Alik war mindestens zehn Jahre jünger als sein Tauschpartner.

Fedja erklärte uns, so etwas gehöre zum Diebsgesetz, man müsse es eben verstehen, im Lager zu leben. Er versicherte uns auch, daß er als ehrlicher Dieb die Krieger achte, titulierte uns mit besonderem Vergnügen »Major«, »Hauptmann«, »Leutnant« und befragte uns teilnahmsvoll nach unseren Fällen. Leutnant Wolodja biederte sich sofort bei den Kriminellen an, bemühte sich aber gleichzeitig um meine und des Hauptmanns Freundschaft.

Mein engster Freund war schon in Brest German Iwanowitsch geworden, ein stiller, blasser Mann, so rheumatisch, daß er nur mit Mühe gehen konnte. Im Brester Gymnasium hatte er russische und polnische Literturgeschichte unterrichtet. Während der Okkupation, als das Gymnasium geschlossen gewesen war, hatte er im Stadtkrankenhaus als Statistiker und Dolmetscher gearbeitet. Deswegen war er nun verhaftet worden. Manchmal erzählte er aus selbstverfaßten Romanen über Leben und Sitten im Ausland. Halblaut, monoton und unermüdlich schilderte er die Liebesgeschichten armer, aber edler französischer oder deutscher Jünglinge, die zumeist tragisch endeten: durch Selbstmord, Schwindsucht, bei der Rettung Schiffbrüchiger; oder sie kamen in Feuersbrünsten um, nachdem sie heroisch alle Menschen aus dem brennenden Haus gerettet hatten.

Unter uns saßen eng gedrängt auf der Bank oder auf dem Fußboden die anderen »Zivilen«, die schon seit Brest im Abteil waren. Der düstere, breitschultrige Bauer Gerassim, Feldwebel noch unter dem Zaren, hatte den Deutschen als Dorfältester gedient. Vier andere kamen aus demselben Dorf: der Mechaniker Iwanschtschuk, der Lehrer Petro Ssemjonowitsch, der Zimmermann Iwan. Man hatte sie als Angehörige einer geheimen Bandera-Organisation – »Wolfsbund« – verhaftet. Sie behaupteten, das Ganze habe sich der ehemalige Gymnasiast Stasj ausgedacht, der im Dorf von den Deutschen als Hilfspolizist eingesetzt gewesen war und zwei Juden und einen russischen Gefangenen erschossen hatte. Aus Furcht vor dem Galgen und um sich beim NKWD einzuschmeicheln, habe er sich das mit dem Wolfsbund ausgedacht. Dafür würden nun sie, seine Nachbarn, nach Sibirien verschleppt, psia krew – Hundeblut, Schnüffler, verfluchter Denunziant. Als Stasj zu uns in die Transportzelle gebracht wurde, stürzten sie sich sofort auf ihn, beschimpften und bespuckten ihn. Der hochaufgeschossene, magere Stasj, mit seinem breitem Gesicht, der langen, dünnen Nase und den tiefliegenden Augen, winselte erbärmlich und schwor bei Gott, niemanden getötet und sich nichts ausgedacht zu haben.

»Der Pan Untersuchungsrichter hat mich so geschlagen, einfach mit der Faust ins Gesicht und mit dem Knüppel über Kopf und Schultern und Arme. Hat mich mit dem Stiefel in den Bauch getreten.« So schrecklich habe er geschlagen, daß Stasj nur »geweint und alles unterschrieben« hatte.

In der Zelle hauste Stasj unter der Pritsche, und im Zug verkroch er sich unter die Sitzbank, als Hilfspolizist der Okkupanten und doppelter Verräter von uns allen verachtet. Allen gegenüber, besonders aber denen, die er denunziert hatte, benahm er sich unterwürfig-kriecherisch. Sobald aber in der Zelle Brot verteilt und Balanda ausgegeben wurde, verwandelte er sich: Er blickte gespannt, wurde rot, schwitzte, die Augen verdunkelten sich vor verhaltener Gier. Manchmal ging es mit ihm durch: »Warum bekommt denn der Pan soviel Dickes und ich nur die Brühe? Ich habe auch Hunger!«

Einmal meinte er, ihm sei ein Hemd gestohlen worden: »Ein neues Hemd, ganz neu. Hatte mir mein Mütterchen geschickt.«

Wie eine Ratte bleckte er die kleinen, spitzen Zähne und wiederholte: »Ein neues Hemd, ein neues Hemd.« Für einen kurzen Augenblick sah man: Der war ohne weiteres fähig, Menschen zu töten oder an den Henker zu verraten.

Jeden Abend aber kniete er in der Zelle und spät im Zugabteil hin, schloß die Augen und betete. Er betete flüsternd, von Seufzern unterbrochen, mit echter Hingabe. Er betete lange und faltete die Hände vor der Brust so fest, daß die Fingerknöchel weiß wurden. Sein Gesicht entspannte sich unterdes, bekam Farbe, wurde kindlich hilflos, zutraulich und sogar schön. Nach dem

Gebet sprach er mit niemandem mehr und verkroch sich in seine Höhle. Nachts schrie er manchmal durchdringend im Traum: »Oj, nein, ich tu es nicht mehr, ich tu es nicht mehr! Oj, schlagen Sie mich nicht tot, lieber Herr, schlagen Sie mich nicht tot!«

Alik und Kolja begannen bald, die Sachen ihrer Nachbarn zu »kontrollieren«. Und alle duckten sich, wagten keinen Widerstand: nicht der bärenstarke Gerassim, der im ersten Krieg als bester Kundschafter dreimal das Georgskreuz bekommen haben wollte; auch nicht der fluchende Pfiffikus Iwanschtschuk, der immer versicherte, er kenne keine Angst, »vor niemand und nichts«; nicht der gierige Stasj, der sorgsam jeden Fetzen wegpackte, jeden Krümel aufhob; der stille, nachdenkliche Petro Ssemjonowitsch ebensowenig wie der breitschultrige Iwan, die langbeinigen Männer aus dem Polessje, echte Bandera-Leute, und der schweigsame, hochmütige Ingenieur aus Warschau. Alle unterwarfen sich widerspruchslos den beiden jungen Lümmel, die sie ausraubten. Übrigens war bei dem Polen nichs zu holen, er hatte genau wie wir Soldaten keinerlei Gepäck bei sich.

Iwanschtschuk machte einen schwachen Versuch, sich zu widersetzen: »Das ist mein Sack – was willst du da? Hast ja nichts reingetan!«

Alik schlug ihm kurz gegen den Adamsapfel und fauchte: »Halt die Luft an, du Aas!«

Während er noch hustete und die Tränen wegwischte, weideten Alik und der »Kleine« geschäftig die anderen Säcke und Koffer aus, und Kolja erklärte fast freundlich: »Ihr Kerle müßt begreifen; das steht uns zu. Dafür könnt ihr mit den Menschen zusammen essen und rauchen. Nur ein Aas, ein Lumpenhund, behält solche Klamotten wie Hemden und so weiter, wenn er dafür Brot und Tabak haben kann. Und außerdem: Wozu braucht er im Lager ein Jackett? Wird sowieso geklaut, und er krepiert fast vor Hunger. Statt dessen könnte er den Schamott hier eintauschen gegen Brot, könnte leben. Im Lager wird er vom Kommandanten eingekleidet: Das ist die heilige Wahrheit – im Lager läuft keiner nackt.«

Als ich den Spektakel unten hörte und fragte, was los sei, grinste Fedja-Nase zutraulich: »Das sind denen ihre persönlichen

Angelegenheiten. Mischen Sie sich nicht ein, Major. Können mir glauben – das bringt nichts. Ich ziehe schon seit zwanzig Jahren durch Gefängnisse und Lager. Wenn Sie am Leben bleiben wollen, dürfen Sie immer nur an sich selbst denken, höchstens noch an Ihren Partner, Ihren Freund. Wer sind denn die Hinz und Kunz für Sie? Die würden Sie doch ohne Salz auffressen, ich kenne das. Für einen schäbigen Fetzen, für ein Stück Speck erschlagen die einen Menschen. Haben die etwa Mitleid mit Ihnen, den Soldaten und Kriegern, weil Sie hungern und nichts weiter haben außer Ihrem Mantel?« Der Hauptmann und Wolodja schlossen sich ihm an: »Richtig. Wozu willst du diese Kulaken und Bourgeois bedauern? Misch dich nicht ein, Major. Wir sind Soldaten, zu uns gehört noch German Iwanowitsch, dein Freund – wir sind eine Gesellschaft. Die da sind Wölfe. Guck bloß, was die für Gepäck haben: voll Dörrbrot und Speck. Haben die jemals mit uns geteilt? Fedja und seine Leute sind wie wir, teilen auf sowjetisch alles ehrlich.«

»Stimmt, genauso ist das«, bestätigte Fedja-Nase und erklärte ausführlich, wie edel und selbstlos die Sitten der Diebe seien: »Wir machen keine Vorräte, verstecken kein Essen, wenn der Nebenmann hungert. Solange was da ist, heißt es bei uns: ›Los, friß mit!‹ Morgen läßt Gott wieder einen Tag werden und Essen wachsen. Um Klamotten tut es uns nicht leid – alles, egal was es ist, Bostonstoff oder Covercoat, wird eingetauscht für Brot und Machorka.«

German Iwanowitsch, der in Brest Pakete bekommen hatte, hatte sie mit uns geteilt. Jetzt flüsterte er mir zu: »Wissen Sie, eigentlich ist das sogar gerecht. Diese Bandera-Leute und Hilfspolizisten würden uns totschlagen, wenn sie nur könnten. Mit Hungrigen zu teilen kommt bei denen überhaupt nicht in Frage. Ich kenne sie, habe sie ja mein Leben lang vor Augen gehabt: eine üble Sorte, habgierig, geizig, hassen Russen und Polen, von den Juden ganz zu schweigen; die haben sie umgebracht und verraten, sie waren die ersten Helfershelfer der Deutschen. Für die ist die Sowjemacht, was für den Teufel das Weihwaser ist...«

Von unten klang unterdrücktes Stöhnen und weinerliches Betteln herauf: »Oh, Alik, Lieber, Kolik, hört doch: Das sind meine letzten Unterhosen, noch dazu geflickte... oj, laßt mir wenigstens das eine Stückchen Speck. Der Doktor hat doch gesagt, daß ich ohne Speck sterben muß ...«

Wolodja und Fedja-Nase lagen bäuchlings, die Köpfe in die Einstiegluke gehängt. Ab und zu gab Fedja einen Befehl, während Wolodja triumphierend kicherte und »Berichte mit Kommentar« gab: »Zwei – nein drei Speckseiten, so an die sechs Kilo ... Hei, Gerassim, du Säbelraßler. Hei, weißer Zwieback! Das tut gut, sich mit so was die Zähne zu stochern ... Ach, du Bandera-Hund, hast immer gejammert über die Hungerrationen – und dabei so viel Zwieback versteckt. Und Stiefel aus Chromleder! Du verfluchte Polizistenfresse, reist ins Lager wie zur Parade! Hei, Pan Iwanschtschuk, hast immer wie ein Verhungernder geschielt!«

Alik und Kolja reichten die Beute nach oben. Fedja-Nase beschenkte uns alle mit der Miene eines gastfreien Gutsherrn, verteilte blitzschnell den Speck, schüttete jedem Zucker hin – und wir aßen. Es war beschämend bis zum Ekel. Und doch, wäre es denn besser, wenn die Kriminellen alles allein äßen? Und die da unten – warum hatten sie es versteckt, sich als arme Schlucker gebärdet? Wie sollte man für sie eintreten, wenn sie so feige und widerspruchslos nachgaben? Der Hunger, bisher durch Hitze und Durst gemindert und vom Bewußtsein unterdrückt, daß bis morgen, bis zur nächsten Ration auf nichts zu hoffen ist, begann nun beim Anblick des rosa schimmernden Specks und der hellen Zwiebäcke schmerzlich in den Eingeweiden zu wühlen, Mund und Kehle zusammenzuziehen ...

Ich saugte mich an einem Stück Speck fest mit Zähnen, Lippen und Zunge. Befahl mir, langsam zu essen, kleine Stückchen abzubeißen, die Seligkeit zu verlängern. Das Dörrbrot beleckte ich, bis es weicher wurde, nagte vorsichtig daran, um kein Krümelchen zu verlieren. In der Einstiegluke erschien das breite, flache Gesicht Gerassims, naß von Schweiß und Tränen: »Gute Leute, gebt doch wenigstens ein Stückchen Speck zu kosten ab!«

Wolodja belehrte ihn spöttisch: »Was willst du denn, Georgskreuzritter, Feldwebel – hast den Speck lange genug versteckt – vor dir selbst versteckt.«

Es ist schrecklich schwer, von fremdem, gestohlenem Speck ein Stück abzureißen und dem Eigentümer hinzuwerfen, schrecklich schwer. Aber ich reiße etwas ab und gebe es ihm.

Auch German Iwanowitsch gibt. Gerassim murmelt etwas wie »Dankeschön« und sieht uns mit stechendem Haß an. Fedja-Nase dagegen, der ihn mit dem Finger an die niedrige Stirn schnippst, den glotzt er unterwürfig an. Fedja befiehlt: »Verschwinde, du Hinzundkunz! Verdirb den Menschen nicht den Appetit. Und du, Major, begreif die Regel: Soll er heute verrekken, wir erst morgen. Das heißt leben ...«

Die Fahrt bis Gorkij dauerte fast eine Woche. Lange standen wir in und bei Moskau.

Auf den oberen Pritschen hausten wir fünf unbeengt. German Iwanowitsch erzählte seine sentimentalen Romane. Manchmal löste ich ihn ab und berichtete über Abschnitte der russischen Geschichte, erzählte auch wohl Abenteuer von Pater Brown oder Sherlock Holmes.

Unten, auf und unter den Bänken, drängten sich zehn, manchmal auch zwölf Mann. Ihre Zahl wechselte, weil manchmal welche herausgeholt, manchmal welche gebracht wurden. Gelegentlich versetzten die Posten auch Häftlinge von einem Abteil in ein anderes. Sie führten jemanden zum Austreten und schoben ihn dann irrtümich zu den Nachbarn. Oder sie hatten plötzlich mit irgendeinem Mitleid, riefen ihn heraus, damit er sich die Beine vertreten konnte. All dies geschah, damit Alik, Kolja, der Kleine und ihre Kollegen in Ruhe das Gepäck in den anderen Abteilen der Zivilen überprüfen konnten. Wenn sie baten: »Chef, laß mich mal auf den Lokus«, durften sie außerhalb jeder Reihenfolge hinaus. Sie nahmen die aus fremden Koffern erbeuteten Hosen, Jacken und Wäschestücke mit. Zurück kehrten sie mit Brot, Fisch und Machorka. Sie erklärten uns, die Posten hätten Mitleid gehabt, hätten für sie auf dem Bahnhof was eingetauscht. Doch das Brot war genau dasselbe wie das der Rationen, die wir allmorgendlich erhielten, ungewogen und von unterschiedlicher Größe. Die Fische, eine Art Plötzen, waren die gleichen, die wir von Moskau an bekamen.

Der Führer der Begleitmannschaft, ein rotgesichtiger Leutnant mit knarrenden Stiefeln, promenierte oft auf den Wagenfluren. Er verfügte über einen überzeugenden Baß und rezitierte von Zeit zu Zeit, wobei er seine Stimme und seinen Humor sichtlich genoß, den Vers von Lermontow: »Ich will euch lehren, die Freiheit zu lieben!«

In einem oder zwei Abteilen saßen Frauen. Wenn die Diebinnen unter ihnen das Gepäck überprüften und ihre Mitreisenden »flöhten«, fanden sich stimmgewaltige Weiber, die marktschreierisch lauthals fluchten: »Raub, Hilfe! Posten, ihr Lumpen, was steht ihr rum und glotzt? Wir werden uns beschweren. Sie wollen uns beklauen, die Lagernutten! Komm mir nicht zu nahe! Meine Zwiebäcke sind das! Die kriegst du ums Verrecken nicht. Ich schlag dich tot, Hure, keinen Krümel kriegst du...« Kolja beschimpfte sie wüst als Faschistinnen, Arschlöcher, geizige Hexen. Er und andere Schreihälse aus den Nachbarzellen traten für ihre Freundinnen ein.

Die Posten, mit ihren Schlüsseln klappernd, zerrten zunächst aus einer, dann aus einer anderen Zelle Frauen heraus. Eine jammerte flehentlich: »Oj, lieber Chef, ich war's nicht, bei Gott, ich nicht – meine Kinderchen will ich nicht wiedersehen, wenn ich's war... Eijeijei – nicht schlagen!« Dazu die feste Stimme des Leutnants: »Ich will euch lehren, die Freiheit zu lieben!«

Am anderen Wagenende heulte stotternd eine noch kindliche Stimme: »Wieso ich, wieso denn ich? Bürger Chef, ich hab' nichts genommen! Bürger Chef... oje, nicht schlagen, ich will auch nicht... oj, meine Rippen sind gebrochen... oj-oj!« Das Geschrei wurde schriller, erstickte...

Dazu die träge Stimme des Leutnants: »Das gefällt dir nicht, du Aas? Ich will euch lehren, die Freiheit zu lieben!« Aus allen Abteilen kam vielstimmiges Geschrei: »Schlagt den Kleinen nicht, ihr Lumpenpack! Laßt die Weiber in Ruhe, Henker. Das ist gesetzwidrig... Bullen, gottverdammte... Hau den Wurm platt, Chef!... Unter den Augen der Posten wird man beraubt. Vollgefressene Schnauzen! Parasiten! Wagt nicht zu schlagen, Gesindel... An Stalin werden wir schreiben... Hau dem da die Kutteln los, damit er nicht mehr klaut!«

Auch in unserem Abteil gab es Geschrei. Am lautesten waren Alik und Kolja, die wie besessen fluchten. Ich fühlte mich mit ihnen solidarisch – die Posten schlugen ja Wehrlose – und schrie irgendwas wie: »Wer seid ihr denn – Sowjetmenschen oder Bullen? Ihr entehrt eure Uniform! Wagt nicht, zu schlagen!«

Die Posten liefen den Gang auf und ab und schlugen mit den Schlüsseln gegen die Gitter: »Ruhe da drin... Maul halten, sonst fesseln wir euch... Niemand kommt mehr auf den Lokus... Wer schreit, kriegt ›Armbänder‹, verflucht und zugenäht!«

Der Leutnant stolzierte gemächlich herum. Der Zug fuhr mit voller Geschwindigkeit, ihn erschreckte der Krawall nicht. »Wer noch einen einzigen Ton von sich gibt, kriegt Armbänder, kommt bis zum Ende der Fahrt nicht mehr auf den Lokus, soll sich die Hosen vollscheißen, daß die andern auch ihre Freude haben. Ich will euch lehren, die Freiheit zu lieben!«

Endlich kamen wir an.

»Marsch, raustreten, wie Kugeln aus'm Kanonenrohr! Nicht rumtrödeln! Ein Schritt zur Seite gilt als Flucht, Feuer ohne Anruf. Aussteigen und hinsetzen! Nicht sprechen! Gleich hinsetzen! Nicht umdrehen! Nicht umsehen! Geradeaus auf die Füße gucken!«

Wir klettern aus den Wagen und setzen uns an Ort und Stelle zwischen den Gleisen auf die Erde.

Der Bahnhof ist in unmittelbarer Nähe, der Bahnsteig wenige Schritte entfernt. Dort sind freie Menschen. Man hört Stimmen, Frauen- und Kinderstimmen. Lachen. Sie fahren ab, kommen an. Gehen und fahren, wohin sie wollen.

»Nicht auf den Säcken sitzen, daneben! Nicht hochrecken! Enger aneinander!«

Die Posten rufen uns ihre Kommandos leise zu. Die neue Begleitmannschaft hat uns zu übernehmen. Sie steht etwas abseits, Etappensoldaten in verknautschten, zum zweitenmal ausgegebenen Feldblusen und staubigen Stiefeln mit Kunstlederschäften. Im Vergleich zu ihnen sind unsere bisherigen Bewacher geradezu Dandys und benehmen sich auch entsprechend herablassend.

Die Schäferhunde gähnen unruhig. Die Soldaten rauchen, betrachten uns gleichgültig.

Als letzte werden drei Karzerhäftlinge aus dem Waggon gebracht. Der eine davon ist Alik. Die Posten hatten ihn am Abend zuvor in ein anderes Abteil verlegt. German hörte in der Nacht, daß sie ihm Schnaps für ein Paar besonders schöne Stiefel gaben. Am Morgen hatte er dann beim namentlichen Aufruf seine neue Identität vergessen.

Fedja-Nase klärte uns auf: »Für die Begleitmannschaft ist das ein Plus, daß sie ihn erwischt haben; für die Aufseher im Gefängnis ein Minus, daß sie nichts gemerkt haben. Wenn Aliks Partner schon freigelassen ist oder als Kleinfristler im Lager ohne Bewachung auf Arbeit gehen konnte und ausgerissen ist, kann auch der Bulle in den Knast kommen...«

Alik wurde in Handschellen geführt. Auf der Backe blutverkrustete Schrammen, das Hemd zerrissen, die Augen leer. Ihn und die beiden anderen in Handschellen setzte man getrennt von uns hin, in die Nähe der Hunde.

Der neue Begleitmannschaftsführer ist ein unansehnlicher, dunkelhäutiger Leutnant. Sein Uniformrock mit dem Schulterriemen steht nach hinten ab wie ein Ballettröckchen. Er und sein Feldwebel, ebenfalls klein und vierschrötig mit rötlichem Schnurrbart unter einer schuppigen, glänzenden Nase, zählen uns und packen unsere Akten in einen Segeltuchsack um.

Zehn Schritte von uns entfernt ist der hohe Bahnsteig; mit trübroten Ziegeln untermauert, erstreckt sich sein grauer, rissiger Asphalt. Kleine Jungen laufen in Turnhosen und schmutzigen Hemden herum. Zwei Betrunkene – der ältere im Soldatenrock, der jüngere im blauen Turnhemd – sehen uns an. Der Hellblonde im Turnhemd fängt ein zaristisches Sträflingslied an: »Weit fort im sibirischen Land...«

Ein Posten klettert auf den Bahnsteig, ruft dem Betrunkenen zu: »Weg da, Bürger, gehen Sie weiter!«

Der wird frech: »Was bist denn du für einer? Ich bin ein freier Bürger. Hab' für die Heimat gekämpft. Auf solche wie dich scheiß ich...«

Zufriedenes Gelächter in unserem Haufen. Weiter weg, auf dem Bahnsteig sitzen ein paar dunkelhäutige Frauen mit weißgrauen, staubigen Kopftüchern. Sie haben dieselben hungrigen, trostlosen Augen wie alle, die hier sitzen. Ein Einbeiniger humpelt mit seinen Krücken näher, mager, wie angenagt, in einem verschossenen Militärmantel und speckiger Feldbluse, auf der Medaillen klimpern. Mit böser Neugier sieht er zu uns herüber: »Wlassow-Schweine? Wir haben unser Blut vergossen, und ihr gottverdammten Lumpen habt euch den Fritzen verkauft!... Aufhängen, alle, die ganze Bande.«

Ein Posten ruft ihn an: »Weitergehen, Bürger! Hier rumstehen ist verboten.«

Zwei junge Frauen. Eine langbeinige mit einem bunten Tuch bis an die Augen trägt eine breitgeschnittene graue Leinenjacke, die sichtlich schon jemand anderem gehört hat, Strümpfe mit Hochwasser und abgetretene Männerhalbschuhe. Die zweite ist kleiner, blond und glatthaarig, ihre großen Brüste sprengen fast die Bluse, an den sonnverbrannten Beinen hellblaue Söckchen und weißblaue Turnschuhe.

Die Große rief: »He, Jungs, sind Frontsoldaten dabei?«

»Ja, ja«, kommt es aus mehreren Kehlen. Am lautesten beim Hauptmann und mir. Wir sind in unseren Offiziersmänteln auch am deutlichsten zu erkennen; zudem sind wir beide groß und ragen noch im Sitzen aus dem übrigen Haufen heraus.

Inzwischen ist ein zweiter Posten auf den Bahnsteig geklettert. Beide nähern sich nun den Frauen, allerdings ohne besonderen Eifer: »Gehen Sie weiter, Bürgerinnen. Gehn Sie weg, ist verboten.«

Die beiden gehen, kommen aber nach wenigen Minuten wieder, in beiden Händen Beutel: Gurken, Zwiebeln, Brötchen.

»Hej, Jungs, Frontsoldaten, nehmt! Du da, Langer, Schwarzer, fang auf. Und das ist für dich, hübscher Blonder. Eßt, Jungs...«

Sie werfen dem Hauptmann und mir geschickt die Sachen zu. Die Posten rufen jetzt lauter, werden unruhig: »Weggehen da! Ist verboten! Weggehen, nichts zuwerfen!«

Von hinten die Stimme des Leutnants aus dem Waggon: »Was geht da vor? Für so was kommt man vors Gericht! Ich gebe gleich Schießbefehl. Ich will euch lehren, die Freiheit zu lieben!«

Und der neue Leutnant schreit mit sprödem, nassem Diskant: »Begleitmannschaft, Achtung! Waffen schußbereit! Unbefugte wegschaffen! Wer was genommen hat, abgeben!«

Die Frauen werfen alles, was sie noch haben, in unseren Haufen.

Auf dem Bahnsteig wird gelacht. Die Lange ruft schallend, mit tiefer Stimme: »Habt euch nicht so, Genossen Offiziere! Tut es euch vielleicht weh, wenn man hungrigen Menschen ein Stück Brot gibt? Dabei geht ja euch nichts ab. Haben euch nichts weggenommen...«

Die andere ist rot geworden, hat Tränen in der Stimme: »Die waren an der Front! Und gegen wen habt ihr gekämpft? Habt euch dicke Schnauzen angefressen! Kommt ihr mal erst ins Gefängnis, da kriegt ihr noch genug zu heulen!«

Die beiden Betrunkenen und der Einbeinige, der uns eben noch beschimpft hatte, stimmen den Frauen zu: »Auf wen willst du denn schießen? Auf Weiber, du Lump? Für Mitleid erschießen? Genau wie die Deutschen? Na, schieß doch, du Lump! Ich fick' dich mit der Krücke, da hilft dir keine MP! Ich hab' Warschau miterobert – Hurenbock, Mistfink!« Das Geschrei hat die kleinen Jungen angelockt, immer mehr Leute kommen dazu. Allen voran ein Paar: er hochgewachsen und breitschultrig, in Offiziersrock ohne Schulterstücke, auf dem Orden und Medaillen blinken, in blankgewichsten Stiefeln. Sie ist kleiner als er, rosig, hochrote Lippen, hellblondes, schulterlanges Haar, geblümtes Kleid, dünne weiße Beine und hochhackige Schuhe. Er sieht uns angewidert an, sie voll Staunen und Angst.

Mehrere Begleitsoldaten schieben die herandrängende Menge zurück: »Bürger, gehen Sie weiter. Bürger, das ist verboten.«

Pfiffe. Die Hunde bellen. Die Leutnants beider Begleitmannschaften beschimpfen sich: Unser Waggon ist falsch rangiert, nicht auf dem vorgeschriebenen Gleis abgestellt. Das macht ihnen mehr Sorgen als wir. Hastig kaue ich ein Stück Gurke und ein klebriges, süßliches Brötchen. Wie schön diese Frauen sind. Daß man sie nur nicht vergißt! In der Kehle steckt etwas wie ein Teigkloß oder Rührung und Tränen.

Die Hunde bellen gereizt. Ein Betrunkener randaliert. Stimmengewirr. Die uns zunächst stehenden Posten rufen heiser: »Nicht umsehen! Enger aufrücken! Nicht sprechen!«

Hoch oben unter den stählernen Verstrebungen des dunklen Bahnsteigdachs, einem bläulich-grauen Gerippe mit rostroten Flecken, hängt inmitten abgenadelter Tannenzweige ein schwarzweißes Portrait: Man sieht den Schnurrbart, Schulterstücke, Sterne und Orden. Darunter ein Streifen ausgeblichenen roten Kattuns mit weißer Aufschrift.

»Dank dem großen Stalin für unser glückliches Leben!«

Fünfter Teil:
Wo man ewig singt und tanzt

22. Im Lager Ssuchobeswodnaja

»Wo man ewig singt und tanzt...«: so umschreiben erfahrene Diebe die Straflager. Nach den Monaten in Gefängnissen, Güterwagen und Häftlingswaggons erschien uns das Lager wie das gelobte Land.

Noch in Brest erfuhren wir, der Transport gehe zur Station Ssuchobeswodnaja (zu deutsch Trocken-Wasserlos), Gebiet Gorkij, Lagertrasse Unshlag. Die Krankenschwester im Bad, als Gelegenheitsdiebin eingesperrt, pausbäckig und mit Dauerwellen, hatte aufmunternd gesagt: »Da hast du Glück gehabt. Das sind alte Lager, da herrscht Ordnung. Man kann sich Pakete schicken lassen, und einen Laden gibt's auch... Mit einigermaßen Köpfchen kann man da leben wie im Kurort.«

Es gab Tage und Stunden, in denen ich unablässig vom Lager träumte, fast mit der gleichen Intensität, mit der ich an der Front von Sieg und Frieden geträumt hatte.

In Gorkij gingen wir zu Fuß, in Reih und Glied, vom Bahnhof zum Gefängnis. Ermutigt durch die guten Frauen auf dem Bahnsteig und ihre wohlschmeckenden Geschenke, marschierte ich in der Kolonne schmutziger, zerdrückter Militärmäntel und abgeschabter Paletots, Wattejacken und aller möglichen Fetzen fast fröhlich; ich freute mich an Sonne, Luft, Bewegung.

Wir marschierten an einem großen Fluß, der Oka, entlang, dann, nahe vor ihrer Mündung in die Wolga, über eine Brücke. Links davon die ungeheure helle Weite der Wolga. Ich erkannte Stellen, die mir schon aus Büchern vertraut waren. Hinter mir Geflüster: »Jetzt gehen wir am Kreml entlang – auch hier heißt er Kreml...«

Es ist traurig und bitter, auf diese Weise zum ersten Mal in eine neue Stadt zu kommen. Dennoch ist es interessant, dennoch ist die Wolga herrlich. Gut ist auch, daß mir das Gehen keine Mühe macht, daß ich es nicht verlernt habe, daß ich einigermaßen gesund bin. Und daß ich bald ins Lager komme. Ein grüner Abhang, eine Ziegelmauer mit Zinnen. Eine steil abfallende Straße zwischen zwei Hängen, wie ein Hohlweg. Klappernd und ratternd überholt uns eine Straßenbahn. In der Nähe Mädchengelächter, hell und glücklich. Kinderstimmen. An den Fenstern Gardinen, Vasen mit Blumen. So nahe ist die Freiheit. Wenige

Schritte entfernt. Aber noch näher marschiert der finstere Begleitsoldat mit der MP, läuft der braun-schwarzgefleckte Hund, der uns mit gespitzten Ohren belauert. Und ein paar Schritte weiter der nächste Begleitsoldat, ein anderer Hund.

Vom Bürgersteig sehen freie Menschen zu uns herüber – die meisten gleichgültig, kaum neugierig. Selten einer, der Mitgefühl zeigt, und noch seltener einer, der sich feindselig gebärdet. In der Reihe vor mir wirft ein Junge ein paar Burschen, die an der Kreuzung stehen, einen Brief zu, ein kleingefaltetes Papierdreieck. Ich sah, wie einer von ihnen drauf trat.

Die Posten brüllten: »Wer hat etwas geworfen? Wer hat was aufgehoben? Zurückgeben, verdammt noch mal...«

Der Leutnant lief, mit der Pistole fuchtelnd, zum Bürgersteig. Der Brief wurde nicht gefunden. Die Burschen an der Kreuzung drängten sich dichter zusammen und lachten bloß. Die Begleitsoldaten hatten es eilig, hetzten uns mit halblauten Kommandos: »Los, los, sonst gibt's Karzer für alle!«

Noch ein paar Briefchen flogen auf den Bürgersteig. Einen schnappte der Posten, die andern machten ihren Weg.

Im Gefängnis wurde im »Bahnhof«, dem Empfangsraum, nach den Verfassern und Werfern gesucht, aber ohne rechten Eifer. Die Begleitmannschaft hatte den Transport schon übergeben, und die Gefängniswärter unterstanden einer anderen Dienststelle. Nur einer der Werfer wurde gefaßt und in den Karzer geschleppt. Man hörte sein gellendes Schreien.

Jemand sagte: »Die Wärter in Gorkij sind Wölfe. Die verstehen es, einen zum Krüppel zu prügeln.«

Zwei Wochen später verließen wir das düstere, schmutzige Gefängnis und gingen zum zweiten Mal durch die ganze Stadt. Wieder war es warm und sonnig, und ich versuchte, mich satt zu sehen an den Straßen, dem Kreml, der Wolga und Oka.

Die Fahrt war kurz – ungefähr drei bis vier Stunden. An einem Waldweg wurden wir ausgeladen: etwa 60 Gefangene, bewacht von nur drei Begleitsoldaten in schäbigen Mänteln. Der Führer der Begleitmannschaft sagte väterlich-gemütlich: »Also jetzt – die Ordnung kennt ihr ja: ein Schritt nach rechts, ein Schritt nach links – schießen ohne Anruf und so weiter. Geht langsam, braucht euch keinen Bruch zu holen – werden so vier Kilometer insgesamt. Nur, daß keiner zurückbleibt. Atmet mal tief: Das hier ist nämlich Waldluft. Und daß Ordnung herrscht!«

Der Posten vor uns nahm sein Gewehr in die Armbeuge und trottete mit wiegenden Schritten in den feuchtklebrigen Wagenspuren davon, umging die langen schwarzen Pfützen. Es hatte vor kurzem geregnet. Hinten in der Kolonne witzelte einer: »Das ist kein ›Trocken-Wasserlos‹, sondern ein ›Naß-Überschwemmt‹.«

Das vierte, das Empfangs- oder Kommandantur-Lager der Lagertrassenverwaltung Unshlag lag wenige Kilometer von der Bahnstation entfernt. An drei Seiten umgaben es, ein paar hundert Meter jenseits der Wachttürme und Stacheldrahtzäune, dichte Kiefernwälder. Auf der vierten Seite lag die Wohnsiedlung der Posten, dahinter begannen Felder: Kartoffeln, Kohl, Mohrrüben, rote Rüben. Innerhalb der Lagerzone[42], nahe beim Eingangstor, standen die Häuschen der Buchhaltung, der Kanzlei, der Kultur- und Erziehungsabteilung und die Baracken der Lagerprominenz. Weiter weg ein Dutzend Häftlingsbaracken, Küche, Speisesaal, Sanitätsabteilung, Bad, Wäschekammer, Werkstätten.

Die Trasse Unshlag umfaßte damals insgesamt 27 oder 28 Lager, Lagpunkt genannt. Dazu gehörten drei Krankenhäuser, zwei Holzverarbeitungsbetriebe und zwei Textilfabriken. Innerhalb der Trasse gab es eine Zweiglinie der Eisenbahn von 150 Kilometern Länge. Die Gesamtzahl der Häftlinge erreichte vierundzwanzig- bis fünfundzwanzigtausend. Sie wurden von einigen tausend Aufsehern bewacht, die einigen hundert Chefs unterstanden. Außerdem gab es rund zweitausend »frei gewordene« Angestellte. Sie waren zum Teil ehemalige Häftlinge. Zwischen den einzelnen Lagpunkten lagen abwechselnd Dörfer, Kolchose, Sowchose und Lager anderen Typs: eins für Kriegsgefangene und zwei »Kolonnen« von arbeitsverpflichteten wolgadeutschen Frauen.

In den Wäldern jenseits der Wolga hatte es früher viele Einsiedlerklausen von Altgläubigen gegeben. Schriftsteller wie Melnikow-Petscherskij und Leonid Leonow haben das Leben in diesen menschenarmen Waldregionen beschrieben. Als ich dort hinkam, waren sie vergleichsweise dicht besiedelt von Menschen unterschiedlichster Sprachen und Herkunft. In großen Lichtungen und Schneisen drängten sich die rechtwinklig aufgestellten grauen Baracken. Von doppelten Stacheldrahtzäunen umgeben, erhoben sich Wachttürme aus Rundholz, mit Brettern verschalt. Blaßviolette Scheinwerferstrahlen durchkreuzten das nächtliche Dunkel. Auf der Lagereisenbahn fuhren die Züge tags und nachts. Plattformwagen brachten Rundholz und Bretter fort, in Güterwagen wurden Stapel von Gewehrkolben transportiert, wieder andere hatten einfache oder auch »Stil«-Möbel, verschiedene Holzartikel und Spielzeug, Bündel von Watte-Jacken, -Westen, -Decken und -Hosen, Filzstiefel, Arbeitskleidung aus Kunstleder, Overalls und Kittel geladen.

Meistens rollten die Züge leer an. Seltener standen auf den Plattformwagen Maschinen und Werkbänke. Und tagtäglich wurden Häftlinge transportiert. Vom Lagpunkt 4, dem Kommandanturlager, aus wurden sie in Güterwagen der Lagereisenbahn an ihren endgültigen Bestimmungsort gebracht.

Der Leiter des Kommandanturlagers, Oberleutnant Netschwolodow, trug eine Feldbluse mit den grünen Schulterstücken des Frontsoldaten und zwei goldene Aufnäher für schwere Verwundungen, dazu eine dreireihige Ordensspange. Er war nicht groß, aber gut gebaut und hübsch – dunkelblond, mit hoher Stirn und grauen, wachen Augen, gerader Nase, kleinem, schmallippigem Mund und kräftigem, rundem Kinn. Das Geischt war dunkel, doch nicht von der Sonne, sondern krankhaft-gallig. Der Blick unter den dünnen, von senkrechten Faltenbündeln zusammengezogenen Brauen war farblos-trüb. Nur selten belebte ein Lächeln die Augen, während die Lippen verächtlich zusammengepreßt blieben. Außerhalb der Lagerzone ritt er meist kokett auf einer dünnbeinigen Goldfuchsstute. Wenn er absaß, um zu den Kartoffelmieten oder den Werkstätten des Holzverarbeitungswerks zu gehen, zottelte sie entweder langsam hinter ihm her oder blieb geduldig stehen, bis er zurückkam. Beim Gehen schwang er eine Reitgerte, ein Beutestück mit schmuckem Bronzegriff; wenn er wütend war, klatschte er sich damit die blitzblankgeputzten Stiefelschäfte, die wie absichtlich mit Dreck beschmiert waren.

Beim Empfang unseres Transporters fragte er: »Frontsoldaten dabei? Welche, die nicht in Gefangenschaft waren?«

Wir waren zwei, die sich meldeten. Ein wegen Totschlags seiner Geliebten verurteilter Hauptmann wurde auf der Stelle Karzerchef; sein Vorgänger war wegen eines Besäufnisses und schwerer Prügelei am Vortag abgesetzt worden. Ich wurde tags darauf zum Brigadier einer neu gebildeten Kartoffelernte-Brigade ernannt.

Wir marschierten aus der Zone im diesigen Morgengrauen. Feiner Regen nieselte kaum merklich, hörte manchmal für eine halbe oder sogar ganze Stunde auf und hatte die Erde in klebrigen, schwarzen Dreck verwandelt.

Unser unmittelbarer Vorgesetzter war der Ober-Agronom des Lagpunkts, ein untersetzter, älterer, rotgesichtiger Gefangener. In einem Segeltuchumhang mit Kapuze, schmutzigen Stiefeln mit Kunstlederschäften krächzte er unwirsch mit erkälteter Stimme. Ich hörte gleich heraus, daß er aus dem Dnjepr-Gebiet stammte, er sprach ein mir von klein auf vertrautes Idiom: So sprachen fast alle Agronomen, Genossen und Freunde meines Vaters, auch er selbst, wenn er mit ihnen auf dem Feld die Arbeit besprach, auf Jagd ging, mit ihnen Karten spielte oder beim Trunk zusammensaß.

Der Agronom sorgte sich, die Kartoffeln könnten im Regen faulen; er befürchtete, in einem anderen Abschnitt würden Kohl und Runkelrüben nicht rechtzeitig geerntet. Sentimental war er offensichtlich auch früher nicht gewesen, und acht Jahre Lager hatten ihm erst recht nicht zu Feinfühligkeit verholfen. Doch als er erfuhr, wir seien Landsleute und ich der Sohn eines Agronomen, wurde er gesprächiger und freundlicher und erklärte ausführlicher und gnädiger, was wir zu tun hätten.

»Die Schwächsten sollen in den Furchen in Säcke auflesen, was liegengeblieben ist. Paß nur auf, daß sie keine rohen Kartoffeln essen, das gibt Durchfall. Die nächst Schwächeren stell zum Sortieren an. Hier, die ganz kleinen, nassen Kartoffeln kriegen die Schweine und überhaupt das Vieh; die da, die größeren und saubereren, kommen zuerst auf die Waage, das muß dann aufgeschrieben werden, und dann in die Kisten da, die sind für die Küche. Und drüben, die großen, trockenen werden auch erst gewogen, kommen danach in den Gemüsekeller, dort nimmt sie der Keller-Brigadier ab. Die sind für die Winterverpflegung, außerdem nehmen wir von denen auch das Saatgut. Zum Schleppen mußt du die Stärkeren und Gesünderen anstellen. Laß sie abwechseln, die nassen Tragen sind schwer. Teil Gruppen zu vieren je Trage ein: zwei tragen, zwei sortieren und laden auf. Erst alle vier bis fünf Gänge laß ablösen, nicht gleich nach einem Mal, man muß sich erst dran gewöhnen. Und zu jeder Vierergruppe stell ein paar Schwächere, die die einzelnen Haufen auseinanderhalten.«

Die ersten beiden Tage arbeiteten alle trotz des Regens emsig, ja mit Begeisterung. Wir freuten uns, an der frischen Luft zu sein und für uns selbst zu arbeiten – die Kartoffeln waren ja für uns bestimmt. Und wir aßen, buken sie an Ort und Stelle in der Asche. Wir hatten für die Posten rings um die Arbeitsstelle Feuer machen müssen, und nachdem sie uns ein-, zweimal angeschnauzt hatten, ließen sie es durchgehen, daß wir auch für uns Feuer machten. Überall wurden Kartoffeln gebacken, Posten wie Arbeiter aßen sie mit Genuß. Ich mußte nur aufpassen, daß meine Leute sich nicht alle auf einmal in hellen Scharen zum Feuer drängten, daß sie die Kartoffeln nicht halbroh und hastig aßen und sich verbrannten. Und daß keine Tragen auf der Erde herumlagen.

Die Abrechnung machte ich auf Sperrholzbrettchen, die Kopierstiftschrift zerfloß im Regen. Eine regelrechte Eingangsregistratur gab es nicht. Der Brigadier des Gemüsekellers, ein alter Häftling von 1937, erklärte mir: »Machen Sie nur die Abrechnung nicht allzuhoch, und zeigen Sie mir Ihre Ziffern. Das ist wichtig, damit für den Fall, daß jemand fragt, unsere Ziffern nicht zu sehr voneiander abweichen. Nachgeprüft auf der Waage wird nicht.«

Der Wiegemeister, ein frecher junger Kerl in Kosakenmütze, belehrte mich: »Du bist Brigadier – fang hier also nicht an, wie ein Ochse zu schuften, nimm dein Brettchen, mach deine Striche. Was zum Teufel schleppst du dich mit der Trage ab? Du mußt dafür sorgen, daß die Brigade die Norm erfüllt und paar Prozent drüber – mehr nicht, sonst merkt man gleich, daß was nicht stimmt. Ich schmier' dich schon nicht an, und der Keller-Brigadier hier ist in Ordnung. Aber wenn du zuviel Prozente hast, glaubt das weder der Buchhalter noch der Chef. Dann bist du am Arsch, und die Brigade kann Daumen lutschen. Mach deine Sache mit Verstand, dann werden alle satt. Ich seh' ja: Ihr kommt frisch vom Transport, seid ausgehungert. Und bloß nicht selbst malochen! Brigadier – das heißt erstens: Autorität wahren, zweitens: Köpfchen! Und vergiß nie: Ein Tag gefaulenzt ist ein Monat länger gelebt!«

Der Agronom, der Brigadier des Gemüsekellers und der Wiegemeister machten mir einhellig klar, wie ich mit dem Kommandanten umgehen müßte: »Zeig niemals, daß du vor ihm Schiß hast, sonst bist du bei dem gleich unten durch – Betrüger oder Schwindler oder Volksfeind. Sieh ihm immer direkt in die Augen – Schleimscheißer kann er nicht ausstehen. Man muß vorsichtig mit ihm sein, er war verschüttet, Gehirnquetschung, davon ist was nachgeblieben, er ist ein bißchen verrückt. Ahnst ja nicht, was der anstellt, wenn's ihm kommt! Aber sonst ist er nicht schlecht, sogar so was wie gerecht, besonders mag er Frontsoldaten. Aber auch an andere macht er sich nie ohne Grund heran. Nur eins: fluchen tut der, das macht ihm keiner nach – hin und her, wie auf hoher See –, mal im Bösen, mal zum Spaß.«

Der Kommandant fluchte wirklich vielschichtig, erlesen, nicht wie die Kriminellen, sondern wie ein Hafenmatrose: keine gewöhnlichen Mutterflüche, sondern phantasievoll geschmückt mit Sargbrettern und drei Bootsdecks, schwarzen Kesseln und blutigen Augen, dazu die heilige Kommunion, Gott, die Gottesmutter und alle Heiligen und Märtyrer, nicht zu vergessen: Feuer, Wasser, die kupfernen Rohre und die Zähne des Teufels.

Auf dem Feld konnte man den Kommandanten schon von weitem heranreiten sehen, und die Posten warnten uns: »He, ihr da, Hungerleider, Stoßarbeiter im Bett, der Chef kommt! Fixer mit den Händen, langsamer mit den Zähnen!«

Herangeritten, betrachtete er uns erstmal, wie wir, mit zähem Dreck beschmiert, über den Kartoffelhaufen hockten, allesamt erkältet schnieften, die schweren Tragen schleppten. Ein paar Minuten lang gab er komplizierte Flüche von sich. Wir hörten ihm zu, manche ängstlich, andere interessiert und schließlich – als sie merkten, daß sein Fluchen nichts Böses verhieß – sogar entzückt.

»Brigadier, mach Meldung, wieviel Tragen ihr geschafft habt, lahmärschiger Puff halbtotgefickter Hurenbälger!«

Ich studierte beflissen mein Brettchen und gab mir Mühe, militärisch knapp und umfassend zu antworten.

»Erste Sorte soundsoviel Tragen in den Keller geliefert, gleich soundsoviel Doppelzentner, zweite Sorte soundsoviel Doppelzentner, dritte Sorte soundsoviel, berechnet nach der Menge des Aussortierten.«

Er verzog die Lippen und schob die Papiros aus einem Mundwinkel in den andern.

»Hast wohl schon gelernt, hierhin – dorthin und wieder zurück zu schieben, Zahlen zu frisieren?«

»Die Zahlen stimmen genau, können nachgeprüft werden.«

Er antwortete mit einem unübertrefflich farbenreichen Feuerwerk von Mutterflüchen. Zu entnehmen war daraus nur, daß für eine Überprüfung mindestens soviel Arbeitskraft und Zeit benötigt würde wie für die Ernte selbst. Eben deshalb habe er die Arbeit einem Frontoffizier übertragen, dem traue er, aber nicht diesem übrigen Publikum, diesen Dunkelmännern und Hungerleidern, dieser windigen Bande, soll sie der Teufel vögeln durch ihre blutigen Augen und Ohren querdurch ... Am nächsten Tag war nach der Arbeit eine Besprechung der Brigadiere bei ihm. Er fluchte über alles und jedes, mal raffiniert, mal bäurisch simpel und meist, ohne jemanden direkt damit zu meinen, sozusagen ohne Adresse. Mit seinen Flüchen tadelte, ermutigte oder lobte er, kaum einen einzigen Satz brachte er ohne Zote zustande. Einzelne Wendungen wurden mit applaudierendem Gelächter aufgenommen, andere wie gewöhnliche Redensarten.

Unerwartet ging die Tür des vollgerauchten Büros auf, und ein magerer, großäugiger Junge von sieben oder acht Jahren, auf dem Kopf eine Offiziersmütze, die ihm auf die abstehenden Ohren gerutscht war, rief mit heller Stimme: »Paap – Paap, die Mama ruft zum essen! Paap!« Der Kommandant sah zu ihm hinüber, lächelte zärtlich, beendete, ohne den Tonfall zu verändern, die an irgendeinen Brigadier gerichtete Schimpfkanonade und sagte dann: »Ah, Söhnchen, sag dieser dummen Hure, sie soll sich nicht aufplustern, kann ihren Höllenfraß allein runterschlingen. Papa arbeitet. Muß sie doch von selbst verstehen, wenn sie einen Kopf hat und keinen Arsch mit Ohren – fick sie, Herrgott noch mal, durch alle heiligen Feiertage, die Himmelspforten, die Kulaken-Sabotage mit Blasorchester bis untenhin ...«

Die ringsum sitzenden und stehenden Gefangenen qualmten dicke Rauchwolken. Ein dünnes schmeichlerisches Gelächter schepperte und verstärkte das rauchige Schweigen noch.

Der Junge sagte im gleichen langgezogenen hellen Ton: »Paap, schimpf nicht, Mama ruft, ohne dich essen wir nicht.«

Der Kommandant antwortete ihm ebenso freundlich: »Geh schon vor, Söhnchen, und sag ihr, Gott verdamm mich und ihre Kasserollen, Töpfe und Schüsseln, zum Henker mit ihr, daß ich gleich komme.«

23. GRI: Gesellschaft zur Rettung der Intelligenz

In den ersten Lagertagen war mir, als befände ich mich in den Gefilden der Seligen. Wald ringsum, die klare Luft wie ein Extrakt von Kiefernadeln, Pilzen, Moos und Harz. In der Zone durfte man bis zum Zapfenstreich auf dem ganzen Gelände frei herumgehen, im Laden konnte man Brot, Machorka, Seife kaufen. Ich verkaufte meinen Militärmantel und aß ein ganzes Kilo Brot fast auf einmal auf. Eine Woche lang hatten Kirill und ich täglich ein ganzes Pfund über die Ration hinaus. Man teilte uns mit, daß wir nach Hause schreiben, Briefe, Streifbandsendungen und Pakete empfangen dürften. Es gab einen Klub, es gab Zeitungen – auch Frauen gab es. Die Alteingesessenen sagten uns, daß »Lagerehen« zwar verfolgt würden, aber: Wer mutig und dazu noch schlau ist...

In diesen ersten Tagen fühlte ich mich wie aus dem Grabe auferstanden, war derart gehobener Stimmung, daß ich weder zürnen noch trauern konnte. Die Begleitmannschaften, die uns anschnauzten und mit MPs drohten, versuchte ich zu übersehen. Außer ihnen gab es ja auch gewöhnliche Soldaten, die mitfühlend lächeln konnten, die fragten, wo man an der Front gewesen sei.

Nur zu bald verflog der selige Taumel. Der Lageralltag enthüllte sich – düster, hungrig, schrecklich in seiner Gewöhnlichkeit, Sinnlosigkeit und der Ausweglosigkeit des Sklavendaseins. Alles um uns war uns feindlich: Die riesigen Kiefern im Wald setzten Säge, Beil und den nachhaltig schmerzenden Muskeln massiven Widerstand entgegen.

Und die Erde auf den Wegen – dieser zähe, klebrige Dreck – griff wie zum Hohn als schmieriger Schmutz nach Füßen und Spaten, kroch in die eben ausgehobenen Furchen, klebte schwer an den Bretter-Tragen und zog an den Händen, daß sie fast abrissen, daß der Rücken fast zerbrach. Alles war feindlich – auch in mir selbst: meine Gedanken, meine Krankheiten, meine Erinnerungen.

Manchem gelang es, leichtere Arbeit zu ergattern, in die Lagerprominenz, zu den »Oberschlauen«, aufzusteigen: in Buchhalterei, Bad, Küche, Kantine, Sanitätsabteilung. Wer aber nicht nur an sich selbst dachte, nicht nur an den morgigen Tag, wer sein Gewissen nicht an den »Gevatter«, den Geheimdienstoffizier, verkaufte und nicht zur »Glucke«, zum Spitzel, wurde, wer sich nicht damit zufriedengab, selber eine ruhige Kugel zu schieben, wer noch fähig war, an die anderen zu denken, an die Menschen neben sich und in der Ferne, wer seine Umgebung aufmerksam beobachtete, der mußte fest an eine höhere Macht glauben – an Gott oder an den Kommunismus, an ein ewiges Rußland oder an ein ewiges Polen; oder er wurde verrückt, hängte sich auf, warf sich in den Stacheldraht, oder aber, wie die Kriminellen es nannten, er »verfiel in Gedanken und schwamm davon«, das heißt, er starb an hoffnungsloser Sehnsucht, an langsam tötender Verzweiflung. Ich glaubte fest an den Kommunismus und das ewige Rußland.

Meine Kartoffelbrigade existierte nur einige Tage lang. Schon am zweiten Tag begann der Durchfall. Am letzten Tag ging nur noch die Hälfte der Brigade zur Arbeit; aber nur etwa ein Drittel derer, die sich aufs Feld geschleppt hatten, arbeitete gleichzeitig – die andern hockten entweder stöhnend am Feldrand und »reiherten« oder machten sich am Feuer zu schaffen; die Kranken aßen noch besessener Kartoffeln. Nachdem die Brigade aufgelöst worden war, kam ich zum Holzfällen in die Gruppe Iwans, der mit uns zusammen aus Brest gekommen war. Untersetzt, breitschultrig, großäugig, mit breitem Mund, dicken, feuchten Lippen und großen Händen, war er auf dem Transport ängstlich und unbeholfen gewesen, hatte nur gequält gelächelt, als die Diebe ihm Dörrbrot und Gepäck wegnahmen, wagte nicht zu protestieren. Im Wald aber verwandelte er sich. Er wirkte nur fröhlich und sicher. Mit zusammengekniffenen Augen umschritt er eine Kiefer ein- oder zweimal, prüfte sie von oben bis unten, murmelte wie ein Zauberer und klatschte mit der flachen Hand fest auf den Stamm: »Den hauen wir von hier aus um!«

Das Beil hielt er ohne jede Anstrengung am äußersten Ende des Stieles und hackte mit wenigen Schlägen eine Kerbe von einem Drittel des Durchmessers. Dann befahl er: »Her mit den Stangen!«

Ein oder zwei dünne Stämme stemmte er gegen die eingekerbte Kiefer. Dann ging er zur nächsten, maß sie mit den Blicken und hackte sie ebenfalls an. Manchmal kratzte er sich hinterm Ohr und rief: »Los, nehmen wir noch eine – zeigen wir's den Moskauern, wie man im Polessje Bäume fällt!« Dann wandte er sich dem dritten, dahinter stehenden Stamm zu.

Die Sägen schärfte und schränkte er selbst mit Ernst und konzentrierter Sorgfalt, wobei er sich auf die Oberlippe biß. Seine Sägemannschaft wählte er sehr genau aus. Mich nahm er nicht zum Sägen.

»Nein, der taugt nicht. Sie, Pan, ziehen nicht gleichmäßig, bloß ruckweise, mal kurz, mal lang. So kann man vielleicht Brennholz sägen, totes Holz, aber keinen lebendigen Baum – nein! Der kann nämlich anders fallen, als man will.« Ich bekam daher den Auftrag, von den gefällten Bäumen die Äste abzuhacken oder sie mit einem Kumpel zusammen auf die vorgeschriebene Längen zu zersägen nach dem Lagermotto: »Erst mir, dann dir, zuletzt dem Chef!«

Aufmerksam verfolgte Iwan die Arbeit seiner Säger und drückte die eine oder andere Stütze der angehackten Bäume fester. Laut rief er dabei: »Heej, weg da, wir fällen! Vo-o-r-sicht! – nicht hierherkommen!« Und während der Baum stürzte, schrie er: »Heej, ho-ho-ho!« Und der Stamm fiel, förmlich von Ruf und Stoß gelenkt mit weithin hallendem knisterndem Donner, mit drohendem Pfeifen, fiel und riß den zweiten und dritten mit um. Die Erde zitterte unter den schweren Schlägen, summte wie eine Gitarre. Iwan sah sich um mit stolzem, wie berauschtem Lächeln: »So fällt man im Polessje Bäume!«

Als Brigadier war ich nicht dazu gekommen, in der Sanitätsabteilung meinen Gesundheitszustand untersuchen zu lassen.

Von Durchfall und immer größer werdenden eiternden Ausschlägen gequält, ging ich zum Feldscher Kolja, einem langbeinigen, weißblonden, gelangweilten Beau. Er gab mir Pillen, Salizyl-Phenol, bestrich die Furunkel mit Zinksalbe und tröstete: »Das ist zuerst bei allen so. Hauptsache ist die Ernährung! Verklopp deine Sachen. Laß dir nichts zu schade sein, friß, was du kriegen kannst. Hol der Teufel alle Schonkost – halt dich an Vitamine, an Fett. Trink den Tannennadel-Tee, den wir hier stehen haben. Bei dir fängt der Skorbut schon an. Und die Diät hier? Ist eben kein Sanatorium! Dörr dir dein Brot, schling den Fraß nicht runter wie ein Wolf, kau alles richtig. Magen- und Darmkrankheiten gibt es hier wie anderswo Schnupfen. Gefährlich ist bloß die Unterernährung. Also: Essen ist das Wichtigste.«

Die Sanitätsabteilung wurde von einer jungen gefangenen Ärztin geleitet, der Georgierin Nina T-se. Unter dem weißen Kopftuch dichte schwarze Augenbrauen, große dunkelblaue Augen und ein sehr heller Teint. Das Gesicht war blaß, aber nicht krankhaft, sondern kühl-hell, fest gemeißelt, hart, ohne Lächeln, mit einem schönen Mund. Gleich in den ersten Tagen fiel uns auf, wie resolut und unnachgiebig sie beim Ausmarsch zur Arbeit die Kranken und Ausgezehrten aussonderte und, als höre sie die auserlesenen Flüche des Kommandanten gar nicht, ruhig feststellte: »Leute wie die dürfen nicht zur Arbeit geschickt werden. Ich handle nach der Instruktion.«

Kirill und ich nannten sie Zarin Tamara[43]. Um keinen Preis wollte ich mich von ihr untersuchen lassen, über Durchfall klagen und über meine Furunkel, die mich besonders in der Schamgegend plagten. Doch der Feldscher war bald mit seiner Kunst zu Ende, und so kam der qualvoll beschämende Augenblick: Vor der stolzen Schönen krümmte ich mich in bettlerhafter Nacktheit, schlotternd, mager, verdreckt – an diesem Tag hatten wir auf der vom Regen aufgeweichten Straße Gräben ausgehoben –, voller Eiterbeulen, von denen übelriechende Verbände rutschten. Die Lider wurden schwer wie Blei, es schien mir unmöglich, sie anzusehen. Doch sie betrachtete mich ruhig, ohne eine Spur von Ekel, und befahl leise: »Nimm die Arme hoch! Dreh dich um! Bück dich!«

Flüsternd schalt sie mit dem Feldscher: »Siehst du die eingefallenen Stellen da. Völlig ausgemergelt. Warum hast du das auf dem Krankenblatt nicht vermerkt? Brigadier war er – na und? Gestern Brigadier – heute Arbeitstier. Auf der Karte muß LAZ stehen: leichte Arbeit innerhalb der Zone. Gib Streptozyd-Salbe und den Wischnewskij her, Ichthyol geht auch. Zuerst mit Borwasser waschen. Und mach die Pflaster ordentlich fest. Na, einen Feldscher habe ich da! Hübsches Gesicht, gutes Herz, auch der Kopf anscheinend in Ordnung – aber zwei linke Hände. Na, schon gut, sei nicht gleich beleidigt, Mimose!

Und was bist du von Beruf? Ach, sieh mal an... Und wo haben Sie vor dem Krieg gearbeitet? Worüber haben Sie promoviert? Waren Sie an der Front? Rang? Nicht in Gefangenschaft gewesen? Zieren Sie sich nicht so, ich hab' schon Schlimmeres gesehen. Ich bin Militärarzt, war von Anfang an draußen. In Gefangenschaft bin ich bei Isjum geraten, als Timoschenko[44] den Deutschen zwei Armeen mit mindestens hunderttausend Mann geschenkt hat. Verwundet war ich auch: Oberschenkeldurchschuß, hatte aber Glück, hinke nicht mal. Auch im Gefangenenlager habe ich als Arzt gearbeitet, erst in Dnjepropetrowsk, dann bei Kiew. Von dort sind wir zu den Partisanen geflohen und konnten uns bald mit der Armee vereinigen. Trotzdem habe ich alles streng nach Reglement abbekommen: 58 – I b, Vaterlandsverrat, begangen von einer Militärperson, zehn Jahre. Zuerst hätte ich mich wegen der Kränkung am liebsten aufgehängt. Mittlerweile hab' ich mich sozusagen dran gewöhnt: Ärzte werden überall gebraucht. Für Philologen ist es im Lager schwieriger, noch dazu in derartigem Zustand, kannst buchstäblich jede Krankheit aufschnappen, der Organismus leistet kaum noch Widerstand. Macht nichts, das werden wir ausheilen. Fürs erste machen wir dich zum Oberschlauen. Guck nicht so böse, so nennen die Kriminellen nun mal alles, was nicht körperliche Arbeit ist. Mein Kleisterer, der Kolja, und ich sind schließlich auch Oberschlaue. Erst mal dispensiere ich dich jetzt für drei Tage von der Arbeit – Kolja, schreib auf das Krankenblatt ›Temperatur 38‹ –, und Sie vergessen gefälligst nicht, daß Sie heute 38 haben! Gehen Sie in Ihre Baracke, ruhen Sie. Dem Küchenchef sage ich Bescheid. Sie müssen ihn mit ›Genosse Kapitän‹ anreden – jawohl, Genosse, er ist auch Häftling, war Matrose, hat irgend jemanden totgeschlagen. Aber selbst hier wird auf Formen geachtet, möchte jeder für was Besseres gelten, also: Kapitän! Sag ihm, Doktor Nina hätte angeordnet, du solltest aus den Vorräten der Sanitätsabteilung verpflegt werden.«

An diesem Abend saß ich im Speisesaal in dem eigens abgegrenzten Sektor für »Rekordarbeiter«, aß Omelett aus Eipulver, gedämpfte Kartoffeln und fetten Hering. Jenseits der Abgrenzung drängten sich die »Muselmänner«[45] in ihren schmutziggrauen Wattemänteln, sahen unablässig herüber: die einen mit matten, leeren Blicken, die andern mit vor gierigem Neid glitzernden Augen. Die Ordner im Speisesaal, ebenso ausgehungert, jagten sie unter Schimpfen und Rippenstößen fort. Ich bemühte mich, nicht hinüberzusehen und nichts zu hören.

Großartiges, lange nicht mehr gesehenes Essen! Als ich den Duft einsog, stockte mir der Atem in seliger Vorfreude. Aber das Schlucken fiel mir schwer, Hals und Backenmuskeln schmerzten – und dann die Schnaufer hinter meinem Rücken: »Laß mich die Schüssel abwaschen, hörst du, Onkel? – Brüderchen – Väterchen – laß mich wenigstens dran riechen...«

Am zweiten Tag kam der Feldscher mit einem hochgewachsenen dunkelhaarigen Mann in einer Armee-Jacke mit Baskenmütze und verbundenem Hals zu mir in die Baracke. Der Mann flüsterte heiser: »Ich heiße Zbych, bin ›Pompobyt‹, Gehilfe des Kommandanten in Lagerangelegenheiten. Wundern Sie sich nicht, das ist ein Häftlingsposten. Ich bin selbst Arzt – na ja, nicht ganz. Ich konnte die medizinische Fakultät in Wilna nicht fertig machen, hatte acht Semester, wollte Psychiater werden, da kam der Krieg, und ich ging zur Armee, dann zu den Partisanen – zur polnischen Heimatarmee. Wilna erreichten wir fast gleichzeitig mit der Roten Armee – das war eine Verbrüderung, eine Einigkeit! Gemeinsam haben wir die Deutschen geschlagen. Aber hinterher wurden wir entwaffnet und interniert. Verhaftet wurde ich wegen irgendwelcher ›Gespräche‹, sogenannter ›antisowjetischer Agitation‹. Fünf Jahre habe ich bekommen als ›sozial gefährliches Element‹. Hier bin ich Gehilfe des Kommandanten und habe innerhalb der Zone das Kommando über die Barackenputzer, die Hofkehrer, die Werkstätten, das Bad – und zusammen mit der Ärztin oder auch allein muß ich in der Küche das Essen probieren. Der Chef ist unzufrieden mit mir, weil ich nicht richtig kommandieren kann. Und das heißt bei ihm besser fluchen, schnauzen, ›an der Kehle packen‹ oder auch schlagen. So was kann ich nicht und will ich nicht. Ich bin Mediziner und kein Polizist. Ich soll ins Krankenhaus, meine Kehle auskurieren – ich hab' eine Angina, daß ich für immer die Stimme verlieren kann; dort will ich als Arzt arbeiten. Der Kommandant läßt mich aber nicht eher gehen, bis er Ersatz für mich hat. Bitte, Herr Kollege, übernehmen Sie mein Amt – bitte, seien Sie so freundlich...«

Der Feldscher unterstützte seine Bitte: »Du bist Offizier, Frontsoldat, Sowjetbürger, kannst befehlen und, wenn nötig, auch mal jemanden zusammenstauchen. Dich nehmen sie nicht auf die Hörner. Bei dieser Arbiet kannst du deine Gesundheit in Ordnung bringen und gleichzeitig guten Menschen helfen.«

Zwei Tage lang führte Zbych mich durch sein Reich, übergab mir seine Geschäfte. Doktor Nina sagte mir ihren Beistand zu. Mein unmittelbarer Vorgesetzter, ein Hauptmann – Stellvertreter des Kommandanten in Wirtschaftsangelegenheiten –, war abwechselnd krank oder stockbesoffen. Der Lagerälteste, ein Gefangener, sagte, daß er Doktor Ninas Urteil vertraue; der Geheimdienstoffizier, der ›Gevatter‹, war in Urlaub, so nahm der Lagerkommandant persönlich meine Ernennung vor. Er sprach mit mir in der Sanitätsabteilung.

»Die Ärztin empfiehlt Sie als gut. Ich ernenne sie also vorläufig. An sich ist das nicht erlaubt. Erstens, weil Sie Achtundfünfziger sind. Dieser Pan da ist ohne Paragraph verurteilt, bloß nach Buchstaben – SGE: sozial gefährliches Element; das ist natürlich ein und dieselbe Scheiße, Himmelherrgottsakrakruzitürken, fick Gott den Vater und das reaktionäre Polen, den römischen Papst und die Bourgeoisie aller Länder über Kreuz! Du hast den antisowjetischen Paragraphen, das ist ein Minuspunkt, Himmeldonnerwetterschaukelundkarussell... Zweitens bist du Untersuchungsgefangener, hast noch keine Frist, kannst vielleicht morgen wieder rauskommen. Kommt allerdings selten vor. Strafen gibt das jetzt per Post, und zwar anständige, man vögelt euch in Schwanz und Kruppe, Maul und Ohren, von hinten, von vorn und querdurch bis zum Nabel... Kann auch sein, Sie kriegen statt des Paragraphen doch Buchstaben – das wär' wieder ein Plus. Bis dahin jedenfalls bist du Major, hat dich ja noch keiner verurteilt, als ›Major, unter Bewachung gehalten‹. Bist verdammt runtergekommen, rote Augen wie'n Karnickel, jeder Wind haut dich um. Also gut, Doktor Nina, ich habe auf Sie gehört, hab' den Pan ohne Stimme entlassen. Aber wenn sich der da ins Revier legt, dann jage ich dich und deinen Schönling los, dann müßt ihr selbst im Lager den Mist wegschaufeln, Himmelarschundwolkenbruch ...« Doktor Nina beruhigte ihn.

Trotz meiner Schwäche begann ich gleich zu arbeiten. Ich setzte durch, daß zu den bisher drei noch zwei Hofkehrer ernannt wurden, überzeugte den Kommandanten davon, daß es Herbst sei und also auch mehr Schmutz gebe. Ich stellte eine Reparatur-Brigade aus Zimmerleuten, Weißbindern und Malern auf, um Krankenrevier, Bad und Schusterei herzurichten. Zum Maler-Brigadier ernannte ich Kirill, holte ihn vom Holzfällen und brachte noch einige, die ich auf dem Transport kennengelernt hatte, bei ihm und in den Werkstätten unter.

Zu meinen Pflichten gehörte auch die Läusekontrolle und die Überwachung des regelmäßigen Badens. Jeder Häftling mußte alle zehn Tage ins Bad, die Wäsche wechseln oder sie wenigstens im heißen Dampf entlausen lassen. Traten in einer Baracke Läuse auf, wurde außer der Reihe »sanitäre Bearbeitung«, also Baden und Entlausung, befohlen. Die im Außendienst arbeitenden Häftlinge konnten erst nach der Rückkehr von der Arbeit ins Bad. Deshalb mußten in den wenigen Stunden zwischen der Heimkehr der Brigaden und dem Zapfenstrich mindestens zwei Baracken durchs Bad geschleust werden. Die meisten freuten sich darauf. Es gab aber auch eine ganze Menge, die nichts weiter als essen und schlafen wollten; andere fürchteten eine Erkältung durch den raschen Wechsel aus der heißen, dampfigen Badestube in den Dreck des kalten Hofes und die ungeheizte Baracke. Zudem fiel in die Badestunden auch das Abendessen, und hungrig waren alle. Die Barackenältesten, die Brigadiere, der Bademeister und sein Gehilfe – alle waren heiser vom Rufen, Schreien, Auffordern, Überreden, Drohen, Bitten, ich am meisten. Da unser Lagpunkt ein Durchgangslager war, kamen ständig neue Häftlinge, andere fuhren ab; es gab große und kleine Transporte. Dieses Kommen und Gehen brachte die Badelisten in unentwirrbares Durcheinander und unlösbare Widersprüche.

Der Kommandant, seine Gehilfen für das Lagerregime und die Kulturabteilung, Doktor Nina, der Bademeister, ein vierschrötiger, sturer junger Mann, und die diensthabenden Aufseher mahnten mich immer wieder, fragten und verlangten nach dem Badetag. Die Brigadiere grobsten mich an, schrien herum und forderten entweder als erste, also vor dem Abendbrot, oder als letzte ins Bad zu gehen, um in Ruhe essen zu können; die trübseligen Dystrophiker jammerten über ihre Leiden und versuchten, sich unter den Pritschen zu verkriechen, um der Zwangswäsche zu entgehen; die Zänkischen machten Krawall; die Friedlicheren klagten, daß die Seife nicht reiche, es gebe zuwenig Waschschüsseln und Bastwische, bei der Entlausung sei ihnen dieses und jenes verbrannt oder verdorben worden...

Das Bad wurde für mich die Verkörperung eines undurchdringlichen Alptraums.

An einem der ersten Tage jagte ich eine vielköpfige, verwahrloste Brigade durch die »sanitäre Bearbeitung«, schrie und schimpfe mich heiser und bekam zur Antwort wilde Flüche, Verwünschungen und Vorwürfe, mußte ein paarmal mit der Faust ausholen, um mir einen verrückt spielenden Krakeeler vom Leibe zu halten und um widerborstige Schlaumeier aus der Baracke zu treiben, die behaupteten, sie seien noch gar nicht schmutzig, Läuse hätten sie nicht, und außerdem seien sie zu Lager verurteilt und nicht zum Baden.

Und dann kam noch die Frauenbaracke dran.

Als ich eintrat, hörte ich kreischendes Gezänk zwischen einzelnen Pritschen. Eine Gruppe Frauen machte sich zum Transport fertig, man zankte sich um die frei werdenden Plätze, eine der Abreisenden suchte nach einem verlorengegangenen Rock, eine andere nach einem Kopftuch. Sie beschuldigten abwechselnd die Barackenputzfrau und ihre Pritschennachbarinnen. In einer entfernteren Ecke schwoll der Krach an – offenbar ging man schon zur Schlägerei über.

Ich rief, so laut ich konnte, in verkrampft aufmunterndem Ton: »He, ihr Mädchen und Dämchen. Schluß mit dem Krach und auf ins Bad, ihr Schönen! Wer Seife, Schwamm und Wasser liebt, ist immer froh und nie betrübt.« (So heißt ein beliebter Kindervers.)

Als Antwort brach ein Schwall derartiger Flüche und gemeinster, schmutziger Schimpfworte über mich herein, wie ich sie noch nie zuvor gehört hatte. Von einer oberen Pritsche hing ein Kopf mit zotteligen, grau und rot melierten Haaren, wild blitzenden Augen, weit aufgerissenem Mund – einem Schlund mit kleinen bösen Zähnen, Zähnen wie eine Säge –, und eine verräucherte Stimme beschimpfte mich in bohrendem Schrillen so gemein und haßerfüllt, als sähe die Hexe unerfindlichen Alters in mir seit Urzeiten ihren schlimmsten persönlichen Feind. Zwischen zwei Pritschen steht ein Mädchen mit dicken Lippen, hebt ihren Rock hoch, dreht sich um und streckt mir ihren nackten Hintern entgegen: »Da hast du dein Bad, Aas, Schwanzsauger, Drückeberger, Maulgevögelter – da hast du dein Bad!«

Eine Alte im verrutschten Kleid heult: »Mordio! Was heißt hier Baden, wenn man totgeschlagen wird – Hilfe!«

Zwei junge Dinger in bunten Blusen und Wattehosen lachen kreischend, stoßen unausdenkliche Mutterflüche aus und beschimpfen eine von mir aus nicht erkennbare Nachbarin und mich. Am Ofen steht eine Greisin in Kopftuch und dunkler Jacke, sie heult und zetert in künstlich gesteigerter Erregung. Es ist die Barckenputzfrau. Neben ihr eine magere, jüngere Blondine im »städtischen«, ordentlichen Kleid. Sie kommt mir hübsch, sogar intelligent vor. Plötzlich aber geht sie mit dem Schürhaken auf mich los und keift im unnachahmlichen Krimінellenton: »Scher dich zum Henker und wohin du sonst willst, Moskauer Hurenbock, gehörnter Satan, Krötenmist, sonst komm' ich dir kreuzweis'...«

Ich versuchte, irgend etwas zu sagen, zu erklären, konnte aber mein eigenes Wort nicht verstehen und lief aus der Baracke, nur fort von dem Geschrei und Gekreisch, von diesen gemeinen, stinkenden, niederschmetternden Flüchen, die sich in Ohren und Nase festsetzten und wehrlos machten. Ich lief verzweifelt davon. Ich konnte ihnen – es sind immerhin Frauen – nicht mit den gleichen Flüchen erwidern, konnte sie doch nicht schlagen. Ich ging langsam zum Badehaus hinüber, wußte nicht, was ich tun sollte – lieber von meinem Posten zurücktreten und wieder zum Holzfällen marschieren, lieber in den Karzer gehen als noch einmal in diese brodelnde Hölle.

Der Bademeister schnaufte mitleidig und verächtlich: »Ach du Hornochse! Los, gehen wir beide hin, ich zeig' dir, wie man die kirre macht.«

Er nahm einen großen Knüppel, gab mir einen zweiten. Beim Betreten der Baracke, in der der Krach infernalisch weitertobte, stieß er mit dem Knüppel auf die Erde und brüllte: »Heda, ihr Feld-, Wald- und Wiesenhuren, ihr Mistrotzen und Syphilitiker – marsch-marsch, ab ins Bad, solange die Rippen noch heil sind! Raus wie aus der Kanone geschossen!«

Sie keiften auch ihn an, aber längst nicht mehr so erbittert; fast schon feixend-spöttisch schimpfen sie zurück. Ich begann, ihn nachzuahmen, versuchte zu schnauzen, ich konnte mich nicht dazu zwingen, mit gemeinen Flüchen um mich zu werfen. Die Frauen gingen schließlich. Und ich beschloß an diesem Abend, umgehend nach einem Nachfolger zu suchen, dieses Amt wollte ich nicht behalten.

Der Oktober kam mit Regen und Kälte. Abends schüttelte mich das Fieber, die Kopfschmerzen hörten trotz der täglichen Portion Pyramidon kaum noch auf. Die Pritschennachbarn beschwerten sich, weil ich nachts schrie, schimpfte und Deutsch sprach. Morgens konnte ich mich nur mit größter Mühe zum Aufstehen zwingen. Und dann kam ein Morgen, an dem der bohrende Schmerz in Stirn und Kiefer mich fast blind machte. Schwankend, mich an den Wänden stützend, tastete ich mich bis zur Latrine, schaffte aber den Weg bis zum Eßsaal nicht mehr. Mit Hilfe des Barackenputzers, eines geschwätzigen, triefnasigen Alten, quälte ich mich ins Krankenrevier. Die Temperatur wurde gemessen: über 39 Grad. Nina untersuchte, horchte mich ab, runzelte die Stirn: »Krankheiten hast du eine ganze Sammlung – einen Waggon und einen kleinen Pferdewagen voll. Pellagra, Stirnhöhlenentzündung, der Darm ist endgültig hin, dann noch die schwere Erkältung. Das erlöst dich immerhin vom Pompobyt-Spielen. Ich könnte dich natürlich hier ins Revier legen, lohnt sich aber nicht, weil das nur auf kurze Zeit geht – dann heißt es entweder auf den alten Platz oder auf einen schlechteren ... Ich schicke dich zur GRI. Morgen geht ein Transport ins Krankenhaus ab, da sind gute alte Ärzte, die Ernährung ist besser und das Regime leichter. Und da ist außerdem die GRI am Werk – ›Gesellschaft zur Rettung der Intelligenz‹, so hat ein Moskauer Ingenieur unsere Lagerärzte getauft. Im Scherz natürlich. Aber wag nicht, das Wort zu benutzen! Wenn es irgendein Schweinehund von Spitzel aufschnappt, kann ein ganzer Fall draus aufgebauscht werden. Spaß beiseite, wir verstehen uns –

ich bin Ärztin, verpflichtet, alle zu behandeln, und ich behandle alle nach bestem Wissen und Gewissen. Wie ich dabei mit dem Kommandanten aneinandergerate, hast du ja gesehen. Von seinen Redensarten tun mir immer die Ohren weh, am liebsten möchte ich sie mir hinterher ausspülen, als ob richtiger Dreck drin säße. Aber ich weiche nicht vor ihm zurück, lasse ihm keinen einzigen Dystrophiker. Morgen schicke ich vierunddreißig ins Krankenhaus, mit dir dann fündunddreißig. Andererseits bin ich weder Gott noch die liebe Sonne, ich kann nicht für alle gleich hell scheinen. Für alle tue ich, was Vorschrift und Pflicht ist, und für einige etwas mehr, über die Norm oder über das Unmögliche hinaus. Die einen sind Verbrecher, Diebe, ehemalige Hilfspolizisten der deutschen Besatzer mit den Armen bis an die Ellbogen im Blut, die anderen sind Lumpen, Giermäuler, Spekulanten, die am Hunger der anderen dick und fett wurden. Die kann ich nicht gleichsetzen mit Leuten wie Zbych, meinem Kolja oder dir. Und wenn ich sehe: Das ist ein guter Mensch, ehrlich, intelligent, nützlich für die Heimat, für die Gesellschaft, die Wissenschaft und dergleichen, muß ich versuchen, ihm ›über die Norm‹ zu helfen. So denke ich nicht allein, da gibt es andere Ärzte, auch ein paar Vernünftige von den Oberschlauen und sogar bei den Aufsehern. Uns alle hat der Witzbold gemeint mit der GRI.«

Ich lag zwei Tage in der Baracke. Das Essen brachte mir der Barackenputzer. Er war dumm und geschäftig. Während der Okkupation war er irgendwo im Gebiet Brjansk Bürgermeistergehilfe gewesen. Wenn die Barackenbewohner ärgerlich auf ihn waren, schimpften sie ihn »Polizaj« – so hatte man die von den Deutschen eingesetzten Hilfspolizisten genannt. Mir schmeichelte er unterwürfig, titulierte mich »Bürger Major«. Am Abend vor der Abreise machte er sich sogar daran, meine Stiefel zu trocknen. Morgens war der eine »angesengt«, das Oberleder so steinhart ausgetrocknet, daß ich nicht hineinkam. Ich weinte fast vor Verzweiflung. In ein paar Stunden ging der Transport ab, wie und woher sollte ich mir neues Schuhwerk besorgen? Ich war so geschwächt, daß ich den Alten nicht mal verdreschen konnte, wie er es verdiente. Ich gab ihm nur ein paar Rippenstöße und drohte, ihn umzubringen, wenn er mir nicht umgehend Ersatz beschaffte. Er weinte, beschwor alle Heiligen und rannte davon.

Erstaunlich schnell kam er zurück, triumphierend, mit einem Paar gesteppter Filz-Strümpfe und Galoschen, alt zwar, aber noch ziemlich heil; jedenfalls paßten sie mir. Nun schwadronierte er, durch welches Wunder er die Filzstrümpfe bei den Schuhmachern aufgetrieben hätte, wie sehr er mit ihnen habe handeln müssen: Sein ganzes Brot, Tabak und andere Sächelchen seien draufgegangen. Bald fühlte er sich schon wie mein Wohltäter und bettelte mir sogar ein Häufchen Tabak aus meinem Vorrat ab.

Gegen Abend wurde der Transport zusammengestellt. Es fiel Schlackerschnee. Ich verpackte mich in die Wattejacke, die ich beim Verkauf meines Uniformmantels eingehandelt hatte, und wickelte mir ein Handtuch um den Hals. Feldscher Kolja brachte eine Wintermütze – ein speckiges Ding aus Stoff – und verband mir zum Abschied den Kopf, wobei er Stirn und Backen dick mit Watte belegte, damit ich nicht so fror. Mein ganzes Gepäck hatte in einem Leinwandsäckchen Platz – ein Viertellaib Brot, ein paar Zwiebeln, ein Holzlöffel und ein paar Lappen –, Überbleibsel meiner Armee-Wäsche, zerrissen und beim Entlausen angesengt. Ich hob sie auf als Taschentücher und Fußlappen.

Meinen größten Schatz, den Machorkavorrat, hatte ich in den Taschen verpackt.

Am Wachgebäude wurden die Abfahrenden von Posten und Aufsehern gefilzt.

Ein heiserer, befehlsgewohnter Tenor verfügte: »Alles Eigentum des Lagpunkts abgeben. Wäsche darf nur mitnehmen, wer keine eigene hat, und nur die Garnitur, die er auf dem Leibe hat. Decken, Laken – alles abgeben. Lagerschuhe kann anbehalten, wer keine eigenen hat... Alle Koffer und Bündel aufmachen. Wer sich zusätzlich was übergezogen hat: sofort ausziehen!«

Die Durchsuchung begann bei Schnee und Regen. Koffer, Köfferchen, Kartons, Säcke wurden direkt in den Matsch ausgeschüttet, die Posten wühlten in den Sachen herum und holten heraus, was ihnen behagte. Die Durchsuchten riefen, baten kläglich, beschworen: »Was machen Sie da? Wir sind doch Kranke...«

»Ruhe da! Krank seid ihr bloß beim Arbeiten, beim Fressen seid ihr ganz gesund!«

»Das da ist mein Zeug von zu Haus – Bürger Chef, was machen Sie denn? Das ist doch mein Anzug – mein Jackett – die Hosen hat mir meine Frau geschickt.«

»Schnauze, du Aas! Fährst ja ins Krankenhaus, kriegst da, was du brauchst!«

»'n Sarg sollte der kriegen, keine Jacke!«

»Oj, was machen Sie da? O Gott, die letzten Sachen nehmen Sie weg.«

»Das ist doch meine Wäsche! Sie haben kein Recht! Ich werde mich beschweren, das ist mein Oberhemd. Sie sehen doch: bestickt, so was gibt's hier doch überhaupt nicht.«

Schreie, Stöhnen, Ächzen, Flehen, Weinen. Die Posten fluchen, brüllen, die Gefangenen fluchen leise vor sich hin: »Die Schufte klauen ohne Scham und Gewissen! Haben kein Recht dazu – aber wem soll man's klagen? Die verhöhnen uns Kranke bloß.«

Hysterisch kreischte eine Frau: »Nein, das gebe ich nicht her, das ist meins, meins ist das, meins!«

Ein Posten sagte eifrig zu einem zweiten: »Guck dich mal nach Stiefeln um, sollen welche aus Chromleder dabeisein.«

Zwei Reihen vor mir stand ein alter hochgewachsener Mann, eingemummt und eingewickelt in ein großes Tuch, das er über Mütze und Mantel trug. Offenbar hörte oder verstand er die Anweisungen nicht. Zwei Posten griffen nach seinem Rucksack, begannen, ihn aus seinem Tuch zu wickeln. Der Alte murmelte erschrocken: »Wieso? Warum denn das? Ich habe doch nichts getan...«

Da fing ich an zu schreien: »Wo ist der Lagerkommandant? Ich verlange den Kommandanten! Das ist Willkür, Gesetzlosigkeit, Mißhandlung von Kranken, Verhöhnung der sowjetischen Gesetze. Wo ist der Lagerkommandant? Das hier ist keine Durchsuchung, das ist Raub!«

Angstvoll sagte jemand hinter mir: »Laß den Quatsch, spiel nicht verrückt – die schlagen dich tot! Was heißt hier Gesetze? Gib bloß Ruh...«

Ein untersetzter Soldat mit Pelzmütze sprang auf mich zu, die MP quer über der Brust. Im blendenden Scheinwerferlicht glitzern böse Augen, bleckende Zähne, sehr weiß und gleichmäßig, jungenhaft.

»Du da, halt die Fresse, Arschkipf... Halt sofort die Fresse! Ich werd' dir Gesetze zeigen, daß du nicht mehr lebend ins Krankenhaus kommst!« Die befehlsgewohnte Stimme näherte sich vom Wachgebäude her. »Wer quatscht da was von Rechten? Wer beleidigt die Begleitmannschaft? Will ins Krankenhaus und reißt auch noch die Schnauze auf. Den können wir hier an Ort und Stelle kurieren! Der da? Hat sich die gesunde Stirn mit Binden eingewickelt. Hast du nach dem Kommandanten gemeckert?«

Ich schwieg, versuchte den durch Furcht verstärkten Schüttelfrost zu unterdrücken. Angst überfiel mich, sie könnten mich hierbehalten, verprügeln und wieder in die Baracke zurückschicken, dann ade, Krankenhaus, glückseliges, helles Krankenhaus voll guter Ärzte.

»Jetzt biste still, du Hund? Aach – du Volksfeind! Also, sei auch weiter still. Und du«, er wandte sich an den Begleitsoldaten, »merk dir die Schnauze da mit dem Verband. Laß ihn nicht aus den Augen!«

Trotz Schmerz und Fieber fielen mir sofort die Geschichten über Begleitsoldaten ein, die unterwegs die Häftlinge zwingen, stundenlang im Schnee zu liegen oder sich im Frost die Stiefel auszuziehen, die Häftlinge vom Weg herunterstoßen und dann erschießen beim »Fluchtversuch«.

Ich wurde nicht durchsucht. Mit einem Blick konnte man feststellen, daß bei mir nichts zu holen war. Bei meinem Nachbarn wurde der magere Sack nur befühlt.

Der heisere Tenor ließ nun das Übliche vom Stapel: »Ein Schritt zur Seite gilt als Fluchtversuch. Die Begleitsoldaten schießen ohne Anruf. Alle fest unterhaken. Nicht zurückbleiben. Nicht sprechen.«

Wir verließen die Zone. Vor uns und hinter uns Begleitsoldaten mit großen hellen Handlaternen. Sie trieben uns an: »Los, Beeilung, größere Schritte, der Zug wartet nicht!« Die Hunde bellten.

Unter den Füßen Schneeklumpen, dünnflüssiger, schmieriger, klebriger Schmutz, Pfützen in den Wagenspuren und Schlaglöchern. Nässe spritzt in die Galoschen, ich spüre nasse Kälte durch die Filzstrümpfe dringen, versuche vor mir auf den Weg zu sehen, es war nutzlos. Rechts und links hängen an den Armen stöhnende, ächzende, schnaufende Menschen. Wir gehen ineinandergehängt. Von hinten wird gehetzt: »Los, los, nicht auseinanderziehen, Schlangenbrut!«

In der von den Handlaternen verdünnten Dunkelheit, in der atemlosen, stolpernden Hetze ist nicht festzustellen, wie weit wir schon gegangen sind. Vorne fällt einer. Gedränge, Schreie, Flüche der Begleitsoldaten. Sie hassen die Gefangenen, die sie eben beraubt haben. Der Führer der Begleitmannschaft röhrt: »Wer den Transport behindert, wird erschossen, gnadenlos. Vorwärts, zusammenbleiben, nicht zur Seite weichen. Geradeaus gehen! Ihr seid schon nicht aus Zucker, Dünnpfiffschlotzer!«

Wir latschen mitten durch die Pfützen. Plötzlich trete ich in tiefen, zähen Dreck, stolpere, falle fast auf ein Knie, reiße mich mit einem Ruck hoch. Von beiden Seiten wird gezogen, von hinten geschoben. Eine Galosche ist im Dreck steckengeblieben. Ich versuche mich zu bücken.

»Eine Minute, Kameraden. Dort die Galosche – ich habe Fieber...« Von der Seite, fast auf gleicher Höhe die Stimme der Wache, die des Jungen mit den weißen Zähnen: »Wer legt sich da lang? Du wieder, Mistbock! Suchst wohl Gesetze?«

Ein MP-Schloß schnappt. In panischer Angst reißen die Nebenmänner an mir. Wollen sie sich losmachen, damit die Kugel sie nicht trifft? Schreck – stummer, kalter Schreck. Schießt der Posten? Wird er mich töten? Wieviel Zeit ist vergangen? Eine Sekunde, eine halbe?

Er brüllt: »Schneller!«, flucht und schießt nicht. Das häßliche und gemeine Fluchen klingt geradezu wie selige Verheißung. Es scheint sogar wärmer geworden zu sein. An Hals, Rücken und Leib spüre ich Ströme von Schweiß. Ich reiße mich vorwärts, drücke die Ellbogen der Nebenmänner an mich. Die Füße sind sowieso schon naß.

»Schneller, größere Schritte!«

Wir kommen auf freies Feld. Die Laternenkette zerfließt orangerot im weißgrauen, trübe schimmernden Gemisch von Schnee und Regen. Wir gehen einen Abhang hinauf. Ein Zug. Ein paar heizbare Güterwagen. Von drinnen Rufe: »Los, los, schneller!«

Wir drängen uns an einer nur spaltbreit geöffneten Waggontür zusammen. Die Begleitsoldaten brüllen, die Hunde bellen. Ich helfe einem stöhnenden Alten hinauf, dann einer Frau. Die Lokomotive pfeift. Mich stößt jemand in der Panik beiseite, schafft es selbst nur mit Mühe, hinaufzukommen, zuckt mit den Beinen. Ich greife nach der eisernen Schiene, in der die Tür läuft, versuche, mich dran hochzuziehen, stemme mich hoch, aber die Beine schwingen hilflos in der Luft. Hinten die lachenden Posten. Unmittelbar vor meinen Augen sind schmutzige Schuhsohlen, darüber rötliches Halbdunkel. Der Waggon ruckt an. Eisiger Schreck: Wenn der Zug losfährt und ich unter die Räder komme – wenn ich zurückbleibe und erschossen werde. Ich muß wohl um Hilfe gerufen haben. Jemand reißt mich von oben am Kragen. Die Wattejacke gibt nach, aber ich hänge. Von hinten und unten werde ich grob und schmerzhaft gestoßen, aber ich bin gerettet. Ich klettere und krieche. Der ganze Körper ist in Feuchtigkeit gehüllt, abwechselnd heiß und kalt.

Aber der Zug stand, anscheinend noch lange. Die Zug-Begleitsoldaten zählten uns durch. Im Waggon saßen und lagen die Gefangenen durcheinander auf Säcken, Bündeln und Kästen. In der Mitte ein Ofen, eine eiserne Tonne mit rotglühender Klappe. Ich versuche, näher heranzukommen. Leute schimpfen, stoßen mich weg. Ich bitte demütig: »Ich habe Fieber, habe eine Galosche verloren, läßt mich die Filzstrümpfe trocknen.«

Ich ziehe sie aus – der Boden ist feucht und kalt –, hole meine Lappen aus dem Sack. Irgendein guter Mensch schenkt mir ein Stück Packpapier. Aus einer Wagenecke bekomme ich eine Handvoll Stroh, ich lehne mich gegen irgendwelche Säcke und Bündel. Gesichter sehe ich nicht, kann mich an kein einziges erinnern. Jemand gibt mir einen Becher heißes Wasser. Es riecht nach Fischkonserven. Vom Ofen strahlt wohlige Hitze aus, langsam wird mir warm. Stimmen ringsum wie durch dicke Watte, und ich habe ja wirklich überall Watte: vor der Stirn, auf den Backen, am Hals, in den Ohren.

Endlich ein Stoß, die Räder rattern: Ein Glücksmoment, stärker als alle Schmerzen – wir fahren ins Krankenhaus. Wie wir ausgeladen wurden, weiß ich kaum. Nacht. Wir müssen tief hinunter in die Dunkelheit wie in eine Schlucht springen. Aber das ist nicht mehr schlimm, man sieht schon die Lichter des Krankenhauses. Dort angekommen, wurden wir alle bis zum Morgen ins Badehaus geschickt. Wir schliefen in dem engen Vorraum auf sauberem, warmem Bretterfußboden, an einer freundlichen heißen Wand.

Morgens verteilte man uns auf die Stationen. Mich führte ein langer, dunkeläugiger Sanitäter, der einen mir unbekannten Akzent hatte. Plötzlich summte er: »Alles, was aus Hamburg kommt, muß gestempelt sein«, ein deutscher Schlager aus den zwanziger Jahren. Johann ist Österreicher aus Siebenbürgen, war im Kommunistischen Jugendverband, floh 1940 nach Bessarabien, der Roten Armee entgegen, wurde verhaftet, per Fernurteil der Sonderkommission als spionageverdächtig zu fünf Jahren verdonnert. Seine Frist hatte er schon hinter sich, saß aber noch »darüber hinaus«. Er führte mich über Bretterstege, über frischen, knirschenden Schnee. Ich ging unsicher schwankend, trat häufig fehl, er stützte mich von hinten mit seinen starken Armen.

Der Larangologe, Boris Michajlowitsch L., genannt Onkel Borja, klein, mit rundem Gesicht und grauem Schnurrbart, untersuchte mich sehr sorgfältig. Ich übermittelte ihm Grüße von Doktor Nina. Er nickte, lächelte und fragte, wer ich sei, woher ich komme.

Onkel Borja war wegen eines doppelten Verbrechens verurteilt worden: Philatelie und »Verbreitung von Verleumdungen über die Sicherheitsorgane«. 1937 war er in Jaroslawl verhaftet worden, weil er eine Einladung zu einem Philatelistenkongreß, ich glaube in Schweden, erhalten und sich mit seinem Vorgesetzten beraten hatte, was er tun solle. In den zwanziger Jahren war er häufig zu internationalen Kongressen gefahren. Die Untersuchungsrichter schlugen den alten Mann grausam, der nicht begriff, daß er etwas gestehen sollte, was er weder getan noch gedacht hatte. Zwei Rippen und ein Finger wurden ihm gebrochen, und man riß ihm einen Fingernagel aus.

Der »Schichtwechsel« im NKWD-Apparat verzögerte den Abschluß der Untersuchung, und nach Jeshows Absetzung kehrte ihn der neue Besen in die Freiheit. Er hielt alles, was mit ihm geschehen war, nur für ein monströses Mißverständnis. Ein halbes Jahr darauf wurde er wieder verhaftet, weil er gewagt hatte, dem ihn behandelnden Kollegen genau zu erzählen, auf welche Weise man ihm Rippen und Finger gebrochen hatte. Ohne besondere neue Verhöre – diesmal kam er mit ein paar Ohrfeigen davon – erhielt er per Fernurteil acht Jahre, wobei großzügigerweise die erste Untersuchungshaft angerechnet wurde. Auch im

Lager sammelte Onkel Borja Briefmarken, aber nur noch sowjetische und alte russische.

Das alles erfuhr ich erst später. An jenem ersten Tag dagegen saß ich in seligem Halbtraum in dem warmen, weißen Behandlungszimmer auf einer mit sauberem Laken bezogenen Liege. Nach kurzer Befragung sah er auf das Thermometer: »Hoho, fast 40. Johann, bringen Sie ihn sofort ins Bett. Geben Sie alle Sachen zur Entlausung, und waschen Sie ihn hier, nicht im Bad, damit er sich nicht noch zusätzlich erkältet.«

Alles fiel von mir ab: die Anspannung, die kaum vergangene Todesangst, die erniedrigende Hilflosigkeit; alles löste sich auf und zerfloß vor der drohenden Zahl 40, unter dem guten, besorgten Blick hinter starken Brillengläsern, in der weißen Sauberkeit mit den freundlichen Menschen ringsum, der Wärme und dem Luxus: Das Krankenzimmer war klein, hell, das Bett hatte Sprungfedern, eine Wattematratze, weiße Laken, und es stand gleich neben dem Ofen.

Als ich die Augen wieder öffnete, sah ich auf dem Hocker an meinem Bett sechs große Stücke Brot liegen: drei schwarze und drei lange nicht mehr gesehene weiße! Es war die Dreitage-Ration für Pellagra-Kranke. Solange ich noch bei Bewußtsein gewesen war, hatte mich der Hunger stärker als die Schmerzen gequält, und nun so viel Brot, das ich nicht hatte aufessen können. Kraftloses Selbstmitleid überkam mich, hinter den Lidern leichte warme Tränen, doch bald kam eine ebenso leichte warme Freude: Ich lebe noch...

Langsam erholte ich mich, aß gierig, ohne je genug zu bekommen. Die Krankenration bestand aus 500 Gramm Weiß- und Schwarzbrot. Zum Frühstück gab es Linsen- oder Hafersuppe, mittags fleischlose Balanda mit Kartoffeln, Steckrüben, Karotten, dazu ein Stück Hering. Als Abendbrot wieder Linsen- oder Hafersuppe, zusätzlich für Pellagra-Kranke unbeschränkt Hefe, die auf Espenspänen angesetzt war, und Senf als Brotaufstrich. Becherweise tranken wir Zirbelkiefernadeltee. Bald erhielt ich von zu Hause ein Paket und Geld. Ich bat die Sanitäterinnen, Kartoffeln, Milch und Machorka einzukaufen. Auch Zeitungen und Bücher hatte ich bekommen und, was das allerwichtigste war: Briefe von Angehörigen und Freunden. Alle ermutigten mich, versicherten, jetzt könne es nicht mehr lange dauern, bald gehe der Fall in die Revision, dann müsse sich alles klären, denn es sei doch alles nur ein »grausiges Mißverständnis«.

Die Krankenhäuser der Trasse Unshlag waren berühmt wegen ihrer guten Ärzte, ihrer guten Ausstattung und als Zufluchtsstätte der Bühnenkunst. Der Lager-Kommandant, Oberst P., galt als begeisterter Mäzen. Er hatte Befehl erteilt, in den Gefängnissen nach Schauspielern, Musikern und Malern Ausschau zu halten, und war stolz darauf, daß die Laienkunst-Leistungen in Unshlag zu den besten innerhalb der gesamten Hauptverwaltung der Lager (Gulag) zählten. Führende Künstler wurden ständig im Krankenhaus gehalten, wo die Verpflegung besser und die Arbeit leicht war, man führte sie als Genesende oder Sanitäter.

Die »Zentral-Truppe« führte auf der kleinen Bühne im Eßraum der Küchenbaracke Tolstojs »Macht der Finsternis« auf. In diesem Saal aßen nur das Krankenhauspersonal, die wenigen Hilfsarbeiter und die Wöchnerinnen. Er war erheblich kleiner als die Eßbaracken in den Lagern, wo schichtweise mehrere hundert Esser Platz fanden. Mich hatte Kolja Sch., der den Nikita spielte, mitgenommen. Ihm lag sehr viel daran, sich einem professionellen Kritiker aus Moskau vorzustellen. Obwohl ich eben erst begonnen hatte, wieder aufzustehen und in der Abteilung herumzugehen, konnte ich es ihm nicht abschlagen; seinem Drängen hätte nicht einmal ein Paralytiker widerstehen können. Heimlich, die Ärzte durften es nicht wissen, ging ich zu der Aufführung in fremden Hosen, mit einem fremden Wattemantel und verbundenem Kopf – der Wärme und der Tarnung wegen. Zunächst freute ich mich wie ein Kind über alles: das unwahrscheinliche Gedränge, das Schubsen und Schimpfen, den erstikkenden Qualm von selbstgebautem Bauerntabak. Die Zuschauer – die meisten waren Frauen – saßen auf den Bänken, dem Fußboden, auf den an die Wand geschobenen Tischen. Selbst noch diese Unglücklichen lockte die Kunst.

Der Vorhang aus grobem Stoff mit grell bunten Papp-Applikationen rührte durch eine unerwartete Ähnlichkeit mit Plakaten der zwanziger Jahre, erinnerte an die Sketches der »Blauen Blusen«[46]. Auf der Bühne, auf engstem Raum, gab es durchaus sehenswerte, aus Sperrholz und Sackleinen hergestellte Dekorationen. Die größte Freude jedoch war das lebendige Wort Tolstojs.

Aber das Publikum! Neben mir gaben sich zwei erschöpfte Arbeiter aus einem Jackenärmel in den anderen Machorka-Stummel. Heiseres Flüstern: »Ihr wißt doch, daß hier Rauchen verboten ist.«

»Ja klar, bloß noch den letzten Zug...«

Sie hörten gespannt zu. Nur ein paar Wöchnerinnen schwatzten unentwegt – junge stimmgewaltige Frauen mit Kopftüchern bis zu den Augenbrauen. Sie wetteiferten mit faulen Witzen und kommentierten das Bühnengeschehen: »Ach, du dämliche Ziege – der hat's dir wie'n Matrose besorgt und ist abgehaun, was rennste dem nach... Knall ihm welche vor'n Latz – und Feierabend... Was spielste denn verrückt? Stehst doch jetzt unter Mutterschutz, kriegst mehr zu fressen...«

Andere zischten: »Maul halten, Lagernutten, still da, stört nicht!«

Sie überhörten die Mahnungen einfach oder keiften auch zurück: »Du Blödmann, guck nach vorn auf die Bühne! Dreh den Kopf weg, sonst schrauben wir's dir ab, stecken ihn dir in'n Arsch und sagen, das war schon immer so!«

Nach jedem derartigen Bonmot Kichern und lautes Gelächter. Der Dialog zwischen Nikita und Marina wurden von rauhen Hurenstimmen unterbrochen: »Heulsuse, hör doch endlich auf, verdammt noch mal!... Der lügt dir das Blaue vom Himmel runter, und du Gans glaubst ihm auch noch... Scheiß ihm ins Gehirn!«

Wieder und wieder wüste Lachsalven. Beinahe so wie damals am Badetag in der Frauenbaracke.

Ich ging in der Pause weg. Nichts war von der kurzen anfänglichen Freude geblieben.

Ob die Schauspieler gut gespielt haben, wußte ich nicht. Das lebendige Wort, das von der Bühne herunterklang, war erstickt worden. Junge Frauen, Mütter, hatten mit rohem Lachen das Leid einer andern jungen Frau verhöhnt, die ein Kind erwartete. Sie verhöhnten damit sich selbst und ihr schreckliches Schicksal.

Am nächsten Tag erzählte ich Kolja, wie ich erst gepackt gewesen sei, mich dann aber das ekelhafte, zotige Gelächter und die stickige Luft regelrecht betäubt hätten.

Er nickte verständnisvoll, strich sich über die gutsitzende Wattejacke, die kokett mit Wachstuchstreifen gepaspelt war.

»Ja, ich kann Sie gut verstehen: Für einen intelligenten Zuschauer muß das qualvoll und unerträglich sein. Aber für mich ist die Bühne, das Spiel Rettung. Wenn ich spiele, höre ich nur meine Partner und die innere Stimme meines Parts, meines Helden. Verstehen Sie? Manchmal, zwischendurch, habe ich gemerkt, daß im Saal gelacht wurde. Früher hätte mich das wahrscheinlich gekränkt. Aber wer ist das denn hier? Vieh, Pöbel, Pack – jawohl, stumpfes, ungebildetes Pack. Ich muß spielen, ich kann ohne Theater nicht leben. Sie haben es ja gemerkt: Ich öffne mich ganz, versetze mich ganz in meine Rolle, in meinen Helden; ich freue mich oder leide nicht *mit* ihm, sondern *in* ihm – Sie haben ja gesehen, ich spiele ohne künstliches Pathos, ohne ›Pedal‹ – alles nur von innen heraus. Und das geht selbst solchem Vieh ein. Schade, daß Sie nicht bis zum Schluß geblieben sind. Wir haben eine förmliche Ovation bekommen...«

Viel später erst erfuhr ich einiges von der magischen Kraft der blasphemischen, karnevalhaften, närrischen Verdrängung seelischer Schmerzen. Damals empfand ich nur Schreck und Abscheu.

Außer der zentralen Agit-Brigade gab es Laientheatergruppen in mehreren Lagern und auch im Krankenhaus.

Als es aufs Frühjahr zuging, kräftigte ich mich allmählich. Ich lebte in der Genesenden-Baracke, war noch in Behandlung, weil meine Stirnhöhle bei jeder Erkältung von neuem vereiterte, arbeitete aber schon ständig in der Flechtwerkstatt für Bastschuhe. Zugegeben, ich lernte es nicht, einen Bastschuh tadellos zu Ende zu flechten, eine richtige Fußspitze zu machen. Aber ich konnte mit dem kleinen Hebel, dem einzigen Werkzeug bei diesem einfachen Handwerk, bald einigermaßen umgehen, die Ferse und der größte Teil des Vorschuhs gelangen mir ziemlich gut. Ich machte sogar einen Rationalisierungsvorschlag, der angenommen wurde: Wir teilten die Arbeit auf. Die nichtqualifizierten Bastschuhflechter, es waren vier oder fünf, machten die Vorbereitungen und flochten die Schuhe bis zur Hälfte oder zu zwei Dritteln, unser Hauptmeister, ein dürrer Alter von der Wolga, der schon viele Jahre im Lager saß, vollendete die Arbeit. Auf diese Weise übererfüllte er die tägliche Norm leicht mit 150 bis 180 Prozent, während wir mit Ach und Krach unsere hundert

Prozent schafften und etwas mehr melden durften. Es blieb ihm sogar noch Zeit und Material für bezahlte Einzelbestellungen: spitzschnäblige hübsche Bastschühchen mit gefärbten Borten für weibliche Häftlinge und die Ehefrauen der freien Lagerangestellten.

Gegen Winterende wurde ich in einen Kursus für »Krankenschwestern und Pfleger« aufgenommen. Dabei hatte einerseits die GRI ihre Hand im Spiel, andererseits hatte ich es meinen äußerst dürftigen, für hiesige Verhältnisse aber hervorragenden Lateinkenntnissen zu verdanken. Wir lernten, Dystrophie, Pellagra, Ruhr, Skorbot, Blinddarm- und Lungenentzündung zu erkennen, einen Stauverband und andere Verbände anzulegen, gebrochene Hände und Beine zu schienen, Klistiere, Einläufe, subkutane und intramuskuläre Injektionen zu geben (bis zu den intravenösen habe ich es nie geschafft). Wir lernten, uns in den wichtigsten Medikamenten auszukennen, erfuhren, was man gegen Kopfweh gibt, was gegen Bauchschmerzen und bei Herzkrämpfen, womit man gewöhnliche Wunden, Abschürfungen und Furunkel einsalbt und womit ungewöhnliche, wie die schlecht heilenden Geschwüre bei Skorbut und Pellagra, behandelt werden.

Zur gleichen Zeit begann ich mich an die Theatergruppen heranzumachen – ich beteiligte mich an der Vorbereitung eines großen Mai-Varietés. In einem einaktigen Sketch spielte ich einen verliebten Studenten, dessen Freundin einen kleinen Jungen, ihren Neffen, zärtlich umsorgt, auf den der Student aber eifersüchtig ist – und so weiter. Vor allem aber sicherte mir meine Fähigkeit, Reime zu schmieden, eine gute Nummer. Ich schrieb pathetische Texte für den Fest-Sprechchor und Knüttelverse für die leichte Muse.

»Mein Schatz hat so lieb dreingeschaut,
er schwor, mich ewig lieb zu haben.
Und ich, die süße, kleine Braut,
hab' in sein Brot brav reingehaut,
verschlang vier Tagesgaben.

Willst du gesund und munter sein,
so laß dich nicht mit den Ärzten ein.
Schließ Freundschaft mit dem Koche du,

der heilt dir jedes Leid im Nu
mit Supp' und Brot und Speck dazu.«

Doch diese und andere Songs wurden nur dieses eine Mal öffentlich vorgetragen, dann verbot sie der Leiter der Kultur- und Erziehungsabteilung wegen »ideologisch schädlicher Einstellung und Nachahmung von Kriminellen-Liedern«.

Das Varieté fand am ersten Jahrestag des Sieges statt. Der Häftlingschor sang feierliche, triumphierende Kriegsgesänge, bekannte Volks- und Liebeslieder, fröhliche und zärtliche, traurige und schelmische. Sie klangen von dieser Bühne herab tragisch vieldeutig: »Meine teure Hauptstadt, mein goldenes Moskau...«, »Wart auf mich, ich kehr' zurück...«, »Wehe, Wind aus der Ukraine, dort ließ ein Mädchen ich zurück...«, »In deinem Brief, in jeder Zeile sind nur Punkte, Punkte, Punkte...«

Vor dem Varieté kam es zu einem Ereignis, über das im Lager noch lange hinterher gesprochen wurde. Nach dem Festakt, der im Klub jenseits der Lagerzone im Beisein des Lagerkommandanten stattfand, wurden den »Rekordisten« ihre Prämien überreicht – den Bestarbeitern beim Holzfällen, in den Holzverarbeitungsbetrieben, den Textilfabriken, den Ingenieuren, Technikern und einigen Ärzten. Der Kommandant war glänzender Laune, denn er hatte auch selbst eine Prämie aus Moskau erhalten: eine Ehrenurkunde für die Übererfüllung der Pläne. Er hielt eine Rede, in der er die Ärzte anwies, »nicht nur mit Pulvern und Pillen, sondern auch mit Piroggen, Suppen und Grützen zu heilen«.

Die Verpflegung müsse so sein, daß es überhaupt keine Dystrophiker mehr geben kann, sondern nur noch ausgezeichnete Arbeiter.

Dann wurde mit einigen andern ein freier Holzfäller-Brigadier auf die Bühne gerufen, der Ossetine Hassan. Er hatte einige Jahre wegen Banditismus verbüßt und war aufgrund seiner unausdenklichen Arbeitsrekorde vorzeitig entlassen worden. Ohne jeden Schwindel schaffte er am Tag drei oder vier Normen. Das Orchester – zwei Gitarren, ein paar Balalaikas und eine Mandoline – spielten einen Tusch, und Hassan erhielt eine Taschenuhr mit Kette. Aber noch war die Musik nicht verklungen, als er mit seiner breiten Pranke den Offizier zurückschob, der ihm die Auszeichnung überreicht hatte, und an den feierlich mit rotem Tuch bedeckten Tisch trat. Er selbst, untersetzt, unrasiert, aus den dichten Stoppeln ragte eine Adlernase, trug ganz unfestlich seine alte dunkle Wattejacke. Die Uhr legte er vor den Kommandanten hin und begann zu sprechen, wobei er sich zusehends erhitzte: »Nimm die Uhr, Bürger, Genosse Kommandant, nimm sie. Vielen Dank. Ein schönes Wort: Prämie. Aber ich habe schon welche – drei, nein vier Uhren. Eine für die Hand, eine in der Tasche, eine an der Wand und noch einen Wecker, ist ja auch 'ne Uhr. Und zwei Uhren habe ich selbst an Frauen verschenkt. Ich will sie nicht, ich brauch' sie nicht.«

»Richtig, Hassan. Was haben diese Dummköpfe dir da für eine Prämie ausgesucht! Die werd' ich schön anblasen. Und du sag jetzt: Was willst du? Was brauchst du? Dein Anzug ist nicht sehr festlich – du wirst einen Anzug und einen Mantel bekommen.«

»Ich will keinen Anzug, Kommandant, ich brauch' keinen Mantel. Zum Teufel damit, hab' ich alles gehabt: drei Anzüge, zwei Mäntel, vielleicht auch noch mehr. Ich will dich um eine andere Prämie bitten, eine richtige. Stell mich wieder unter Bewachung. Ich will wieder ins Lager.«

»Was quatscht du da, Narr? Du bist doch ein freier Bürger. Los, red wie ein Arbeiter, kritisiere, mach Verbesserungsvorschläge, äußere Wünsche. Sag, um welche Schwierigkeiten es sich handelt, und wir helfen dir.«

»Ich will in die Zone, verstehst du? Ich will leben wie ein Mensch. Als ich Häftling war und Rekordarbeiter im Wald, kam ich abends in die Zone, hatte meine saubere kleine Kabine, hatte gutes Essen. Mittags warm mit Beilagen, Brot, soviel ich wollte; auch Schnaps war da. In der Kabine sauberes Bettzeug – neue Laken und Kissen. Schöne Weiber hatte ich, soviel ich wollte, keine Huren und alte Vetteln, sondern junge städtische Mädchen, gute, tüchtige Frauen. Wenn ich Zivilklamotten brauchte, kaufte ich sie von den Freien, kannte da einen Kriminellen, der besorgte alles, sogar ausländische Jacketts. Geld hatte ich, nicht zu zählen. Und was habe ich jetzt? Will man essen, braucht man für alles Karten – für Brot, Fleisch, Kartoffeln. Und keiner ist da, der mir was kocht. Zum Mittagessen muß ich in die Kantine gehen, Schlange stehen. Das Essen ist hundsgemein. In der Zone würde so was nur der letzte Krepierling fressen. Beim

Lohnempfang: wieder anstehen. Und sie ziehen einem Staatsanleihen und Steuern ab. Was übrigbleibt, reicht nicht zum Leben. Die freien Weiber sind durch und durch schlecht – alles Huren ohne Gewissen. Eine hatte ich, die hat alle meine guten Sachen in einen Koffer gepackt und ist damit zur Mutter nach Sibirien gefahren. Eine andere kam, hat mich ausgelacht: Die erste hatte gar keine Mutter, war alles erlogen. Jetzt schlafe ich auf einem Sack. Und als Kissen die Wattejacke. In der Zone hatte ich nicht eine Laus an mir, habe jede Woche die Wäsche gewechselt. Aber jetzt bin ich verlaust – hier, sieh dir das an! Nimm mich zurück in die Zone. Ich werde nach Ehre und Gewissen arbeiten, werde fünf Normen erfüllen. Nimm mich bitte zurück, im Guten. Oder ich spiele verrückt, erschlage wen, kriege eine hohe Strafe und komme in ein anderes Lager.« Hassans Bitte wurde nicht erfüllt, zumindest nicht, solange ich noch in Unshlag war. Die Meinungen über ihn waren geteilt – die einen sagten zornig: »Was ist das doch für ein Vieh, das selbst um die Kette bittet«, andere meinten mitfühlend: »Was soll der arme Tropf denn auch allein und in der Fremde machen? Wozu ist so eine gestutzte Freiheit gut? Man kommt dabei nur um...«

Bei uns in der Station lag ein Forst-Fachmann, ein gebildeter Ökonom, schon seit 1937 in Haft. Als er die Gespräche über Hassans Antrag auf Rückkehr in die Zone hörte, erzählte er, daß es den freien Arbeitern in den Wäldern unserer Region tatsächlich oft schlechter gehe als den Straf- und Kriegsgefangenen oder den arbeitsverpflichteten wolgadeutschen Frauen bei gleicher Arbeit. Dagegen seien die Selbstkosten für Holz, das Strafgefangene fällten, am höchsten, drei- bis viermal höher als in den staatlichen Forsten und anderthalbmal höher als dort, wo Kriegsgefangene und Dienstverpflichtete eingesetzt seien.

»Was hat denn so ein Staatsforst für Ausgaben? Der zahlt das Werkzeug, die Löhne und noch einiges an Sozialabgaben. Im Lager aber kommen auf hundert Waldarbeiter mindestens ebenso viele Leute an Bedienung und Verwaltung. Rechnen Sie Kranke und Dauerinvaliden dazu, sind es noch mehr. Dann die Ausgaben für die Bewachung, für die verschiedenen Kommandanten und Chefs und für die freien Angestellten. Lohn kriegt ein Häftling zwar nicht, aber wieviel wird trotzdem für ihn ausgegeben! Für Verpflegung, Kleidung, Schuhwerk, Bewachung, ärztliche Versorgung und Transport. Dabei kommt mehr heraus als bei jedem Lohn. Natürlich, der Häftling selbst kann von Glück sagen, wenn ein Viertel oder ein Fünftel von dem, was ihm zusteht, für ihn übrigbleibt. Denn längs des Weges gibt es viele klebrige Hände. Allerlei bleibt dran hängen – Verpflegung, Kleidung, Geld. Das alles aber wird auf die Gestehungskosten eines Kubikmeters Holz umgelegt. Dazu kommt dann noch das berühmte Frisieren: Auf dem Papier steht eine Normerfüllung um das Anderthalbfache, dabei ist es im Holzschlag schon viel, wenn die Hälfte erfüllt wird. Kein einziger freier Bürger könnte diesen Schwindel wagen. Mit einem Wort: Nutzholz kostet hier so viel, daß man es billiger aus Kanada einführen könnte.«

Das war, glaube ich, die erste praktische Lektion in der Ökonomie unserer sozialistischen Sklavenarbeit. Sie blieb mir fest im Gedächtnis, obwohl sie damals meine Weltanschauung keineswegs beeinflußte.

24. Im Krankenhaus

Lagerkrankenhaus. Die Abteilung für Hals-, Nasen-, Ohren- und Augenkrankheien ist eine lange Baracke aus Rundholz auf hohem Fundament. Ein breiter gelbgrauer Korridor, zu beiden Seiten weiße Streifen verglaster Türen und trüb-weißliche rechteckige Flecken mit schwarzen Quadraten darunter: die Öfen.

Im großen Krankenzimmer »HNO-Männer« stehen 14 Feldbetten, zwischen ihnen Nachttische. Ich liege als zweiter rechts an der Wand. Neben mir an der warmen Korridorwand sitzt der alte Jan mit untergeschlagenen Beinen auf seinem Bett und näht. Ab und zu sieht er mit seinen hellblauen Augen hoch – gütig-naiv, kindlich wie ein junger Hund –, ob nicht irgendeiner was braucht. Er hört fast nichts. Sein dichtes Haar, Pfeffer und Salz, ist nicht geschoren, als Alteingesessener – seit 1937 – Invalide darf er das, rechtmäßiger Krankenhausbewohner, der er ist, und ausgezeichneter Schneider, der auch für alle Offiziere der Wache die Uniformen zurechtnäht. Jan ist Tscheche, im ersten Krieg war er in Shitomir in Kriegsgefangenschaft, heiratete dann und blieb dort. Sein Urteil von 1937 lautete auf »Spionage«. Bei den

Verhören wurden seine Trommelfelle verletzt, zahlreiche Erkältungen beim Holzfällen und im Lager verschlimmerten sein Ohrenleiden, beide Ohren sind säuberlich mit Watte verstopft. Aber er hat gelernt, von den Lippen abzulesen. »Red nur langsam, hörst du, langsam und deutlich, ohne Eile – dann kann ich verstehen«, sagte er.

Mein anderer Bettnachbar ist Sserjosha Romanow – eitrige Mittelohrentzündung. Er stammt aus Moskau, ist Arbeitersohn, ging von der Schule an die Front, war einfacher Soldat in einer Aufklärer-Kompanie. Im Sommer 1942 zeigten ihm zwei Kameraden ein deutsches Flugblatt mit aufgedrucktem Passierschein. »Sollen wir rübergehn? Was auch immer passiert – alles ist besser, als hier zu verrecken. Unsere Armee ist sowieso im Eimer...« Er stimmte nicht zu, gab aber seine Antwort auch nicht sofort, überdachte sie erst. Er wußte, daß Teile der Armee eingekesselt, andere Teile in panischer Flucht begriffen waren. Die beiden andern liefen auch nicht über. Aber – sie hatten nicht nur mit ihm gesprochen. Die Gespräche wurden in der »Sonderabteilung« (der später sogenannten Smersch) bekannt. Gegen Kriegsende holte man Sserjosha und verurteilte ihn nach Paragraph 58 – I, Vaterlandsverrat, begangen von einer Militärperson, zu zehn Jahren, unter Anwendung von Artikel 17 »nichtausgeführte Absicht«. Er blieb auch im Lager jungenhaft mit seinen leicht vortretenden Augen, den ungleich geschorenen Haaren auf dem knorpeligen Schädel. Wir beide »aßen zusammen«. Zusammen essen ist die Grundlage einer Häftlingsfreundschaft.

Wenn es dunkelte – im Krankenzimmer gab es kein Licht, auf den Korridoren war es auch nicht allzu hell, und die Sanitäter verjagten uns von dort, damit wir nicht in die Zimmer der Frauen oder in die Küche gingen –, wenn es dunkelte, mußte ich »Romane drucken«. Die stärkste Nachfrage bestand nach den »Drei Musketieren«, dem »Grafen von Monte Christo« und nach Sherlock Holmes, außerdem nach »wahren Geschichten«, besonders über Diebe und Polizisten. Hauptauftraggeber und dankbarster Zuhörer war Sserjosha. Er bezeichnete sich als meinen Adjutanten, gehorchte bedingungslos, war rührend besorgt. Tagsüber wachte er darüber, daß ich beim Lesen und Schreiben nicht gestört wurde. Als die Sanitäterin Edith, eine Deutsche aus der Ukraine, seit 1937 gefangen, meine Freundin wurde, stand er oft Schmiere, stellte aber nie irgendwelche Fragen, machte keinerlei augenzwinkernde Anspielungen. Wenn ich versuchte, ihm allgemeine, philosophische, politische und moralische Themen nahezubringen, hörte er höflich zu, fragte sogar. Er ähnelte dabei einem beflissenen Schüler, der den Lehrer nicht kränken oder gar erzürnen will und sich gewissenhaft bemüht, Interesse zu zeigen, sein Gähnen, sein Mißtrauen zu verbergen, denn er ist fest überzeugt: »Der redet nach Vorschrift – ob's aber stimmt, ist unbekannt und mir auch egal!«

Im Zimmer gab es noch einige ständige Bewohner, mit denen zusammen wir unsere Clique bildeten: ein Bauer aus dem Kubanbecken, der von allen der Imker genannt wurde, ein gutmütiger Alter mit rotblondem Schnurrbart und rotblondem schütterem Haar, Hansdampf in allen Gassen.

»Als Schlosser hab' ich gearbeitet und als Tischler. Öfen hab' ich gesetzt, und Maschinist war ich bei der Dreschmaschine, hab' in Schmieden gearbeitet und in der Mühle, überall... Aber das liebste sind mir die Bienen... Wie die klug sind und gut – goldige Tiere, die Bienen...« Stundenlang erzählte er von den Bienen, von ihrem Charakter, ihren Bräuchen, ihrem erstaunlichen Verstand. Als ich ihm eine Frage stellte, lächelte er mißtrauisch: »Ech, das glaub' ich nicht, daß ein so gebildeter Mensch das nicht weiß... Es gibt doch über Bienen viele gute Bücher und auch Zeitschriften...«

Der Imker saß schon lange, seit vor dem Krieg, und wollte sichtlich nicht an das erinnert werden, wofür er verurteilt worden war. Bei der namentlichen Zählung antwortete er auf die Frage nach Paragraph und Frist: »Zehn – konterrevolutionäre Tätigkeit«.

Pan Leon war Kürschner aus dem westlichen Bjelorußland. Schwarzhaarig mit dunklem Teint, akkurat geschnittenem Schnurrbart, breiten Schultern und untersetzter Gestalt – selbst jetzt, abgemagert, wirkte er gedrungen. Er redete am liebsten davon, wie wer »bei uns im Ort« reich wurde, was für Häuser gebaut wurden, was in den Gärten wuchs, wie gut seine Frau »Sandbarsch auf Kiewer Art« zubereitete oder »Hecht – Pardon, aber so heißt es bei uns auf Jiddisch«. Gern flocht er in seine Erzählungen »wir als intelligente Menschen« ein, hörte lebhaft interessiert meinen Romanen zu und war der einzige im Zimmer, der mich danach fragte, was in der Zeitung stand, ohne sich dann aber dazu zu äußern. Er war, wie ich, noch nicht verurteilt, zählte als Fernurteilsfall.

Wassja, rundäugig und mit rundem Gesicht, kam aus einem Dorf bei Kiew. Anfangs zankten wir oft miteinander und gerieten uns wegen irgendwelcher Belanglosigkeiten fast in die Haare – sei es, daß es um den Platz am Ofen ging oder um das Öffnen des Klappfensters außer der Reihe. Bei solchen Anlässen regte er sich auf, fletschte grimmig die Zähne wie ein Wolf. Später hatte er eine Stirnhöhlenoperation und litt sehr, konnte den Kopf nicht heben, jammerte leise wie ein Kind. Der alte Schneider und ich durften schon aufstehen; und wir wechselten seine Eisblase, halfen ihm auf die Toilette, ich erbat für ihn Pyramidon bei der diensthabenden Schwester. Danach freundete er sich mit uns an, ohne Worte und Erklärungen, aber klar und verläßlich. Manchmal sangen wir ukrainische Volkslieder – der Imker, Wassja und ich –, abends in der Dunkelheit. Dabei durften wir nur leise singen, damit der Aufseher es nicht hörte, und nur an Abenden, an denen die Schwester und der Sanitäter zu uns hielten und den Posten nicht fürchteten ... Wassja erzählte mir sein Geheimnis: Er trug einen falschen Namen. Seit der Kriegsgefangenschaft hieß er Wassilij Gontscharenko.

»In Wirklichkeit heiße ich ganz und gar nicht so. Mein Vater ist Vorsitzender im Kolchos, die Mutter sitzt im Dorfsowjet. Brüder und Schwestern sind in der Partei. Ich selbst war im Komsomol, weiß Bescheid über alles.«

In Gefangenschaft hatte er furchtbar gehungert, in irgendwelchen Werkstätten gearbeitet und war schließlich Hiwi beim deutschen Troß geworden. Nach der Befreiung kam er ins Filtrierlager und von da ins Gefängnis.

»Wenn ich am Leben bleibe und eines Tages freikomme, geh ich vielleicht nach Hause, vielleicht auch nicht ...«

Seine Erklärung war einfach: Die Eltern hielten ihn längst für tot, die bitterste Trauer ist bestimmt schon vergangen; die Brüder und Schwestern haben eigene Familie, selbst schon Kinder, werden sich kaum an ihn erinnern. Wenn Vater und Mutter wüßten, daß er lebt, würden sie sich natürlich freuen, aber nicht lange – weil er doch als Vaterlandsverräter verurteilt ist. Und als Eltern eines Verräters zu leben erfordert so viel Mut, um Schwierigkeiten, Schmach und Schande anzuhalten, daß sich jede Freude in noch schlimmere Trauer verwandeln könnte.

Zwei Baptisten aus der Gegend von Rowno: der betagte Bruder Netschipor und der junge Jossip. Netschipor war schon fast gesund und arbeitete als Ofenheizer. Jossip, der Stillste in unserem Zimmer, mager und blaß, lag stundenlang da und starrte die Decke an. Auch er hatte eitrige Mittelohrentzündung und erholte sich nach einer schwierigen Operation langsam und geduldig, jammerte nur selten und leise. Die Schwestern lobten ihn, weil er beim Verbinden so brav stillhielt. Jeden, der mit ihm sprach, lächelte er freundlich an, zerstreut und wie abwesend. Auf Fragen antwortete er einsilbig: »Ja ... Nein ... Weiß nicht ... Wie Gott will.« Für alles dankte er: »Gott schütz euch.«

Netschipor war umgänglich und gesprächig, erzählte gern von den Wundern des Glaubens: Wie Gebete einen Todkranken heilten oder einen durchgebrannten Ehemann zurückbrachten, wie das Wort des Evangeliums einen Dieb und Strolch in einen ordnungsliebenden Hausvater verwandelt hatte.

Abends saß Netschipor auf Jossips Bett oder führte ihn auf den Korridor, um unsere »weltlichen« Lieder und Gespräche nicht zu hören. Manchmal sangen sie leise Choräle, bei denen man deutlich den nasalen Klang des Harmoniums mithörte:

»Die Festestafel ist gedeckt,
Der Heiland ruft dich: Sei mein Gast.
Wo hast du deinen Geist versteckt,
Der du den Ruf gehöret hast.«

Alle zwei bis drei Wochen bekam ich ein Paket und bewirtete selbstverständlich alle Bettnachbarn. Auch Sserjosha bekam Pakete und gab davon ab. Wir teilten mit Netschipor und besonders mit Jossip, der so abgemagert war, daß er kaum gehen konnte.

Eines Tages erhielt Netschipor einen großen Sack mit Dörrbrot, Graupen, hausgemachtem Käse, Speck und Bauerntabak (zum Verkaufen, er selbst rauchte natürlich nicht). Auch er bewirtete uns. In der Küche, besser: in der Essenausgabe, wo die Speisen aus der Hauptküche aufgewärmt wurden, kochte er eine dicke Grütze, gab Speck dazu, verteilte das Ganze in Schüsseln und brachte jedem die seine ans Bett. In unserem Zimmer bekamen vier etwas ab: Jan, der Schneider, Pan Leon, Sserjosha und ich.

Wir aßen die nicht übermäßig fette Grütze und merkten, daß Jossip keine bekommen hatte. Er sah traurig zu uns herüber, betrübt, daß er nicht die Kraft hatte, den hungrigen Blick abzuwenden. Sserjosha und ich teilten mit ihm und gingen in die Küche, wo Netschipor nun die Sanitäterinnen bewirtete.

»Bruder Netschipor, vielen Dank für die Grütze. Nur – Sie haben Jossip vergessen. Sie nennen ihn Bruder. Und er ist hungriger als wir.«

In den hellgrauen, durchsichtigen Augen schimmerte kein Fünkchen Verlegenheit, nur ein Aufglimmen von Zorn. Aber er sprach wie immer, freundlich und bestimmt: »Sie haben mich bewirtet, und ich bewirte Sie. Wie geschrieben steht: Gib, so wird dir gegeben; vergilt Gutes mit Gutem ... Bruder Jossip, den liebe ich geistlich, wie einen Bruder, wie einen Sohn ... Aber ich liebe alle Menschen, und allen zu geben, dafür reicht es mir nicht ...«

»Aber Jossip ist doch hungrig, er braucht es nötiger als wir alle! Wir bekommen Pakete, und er muß von seiner Ration leben. Er ist so spindeldürr und ganz zerbrechlich.«

»Das ist sein Kreuzesleiden, seine Prüfung! Wen der Herr liebt, den züchtigt er. Er duldet demütig und wird für sein Verdienst vor dem Herrn ...«

Netschipor sprach ruhig, sicher, freundlich. Nur im leichten Vibrieren seiner Stimme war unterdrückte Gereiztheit zu hören. Sserjosha hielt es nicht aus. Er lief rot an und brüllte außer sich: »Uuuuch, du Kulak, scheinheiliger Drecksack du ...«, und ließ einen langen Mutterfluch los, der auch Gottes, Christi, seiner Mutter und Netschipors Seele Erwähnung tat ...

Netschipor wandte sich wortlos um und ging.

Von da an hielt er sich von uns fern und vermied es, zu uns hinzusehen. Wenn er uns frühmorgens begegnete, grüßte er mit leiser, trauriger Stimme: Er verzieh seinen Feinden.

Die Kranken wurden in allen Stationen in Bettlägerige, Gehfähige und Arbeitsfähige eingeteilt.

Die beiden ersten Gruppen hatten nur Leibwäsche und Bastschuhe. Die Arbeitenden stolzierten in Hosen herum, in Wattemänteln und Filzstiefeln oder selbstgemachten Gummigaloschen aus alten Autoreifen.

Männer und Frauen hatten die gleiche Wäsche: gelbgraue Unterhemden mit langen Ärmeln und lange Unterhosen mit Bändern. Dicke schwarze rechteckige Stempel »Gulag MKWD SSSR Unshlag Krankenhaus Nr. 3« prangten an den unerwarteten Stellen. Manche Frauen und auch schamhaftere Männer verhüllten die Hüften mit ihren Laken oder Decken. Die Frauen krempelten die Unterhosenbeine bis zu den Knien auf, einige brachten es fertig, in ihren Lakenröcken regelrecht elegant auszusehen.

Das »Tragen von Laken, das Gehen auf dem Korridor« war selbstverständlich nicht erlaubt. Tagsüber wurde dieses Vebot auch respektiert, wenn die Ärzte auf der Station waren, freie Patienten zur Behandlung und Konsultation ein- und ausgingen und ständig Wachtposten hereinkamen. Erst nach der abendlichen Zählung drängte sich alles, was gehen konnte, bei den Öfen auf dem Korridor zusammen.

Der Winter 1945/46 war lang und streng. In den Krankenzimmern lagen dicke Schichten von Eis und Reif auf den langen Fenstern und den wie frisch geweißt aussehenden Rahmen. Eisige Frostluft zog von den Fensterbänken und den grausam großen, erbarmungslos weißen Fensterscheiben her, kroch aus den Spalten der Bretterdielen. Die dünnen Schlafdecken aus grobgewebtem Fries wärmten ebensowenig wie die flachen, mit plattgelegenen Hobelspänen gestopften Matratzen.

Unser Paradies – das waren die weißgekalkten Seiten des Ziegelofens, an denen sich auf drangestellten Feldbetten jeweils fünfzehn bis zwanzig Körper drängten, in Decken gewickelt, schnaufend, stöhnend, hustend, Eigenbaumachorka rauchend. Noch durch den dichtesten und stickigsten Qualm aber war der Geruch von Jodoform, eitrigen Verbänden, Ichthyol und der mit nichts vergleichbare bittere Gestank zu spüren, der von Häftlingswäsche ausgeht – Wäsche, die viele Male in der Entlausung durchräuchert, aber nur selten und stets eilig gewaschen wurde, und die in allen Nähten die dauerhafte Erinnerung an sauren, schmutzigen Schweiß und die vielen Generationen von Nissen festhält.

Ab und zu kurzes Schimpfen: »Nimm deine Knochen da weg, du Aas, gottverdammtes...!« – »Frierst wohl bloß allein, du Hund!« – »Los, marsch auf den Fußboden, Dünnpfiffschlotzer, laß mich wenigstens die Ferse wärmen!«

Zuerst hatten wir in unserem Krankenzimmer nur vier Arbeitsfähige: den Schneider Jan, Bruder Netschipor, Grischka, den Halbgaren, und den Sanitäter Stepan.

Grischka mit dem schmalen Gesicht, der engen Brust und der niedrigen Stirn kam aus der Ukraine, aus Tschernowitz, und arbeitete in der Küche. Es hieß, er sei bei Bandera gewesen. Auf alle Fragen antwortete er stets: »Ja, das weiß ich nicht.«

Bei der namentlichen Zählung sagte er immer nur den Namen und die Frist: acht Jahre.

»Paragraph hab' ich vergessen... Bin in Tschernowitz verurteilt. Dort gibt's viele Paragraphen. Der Richter kennt sie. Ich hab' sie vergessen.«

Die Aufseher waren nicht einmal böse auf ihn: »Das ist vielleicht ein Idiot«, hieß es, und sie genossen sichtlich ihre augenfällige geistige Überlegenheit.

»Behalt's endlich, du Stoffel: Du hast Paragraph 54, so heißt bei euch unser Achtundfünfziger, und deine Punkte sind 2, 6, 8 und II – die ganze Konterrevolution, Spionage, Terrorismus und Gruppenbildung.«

Sowohl Aufseher wie Häftlinge lachten. Grischka sah gleichmütig vor sich nieder.

»Ja.«

Trotzdem wiederholte sich alles bei der nächsten namentlichen Zählung – gewöhnlich nach einem Monat – ganz genauso. Grischka lebte, um zu essen. Er dachte und sprach nur über Essen. Der Hunger hatte aus ihm alle anderen Gefühle und Gedanken, die er früher gehabt hatte, herausgenagt. Er schlief wenig, ging schon vor der morgendlichen Zählung fort und kam erst zum Zapfenstreich zurück. Er arbeitete in der Küche, ununterbrochen, geradezu leidenschaftlich, scheuerte Töpfe, spülte Geschirr, wischte Fußböden, holte Brennholz und Wasser, heizte die Öfen – und kaute dabei die ganze Zeit. Er aß alles, was man ihm gab, und alles, was er irgend erwischen konnte: Rohes wie Verfaultes und einfach Abfälle.

Köche und Küchenpersonal, die sich schon herausgegessen hatten, zählten zur Lagerprominenz; manche von ihnen hatten sich Frauen angeschafft und »Klamotten« – Wäsche und Kleidung –, sie tauschten sie bei neu angekommenen Dystrophikern gegen ein Stück Brot, einen Heringsschwanz oder einen Napf sauer gewordener Kascha ein. Für die Köche diente der nicht satt zu kriegende Grischka manchmal als Zirkusattraktion.

»Na, Hungerleider, wie ist's, kannst du einen halben Eimer Kascha auffressen?«

»Kann ich.«

Die Köche schlossen mit dem Bademeister, mit den Sanitätern und auch mit manchen Aufsehern Wetten ab. Vor Grischka wurde ein halber Eimer dünner Linsengrütze gestellt. Er aß. Ströhnte, schwitzte, aß alles auf. Und ging fort, schläfrig, glücklich, übelriechend, rülpsend und furzend.

»Ich könnte noch mehr...«

Trotzdem blieb er schmächtig, bläulich-blaß, dünnarmig und dünnbeinig; nur gegen Abend war sein Bauch aufgedunsen und hart.

Stepan, der Sanitäter, war wie Jan, Netschipor und Grischka, »arbeitsfähig mit Krankenration«. Gegen Winterende fingen auch Pan Leon, der Kürschner, Wassja und ich zu arbeiten an. Leon wurde zwar als Maler in der Reparaturbrigade geführt, kürschnerte aber meist für die Offiziere, verarbeitete Hasen-, Eichhörnchen- und Fuchsfelle. Wassja und ich waren zunächst Hofkehrer und beim Sägen und Hacken von Brennholz, dem »kleinen Holzfällen«, beschäftigt; dann kam Wassja in die Wirtschaftsbrigade und ich in die Bastschuhflechterei. Abends büffelte ich in den Lehrbüchern für Krankenschwestern; ich war zu »Kursen für das mittlere medizinische Personal« zugelassen worden, und zu Anfang des Sommers wurde ich »Krankenbruder«.

Unsere Ärzte waren Häftlinge. Nur die Leiterin des Krankenhauses und ihre Stellvertreterin waren Freie, hatten sogar Schulterstücke. Als Chirurgen kümmerten sie sich hauptsächlich um die chirurgischen Stationen.

Unser Stationschef, der Laryngologe »Onkel Borja« und der erste Chirurg des Krankenhauses, Nikolaj Papejewitsch Teljanz, beide alteingesessen, arbeiteten schon seit Jahren in diesem Lager.

Nikolaj Papejewitsch, früher Bevollmächtigter des Volkskommissariats für das Gesundheitswesen in Tadschikistan, war zusammen mit der ganzen Regierung der Republik verurteilt worden. Er war Armenier, stammte aus Karabach und war sehr stolz auf sein altes, tapferes und weises Volk, dessen Geschichte er genau kannte. Über seinen Fall sprach er nie, gern dagegen über Philosophie, Geschichte, Literatur; auch schrieb er kurze, lebendige Erzählungen über interessante Fälle aus seiner Praxis. Er und Onkel Borja waren ausgezeichnete Ärzte. Die Leiterin des Krankenhauses, die junge Chirurgin, hatte das medizinische Institut vor dem Krieg absolviert, war an der Front gewesen und nun Hauptmann des Sanitätsdienstes. Im Lager – in der Uniform der MWD – hatte sie noch etwas von der Resolutheit und Selbständigkeit eines Frontarztes behalten. Sie und ihre Stellvertreterin, die ebenfalls von der Front kam, verkehrten mit den gefangenen Ärzten kollegial. Papejewitsch fürchteten sie sogar ein wenig. Er war anspruchsvoll und hitzig, im Zorn bissig und unbeherrscht. Meine nächsten Freunde wurden die Augenärztin Marija Iwanowna und ihr Lagermann Wowa – ein Gynäkologe, der im Krieg Chirurg geworden war.

Marija Iwanowna, eine Bjelorussin, saß wegen Kollaboration: Sie hatte unter den Deutschen im Stadtkrankenhaus von Borissow gearbeitet. Gesprächig, geschäftig, lustig und gutmütig, wohnte sie auf unserer Station in einem kleinen Kämmerchen. Abends kam sie mit Wowa in unser Zimmer, um zuzuhören, was ich gerade »druckte«.

Wowa war jung, wurde aber schon kahlköpfig, hatte eine große Stirn und breite Backen; er sah mit seiner Hornbrille intellektuell und klug aus, wirkte stark und männlich. In Wirklichkeit war er herzlich dumm, eingestandenermaßen feige und naiv rüpelhaft, ein Vielfraß und Weiberheld, aber gutmütig, ein fürsorglicher, hilfsbereiter Kamerad und ein sehr guter Chirurg.

Papejewitsch nannte ihn seinen besten Assistenten: »Seine Hände sind klug und mutig, sein Kopf ist leer und feige. Deshalb ist er gehorsam, ordnet sich schnell und widerspruchslos unter, handelt klug und entschlossen.«

Die Ärzte warnten mich, und ich gab die Warnung an meine Freunde weiter, daß der Sanitäter Stepan eine »Glucke« sei; die Krankschreibung hatte ihm der Gevatter, der Geheimdienstoffizier, besorgt.

Stepan war hochaufgeschlossen, hatte lange Arme und Beine, einen kleinen Kopf auf kurzem Hals. Seine eckigen Schultern waren ständig wie fröstelnd hochgezogen. Alle Kittel waren ihm zu kurz, endeten oberhalb der Knie. Er war auch in Kriegsgefangenschaft gewesen, stammte aus Kursk oder Bjelgorod, sprach mit der weichen, singenden Intonation der Ukrainer, bestand aber darauf, Russe zu sein, und beschimpfte Jossip und Grischka als »Schöpfe«[47].

Schweigsam, konzentriert, nachdenklich kam er stets dazu, wo eine Gruppe gerade im Gespräch war, setzte sich zu ihr oder blieb in der Nähe stehen, hörte zu, sah mit langsamen, dunklen, stets halb erstaunten, halb beleidigten Blicken um sich. Wandte man sich an ihn, grinste er eilig und antwortete hastig. Aber das fiel uns erst auf, nachdem wir erfahren hatten, daß er eine Glucke war. Seitdem sagte Leon jedes Mal hochmütig und absichtlich laut: »Was treiben Sie sich wieder hier bei uns rum, Stepan? Wollen Sie was von uns, von wem, bitte? Von mir, vom Major oder von Sserjosha? Dann sagen Sie's. Zieren Sie sich nicht wie ein kleines Mädchen. Sie stehen da stumm herum, und wir haben hier unsere Gespräche, wir sind intelligente Menschen, haben unsere Interessen, und Sie haben Ihre eigenen ...«

Stepan grinste verlegen: »Was ist denn? Ich will ja gar nichts, ich stehe einfach so da« – er errötete, schwitzte, war aber nicht sehr verwirrt. »Ist es denn verboten, hier zu stehen? Auch so'n Staatsanwalt! Intelligenzler! Als ob ich den Fußboden abnutzte!«

Sserjosha und ich vermieden Zusammenstöße. Sserjosha hörte auf mich, und ich hatte den Ärzten mehrfach fest versprochen, mich nicht hereinlegen zu lassen, mich nicht in Streitigkeiten einzumischen und ganz allgemein nicht aufzufallen. Der Unbeherrschteste von uns war Wassja. Einmal stieß er zufällig mit dem Ellbogen Stepan derart in die Rippen, daß der zusammenzuckte, lange japste und kaum Luft bekam. Ein andermal, als er Stepan in der Tür auftauchen sah, raste er plötzlich »zur Toilette« und rammte ihn so, daß er gegen den Türbalken prallte.

»Laß mich durch, blindes Aas, siehst doch, daß ich's eilig habe.«

Ein paarmal redete er in Stepans Gegenwart davon, man müsse alle Glucken, Judasse und Spitzel vernichten. Mit wild blitzenden Augen, immer mehr in Feuer geratend, erzählte er ausführlich, wie irgendwelche Burschen in der Baracke einen Spitzel an Händen und Füßen genommen, ganz hochgehoben und dann auf den Boden gestaucht hätten, und das ein paarmal hintereinander.

»Ganz einfach, so ein-, zweimal. Danach war an ihm nichts zu sehen, aber am nächsten Tag hat er Blut gepißt. Und nach einer Woche, bitte sehr, war er fertig, verreckt, kriegte sein Brettchen an den Fuß, und raus aus der Zone zum Friedhof...«

Wir beobachteten Stepan. Er hörte und sah ungerührt vor sich hin. Nur an seiner Nase hing ein Tropfen. Die platt eingedrückte Entennase, zwischen eine niedrige Stirn und ein winziges Kinn gequetscht, war der auffälligste Teil seines Gesichts. Ich überredete auch Wassja und Leon, Stepan nicht mehr zu attackieren: »Es genügt, daß wir es wissen. Hüten wir uns und halten uns von ihm fern. Sonst wird er gegen einen Gewitzteren ausgetauscht – denn der Gevatter löst unbedingt einen erkannten Spitzel ab; und das kann schlecht für uns werden. Der hier hat bis jetzt ja noch niemanden verpfiffen und niemandem geschadet.«

Stepan bemühte sich sogar, sich bei uns lieb Kind zu machen. Er war einer der zwei oder drei Sanitäter in unserer Station, außer ihnen gab es noch vier Frauen, aber die betreuten nur die Bettlägerigen und taten die saubere Arbeit. Dafür waren die Männer in der Küche zur Essensausgabe zugelassen. Arbeit hatte Stepan reichlich. Er holte aus der Hauptküche die Brotsäcke und dreimal täglich die Eimer mit Balanda und Kascha, dann verteilte er das Essen von der Stationsküche auf die Zimmer, hatte beim täglichen Saubermachen der Korridore, des Operationssaals, des Verbandszimmers und des Dienstzimmers, der Küche und der Toilette mitzuhelfen. Außerdem führte er die Gehfähigen ins Bad, trug die Bettlägerigen zum Röntgen, brachte und holte Stöße von Verbandszeug, Hemden und Unterhosen in die Wäscherei, hatte den großen Heißwasserbereiter zu versorgen und dem Heizer zu helfen. Um sich bei uns einzuschmeicheln, brachte er zusätzlich Essen, wobei er sich wie ein Dieb umschaute und eine Schüssel mehr auf die Nachttische von Wassja, dem Imker oder Jossip stellte, den alle am meisten bedauerten.

»Da, hab' was für meine Leute ergattert.«

Beim Verteilen der Kascha flüsterte er laut: »Für unser Zimmer hab' ich auf jede Schüssel noch was extra draufgetan. Beziehungen gehen über den Ministerrat!«

Am meisten Mühe gab er sich bei der Verteilung von Blut. Für die Pellagra-Kranken gab es abends zusätzlich zum gewöhnlichen Linsen- oder Haferbrei geronnenes Blut in dunkelroten Klumpen. Das galt als sehr heilkräftig. Viele, sogar von den ständig Hungrigen, weigerten sich, das Blut zu essen, das schon von weitem stank. So entstanden Reserven ... Stepan brachte das Tablett mit den dunkelrotbraunen Brocken ins Zimmer und rief: »Achtung, ihr Zarten! Raucht schnell, qualmt tüchtig! Und dann her mit euch, ihr Blutsäufer! Hab' wieder was für meine Leute besorgt ...«

Seit er sich als Wohltäter fühlte, wurde er mutiger und gesprächiger. Wassja und Leon verehrten die Medizin. Dazu war Leon geizig, und Wassja bekam keinerlei Pakete. Deshalb aßen sie im Gegensatz zu Sserjosha und mir das Blut mit Vergnügen und wurden Stepan gegenüber nachsichtiger.

25. Ostern

Es ging auf den Frühling zu.

In einer Station arbeitete ein Priester als Heizer, zwei Nonnen gab es in der Wäscherei, und einer der Köche kannte sich in der Liturgie aus. In der Osternacht fand im Frauenraum einer Arbeitsbaracke ein improvisierter Ostergottesdienst statt. Die diensthabenden Aufseher bekamen üppig »auf die Pfote«. Einige Gehfähige wurden eingeladen, zu ihnen gehörten Sserjosha und ich.

Die Betten waren an die Wand gerückt. In der Ecke stand ein Nachttischchen mit einer buntbestickten Decke, darauf eine

Ikone und ein paar selbstgemachte Kerzen. Der Priester mit einem Blechkranz und im improvisierten Ornat aus sauberen Laken räucherte mit duftendem Harz.

In dem kleinen Raum ist es dämmrig, die dünnen Kerzen schimmern. Der Geistliche zelebriert leise, gedämpft mit zittriger Greisenstimme. Einige Frauen in weißen Kopftüchern respondieren ebenfalls leise, aber mit inbrünstig hellen Stimmen. Der Chor fällt einstimmig ein, alle geben sich Mühe, leise zu singen. Es sind zumeist Frauenstimmen, in einigen zittern Tränen. Dort, hinter der Barackenwand, in zehn Schritt Entfernung, ist der Stacheldraht, die verbotene Zone, ragen die Wachttürme, stehen Posten in langen Schafspelzen. Etwas weiter entfernt ist die Siedlung mit den Häusern der Wachmannschaften, der Offiziere. Dort wohnen die, die vom Lager leben, nur deshalb so satt und behaglich, weil es diesseits des Stacheldrahts so viele Unglückliche gibt. Und ringsum ist Wald, dichter, undurchdringlicher, hundertjähriger Wald, und weiter im Westen die Wolga.

Der Brotschneider, ein Freigänger, der ohne Bewachung die Zone verlassen darf, hatte im Dorf Milch und Tabak eingekauft – er ist ein ehemaliger Moskauer Ladendieb. Voller Verachtung sprach er von den Bauern und parodierte ihren Dialekt.

Hier nah bei uns und weiter weg jenseits der Wolga: Dörfer, Dörfer – graue, hungrige Dörfer. Noch weiter im Westen liegt Moskau: die rubinroten Sterne auf den Kremltürmen: Dort steht das alte, verwitterte Haus jenseits der Moskwa mit dem engen, vollgestellten Zimmer, in dem meine Töchter schlafen. Und jenseits von Moskau, westwärts: über Hunderte von Kilometern Ruinen, zerschossene Häuser und Gräber, Gräber... Noch kein Jahr ist seit dem Krieg vegangen. Noch sind wir nicht aus dem Krieg zurückgekehrt, Sserjosha und ich. Er steht neben mir, ich spüre seine Schulter.

Leise, gedämpft und doch voll Freude singen die Frauen in den weißen Kopftüchern, und wir respondieren aus dem Dunkel. Wir können einander kaum erkennen, zum Teil kennen wir uns auch überhaupt nicht. Wahrscheinlich sind Sserjosha und ich nicht die einzigen Nichtgläubigen. Aber wir singen gemeinsam:

»Christus erstand von den Toten,
überwand den Tod durch den Tod,

schenkt' allen Abgeschiedenen
neues Leben ...«

Nach dem Ostergottesdienst gehen wir ins Zimmer der Wirtschaftsschwester, Tante Dusja, zum ersten Fleischessen nach dem Fasten. Tante Dusja hatte mit einigen anderen den Gottesdienst vorbereitet, und sie hatte auch uns eingeladen.

»Ja, aber was heißt das schon: Ungläubige? Du und Sserjosha, meine Lieben, ihr seid für die Menschen, und wer für die Menschen ist, der ist auch für Gott ...«

Sie weckte uns nachts.

»Deine Edith hat einen schweren Gang – nicht wie eine Gefangene: So majestätisch darf nur eine Zarin schreiten. Sie alarmiert ja alle Spitzel; ich husche wie ein Mäuschen, daß keine Diele knarrt. Nehmt eure Sachen mit, zieht euch im Korridor an ...«

Tante Dusjas Zimmer lag neben der Küche und war gleichzeitig Wäschekammer. Hier stand der festlich gedeckte Ostertisch ... Den Alkohol hatten die Ärzte gestiftet, Kartoffeln und Eier hatte Dusjas Lagermann, der Kellerverwalter Onkel Ssenja, gebracht, und ich hatte in einem Paket flüssiges Vitamin bekommen: Damit färbten wir den verdünnten Alkohol, den wir in dunkle Flaschen mit Apotheken-Etiketts umgefüllt hatten. Es gab bunte Eier, Bratkartoffeln, gebratenes Fleisch, Wurst, amerikanischen Dosen-Schinken, Speck, Gebäck und Konfekt aus Paketen – Tante Dusja hatte sogar an einen richtigen Osterkuchen gedacht, den sie in einer Kasserolle gebacken hatte, und an den »Osterquark«.

Von allen Häftlingen, die ich bis dahin kennengelernt hatte, saß sie am längsten im Lager: seit 1932!

Die Familie ihres Mannes hatte in Kaluga eine große Molkerei besessen. »Der Schwiegervater – das ist ein Kopf! Ein kluger Mann und umsichtig. Während der Revolution war er in der Partei, noch vom Krieg her, dem mit Kaiser-Deutschland. War ein tapferer Soldat gewesen. Später schrieb er sich bei den Roten Kaufleuten ein, machte mit bei der Bewegung für kultiviertes Wirtschaften. Mein Mann war sein jüngster Sohn – so ein Lieber! Still, trank nicht, war zu jeder Arbeit zu gebrauchen. Liebte die Bücher, las viel. Oj – was er alles las, Kirchliches und Weltliches ...«

Tante Dusja sprach schnell und singend – und immer freundlich. Das fünfzehnte Jahr quälte sie sich im Lager, nahm aber »kein schwarzes Wort« in den Mund. Wenn sie zankte oder jemanden tadelte, sprach sie ihr übliches »Aber, mein Lieber« vorwurfsvoll oder zornig oder traurig aus. Zum Schimpfen benutzte sie Wendungen wie »Ech, du Kohlkopf« oder »Ohren hat er, aber keinen Verstand«. Selbst Lagerausdrücke wie »Seka« für Häftlinge, »Frist«, »Krepierling«, »Glucke«, »Gevatter« klangen bei ihr häuslich-gemütlich.

Sie war klein und dürr mit glattem, spärlichem Haar unter dem weißen Kopftuch, das helle Gesicht war von einer Unzahl kleiner Runzeln wie Risse durchzogen, die in alle Richtungen liefen, dafür hatte sie ganz junge Augen – groß, grau, lächelnd, der Mund dagegen war der einer Greisin, eingefallen, mit wenigen dunklen Zähnen darin...

»Die Zähne hat der Skorbut geholt und ein Untersuchungsrichter – der hat mir 1937 eine neue Frist angeflickt, war sehr streng, Lieber, wild und schnell mit seiner schweren Hand.«

Tante Dusja saß die Frist für die ganze Familie ab. Ihr umsichtiger Schwiegervater lebte irgendwo bei Leningrad, arbeitete im Sowchos oder im Kolchos, »ist eben ein Mann mit Kopf, kommt überall durch«. Ihr Mann war im Krieg Pionier gewesen, verwundet und ausgezeichnet worden, aus Deutschland hat er ihr ein Paket geschickt. Aber den Kindern hatte man schon lange gesagt, die Mutter sei tot.

»Ich habe zwei – Sohn und Tochter, waren noch klein und zart, als ich sie verlassen mußte. Meine Schwägerinnen erziehen sie, schicken sie in die Schule, damit sie im Leben zurechtkommen; als Waisen haben sie es leichter, als wenn sie Kinder einer Zuchthäuslerin sind...«

Tante Dusja war nicht in Kaluga verhaftet und verurteilt worden, wo die Familie lebte, sondern in Moskau, wohin sie gefahren war, um Butter, Quark und Buttermilch zu verkaufen.

»In der NEP-Zeit, als es die Roten Kaufleute gab, da hatten wir in Moskau unsere Geschäftspartner, verschiedene – gute und schlechte. Die einen hatten einen großen Milchladen, man kann schon sagen ein richtiges Warenhaus, auf der Mjasnitzkaja. Da haben wir die meiste Ware hingebracht. Dann später machte man den Roten Kaufleuten das Leben schwer: Steuern, Abgaben, Umlagen, schließlich Verbannung. Manche kamen nach Sibirien, andere nach Solowki, in den Weißen Tod. Für uns in Kaluga wurde es auch immer schwieriger. Aber der Schwiegervater hat Verstand wie ein Minister. Die Molkerei machte er schon 1928 zu; den Laden in Kaluga überschrieb er seiner Schwester. Die Kühe verteilte er unter seine Söhne, Töchter, die Verwandtschaft, behielt auch eine für sich. Dann ging er als Buchhalter arbeiten. Die Söhne und Schwiegersöhne hatte er schon früher untergebracht, sind alle Arbeiter oder Angestellte. Meiner war Lagerist bei der Eisenbahn. Die Zentrifuge und die Quarkpresse hielt er ganz im geheimen, im sauberen Keller. Meine Schwägerin und ich brachten die Ware nach Moskau zu unseren Patnern. Als die Märkte geschlossen wurden und alles auf Lebensmittelkarten ging, da haben wir bloß noch so an Bekannte verkauft. Nach Moskau fuhren nur Nastja und ich – sie war die jüngste Schwägerin, hieß richtig Anastasija, noch ein Mädchen, ein Fräulein. Gebildet war sie, hat sieben Jahre die Schule besucht! Ich, mein Lieber, habe es nur auf zwei gebracht – ich bin eben vom Dorf, auf Stroh geboren; als ich größer war, mußte ich Gänse hüten und die Wiege schaukeln. Erst hatte ich nur einen jüngeren Bruder, aber als Papa aus dem deutschen Krieg heimkehrte, kamen bald noch eine Schwester und noch ein Bruder dazu. Mama war eine stattliche, gesunde Frau, da vergingen kaum ein, zwei Jahre, bis sie wieder ein Kind hatte, mög' der Herr ihre Seele trösten. Fünf von uns blieben am Leben, nur weiß ich nicht, wo sie heute sind. Bis zum Krieg schrieb mir noch eine jüngere Schwester, aber jetzt ist nichts mehr zu hören. Als ich älter wurde, habe ich Flachs gerauft, im Haus und auf dem Hof mitgearbeitet, Geflügel und Schweine gefüttert. Wie hätte ich auch in die Schule gekonnt, wo sie Papa doch zum zweitenmal zu den Soldaten holten, nun schon zu den Roten Soldaten! Einer mußte ja die Kuh hüten und im Garten pflanzen, mit aufs Feld zum Pflügen und Säen. Ich war die älteste Tochter zu Hause, Jahrgang zehn, und nach mir kamen drei, vier ganz kleine, die nur essen, trinken und Schmutz machen konnten, Gott verzeih mir... Was heißt da Schule! Wir hatten ja eine Lehrerin, die war sehr gut und zu allen Leuten freundlich und besorgt. Sie hieß Anna Wassiljewna, der Herr gebe ihrer Seele Frieden – die hat mir Lesen und Schreiben beigebracht, Rechnen und den Katechismus. Aber mehr als zwei Jahre waren es eben nicht. Wir hatten ja auch Krieg damals, bei uns waren Rote, Weiße, Grüne und später dann die Getreideerfassungskampagnen, die Steuern. Dann kam auch Vater von den Soldaten wieder: verwundet, war verschüttet gewesen, hustete und hinkte, konnte nicht mehr recht arbeiten, war es wohl nicht mehr so gewöhnt, saß immer öfter im Dorfsowjet oder auf dem Markt mit Männern zusammen, unterhielt sich, stritt sich. Fing an zu trinken, Staatlichen und Selbstgebrannten. Aber Kinder kamen eins nach dem andern zur Welt – der Herr sei ihm gnädig und gebe seiner sündigen Seele Frieden! Ums Leben kam er, als er betrunken war, ist erfroren. In dem Jahr ging ich zum erstenmal zur Kommunion. Geheiratet habe ich, als ich sechzehn war. Aus Liebe hat mich mein Mann genommen. Der Schwiegervater stammt selbst aus unserm Dorf, hatte den Sohn eine Zeitlang dorthin geschickt zum Onkel. Das war in dem Sommer, als er aus dem Krankenhaus kam, hatte Bauchtyphus gehabt, aber Gott schenkte ihm das Leben. Und so trafen wir uns, der Herr hat unsere Wege geführt. Ich war arm, aber die Familie meines Mannes war mächtig und reich. Mir war das im Anfang ganz ungewohnt und zum Staunen. Zu Hause schliefen wir alle auf Säcken, im Winter auf dem Ofen, im Sommer auf der Pritsche. Aßen alle aus einer Schüssel. In einem richtigen Bett mit Kissen schliefen nur Papa und Mama, und auch die nur manchmal, sonst stand das Bett einfach so da, zur Schönheit. Aber bei den Schwägern, da hatte jeder ein eigenes Bett mit Kissen und Laken, und gegessen wurde von Tellern. Und was die in Truhen und Schränken hatten – da hätte man eine Woche lang zählen müssen! Und ich, Lieber, hatte keine Aussteuer, kam zu ihm, wie ich ging und stand: für den Sonntag zur Messe ein geblümtes Kopftuch und eine rosa Bluse. Ich war arm, aber rein an Körper und Seele: kannte alle Gebete, sang in der Kirche immer bei der ersten Stimme mit. War fröhlich und ordentlich erzogen, konnte tanzen und singen, was du willst, und arbeiten konnte ich, ohne müde zu werden. Der Tag begann bei mir vor Sonnenaufgang und ging bis Mitternacht. Da achtete die Schwiegermutter drauf und die älteste Schwägerin, ein Ekel – Gott verzeih mir Scharfzüngiger –, selbst die mußte zugeben: ›Dunjka stammt zwar von Bettlern ab, aber nicht von Faulpelzen. Sie paßt sich ein und gehorcht.‹

Der Schwiegervater lobte mich, streng war er, aber gerecht, sagte von mir: ›Sie hat keinen roten Heller, aber goldene Hände und einen silbernen Kopf, und ihr‹ – das sagte er zu seinen Töchtern – ›habt goldene Ohrringe, gußeiserne Stirnen und Hände aus Bast…‹ Und so fuhren wir also später nach Moskau, Nastja und ich. Sie rechnete und schrieb, und ich lief herum wie'n Eichhörnchen. Einmal übernachteten wir bei einem Geschäftspartner, als die Miliz kam, mit Helfern und dem Hausmeister. Ich konnte Nastja noch zuflüstern, daß wir so tun wollten, als kennten wir uns nicht, hätten uns erst im Zug getroffen, und sie soll sagen, sie wär' nach Moskau gekommen für die Aussteuer einkaufen. Sie sollte alle warnen. Ich wollte alles auf mich nehmen, soviel die Seele trägt. Sie war flink – wir waren ja auch schon früher mal in Razzien geraten. Ich hatte die Ware bei mir und das meiste Geld, aber keinen Ausweis. Sie hatte nur wenig Geld, aber all ihre Heftchen bei sich, weil sie im Technikum lernte, wollte Buchhalterin werden. Pässe gab es damals noch nicht, aber sie hatte irgendwelche Ausweispapiere bei sich. Na, sie wurde schließlich freigelassen. Ich kam in Untersuchungshaft, markierte die Dumme, ›zog den Gummi‹ bis zum Äußersten, hoffte durch Hinziehen und Blöd-Spielen die Entlassung zu erreichen. Ich weinte und betete. Sie schlossen mich in Handschellen, brachten mich in die Verrücktenanstalt zur Untersuchung, gaben mir Hering zu essen und kein Wasser. Aber von so was hatte ich schon früher gehört, da warf ich den Hering, diese Versuchung, in den Kübel und hungerte still, dachte: Das ist das richtige große Fasten. Geweint habe ich aus ehrlichem Herzen, hab' mich fast gar nicht dabei verstellt. War ja das erste Mal im Gefängnis, mit Diebinnen zusammen und Prostituierten. Schrecklich war es, und ich schämte mich so und hatte solches Heimweh. Da liefen die Tränen von selbst… Ich weinte und betete. Und dem Untersuchungsrichter sagte ich immer dasselbe: ›Lassen Sie mich nach Hause, ich bin unschuldig… Woher ich bin, das sage ich Ihnen nicht, und wem das Geld gehört, sage ich Ihnen auch nicht.‹ Ich sorgte mich sehr um Vater und Mutter und schwor mir, niemandem einen Ton zu sagen. Immer nur: ›Lassen Sie mich frei um Jesu Christi willen…‹ und weinte und weinte.

Ungefähr zwei Monate hatte ich mich so gehalten. Da holten sie mich zur Gegenüberstellung mit einem Geschäftspartner. Den Armen hatten sie schon so gequält, daß er, verzeih ihm Gott, anfing ›zu singen‹, und alles zugab. Er sagte ihnen auch, wer ich bin und woher ich komme. Aber der Schwiegervater und alle Verwandten waren schon von Kaluga weg. Meine Mutter lebte damals noch, sie kam nach Moskau, der Schwiegervater hatte ihr Geld gegeben und ihr genau eingeschärft, was und wie. Mama brachte mir auch ein Paket mit. Fünf Jahre bekam ich wegen Schwarzhandel. Und im Lager kriegte ich später noch zehn dazu wegen ›Gesprächen und Agitation‹. Mich hatte eine Alte reingelegt, Frau von einem Oberpriester. Die hat mir so leid getan, hab' sie so verehrt; aber die gibt an, ich hätte über die Kolchose und die Staatsanleihen und die ganze Sowjetmacht wer weiß was alles gesagt, vielleicht war's ja auch die Wahrheit, nur ich kriegte wegen dieses Judas' – der Herr verzeih meiner bösen Zunge – eine neue Frist. Aber nun lernte ich, wurde schlau, mein Lieber, heute sehe ich auf drei Ellen tief auch unter der Erde, sehe und verstehe die Menschenseele durch und durch. Vertrau auf Gott, aber rühr die Hände. Da, der Heizer, der Baptist zum Beispiel, führt immer Gott im Munde. Aber ich würd' ihm keinen alten Fußlappen glauben. Ihm nicht und auch der Nonne Marusja nicht, obwohl sie rechtgläubig ist und eine große Schriftgelehrte. Aber mein Semjon Petrowitsch, der Parteimann, der Gottlose, dein Sserjosha, auch Doktor Iwanowna und du und deine Edith – die ihr früher einen ganz anderen Glauben hattet, euch verstehe ich, weiß, ihr habt gute Seelen. Ich kenne euch durch und durch, sehe das Gute in euch und bete für euch zu Gott wie für meine leiblichen Verwandten.«

Semjon Petrowitsch, der Lagerverwalter, genannt Onkel Ssenja, ist Tante Dusjas Lagermann. Er ist zehn Jahre älter als sie, sieht aber jünger aus. Er ist gedrungen, hat rote Backen und dunkle Brauen, über der Stirn graumelierte Locken. Die blaßblauen, traurigen Augen leuchten manchmal ganz aus der Tiefe in stillem Lächeln auf. Fragen beantwortet er nur einsilbig, über die Vergangenheit spricht er ungern und in allgemeinen Wendungen, flickt häufig ein »na also«, »das heißt«, »im allgemeinen«, »im großen und ganzen« ein.

Er ist Petersburger, aus alter Arbeiterfamilie, war Rotgardist, seit 1918 Parteimitglied, kämpfte im Bürgerkrieg. Danach war er Parteifunktionär, reiste viel herum, war Leiter der Politabteilung einer Maschinen-Traktorenstation, wurde 1934 Partei-Rayonsekretär im Gebiet Leningrad. Von seiner Untersuchungshaft mochte er überhaupt nicht sprechen: »Wie? Ach ja, das war so wie bei allen damals, in diesem Querschnitt, bin ja am Leben geblieben, also gut.« Nur von Tante Dusja erfuhr ich, daß sich seine Frau und die Kinder von ihm losgesagt hatten: »Er ist jetzt ganz allein auf der Welt. Und wenn er auch nicht an Gott glaubt, sich immer mit seiner Kommune tröstet – eine Seele hat er, Lieber, eine Seele so rein, so hell, so wahrhaft wie ein Christ; keiner Fliege tut er was zuleide. Niemandem sagt er ein böses Wort. Ich streite mit ihm nicht über Gott und nicht über Politik, wir sprechen überhaupt nicht drüber. An manchen Tagen sagt er keine drei Worte – ›Guten Tag‹, ›Danke‹, ›Auf Wiedersehen‹. Dann sage ich alles Notwendige. Mir tut er so leid, meine Waise, und ich bete zu Gott für ihn.«

Zum ersten Fleischessen nach dem Fasten hatte Tante Dusja ein paar Leute eingeladen. Onkel Ssenja kam herein, sagte lächelnd: »Seid gegrüßt alle miteinander.« Sserjosha, Doktor Wowa und ich tauschten den Osterkuß mit den Krankenschwestern, Sanitäterinnen und Marija Iwanowna. Andere Ärzte waren nicht eingeladen, ihnen brachte Tante Dusja ihr Ostergeschenk in ihre Kabinen; Onkel Borja und Papejewitsch lebten zusammen in einem Einzelhäuschen für das leitende medizinische Personal. Tante Dusja bestand darauf, auch Stepan einzuladen.

»Lieber, und wenn er auch sündig ist, ungebildet und ein Spitzel – denken Sie doch nach: Es geht doch gar nicht, ihn nicht einzuladen, geht geistlich nicht und auch mit dem Verstand nicht! Man muß doch seinem kleinen, ungebildeten, verirrten Seelchen das Licht zeigen. Er ist doch auch ein Mensch! Sie sagen ja, daß er sich schon gebessert hat, sich Mühe gibt, den Leuten zu helfen. Er soll herkommen und sehen, daß auch hier in der Gefangenschaft Christi Licht leuchtet und daß man Mitleid mit ihm hat, ihn als Menschen willkommen heißt... Zum Gebet haben wir ihn nicht eingeladen, denn dafür trugen nicht nur wir, sondern der Priester und die Nonnen und viele andere die Verantwortung, wir luden nur die ein, für die wir die Hand ins Feuer legen können. Aber hier in meiner Kammer bin ich die Hausfrau. An unserm Tisch sind wir alle gleich. Soll er's sehen: Hier sind alle möglichen Völker vertreten, auch Edith und du, Gläubige und Ungläubige, und der helle Feiertag ist für alle da, und allen geht es gut... Sieh zum Fenster raus, Lieber, da spielt die Sonne. Gestern war es noch trübe, und jetzt spielt das Licht fröhlich für alle: Gerechte und Ungerechte... So weit ich zurückdenken kann, war es immer so, daß am Ostersonntag die Sonne scheint, und wenn es nur für eine Stunde ist, nur für einen Augenblick – sie scheint und freut sich, weil Christus auferstanden ist. Das heißt, um der Seele willen müssen wir Stepan einladen. Und mit dem Verstand müssen wir ihn auch einladen. Glaubt mir, ihr Lieben, ich bin schlauer und gerissener als ihr. Ihr müßt doch bedenken, daß alle Schwestern und Sanitäterinnen kommen werden, auch andere Häftlinge, und daß dieser oder jener dann nach Schnaps riecht! Und ihr beide werdet doch eure Ostergeschenke in euer Zimmer mitnehmen, und woher habt ihr die? Er merkt das doch alles, Lieber. Augen, Ohren, Nase tun bei ihm ja Dienst, das heißt, er muß ›informieren‹. Wenn wir ihn aber einladen, bewirten, den Osterkuß tauschen – Jesus hat befohlen, die Feinde zu lieben und zu bedauern –, dann wird er eine andere Ansicht haben und nicht wagen, Gutes mit Bösem zu vergelten...«

Tante Dusja machte es nach ihrem Kopf. Stepan wurde gerufen, sie selbst tauschte mit ihm den Osterkuß, schenkte ihm Schnaps ein.

In unserem Krankenzimmer verteilten Sserjosha und ich unsere Ostergeschenke an alle, ohne jemanden auszulassen: jedem ein gefärbtes Ei, ein Stück Fleisch, zwei Kekse, Süßigkeiten. Auch Stepan bekam davon, sagte lächelnd: »Danke euch, Brüderchen«, zwinkerte und berührte blitzschnell, zum Zeichen, daß er schon was getrunken hatte, seinen Adamsapfel. Pan Leon hielt eine kurze Rede: »Das ist eine sehr noble Geste, Herr Major, entschuldigen Sie, Genosse Major und Genosse Sserjosha, ich habe die Ehre, Ihnen im Namen unserer hiesigen kleinen Gesellschaft unsern Ostergruß zu sagen und zu danken. Ich bin kein Kirchenmann und nicht religiös – mein Vater war rechtgläubig, meine Mutter griechisch-uniiert. Ich bin ganz ohne bestimmte Religion, aber als intelligenter Mensch glaube ich an eine höhere Kraft und an die Menschlichkeit. Und dieser heutige Tag ist so heilig... Dieser Feiertag ist nicht nur für die Christen, sondern für alle humanen Menschen da...« Die Zuhörer waren gerührt, lächelten und wechselten gute, freundliche Worte miteinander. Später, am Abend, versammelten wir uns wieder bei Tante Dusja, diesmal nur im kleinsten Kreis. Marija Iwanowna und Wowa brachten Spiritus und Wodka mit – morgens hatten wir nur wenig getrunken, damit nichts auffiele –, und ich bewies sehr überzeugend, daß zwischen einem guten Christen und einem guten Kommunisten Feindschaft nicht nur überflüssig ist, sondern einfach unmöglich.

Am Dienstag erzählte uns Tante Dusja völlig verweint, daß Stepan sie doch verraten hatte. Sie und Ssenja hatten ihr eigenes Gegenspionagesystem: Sie waren mit einigen Aufsehern befreundet, kannten daher alle Glucken und erfuhren fast immer rechtzeitig vorher, was die Lagerleitung vorhatte. So wurde ihnen auch hinterbracht, daß Stepan sie angezeigt hatte und daß der Geheimdienstoffizier ein Untersuchungsverfahren einleiten wollte. Die Ärzte, die rechtzeitig davon erfahren hatten, protestierten und fanden Unterstützung bei der Krankenhausleiterin. Die Untersuchung unterblieb, aber Tante Dusja wurde »versetzt«. Der Gevatter verlangte ihre Einweisung in ein Straflager. Doch es gab auch unter der Obrigkeit gute Menschen: Sie wird in ein Fabriklager kommen und in einer Textilfabrik arbeiten. Die Krankenhausleiterin versprach Onkel Ssenja, sie würde nach ein bis zwei Monaten Tante Dusja zurückholen und als Kranke unterbringen. Es war nur gut, daß es nicht zur Untersuchung kam, sonst wäre möglicherweise auch der Gottesdienst bekanntgeworden – jemand hätte vielleicht nicht durchgehalten und »gesungen«.

Tante Dusja fuhr ab. Ein paar junge Sanitäterinnen weinten. Alte Lagerinsassen sind es gewohnt, Abschied zu nehmen.

Sserjosha wollte Stepan totschlagen und dachte sich alle möglichen Verfahren aus. Wassja war zu dieser Zeit schon aus unserm Zimmer in eine Arbeiterbaracke verlegt worden, und ich überzeugte Sserjosha, daß er zu niemandem darüber sprechen dürfe, wenn er wirklich Rache nehmen wollte, zu niemandem – nicht zu Leon, nicht zu Wassja, ich schärfte ihm äußerste Zurückhaltung ein und machte ihm klar, daß er auf keinen Fall mit Stepan einen Streit vom Zaun brechen dürfe. Auch ich schwor drohend, der Schuft werde seiner Strafe nicht entgehen. Wir hörten auf, Stepan zu beachten, erwiderten seinen Gruß nicht, wandten uns ab, wenn er uns etwas fragte. Er versuchte nicht, etwas zu erklären, und die andern merkten nicht viel davon, weil er noch vor Tante Dusjas Abreise in eine Baracke übersiedelt war, in der die Sanitäter und ein paar Oberschlaue wohnten: Köche, Bäcker, Hauswarte. Kam er in unsere Abteilung, vermied er unser Zimmer; das Essen brachte uns sein Gehilfe.

Ich erzählte die Geschichte mit Stepan in aller Breite Nikolaj Papejewitsch, der einiges von den Ereignissen der Osternacht wußte und Glucken erbittert haßte. Er wurde bleich vor Zorn und sagte: »Unternehmen Sie nichts. Und sagen Sie Ihren Freunden, keiner soll ihn auch nur mit dem Finger anrühren. Erst soll sich mal alles beruhigen...«

Eine Woche verging, ich erinnerte Papejewitsch. Seine Augen wurden weiß – so sehr verengten sich seine Pupillen: »Ich habe es nicht vergessen. Was ich gesagt habe, das tue ich. Sie kennen mich noch sehr schlecht, wenn Sie anders von mir denken.«

Als ich im Mai in der Bastschuhflechterei arbeitete, meine Feldscherlehrgänge besuchte, mich auf die Prüfung vorbereitete, nicht mehr im Krankenzimmer, sondern bei Edith in der Küche aß, kam eines Tages ein Barackenordner zu mir: »Der Doktor sagt, Sie sollen zu ihm kommen, Schach spielen.«

Papejewitsch saß in seinem Zimmerchen am Schachbrett und spielte aus einer Zeitschrift irgendeine Großmeister-Partie nach. Ohne den Kopf zu heben, sagte er: »Heute geht ein Transport zum Lagpunkt 18. Ich schicke diesen Lumpen hin. Sagen Sie nachher dem Telefonisten, daß er einen Vermerk durchgibt.«

Lagpunkt 18 war einer der schwersten, lag in einem sumpfigen Wald. Die BUR-Brigaden[48] arbeiteten dort. Transporte aus dem Krankenhaus in die verschiedenen Lager wurden von Fall zu Fall abgeschickt. Wenn aus einem Lager eine Begleitmannschaft einen Krankentransport brachte, nahm sie auf dem Rückweg die Gesundgeschriebenen mit. Auf diese Weise hing das weitere Schicksal eines genesenden Häftlings entweder vom blinden Zufall ab oder vom Gedächtnis der Vorgesetzten. Die einen wurden gesundgeschrieben, wenn sie genesen und ein bißchen aufgefüttert waren, und dann mit dem nächsten Transport, so wie es gerade kam, losgeschickt. Die andern, die einen Gönner hatten, wurden im Krankenhaus festgehalten, bis ein Transport in ein gutes Lager abging. Wem aber die Chefs übelwollten, den schickten sie in ein möglichst schlechtes Lager. Den Befehl zum Gesundschreiben und zum Abtransport gab die Krankenhausleiterin, ihre Stellvertreterin oder der Chefchirurg – der Häftling Nikolaj Papejewitsch. In den gewöhnlichen Lagern war der Gevatter allmächtig und von der Lagerobrigkeit gefürchtet: Wer ist schon vor Gott nicht sündig und vor der Staatssicherheit nicht schuldig? Hier aber im Krankenhaus mußte er sich dem therapeutischen Regime unterordnen.

Papejewitsch war heißblütig und aufbrausend, gleichzeitig aber klug und berechnend. Als vielerfahrener, langjähriger Lagerinsasse wußte er genau, was möglich ist und wann. Er hatte geduldig einen Tag abgewartet, an dem die Krankenhausleiterin und ihre Stellvertreterin nach Gorkij gefahren waren und er der unumschränkte Hausherr im Krankenhaus war. Und dies traf keineswegs zufällig mit einem Transport von Lagpunkt 18 zusammen: Transporte wurden vorher angekündigt, und Papejewitsch hatte seine Operation so geplant, daß die Krankenhausleiterin, die ihm gewöhnlich bei den interessantesten assistierte, gerade jetzt ruhig ein, zwei Tage verreisen konnte.

Papejewitsch war ziemlich klein und mager, sein großer Kopf entsprach nicht ganz den Körperproportionen. Das olivfarbene Gesicht war scharf gezeichnet, die Brauen ebenso schwarz und dicht wie die Haare, sein Profil wie eine Gemme geschnitten.

»Setzen Sie sich, spielen wir eine Partie, aber aufpassen bitte, keine Züge zurücknehmen, und das Wichtigste: keine Aufregung und keine Kommentare, wenn hier gleich das kleine Spektakel losgeht.«

Wir hatten noch nicht einmal unsere Eröffnungen gemacht, als es klopfte. Herein trat die freie Sekretärin mit einem Blatt Papier.

»Doktor, hier auf der Transportliste steht ein Häftling ...« – sie sah mich, stockte und nannte den Namen nicht. »Der bevollmächtigte Geheimdienstoffizier hat gesagt, der soll hierbleiben.«

»Welcher Häftling? Zeigen Sie her! Ach, der da – ja, den kenne ich. Der ist gesund. So gesund, daß er schon den Kranken von ihrer Ration was wegrißt. Er ist beim Essensdiebstahl beobachtet worden – verstanden? Ich habe angeordnet, daß er auf Transport geht. Der Bürger Chef braucht sich also nicht zu beunruhigen – verstanden?«

»Ja...«

Sie ist bestürzt, verlegen, tritt herum. Sie ist eine Freie, er Gefangener. Aber den »wilden Doktor« Teljanz kennt das ganze Lager. Er hat die Tochter des Kommandanten operiert, ihr das Leben gerettet, als sie mit einer Bauchfellentzündung schon beinahe tot war. Zu ihm kommen die hohen Herren vom MWD[49] in Gorkij zur Behandlung. Vor keinem hat der Angst. »Wenn Sie verstanden haben, worauf warten Sie dann?«

Die Sekretärin ging.

»Sie spielen also ein Springer-Spiel, nach allen Regeln. Na schön, versuchen wir's mal nach allen Regeln.«

Wenige Minuten später – vom Ärztehaus bis zur Wache sind es etwa 100 Schritt – klopft es wieder. Dieselbe Sekretärin, aufgeregt, verschreckt, mit derselben Liste, dazu noch mit einem Päckchen Personalpapiere.

»Doktor, der Bevollmächtigte hat gesagt, er will den Transport verbieten, wenn Sie den hier nicht ausstreichen oder zu ihm kommen. Sofort, hat er gesagt.«

Sie sagte das in einem Atemzug herunter, wollte die Papiere auf den Tisch legen, dachte schon gar nicht mehr an mich, den Unbefugten. Papejewitsch stand mit einem Ruck auf. Starrte stumm die Sekretärin so an, daß sie einen Schritt zurückging. Dann sagte er leise, langsam, sehr deutlich: »Sagen Sie dem Bürger Geheimdienstoffizier, sagen Sie ihm bitte, daß ich zur Zeit der Chefchirurg dieses Krankenhauses bin und damit verantwortlich für die Kranken und das Personal. Ich werde meine Anordnungen nicht ändern, und ich habe auch nicht vor, ihn zu besuchen.« Er sah auf die Uhr. »In einer Stunde habe ich zu operieren, vorher muß ich mich entspannen, daher das Schachspiel, auf diese Weise bereite ich mich auf meine Arbeit vor. Ich bitte daher, mich nicht weiter zu behelligen – verstanden? Noch etwas: Wenn der Bürger Geheimdienstoffizier eigenmächtig meine Anordnung abändert, so bedeutet dies, daß er an meine

Stelle als Chefchirurg getreten ist. Ich gebe dann unverzüglich meine Arbeit ab. Sagen Sie daher dem Bürger Geheimdienstoffizier«, wieder sah er auf die Uhr, »daß in einer Stunde auf Station Zwei dringend eine Blinddarmentzündung zu operieren ist, dann, ebenalls noch heute, ein Leistenbruch. Außerdem muß ein Karbunkel geöffnet werden – das paßt gut: es ist bei einem seiner Kollegen, dem Bevollmächtigten von Lagpunkt 9, er liegt auf Station Eins. Dann hat also der Bürger Geheimdienstoffizier heute zu operieren. Verstanden? Ich bitte in einer halben Stunde um Meldung, ob der Transport abgegangen ist. Für Sie entstehen keinerlei Schwierigkeiten. – Sie haben ja dort einen gefangenen Barackenputzer... Nur vergessen Sie nicht, schicken Sie mir die Meldung. Andernfalls soll der Bürger bevollmächtigter Geheimdienstoffizier selbst operieren. Verstanden? Auf Wiedersehen...«

Ich saß, die Arme auf die Tischkante gestützt, und rauchte. Papejewitsch setzte sich wieder, wischte sich mit dem Taschentuch Stirn und Hals.

»Da sehen Sie, wieder nicht aufgepaßt, haben prompt Ihren Springer verloren. Ich sagte schon: zurücknehmen gibt's nicht!«

Abends rief der Telefonist, ein Häftling, im Lagpunkt 18 an, fragte den dortigen Telefonisten, ebenfalls Häftling, wie der Transport angekommen sei, fragte ausdrücklich nach dem Gesundheitszustand und gab die entsprechenden Winke. Es verging ein Monat. Ich arbeitete nun schon als Pfleger in der zweiten Station der Chirurgie, hatte Abenddienst. Nach der Zählung kam Edith: »Komm auf eine Minute heraus. Erinnerst du dich an Stepan, durch den Tante Dusja wegmußte? Er wurde heute auf Station Eins eingeliefert: Frakturen – beide Beine und das Rückgrat. Ein Baum ist auf ihn gefallen...« Hatte der Wink des Telefonisten gewirkt, oder war es einfach Schicksal?

Tante Dusjas Rückkehr erlebte ich nicht mehr. Im Juni wurde ich zur »Überprüfung des Untersuchungsverfahrens« nach Moskau gebracht. Erst anderthalb Jahre später bekam ich einen Brief von Edith: Sie war inzwischen entlassen worden, hatte Mutter und Tochter gefunden – das Töchterchen hatte sie 1937 als Säugling zurücklassen müssen –, war mit ihnen nach Swerdlowsk übersiedelt, wo sie als Krankenschwester arbeitete. Edith schrieb auch, daß Tante Dusja ins Krankenhaus zurückkam und Onkel Ssenja so glücklich war, als sei er freigelassen worden. Sserjosha starb an einer verschleppten Mastoiditis, Onkel Borja war freigekommen, und der neue Arzt war nicht so tüchtig und sorgfältig.

Nikolaj Papejewitsch lebte seit Mitte der fünfziger Jahre wieder in Tadshikistan, in Duschanbe, als Arzt an einer Poliklinik, bekannt und berühmt in der Stadt und in der Republik als hervorragender Chirurg. Nach der Pensionierung schrieb er Erzählungen und Erinnerungen.

Sechster Teil: Wieder in Moskau

Welche Stunde war die glücklichste meines Lebens? Heute würde ich kaum wagen, sie zu bestimmen. Aber es gab eine Zeit, da hätte ich mit voller Überzeugung auf diese Frage geantwortet: Im August 1946 – den Tag weiß ich nicht mehr – hatte ich gegen vier Uhr nachmittags die glücklichste Stunde meines Lebens.

Drei Tage zuvor hatte man mich zur Wiederaufnahme der Untersuchung nach Moskau gebracht. Auf dem Weg ließ man mich zwei Wochen im Durchgangsgefängnis in Gorkij hocken. In der Zelle war es trostlos langweilig. Ringsum fremde Menschen, zerquält, verbittert, unglücklich, einige auch unangenehm, ja widerwärtig. Danach ein Tag in der erstickenden Enge des Stolypin.

Dann Abend-Nacht-Tag, die zweite Nacht, der zweite Tag und wieder eine Nacht in einem Stolypin, der aber nicht fuhr. Er stand auf der Häftlingsverschickungsstation des Kasaner Bahnhofs in Moskau. In der auf sechs bis sieben Häftlinge berechneten Abteilzelle steckten zwanzig bis dreißig, fast einen halben Tag lang sogar sechsunddreißig Männer. Im obersten Gepäckfach hockte man zu dritt, zu viert, zu fünft, atemlos vor Hitze – das Waggondach glühte unter der Augustsonne – und vor Gestank. Auf der zweiten Pritschenreihe saß man dicht gedrängt, die Beine ineinander verhakt. Unten hockten, saßen und standen sie auf dem Fußboden und lagen unter den Bänken. Auch hier gab es keine Luft, man wurde gedrückt und gequetscht. In Armen und Beinen staute sich das Blut, Muskelkrämpfe stachen und peinigten. Von oben tropfte Urin. Jemand hatte es nicht ausgehalten. Er wurde erbittert beschimpft. Aber wie sollte man wissen, wer es gewesen war? Die Hände konnte man auch nicht ausstrecken.

Morgens wurden wir zum Austreten geführt. Die Begleitmannschaft gähnte. Sie war nicht böse, nur gelangweilt, gleichgültig. Eine verschmierte Toilette: »Marsch-marsch, schneller-schneller!« Dabei hetzten die Posten weniger als die fluchenden und bittenden Zellengenossen. Anschließend: Raustreten mit Sachen, Verladung in den »Schwarzen Raben«. Welche Freude, die Arme, die Schultern zu recken, ein paar Schritte zu gehen, wenn auch schwankend auf dick angeschwollenen Füßen. In der offenen Waggontür: Morgensonne, herrliche Kühle. Im Schwarzen Raben dann wieder Enge, aber nicht mehr derart unerträglich. Die zuerst Hereinkommenden sitzen auf den Bänken, an deren Füße gepreßt die nächsten auf ihren Säcken. Nur die letzten werden während der Fahrt hin und her geschleudert.

Das Auto fährt los. Hinter den dünnen Blechwänden die Geräusche der Stadt: Menschenstimmen, Verkehrslärm. Hupen, Sirenen. Nach ein, zwei Stunden glühen die Wände schon vor Sonnenhitze, und der vergitterte Ventilator läßt keine Luft, sondern nur noch bitteren Staub zu uns durch, Staub, der nach Asphalt riecht.

Der Wagen hielt häufig. Man konnte hören, wie die Soldaten der Begleitmannschaft sich unterhielten, wie sie in eine Imbißstube oder zu einem Getränkestand gingen. Wir klopften: »Chef, laß uns austreten gehen – trinken – wir haben Hunger...«

»Ihr seid bald da – es dauert nicht mehr lange. Gleich ist es soweit.«

Wir fuhren zu verschiedenen Gefängnissen und zu anderen Bahnhöfen: zum Kiewer, zum Kursker, zum Bjelorussischen. Leute wurden herausgeholt, neue Passagiere hineingestoßen.

Wieder und wieder baten wir, flehten, forderten: »Austreten... Trinken... Wenigstens ein Stück Brot... Austreten... Trinken...«

»Haltet noch etwas aus, es dauert nicht mehr lange... Wer flucht da? Kriegst gleich Armbänder verpaßt und Fußlappen ins Maul. Kapiert, du Aas?«

Zeitweilig wurde es leerer, man konnte sich ausziehen, sich auf den Blechboden setzen. Da war es kühler als an den Wänden; unter der Tür zog ein leichter Luftzug herein.

Gegend Abend wurde es erträglicher. Hunger regte sich wieder: Morgens hatte man uns noch vor der Brotausgabe fortgebracht. Abends fuhr man uns zurück zum Kasaner Bahnhof, steckte uns wieder in einen der auf einem Abstellgleis stehenden Stolypins. »Was für eine Brotration wollt ihr denn? Ist doch längst alles ausgegeben.«

So ging es auch am zweiten Tag. Alles ausgegeben. Gut, daß man uns für wenige Sekunden in die verdreckte Toilette ließ – diese Sekunden waren herrlich. Mit den Posten zu schimpfen, war sinnlos, man würde dann nur wie gestern in das vollste Abteil gequetscht. Das hier war nicht so voll. Sitzen konnte man zwar nirgends, aber doch wenigstens von einem Fuß auf den andern treten, sich Machorka aus der Tasche holen, eine Zigarette drehen.

»Woher bist du, Kumpel?«

»Von hier. Morgens haben sie uns weggefahren ... Gestern und heute.«

»Wir sind auch schon zweimal unterwegs gewesen. Uns kutschieren sie rum, und die Brotrationen stecken sie ein. Wenn sie uns wenigstens in die Krasnaja Presnja bringen würden, da herrscht Ordnung. Da gibt es in den Durchgangszellen heiße Balanda und ein bißchen Zucker.«

Aber das Gefängnis Krasnaja Presnja war Durchgangsgefängnis für schon verurteilte Häftlinge, die aus Moskau weggebracht wurden. Die Stolypins auf dem Kasaner Bahnhof waren die Durchgangsstation für Häftlinge, die entweder als Untersuchungsgefangene oder auf »Sonderverfügung« nach Moskau kamen.

In der dritten Nacht stand ich länger als sonst in der erstickenden, stinkenden Enge; immerhin floß nichts von oben, und es tropfte auch nicht. Machorka hatte ich auch noch. Zwei oder drei Stunden nickte ich sogar ein, denn ich konnte mich im Sitzen mit einem mageren, blassen jungen Dieb abwechseln. Ich ließ ihn meine Zigaretten zu Ende rauchen und gab ihm medizinische Ratschläge. Er war auf dem Markt in Kujbyschew verhaftet und schwer geschlagen worden. Jetzt klagte er über Blut im Urin.

In unserem Abteil hatten wir mehrere Zigeuner. Ein ganz junger lag unter der Bank. Dann zwei Kolchosbauern aus Rshew – zwei mürrische, schweigsame Alte, die während der deutschen Okkupation Dorfälteste gewesen waren. Außerdem einige Jungen aus Handwerkerschulen, die wegen »Bummelei« eingelocht waren – sie waren um ein paar Tage verspätet aus den Ferien gekommen –, und einen älteren Lokführer aus Westsibirien.

»Ich bin Parteimitglied, schon seit dem Lenin-Aufgebot[50], bin Stoßarbeiter der Fünfjahrpläne, einer der ersten Ordensträger, hab' mit Kriwonos[51] angefangen. Damals kriegte ich das ›Arbeitsbanner‹. Im Krieg bekam ich drei Orden: den ›Stern‹, das ›Ehrenzeichen‹ und den ›Vaterländischen‹ zweiter Klasse. Und wie viele Dankschreiben vom Volkskommissariat – das weiß ich schon gar nicht mehr. Aber nun bin ich eingesperrt ›laut Erlaß‹[52]. Seit zehn Jahren war ich zum erstenmal in Urlaub gefahren, hatte seit 1936 keinen mehr gehabt, auch keinen einzigen freien Tag. Aber nun war ja der Krieg aus – zuletzt auch der mit den Japanern, und ich bekam einen Monat frei. Die Gewerkschaft bot mir eine Reise nach Sotschi an. Mit dem unmittelbaren Vorgesetzten war abgesprochen, ich könnte eine Woche länger bleiben, da sollten mir meine freien Tage, an denen ich immer gearbeitet hatte, mit aufgerechnet werden. Soundso oft muß man ja fahren ohne Ruhetag dazwischen, vor Übermüdung schwellen einem die Ohren an, und vergütet werden die Überstunden auch nicht. Und jetzt der Urlaubsschein, die Bahnfahrt hin und her macht noch mal sieben Tage. Der Depotchef hatte das zwar genehmigt, aber nicht ordnungsgemäß schriftlich bestätigt. Und ausgerechnet da kommt eine Revision. Mit dem Fahrdienstleiter hatte ich Krach, hatte ihn kritisiert, das war sogar in der Zeitung gedruckt. Und da: Bummelei, volle sieben Tage! Weiter ging's strikt nach dem neuen Erlaß. Sieben Jahre hab' ich gekriegt. Hab' Berufung eingereicht, jetzt hat man mich nach Moskau gebracht – ich hoffe auf Revision.«

Außerdem gab es noch »Stalinsche Diebe« aller Altersstufen in unserem Abteil. Mein Schlafablöser erklärte mir diese Bezeichnung voller Verachtung: »Ein Stalinscher Dieb – das ist einer, der aus Hunger klaut, ohne jede Könnerschaft. Nicht wie ein richtiger Mensch, ein Elite-Dieb[53]. Die Stalinschen stehlen nur, um was zu fressen zu haben oder für Papa und Mama und die Kinderchen. So einer behauptet, nur dies eine, einzige Mal geklaut zu haben, sonst nie, und zetert und jammert: ›Ich bin ein ehrlicher Sohn des Vaterlands, nicht vorbestraft, mich hat der Komsomol erzogen, ich hab' auch gar nicht stehlen wollen, nur eben was mitgenommen. Ich bin doch bereit für alle Stoßarbeit, aber essen muß ich auch.‹ So sind sie, diese Stalinschen Diebe: Kleinvieh, kümmerlicher Dreck, nichtsnutzige Stümper.«

Frühmorgens wurden wir mit Sachen herausgerufen – in den Schwarzen Raben.

»Los, los – sprechen verboten! Ration gibt's erst im Gefängnis. Wir sind nicht verpflichtet, euch zu füttern. Eure Rationen liegen schon seit drei Tagen in der Butyrka. Wir hier haben keine Anweisung. Wo soll ich denn Brot hernehmen? Siehst doch, daß hier keine Bäckerei ist. Warum man euch gestern nicht weggebracht hat? Frag den Fahrer oder die Begleitmannschaft. Hab' ich euch etwa gefahren? Woher soll ich wohl wissen, warum sie euch nicht weggebracht haben. Sie haben sicher Dringenderes zu erledigen. Los, los, bewegt euch. In der Butyrka könnt ihr scheißen und fressen wie zu Hause.«

Der Schwarze Rabe fuhr durch Moskau, bis es heiß wurde, stand dann lange irgendwo in einer Seitenstraße in der Sonne. Die Begleitsoldaten schwatzten träge miteinander, gingen zwischendurch ein Bier trinken.

Wir waren nur noch zu dritt, saßen in hochgekrempelten Unterhosen auf dem Fußboden und wischten uns den schmutzigen, klebrigen Schweiß: Der eine war Ingenieur, saß schon neun Jahre in Workuta. Sein Gesicht war mager, grau, scharfkantig. Nachdenklich und schweigsam, gab er nur einsilbige Antworten. Sie brachten ihn auf Sonderverordnung her, warum und wohin, wußte er nicht. Auch der andere war Ingenieur. Kesselbau-Spezialist. Breitgesichtig mit grauem Schnurrbart. In den zwanziger Jahren war er in die Tschechoslowakei gefahren. Das war damals erlaubt. Er blieb dort, heiratete eine Tschechin, wurde tschechoslowakischer Staatsbürger. Als die Deutschen 1939 das Land okkupierten, verließ er seine Firma, arbeitete in einer kleinen Reparaturwerkstatt, reparierte Heizungen und Haushaltsgeräte.

»Meinen Schwager haben die Deutschen erschossen. Als die Russen dann kamen, waren alle froh und erleichtert. Ich auch, von ganzem Herzen. Zu uns kamen Offiziere, sehr sympathische junge Leute. Ich wollte gern wissen, wie ich meine Verwandten in Rußland ausfindig machen könnte, hatte ja so lange nichts von ihnen gehört. Meine Schwester hatte nach Saratow geheiratet, zwei Vettern lebten im Ural. Man bestellte mich in die Kommandantur, sagte, es sei wegen meiner Anfragen, es daure nur ein paar Minuten. Ich habe mich nicht mal von den Kindern verabschiedet. Aber dort lag schon der Verhaftungsbefehl – und Schluß. Später erlaubten sie meiner Frau, mir Kleider und Essen zu bringen. Ein halbes Jahr Untersuchungshaft. Nein, geschlagen haben sie mich nicht. Nur gedroht, mich eingeschüchtert. Ich sagte alles, wie es gewesen war, hatte ja auch nichts zu verbergen, nichts mit russischen Emigrantenorganisationen zu tun gehabt. Aber schließlich bin ich Russe, und zu unserer Bekanntschaft gehörten auch russische Familien, da ging man manchmal in die Kirche: zu Trauungen, Taufen, Beerdigungen.

Als die Unsrigen dann einmarschierten, da haben wir Russen uns alle ehrlich gefreut. Ich hatte ja nichts zu verbergen, fünfzehn Jahre in ein und derselben Wohnung gelebt, zehn Jahre in derselben Fabrik gearbeitet und wieder fünf Jahre in einer Werkstatt. Zeugen – soviel man will. Aber niemand wurde gefragt. Dann in Lwow das Militärtribunal, ganze zehn Minuten. Sie stellten ein paar Fragen. Dann: ›Bekennen Sie sich schuldig?‹ ›Nein‹, sagte ich und will alles erklären. ›Schon gut, schon gut, dem Gericht ist alles klar.‹ Sie zogen sich nicht mal zur Beratung zurück, flüsterten eine halbe Minute und erklärten: ›Vaterlandsverrat‹ – zehn Jahre und noch fünf dazu, wie man sagt, Aberkennung der bürgerlichen Rechte. Ich legte Berufung ein, warte nun schon mehr als zwei Monate auf Antwort, jetzt haben sie mich nach Moskau gebracht. Aber wissen Sie, ich kann es einfach noch nicht glauben: eine so gewaltige Hauptstadt, eine so mächtige Großmacht, und nun wir hier unter diesen, man kann schon sagen unmenschlichen Bedingungen . . .«

Ein vierter wurde zu uns hereinbefördert; in der Tür nahmen sie ihm die Handschellen ab und warfen ihm zwei Säcke nach. Er setzte sich auf den größeren, rieb sich die Handgelenke. Der schmalschultrige Mann trug eine kleine Schirmmütze und ein weißblaues Sporthemd. Seine hellblonden Haare waren kurzgeschnitten; anstelle der Augenbrauen kleine graue Hügelchen, rötliche Lider, wäßriggraue Augen, kleiner Mund mit winzigen Zähnen.

»Verdammt heiß bei euch Kumpels, was? Habt ihr Hunger? Los – langt zu!«

Er kramte Dörrbrot und Zuckerstücke heraus und gab jedem zwei ganze Hände voll.

»Wie steht's mit euch, habt ihr die Urteile schon? Ich hab meins – ›Höchstmaß‹[54]. Von Moshajsk. Das Gebietsgericht hat mir ›Spitze‹ verpaßt. Haben mich hergebracht, um mich abzuknallen oder zu begnadigen. Vielleicht knallen sie – vielleicht auch nicht. Das ist meine vierte Strafe, soweit aktenkundig, sonst wären es mehr. Im Frühjahr bin ich von Petschora getürmt, hatte noch nicht mal die halbe Frist rum, abgehauen und los in die Welt. Man nennt mich den Moskauer Ssaschok, dabei komme ich nur aus der Umgebung von Moskau. Mein Partner war aus Moshajsk. Na ja, da haben wir eine Sparkasse auseinandergenommen und vier Wochen später einen Lebensmittelladen. Wir beide und noch zwei von woanders. Und das ging schief. Wir waren besoffen. Die beiden – nichts wie weg, kaum daß sie sich überhaupt noch auf den Beinen halten konnten. Und ich Idiot – ich könnte mich grün ärgern –, als ob man mir den Schädel vertauscht hätte. Zugegeben, im Lager bin ich ganz schön hungrig geworden. Drei Jahre Daumenlutschen. War so abgemagert, daß ich dachte, ich komm' nicht mehr hoch. Aber aus der Sparkasse da hatten wir doch schon blankes Geld geholt, mein Anteil war mehr als 20 Stück, in eurer Sprache also über 20 000 Rubel. Verheiratet war ich mit einer Ehrlichen, keiner von uns. Sie wußte auch nicht, wer ich war, glaubte, ich käme aus Deutschland, demobilisiert... Schon vorher hatte ich mit meinem Partner ein bißchen bei Moskau gearbeitet, Beutezeug geholt. Ausstaffiert haben wir uns da – ich kann dir sagen! Und ich lebte mit ihr – wieviel? – drei, nein, vier Monate, und wie! Alles, was man sich bloß wünschen kann: Wein und Schokolade bis obenhin. Wir haben so gelebt, daß es mir, Gott verdamm mich – nicht mal leid täte, jetzt zu sterben. Meine Frau liebt mich und die Schwiegermutter auch – wie ihren eigenen Sohn. ›Saschenka, ich heiz' dir die Badestube an! – Tanja‹, so heißt meine Frau, ›warum hast du Ssaschenka so wenig Suppe aufgegeben? Gib ihm nicht die Knorpel, gib ihm Fleisch!‹ Eine sehr gute Frau, die Schwiegermutter, und so gerecht. Ich Dummkopf hab' mich um den Verstand gefressen. Und dann kommt mein Partner wieder und bringt neue Leute mit. Lebensmittelladen bei Moshajsk. Und wir hin wie die Blöden, schon ziemlich besoffen. Den Wächter haben wir fertiggemacht. Abhauen hätten wir sollen, so weit wie möglich! Aber ich war größenwahnsinnig. Zugegeben: Was da zu holen war – überhaupt nicht auszudenken! Alle Sorten Lebensmittel, Speck, Butter, Schweinefleisch, Schnaps – verschiedene Sorten. Aus dem Wagendepot holten wir einen Anderthalbtonner, packten ihn hübsch voll. Haben alles gut versteckt, ganz leise, wie sich's gehört, und wieder die Ehrlichen gespielt. Mich zog es nur wieder nach Hause – hatte Sehnsucht nach meiner Frau, nach der Schwiegermutter, dem Häuschen.

Aber die Bullen von der Miliz hatten mit den Hunden unsere Spur gefunden. Ich war mit dem Partner grade bißchen ausgegangen, wir waren schon auf dem Heimweg, ganz schön voll, versteht sich. Er hat ein Schießeisen bei sich, ich ein paar Beuteparabellum. Wir sehen sie schon von weitem, flitzen in eine Seitenstraße. Die: ›Halt! Hände hoch!‹ Wir hierhin und dahin. Die lassen die Hunde los, mein Partner erwischt einen der Köter auf fünf Schritt mit der ersten Kugel: ins Schwarze! Und die Dreckskerle gehen vor wie an der Front: bumm – bumm! Die Kugeln peitschen nur so. Mein Partner ist hinter mir, ich höre: ›Oj Ssaschok!‹ Und wie ich mich umdrehe, hat er schon alle viere von sich gestreckt.

Da bin ich durchgedreht; rein in 'ne Scheune, Deckung genommen, gezielt und geschossen, was das Zeug hielt. Dreien oder vieren von den Arschlöchern hab' ich was übergebraten. Beim Gericht hieß es, einer wär' verreckt. Die Bullen alarmierten Militär und Feuerwehr, die brachten ein MG und eine Feuerspritze mit, fehlten bloß noch Kanonen. Als sie mich schließlich griffen – ich hatte die letzte Patrone verschossen –, da freuten sie sich so, daß sie mich kaum noch vertrimmt haben, die Schlappschwänze. Haben mich nur zusammengeschnürt wie ein Wickelkind. Aber vor Gericht, da hieß es dann natürlich ›Banditismus‹. Das ist das einzige, was mich kränkt. Schließlich bin ich ein ehrlicher Dieb, lebe nach unserm Gesetz. Banditen und Rabauken, die hasse ich so wie – na, mehr jedenfalls als Polypen und Zinker. Ein dummes Weib zu zwingen: Geld her, oder einen Menschen zu erstechen – dazu braucht man keinen Verstand und keinen Mut – bloß Frechheit und keinerlei Gewissen. Jeder Mensch möchte ja leben, hat vielleicht eine Frau, eine Mama oder Kinder zu Hause. Und da kommt so ein vernagelter Holzkopf daher, beraubt und ersticht ihn. Diese Mistfinger hab' ich immer schon gehaßt. Aber zum Stehlen – da braucht man Gehirn, Mut, Geschicklichkeit. Das ist wie Kartenspielen, wie Dame oder Schach: überleg dir, wo und wie und was... Zugegeben: Wenn sie dich erwischen, wenn ein Verräter dich reingelegt hat, dann muß man zupacken, und wenn das so ein letzter Sauhund ist, ihn um die Ecke bringen. Aber das gilt nur im alleräußersten Fall.

Das ist unser Gesetz, daran halten wir uns. Sonst darf ein ehrlicher Dieb sich nicht mit Blut bekleckern. Und so hab' ich auch für meine eigene Dummheit Höchstmaß bekommen. Aber wenn die mich begnadigen, dann werde ich ordentlich, Gott verdamm mich. Ich hab' jetzt eine Frau, mein eigenes Haus, vielleicht kommen auch noch Kinder, wenn ich am Leben bleibe.«

Er sprach, ohne innezuhalten, mit leiser, gleichmäßiger Stimme und schaute seine Zuhörer zerstreut und freundlich an. Rauchte, wobei er sich manchmal eine Zigarette an der andern ansteckte. Jedem von uns hatte er ein Päckchen »Bjelomor« gegeben, ganz ohne jede gestenreiche, ostentative Großzügigkeit, die sonst zur Diebs-Eleganz gehört, sondern ganz einfach, wie etwas, das sich von selbst versteht. Jeden von uns fragte er höflich: »Woher bist du, Onkel? Achtundfünfziger?« Aber er hörte kaum auf die Antwort und beeilte sich, weiter von seinen Angelegenheiten zu sprechen. Er schwitzte noch nicht, saß auf seinem Sack, ohne sich auszuziehen, erhöht über uns Halbnackten, Schweißig-Schmutzigen: weiß, sauber, ein freundlicher Ernährer und zutraulicher Erzähler.

Doch von dem Dörrbrot trocknete der Speichel, der Zucker verklebte den Mund, und der Durst wurde immer qualvoller. Schließlich waren wir angekommen, eindeutig: Wir fuhren von einer lauten Straße in einen stillen Hof. Der Wagen wendete, Torflügel quietschten – es wurde noch stiller. Von der Straße drangen kaum noch Geräusche herüber. Eine Kurve. Noch eine. Wir hielten. Der Motor verstummte. Schlösser klickten.

»Einzeln rauskommen, marsch-marsch!«

Sack und Kleider unterm Arm, traten wir barfuß auf den warmen Asphalt. Schattige Bäume, eine hohe und breite Eingangstür. Im Windfang kühler Fliesenboden.

»Aufstellen mit dem Gesicht zur Wand!«

Man schreit uns nicht an, man spricht normal, überhaupt nicht grob, sondern sachlich-ruhig. Die Familiennamen werden aufgerufen, man muß mit Vor- und Vatersnamen antworten. Paragraph? Strafmaß?

»Gehen Sie durch.«

Ein langer, ziemlich breiter Korridor – nein, mehr ein Saal ohne Fenster; Fliesenboden, rechts und links Türen mit Gucklöchern, am entgegengesetzten Ende Tische und Schreibpulte,

Lampen mit grünen Schirmen. Der Aufseher wirkt wohlwollend, fast gemütlich. Er ist nicht mehr jung, hat eine saubere Uniform an. Er geht voraus, klopft mit dem Schlüsselbund gegen sein Koppelschloß, öffnet die Tür einer Box, einer kleinen, L-förmigen Zelle. An der einen Längswand ist eine dunkle Holzbank im Fliesenboden verankert. Alle Wände sind halbhoch mit glasähnlichem Material gekachelt, darüber hellbeiger Ölanstrich.

»Bürger Chef! Austreten – Trinken.«

Er nickt verständnisvoll: »Gleich, gleich. Haltet noch ein bißchen aus.«

Jenseits der Tür Schlüsselklirren. Schritte. Schlurren. Ssaschok erklärt: »Das ist Butyrka – ein gutes Gefängnis. Sehr anständig. Vielleicht erschießen sie mich doch nicht. Heißt ja, daß in der Butyrka keiner umgelegt würde.«

Schlüsselklappern an unserer Tür. Ein anderer Aufseher, jünger, schroffer: »Wer will austreten?«

Alle springen auf.

»Nicht drängeln – ohne Sachen – Hände auf den Rücken... Dort drüben können Sie sich satt trinken und waschen.«

Wir gehen schräg über den Korridor: drei halbnackte, barfüßige Schmutzfinken und der weiße, ordentliche Ssaschok. Eine Tür mit Guckloch, drei Steinstufen hinauf. Feuchte Kühle. Ein Waschbecken mit zwei Hähnen. Drei Toilettenkabinen, überhaupt nicht verschmutzt, das Wasser funktioniert, eiserne Roste. Minuten unsagbarer Seligkeit.

Danach trinken wir gierig und waschen uns. Trinken wieder und waschen uns noch mal. Der Aufseher schaut herein. Er brummt, aber gutartig: »Spritzen Sie hier nicht rum, das ist keine Badeanstalt. – Los, los, zurück, andere wollen auch.«

Naß und zufrieden gehen wir in unsere Box. Keiner hat Lust, sich abzutrocknen. Herrliche, belebende Kühle. Wieder Schlüsselklirren. Man bringt Aluminiumschüsseln mit Kascha – so wunderbar dick, daß der Löffel drin steht.

»Brot ist für heute noch nicht angewiesen, aber von der Kascha könnt ihr noch einen Schlag haben.«

Heißer Tee in Aluminiumbechern, nicht süß, aber echter, duftender Tee. Ssaschok verteilt wieder Zucker und Dörrbrot. Wir essen langsam, konzentriert, schnaufen glücklich. Ab und zu kurze, fröhliche Lobsprüche auf das Wasser, die Kascha, den Tee, die Aufseher, das Dörrbrot, die Butyrka.

Wir bekommen noch einmal Kascha und einen zweiten Becher Tee, schaben die Schüssel blank aus. Innen sind Buchstaben eingestanzt;: »But tjur« (Butyrskaja tjurma). Wahrscheinlich damals, vielleicht auch ein andermal – möglicherweise hatte ich den Ausdruck auch schon von jemandem gehört –, sagte ich im Scherz, aber doch nicht nur zum Scherz: »Sanatorium Butjur, ja, genau das ist es: Sanatorium Butjur.«

27. Zelle Nummer 96

Der Hauptverkehr innerhalb der Butyrka spielte sich nachts ab. Morgens und tagsüber wurden die Häftlinge zur Verhandlung oder zum Transport gebracht. Alle Neuankömmlinge jedoch, wann und woher man sie auch brachte, wurden erst nachts in die Zellen geführt. Bis zur abendlichen Zählung blieb jeder Neuzugang im »Bahnhof«, dem Empfangstrakt der Butyrka, der aus zwei Räumen bestand. Der erste, der tatsächlich an einen Bahnhofswartesaal erinnerte, hatte viele Türen und etwa zwei Dutzend verschieden große Boxen – links kleine ohne Fenster, rechts große geräumige.

An den beiden Längsseiten des zweiten Korridor-Saales befanden sich hölzerne Kabinenboxen, in denen man nur sitzen konnte, wenn man die Knie fest gegen die Tür stemmte.

Nach der Abendzählung auf dem Bahnhof hörte das signalisierende Schlüsselklappern der Aufseher überhaupt nicht mehr auf. Bald näherten sich Schritte, bald entfernten sie sich, mal einzelne, dann wieder von mehreren, von einer ganzen Gruppe. Bald schlurfende Schritte, bald trappelnde, schurrend die einen, stampfend die anderen; dazu gedämpfte Stimmen, leise erteilte Befehle: »Nicht sprechen! – Hände auf den Rücken! – Nicht umdrehn! – Gradeaus!« Und nur selten Schimpfen oder wüstes Geschrei im Kriminellenjargon.

Die Neuzugänge wurden einzeln aus den Boxen herausgerufen. Im Büro füllte der Diensthabende eine Karte mit den üblichen Fragen aus, dann den zusätzlichen: »Von wem erwarten Sie Pakete? Wen wollen Sie benachrichtigen?«

Dann fotografieren: von vorn und im Profil.

»Kopf höher – Augen nicht zusammenkneifen – Mund nicht verziehen – gradeaus sehen – ruhig sitzen.«

Im gleichen, ziemlich düsteren Raum mußte man auch »klavierspielen«. Die Finger beider Hände wurden mit streng riechender schwarzer Farbe bestrichen und auf einem Standardformular in einzelne Felder abgedrückt.

Nächste rituelle Handlung: der »Schmon«, die Filzung. Die Schmon-Zellen lagen im Keller. Gewöhnlich wurden gleichzeitig acht bis zehn Mann durchsucht. Die ganze Zelle war längs durch breite Tische zweigeteilt, hüben und drüben an den Wänden standen Bänke. Die Aufseher in dunklen Kitteln hatten dünne Metallstäbe, um die Nähte zu kontrollieren, und Scheren. Die Häftlinge hatten sich auf der einen Seite der Tische in geringem Abstand voneinander aufzustellen.

»Los, schneller, Säcke, Koffer, Bündel auf den Tisch ... Ziehen Sie sich aus – alles; alles ausziehen. Wer Brille, Gebiß oder Prothese trägt: auch ablegen. Verbände abnehmen. Falls nötig, verbindet der Sanitäter später frisch. Alles auf den Tisch legen. Nicht an den Tisch treten. – Mund weiter aufmachen – so! Backe mit dem Finger ausstülpen und dehnen, die andere auch ... Glied anheben, von sich wegziehen ... Gesäßbacken auseinanderziehen ... Jetzt können Sie sich wieder anziehen.«

Nackt sitzt man auf der Bank. Die Aufseher durchsuchen die Sachen Stück für Stück. Kragen- und Jackettaufschläge trennen sie teilweise auf oder bohren ihre Stäbe hinein. Dasselbe geschieht mit Hosenschlitzen und -umschlägen. Metallknöpfe, Haken, Ösen und Schnallen werden abgeschnitten. Machorka und Zucker auf den Tisch geschüttet, in die Hülse jeder Papiros hineingesehen. Übergenaue Aufseher brechen die Papirossi auch auseinander: »Sie können Sie ja später wieder zusammendrehen und rauchen.« Die kontrollierten Sachen werden ihren Eigentümern zugeworfen.

»Los-los, schneller! Anziehen! Klamotten nehmen. Los-los, ordnen können Sie sie später.«

Auf den Tischen bleiben die beschlagnahmten Gegenstände zurück: Geld, Gürtel, Schnürsenkel, Uhren, Bleistifte, Rasierzeug, Schreibpapier, Bücher, Zeitungen. Ein Aufseher schreibt Quittungen aus: eine für Wertsachen (Uhren, Ringe), Riemen und dergleichen, die andere für das Geld. Papier, Bleistifte, Zeitungen werden ohne Quittung einbehalten,

Die Kriminellen überlisten manchmal selbst erfahrene Butyrka-Kontrolleure. Zwei oder drei fangen an zu diskutieren, zu lamentieren oder nicht allzu ernst wegen der Zeitungen zu schimpfen: Sie brauchten sie ja nur zum Zigarettendrehen, nicht etwa zum Lesen. Auf diese Weise lenken sie die Aufmerksamkeit auf sich, unterdessen steckt der Unauffälligste, Stillste beim Schuhausziehen ein Spiel Karten, ja sogar Rasierklingen in die Socke oder wirft ein schon vorbereitetes Bündel geschickt unter dem Tisch durch auf die andre Seite zu den Sachen eines schon durchsuchten Kumpels.

Nach der Filzung kamen wir in eine andere Box und von da – lange nach Mitternacht – ins Bad.

Für einen Einzel-Neuzugang gab es kleine Kabinen mit dunklem Vorraum und nur einer Dusche. Größere Gruppen brachte man ins Hauptbad. Hier war der Ankleideraum lang und schmal, und an den Wänden standen Bänke. Die linke Wand war glatt, an der rechten befanden sich zwei Eisentüren, gegenüber dem Eingang führte eine Tür zur Friseurstube.

Eine der Türen rechter Hand ging auf. Alte Frauen in schwarzen Kitteln fuhren eiserne Rahmen auf Rollen herein: »Da hängt alles drauf, was zur Entlausung kommt, alle Klamotten. Und auf das Fach da Eßwaren, Streichhölzer, Schuhe – das geht kalt durch die Desinfektion.«

Die Wände im Ankleideraum sind mit glasähnlichen Platten in Grün und Violett gekachelt. Sie dienen als Briefkästen. Man schreibt mit Seife drauf und prüft mit einem Blick von der Seite die Lesbarkeit. Freunde, denen die Verhandlung bevorsteht, vereinbaren vorher, einander auf einer bestimmten Kachel in dieser oder jener Ecke die Straffrist mitzuteilen.

Aus dem Bad geht es in die letzte Durchgangsbox, und von hier, meist erst gegen Morgen, wird man einzeln und namentlich herausgerufen und in die Zellen geführt.

Im August 1946 kam ich in den ersten Stock des alten Baus. Ein breiter Korridor – auf der einen Seite eine helle grüne Wand, flache Nischen und dunkelgrüne Zellentüren, »einäugig«, mit Durchreicheluken. Auf der andern Seite – große Fenster, durch nicht allzu enge, hellgrau gestrichene Gitter gesichert. Man konnte dahinter das dichte Laub der Bäume erkennen, lebendiges, atmendes Blattgrün unmittelbar gegenüber dem toten Grün der Eisentüren. Der Morgen war fliederfarben-rosa, eifrig zwitscherten die Vögel. Der Etagen-Aufseher führte mich in ein dunkles Dienstzimmer, gab mir eine Wattematratze, eine Aluminiumschüssel, Becher und Löffel.

»Gehen Sie leise in die Zelle, und legen Sie sich hin, wo Platz ist. Bis zum Wecken sind es noch drei Stunden.«

Zelle 96. Geräumig mit zwei Gewölbebögen, die in der Mitte von flachen Vorstößen eingefaßt sind. Die Wände gingen in die hohe Decke über, oben zwei Lampen in den Putz eingelassen, vergittert. Sie brennen auch nachts, denn in einer Zelle muß es immer hell sein, damit alles stets überschaubar ist. Zwei Fenster, dunkle Gitter, davor der »Maulkorb«, die in nicht allzu spitzem Winkel angebrachte Blende, man kann große Streifen des frühmorgendlichen Himmels erkennen.

Links neben der Tür ein dunkelrot gestrichener Kübel. An den Längswänden stehen Pritschen: Holzbretter auf Stahlrahmen, »Ligimatoren« genannt. Die Zelle ist nicht überfüllt, kaum mehr als zwanzig Mann. An manchen Stellen sind zwischen den Pritschen schmale Durchgänge, dort hat man die Bretter zusammengeschoben. Alle liegen auf Matratzen. In der Zellenmitte stehen drei Tische aneinandergerückt, darauf Bücher, Schachbretter.

Der dritte Platz vom Fenster aus war frei, ein Glücksfall. Meistens müssen Neulinge in den gewöhnlich überfüllten Zellen an der Tür neben dem Kübel beginnen.

Ich lege mich auf meine Matratze, deckte mich mit der Wattejacke zu. Vom Fenster kam Kühle. Das Vogelzwitschern nahm ich wie jeder Häftling als gutes Omen. Selig schlief ich ein.

Wecken! Durch die Klappe ruft der Aufseher die Namen der vier, die heute Tagesdienst in der Zelle haben.

Austreten! Zwei Mann vom Tagesdienst bringen den Kübel fort. Die beiden andern werden das Essen ausgeben, beim Saubermachen kommandieren. Im Korridor stellen wir uns zu zweit auf. Hände auf den Rücken. An der Toilettentür verteilt der Aufseher Papier, aus Zeitungen und alten Büchern geschnitten. Bis alle sich gewaschen und erleichtert haben, vergehen etwa zwanzig Minuten. In Zelle 96 saßen nur Untersuchungshäftlinge. Nur ich – obwohl ebenfalls noch nicht verurteilt – war schon im Lager gewesen. Daher wurde ich von allen Seiten ausgefragt: nach den Rationen, der Lagerordnung, den Arbeitsnormen. Wie es mit dem Krankenhaus wäre und mit dem Briefeschreiben. Und natürlich, was man Neues von der Amnestie hört, ob es stimmt, daß wirklich ein Manifest bevorsteht? Sollen alle Kriegsteilnehmer begnadigt werden oder nur, wer auch verwundet war?

An einige Zellengenossen der Monate August, September und Oktober 1946 erinnere ich mich noch gut.

> »Und wieder kommt die Erinnrungsstunde,
> ich sehe, fühl', höre euch all' in der Runde ...«

heißt es bei Anna Achmatowa.

Da ist der breitschultrige, breitgesichtige, hinkende Flieger Alexej. Schon zu Anfang des Krieges war er mit einer schweren Maschine, einer TB-3, abgeschossen worden und verwundet in Gefangenschaft geraten. Kaum geheilt, flüchtete er auf dem Transport durch Ostpreußen. Ein paar gefangene Flieger und Panzergrenadiere nahmen die Bodenbretter in ihren Güterwagen heraus und rollten sich einzeln auf die Gleise. Sie schlugen sich nach Polen und schließlich bis nach Bjelorußland zu den Partisanen durch. Bis zum Winter kämpfte Alexej auf Waldwegen, führte einen Partisanenzug; dann gelang es allen, die Frontlinie zu überschreiten. Er kehrte zu seiner alten Einheit zurück, flog nun ein Schlachtflugzeug. Im Herbst 1942 erwischte es ihn wieder hinter den deutschen Linien. Es gelang ihm noch, seine Bomben abzuwerfen und das schon brennende Flugzeug in unseren Stellungen zu landen. Lange Wochen mußte er im Lazarett zubringen. Der zerschossene Unterschenkel heilte schlecht, er hinkte, wollte aber bei seiner Staffel bleiben, so behielt man ihn beim Bodenpersonal.

Er heiratete eine Fliegerin aus einem Frauenregiment. Sie bekamen eine Tochter. Nach dem Mutterurlaub flog sie bald wieder Kampfeinsätze. 1944 erhielt Alexej einen Auftrag, weit im Hinterland Geräte aufzutreiben. Er reiste durch Moskau und wurde auf dem Bahnhof verhaftet. Der Untersuchungsrichter sagte ihm, seine Frau sei vom Einsatz nicht zurückgekommen, sondern bei den Deutschen gelandet. Das bedeute, er habe sie hinübergeschickt, denn er sei aus der Gefangenschaft mit einem Auftrag der deutschen Abwehr entlassen worden, er sei ein Verräter, ein Faschist. Daraufhin schlug Alexej mit einem Stuhl zu. Der Untersuchungsrichter blutete am Kopf. Man fesselte Alexej, verprügelte ihn und steckte ihn für zwanzig Tage in den Karzer. An seinem kranken Bein begann eine Fistel zu eitern; er trat in den Hungerstreik; man ernährte ihn durch die Nase. Seither war er noch nicht wieder zum Verhör gerufen worden. Zwei Jahre war er jetzt in Untersuchungshaft, eineinhalb davon ohne jegliches Verhör. Er wirkte ruhig und keineswegs deprimiert, sprach mit leisem, aber bestimmtem, kräftigem Baß, bewegte sich straff trotz der Beinverletzung. In jeder Bewegung spürte man die elastische, männlich-elegante Kraft des guten Sportmanns und des echten Berufssoldaten.

»Man muß seine Kräfte schonen, der Fraß hier hat nur wenig Kalorien. Pakete sind mir nicht erlaubt. Zuerst durfte mir meine Schwiegermutter welche schicken. Aber seit ich auf den Halunken losgegangen bin, hab' ich Paketverbot. Jeden Monat schreibe ich ein Gesuch. Man kriegt hier monatlich ein Blatt Papier für Gesuche oder Beschwerden und muß es schon am selben Tag wieder abgeben, egal ob leer oder vollgeschrieben. Ich schreibe immer denselben Text: Ich bitte, die Untersuchung abzuschließen und Pakete zu erlauben. Antwort kriege ich alle drei Monate, auch immer dieselbe: Die Akte liege beim Militärstaatsanwalt des Moskauer Wehrkreises und Schluß. Ich muß also meine Kräfte sparen. Auch viel reden ist nicht gut, es verschleißt Kalorien und Nerven.«

Er lag den größten Teil des Tages. Zwar mußten wir die Wattematratzen tagsüber zur Wand hin aufrollen, durften nur auf den Pritschen oder Bänken sitzen, aber Alexej war ein Alteingesessener, dazu krank – mit einer Knochenfistel im Schenkel. Die Aufseher ließen ihn in Ruhe, machten ihm gegenüber nicht einmal eine Bemerkung. Als ich schließlich Pakete bekam, teilte ich sie in erster Linie mit ihm. Uns verbanden überdies gemeinsame Erinnerungen, sogar gemeinsame Bekannte. Alexej war – noch zu Lebzeiten Makarenkos[55] – Zögling der Dzierżiński-Kommune in Charkow gewesen, war mit Jungen zur Schule gegangen, mit denen ich später in Charkow studiert hatte.

Er blieb bis zum Herbst 1947 in der Butyrka. Damals traf ich Leute, die noch kürzlich mit ihm in einer Zelle gewesen waren. Anfang der sechziger Jahre las ich in der »Iswestija« einen Artikel über einen Fliegerhelden, in dem ich Alexej wiedererkannte. (In diesen Jahren schrieb man noch über Helden, die Repressionen zum Opfer gefallen waren.) Aus dem Artikel entnahm ich, daß er pensioniert war und »aktiv am gesellschaftlichen Leben teilnahm, besonders an der Arbeit der ›Gesellschaft für die Zusammenarbeit mit dem Heer, der Luftwaffe und der Marine‹«.

Da ist Hauptmann Jakowlew: bleich, untersetzt, mager, mit einem runden, geschorenen Kopf; über der rechten Augenbraue eine tiefe Narbe, helle, gütige Augen, traurig-erstaunt. Seine Stimme ist leise, die Bewegungen sind langsam. Als Chef einer Artillerieabteilung war er 1941 bei Moshajsk schwer an Kopf und Brust verwundet worden, wachte erst im Lazarett wieder auf, in dem er nach und nach gesundgepflegt wurde. 1942, nach seiner Demobilisierung als Invalide, begann er in einer Wirtschaftsbehörde zu arbeiten. Anfang 1945 verhaftete man ihn als »Wlassowschen Agitator« wegen Vaterlandsverrat. Einige Soldaten seiner Abteilung waren in Kriegsgefangenschaft geraten und nach ihrer Befreiung in sogenannte Filtrierlager zur Überprüfung gekommen. Dort verlangte man von ihnen, sie sollten möglichst viele Verräter und deren Helfershelfer entlarven. Sie verabredeten sich, vor allem Gefallene zu nennen. So gaben sie auch Hauptmann Jakowlew, den sie selbst sterbend mit durchschossenem Kopf in seinem Blut hatten liegen sehen, als einen derer an, die in Gefangenschaft für Wlassow agitiert hätten. Einige ähnliche Meldungen, eine »Beschuldigung über Kreuz«, und Jakowlew wurde verhaftet. Obwohl sein Alibi leicht binnen eines Tages hätte überprüft werden können – alle Lazarette, in denen er gewesen war, lagen bei oder in Moskau – und obwohl er in der Zeit, als er angeblich Wlassow-Leute anwarb, in einer Moskauer Behörde gearbeitet hatte, dauerte die Untersuchung seines Falles schon länger als ein Jahr. Noch immer wurde er zu Gegenüberstellungen mit seinen Entlarvern geführt, die sich versprachen, in Verwirrung gerieten, erschraken. Einige Zeugen kamen von weit her aus den Lagern. Jakowlew geriet in trübes Erstaunen darüber, daß die Ermittlungsrichter nicht das

Einfachste und Leichteste taten: seine Krankengeschichte überprüften. Statt dessen setzten sie die Verhöre fort, erbosten sich, krakeelten, schimpften – zwar nicht mehr mit ihm, sondern mit den unglückseligen »Denunzianten«; sie verdonnerten sie zu Karzer und ließen aber auch ihn nicht frei.

Zwei Polen in unserer Zelle, Rittmeister Kazimierz K. und Fähnrich Julik T., halfen mir, meine Polnischkenntnisse zu erweitern. Beide waren nach Paragraph 58 – 10 angeklagt wegen antisowjetischer Agitation in einem Internierungslager für Offiziere der Heimatarmee.

Der Rittmeister berichtete mit verächtlichem Achelzucken: »Ein Pan hörte, ich hätte ›beschissene Demokratie‹ gesagt. Vielleicht habe ich das über die englische oder amerikanische Demokratie auch gesagt...«

Fähnrich Julik, der in Warschau das Gymnasium nicht beendet hatte, war gleich zu Beginn der Okkupation in den Untergrund gegangen. Sein dunkler Teint, die scharfgeschnittene Nase und der schmale, nervöse Mund deuteten darauf hin, daß er von irgendeiner Seite jüdischer Herkunft war; aber er verschwieg es. Oft, manchmal auch unpassend, betonte er uns gegenüber, daß seine Familie streng katholisch sei, daß sein Vater schon in den ersten Legionen Pilsudskis gedient habe, daß seine Eltern von den Deutschen als Geiseln nach einem Partisanenüberfall erschossen worden seien. Damit gab es zu verstehen, daß sie nicht etwa im Ghetto umgekommen wären.

Oft erzählte Julik vom herrlichen Leben im Vorkriegs-Warschau. Arm und arbeitslos seien nur die Taugenichtse gewesen. Alle hätten gut gelebt in Polen – auch die Russen, die Ukrainer und die Juden. Unzufrieden seien nur die Nazisten, die Bandera-Leute und die Kommunisten gewesen – kurzum, nur die Feinde Polens. Sie hätte die Arbeiter und andere Volksschichten aufgehetzt: Volksdeutsche, Ukrainer, jüdische Herumtreiber. Die anständigen Juden hätte sich als »Polen mosaischer Konfession« bezeichnet und »Väterchen« Pilsudski wie den leiblichen Vater verehrt.

Er debattierte öfter mit mir als der Rittmeister, der nur ironisch lächelte, wenn ich Julik zu beweisen suchte, daß wir 1939 keinesfalls den Polen hätten helfen können, daß wir das Abkommen mit Hitler schließen mußten, weil uns die polnische Regierung Rydz-Smigly und Beck dazu gezwungen hätte; daß wir Polen nicht gemeinsam mit den Deutschen überfallen, sondern die Westukraine und das westliche Bjelorußland befreit hätten; daß nicht wir, sondern die Deutschen in Katyn die polnischen Offiziere erschossen hätten.

Mit zornig verzogenem Gesicht rief Julik dann: »Konntet ihr denn Warschau nicht helfen? Und wenn nicht, warum habt ihr dann uns nicht helfen lassen? Unsere Einheit marschierte in Richtung Warschau, aber ihr habt uns entwaffnet und ins Lager geschafft. Das ist die Wahrheit! Ich habe auch dort nur die Wahrheit gesagt, aber der Pan Untersuchungsrichter nimmt das für antisowjetische Propaganda. Es ist die reine Wahrheit und keine Propaganda.«

Wir stritten miteinander, zerstritten uns aber nie. Beiden Polen gefiel, daß ich mich ernsthaft mit ihrer Sprache befaßte, daß ich die Geschichte Polens und polnische Partisanenlieder kannte und daß ich die Lektionen, die Tadeusz mir in der ersten Zelle gegeben hatte, noch wußte.

Bald nachdem sie »mit Sachen« herausgerufen worden waren, fanden wir im Bad die vereinbarte Nachricht: K-OSO-10, J-OSO-8. Das hieß: Kazimierz 10 Jahre, Julik 8 Jahre.

Kurze Zeit hatten wir den Moskauer Architekten Alexander Nikolajewitsch in der Zelle. Er war groß, schmal, trug einen graumelierten Spitzbart à la Tschechow. Er und seine Frau waren verhaftet worden, weil ihre Tochter und deren Mann als Angestellte einer sowjetischen Botschaft in Übersee geflohen waren und politisches Asyl beantragt hatten.

Die Tochter hatte sich den Eltern seit ihrer Heirat entfremdet, sie schon jahrelang nicht mehr besucht.

»Wir waren bekümmert. Unsere Tochter brach damals ihr Studium ab. Dabei hatte sie so begeistert angefangen, wissen Sie, richtig energisch und gründlich, wollte Orientalistin werden, lernte Englisch, Arabisch, Persisch. Ihr Mann hatte das diplomatische Institut absolviert; neuerdings hat das Institut so einen komischen Namen bekommen – MIMO, fast wie der Künstlername eines Clowns oder einer Chansonette. Unser Schwiegersohn war damals schon in der Partei, wissen Sie, und sehr selbstbewußt. Uns Alte betrachtete er von oben herab. Er gab sich große Mühe, wie ein echter Dandy zu wirken, gewöhnte sich allerlei an, was er für mondäne Manieren hielt, hatte Bügelfalten, schärfer als ein Messer, die Schuhe spiegelblank geputzt, und streute immer ein Wörtchen Französisch oder Englisch ein: ›s'il vous plaît‹, ›okay‹. Aber wenn man genauer hinsah, war er ein Flegel und Banause. Unser Ältester – er ist bei Stalingrad gefallen – sagte ihm deutlich, was er von ihm hielt: einen Karrieristen nannte er ihn. Der Jüngere war auch nicht gut auf den Schwager zu sprechen, der im ganzen Krieg nicht einen einzigen Tag gehungert hat. Unser Sohn ging schon mit dreizehn zur Arbeit, er hatte sich zur Front gemeldet, wurde nicht genommen, weil er zu schwächlich war, noch dazu kurzsichtig; da hat er in einem Flugzeugwerk gearbeitet, nicht schlechter als die Erwachsenen. Und die eigene Schwester lebte mit ihrem Mann auf Sondermarken: Alle möglichen Fleischsorten, Kaviar, Wurst und Schokolade hatten sie. Ein einziges Mal, glauben Sie mir, nur ein einziges Mal hat sie uns zu Neujahr zwei Dosen mit irgendwelchem überseeischen Zeug gebracht. Meine Frau und ich konnten sie aber doch nicht verstoßen und enterben, wie man das früher tat. Wir hofften immer, daß sie doch noch vernünftig wird, selbst ein Kind bekommt und uns dann besser verstehen wird. – Und jetzt prophezeit uns der Untersuchungsrichter bestenfalls fünf Jahre Lager. Entweder das, sagt er, oder Sie sagen sich offiziell von Ihrer Tochter los, öffentlich in den Zeitungen, verurteilen und verstoßen sie. Andernfalls, sagt er, seien wir nach dem Gesetz über Vaterlandsverrat als Komplizen mitverantwortlich. Aber das eigene Kind verfluchen, das ist einfach undenkbar! Was es auch getan haben mag, man kann es doch nicht verfluchen, noch dazu auf Befehl. Der Untersuchungsrichter ist so ein junger, salopper Mensch in Uniform. Mal duzt er mich, flucht grob, mal heißt es plötzlich: ›Jetzt reden wir mal offen und ehrlich als zwei intelligente und russische Männer...‹ Der und intelligent! Oberleutnant ist er und schreibt Architekt mit ck, täglich mit ck! Als ich ihn darauf aufmerksam machte, wurde er ausfallend, brüllte: ›Ich hab' mich nur aus Zerstreutheit verschrieben, aber du spielst dich als gebildet auf, willst dabei nur die Untersuchung durcheinanderbringen!‹

Ich frage zurück: ›Wieso durcheinander?‹

›Du verheimlichst die verbrecherischen Verbindungen deiner Angehörigen, dieser Vaterlandsverräter, bist also selber ein Verräter!‹

Er will nämlich, daß ich sie nicht nur in den Zeitungen verurteile, ich soll ihm auch noch alle Freundinnen und Freunde meiner Tochter nennen. Verstehen Sie, warum? Damit er noch mehr Menschen hierherbringen kann, damit er seinen Plan übererfüllt! Und so was nennt sich Intellektueller. Als Beispiel hat er mir – können Sie sich das vorstellen? – Taras Bulba[56] vorgehalten, weil er als ›Patriot seiner Heimat‹ den eigenen Sohn erschossen hat! Nein, verzeihen Sie, ich bin jetzt fast sechzig, hab' noch den ersten Krieg mitgemacht, wurde verwundet, bekam das Georgskreuz, dann Beförderung zum Fähnrich, wieder verwundet, erst danach habe ich studiert. Mit Parteien habe ich nie etwas zu tun gehabt. Nach dem Oktobersturm habe ich loyal gearbeitet, habe projektiert und gebaut, in Moskau und in anderen Städten. Ich erhielt Auszeichnungen von der Regierung – den Arbeitsbanner-Orden, das Ehrenzeichen, Medaillen, Urkunden, Prämien habe ich bekommen und Dankschreiben. 1941 bin ich mit meinen mehr als fünfzig Jahren freiwillig zum Landsturm gegangen, ich war Zugführer. Wir haben uns aus einem Kessel herausgehauen, zum Glück blieb ich unverwundet. Später holten mich die Kollegen zurück. Das Ministerium erließ Rundfragen, brauchte Spezialisten, Architekten, man muß ja ganze Städte neu aufbauen. Sie wissen ja, wieviel zerstört ist. Aufgrund eines Sonderbefehls wurde ich demobilisiert. Hab' dann Tag und Nacht gearbeitet, ohne Urlaub, ohne freien Tag. Und jetzt, erlauben Sie, Vaterlandsverräter! Originelle Alternative: entweder Taras Bulba oder Verbrecher, Volksfeind...

Nein, ich bin zu alt, um noch Schurkereien zu lernen, auf Befehl meine Tochter zu verfluchen, dazu noch unschuldige Menschen zu denunzieren und ins Gefängnis zu bringen. Nein, da ist's schon besser, daß ich selbst hier bin. Im Lager leben schließlich auch Menschen, vielleicht kann ich da sogar im Bauwesen arbeiten. Meine Frau tut mir so leid – ich habe angst um sie, wissen Sie, sie ist so zart: vergrößerte Schilddrüse, und das Herz macht nicht mehr richtig mit. Seelisch ist sie krank – unbeugsam, reinster Diamant. Wenn ich aus Mitleid mit ihr plötzlich schwach würde und diesem Taras Bulba irgendwie nachgäbe, das würde sie mir nie verzeihen. Das heißt, als Christin würde sie mir wahrscheinlich verzeihen, aber als Mutter, als meine Frau – niemals. Sie ist mein Liebstes, Jelisaweta Georgijewna. Mehr als dreißig Jahre sind wir zusammen – sechs Kinder hat sie geboren, drei starben ganz klein. Unser Sergej fiel im Krieg. Wir haben nur noch einen Sohn und unseren Enkel, Alexander Sergejewitsch – Puschkins Name –, dieses Jahr kommt er in die Schule. Sie hat zwar mit unserer Tochter und dem Schwiegersohn öfter als ich gescholten – ich hab' sie im Scherz eine richtige böse Schwiegermutter genannt –, aber sie liebt ihre Tochter – wie soll ich das ausdrücken? – irgendwie stärker, bedingungslos. Sie ist eben die Mutter. Sie wird jede Strafe auf sich nehmen, aber nicht nachgeben. Also darf ich es auch nicht.«

Eines Nachts konnte ich nicht einschlafen; es hatte am Abend ein törichtes Gespräch mit dem Untersuchungsrichter gegeben. Für die drei Moskauer Untersuchungsrichter war mein Fall eine »fremde Sache«, nicht von ihnen angezettelt. Deshalb verhielten sie sich mir gegenüber ziemlich gleichmütig, manchmal fast wohlwollend. Sie protokollierten einfach meine Aussagen, drohten nicht und versuchten auch nicht, mir Fangfragen und Fallen zu stellen. Einer der drei, ein jüngerer Oberleutnant, der gewöhnlich mürrisch war und sich wichtig machte, dabei aber ungeniert fragte, wie »Dissertation« geschrieben würde, hatte nach dem Verhör angefangen, mich zu belehren: »Wie kommt es, daß Sie an der Front eine außereheliche Beziehung hatten? Aus den Akten ist ersichtlich, daß Oberleutnant Ljubow Iwanowna gewissermaßen als Ihre Frau galt. Sie haben doch Familie, Frau und Kinder! Noch dazu sind Sie Wissenschaftler, sogar Pädagoge, und schließlich waren Sie ja auch Kommunist!«

Ich wurde ärgerlich und erwiderte ihm kaum klüger: »Sie Oberleutnant, scheinen zu vergessen, daß ich, obwohl Untersuchungshäftling, älter bin als Sie und einen höheren Dienstrang habe. Ihre Sache ist es lediglich, die Untersuchung zu führen, nicht aber mir die Leviten zu lesen und Moral zu predigen! Wenn Sie schon nicht selber wissen, wie unpassend das ist, wünsche ich jedenfalls nicht, auf derartige Fragen zu antworten oder auch nur mir Ihren Sermon anzuhören.«

»Was fällt Ihnen ein? Sie vergessen die Achtung vor der Untersuchungsbehörde! Mich einen grünen Jungen zu schimpfen! Dafür kann ich Sie in den Karzer stecken!«

»Ich habe Sie nicht einen grünen Jungen genannt. Und wenn Sie mich in den Karzer sperren, trete ich in den Hungerstreik.«

Das törichte Gezänk ging noch ein paar Minuten so weiter. Es blieb folgenlos. Trotzdem war ich noch lange zornig auf mich, weil der Anlaß zu diesem Disput meine eigene Dummheit gewesen war.

Der zweite Untersuchungsrichter, ein ruhiger, bedächtig vorgehender Hauptmann, hatte mich nach meiner Beziehung zu Ljuba befragt, und ich erzählte ihm, daß ich den ersten Krach mit Sabaschtanskij hatte, als er diesen widerlichen Streich angezettelt und versucht hatte, Ljuba mit dem Stellvertretenden Chef der Politverwaltung zu verkuppeln. Der Untersuchungsrichter protokollierte alles exakt und sagte, damit sei die Feindschaft zwischen Sabaschtanskij und mir leichter zu erklären. Ein Streit um eine Frau sei in diesem Fall eher günstig für den Angeklagten.

Später überlegte ich: wenn nun der Fall doch vors Tribunal käme und dort von Ljuba gesprochen werden müßte, von unserer schwierigen Liebe? Ich bat daher, diese unglückseligen Seiten aus dem Protokoll zu entfernen. Das wiederum hatte den tugendhaften Oberleutnant zu seinen Vorwürfen veranlaßt!

Ich konnte nicht schlafen. Hinter dem Rücken meines Nachbarn, vor dem Blick des Aufsehers verborgen, las ich und rauchte, den Rauch blies ich unter die Pritsche, dann kaute ich an einem Apfel aus dem letzten Paket.

Es klapperte an der Tür. Man ließ einen Neuen herein. Bleiches Gesicht, große, dunkle Augen, dichter schwarzer Schnurrbart. Ein heller Zivilanzug von gutem Schnitt, dazu ein grüner Militärmantel und ein fremdartiges, oben ausgebeultes Käppi. Er blieb an der Tür stehen, schaute sich verstört und verloren um. Ich winkte ihn heran. Er trat näher, sah mich aufmerksam an – wehmütig und kläglich.

»Woher?« fragte ich.

»Nje panima, nje panima«, stammelte er unbeholfen.

»Sprechen Sie Deutsch?«

»Nein, no.«

»Englisch?«
»No – no.«
»Français?«
»Oui, oui! Oh, Monsieur, est-ce que je serais fusillé?«

Ich erklärte ihm, daß er hier im Butyrka-Gefängnis sei, daß man hier nicht erschossen werde, daß er sich in einer Zelle für Untersuchungsgefangene befinde. Ich konnte mich nicht erinnern, was »Untersuchungshaft« auf französisch heißt, und versuchte, es zu umschreiben: »Ici on seulement demande des questions. Ici est un prison pour les cas moins graves...« Er fragte und schaute noch genauso kläglich drein: »Quelle ville est ici?«

Es war wie bei dem Trunkenbold der Anekdote, der in der Gosse geweckt wird und fragt, wo er sei. Als man ihm den Straßennamen nennt, schimpft er: »Zum Teufel mit den Details. Welche Stadt ist das?«

Ich antworte: »Moscou.«

Das schien ihn ein wenig zu beruhigen. Dann fragte ich ihn aus. Er stellte sich vor: »Professor Ion Georgescu aus Bukarest, schon anderthalb Jahre, nein schon länger – quel mois? Août? – Also schon neunzehn Monate im Gefängnis.«

Er schluchzte auf und sah mich noch wehmütiger und kläglicher an. Ich sah, wie er meinen Apfel anstarrte. Was war ich doch für ein Esel: Der Mann saß schließlich schon fast zwei Jahre ohne ein einziges Paket im Gefängnis, stammte noch dazu aus dem Süden. Ich holte einen Apfel unter dem Kopfkissen hervor und reichte ihn hinüber. Er nahm ihn mit langen, zittrig weißen Fingern und weinte. Schnaubte die Nase, biß schließlich hinein. Weinte wieder, kaute, schluchzte...

»Oh merci, merci! Dieu vous bénit.«

An seinem weißen Hals stieg der Adamsapfel auf und ab. Ich bot ihm noch Gebäck an.

Gerührt schnaufte er, bedankte sich und segnete mich. Dann stellte er sich genauer vor: Professor der Theologie an der Bukarester Universität und Führer der »Eisernen Garde«.

Als ich das hörte, mußte ich mir die Faust vor den Mund pressen, um nicht laut zu lachen. Ich wollte die andern nicht aufwecken und auch den Aufseher nicht verärgern. Erstaunt glotzte er mich an: »Und wer sind Sie?« – »Sowjetischer Offizier. Major,

Kommunist und Jude.« Seine Lider flatterten erschrocken. Neue Tränen.

»Oh mon Dieu! Je suis fasciste, antisémite – et le premier aumône que j'ai reçu ici, est d'un communiste, juif...« Ich wollte gerade noch irgendwas Pathetisches sagen, da ging die Klappe in der Tür auf, und der Aufseher flüsterte zornig und heiser: »Was soll das Palaver? Ist noch kein Wecken. Ruhe, sofort!«

Professor Georgescu gewöhnte sich bald in der Zelle ein. Er setzte alle dadurch in Erstaunen, wie leicht er russische Worte behielt und wie eifrig er lernte. Ich gab ihm die ersten Unterrichtsstunden und riet ihm, Gedichte auswendig zu lernen. Wir hatten einen kleinen Puschkin-Band in der Zelle. Alle 10 Tage bekamen wir 20 Bücher aus der Gefängnisbibliothek. Bestellen konnten wir zwar nichts, aber manchmal gelang es, irgendein Buch als »noch nicht ganz durchgelesen« zurückzubehalten. Auf diese Weise behielten wir den Puschkin-Band. Und der fleißige Professor deklamierte schon nach drei Tagen mit Emphase und knatterndem Akzent einzelne Strophen. Eine Woche später ergötzte er die Ecke der Wlassow-Leute bereits mit ganzen Sätzen: »Heit Supp serr dinn gewäsen, gottferdampt, muß man Koch sagen, sonst wir wärrden selb ganz dinn, gottferdampt...«

Freunde hatte Georgescu in der Zelle nicht. Er war zu geleckt, zu diensteifrig, schmeichelte allen. Allmorgendlich stürzte er sich auf den Kübel und beeilte sich, einen der Diensthabenden abzulösen. Dafür kriegte er dann eine halbe Kelle Balanda mehr, oder, wenn der Betreffende zu den »Paketempfängern« gehörte, wohl auch mal was Besseres. Er wurde Dauer-Kübelträger. Beim Baden war er bestrebt, bald diesem, bald jenem behilflich zu sein, Rücken einseifen, beim Kopfwaschen Wasser übergießen und so weiter. Im übrigen war er ein »Schakal«: Er aß alle Essensreste auf, leckte fremde Schüsseln aus und schnorrte Zigarettenkippen, um die man bei uns bat, soweit man noch Würde besaß: »Gib was ab«, hieß die entsprechende Formel, oder »Laß mich auch mal die Lippen anbrennen«. Georgescu aber blickte nur stumm beredt den Rauchenden mit so kläglich bettelndem Blick auf den Mund – wie in der ersten Nacht auf meinen Apfel –, bis die ihm die Kippe schließlich hinschoben, mancher auch mit einer ärgerlichen Bemerkung: »Guck nicht wie'n verhungerter Köter.«

Grischka, der Wlassow-Mann, verhöhnte den Professor nach Herzenslust, indem er mit ihm über religiöse Themen diskutiert: »Na, wo ist denn nun Gott? Sag schon, wo? Auf der Sonne oder auf der Milchstraße? Vielleicht auf irgendeinem Stern? Wie hat er denn den Adam gemacht? Wo waren bei Noah die Mammuts? Sag, wo waren die, die Mammuts und die, na, wie heißen sie gleich, diese Drachen da, die man jetzt ausgräbt?« Georgescu protestierte eifrig und wiederholte sich in seinem heiligen Eifer fortwährend.

»Biete, biete nicht – das biete nicht: Gott ist Symboll, ist ein heiliges Selle. Nein, Geist. Ja, ja biete: Sie habben Selle, und das ist Geist. Sie auch Geist. Sie nicht wissen, aber Sie auch Geist. Sie habben von Gott heiliger Geist.« Aber Grischka ging auf solche Schmeicheleien nicht ein und krönte die Diskussion mit siegesbewußtem: »Nein, so was! Finsterster Aberglauben! Ich bin ganz und gar kein Geist, sondern ein Mensch. Und du bist noch dazu Professor – bist ein Kübelprofessor! Leck mich doch am Arsch mitsamt deinem Gott. Bist ja 'n warmer Bruder!«

Georgescu ging traurig geduckt in seine Ecke und wischte sich die Tränen ab. Irgend jemand unterbrach zornig Grischkas Triumphgelächter. Manche bedauerten, daß der unglückselige Professor – ein intelligenter Mensch, noch dazu ein Politiker – sich so erniedrigte. Aber achten konnte ihn keiner. Bald wurde er vollends zum »Putzer«, zum freiwilligen Lakaien des ältesten Zellengenossen, des Ingenieurs Dobromyslow.

Die Offiziersecke, zu der der Flieger Alexej, der Rittmeister, Julik und ich gehörten, schätzte diesen Ingenieur nicht sonderlich. Wenn man ihn nach seiner Arbeit und seinem Beruf fragte, antwortete er: »Ich bin Malaria-Ingenieur. Tja, genau das. Da gibt's gar nichts zu staunen. Ich bin Spezialist für Vorrichtungen und Apparaturen zur Malariabekämpfung, hab' da allerhand Erfindungen gemacht, in Zeitschriften darüber geschrieben und Broschüren veröffentlicht.«

Irgend etwas Konkretes, Allgemeinverständliches habe ich jedoch nie von ihm gehört. Er hatte ein langes, knochiges Gesicht, Kinn und Unterlippe traten etwas hervor. Seine hohe Stirn wirkte noch höher durch tiefe Geheimratsecken, die dunklen Augen standen dicht beieinander.

Worüber in der Zelle auch diskutiert wurde, Dobromyslow mischte sich unweigerlich ein. Und wenn jemand mit einer Erzählung ein paar Zuhörer gewonnen hatte, unterbrach er, fragte, antwortete auf Fragen, die nicht ihm gestellt waren, berichtigte, erklärte, zitierte ähnliche Fälle aus seinem wie aus dem Leben von Bekannten. Stets gab er unumstößliche Urteile ab, einerlei, worüber man sich unterhielt: Atombombe, Kaninchenzucht, die Vorzüge der verschiedenen Kurorte im Kaukasus, auf der Krim und in Kalifornien, Schachmeisterschaften, Frauen, Skilaufen, Tennis, Fußball, Ballett, Gedichte, Polarexpeditionen, die Liebesgeschichten Majakowskijs, die Gagen von Varietékünstlern, das Leben auf dem Mars, die mohammedanischen Bräuche.

Dobromyslow durfte als einziger in unserer Zelle Besuch von seiner Frau empfangen; Pakete erhielt er allwöchentlich – sehr inhaltsreiche Pakete. Er bewirtete damit seine Freunde, die je nach den Umständen wechselten. Geizig war er nicht, aber er sprach gern von seinen Gaben und fragte ausführlich: »Nun, wie war das Weißbrötchen? Nach unserer Brotration hier doch ein ganz anderer Geschmack! Hat Vitamine und viel höheren Eiweißgehalt. Und dann der Zucker, schmecken Sie's? Gar nicht zu vergleichen mit dem bei uns. Hier gibt's nur amerikanischen Rohrzucker, nicht so süß und auch schwächer, zerfällt gleich. Unser russischer ist süßer und stärker. Die Fladen hat meine Schwiegermutter gebacken, das schmecke ich gleich: mit russischer Butter natürlich. Öl nimmt sie nur zu Heringssalat, Gemüsesalaten und kalten Vorspeisen. Aber zum Braten nimmt sie Margarine oder Butter...«

Über einen Fall sprach Dobromyslow gern und wortreich, aber nicht besonders einleuchtend: »Wir sind eine große Gruppe. Nach Auffassung der Untersuchungsrichter haben wir einen ›Klub liberaler Intelligenzler‹ organisiert. Einige haben ihr Urteil schon: Paragraph 58–10 und 11. Und ich sitze noch immer in Untersuchungshaft. Sie bezeichnen mich als den Anführer, den ›Leader‹. Von meinen Kollegen und Bekannten sind schon mehrere verurteilt, alle durch die OSO mit Fernurteil. Die meisten fünf Jahre, einer, der sich widersetzlich gezeigt haben soll, acht Jahre. Zwei haben vermutlich sechs Jahre.

Aber was werde ich Ihrer Meinung nach bekommen, wenn ich, sozusagen, alles ehrlich gestehe, beim Verhör nichts verheimliche? Dem Untersuchungsrichter stimme ich auch dann zu, wenn er seine eigenen, schärferen Formulierungen ins Protokoll schreibt, mit denen ich nicht einverstanden bin: Ich komme ihm entgegen. Nicht einverstanden bin ich zum Beispiel damit, daß ich der Anführer gewesen sein soll, der ›Leader‹, aber ich begreife, daß man mit ihm nicht streiten darf. Er könnte mich in den Karzer sperren oder Besuchs- und Paketverbot verhängen. Ich habe nämlich eine sehr schwache Konstitution, bin deswegen auch nicht zur Armee genommen worden, habe Tbc, bin blasen- und nierenleidend. Sie sehen ja, wie oft ich zum Kübel muß. Sport habe ich trotzdem getrieben – Tennis, Tischtennis und Rudern. Und ich kann ohne Übertreibung sagen, daß ich ein erstklassiger Sportler bin in den Disziplinen, die mir die Ärzte empfohlen haben. Volleyball und Fußball darf ich nicht spielen, da bin ich Schiedsrichter und gelte als einer höchster Kategorie. Jaja, aber die Gesundheit ist eben schwach. Schon als junger Mensch hatte ich beruflich dauernd in Sumpfgebieten zu arbeiten – im Transkaukasus, in Mittelasien –, da habe ich mich ruiniert. Im Krieg war ich gleich von zwei Stellen u.k. gestellt, vom Landwirtschaftskommissariat und vom Gesundheitskommissariat. Jetzt heißen die ja Ministerien. Rund um die Uhr habe ich gearbeitet. Alle technischen Probleme hatte ich zu bewältigen – nicht bloß im Zusammenhang mit der Malaria, sondern allgemein mit dem Trockenlegen der Sümpfe. Solange der Krieg dauerte, da hat man mich gebraucht, für zehn zugleich habe ich gearbeitet. Aber als im Juni die Demobilisierten nach Hause kamen, wurde ich abgeholt. Und jetzt sitze ich seit fünfzehn Monaten ohne Verhandlung.

Ich werde beschuldigt, in zwei Ministerien unter meinen Bekannten defaitistische Propaganda betrieben zu haben. Die Untersuchungsrichter behaupten, ich wäre der Anführer einer ganzen Gruppe gewesen: ›Sie sind der Wichtigste, der Gebildetste von allen, also sind Sie auch der Leader‹, sagen sie. Und was für Tricks die sich ausdenken: da ist ein jüngerer Hauptmann, der ist manchmal außerordentlich ungehobelt, droht mir Fürchterliches an, und ein anderer – ein Oberstleutnant – ist das genaue Gegenteil, wirklich sehr wohlerzogen und immer korrekt. Ihm habe ich es zu verdanken, daß meine Frau mich hin und wieder besuchen darf. Er bringt mir sogar Zeitungen mit, weil er weiß, daß ich Sportler bin, bringt er den ›Sowjetskij Sport‹. Einmal hat er mir die Zeitung auch durch den Hauptmann geben lassen. In die Zelle darf ich sie nicht mitnehmen, muß sie an Ort und Stelle lesen.

Und beide verstehen es ausgezeichnet, einem aufzulauern und dann zu überlisten. Sie tun so, als unterhielten wir uns nur gerade über dies und das. Und plötzlich greifen sie irgendein Wort auf; wenn man dann was dagegen einwendet, heißt es gleich, man sei unaufrichtig, sabotiere die Untersuchung. Psychologisch außerordentlich raffiniert. Der eine umwickelt einen mit Großzügigkeit, Höflichkeit und Verbindlichkeit. Der andere macht es mit Strenge und Härte, manchmal auch mit einem schnellen Haken, wie es in der Boxersprache heißt, ab und zu sogar mit direkter Drohung und Druck. Vielleicht will er mich bloß einschüchtern. Aber er hat dann immer so einen Blick, daß man glaubt: Gleich schlägt der dich zum Krüppel oder ganz tot. Nein, nein, bisher ist mir nichts passiert, war auch noch nie im Karzer. Aber gedroht wird oft. Zweimal hat mir der Hauptmann die Pakete gestrichen. Das ist derart quälend – zwei Wochen von nichts als dieser Balanda, Brot und heißem Wasser zu leben! Ich bekam regelrecht Brustschmerzen, konnte nicht mehr schlafen. Der Oberstleutnant ließ mich sogar ins Krankenrevier bringen. Jetzt ist das alles schon besser geworden. Ich werde nur noch selten verhört, zwei-, dreimal im Monat. Aber letztes Jahr allwöchentlich, und wochenlang ließen sie mich überhaupt nicht schlafen. Zum Verhör ging es nach dem Zapfenstreich, und zurück kam man zum Wecken. Tagsüber paßen die Aufseher auf, daß ich mich nicht hinlegte. Das halten auch die eisernsten Nerven nicht aus.

Die Untersuchung ist jetzt beinahe abgeschlossen. Es heißt, daß die Sonderkommission die Urteile fällen wird. Übriggeblieben sind nur noch der ›Leader‹, also ich, und noch ein paar Leute. Vielleicht kriegen wir ja doch eine richtige Gerichtsverhandlung. Was besser wäre, weiß ich nicht. Die Meinungen darüber sind verschieden.

Neulich hat mich ein Ingenieur aus dem Landwirtschaftskommissariat bei der Gegenüberstellung so unverschämt beschimpft. Nie hätte ich das von ihm erwartet. Wir waren zwar nicht näher bekannt, aber er hat auf mich immer den Eindruck eines wohlerzogenen, dezenten Menschen gemacht. Und nun vor dem Untersuchungsrichter hat er mich angebrüllt wie der übelste Flegel, hat geflucht wie ein Matrose und wollte überhaupt nichts gestehen. Damit erreicht er doch gar nichts. Schon dreimal wurde er in den Karzer gesperrt – schadet sich nur selbst mit seiner Dummheit...«

Einmal kam Dobromyslow ziemlich schnell vom Verhör zurück, fröhlich und zufrieden. Er hatte alte, inzwischen korrigierte Protokolle neu unterschreiben müssen.

»Der Oberstleutnant hat das angeordnet. Dieser Hauptmann hatte mir immer eingeredet, ich sei bloß deshalb Parteianwärter geworden, um besser Wühlarbeit betreiben zu können. Dabei bin ich 1943 während des Krieges wirklich nur aus Patriotismus eingetreten. Ich sollte dann auch schon als Vollmitglied aufgenommen werden, die Charakteristik lag vor, auch die Bürgschaften. Aber der Hauptmann hat von mir verlangt, ich solle zugeben, daß ich nur in die Partei gewollt hätte, um mich als Schädling zu betätigen. Aus der Akte gehe deutlich hervor, daß ich schon 1941 defaitistische Gespräche geführt hätte. Er hat mich so bedroht, hat so gedrängt, daß ich schließlich alles unterschrieben habe, was er wollte.

Jetzt aber hat der Oberstleutnant angeordnet, das Protokoll zu ändern. Was ich da unterschrieben hätte, wäre Selbstverleumdung. Er hat dann ins Protokoll geschrieben, ich wäre wegen der Karriere in die Partei eingetreten, wegen der besseren Aufstiegschancen. Ich wollte widersprechen, aber er: ›Eben haben Sie selbst gesagt, Sie hätten immer gewußt, daß Parteimitglieder einen umfassenderen Interessenkreis haben, einen weiteren Horizont und überhaupt auf jedem Gebiet viel mehr Möglichkeiten – Sie wollen doch wohl nicht behaupten, Sie hätten das nicht gesagt?‹ Tatsächlich, etwas in dieser Art hatte ich erklärt. Dann fragt er mich höflich, aber ernst: ›Warum sollen wir beide uns denn mit Lappalien aufhalten? Es geht hier doch um Karrieredenken. Schließlich haben wir von uns aus, ohne eine Bitte Ihrerseits, das Protokoll liquidiert, in dem Sie sich selbst so schwer belastet haben. Nun seien Sie aber auch ehrlich.‹ Er spricht davon, daß die Ermittlungen nun bald abgeschlossen sind und daß das Gericht ehrliche Reue vor dem Untersuchungsrichter anerkennt. Danach gab er mir ein paar Nummern der

Sportzeitung. Stellen Sie sich vor: Dynamo Moskau hätte beinahe gegen Dynamo Tiflis verloren. Ein Kampf war das!! Und beschrieben war das, wie die Schlacht von Borodino!...«[57]

Nach dem nächsten Verhör kehrte Dobromyslow schweigsam und gedrückt zurück, setzte sich düster auf seinen Schlafplatz. Aber schon bald fing er doch an zu erzählen.

»Ooch, hat mich dieser Hauptmann heute durcheinandergebracht. Hat mich übertölpelt und eingeschüchtert. Jetzt läßt er noch einen festnehmen, wieder einen Unschuldigen. Und wieder soll ich daran schuld sein. Meine Frau hat sich schon neulich in der Besuchsstunde bei mir beklagt, daß andere Frauen nicht mehr mit ihr sprechen wollen, daß sie mich verfluchen. Aber was kann denn ich dafür? Da läßt mich der Hauptmann heute kommen. Wieder muß ich frühere Protokolle noch einmal neu unterschreiben, weil irgendwas geändert worden ist. Er gibt mir die ›Komsomolskaja Prawda‹ zu lesen. Stand ein hochinteressanter Artikel über die Atombombe drin, erzähle ich Ihnen später, und über das Schachturnier. Ich lese also, aber er fragt noch dies und das, über Sport und so, und dann so ganz nebenei: ›Kennen Sie nicht den Soundso?‹ – ›Natürlich‹, sage ich, ›kenne ich den, hab' ja mit ihm zwei Jahre zusammen gearbeitet, bis er dann an die Front kam‹. – ›Das heißt also, daß Sie sich mit ihm schon vor Kriegsbeginn getroffen haben?‹ Die sind fabelhaft gut informiert, manchmal scheint mir, sie sind buchstäblich allwissend!

Und der Hauptmann fragt weiter: ›Wie oft haben Sie ihn getroffen und wo?‹ Nun, ich vermute nichts Böses, schließlich ist der Bekannte ja Parteimitglied, Frontsoldat. Ich erinnere mich, daß ich mit ihm auf Parteiversammlungen war, daß wir uns im Korridor begegnet sind, wir arbeiteten ja im selben Stockwerk. In der Kantine haben wir uns natürlich auch mal gesehen, wohl auch in der Metro. Fragt er mich: ›Haben Sie sich bei solchen Gelegenheiten unterhalten?‹ – ›Natürlich‹, sagte ich, ›eben so wie Bekannte. Zu Hause habe wir uns gegenseitig nicht besucht.‹

›Worüber haben Sie sich denn nun unterhalten?‹

›Machen Sie, was sie wollen, das weiß ich nicht mehr. Es waren zufällige, ganz kurze Begegnungen, vielleicht über die Arbeit...‹

›Wieso das? Schließlich hatte der Krieg mittlerweile angefangen, Moskau wurde bombardiert. Darüber wollen Sie tatsächlich kein Wort verloren haben? Sie verheimlichen etwas, das ist ganz offensichtlich, wollen die Untersuchung behindern.‹

›Aber nein, bestimmt nicht‹, sage ich. ›Wahrscheinlich haben wir auch vom Krieg gesprochen. Aber ich schwöre Ihnen, ich weiß nicht mehr wann und was!‹

›Haben Sie sich nicht gefreut, als unsere Armee zurückging, als die Deutschen Moskau bombardierten, die sowjetische Hauptstadt?‹

›Was sagen Sie denn da, was soll denn das? Niemals haben wir so geredet, auf gar keinen Fall! Wie sollte ich denn? Im Gegenteil, wir waren natürlich traurig und bekümmert...‹

»Traurig? Es tat Ihnen also leid?‹

›Natürlich.‹

›Schon gut, lesen Sie Ihre Zeitung weiter.‹

Ich lese also; er sitzt und schreibt, schiebt mir dann das Protokoll rüber: ›Ein gewisser X. arbeitete mit mir zusammen. Im Juli und August 1941 führten wir systematisch defaitistische Gespräche, wobei er ausführte, die Rote Armee weiche in panischer Flucht zurück, die deutsche Luftwaffe sei der unseren bei weitem überlegen, Moskau werde todsicher fallen...‹

Ich sage: ›Aber wie kommen Sie darauf? So war es doch gar nicht. Das habe ich doch überhaupt nicht gesagt.‹

Und da haut er mit der Faust auf den Tisch, rollt die Augen wie ein Mörder und brüllt und flucht: ›Du Lump, willst Ausflüchte machen? Erst gestehen, dann zurücknehmen, was? Beleidigst die Untersuchungsbeamten, Schuft, wagst es, frech zu lügen! Habe ich mir das vielleicht ausgedacht, he? Ich schick' dich für zwanzig Tage in den kalten Karzer, da kannst du bei Wasser und Brot verfaulen!‹

So fürchterlich hat er herumgebrüllt, daß ich sogar zu weinen anfing. Und dann habe ich unterschrieben.«

Entsetzt und voll Abscheu sahen die Zuhörer Dobromyslow an. »Wie konnten Sie? Begreifen Sie denn gar nicht, was Sie angerichtet haben?... Glauben Sie wirkich, Sie würden es leichter haben, wenn noch ein Unschuldiger verhaftet wird? – Pfui Geier, was bist du doch für ein elender Jammerlappen, Herr Sportler! Sie müssen sofort eine Beschwerde schreiben, in der Sie erklären, daß Sie zu einer unwahren Beschuldigung eines anderen gezwungen worden sind... Wieder ein Beispiel, wie ein

Feigling zum Schurken wird... Aber was reden wir überhaupt mit dem da! Das ist kein Mensch – das ist eine Kellerassel!«

Dobromyslow blinzelte hilflos, greinte und jammerte, putzte sich die Nase, versuchte dazwischenzureden, kam allmählich zu sich und wurde wieder mutig und überheblich.

»Was heißt hier unschuldig? Unschuldig bin ich auch, und trotzdem nennen sie mich den ›Leader‹. Was kann ich denn machen? Das geht doch über meine Kräfte! Was soll eine Erklärung nützen? Wo denken Sie hin? Kommt überhaupt nicht in Frage. Sie sind wohl wahnsinnig? Der schlägt mich doch tot, der läßt mich im Karzer verfaulen. Ich muß doch sehr bitten, Ihre Ausdrucksweise zu zügeln und mir nicht zu nahe zu treten. Meine Gesundheit ist zerrüttet. Ich bin ein Geistesarbeiter und nicht dazu geschaffen, mit kranken Nieren und Tuberkulose im eiskalten Karzer zu liegen. Im übrigen wünsche ich, in Ruhe gelassen zu werden. Auf Gespräche mit Ihnen verzichte ich! Sie haben mir keine Moralpredigten zu halten, dafür fehlt Ihnen jegliche Reife.«

Eine halbe Stunde später spielte er schon wieder Schach mit dem ihm unwandelbar ergebenen Georgescu. »Marsch, marsch, vorwärts, schwarze Husaren!« und prahlte, er habe gewonnen, weil er seinen Angriff auf sechs Züge im voraus überdacht hatte.

28. Nichts als Gerechtigkeit

Im Oktober waren endlich die neuen Ermittlungen abgeschlossen, und ich hoffte auf Freilassung, weil ich annahm, die Untersuchungsrichter hätten sich von der Lächerlichkeit der noch dazu längst veralteten Beschuldigungen überzeugt. Die Anklage von 1945 hatte auf »Verleumdung der Verbündeten« gelautet, weil ich Churchill einen Feind der Sowjetmacht genannt und wiederholt davon gesprochen hatte, daß wir in Deutschland den Engländern und Amerikanern als ideologische Gegner gegenüberstehen würden und um die Freundschaft des deutschen Volkes werben müßten, damit die deutschen Arbeiter sich mit uns gegen die anglo-amerikanischen Kapitalisten verbündeten.

Im März 1945 hatte der Vorsitzende der Front-Parteikontrollkommission, ein ergrauter, bebrillter Oberstleutnant, mit eintöniger, heiserer Stimme gescholten, diese Äußerungen seien »Demagogie mit trotzkistischem Beigeschmack«, es handle sich um grobe politische Fehler sowie um »Fehleinschätzung der internationalen antifaschistischen Front und der führenden Rolle der Sowjetunion«, um »Nichtverstehen oder gar Nichtverstehenwollen der historischen Beschlüsse der Partei und des Genossen Stalin persönlich zur Linie der Außenpolitik im Lichte der Konferenzen von Teheran und Jalta...«

Und einen Monat später zeigte mir der Untersuchungsrichter der Spionageabwehr-Abteilung ein säuberlich getipptes Blatt: »... systematische antisowjetische Äußerungen zur Verteidigung der Deutschen sowie Hetze gegen die Verbündeten, gegen die sowjetische Presse und gegen den sowjetischen Schriftsteller Ehrenburg...«

Seither war jedoch mehr als ein Jahr vergangen. Im Lager hatte ich Zeitung gelesen. Ich wußte von Churchills Rede in Fulton, von den Anfängen des kalten Krieges. Das Protokoll über Ehrenburg war schon gegen Ende der ersten Ermittlung aus den Akten genommen worden. Erst später wurde mir klar, warum: der Grund war Alexandrows Artikel gegen Ehrenburg gewesen[58].

Ich war überzeugt: Man hielt mich nur noch aus bürokratischen Gründen fest oder wegen der Arbeitsüberlastung der Untersuchungsbehörden. Da ließ mich der kleine Oberleutnant kommen, der nicht wußte, mit wieviel s das Wort Dissertation geschrieben wird, und der den Unterschied zwischen Philosophie und Philologie nicht kannte. Er erklärte trocken und amtlich: »Gemäß Atikel 206 der Strafprozeßordnung ist der Abschluß der Untersuchung zu protokollieren. Das Aktenmaterial ist Ihnen bekannt. Unterschreiben Sie das Protokoll.«

Ich war verblüfft: »Aber ich habe doch damit gerechnet, daß nur der Artikel 204 in Frage kommen kann: ›Einstellung des Verfahrens‹.«

»Über eine Einstellung des Verfahrens kann jetzt allein der Staatsanwalt beschließen. Sollte er dies nicht für richtig halten, wird er Ihren Fall dem Militärtribunal übergeben.«

»Warum denn bloß? Es ist doch aktenkundig, daß es sich hier um völlig unsinnige, absurde Beschuldigungen handelt, um eindeutige Verleumdung.«

»Darüber kann das Militärtribunal entscheiden. Es liegen verschiedene Materialien vor, pro und contra. Der Fall ist umfangreich und kompliziert. Sehen Sie den Haufen Papier. Zwei richtige Talmud-Bände! Das Tribunal wird objektiv entscheiden, es werden Zeugen vorgeladen werden, danach werden Sie angehört. Und nun unterschreiben Sie bitte das Protokoll gemäß Artikel 206: ›Abschluß der Untersuchung‹.«

Ich bat um die beiden Konvolute mit meinen Akten, um sie durchzulesen, verlangte Papier, um mir Auszüge anzufertigen. Ich wußte, daß ich ein Recht darauf hatte.

Der Oberleutnant ärgerte sich: »Sie hatten doch schon zweimal Artikel 206 und alles gelesen. Die Akte enthält Ihre eigenen Angaben. Ich bin in Eile. Sie können sich gar nicht vorstellen, wieviel ich zu tun habe. Und Papier steht Ihnen nicht zu.«

Ich bestand darauf. Das erboste ihn: »Da sieht man wieder, wie Sie sich Untersuchungsbeamten gegenüber benehmen, das zeigt genau auch Ihre politische Einstellung.«

Ich berief mich auf Geist und Buchstaben des Gesetzes. Das ergrimmte ihn noch mehr, und er knurrte etwas über Bürokratismus und Formalismus, ließ mich aber schließlich doch das zweite Konvolut mit dem neuen Material durchsehen; dabei drängte er mich ständig zur Eile und spielte den Gekränkten.

Ich las die von den Moskauer Untersuchungsrichtern angeforderten Gutachten. General Burzew war in scheinbarer Objektivität besonders gemein gewesen: zuerst eine kurze Erwähnung meiner Leistungen, Kenntnisse und Verdienste, danach die Hauptsache: »... galt stets als oppositionell, trat oft gegen seine Vorgesetzten auf..., moralisch labil, hatte Beziehungen zu seinen Mitarbeiterinnen und zu weiblichen Zivilpersonen, beging ernsthafte politische Fehler, die die Arbeit der Abteilung erheblich behinderten.«

Die beiden Obersten aus der Politischen Hauptverwaltung, Saposhnikow und Braginskij, schrieben ruhig und wohlwollend. Oberst Selesnjew wandte Burzews Schema an, kehrte es aber um: Er erwähnte erst die negativen Züge – aufbrausendes Wesen, Schroffheit, »Selbstsicherheit, die an Insubordination grenzt«, und führte danach ausführlicher alle möglichen Verdienste und Fähigkeiten an.

Die Lektüre der Akten – mochte der Untersuchungsrichter brummen, soviel er wollte – hatte mich ermutigt. Fast war ich überzeugt, daß, wenn schon nicht der Staatsanwalt, so doch das Militärtribunal mich freisprechen würde.

Wenige Tage später rief mich der Aufseher an die Türklappe und teilte mir mit, meine Akte sei jetzt bei der Militär-Hauptstaatsanwaltschaft.

Zwei, drei Tage darauf wurde ich »mit Sachen« gerufen. Während ich mich fertig machte und in aller Eile meine Habseligkeiten im Sack verstaute, schlug mein Herz wie rasend, meine Gedanken wirbelten wild durcheinander. In welchem Ton hatte der Aufseher mich gerufen? Klang das nicht nach Entlassung? Was hatte ich in der letzten Nacht geträumt? Vielleicht würde ich tatsächlich entlassen? Ich glaubte es und verbot mir gleichzeitig, es zu glauben. Alle meine Eßvorräte verteilte ich, verabschiedete mich, wobei ich schon fast nicht mehr merkte, von wem, und nicht mehr hörte, wer antwortete. Einer beteuerte: »Du kommst frei, ganz bestimmt – es wurde ja nicht gesagt ›zum Tribunal‹.« Ein anderer bat, ich solle seine Frau anrufen, und wiederholte mehrmals seine Telefonnummer, schärfte mir ein, ihr zu sagen, sie möchte in das nächste Paket unbedingt sieben Streichholzschachteln legen, als Zeichen für die Zurückgebliebenen, daß ich frei sei. Die Skeptiker dagegen vereinbarten, wo ich im Bad meine neue Zellennummer und die Frist hinschreiben sollte. Auf dem Korridor sagte der Aufseher: »Ihr Fall ist dem Militärtribunal übergeben.«

Ich sackte zusammen wie nach einem Zehnkilometer-Lauf, schleppte mühsam meine Matratze und die Sachen in den Nachbar-Korridor zur Angeklagtenzelle Nr. 105. Es war die gleiche Zelle wie Nr. 96, nur beherbergte sie mindestens doppelt soviel Insassen. Die Pritschen zogen sich durchgehend, ohne Unterteilung, an den Wänden entlang, man lag dicht aneinandergedrängt. Wieder hatte ich hier als frisch aus dem Lager Gekommener und als ehemaliger Frontsoldat Glück: Ich erregte die wohlwollende Aufmerksamkeit einiger Alteingesessener und bekam einen Platz in der besseren Ecke, am Fenster.

Meine Nachbarn waren der Arzt Michajlow aus Woronesh, der Moskauer Physiker Winogradow, der polnische Oberstleutnant Zygmunt K., der Volkswirtschaftler Nikolaj Iwanowitsch aus Odessa und der letzte Moskauer Rosenkreuzer[59] Dmitrij Sawwitsch Njedowitsch, ein Dichter und Gelehrter, der den »Faust« übersetzt hatte.

Michajlow war 1941 in deutsche Gefangenschaft geraten, hatte in Rumänien als Lagerarzt gearbeitet und Gefangenen zur Flucht verholfen. Als das Lager im August 1944 von unseren Truppen aufgelöst wurde, kam Michajlow vor ein Front-Kriegstribunal, das ihn freisprach und wieder als Oberstabsarzt einsetzte.

Er suchte und fand seine Angehörigen, schrieb seiner Frau, wurde 1945 demobilisiert und fuhr nach Woronesh, wohin ihm Frau und Sohn aus der Evakuierung entgegenkamen. In Moskau auf dem Kursker Bahnhof wurde er verhaftet – von einer Patrouille mit einem »Identifikator«[60]. Seine Akte lag nun schon seit mehreren Monaten bei der Sonderkommission.

Professor Winogradow war krankhaft bleich, müde, aber stets freundlich. Auch seinen Fall bearbeitete die Sonderkommission. 1941 war er als Landsturmmann in Gefangenschaft geraten. Tagsüber mußte er mit anderen Gefangenen in Berlin als Hilfsarbeiter schuften, nachts nach den Luftangriffen Trümmer von den Straßen räumen. Die Anklage lautete auf Vaterlandsverrat, weil das Werk, in dem er Abfallkisten schleppte und Loren mit Brucheisen schob, ein Rüstungsbetrieb war. Der Untersuchungsrichter hatte ihn angeschrien: »Das Vaterland hat dich zum Professor gemacht, aber du Lump hast mit eigenen Händen dem Feind Waffen gegen dein Vaterland gegeben. Was bist du also – Professor oder Schweinehund?«

Abseits hielten sich drei Tschetschenen. Der Älteste, Achmet, ähnelte dem Zaren Nikolaj II., nur Teint und Haarfarbe waren dunkler. Er war schweigsam und beherrscht, sprach selbst mit seinen Landsleuten nur selten und wirkte daher hochmütig. Der zweite war lang, bleich, schmalgesichtig, mit großer scharfrückiger Nase; der dritte, klein und schmächtig, hatte schwarze Borsten bis zu den Augen. Einmal, beim Suppe-Ausgeben, schimpfte jemand auf den Großnasigen; der warf sich mit einem wilden Aufschrei auf seinen Beleidiger, wobei er mit unerwarteter Kraft alle Umstehenden auseinanderstieß. Aber Achmet rief ihn an, vielmehr, sagte nur ein, zwei Worte, kaum lauter als gewöhnlich. Der andere zuckte zusammen, hielt augenblicklich inne, kroch schweigend auf die Pritsche, hockte sich hin mit dem Gesicht zur Wand.

Die Tschetschenen beteten mehrmals am Tag, wobei sie leise murmelten und auf die Ostwand sahen. In der Zelle beteten auch einige andere. Ich kann mich nicht erinnern, daß jemand Witze darüber gerissen oder irgendwas von »Opium fürs Volk« gesagt hätte. Die Glaubensfreiheit war im Gefängnis unantastbar.

Wenn ich Pakete bekam, bewirtete ich damit, wie es der Brauch war, zuerst Leute aus anderen Städten, die nichts hatten außer der Gefängnisration. Beim ersten Mal war Achmet erstaunt und sah ungläubig auf das, was ich ihm und seinen Landsleuten anbot: Zwiebeln, Kekse und Zucker. Dann nickte er, erlaubte den Jüngeren zuzugreifen, dankte mit feierlicher Würde, rührte aber selbst nichts an. Am nächsten Tag jedoch begann er, mit mir zu sprechen, fragte, woher ich sei, ob ich noch Vater und Mutter hätte, Brüder, Kinder, ob ich im Krieg und in Gefangenschaft gewesen sei. Er wollte meinen Dienstgrad wissen und ob ich den Kaukasus kenne.

Achmet redete mich niemals an, wenn ich las, Schach oder Domino spielte, mich mit jemandem unterhielt oder nachdachte. Bemerkte er aber, daß ich zu ihm hinübersah, lächelte er zunächst ganz leicht und sagte höflich etwas wie: »Hast du heute ein gutes Buch gelesen, ja?« Oder: »Gestern hat der Professor sehr gut gesprochen. Ich habe nicht alles verstanden, aber gehört, daß er schön spricht – ein gelehrter Mensch.«

Erst wenn er sich überzeugt hatte, daß man ihm wirklich zuhörte, begann er ein Gespräch. Er erzählte auch gern von seinem Leben: »Wir leben gut; richtig leben wir, nach dem Gesetz. Bei euch gibt es Leute, die stehlen. Bei uns nicht. Wer stiehlt, wird bei uns nicht mehr leben, der eigene Vater ersticht ihn.«

»Und wie ist es mit dem Viehraub, den ihr Baranta nennt?« fragte ich vorsichtig, denn bei unserem letzten Gespräch hatte er stolz davon erzählt, wie er als Junge selbst dabei mitgemacht und das Vieh von den Weiden der Inguschen weggetrieben hatte.

»Baranta ist nicht stehlen, ist Sache für Männer, für Dshigit[61]. Der Dshigit ist tapfer, aber der Dieb ist feige. Da ist neues

Gesetz, sowjetisches Gesetz, sagt: für einen Mann nur eine Frau. Das ist gutes Gesetz für Russen, für Ossetinen, Georgier, gut für alle armen Leute mit wenig Essen und kleinem Haus. Aber wer großes Haus hat und Geld, für den ist anderes Gesetz gut, altes Gesetz von Schariat: Willst du, nimm zwei Frauen, willst du, nimm auch drei. Aber nach Gesetz und Ehre, sonst keine Ordnung. Nimmst du eine Frau – gib Wohnung für sie, gib Essen. Nimmst du zweite Frau – auch gib Wohnung, auch gib Essen. Russen trinken Wodka, fluchen schlimm auf Mutter. Aber warum? Weil russische Frau nicht kennt Ordnung, treibt herum, wie sie will. Auch russischer Mann kennt nicht Ordnung. Russisches Gesetz sagt: ein Mann – eine Frau. Aber niemand gehorcht. Mann geht zu fremde Frau oder Mädchen. Frau geht zu fremder Mann. Bei uns nicht. Siehst du, ich habe drei Frauen, alle nach dem Gesetz. Allen gab ich seine Zimmer, seine Essen. Ich war auf Sowchos Chef von Molkerei. Habe Haus, Garten Schafe, alles ... Bei uns im Dorf ist auch Schule, Klub, dort zeigt man Kino, einmal jede Woche. Wer geht? Frauen, Mädchen; und junge Burschen wird befohlen mitzugehen. Warum befehlen? Das muß sein, ist nötig. Sage dir Beispiel: Meine Frauen in Kino gehen – meine jungen Frauen, die ältere sorgt im Haus für Kinder, hilft Mutter. Junge Frauen gehen, Schwestern gehen, junge Frau von Bruder geht. Aber dürfen nicht allein. Ich bin Ältester, ich befehle jüngstem Bruder oder Vetter oder Nachbarsohn: ›Geh, begleite meine Frauen, sieh auf Ordnung.‹

Was für Ordnung? Nun, wenn fremder Mann wird reden, lachen mit meine Frauen, dann mein Bruder, oder wer begleitet, muß ihn erstechen. Und wenn meine Frau mit fremder Mann lacht, dann muß er sie auch erstechen. Nein, da darf nicht Mitleid sein. Wo Mitleid, da ist keine Ordnung. Wenn meine Frau wird sprechen und lachen mit fremder Mann so wie russische Frauen, dann mein Bruder, mein Vetter, mein Freund muß sie erstechen beide. Macht er das nicht, muß ich ihn erstechen. Nein, oft kommt nicht vor, wenig, sehr selten. Alle wissen, daß es so wird sein, wenn nötig.

Zwei Jahre vor Krieg war ein Mann in unserm Dorf, guter Dshigit, gelernt Chauffeur, ist weit gefahren, nach Rußland, weit hinter Kaukasus. Er hatte Frau – schön, jung; dachte, sie ist gut. Er mußte lange fahren, kommt nach Hause, ist da fremder

Mann. Sie schreit: ›Will scheiden lassen, ich liebe nicht dich, ich diesen Mann liebe!‹

Fremder Mann schreit. ›Neues Gesetz erlaubt scheiden. Machen wir Scheidung, ich gebe Geld und Schafe!‹

Da nimmt Dshigit sein Dolch, sticht beide tot, Mann und Frau. Sohn war noch klein – zwei Jahre, drei Jahre, will ihn auch totstechen, kann nicht, hat Mitleid. Er denkt: Blut von Mutter, böses Blut; aber hat auch mein Blut. Er denkt lange, muß weinen, aber sticht Sohn nicht tot.

Dann Gericht. Staatsanwalt schreit: Todesstrafe! Aber da fahren alle, unser ganzes Dorf in Stadt zum Gericht. Männer gehen in Gericht, gehen zu Miliz, gehen zu Stadtverwaltung, sagen überall: ›Neues Gesetz gut, unser altes Gesetz auch gut. Alles Gesetz muß man achten. Wenn dieser Mann erschossen wird, wird gleich auch der Richter tot sein, weil man Dshigit nicht totschießen darf, der nach Gesetz lebt. Wenn man ist schlecht zu ihm in Gericht und bei Miliz, dann wird es auch schlecht gehen Richter und Miliz. Alle Tschetschenen waren sehr zornig. Man muß achten unser Gesetz. Richter war klug, sprach lange, richtet lange, urteilt: ›Drei Jahre mit Bewährung für kulturlos Benehmen . . .‹«

Nachmittags rief mich der Aufseher »ohne Sachen« heraus. Wir gingen hinunter und durch den Bahnhof in einen kleinen Korridor, an der Toilette vorbei, in der ich im Sommer die lebensspendende Seligkeit des Sanatoriums Butjur kennengelernt hatte.

In einem kleinen Zimmer saß an einem einfachen Holztisch ein Mann mit dickem grauem Haarschopf und gestutztem Kinnbart – das Bild eines Intelligenzlers vom Ende des 19. Jahrhunderts. Er betrachtete mich von unten her genau und prüfend: »Ich bin ihr Anwalt Alexander Wladimirowitsch Ch.; Ihre Angehörigen haben mich bestellt.« Und dann mit halber Stimme, rasch: »Ihre Mutter läßt sagen, daß alle gesund sind und grüßen.« Dann wieder langsamer: »Ihr Fall wird vor dem Militärtribunal des Moskauer Wehrkreises verhandelt werden, vermutlich schon in allernächster Zeit. Ich habe Ihre Verteidigung übernommen, möchte Ihnen aber sagen«, er sprach nun laut und pathetisch, »daß ich seit mehr als einem Vierteljahrhundert Parteimitgied bin, daß ich nur das Recht durchsetzen kann und nur im Interesse der Partei und des Staates! Also – welche Wünsche haben Sie? Wen wollen Sie als Zeugen laden lassen?«

Wir sprachen ungefähr eine halbe Stunde miteinander, wobei er sich Notizen machte, ohne besonders aufmerksam zuzuhören. Ich benannte meine Zeugen, erzählte von den Fälschungen und Auslassungen bei der Untersuchung, von den krassen Widersprüchen in den Beschuldigungen. Er war in Eile.

»Schon gut, schon gut. Das können Sie alles bei der Verhandlung vorbringen; ich gehe jetzt und mache mich mit dem Fall vertraut. Ich werde, soweit möglich, bemüht sein, Ihr Schicksal zu erleichtern.«

»Was meinen Sie mit ›erleichtern?‹ Ich bin Kommunist, der Partei bedingungslos ergeben. Ich bin absolut unschuldig. Es kann nur von einer vollen Rehabilitierung die Rede sein, von der klaren Entlarvung der Verleumder.«

Er sah mich mit einiger Neugier an und lachte auf: »Ich sagte Ihnen schon: Ich werde Ihren Fall führen, wobei ich vor allem anderen von den Interessen der Partei ausgehe. Wenn Sie tatsächlich Kommunist sind, werden Sie das verstehen. Ich nehme an, daß ich Grund habe, Sie zu verteidigen. Die Staatsanwaltschaft ihrerseits nimmt an, daß sie Grund zur Anklage hat. Der Fall ist offiziell vorgelegt worden. Die Klage ist ernst genug. Im Krieg konnte man für so was erschossen werden. Unter den jetzigen Bedingungen sieht das Strafgesetz bis zu zehn Jahre vor. Also nehmen Sie sich zusammen. Disziplin und Vernunft – das rate ich Ihnen. Aus dem, was ich bisher von Ihnen weiß, entnehme ich, daß Sie sich durch Unbeherrschtheit und hitziges Temperament beträchtlich geschadet haben.«

Er redete noch mehr dieser Art in glatt dahinfließenden Tiraden. Doch als er mir zum Abschied die Hand gab, lächelte er aufmunternd, und mir schien, als habe er mir zugezwinkert.

Ich ging ohne die leiseste Vorstellung davon, was ich zu erwarten hatte. Immerhin, die Liste der Zeugen der Verteidigung war lang. Und ich wußte, daß Iwan Roshanskij, Galina Chromuschina, Jurij Maslow, Michail Archanskij, Valentin Lewin und Boris Ssutschkow noch im vergangenen Herbst und Winter sowohl an den Generalstaatsanwalt wie an die Sonderkommission geschrieben und die Unsinnigkeit der gegen mich erhobenen Beschuldigungen nachgewiesen hatten.

Abends nach der Zählung rief mich der Aufseher, nahm mich mit in sein Dienstzimmer, in dem auf Regalen Wattematratzen lagen und Aluminiumschüsseln und Becher sich stapelten, und gab mir die Anklageschrift zu lesen. Drei Bogen Durchschlagpapier, engzeilig beschrieben. Ich fand die meisten der alten Anschuldigungen wieder, nur ein wenig anders formuliert: »Untergrabung der politisch-moralischen Haltung der Truppe«, »Verleumdung«, »Diskreditierung der militärischen Führung«, »Vereitelung von Kampfaufgaben«, »Propaganda zugunsten des Gegners«. Die Anklage stützte sich auf die Denunziationen von Sabaschtanskij und Beljajew. Der frühere Anklagepunkt »Mitleid mit den Deutschen« tauchte nur noch in Zitaten aus ihren Aussagen auf; der Punkt »Verleumdung der Alliierten« war fallengelassen worden. In der Zeugenliste fand ich die Namen meiner Freunde Chromuschina, Bjelkin, Goldstein, Maslow, Roshanskij.

Am 15. Oktober 1946 – dem Geburtstag meiner kleinen Tochter Lena –, früh am Morgen, gleich nach der Zählung, wurden vier Leute aus der Zelle »mit Sachen« herausgerufen: die beiden jüngeren Tschetschenen, ein Wlassow-Mann und ich. Eilig ging es unter lautem Schlüsselklappern in den Hof hinunter und in den Schwarzen Raben.

Das Tribunal des Moskauer Wehrkreises befand sich damals in der Nowoslobodskaja-Straße, unweit der Butyrka. Die Fahrt währte nur wenige Minuten. Man brachte uns in einen fensterlosen, grell beleuchteten Raum im Keller. Die unebenen Wände waren noch feucht von frischer Tünche, man hatte die Notizen und Nachrichten, die Häftlinge in diesem Raum hinterlassen, wieder einmal überstrichen. Auf dem Zementfußboden standen zwei Bänke.

Wir wurden nacheinander herausgerufen. Drei Mann Bewachung führten mich eine enge Treppe im Hinterhaus hinauf. Zwei hielten mich an den Armen – nicht grob, ohne zu kneifen oder zu quetschen, sondern eher vorsichtig. Das war neu – schon anderthalb Jahre in Gefängnissen, und noch immer trifft man auf Unbekanntes. Die Wachsoldaten gingen geschäftig, gleichmütig. Ich sagte: »Ihr geleitet mich ja wie einen Erzpriester!«

Kein Schimmer eines Lächelns zur Antwort. Einer flüsterte: »Sprechen verboten!«

Mir wurde kalt unter den Rippen – sicher führt man auch die zum Tode Verurteilten so an den Armen.

Ein weitläufiger Behördenkorridor. Zivilpersonen und Uniformierte gehen vorbei. Stöckelabsätze klappern. Ein großer Raum, ein breiter Schreibtisch, T-förmig ein zweiter darangerückt, lang und schmal, mit rotem Tuch bedeckt. An den Wänden Bänke und Stühle.

Ich werde auf den Stuhl direkt dem Schreibtisch gegenüber gewiesen. An dem schmalen Tisch sehe ich den grauen Schopf meines Anwalts und einen Mann in Uniform. An der Wand Offiziere, Zivilisten, zwei Frauen. Einige lächeln mir zu, nicken.

Zuerst kann ich niemanden erkennen, sehe nur, daß alle gut gekleidet sind und frische, rosige Gesichter haben. Es ist ein sonniger Morgen. Die Knöpfe, die goldenen Schulterstücke, die hellen Strümpfe der Frauen – alles glänzt. Die Anzüge der Zivilisten sind gebügelt. Nach den fahlgrauen Bleichgesichtern der Häftlinge, ihren abgetragenen Hosen und Kitteln erscheint mir hier alles wie blendender Luxus. Ich höre kaum, was an der anderen Seite des Tisches gesagt wird, schaue mich um, versuche, die Gesichter zu erkennen. Da ist ein rotblonder Oberstleutnant, sieht Waljuscha Ljewin sehr ähnlich – aber warum wäre der hier? Und der da im Jackett? Etwa Boba Bjelkin? Er nickt mir zu, lächelt. Der längste von allen ist natürlich Iwan Roshanskij, er trägt inzwischen auch schon Hauptmannsachselstücke. Die Frau im blauen Kleid müßte Galja sein; und die in der Uniform mit den großen Augen natürlich Nina Michajlowna, meine ehemalige Mitarbeiterin unter Sabaschtanskij, mit der ich meine Einstellung gegenüber den Deutschen manchmal diskutiert hatte – ein »Seelchen«, das später als Informantin an meiner Verhaftung nicht ganz unbeteiligt gewesen sein mochte. Der dunkle Oberstleutnant dort kommt mir sehr bekannt vor – aber wer ist es?

Der Vorsitzende des Tribunals, ein hagerer, bebrillter Oberstleutnant, spricht heiser krächzend. Mein Bewacher berührt mich am Arm; der Anwalt flüstert dringlich: »Aufstehen! Stehen Sie auf!«

Während ich stand, sah ich mich für einen Moment mit den Augen der anderen: kahlgeschorener Schädel, unrasiert, graue, verknautschte Jacke, wie gewalkt, gesteppte Hosen, selbstgemachte Flanell-Gamaschen und riesige, rotbraune amerikanische Schnürfstiefel. Nach Lagerbegriffen dagegen war ich ein Dandy.

Der Richter fragte, ob ich Einwände gegen die Zusammensetzung es Tribunals hätte. Dann rief ein dürrer Leutnant, der Gerichtssekretär, die Zeugen namentlich auf: »Oberstleutnant Arschanskij.« Ich hatte Mischa nicht erkannt, auch nicht erwartet, ihn hier zu sehen. Auch Viktor Rosenzweigs Gesicht hatte ich nicht herausgefunden, ebensowenig Shora G. Er war dicker geworden.

»Wegen Nichterscheinens der Zeugen Sabaschtanskij und Beljajew wird beantragt, die Sitzung zu vertagen. – Was sagt die Verteidigung? Sie unterstützen den Antrag. – Angeklagter?«

»Und wenn sie auch beim nächsten Mal nicht erscheinen? Sie haben beim Ermittlungsverfahren gelogen, jetzt können sie versuchen, sich zu drücken...«

»Das steht nicht zur Debatte. Was beim nächsten Mal wird, entscheiden wir dann.«

Man führte mich hinaus, wieder fassen mich die Posten sorglich an den Armen. Ich drehe mich um und sehe zum symbolischen Händedruck hochgehobene zusammengelegte Hände: Es scheint Mischa zu sein. Boba lächelt, wirft mir eine Kußhand zu. Ein bitterer, feuchter Klumpen steckt mir in der Kehle. Wie lange muß ich nun wieder warten? Und wenn die nun wieder nicht kommen, auch ein drittes Mal nicht? Natürlich spricht das gegen sie, aber wie lange kann man so etwas hinziehen? Wochen? Monate? Meine Freunde waren fröhlich, haben also Hoffnung – oder wollten sie mir nur Mut machen?

Im Keller hatte ich nicht lange auf die übrigen zu warten. Der Wlassow-Mann hatte fünfzehn Jahre bekommen, jammerte: »Das überleb' ich nicht. Mir ist doch alles im Leib kaputt!« Die Tschetschenen hatten jeder zehn. Der Kleinere, Dunkle schwieg düster. Der mit der großen Nase war fröhlich, lachte ab und zu und schlug sich auf die spitzen Knie, sprach kehlig eindringlich auf seinen Kumpel ein. Der brummte, aber wohl zustimmend. Dann erklärte mir der Ältere: »Versteh, war gute Sache: Zehn Jahr gehn vorbei, nicht schlimm. Wenn will Gott, ich zehn Jahr leben und weiter leben. Wenn will Gott nicht, dann ich morgen sterben. Einmal Gott wollte großen Bombenangriff – sehr schrecklich. Viele, fast alle tot, aber ich lebendig. Und im Gefecht war ich. Ganz großer Kampf: viele hundert Mann – alle Hackfleisch, aber ich lebte. Wenn will Gott, ich morgen sterben, wenn will Gott, ich hundert Jahre leben. Du auch, er auch, alle Menschen. Zehn Jahr – davor hab' ich nicht Angst. Vor Bombe nicht, vor Kugel nicht, vor Dolch nicht. Wenn will Gott, Tschetschen wird leben.

Heute war gut. Da war Zeuge – auch Tschetschen, auch Gefangenschaft, auch Legion gewesen wie Achmet, wie er, wie ich. Aber Achmet ist Dshigit, ich Dshigit, er Dshigit. Aber Zeuge schlechter Mensch, kein Tschetschen. Er hat alle verkauft – verstehen? – Alle verkauft, Brüder – verstehn? Er sagt, wir hätten für Deutsche gekämpft, russische Menschen gemordet. Ist alles nicht wahr, lügt wie schlechter Hund. Ich hab' nicht für Deutsche gekämpft, er nicht, Achmet nicht. Ganze Legion hat nicht gekämpft. Wir waren immer in Garnison – in Polen, in Serbien, immer nur in Garnison. Wir haben geholfen gute Menschen, gute polnische Menschen, gute serbische Menschen. Wir alles tauschen: gaben Gewehre, gaben Patronen, sie gaben Milch, Fleisch, gaben Wodka, Sliwowitza. Wir gaben Waffen an gute Menschen, Partisanen – verstehst du? Aber Zeuge sagt nicht Wahrheit, lügt. Richter urteilt: ich zehn Jahr, er zehn Jahr. Und Achmet – alter Mann, gelehrter Mann, wird vielleicht noch mehr Jahr bekommen, Richter hat dann gefragt, was ich bitten will, ich sage: Darf ich bißchen sprechen tschetschenisch zu Zeuge. Richter ist guter Mensch, sagt, daß ich darf.

Ich sage zu Zeuge: ›Du Hund, bist Verräter. Du denkst, kannst eigene dreckige Haut retten. Ich sage dir: Wenn wir sterben, bleiben Verwandte, sie werden uns rächen. An dir und all deinen Verwandten. Du kannst dich nicht verstecken, nirgends. Sie werden dich Hund erstechen und alle Verwandten und Frau, Kinder, Brüder, Schwestern, Vettern. Wenn wir tot sind, werden unsere Brüder dich erstechen, werden unsere Vettern dich erstechen.‹ Er, der Hund, weint, sagt: ›Lieber, ist doch nicht nötig. Bin kein Hund, Richter schlug, gab kein Essen. Ich hab' auch zehn Jahr, nicht nötig totstechen.‹ Ich sage: ›Du zehn Jahr wie Hund, ich zehn Jahr wie Dshigit, wir werden dich totstechen, dich und alle

Verwandten.‹ Ich sage alles, so wie ich wollte. Er weint, Richter lacht. Guter Mensch, der Richter. Gute Sache gewesen.«

Er war sehr zufrieden, und sein düsterer Freund brummte zustimmend. In der Butyrka wurden wir getrennt. Sie kamen nun zu den Verurteilten, ich dagegen wieder in die alte Zelle. Dort erzählte ich Achmet von seinen Landsleuten. Auch er war sehr zufrieden.

Es dauerte einen ganzen Monat, bis ich wieder »mit Sachen« herausgerufen wurde. Wieder saß ich in dem weißgetünchten Keller. Nach ein paar Stunden teilte mir ein Offizier mit, wegen Nichterscheinens von Zeugen sei die Sitzung verschoben worden. Dann hatte ich noch mehrere Stunden auf den Schwarzen Raben zu warten. Wieder in der Butyrka, geriet ich beim Filzen und im Bade in einen buntzusammengewürfelten Haufen Krimineller: Gelegenheitsdiebe und Berufsverbrecher.

Ich kam wieder in Zelle 105 und beteiligte mich weiter an unserer Zellen-Universität. Professor Winogradow hielt Vorlesungen über die Relativitätstheorie, über Quantenmechanik und Entropie; Dimitrij Ssawitsch sprach über griechische Bildhauerei, über Poliklet, Myron, die antike Architektur und las eigene Gedichte vor. Von einem Sonett weiß ich noch die Schlußzeilen:

»Du bist meine neunte Sinfonie –
Du bist meine neunte Woge.«

Am 16. Dezember wurde ich wieder herausgerufen. Diesmal kam ich im Keller des Gerichtsgebäudes nicht in den kleinen hellerleuchteten Verschlag, sondern auf einen dunklen Flur mit kleinen hölzernen Kabinen entlang der Wände und mit einem langen Brettertisch in der Mitte. Ich sah Nadja im Korridor, auch meine Mutter und meinen Vater, die mir zaghaft zunickten und lächelten. Mama flüsterte laut: »Alles geht gut aus!«

Man führte mich in ein schmales, langes Zimmer mit nur einem Fenster. Gegenüber der Tür saßen drei Richter an einem Schreibtisch. Dicht davor stand ein Stuhl für den Angeklagten. Ein Wachtposten setzte sich rechts auf das Fensterbrett, ein zweiter nahm hinten Platz. Links von mir stand ein Tischchen für den Verteidiger, an den Wänden gab es Stühle und Bänke für die Zeugen. Sabaschtanskij und Beljajew saßen zusammen auf einer Bank, ich erkannte sie gleich. Mischa und Walja fehlten, aber Iwan, Bjelkin, Jurij Maslow, Nina Michajlowna und ihr Mann – Oberstleutnant Georgij G., der mir im Januar 1945 eine Empfehlung für die Vollmitgliedschaft in der Partei gegeben hatte – und Viktor Rosenzweig waren da.

Der Vorsitzende, der verdrießliche Oberst Chrjakow, teilte mit, daß die Staatsanwaltschaft nicht vertreten sein werde. Die Verhandlung führte er routiniert-sachlich, sprach etwas heiser, leise und hob die Stimme nur selten. Bei Fragen an den Verteidiger, die Zeugen und mich blieb sein Tonfall immer gleich trocken, leidenschaftslos und höflich. Die Zeugen unterwies er kurz, daß sie verpflichtet seien, die reine Wahrheit zu sagen, andernfalls sie sich nach Paragraph soundso strafbar machten. Dann forderte er sie auf, den Raum zu verlassen und draußen zu warten; sie würden einzeln aufgerufen werden. Der Gerichtssekretär verlas die Anklageschrift. Auf die Frage des Vorsitzenden erklärte ich mich für nicht schuldig, sagte, daß alle Anschuldigungen auf böswilligen Lügen beruhten, daß die Untersuchung einseitig und voreingenommen geführt worden sei.

»Setzen Sie sich. Wir treten in die gerichtliche Untersuchung ein und werden alles klären.«

Als erster wurde Sabaschtanskij aufgerufen. Er war noch dikker geworden. In seiner Uniform mit der dreifachen Ordensspange stand er stämmig und fest da, sprach leise, bedächtig und in jenem Brustton unverfälschter Aufrichtigkeit, jener schlichten, ernsten Nachdenklichkeit, die mich einst an ihm angezogen hatte. Im Grunde wiederholte er nur das, was er auf der Parteiversammlung und während der Untersuchung auch gesagt hatte, verwendete aber etwas andere Formulierungen, sagte statt: »die Deutschen« nun »deutsch-faschistische Zivilpersonen«, erwähnte »Mitleid« und »bürgerlichen Humanismus« fast gar nicht. Um so betrübter berichtete er von meiner »dekadenten Einstellung«, von »Widerworten gegenüber Vorgesetzten, Wortwechseln mit Offizieren und einfachen Soldaten, die zur Nichterfüllung wichtiger politischer und militärischer Kampfaufgaben führten«.

Der Anwalt fragte ihn, ob er die Arbeit seines Frontkameraden und Untergebenen, der an der Front in die Partei aufgenommen, mehrfach ausgezeichnet worden war und verantwortliche, wichtige Aufträge auszuführen hatte, charakterisieren könne.

»Aber natürlich. Anfangs haben wir ihm vertraut, glaubten erst, daß es bei ihm einfach noch Überbleibsel von kleinbürgerlichem Denken gibt. Natürlich ist er gebildet, sehr gebildet, hat sich sein Lebtag beim Bücherlesen die Hosen abgewetzt, wo andere, solche wie wir, schufteten und den Fünfjahrplan erfüllten, die Kulaken und Volksfeinde bekämpften. Er kann Deutsch und Polnisch und sonst noch verschiedene Sprachen, versteht es, sich immer ins rechte Licht zu rücken, andern Sand in die Augen zu streuen. Na ja, und wenn er wollte, dann konnte er auch was leisten. Dafür haben wir ihn ausgezeichnet. Damals haben wir ihm auch vertraut – bis dann sein dekadenter und kleinbürgerlicher Kern zum Vorschein kam, solange er nicht gegen die militärische Führung hetzte und gegen die Beschlüsse des Staatskomitees für Verteidigung auftrat, die Genosse Stalin persönlich unterschrieben hat. Da hat er dann auch seine Kampfaufgaben vernachlässigt.«

»Angeklagter, haben Sie Fragen an den Zeugen?«

»Er soll genau angeben, wann und wo ich gegen Beschlüsse des Verteidigungskomitees aufgetreten bin und wer das gehört hat.«

»Also, dieses schändliche Ereignis wurde auf der Parteiversammlung in der Polit-Verwaltung verurteilt. Deswegen mußte er doch aus der Partei ausgeschlossen werden.«

»Lüge, freche Lüge! Nicht einmal die Zeugen der Anklage haben das bestätigt, und Goldstein hat es klar widerlegt.«

»Angeklagter, setzen Sie sich. Sie dürfen nicht aufspringen. Sie dürfen auch ohne Erlaubnis des Gerichts nicht reden – also nur, wenn Sie direkt dazu aufgefordert werden. Haben Sie noch Fragen?«

»Er hat meine Frage nicht beantwortet: Wann und wo und wer war Zeuge? In den Untersuchungsakten befinden sich meine detaillierten eigenhändigen Aussagen zu dieser Lüge, und bei den Parteiakten befinden sich die Niederschriften von Kljujew, Mulin und Goldstein...«

»Zeuge, haben Sie die Frage verstanden?«

»Natürlich«, sagte Sabaschtanskij und lächelte herablassend. »So hat er sich ja immer gewunden und gedreht. Und Goldstein ist sein Freund, ganz von ihm beeinflußt. Hat deswegen auch eine Parteirüge gekriegt. Und diese Frage wurde auch auf der Parteiversammlung besprochen. – Das muß man richtig verstehen: Hundert, nein mehr als hundert Parteigenossen, Frontkämpfer, versammeln sich während des Krieges, während erbitterte, entscheidende Schlachten geschlagen werden, und müssen darüber diskutieren, wie dieser Major die Moral unserer Soldaten untergräbt. Die sind von Stalingrad hergekommen, durch Feuer und Blut, über Leichen und Ruinen! Ihre Väter und Mütter hatten die Faschisten umgebracht, verbrannt, aufgehängt, und sie haben einen heiligen Durst nach Rache! Und da kommt irgend so ein gelehrter Major daher und fängt an, Predigten über Humanismus zu halten. Das ist wie in die Seele gespuckt«, seine leise Stimme vibriert in verhaltener Erregung, »und so was ist, wohlverstanden, natürlich Sabotage der Kampfaufgabe ...«

»Angeklagter, sitzen Sie still! Haben Sie sonst noch Fragen?«

»Meint der Zeuge, daß durch mein Verschulden irgendeine Kampfaufgabe vereitelt worden ist? Wenn ja, welche?«

»Ich persönlich hatte ihm die Aufgabe gestellt, die militärisch-politische Situation in Ostpreußen zum Zeitpunkt unseres Einmarsches und die Stimmung der Bevölkerung zu erkunden, Stärke und Absichten des ›Werwolfs‹, dieser nazistischen Untergrundorganisation, herauszukriegen. Er kommt zurück: nichts als Weh und Ach über das schlechte Benehmen unserer Soldaten ... Unsere Helden, unsere tapferen Kerle, haben ihm so mißfallen, daß er darüber seine Kampfaufgabe vergaß. Ich mußte selbst losfahren, um all das durchzuführen, was er nicht gemacht hat.«

»Das ist eine freche Lüge!«

»Angeklagter, setzen Sie sich. Springen Sie nicht vom Stuhl auf! Hier ist ein Militärtribunal und kein Meeting. Führen Sie sich ordentlich auf, sonst muß ich Sie mit einer Strafe belegen. Haben Sie sonst noch Fragen?«

»Eine unserer Aufgaben in Ostpreußen ist tatsächlich schlechter ausgeführt worden, aber nicht durch meine Schuld. Davon konnte Sabaschtanskij übrigens gar nichts wissen. Er reiste schon vor meiner Rückkehr ab.«

»Danach wurden Sie nicht gefragt. Ich habe auch nicht gestattet, daß Sie die Aussagen des Zeugen kommentieren. Haben Sie sonst noch Fragen?«

»Die Aufklärungsgruppe in Ostpreußen befehligte Major Beljajew. Ich war sein Stellvertreter. Welche Strafe erhielt er für die Nichterfüllung der Aufgabe?«

»Stimmt nicht! Major Kopelew befehligte die Gruppe. Major Beljajew hatte seinen eigenen Auftrag: Er sollte Kriegsgefangene und Zivilpersonen für die Antifa-Schule anwerben. Natürlich hat Beljajew versucht, Kopelew zu beeinflussen« – Sabaschtanskij schaute nun schon nicht mehr gleichgültig-herablassend drein, sondern warf rasche und böse Blicke –, »natürlich hat er das versucht; er wollte ihn umstimmen, wie das Genossen eben tun, sogar auf die freundschaftliche Art hat er's probiert. Aber so einen – den kann man ja gar nicht überzeugen! Hier springt er herum, und damals, da hatte er auch eine Fasson, als wäre er der einzig Kluge und Ehrenhafte und alle andern nichts als Dummköpfe und letzter Dreck.«

»Ich bitte darum, die Aussage ins Protokoll aufzunehmen, ich sei Leiter der Gruppe gewesen und er habe persönlich nach Ostpreußen fahren müssen, um meine Fehler zu korrigieren.«

»Angeklagter, wer führt die Verhandlung? Sie oder ich? Setzen Sie sich, und behindern Sie das Gericht nicht. Sonst noch Fragen?«

»Darf ich einen Antrag stellen?«

»Sie dürfen.«

»Ich bitte darum, ich bitte sehr darum, diese Aussage Sabaschtanskijs mit denen zu vergleichen, die er in der Voruntersuchung und bei der Parteiversammlung gemacht hat. Er hat behauptet, ich hätte vor allen Mitarbeitern den Befehl des staatlichen Verteidigungskomitees kritisiert. Aber niemand hat das bestätigt. Kljujew und Mulin erklärten, daß sie schon vor meinem Streit mit Sabaschtanskij fortgegangen seien, und Goldstein sagte aus, daß der Streit um ein ganz anderes Thema gegangen sei und daß ich die völlig falschen und dummen, idiotisch dummen Worte, die Sabaschtanskij mir anhängt, weder gesagt habe noch gesagt haben konnte: Daß nämlich der Befehl zur Arbeitsmobilisierung der männlichen deutschen Zivilpersonen einen neuen Krieg heraufbeschwören müsse.

Ich bitte sehr darum, dies nachzuprüfen und zu untersuchen; es ist alles schriftlich festgehalten. Außerdem möchte ich bitten, die Behauptung, ich sei der Leiter gewesen, ins Protokoll aufzunehmen.«

»Genug! Belehren Sie das Gericht nicht. Ich erinnere Sie noch einmal daran, daß nicht Sie die Sitzung leiten. Zwingen Sie mich nicht, Sie zu bestrafen.«

Der Vorsitzende sprach streng, aber, wie mir schien, weniger ärgerlich als vorher, sondern eher spöttisch. Der Verteidiger fragte Sabaschtanskij, wie er meine Arbeit in Graudenz beurteile, für die unsere Abteilung vom Divisionskommandeur ausgezeichnet worden war.

»Gearbeitet hat er, natürlich – ging auch gar nicht anders, da war ja schon das Parteiverfahren im Gange! Hat natürlich schlechter gearbeitet als früher, eben wegen der depressiven Stimmung. Man mußte ihn sozusagen anstoßen, zurechtrücken. Insoweit ich persönlich die Operation leitete ...«

»Angeklagter!« der Vorsitzende klopfte mit dem Bleistift auf. Er hatte bemerkt, daß ich kaum noch an mich halten konnte. »Was wollten Sie fragen?«

»Wer war in Graudenz der Leiter? Wer kommandierte die Gruppe?«

»Ich selbst.«

Er sah nun überhaupt nicht mehr zu mir hinüber, sondern starrte verbissen vor sich hin.

»Der Zeuge soll sagen, wann die Belagerung von Graudenz begann und wann sie endete.«

»Im März 1945 war das. Mich an das genaue Datum zu erinnern, bin ich nicht verpflichtet.«

»Und wie lange arbeitete unsere Gruppe dort? Annähernd – wieviel Tage oder Wochen?«

»So etwa zehn Tage, kann sein, auch weniger.«

»Wie viele Tage hat der Zeuge persönlich bei unserer Gruppe verbracht, als er angeblich Anordnungen erteilte und Anleitungen gab?«

Sabaschtanskij blickte müde und mitfühlend auf den Vorsitzenden, als wollte er sagen: Bestimmt sind auch Sie dieses Zungendreschers überdrüssig.

»Genosse Oberstleutnant, werden Sie auf die Frage antworten?«

»Was soll man denn auf solche Nebensächlichkeiten antworten? Natürlich war ich nicht die ganze Zeit da. Als Leiter der Abteilung in der Front-Politverwaltung hatte ich nicht nur mit diesem einen Major da zu tun. Schließlich war unsere ganze Front in der Offensive, Richtung Danzig und Pommern. Und das da war nur eine Operation von lokaler Bedeutung. In unserem Hinterland gab es eine deutsche Gruppierung – die mußte auch so schnell wie möglich liquidiert werden.«

»Wie oft kam er nun aber nach Graudenz?«

»Das genügt, setzen Sie sich. Das alles hat keine Beziehung zu diesem Fall. Sonst noch Fragen?«

»Ich möchte einen Antrag an das Gericht stellen.«

Ich hatte mich beruhigt. Die schamlosen, aber unbeholfenen Lügen Sabaschtanskijs würden zweifellos widerlegt werden – und ich sprach leise und höflich: »Ich bitte darum, folgendes zu protokollieren: Die Belagerung von Graudenz begann am 15. Februar, und die letzten Teile der Garnison kapitulierten am 6. März. Vom 15. bis 16. Februar befehligte Major Beljajew unsere Gruppe, danach ich. In diesen drei Wochen – also nicht zehn, sondern zwanzig Tagen – kam Sabaschtanskij insgesamt zweimal. Beim erstenmal kam er in den Regimentsstab, sprach auch mit mir, aber nur flüchtig, da er in Eile war. Beim zweitenmal besuchte er den Stab des Korps, ein paar Kilometer außerhalb der Stadt, und befahl mir telefonisch, den Armee-Lautsprecherwagen abzugeben. Das behinderte unsere Arbeit ganz erheblich. Zum Glück bekamen wir von der Division ein für Lautsprecherbetrieb umgebautes Filmvorführgerät. Diese Tatsachen sind aktenkundig, alle Mitglieder meiner Gruppe kennen sie, außerdem fast alle Mitarbeiter der Abteilung!«

»Genug. Setzen Sie sich. Sie, Genosse Oberstleutnant, bitte ich, hierzubleiben. Nehmen Sie wieder Platz. Aufgerufen wird der Zeuge Major Beljajew.«

Ich sah befriedigt, wie Sabaschtanskij sich verdüsterte und nervös mit den Augen zwinkerte – jetzt konnte er Beljajew nicht mehr vorher instruieren.

Der kam im Paraderock mit Orden und Medaillen. Zu mir sah er nicht hinüber, blickte nur auf de Vorsitzenden. Auf die Fragen antwortete er schnell und klar, wenn auch etwas hastig. Er gab sich sehr sicher. Nur die Hände verrieten Unruhe. Er verschränkte sie bald hinter dem Rücken, bald vor dem Bauch.

Er bestätigte seine bei der Voruntersuchung gemachten Aussagen: Der Angeklagte habe die Deutschen in Schutz genommen, sich damit beschäftigt, Deutsche zu retten, jawohl – deutsche Zivilpersonen und deren Eigentum.

»Ja, er ist mit groben Reden über unsere Soldaten und Offiziere hergefallen, hat gegen die Rache am Feind agitiert. Dann hat er seine Demobilisierung beantragt, weil er mit der politischen Linie des Oberkommandos nicht einverstanden war...«

Jawohl, er, Beljajew, habe dieses Gesuch mit eigenen Augen gesehen.

Ich unterbrach: »Richtig – aber nur er allein hat es gesehen. Er nahm es mir fort, zerriß es und erhielt später dafür eine Rüge.«

Der Richter fragte, welche Aufgabe die nach Ostpreußen kommandierte Gruppe gehabt habe und ob diese Aufgabe erfüllt worden sei.

»Unsere Aufgabe lautete: Lage erkunden und Bericht erstatten über den politisch-moralischen Zustand der Bevölkerung, über die Aktivitäten des faschistischen Untergrunds. Selbstverständlich wurde die Aufgabe im großen und ganzen erfüllt. Allerdings hat es Unzulänglichkeiten gegeben, die der Angeklagte verschuldet hatte...«

»Welche?«

»Er störte. Er hielt uns auf, schweifte ab, um Deutschen zu helfen, diskutierte. Er hatte nicht die richtige Einstellung...«

»Wer leitete die Gruppe?«

»Ich.«

Frage an den Zeugen Oberstleutnant Sabaschtanskij: »Sie sagten aus, die Aufgabe sei nicht erfüllt worden. Major Kopelew sei der Leiter der Gruppe gewesen. Halten Sie Ihre Aussagen aufrecht?«

»Allerdings! Die Aufgabe wurde durch sein dekadentes, antiparteiliches Verhalten sabotiert.«

»Und er war Leiter?«

»Ich hatte ihn zum Leiter ernannt, Major Beljajew hatte eine eigene Aufgabe erhalten.«

»Major Beljajew, wie verhält es sich: Wurde die Aufgabe erfüllt oder nicht?«

»Fehler sind wohl vorgekommen – andererseits...«

Er versuchte sich umzusehen und spannte den sehnigen, rotangelaufenen Hals. Sabaschtanskij stand hinter ihm.

»Wer von Ihnen war der Leiter?«

»Ich.«

»Frage an den Zeugen Sabaschtanskij: Wer war der Leiter – Major Beljajew oder Major Kopelew?«

»Dazu bestimmt hatte ich Kopelew, aber wie die sich da untereinander abgesprochen haben, davon haben sie mir nichts gesagt.«

»Frage an den Zeugen Beljajew: Wer von Ihnen war tatsächlich der Leiter?«

Beljajew war verwirrt, wand sich, wagte nicht mehr, sich umzudrehen, knetete seine Hände, öffnete mehrmals den Mund: »Also, ich erinnere mich so ... klar ... ich erinnere mich: Ich war der Leiter. So stand es auch im Marschbefehl ... klar ...«

Der Verteidiger stellte Beljajew eine Reihe von Fragen über meine Arbeit an der Antifa-Schule: Hat der Zeuge die Vorlesungen, die ich damals hielt, angehört? Hat er selbst auch unterrichtet? Ach – er beherrsche die Sprache nicht? Die Unterrichtsabteilung leitete Oberleutnant Roshanskij? Wie äußerte er sich über die Unterrichtstätigkeit des Majors? Sogar sehr positiv? Hat er die Lehrprogramme zusammengestellt? Und Sie haben sie bestätigt? Nein? Wer dann? Sabaschtanskij und anschließend ein General? Aha! Das heißt also, Sie haben nicht einmal gewußt, was in der Schule unterrichtet wurde, die Sie zu leiten hatten. Sie haben Roshanskij voll vertraut? Das heißt, daß er volles Vertrauen verdient?

Der Verteidiger stellte seine Fragen in überaus höflichem, aber vernichtend verächtlichem Ton. Beljajew errötete, schwitzte, suchte lange nach seinem Taschentuch. Als er die Frage des Vorsitzenden vernahm: »Angeklagter, haben Sie Fragen an den Zeugen?«, starrte er mich erschrocken, mit weitaufgerissenen, kläglichen Augen an.

»Erinnert sich der Zeuge daran, wie lange unsere Fahrt durch Ostpreußen gedauert hat?«

»Fünf, sechs Tage.«

»Und wie oft habe ich Deutsche gerettet?«

»Zwei- oder dreimal ... In diesem – Neidenburg und später noch in Allenstein.«

»Wie lange dauerte das jedesmal?«

»Das weiß ich nicht mehr ... so ungefähr eine Stunde oder zwei ... nein: drei Stunden.«

»Und wie oft habe ich mit unseren Soldaten und Offizieren über das Verhalten deutschen Zivilpersonen gegenüber gestritten?«

»Das habe ich nicht gezählt.«

Der Richter fragte ungeduldig: »Was soll diese Statistik?«

»Wenigstens ungefähr... Schließlich war es der Zeuge Beljajew, der den Rapport über mein Verhalten in Ostpreußen geschrieben hat. Mit diesem Rapport begann der ganze Fall. Er müßte sich wenigstens ungefähr daran erinnern können, ob ich mich einmal oder hundertmal gestritten habe.«

»Also drei- oder viermal, vielleicht auch fünf.«

Beljajew blickte finster, sah erschöpft aus.

»Wie lange – ungefähr – dauerte so ein Streit?«

»Woher soll ich denn das jetzt noch wissen? Das waren doch keine Diskussionen mit festgesetzten Redezeiten, klar – mal eine halbe Stunde, mal eine ganze.«

»Selbst wenn wir annehmen, daß es jemals zwei Stunden waren, kommen auf die Streitigkeiten nicht mehr als acht bis zehn Stunden und auf die Hilfeleistungen sechs bis acht; das sind – mit aller Gewalt hochgerechnet – achtzehn Stunden in sechs Tagen. Kann sich der Zeuge daran erinnern, wieviel Beuteklamotten wir wegschleppten? Wieviel Fahrten mit den beiden Dreitonnern aus Neidenburg und aus Allenstein nach Ziechenau, wo der Zeuge ein Beute-Depot einrichtete?«

»Hast du etwa nichts beiseite geschafft? Eine ganze Bibliothek hast du abtransportieren lassen! Ich habe nichts für mich allein genommen, sondern alles für alle Kameraden...«

»Zeuge, Gespräche mit dem Angeklagten sind verboten. Wenden Sie sich an das Gericht. Sonst noch Fragen?«

»Ich möchte einen Antrag stellen: Bitte protokollieren Sie, daß zehn bis zwölf Tonnen Beutegut abtransportiert wurden, die verschiedensten Textilien, Gobelins, ein Flügel, Standuhren. Ferner bitte ich zu protokollieren, daß ich mich tatsächlich mit dem Leiter der Gruppe, Beljajew, gestritten habe und daß ich nicht nur gegen Gesetzwidrigkeiten, Vergewaltigungen und Plünderungen protestierte, sondern auch gegen seine widerwärtige Demagogie, mit der er Vergewaltigung, Raubüberfall und Mord als heilige Rache zu rechtfertigen suchte. Ferner habe ich dagegen protestiert, daß er sich derart vom Beutesammeln hinreißen ließ, daß wir kaum unsere Aufgabe erfüllen konnten.«

»Das genügt. Setzen Sie sich.«

»Noch eine Frage: Kann sich Major Beljajew erinnern, wann wir aus Ostpreußen zurückkehrten und wem wir Bericht erstatteten? War es Oberstleutnant Sabaschtanskij?«

»Nein, der Oberstleutnant war zu dem Zeitpunkt schon selbst nach Ostpreußen gefahren. Wir haben zu zweit General Okorokow Bericht erstattet.«

»Ich bitte zu protokollieren: Sabaschtanskij hat hier vor Gericht ausgesagt, er habe nach Ostpreußen fahren müssen, weil wir die dortige Aufgabe sabotiert hätten. Ein weiterer Beweis seiner Verlogenheit.«

»Genug! Setzen Sie sich, und behindern Sie das Gericht nicht.«

Galja Chromuschina wirkte sehr erwachsen in ihrem blauen Kleid, den Schuhen mit hohen Absätzen; sie war blaß und schmal geworden. Die ihr gestellten Fragen beantwortete sie kurz und leise. Sie bestätigte, daß Ljuba mit Sabaschtanskij vor unserer Rückkehr nach Ostpreußen gefahren war, daß von einer wie auch immer gearteten Nichterfüllung der uns gestellten Aufgabe keine Rede sein konnte. Ferner bestätigte sie, daß ich in Graudenz die Gruppe befehligt hätte. Daran, daß Sabaschtanskij in Graudenz gewesen war, konnte sie sich nicht einmal erinnern, meinte, es könne höchstens einmal gewesen sein.

Nina Michajlowna in Feldbluse mit Ordensspange sah mich neugierig und mitleidig an.

»Ja, er galt als guter Mitarbeiter, als sehr guter sogar. Er hat oft in der vordersten Linie gearbeitet. Er kennt die Sprache sehr gut, auch die Psychologie der Deutschen. Im ganzen ist er kultiviert, aber hitzig, unbeherrscht bis zur Grobheit. Er ließ sich zu Äußerungen gegen die militärische Führung hinreißen, spielte den Sonderling, predigte Mitleid mit den Deutschen – das kam, wie ich dachte, von seinem Spleen und seiner Weichlichkeit...«

Der Verteidiger und ich fragten sie, wer in Ostpreußen und wer in Graudenz die Gruppe befehligt habe.

Sie antwortete der Wahrheit gemäß.

Ich bat sie, sich an die Gegenüberstellung zu erinnern. Sie bestätigte, daß der Untersuchungsrichter im Protokoll – das zu unterschreiben ich mich geweigert hatte – ihre Aussagen unrichtig wiedergegeben und entstellt hatte.

Georgij G. sagte aus, daß er und ich im großen und ganzen ein gutes kameradschaftliches Verhältnis gehabt hätten, später aber in Streit geraten wären über grundsätzliche politische Fragen. Er habe auch ernsthafte ideologische Abweichungen bei mir festgestellt: etwa Unterbewertung der Notwendigkeit, den deutschen Kapitalismus vollständig zu zerschlagen; Überbewertung der deutschen bürgerlichen Kultur; ferner ungesund-humane Einstellung im Sinne von Mitleid mit den Bürgern des deutschfaschistischen Staates.

Der hochgewachsene, elegante Georgij mit dem wirkungsvoll zum dunklen Teint und dem schwarzen Haar kontrastierenden Silbergrau an den Schläfen gab sich vor Gericht ungezwungen. Er sprach sicher und forsch, gleichmäßig, ohne Zögern und Stocken, in runden Schachtelsätzen, wobei er sich häufig wiederholte. Der Richter langweilte sich sichtlich. Georgij war sehr erstaunt, als der Richter mich aufforderte, Fragen an ihn zu stellen. Eine solche Prozedur kam ihm ebenso unerwartet wie vorher den anderen Zeugen. Die befragten Zeugen blieben im Verhandlungsraum und konnten ihre Erfahrungen daher untereinander nicht austauschen.

Ich fragte ihn, ob er sich erinnern könne, wann und wo er begonnen habe, mit mir über ideologische Fragen zu diskutieren. Er sagte: im Spätsommer und Herbst 1944, als unsere Front sich an die deutsche Grenze heranschob. Dann fragte ich ihn, ob er sich daran erinnere, mir im Januar 1945 eine Empfehlung für die Aufnahme als Partei-Vollmitglied geschrieben zu haben.

Er schwieg, öffnete den Mund wie ein erstauntes Kind, sagte dann verärgert, aber nicht mehr ganz so sicher wie vorher: »Na und? Die Empfehlung habe ich gegeben. Das bestreite ich nicht. Aber was erhoffst du dir davon? Ich habe sie längst zurückgezogen. Mich hat die Parteiorganisation darüber aufgeklärt, daß ich zu vertrauensselig gewesen bin. Du hast da gar nichts zu hoffen ...«

»Genosse Zeuge, antworten Sie dem Gericht. Der Angeklagte stellt die Fragen an Sie über das Gericht, und Sie antworten über das Gericht. Persönliche Gespräche mit dem Angeklagten sind verboten.«

Ich bat den Zeugen zu erklären, wieso er mich zum Vollmitglied empfehlen konnte, wenn er meine Einstellung für ungesund und politisch schädlich hielt.

Georgij legte erregt los, dies sei ihm erst später klargeworden, früher habe er unterschätzt...

Der Richter unterbrach: »Genug, Genosse Oberstleutnant, Sie haben Ihrem Genossen eine Empfehlung für die Partei gegeben; später erfuhren Sie, er sei unter schwerwiegenden politischen Beschuldigungen verhaftet worden. Damals war Krieg, es herrschten Frontverhältnisse. Seitdem sind fast zwei Jahre vergangen. Sie hatten Zeit, nachzudenken, zu überlegen. Sagen Sie uns: Sind Sie noch heute der Ansicht, daß der Angeklagte ein Gegner der Partei, der Sowjetarmee war? Halten Sie heute seine Arbeit an der Front für feindlich und schädlich?«

Georgij war sichtlich verwirrt, seine elegante Überlegenheit verwandelte sich in nervöse Unruhe.

»Natürlich habe ich nachgedacht, vieles durchdacht, sogar mir zu Herzen genommen... Wir waren ja Genossen, beinahe Freunde, sozusagen Frontfreundschaft. Nein, vom Persönlichen her kann ich nicht sagen, daß seine Einstellung bewußt gegen die Partei und die militärische Führung gerichtet war. Nein, das habe ich nicht geglaubt und glaube es auch heute nicht... Aber objektiv, vom Standpunkt der damaligen Kriegsumstände betrachtet, hat er eben doch Irrtümer begangen und sich unzulässige Abweichungen zuschulden kommen lassen. Direkte Konterrevolution ist das natürlich nicht.«

Der Richter unterbrach ihn ungeduldig. Mir kam es so vor, als habe sich die Stimmung am Richtertisch gewandelt. Die Beisitzer sahen nicht mehr mit widerwilliger Neugier auf mich, sondern eher nachdenklich, aufmerksam, fast teilnehmend. Iwan Roshanskij war vor Gericht genauso, wie er auch sonst immer war – ein bißchen düster, konzentriert. Schaute nur selten auf mit hellen Blicken. Es schien, als schaue er nach innen, in seine Gedanken hinein, die aller Hast, allem Nichtigen fern waren.

Er berichtete von unserer Zusammenarbeit an der Antifa-Schule. Er hatte meine Vorlesungen und Gespräche mit angehört. Wir waren Freunde geworden, hatten uns häufig lange und offen unterhalten. Er wisse genau und sei absolut überzeugt, daß alles, was Sabaschtanskij und Beljajew über mich sagten, falsch sei. Sie schrieben mir Äußerungen und Ansichten zu, die ich nicht geäußert hätte und auch gar nicht hätte äußern können. Er wisse, daß Sabaschtanskij mir seit langem schon feindlich gesonnen war, denn ich hatte ihm davon und über meine Zusammenstöße mit Sabaschtanskij berichtet.

»Als bei der Parteiversammlung sein Fall auf der Tagesordnung stand, wollte ich sprechen. Beljajew saß hinter mir und sagte: ›Vergessen Sie nicht, daß Sie Soldat sind und sich hier in der Armee befinden. Sabaschtanskij ist der Abteilungsleiter, ich bin Ihr unmittelbarer Vorgesetzter, und wir verbieten Ihnen zu sprechen.‹«

Beljajew hatte ihm sogar verboten, gegen meinen Parteiausschluß zu stimmen. Und nach Roshanskijs Einvernahme durch den Untersuchungsrichter hatte Beljajew ihm mitgeteilt, der Untersuchungsrichter sei mit seinen Aussagen unzufrieden, daraus könnten ihm Unannehmlichkeiten entstehen, und er, Beljajew, rate ihm, alles noch einmal zu überdenken und neue, ›richtigere‹ Aussagen zu machen.

Der Richter befragte Beljajew dazu. Der murmelte, er habe zwar auf der Parteiversammlung irgendwas zu Roshanskij gesagt, aber natürlich nichts verboten; er habe nur einen Rat gegeben, damit er nicht selber in Schwierigkeiten gerate. Die Lage sei damals sehr gespannt gewesen und er, Beljajew, habe selbst eine Rüge bekommen, weil er meinen Demobilisierungsantrag zerrissen und nicht Bericht erstattet hatte. Das mit dem Untersuchungsrichter habe er genauso weitergegeben, wie er es von Oberstleutnant Sabaschtanskij gehört habe: Der Untersuchungsrichter habe gesagt, Roshanskij trete für den Angeklagten ein und verberge was. Näheres wisse er nicht. Irgendwelchen Druck habe er nicht ausgeübt, wollte ihm doch bloß als Genossen helfen ...

»Frage an den Zeugen Sabaschtanskij: Sie haben die Aussagen von Hauptmann Roshanskij und Major Beljajew gehört. Was können Sie dazu sagen?«

»Ich widerspreche dem allen. Ganz entschieden!« Vor Verdruß war er dunkel angelaufen, sprach aber nach wie vor leise und überzeugt, flocht hie und da herzliche, vertrauenerweckende Töne ein: »Es scheint, die Genossen haben schon vergessen, wie es damals war, an der Front, im Krieg. Und was für ein

Krieg! Unsere ganze Armee, unsere heldenmütige Armee brannte im Feuer heiliger Rache. Wir führten die letzten entscheidenden Kämpfe. In einer solchen Lage sind depressive, dekadente Stimmungen nichts anderes als Verrat. Damals konnte man in der vordersten Linie für solche Stimmungen und Redereien ohne weiteres erschossen werden. Jetzt ist natürlich Frieden, glückliches Leben. Und das haben uns genau die Helden erkämpft, die dem da, dem – Angeklagten so wenig gefielen, daß er sie Marodeure nannte, daß er sie verspottete, sich großtat mit seiner Bildung. Aber die Genossen, die damals alle darüber empört waren und ihn auf der Parteiversammlung verurteilten, haben das jetzt, im Frieden, entweder tatsächlich vergessen, oder sie wollen es vergessen, weil sie immerhin mal Freunde gewesen waren. Darum sagen sie jetzt Sachen, die es nicht gegeben hat. Ich widerspreche kategorisch. Ich habe mein Gedächtnis, und ich habe mein Parteigewissen.«

Der Vorsitzende sah Sabaschtanskij aufmerksam und nachdenklich an.

»Sie bestreiten also, daß der Untersuchungsrichter mit den Aussagen Hauptmann Roshanskijs unzufrieden war und Sie darum bat, auf ihn einzuwirken, damit er seine Aussagen ändere?«

»Was der Untersuchungsrichter zu Roshanskij gesagt hat, weiß ich nicht, war nicht dabei. Habe an ihn nichts weitergegeben, nicht auf ihn eingewirkt, auch nicht vorgehabt, auf ihn einzuwirken.«

Als nächster sagte Abram Alexandrowitsch Bjelkin aus. Zuerst fühlte er sich gehemmt, stand krampfhaft aufgerichtet, Hände an der Hosennaht, doch dann wich die Hemmung, und er dozierte fast wie in einem Universitätsseminar. Er lobte und tadelte mich, und der Tadel war besser als jedes Lob.

»Er ist hitzig, Sturm und Drang, wie man so sagt, braust leicht auf. Als er an die Front ging – und er hat sich ja gleich am ersten Tag gemeldet –, wollte er am liebsten sofort mit dem Fallschirm über Berlin abspringen. Ich machte mir damals große Sorgen um ihn. Aber nicht so, wissen Sie, wie man ganz allgemein um jeden Freund bangt, der in den Krieg zieht... Im Krieg zu fallen ist zwar traurig, aber ein edler Tod. Und ich wußte, daß er den Tod nicht fürchtete... Nein, ich machte mir Sorgen, wie er mit der Militärdisziplin zurechtkommen würde. Es klappte aber. Das weiß ich, und zwar von vielen Kameraden und Freunden aus der Armee. Trotzdem: die Unbeherrschtheit, die Hitzköpfigkeit, das Aufbrausen, dieser ganze Sturm und Drang in Fragen der Moral – das alles blieb. Jawohl! Sie wissen, seit eh und je gab und gibt es Menschen, die Lüge und Gemeinheit einfach nicht ertragen können. Manch einer fährt aus der Haut beim Geräusch eines über Glas gezogenen Korkens. Andere fahren aus der Haut, wenn ihnen Lüge, Gemeinheit, Heuchelei begegnen. So einer ist Kopelew. Dann wird er wild, hat oft selbst den Schaden davon, großen Schaden. So wie jetzt... Diese Eigenschaft nennt man Donquichotterie, sie kann abträglich, sogar gefährlich die Beziehungen zu manchen Vorgesetzten beeinflussen. Doch nicht immer. Lenin beispielsweise verhielt sich da vollkommen anders: Er schätzte diese unbequeme Eigenschaft an Genossen sogar besonders hoch – Intoleranz der Lüge gegenüber, Unnachgiebigkeit, wenn es darum ging, die Wahrheit durchzusetzen... Majakowskij schrieb: ›Nie möge schändliche Vernunft mir kommen‹; Gorkij hat die ›Unbesonnenheit der Tapferen‹ gepriesen. Ja, ich weiß, daß Kopelew in den letzten Kriegsmonaten heftige Auseinandersetzungen mit einigen Genossen hatte. Ich weiß davon aus Berichten gemeinsamer Freunde. Er kritisierte gewisse Feuilletons von Ehrenburg scharf – darüber sprachen und diskutierten wir, als er auf Heimaturlaub war, zuletzt im Januar 1944. Meine Frau traf ihn später, im Herbst in Polen, noch einmal – sie war Kommissar in einer Scharfschützenschule und hat von ihren Gesprächen und Diskussionen erzählt. Und ich weiß noch genau: Als dann Alexandrows Artikel gegen Ehrenburg in der ›Prawda‹ erschien, sagte ich zu ihr: ›Sieh mal, genau das hat doch Ljowa immer gesagt. Jetzt kann er triumphieren, daß er gegen uns Recht behalten hat!‹ Wir wußten noch nicht, daß er damals schon verhaftet war – und zwar verhaftet, weil er genau die Perspektive vertreten hatte, die nun mit Alexandrows Artikel gültig geworden war. Als wir von der Verhaftung erfuhren, waren wir tief erschüttert. Nein, niemals wird auch nur ein einziger seiner Freunde glauben, daß er irgend etwas gegen die Partei sagen oder tun könnte. In diesem Punkt kann es keinerlei Zweifel geben. Seine Gedanken liegen glasklar zutage, er verbirgt nichts, kann das gar nicht... Wer auch nur einen oder zwei Tage mit ihm verbringt, kennt ihn mit allen, sozusagen, ›seelischen Innereien‹...«

Der Verteidiger stellte Bjelkin einige Fragen, auf die er antwortete wie ein gütiger Professor, der einem Doktoranden bei der Verteidigung seiner Dissertation zur besten Note verhelfen will. Er unterstrich die ungewöhnliche politische Reife meiner Ideologie, meine gründlichen Kenntnisse, die in zahlreichen Vorlesungen und Artikeln deutlich geworden seien, und so weiter.

Letzter Zeuge war Viktor Rosenzweig als – dem Plan des Verteidigers entsprechend – Vertreter der WOKS (Allunionsgesellschaft für kulturelle Verbindung mit dem Ausland).

Rosenzweig wies darauf hin, daß die proletarischen deutschen Schriftsteller Bredel und Weinert mich liebten und schätzten und daß ich ein ungewöhnlich gebildeter Marxist-Leninist-Stalinist sei. Er wisse das aus unserer gemeinsamen pädagogischen Arbeit, aus den Reaktionen meiner Hörer und aus eigener Erfahrung in vielen freundlichen Gesprächen.

Schon längst war es dunkel. Die Gerichtsverhandlung hatte am Morgen begonnen und war mittags für knappe zwei Stunden unterbrochen worden.

Während dieser Pause hatte mir der Anwalt gesagt, seiner Meinung nach laufe alles gut. Es sei auch ein gutes Zeichen, daß die Staatsanwaltschaft nicht vertreten sei. Sein Plädoyer begann er sachlich und sicher; er sagte, er habe es hier mit einem Fall zu tun, der ganz ungewöhnlich, ja, er könne sogar sagen, einmalig in seiner Praxis sei. Er zählte alle eindeutigen Widersprüche in den Aussagen der Anklage-Zeugen aus und hob dann die Stimme in routinemäßigem Pathos, gekünstelter Rührseligkeit und ausdrucksvollem, zornigem Donnergrollen. Es war mir peinlich, und ich ärgerte mich über die hohlen Phrasen; über meine »zarte nervliche Konstitution«, über die »Sensibilität einer schöpferischen Persönlichkeit«, über das »hohe geistige Niveau eines Kommunisten und Intellektuellen«. Dann hielt er ein paar alte Nummern der »Lehrerzeitung« und des »Roten Sterns« in die Höhe, in denen Artikel von mir veröffentlicht waren, und rief aus: »Hier haben wir seine glänzenden, exakt ideologisch-militanten Beitäge aus der ›Prawda‹, dem Zentralorgan unserer Partei!« Malerisch warf er seinen grauen Schopf zurück und deklamierte salbungsvoll von der Sorge der Eltern, deren einer Sohn im Kampf gefallen war, und der einzig ihnen verbliebene – ihre Hoffnung, ihr Stolz – schmachte im Gefängnis unter schwerster, schändlicher Anklage, und zwar nur aufgrund von Verleumdungen plumper Taugenichtse. Aus irgendeinem Grund erwähnte er Sabaschtanskij nicht namentlich; dafür fiel er über Beljajew und noch mehr über Georgij her. Er hatte wohl gemerkt, daß gerade die beiden die besondere Unzufriedenheit des Richters erregt hatten. Georgij wurde wütend und rief ihm eine Erwiderung zu. Der Richter tadelte die Unbeherrschtheit. Schließlich – das letzte Wort des Angeklagten. Wie oft hatte ich es im Geist verfaßt, wiederholt, ergänzt. Ich sprach lange, sah und spürte, daß man mir zuhörte. Die Richter saßen nur wenige Schritte von mir entfernt. Der Vorsitzende hatte den Kopf gesenkt, nur selten blinkte seine Brille auf. Die beiden Beisitzer sahen mich unverwandt an. Ich bemühte mich, ihnen tief in die Augen zu sehen, um ihnen die Wahrheit und meinen Schmerz einzusuggerieren.

Die Schlußsätze wußte ich seit langem auswendig und hatte sie schon mehrfach in Beschwerden wiederholt: »Mein Gewissen ist rein. Auch nicht der Schatten einer Schuld gegenüber dem Vaterland, gegenüber der Partei liegt auf mir, keiner einzigen Schuld – weder in Worten noch in Taten, noch in den allergeheimsten Gedanken. Ich bitte nicht um Gnade, sondern um Gerechtigkeit, nur um Gerechtigkeit.«

Das Gericht trat zur Beratung zusammen. Da die Verhandlung nicht in einem regulären Verhandlungssaal stattgefunden hatte, verließen nicht die Richter, sondern alle übrigen den Raum. Ich wurde in den Keller gebracht. Mutter und Nadja standen im Korridor, lächelten und nickten. Nach etwa anderthalb Stunden wurde ich wieder zurückgebracht. Auch die Zeugen kamen. Der Richter verlas das Urteil.

»Im Namen der Union der Sozialistischen Sowjetrepubliken ...« Schon in den ersten Sätzen vernahm ich anerkennende Worte über mich. Und dann die Hauptsache: » ... ist freizusprechen wegen vollständigen Fehlens des Tatbestandes eines Verbrechens. Ist aus der Haft zu entlassen.« Es folgte die Feststellung, daß Sabaschtanskij und Beljajew sich der Verleumdung schuldig gemacht haben, aufgrund der Amnestie von 1945 jedoch nicht strafrechtlich zur Verantwortung gezogen würden – »jedoch ist die Aufmerksamkeit der betreffenden Parteiorganisation darauf zu lenken«.

Ich weiß nicht mehr, weiß es ganz und gar nicht mehr, was ich damals fühlte oder dachte. Ich war wie im Nebel, in orangerotem, von glitzernden Funken gesprenkeltem Nebel. Die Wachtposten setzten mich im Korridor in eine Ecke, die sie mit einer großen Bank abteilten. Es war schon spät, aus dem inzwischen leer gewordenen Keller wurde die Wache abgezogen. Von fern machten die Freunde mir Zeichen, sagten irgendwas Fröhliches, gratulierten. Mutter rief mehrmals laut: »Dein Anzug und dein Mantel sind bei Ljolja, geh direkt zu ihr – ihre neue Adresse ist Nowoslobodskaja-Straße 48, Wohnung 47, im Hof. Vergiß es nicht!«

Die Posten erlaubten niemandem, zu mir zu treten. Sie weigerten sich auch, eine Tafel Schokolade an mich weiterzugeben, wie sehr Mutter auch darum bat: »Verboten! Pakete kann man nur im Gefängnis abgeben!«

In einem großen Schwarzen Raben wurde ich allein zurückgefahren. Ich wagte nicht zu hoffen, bald entlassen zu werden. Ich wußte, daß Freisprüche bei einer Anklage nach Paragraph 58 vom MGB[62] überprüft wurden und daß nicht selten ein vom Tribunal Freigesprochener der OSO übergeben wurde, die per Fernurteil eine Haftfrist verhängte.

Aber so ein Urteil! *So* ein Freispruch!

In der Butyrka kam ich in eine Box, die sich allmählich füllte; schließlich waren wir acht Mann. Vier hatten ihre Frist verbüßt, zwei waren freigesprochen. Einem hatte der Untersuchungsrichter am Vortag gesagt, daß er freikomme. Es war ein junger Bursche, Generalssohn, verhaftet, weil er seines Vaters Pistole getragen und sie Freunden gezeigt hatte. Wir wurden einzeln herausgerufen. An die Tür kam der wachhabende Aufseher mit einem Gehilfen, der einen Stoß Aktenhefter trug: die Gefängnisakten jedes einzelnen. Der Herausgerufene hatte mehrere Fragen zu beantworten, nicht nur die üblichen: Familien-, Vor- und Vatersnamen, Paragraph und Straffrist, sondern auch noch Geburtsort und -datum, Adresse der Angehörigen. Zuerst wurde man »ohne Sachen« gerufen und bekam die beschlagnahmten Besitztümer zurück: Gürtel, Bleistifte, Schnürsenkel, Rasierapparat und Geld. Dann wurden die Fingerabdrücke überprüft, und endlich ging es zum »Abschiedsgespräch«. Hier hatte der zu Entlassende zu unterschreiben, daß er über das Gefängnis-Regime Schweigen bewahren würde, und erhielt seinen Entlassungsschein.

Jedesmal, wenn die Tür der Box sich öffnete, überlief es mich kalt: Bin ich jetzt dran? Ich versuchte, die Zahl der verbliebenen Hefter zu schätzen, verschätzte mich, verzweifelte und schöpfte wieder Hoffnung. Ich befahl mir, ruhig zu werden, rauchte eine Zigarette nach der anderen, sie kamen mir ungewöhnlich kurz vor – so schnell war jede aufgeraucht. Der Kopf tat mir weh, die Augen brannten, selbst die schwache Glühbirne blendete mich. Links in der Brust keimte ein Schmerz. Ein schleichender, leiser Schmerz, der bald nachließ, bald sich über die ganze Brust bis zum Schlüsselbein, bis in die Kehle, den Arm entlang ausdehnte.

Und dann war ich allein. Als letzter war der Generalssohn herausgerufen worden, wahrscheinlich kann ich mich nur deshalb überhaupt an ihn erinnern. Als der Aufseher ihn rief, hatte er nur noch einen Aktendeckel unterm Arm. Auf meinen wohl sehr kläglich fragenden Blick sagte er: »Sie müssen noch warten, Ihre Papiere sind noch nicht fertig. Wie heißen Sie? Nein, noch nicht fertig.«

Wieder blitzte Hoffnung auf: Also werden die Papiere immerhin fertiggemacht. Angespannt horchte ich auf die Schritte und Stimmen von draußen. Ein, zwei Stunden vergingen. Ich hatte mich auf den Fußboden gelegt – die Bank war zu schmal – und war sogar eingeschlafen. Ab und zu wachte ich auf, von Schritten in der Nähe meiner Tür, von der hereinkriechenden Kälte. Ich stopfte die Mantelschöße fester um mich.

Schlüsselklirren weckte mich augenblicklich. Zählung. Postenwechsel – es war also schon Morgen. Ich fragte, was ich hier noch solle – »Bin doch freigesprochen und laut Gerichtsurteil auf freien Fuß zu setzen. Wie lange soll ich denn noch warten?«

»Die Papiere sind noch nicht fertig.«

Die Aufseher waren mit der Appell-Liste beschäftigt, hatten es eilig.

Später wurde ich in eine andere, hölzerne Box gebracht. Ungeduldige Hoffnung wechselte mit dem Entschluß, ruhig abzuwarten, auch wenn es noch ein paar Tage dauern würde. Traurigbittere Zweifel wechselten mit der Angst: Die OSO hat meine Fall übernommen, sie lädt keine Zeugen vor und läßt keinen Anwalt zu.

In der hölzernen Box verbrachte ich den ganzen Tag. Sie bot nur Platz zum Sitzen. Mittagessen, die abendliche Kascha und ein Paket wurden mir gebracht: gute Zigaretten, Schokolade, Mamas Quarkkuchen, Kalbsbraten. In der Enge dieses »Griffelkastens« macht das Essen Schwierigkeiten, die Ellbogen stießen an die Bretterwände. Aber ich war froh, daß man mich hier im Bahnhof ließ, das bedeutete doch wohl, daß sie die Papiere fertigmachten. Abwechselnd rauchte und schlief ich.

Einer der Posten, die mich zur Toilette begleiteten, hatte gesagt, tagsüber würde niemand entlassen, nur gegen Morgen. Das hatte mich für ein paar Stunden beruhigt und hoffnungsvoll gestimmt, ganz zusammengekrümmt hatte ich sogar ausgeschlafen. Endlich öffnete sich die Tür. Aber es war nicht der Wachhabende mit dem Aktendeckel, sondern ein gewöhnlicher Aufseher.

»Rauskommen mit Sachen.«

Und man brachte mich den bekannten Weg entlang: Filzen, Bad. Die angeschwollenen Füße gehorchten mir kaum noch, die Säcke mit meinen Sachen und dem Paketinhalt rutschten mir aus der Hand, Kopf und Rücken schmerzten sehr. Ich dachte an gar nichts. Da war nur die beklemmende, erstickende Schwermut: Es hat sich nichts geändert.

Im Einzelbad ließ ich mir Zeit, stand lange unter der angenehm heißen, dem Körper schmeichelnden Dusche; wenn ich mir die Ohren zuhielt und die Augen schloß, verwandelte sie sich in einen fröhlich platschenden Sommerregen.

Danach kam ich in einen mir noch unbekannten Gefängnistrakt. Die Zelle war klein und quadratisch, hatte nur eine Pritsche, einen Tisch, ein längliches Fenster, nicht sehr dicht vergittert – drei Stäbe längs, drei Stäbe quer – ohne ›Maulkorb‹; ich konnte draußen die Ecke eines Hofes und einen Mauervorsprung sehen.

Die Luftklappe war groß: Sie nahm ein Viertel des ganzen Fensters ein. Die Tür hatte keine Durchreicheklappe, aber natürlich ein Guckloch. Der Kübel war trocken, also lange nicht benutzt. Immerhin – eine gewöhnliche Zelle war das nicht. Also geht das Urteil in Revision. Aber wenn es schon einmal gelungen war, ein Wiederaufnahmeverfahren zu erwirken, und das Gericht dann so günstig entschieden hatte, dann lag das Schwerste doch hinter mir, und die Entlassung würde unvergleichlich viel leichter zu erreichen sein.

Ich öffnete die Luftklappe. Die frische Kälte tat den Lungen und jeder Pore wohl. Auf der Pritsche lagen zwei Wattematratzen, die eine benutzte ich zusätzlich zu meinem Mantel als Decke. Ich setzte die Pelzmütze auf, ließ die Ohrenklappen herunter und schlief behaglich ein. Bei der Morgenzählung kam der Diensthabende nicht in die Zelle, nur ein Aufseher machte die Tür einen Spalt auf und rief »Zählung!« Ich stand auf, richtete die Matratzen. Die Aufseher hatten Schichtwechsel.

»Bloß einer hier?«

»Einer.«

Als Brot und heißes Wasser gebracht wurden, bat ich um Bücher. Der Aufseher winkte ab.

Durch die Zelle konnte man diagonal neun bis zehn kleine Schritte gehen. Dreimal am Tag machte ich Gymnastik und nachher jedesmal nicht weniger als tausend Schritte. Bei der abendlichen Zählung kam der Diensthabende, ich bat wieder um Bücher.

»Die stehen Ihnen nicht zu. Sie sind freigesprochen. Sie können jeden Moment entlassen werden.«

»Ich schleppe Ihnen die Bücher doch nicht weg, ich geben sie doch zurück.«

»Nicht erlaubt.«

Tags schlief ich. Nachts horchte ich auf die Geräusche von draußen. Meine Zelle war die erste an einem kurzen Korridor, über den man zum Spaziergang geführt wurde. Auf meiner Seite zählte ich noch sechs Zellen, gegenüber war eine massive Wand. Auch den Spazierhof kannte ich noch nicht – er war lang und schmal, grenzte an der einen Seite an ein Gebäude mit großen, dicht vergitterten Fenstern ohne ›Maulkörbe‹. Es sah aus wie eine Fabrik. An der anderen Seite zog sich eine hohe Mauer entlang. Auf dem Weg zum Spaziergang kam man über einen Korridor im Erdgeschoß, in dem alle Zellen leer waren und offenstanden. Man konnte die bezogenen Pritschen sehen. Hier hausten die abgeurteilten Gefängnis-»Arbeiter«. Säuerlicher Weibergeruch, bunte Bettdecken: Frauenzellen. Ich durfte lange spazierengehen. Der Posten hatte eine große, zwanzigminütige Standuhr aufgestellt. Als sie abgelaufen war, zog ich noch ein paar volle Kreise, bis er mich anrief: »Na wie – noch nicht genug gelaufen? Los, zurück. Können ja erfrieren!« Am zweiten Morgen, nach einer wieder schlaflos verbrachten Nacht mit einigen Anfällen von Hoffnung: Jemand kam an meine Tür, schon vorher hatte ich geglaubt, in dem entfernten Stimmengewirr die Worte »auf freien Fuß« herauszuhören. Ich war überreizt, erbost, bestürmte den Diensthabenden und verlangte Bücher. Wieder bekam ich zur Antwort: »Nicht erlaubt.« Da wurde ich aufsässig: »Als Untersuchungsgefangener, als Angeklagter hatte ich das Recht zu lesen. Warum habe ich jetzt als freigesprochener Offizier der sowjetischen Armee einen schlechteren Status?« Und ich erklärte den Hungerstreik.

»Dann müssen Sie eben hungern. Trifft nur Sie.«

Richtig hungerte ich allerdings nur zwei Tage. Am ersten Tag hatte ich von meinem Paket noch Zucker und Gebäck. Die Aufseher waren weder grob noch hartnäckig bei ihrem Versuchen, mich zum Essen zu überreden. Einer, ein älterer, riet gutmütig: »Kann sein, Sie müssen noch 'ne Woche warten und werden vom Hunger schwach. Unterernährte entläßt man nicht – was sollen sonst die Leute draußen sagen –, und was dann? Klar, Krankenhaus. Bringt wieder Verzögerung.«

Am dritten Tag ließ man mich nicht mehr zum Spaziergang. Der vierte Tag war der Paket-Tag. Der Aufseher brachte mir zwei volle Beutel.

»Nehmen Sie's ja an! Guck bloß, wieviel! Ist für Weihnachten.«

»Ich nehme nichts. Hungerstreik.«

»Was denn, verrückt geworden? Die warten doch auf die Empfangsquittung.«

»Nichts nehme ich. Ich hungere, bis ich Bücher kriege.« Und zum soundsovielten Mal wiederholte ich, daß ich freigesprochen, daß ich sowjetischer Offizier sei und meine Rechte fordere. Der Aufseher, klein, mit schiefem Mund, schmutzig-braunem Teint, schwärzlichen Speilzähnen und Schlitzaugen, herrschte mich an: »Offizier! Zu befehlen gewohnt! Hast hier nichts zu befehlen. Geh zu deinen Leuten, befiel da!«

»Ich befehle nicht. Ich verweigere die Nahrung, bis ich Bücher bekomme.«

Nach ein paar Minuten kam der Diensthabende, ein junger Leutnant, besorgt und beunruhigt, aber nicht einmal böse. Er sagte eher klagend: »Wozu machen Sie denn hier Skandal? Was wollen Sie denn? Ich verstehe ja, daß Sie freigesprochen, daß

Sie Offizier sind. Aber haben Sie doch auch Verständnis: Von Ihnen gibt's hier fünfundzwanzigtausend, und ich bin allein...«

Zum erstenmal hörte ich diese Zahl. Fünfundzwanzigtausend Häftlinge in der Butyrka! Die Zutraulichkeit des Leutnants erweichte mich, und ich erklärte mich bereit, das Paket anzunehmen, wenn er mir sein Offiziersehrenwort gebe, mir Bücher zu verschaffen. Er sah verdutzt auf – wahrscheinlich hatte er zum erstenmal von einem solchen Ehrenwort gehört –, er lächelte sogar: »Also gut. Ich gebe es. Sie kriegen noch heute welche. Nehmen Sie an und unterschreiben Sie. Draußen macht man sich schon Sorgen. Ist wohl Ihre Frau? Man muß doch Mitleid mit ihr haben!«

Ich aß langsam, wie man es nach einem Hungerstreik tun muß. Man brachte Bücher: ›Rob Roy‹ von Walter Scott, irgendwas von Kuprin. Nach zehn Tagen wurden die Bücher ausgetauscht. Ich bekam Stendhals ›Kartause von Parma‹ und die Memoiren der Panajewa. Tagsüber las ich, ging in der Zelle auf und ab, zählte dabei die Touren, als Zählhilfe dienten die Streichhölzer, die ich auf dem Tisch von einer Seite auf die andere schob, machte meine Übungen, schlief. Die Nächte vergingen schlaflos, aller versuchten Selbstsuggestion zum Trotz. Zwar schlief ich abends ein, fuhr dann aber hoch vom Klang plötzlicher Stimmen – eingebildeter oder wirklicher – oder von Schritten an der Tür. Das Herz schlug bis in die Kehle. Ich rauchte. Versuchte zu lesen. Verfaßte im Kopf Gedichte. – Dachte mir Algebra-Aufgaben aus. Mehrere Nächte hintereinander beschäftigte ich mich verbissen damit, Varianten des Goldenen Schnitts zu finden. Die Gedichte, die in dieser Zelle entstanden, habe ich vollständig vergessen; weiß nur noch, daß ich ein Poem über Deutschland verfaßte und eine große feierliche Botschaft an Nadja.

Unten an der Außenwand liefen parallel zwei Heizungsrohre entlang, das obere knapp unter dem Kopfende der Pritsche. Einmal hörte ich in diesem Rohr ein hartnäckiges Klopfen »nach Kästchen«: 2–5 ... 4–3 ... 3–4 ... 2–5 ... 4–3 ... 3–4: »Wer? Wer?« Ich legte mich flach hin, begann ebenfalls zu klopfen und hörte plötzlich im Rohr eine Frauenstimme. Sie klang schwach, als sei sie weit entfernt, war aber verständlich. Abwechselnd mit dem Klopfen wiederholte sie.

»Ich kann dich hören ... Nimm den Becher! ... Hör mit dem Becher, klopf nicht ... Sprich durch den Becher ... Hör mit dem Mund ... Such die Stelle ... die richtige Stelle, wo du am besten hörst!«

Aus den Erzählungen erfahrener Häftlinge wußte ich, daß man durch Heizungsrohre sprechen kann, wenn man seinen Aluminiumbecher an der »richtigen« Stelle ansetzt und hineinspricht, hielt man ihn dicht an den offenen Mund, kann man hören. Es klappte. Meine Gesprächspartnerin wohnte drei Zellen von mir entfernt – aus den beiden Zellen dazwischen meldete sich niemand.

Sie stellte sich als Tonja (Antonina) vor und erzählte, sie säße mit drei Frauen zusammen: Anka, einer Halbkriminellen, und zwei Spießer-Tanten, haben was Leichtes ausgefressen. Alle drei hatten das Untersuchungsverfahren hinter sich und warteten auf die Gerichtsverhandlung. »Ich hab' Paragraph 162. Die hängen wir so was wie ›gemeinschaftlicher Diebstahl von Staatseigentum an‹. Da war einer, mit dem ging meine Freundin, den haben sie irgendwo geschnappt. Soll mit ein paar andern einen Laden oder eine Sparkasse leergemacht haben – geht mich gar nichts an, hab' ich nichts mit zu tun, ich hab' Schneiderin gelernt und Friseuse – wohn' bei meiner Mutter. Die ist Witwe, arbeitet in einer Wirtschaftsbehörde, macht da was mit Lager und Garderobe und Putzen. Naja, so was wie Verwalter vielleicht, weiß nicht genau – ich bin Jahrgang 26 – noch unverheiratet. Und du? Paragraph 58? Aua, bist Faschist, was? Freigesprochen? Verkohlst mich nicht? Na, dann besuch mal meine Mama!«

Umständlich beschrieb sie mir die Adresse und fragte in den nächsten Tagen mehrmals nach, ob ich sie auch behalten hätte.

»Sag ihr, sie soll einen guten Anwalt nehmen. Aber welchen, und wegen der Bezahlung, da soll sie Onkel Wassja fragen. Sag ihr das. Onkel Wassja ist der Vetter von meinem Vater. Der ist tüchtig, was ganz Großes, weiß nicht genau was, ist was ganz Geheimes. Sag ihr bloß, ich hätte befohlen, sie soll zu Onkel Wassja gehen. Und mir soll sie vier Zwiebeln und drei Knoblauchzwiebeln bringen; das bedeutet: Du warst da, und sie hat kapiert. Bist du wirklich Faschist? Oder gibst du bloß an?«

Nach den ersten Gesprächen war mir klar, daß Tonja entweder eine reinrassige Diebin war oder mindestens auf dem besten

Weg dorthin – eine Halbblüte. Sie war die einzige aus ihrer Zelle, die mit mir sprach. Von den anderen bestellte sie nur Grüße.

»Die haben Schiß, daß sie dafür in die Klappe kommen. Sind nervös, die Dämchen. Aber ich bin ein Moskauer Mädchen, hab' die ganze Polizei am Fädchen ... Am Tag fürchte ich keinen Mann, und nachts soll er sich vor mir hüten!«

Vorsichtshalber hatte ich mich ihr als Ljosche Koscheljow vorgestellt. Ich wollte keine »seriöse« Bekanntschaft. Und wenn wir uns doch einmal begegnen sollten, dann hatte sie sich eben verhört.

Morgens klopfte es ungeduldig im Rohr. Die Zählung war gerade vorbei, die Diensthabenden weitergegangen und der Korridor bis zur Brotausgabe leer.

»Morgen, Ljoscha. Noch nicht rausgeschmissen? Was hast du geträumt? Ich war im Traum zum Tanzen oder im Klub, und da war jemand aufgebahrt. Im Sarg liegt ein Bekannter von mir, aber lebendig, lacht mich an. Die Frauen hier sagen, das bedeutet was Gutes, wenn man eine Beerdigung sieht. Und was meinst du?«

Tonja hatte mit mir verabredet, wenn sie zur Toilette geführt wurden, sollte ich mitten in meiner Zelle stehen, mit dem Gesicht zur Tür. Sie schaffte es auch, mehrmals durch das Guckloch zu mir hereinzusehen. Ich hörte auf dem Korridor tiefe Stimmen kichern.

»Ljoschenka! – Och, Bürger Wachtmeister, ich dachte, hier wäre keiner drin!«

Danach Füßescharren.

Später kam es kokett durchs Rohr: »Du bist gar nicht so, wie ich dachte. Ich mag die Schwarzbraunen, sind wie Treff-König. Hätte nie geglaubt, daß du so'n Schwarzer wärst und so'n Solider. Bist vielleicht vom Kaukasus? Siehst so aus wie die da unten, mit diesem Schnauzbart wie Genosse Stalin. Ach so, deine Mutter ist Jüdin? Wenn schon, bei denen gibt's auch gute Menschen. Ich kenne eine, die macht Maniküre, tüchtiges Mädchen, die ist so was wie eine Freundin von mir ... Klopf mal, wenn du zum Spaziergang mußt – ich mach' dann mit einem Streichholz das Guckloch auf, da ist kein Glas mehr drin. Dann kannst du mich sehn: Ich bin die mit der roten Jacke.«

Viel konnte ich bei dieser Besichtigung nicht sehen. Das lag an meiner Kurzsichtigkeit und an der Eile. Die Posten schimpften meist und drohten mit Spaziergangentzug. In der Zelle, die kaum größer war als meine, sah ich vier Pritschen. Über der roten Jacke ahnte ich ein breites Gesicht mit strähnigen, fahlblonden Haaren.

»Hast mich gesehn? Gefall' ich dir? Ich seh' genau wie die Karo-Dame aus, bin leider nicht frisiert. Du müßtest mich mit Dauerwelle sehen, schön die Augenbrauen nachgezogen und die Lippen tüchtig geschminkt! Könnt mit einem General ausgehn!« Plötzlich hörte ich ganz weit fort: »Schöne Karo-Dame! Was verstehst denn du davon? Drecksau, elende! Guck dich doch mal an, du Kröte! Ich knall' dir eine in die Fresse, dann begreifst du, was Karo und was Herz ist ... Aas, verstunkenes...!« – »Oj, Ljoschenka, das war bloß ein Gespräch unter uns. Kennst du Witze? Erzähl mal ein paar! Dann sing ich dir auch was vor.« Sie erzählte dann selber »Witze«, ziemlich gepfefferte, und fügte ab und zu ein »entschuldige den Ausdruck« ein. Dann sang sie Zigeunerlieder.

»Gefängnislieder kenn' ich keine, denkst wohl, ich bin eine Kriminelle? Ich tu' doch bloß zum Spaß so wie eine Schauspielerin – hab' das im Gefängnis aufgeschnappt. Mußt nichts Schlechtes denken, Ljoschenka, ich bin einer anständigen Mutter Kind. Möcht' gern Medizin studieren...«

Wir hatten bald heraus, daß wir zur selben Toilette geführt wurden, und verabredeten dort einen ›Briefkasten‹ – einen Spalt hinter der mit rostigem Maschendraht überzogenen Heizung. Ich hinterlegte kleine Tüten mit Bonbons, Gebäck, von meiner Mutter gebackenen Pastetchen, Zigaretten. Tonja stickte mir zu Neujahr zwei Taschentücher, mit Vergißmeinnicht und buntem Hohlsaum in den Ecken.

Um diese Zeit hatte ich mich allmählich mit dem Gedanken vertraut gemacht, daß der Freispruch nicht bestätigt worden und mein Fall an die Sonderkommission weitergegangen sei. Das bedeutete wieder Lager, aber nicht mehr als fünf Jahre. Knapp zwei Jahre hatte ich schon abgesessen, also schon bald die halbe Frist – sie würden mich nicht allzuweit hinausjagen. Was aber, wenn sie nur den vollen Freispruch nicht geben wollen und mir drei Jahre aufbrummen? Die wären durch die Amnestie erledigt, wenn auch mit der Auflage, nicht in Moskau zu wohnen und nicht ideologisch arbeiten zu dürfen. Ich beschloß, mich ernsthaft mit Medizin zu beschäftigen und zu schreiben. Wenn ich schon diesen Krieg überlebt hatte, würde ich auch das Lager überstehen. Und wenn ich amnestiert werde, lasse ich mich zur Arbeit in den Fernen Osten verpflichten; dort werde ich zeigen, wes Geistes Kind ich bin.

Die Aufseher hatten sich schon an mich gewöhnt. Ein gutmütiger Dicker sagte jedes Mal beim Zapfenstreich: »Marsch, in die Klappe, schlaf dich noch mal aus, zu Hause bei deiner Frau kommst du so bald nicht dazu.«

Aber der bösartige Kleine, der Dienst hatte, als ich den Buchempfang durchsetzte, holte mich zum abendlichen Toilettengang als letzten heraus und befahl: »Lokus schrubben!«

Ich weigerte mich nicht, nahm an, ich sei eben an der Reihe. Mit Eimer und Schrubber werkelte ich eine gute Stunde in dem großen Raum: sechs Becken, ein langes betoniertes Pissoir, vier Waschbecken mit acht Wasserhähnen. Aus dem Pissoir mußten die Zigarettenstummel entfernt, vom Fußboden und von den Wänden der Schmutz abgeschrubbt werden.

Zwei Tage später holte mich der Aufseher schon wieder zum Lokusputzen. Diesmal weigerte ich mich: »Mach' ich nicht, war erst vorgestern dran.«

»Na und? Heißt doch bloß, daß du's kannst. Los, schrubben, bist wieder dran. Oder meint der Offizier, er braucht sich die Händchen nicht schmutzig zu machen?«

Er grinste so boshaft, daß mich kalte Verzweiflung überkam: Dem da kannst du nichts erklären, dem ist auch mit Beschwerden nicht beizukommen.

»Ich putze nicht, ich bin nicht an der Reihe. Sie haben kein Recht, mich zu verhöhnen.«

»Dann sitz eben die ganze Nacht in der Scheiße, Offizier!« Er knallte die Tür zu.

Ich schlug mit dem Schrubber gegen die Tür und schrie: »Wachhabender! Ich verlange den Wachhabenden vom Dienst! Ich lasse mich nicht schikanieren!«

Nach ein paar Minuten schob der Aufseher das Guckloch auf und sagte triumphierend langsam: »Zapfenstreich ist schon vorbei. Wenn du hier Krach machst, fesseln wir dich, dann kannst du dich bis zum Morgen auf dem Scheißhaus rumwälzen. Willst du so übernachten, Offizier? Kannst dich später beschweren, von mir aus beim Obersten Gericht...«

Ich hatte keine Wahl. Sollte ich etwa die Nacht auf der Toilette verbringen, wenn auch ungefesselt, in dem feuchten Gestank, und mich dann beschweren? Aber was würde ich damit erreichen? Glaubt man mir, kriegt er einen Tadel. Aber wird man mir glauben? Ich habe ja keine Zeugen, er dagegen hat Kollegen auf dem Nachbarkorridor, die sich bestimmt nur zu gern einen Spaß mit dem »Offizier« machen würden. Sogar das Fluchen war mir vergangen; verbissen machte ich sauber. Nach anderthalb Stunden kam er wieder. Ich hörte, daß er nicht allein war, aber er öffnete die Tür so, daß ich den zweiten nicht sehen konnte.

»Nicht gepfuscht? Alles pieksauber?«

»Sehen Sie doch nach.«

»Eimer und Schrubber in die Ecke stellen!«

Ich ging stumm, wie es die Gefängnisordnung vorschrieb, vor ihm her, die Hände auf dem Rücken. An der offenen Zellentür drehte ich mich um. Sein Partner und Zeuge versteckte sich schon nicht mehr, stand im Vorraum und rauchte. Ich blieb auf der Schwelle stehen und sah meinen »Erzieher« an. Es sollte ein forschender, interessierter und irgendwie teilnahmsvoller Blick sein.

»Los, los, steh hier nicht rum! Los, gehen Sie in Ihre Zelle. Was verrenkst du denn die Augen, was gibt's da zu sehen?«

»Ich sehe bloß, daß Sie schwerkrank sind.«

»Wer ist hier krank? Sind Sie Arzt oder Offizier?«

»Gucken sie in meiner Akte nach – ich bin medizinisch ausgebildet und habe Erfahrung, hab' im Lager im Krankenrevier gearbeitet. In Ihren Augen erkennt man eindeutig, daß Sie sehr krank sind. Vielleicht wissen Sie's noch gar nicht. Diese Gesichtsfarbe und den Augenhintergrund hat man bei Magengeschwüren, auch bei Magen- und Leberkrebs.«

Ich sprach leise und freundlich.

Er sah jetzt nicht mehr bösartig aus, sondern eher verwirrt. »Genug mit dem Quatsch. Los, ins Bett. Zapfenstreich ist längst vorbei. Sprechen verboten.«

Als er wieder Dienst tat, hatte ich den Eindruck, er sei beim Hofgang und bei der Paketausgabe fast freundlich gewesen. Ich wartete schon auf medizinische Fragen und überlegte, ob ich als

Honorar für meine Konsultation einen Besuch von Tonja verlangen sollte. Darum beeilte ich mich abends auch nicht, zur Toilette geführt zu werden, und war schließlich der letzte. Er feixte siegesbewußt: »Los, Doktor, Lokus schrubben!«

Zorn und Wut über meine eigene Dummheit machten mich wehrlos. Was war ich doch für ein ausgemachter Idiot! Ich haßte ihn. Trotzdem: auf dem Rückweg in die Zelle brachte ich es fertig, ihm salbungsvoll zu verkünden: »Ich bedaure Sie, Bürger Wachtmeister. Sie werden einen sehr schweren Tod haben, unter schrecklichen Qualen...« Seine Augen wurden zu Schlitzen: »Maul halten!«

Boshaft klapperte er beim Zuschließen mit den Schlüsseln und krächzte flüsternd: »Wirst vorher verrecken, Gott verdamm mich – verreck du heute, ich später.«

Als er wieder Dienst hatte, war ich auf der Hut. Am Abend weigerte ich mich, auf die Toilette zu gehen.

»Brauch' nicht, muß erst morgen früh wieder.«

Es tat mir ungeheuer wohl, zu sehen, wie er für einen Augenblick aus dem Konzept geriet. Diesen einfachen Trick hatte er nicht vorausgesehen: Er durfte mich nicht zum Verlassen der Zelle zwingen.

In der Silvesternacht gratulierte ich Tonja zum neuen Jahr. Wir waren inzwischen dick befreundet. Aber ich gestattete mir doch nicht, so frei zu sprechen, wie sie es tat. Sie war mißmutig, weil sie zu Neujahr im Gefängnis hocken mußte.

»Ech, vögeln sollte man können! Wie ist's mit dir? Steht er? Ob wir den Posten bitten? Steck ihm was zu, und ich werde sagen, ich hätte Kopfweh und Schmerzen auf der Brust. Und dann husch zu dir – wenigstens ein Nümmerchen zu Neujahr.«

Ich klopfte lange und vorsichtig, bis der Aufseher es hörte – zum Glück war es nicht mein Feind –, gratulierte ihm höflich zum neuen Jahr und erklärte, drei Zellen weiter säße meine Braut. Ob wir nicht eine halbe Stunde zusammensein dürften. Niemand würde was erfahren, und ihm sollte es auch nicht leid tun: hier der Pullover – reine Wolle, und die neuen amerikanischen Socken...

Er winkte ab, nicht böse, aber entschieden: »Sie sind wohl ganz und gar verrückt geworden? Soll ich vielleicht an Ihren

Platz – oder einen schlimmeren? Nein, nein, überhaupt nicht dran zu denken. Eher holen sie den Mond vom Himmel! Hier ist die Butyrka! Verstehen Sie, die Butyrka! Hier haben die Wände Ohren und die Türen Augen... Nein, nein legen Sie sich schlafen, und seien Sie dankbar, daß ich es nicht höre, wenn Sie mit Ihrer ›Braut‹ über das Rohr Gespräche führen – dafür gehörten Sie beide eigentlich sowieso in den Karzer. Die ist ebenso Braut wie ich Bräutigam! Lassen Sie die Finger davon. Sie kommen doch bald frei, vielleicht schon heute oder morgen; und das da ist eine Hure – durch und durch verfault...«

Zu Neujahr bekam ich ein ungewöhnlich üppiges Paket – gebratenes Huhn, süße Pastetchen, Schokolade, Zigaretten. Dieser Überfluß betrübte mich: Offenbar wußten sie draußen schon, daß ich noch lange nicht rauskommen würde, und wollten mir die bittere Nachricht versüßen, die ich bald erfahren müßte.

Ich befahl mir, mich darauf einzustellen. Die erste Nacht im neuen Jahr schlief ich, ohne aufzuwachen, durch, die zweite auch. Ich verdoppelte die Zahl meiner Turnübungen, begann mit Schattenboxen, verteilte am eisernen Pritschenrahmen Handkantenschläge, um für mögliche Schlägereien in den Durchgangsgefängnissen zu trainieren. Abends lief und lief ich die Zelle auf und ab, um richtig müde zu werden. Ich verbot mir, zu hoffen und zu warten...

Trotzdem: In der Nacht vom 3. auf den 4. Januar war ich hellwach, kaum daß der Schlüssel klirrte. In der Tür ein breites Gesicht. Ein fremder Aufseher blinzelte mir zu, nickte irgendwie fröhlich zur Seite und sagte leise: »Na, los!«

In wenigen Augenblicken war ich fertig, erlaubte mir aber noch keinerlei Hoffnungen. Es fehlte nur noch, daß ich mir laut vorredete: »Werde ja bloß in eine andere Zelle verlegt – Fernurteil – komme in eine andere Abteilung...«

Aber die Tür war nicht wieder abgeschlossen werden. Das war ungewöhnlich. Ich öffnete sie vorsichtig einen Spalt.

»Fertig?« fragte der draußen stehende Aufseher. »Denn man los! Geh, und dreh dich nicht um, damit du nicht vom Gefängnis träumst!«

Würde dieser herrliche, gute, fröhliche Kerl solche Scherze machen, wenn ich bloß in eine andere Zelle verlegt würde? Wir bogen in den Nachbarkorridor ein. Da standen schon mehrere

Leute mit Säcken, Gesicht zur Wand, Hände auf dem Rücken. Mich schüttelte es wie im Fieber – es geht zum Transport! »Stell dich dahin.«

Ich stand als einziger in der zweiten Reihe. Vor mir Hinterköpfe. Flüsternd fragte ich: »Wohin, Kumpel? Habt ihr was gehört?«

»Nicht sprechen! Sonst geht's zurück.«

Postenrufe ist man gewöhnt, aber *diese* Drohung war ungewöhnlich.

Einer vor mir wisperte: »Nach Station Sause – wer will, der geht nach Hause!«

Noch ein paar wurden gebracht. Ein junger Kerl fragte laut: »Die haben also alle ihre Frist abgebimst?«

Wieder eine Box auf dem »Bahnhof« – aber ich erinnere mich an keinen der in dieser Nacht mit mir Freigelassenen, an kein Gesicht, kein Schicksal.

Ich wurde herausgerufen und gab mir Mühe, beim Beantworten der Fragen nicht zu laut und triumphierend zu sprechen: »Freigesprochen! Geboren in Kiew – Tag, Monat, Jahr – Familien in Moskau – Adresse...«

Ich bekam meinen Gürtel wieder, die Schnürsenkel, Geld, Bleistifte. Wieder »Klavierspielen«. Aber nun gab's Seife und Nagelbürste – in die Freiheit geht man sauber!

In der Kanzlei gab mir ein verschlafener Oberstleutnant den Entlassungsschein.

»Keine Beschwerden? Hier, unterschreiben Sie, daß Sie über das Gefängnis-Regime nichts verlauten lassen. Klar? Niemandem ein Wort über Gefängnis und Untersuchung – der Frau nicht, der Mutter nicht! Nach Ihrer Unterschrift fällt die Verantwortung in aller Strenge auf Sie, wenn Sie dennoch... Und hier der Passierschein für den Ausgang.«

Ich wollte ihm irend etwas Feierliches, Bedeutendes sagen und erwartete eine ebensolche Antwort. Aber mir fiel nichts ein, schlug nur im Aufstehen die Hacken zusammen und sagte militärisch stramm: »Wünsche ein glückliches neues Jahr, *Genosse* Oberstleutnant!«

Er schaute überrascht auf, lächelte aber: »Danke gleichfalls!«

Dann ging ich mit meinem Sack durch die große, dunkle Tür auf den verschneiten Hof hinaus. Der Diensthabende sagte:

»Zeigen Sie den Passierschein beim Durchlaß vor. Nicht zurückblicken – marsch!«

»Alles Gute, leben Sie wohl.«

Über den Hof führte mich ein grämlicher Aufseher, der in seinem schwarzen Uniformmantel fror. Im Durchlaßraum saßen rotbackige Kerle in Pelzen. Wieder Fragen: Familien- und Vorname, Geburtsjahr und -ort. Adresse der Frau: ... Irgendein Witzbold fragte zum Schluß: »Willst du nicht noch ein bißchen bleiben? Draußen ist's kalt und dunkel – hier kannst du warm sitzen.«

Alles lachte, ich auch. Wieder hieß es: »Geh, und dreh dich nicht um!« Und ich ging zum Tor hinaus.

Es war sechs Uhr morgens. Durch die breite, leere Straße blies ein schneidend kalter Wind, wirbelte Schneestaub auf. Die Häuser waren noch dunkel, nur ab und zu schien ein rötlich oder gelb erleuchtetes Fenster.

Manchmal fuhr ein Lastwagen vorbei.

Ich ging ohne Eile: Bis zu Ljolja war es nicht weit; aber so früh konnte ich nicht zu ihr gehen.

An den Hauswänden schimmerten Plakate – Wahlen standen bevor; ich las den Lebenslauf des Kandidaten und erinnere mich nur, daß ich sofort überzeugt war: Das ist ein prachtvoller Mensch. Die ersten Fußgänger tauchten auf. Es war sehr kalt. Ich ging durch Moskauer Straßen, ging, wohin ich wollte. Ich konnte zur Metro gehen, konnte umkehren, konnte geradeaus weitergehen. Bald – nur noch ein paar Stunden –, dann bin ich zu Hause, sehe alle wieder.

Woran ich dachte? Ich weiß es nicht. Wahrscheinlich hätte ich es auch damals nicht genau sagen können. Wann konnte ich frühestens bei Ljolja erscheinen? Wo sollte ich warten? Konnte ja in einen Hausflur gehen, die Anschläge lesen oder die gestrige Zeitung im Aushangkasten ... Beim erstenmal schaffte ich es nur, die aktuellen Meldungen zu überfliegen. Inzwischen waren meine Füße eiskalt geworden, der Wind blies mir unter den Wattemantel. Ich rutschte aus, fiel fast hin – eisiges Entsetzen durchfuhr mich: Ich hätte mich gehörig verletzen können, ein Bein, einen Arm brechen – schöner Anfang der Freiheit! Ich ging noch langsamer, trat vorsichtig auf. Las die Plakate. Rauchte. Fror. Zählte die erleuchteten Fenster. Las wieder den Lebenslauf des

Kandidaten ... Ich war glücklich. Einen Augenblick lang begriff ich sogar, was das ist: Ich bin glücklich.

29. Zwischenspiel

Ich stieg die schwach erleuchtete Treppe hinauf. Auf der Straße war es noch dunkel. Ich ging, frierend, glücklich in mühsam unterdrückter Ungeduld, zögerte, lauschte: In den Wohnungen war es still, alles schlief noch. Auf jedem Treppenabsatz blieb ich stehen, rauchte und sagte mir immer und immer wieder: Das ist die Freiheit, das ist die Freiheit ... Warum bin ich so ruhig und empfinde eigentlich gar nichts Besonderes? Schließlich ist doch jetzt der Augenblick da, den ich so lange ersehnte, von dem ich träumte, an den ich geglaubt und wieder nicht geglaubt hatte – verzweifelnd und hoffend. Und nun das graue Treppenhaus: die schmutziggelben Wände. Der Geruch nach Katzendreck. Irgendwo spielt ein Radio, ein Wecker klingelt ...

Gleich werde ich anklopfen, eintreten, und kein Aufseher schließt hinter mir die Tür ab, keine Zählung läßt mich aufspringen, kein »Hände auf den Rücken!«, keine Gitter und »Maulkörbe«, kein drückender Mief – dieses Gemisch aus saurem Balanda-Geruch, Kübelgestank, den herben Gerüchen frisch entlauster Kleidung und dem dichten Machorkarauch, mit dem verglichen jeder andere Tabak gehaltlos oder schimmelig-süßlich schmeckt. Keine »Stolypins«, keine »Box«, keine Aufseher, keine Posten mehr, weder gutmütige noch bösartige ...

Bis zur Butyrka sind es nur 15 Minuten – anderthalbtausend Schritte bis zu einem anderen Planeten, einer anderen Welt. Und hier: die Freiheit ...

Eine Tür schlägt zu. Eine Frauenstimme. Beim Eintreten ins Haus hatte ich mir vorgenommen, bei Ljolja erst zu klingeln, wenn aus irgendeiner Wohnung irgend jemand herauskäme. Eine Uhr hatte ich nicht, ich schätzte: knapp sieben. Ist es nicht zu früh? Da ist sie, die Tür: L. Arljuk. Ich glaube, Schritte zu hören, Türenquietschen. Ich warte. – Stimmen. – Musik. – Radio. – Die Morgengymnastik. – Ich klingle. Ljolja ist im Morgenrock. Sie hat sich überhaupt nicht verändert. Der kurzsichtig konzentrierte, warmherzige Blick, die gespielte Ironie – nur ja keine Sentimentalität aufkommen lassen...

»Aha, da sind Sie endlich! Ich hatte das Warten schon satt...« Ich umarmte sie und spürte, daß sie unter dem Morgenrock nur ein Nachthemd anhatte. Ein weicher Duft, noch ganz verschlafen. Und die zärtliche, weiche Haut. Mir war, als hätte ich ein großes Glas Wodka hinuntergekippt. Heiß spannte sich der ganze Körper. Ich höre kaum, was sie sagt, stammle irgendwas, frage nach dem Sohn. Ein magerer, verschlafener Junge schaut hinter dem Schrank hervor.

Ljolja befiehlt: »Sofort ins Bad! Widerlich, Sie so zu sehen – wie ein Schreckgespenst. Im Bad ziehen Sie sich um. Hier sind Ihre Sachen, warten schon einen Monat auf Sie.«

Ich erkläre umständlich, daß ich gerade erst im Bad war, daß es auch dort hygienisch zuging, daß wir regelmäßig entlaust wurden, also von Läusen nicht die Spur.

Im Bad hängt ein Spiegel; so ein Strauchdieb drängt sich auch noch nach einem Kuß! Verwilderter Schnauzbart, schwarze Stoppeln über das ganze Gesicht, verwirrte Augen, entzündet und gerötet. Ich hatte auf nüchternen Magen zuviel geraucht. Ich ziehe den Anzug und ein Trikothemd an, binde eine Krawatte um. Wieder draußen, mache ich mich mit Ljoljas Putzfrau bekannt, trinke heißen, aromatischen Tee aus einem dünnwandigen Glas. Die ganze Zeit über zieht es mich zum Telefon, aber Ljolja läßt mich erst nach dem Teetrinken anrufen.

»Kommen Sie erst mal ein bißchen zu sich, rasen sie nicht gleich nach Hause. Es geht doch nicht, daß Majka und Lena ihren Vater als Vogelscheuche sehen: ein kompletter Bandit aus Machnos Bande! Wie lange haben Sie die Kinder nicht gesehen? Drei Jahre? Da war Lena vier, sie wird sich an gar nichts erinnern, na, und Majka wird auch nicht mehr viel wissen. Ihre Mutter und Nadja können noch eine halbe Stunde warten. Der Friseur macht um acht Uhr auf. Lassen Sie sich zuerst mal rasieren, dann können Sie heimfahren.«

Ich rufe zu Hause an. Höre jubelnde, triumphierende Stimmen. Mama, natürlich, weint ein bißchen.

Ljolja packt meinen Gefägniskram in einen Koffer. »Hier, nehmen Sie das Konfekt mit. Sie müssen doch Ihren Töchtern was mitbringen. Schließlich waren Sie auf Dienstreise.«

Der graue Mantel! Ich hatte ihn mit, als ich im August 1941 nach Kubinka fuhr, eingekleidet wurde und die Zivilsachen gegen die Uniform eintauschte. Der Kammerfeldwebel befahl, »die Sächelchen von draußen« in einen Sack zu stecken und die Heimatadresse draufzuschreiben. Damals erschien mir das ungeheuer naiv: Die Deutschen waren schon in Smolensk, hatten in der Nacht wieder Moskau bombardiert. Und welche Adresse denn? Nadja war mit Mutter und den Mädchen aufs Land gefahren, weit hinter Pensa. Zwei Tage vor meiner Abreise hatte eine Bombe das Postamt auf der Ordynka getroffen; in unserem Haus waren die Fenster zu Bruch gegangen und auch einige geschlossene Türen aus den Angeln gerissen. Wie lange würde unser Haus überhaupt noch stehen?

Aber Befehl ist Befehl. So schrieb ich auf den überflüssigen Sack eine überflüssige Adresse. Und siehe da: Nach zwei Jahren kam er an – nachdem Mutter und Nadja aus Kasan, wohin sie die Evakuierung verschlagen hatte und wo sie fast alle Sachen gegen Brot, Milch und Zwiebeln eingetauscht hatten, nach Moskau zurückgekehrt waren.

Der Mantel war 1940 sehr elegant gewesen. Mein erster Mantel, nicht von der Stange, sondern Schneiderarbeit, dazu noch der erste aus »ausländischem« Stoff: Mutter hatte einen Kupon gekauft, der aus Lemberg oder Bialystok stammte. Der Stoff hatte sie und uns alle in helles Erstaunen versetzt: Auf der einen Seite sehr fest mit schwarzgrauem Fischgrätmuster, auf der anderen kleine Karos in verschiedenen Grautönen. Ich zog den Friedensmantel an und ging auf die Straße hinunter, die jetzt voller Lärm war. Beim Friseur wieder ein Spiegel. Aus dem Seifenschaum kam nach und nach ein undeutlich bekanntes Gesicht zum Vorschein: hager, mit verwirrtem Grinsen.

Und dann das noch immer mit Schränken unterteilte Zimmer, die fröhlichen Stimmen der Mädchen: Majka war groß geworden, redselig, zutraulich, mit schwarzen Zöpfen, während Lena wie eine Japanerin aussah, zurückhaltend war und ein bißchen zerstreut wirkte. Mutter, sehr abgemagert und gealtert, hätte ich auf der Straße kaum wiedererkannt. Auch Nadja hat abgenommen, hält sich krumm. Aber sie versucht, unbeschwert munter zu sein. Ich merke, wie schwer sie es mit Mutter und den beiden Töchtern hat. Ljolja hatte mir übrigens schon gesagt: »Glauben

Sie nicht, daß es nur Ihnen schlecht gegangen ist! Ich weiß, daß Sie es sehr, sehr schwer hatten; aber Sie müssen wissen: Nadja ist eine Heldin, tapfer wie kaum eine Märtyrerin. Mit Ihrer Mutter und Ihren Töchtern ist es ihr manchmal bei Gott nicht besser gegangen als Ihnen. Sie hat eine übermenschliche Geduld – ich an ihrer Stelle hätte es nicht einen Tag ausgehalten...«

Vater ist unverändert: überzeugt, daß alles prachtvoll ist und noch prachtvoller wird: Er bestellt mir Grüße von allen Verwandten, erzählt ganz genau, wie sie auf mich gewartet haben, was gestern los war, was vorgestern, wer was gesagt hat...

Mischa Arschanskij war schon vor mir gekommen. Er war grau geworden, sah strenger aus, sehr imposant im neuen Uniformrock mit den goldenen Schulterstücken.

Ich war kaum zu Hause, da kam ein anderer alter Freund, Boris Ssutschkow. Er hatte sich in anderer Weise verändert, war rotbackig und glatt geworden, ein Hauch von Parfüm ging von ihm aus, und er trug einen Pelz mit üppigem Kragen. Er sprach auch anders: irgendwie gönnerhaft.

»Na also, jetzt werden wir uns mal ein bißchen um dich kümmern, dich wieder in die Arbeit einspannen. Ruh dich nur nicht zu lange aus und komm nicht ans Saufen...«

Er erzählte von den Plänen des Verlages für Ausländische Literatur, dessen Direktor er kürzlich geworden war.

»Wir werden Hunderte, Tausende von Büchern herausbringen, müssen nachholen, was im Krieg versäumt wurde... Klar, daß wir auf allen kulturellen Gebieten die ersten sein müssen.«

So ganz nebenbei, als sei es etwas Alltägliches, ließ er Bemerkungen einfließen wie: »Vorgestern, als ich Malenkow Bericht erstattete«... »In dieser Sache hab' ich mit Alexandrow telefoniert, der sagte mir, Genosse Stalin persönlich interessiere sich dafür«... »Da habe ich mich an Woroschilow gewandt, der ist immerhin wie unsereiner, schlicht und einfach...«

Über einen Monat lebte ich in einem Wirbel von Besuchen und Einladungen. Zwischendurch überlegte ich, wo und was ich arbeiten wollte. Bjelkin und Alexander Anikst rieten mir dringend, wieder zu unterrichten. Nikolaj Nikolajewitsch Wilmont, Redakteur der Zeitschrift »Sowjetische Literatur in fremden Sprachen«, lud mich ein. Ich bekam Anrufe aus dem Institut für internationale Beziehungen der Diplomatenschule. Man schlug mir vor, einen Kursus in deutscher Sprache über deutsche Literatur abzuhalten.

Michail Michajlowitsch Morosow, der Shakespeare-Forscher und Theaterwissenschaftler, war mager und welk geworden, doch immer noch so zerstreut, überschwenglich und redselig wie früher. Er wollte, daß ich wieder zur Theatergesellschaft ins Shakespeare-Kabinett kommen sollte. »Sie werden wie vor dem Krieg mein ›Kommissar‹ sein.«

In der Schlange an einer Trolleybus-Haltestelle traf ich den Literaturwissenschaftler Roman Ssamarin. Er umarmte mich und flüsterte gerührt: »Ich weiß alles über Sie; ich freue mich so, Sie wiederzusehen. Ihre Telefonnummer habe ich. Wir müssen uns unbedingt treffen, ich möchte so vieles von Ihnen wissen.«

Isaak Markowitsch Nusinow fragte mich nach den Lagern aus, erkundigte sich vor allem nach Leuten, die seit 1937 dort waren. Er war dunkler, magerer, und sein Spitzbart war völlig grau geworden, aber er sprach noch ebenso kategorisch wie früher. Er erzählte, der Antisemitismus nehme zu, auch im Parteiapparat, sogar im ZK.

»Neulich rief mich so ein selbstzufriedener, junger, aber schon richtig vollgefressener Beamter zu sich und knallte mir vor den Kopf, daß die Zahl der Juden in den ideologischen Kadern eingeschränkt werden müsse, das erfordere die Lenin-Stalinsche Nationalitätenpolitik; ich als altes Parteimitglied müsse das einsehen. Ich antwortete ihm, ich sei seit 30 Jahren Parteimitglied und schon seit 60 Jahren Jude – das eine behindere das andere keineswegs.«

Jakow Michajlowitsch Metallow, ebenfalls älter und hagerer geworden, war gefährlich leicht erregbar, klagte über Intrigen an der Universität, über Plagiatoren, Opportunisten und ebenfalls über Antisemitismus. Metallow zeigte mir einen dicken Ordner: er enthielt eine Broschüre – es war der Text eines von ihm zusammengestellten Programms für ausländische Literatur –, ferner den denunziatorischen Artikel der Doktorandin Demeschkan, die unverfroren und in deutlich antisemitischer Absicht behauptete, das Programm widme Schriftstellern wie Heine, Zweig, Feuchtwanger unverhältnismäßig viel Raum – dabei hatte er sie nur in Übersichten erwähnt; dann Briefe von ihm ans ZK, in denen er eingehend alle Behauptungen des Artikels widerlegte; schließlich die Erklärungen zweier Studentinnen, eines Komsomolmitglieds und einer Parteilosen; sie schrieben, die Demeschkan habe sie überzeugt, das Überhandnehmen der Juden an der Universität und allgemein in der Literatur müsse bekämpft werden.

Ich erklärte ihm – und zugleich mir selber –, das alles seien Folgen objektiver Ursachen: Schließlich hätten sich uns die vor kurzem noch bürgerlichen Gebiete der Westukraine, Bjelorußlands, die baltischen Staaten und Moldawien (die Demeschkan stammte aus Moldawien) angeschlossen; außerdem sei in den ersten Kriegsjahren, solange die Hitlerarmee siegte, die faschistische Propaganda bei uns auf fruchtbaren Boden gefallen, das Unkraut lebte.

Von Antisemitismus bei uns hatte ich zum ersten Mal Anfang 1942 gehört, und zwar in einer lettischen Division, und im Sommer desselben Jahres noch einmal, als ich ein paar Tage in Moskau war und Bjelkin in der Redaktion der »Geschichte des Vaterländischen Krieges« besuchte. I. Minz, das spätere Akademie-Mitglied, hatte mir davon erzählt, wie man einen alten parteilosen Juden zu überreden versuchte, seinen Lehrstuhl an der Universität aufzugeben. Er, Minz, habe darüber und über einige ähnliche Vorkommnisse im Volkskommissariat für Gesundheitswesen an das ZK geschrieben, und Genosse Stalin persönlich habe daraufhin die Resolution über den »Antisemitismus als Kennzeichen des Faschismus« verfaßt. Der – wie sich bald herausstellte – kriecherische und feige Minz wirkte damals auf mich wie ein gutmütiger, sogar ein wenig naiver Gelehrter vom Schlage jener alten Bolschewiki, die unter beliebigen Umständen – wie Stalin formuliert – »das wichtigste Kettenglied erkennen und ergreifen« können, niemals zweifeln, niemals schwanken und, allen persönlichen Kümmernissen zum Trotz, unbeirrbar an die Partei glauben, an den Triumph ihrer Ideen.

Er hatte mir erklärt, und ich stimmte mit ihm darin überein, daß dies alles gesetzmäßig sei: Der Krieg habe eine neue Verschärfung der nationalen und der Klassengegensätze hervorgerufen, die außerdem verschärft würden durch die Notwendigkeit, eine nationale Großmachtpropaganda aufzubauen – dies sei eine taktische und strategische Notwendigkeit. Das müsse man begreifen, genau begreifen und natürlich die unvermeidlichen Übergriffe und Extreme bekämpfen.

So hatte auch ich damals gedacht, und ich dachte noch mehrere Jahre später so. Die betrüblichen Berichte Nusinows und Metallows kamen mir vor wie das Murrren müde gewordener, zu Unrecht beleidigter und durch ihre Leiden subjektiv beeinflußter Greise. Metallow schimpfte auch auf Boris Ssutschkow, der im Auftrag des ZK Metallows Beschwerde über die Demeschkan bearbeitet hatte. Er hatte sich im Gespräch mit Metallow über die schmutzige Denunziation empört, kannte und verstand alles ganz genau; aber kurz darauf veröffentlichte er in »Kultur und Leben« einen Artikel, in dem er manche der absolut erlogenen Beschuldigungen wiederholte. Das war gemein und unverständlich: Ich kannte Boris und glaubte, daß er ehrlich, klug und mutig sei. Er hatte doch seinerzeit meinetwegen an Generalstaatsanwalt Rudenko geschrieben, was für mich eingetreten. Allerdings, auch ich hatte an ihm neue Züge bemerkt, Wichtigtuerei, Herrenallüren und die vielsagende Miene des »Eingeweihten«. Andererseits war Metallow immer schon mißtrauisch gewesen. Vielleicht übertrieb er auch jetzt wieder; möglicherweise wußte Boris irgend etwas Grundsätzliches, Wichtiges, vorläufig Geheimes, das weder Metallow noch ich wissen konnte ...

Doch alle Gespräche über Antisemitismus und über literarische Klüngel, wie abstoßend und ärgerlich sie auch waren, konnten mich nicht von anderen, ungleich brennenderen Problemen ablenken: Der Zerfall im Land nahm zu – die Armut, das Elend, der Lebensmittelmangel, der Hunger, von der Wolga bis zur Memel. Davon hatte ich im Lager und in den Gefängnissen genug gehört. Zahllose Städte lagen in Schutt und Asche. Den Kreschtschatik, unsere prachtvolle Hauptstraße in Kiew, konnte ich nicht vergessen – eine Schlucht zwischen Bergen von Ziegelschutt; auch nicht die saubergefegten Ruinen von Tschernigow, die rußschwarzen Trümmerstätten von Roslawl, Gshatsk, die verwaist aus verkohlten Balken und Schutt ragenden Schornsteine und Ofenreste in Hunderten von Dörfern.

Im Lager hatte ich von der Feinseligkeit der früheren Bundesgenossen uns gegenüber gelesen, von Trumans niederträchtiger Politik; jetzt suchte ich in den Zeitungen immer zuerst nach Berichten über Griechenland und Indochina, nach Berichten über die grauenvollen Atombomben; ich suchte nach einer Bestätigung der Gerüchte, daß Hitler lebte, versteckt bei den Amerikanern.

Von unserer Seite wurde offensichtlich Druck auf die Türkei ausgeübt. Irgendwelche georgischen und armenischen Wissenschaftler hatten schon im Herbst 1945 lange Briefe publiziert, in denen sie, gestützt auf die Geschichte des Reiches Urartu[63], den »Anschluß« von Teilen der Türkei und die Annexion des Bosporus forderten. All das war widerwärtig, kaum besser und keineswegs überzeugender als die Forderungen Mussolinis und der Nazis. Die Rede Shadanows und die ZK-Beschlüsse über die Leningrader Zeitschriften »Snamja« und »Swesda«[64] las ich mit Ekel, verständnislos und hilflos bedrückt: warum so bösartig? Warum so brutal diffamierend? Wem können Anna Achmatowas Gedichte, Soschtschenkos Satiren, Chasins Parodien schaden oder gar gefährlich werden? Warum soll Hoffmann plötzlich ein Reaktionär sein? Dennoch: Es handelte sich um einen ZK-Beschluß; unsinnig und unmöglich, dagegen zu protestieren; man kann bei literarischen Unstimmigkeiten, bei Geschmacksunterschieden nicht gegen die Partei auftreten. Bei uns muß es ein einheitliches Für geben und ein einheitliches Wider, auf keinen Fall Winkelzüge oder Vorbehalte...

Wahrscheinlich war es um der monolithischen Einheit willen notwendig, alles auszumerzen, was sich nicht einfügte, was aus der Einheit herausragte, sie störte...

Wenn ein Regimentskommandeur, ein heldenhafter, begabter Truppenführer seinen Soldaten befiehlt, im Gleichschritt zum Baden und auf die Latrine zu marschieren, wenn er von ihnen fordert, dumme oder zotige Lieder zu singen, wäre es unsinnig, dagegen zu protestieren, einen Streit anzufangen, der Mißtrauen gegen ihn wecken oder ihn erzürnen könnte. Das eine wie das andere würde unsere große Sache gefährden: unsern Kampf, die Kampfbereitschaft.

Noch ganz benommen von der langersehnten Freiheit, von Hoffnungen und Plänen, wurde ich doch weder zum blinden und tauben Untertan noch zum berechnenden, zynischen Opportunisten. Allerdings versuchte ich auch nicht, alles, was ich rings um mich sah, folgerichtig und nüchtern zu deuten. Manchmal konnte ich es ganz einfach nicht, manchmal wollte ich es nicht. Andererseits konnte ich auch nicht vergessen, was ich in den Gefängnissen erlebt und erfahren hatte, konnte es nicht wegwischen, mich nicht davon lossagen. Ich erfüllte gewissenhaft alle Aufträge: ging zur Frau von Professor Winogradow, besuchte die Verwandten anderer Zellengenossen oder telefonierte mit ihnen, suchte über das Rote Kreuz Mutter und Tochter von Edith, die im Unshlag zurückgeblieben war. Auch zu Tonjas Mutter ging ich: einer verbitterten, alten Frau mit schmalem, verkniffenem Mund. Sie wohnte in einem alten, schmutzigen Haus, ganz hinten auf einem verdreckten Hof. Mit finsterem Mißtrauen hörte sie mich an, fragte nichts.

»Lassen Sie man – kenne Onkel Wassja selber. Der und für sie bezahlen! So sieht sie aus! Na, meinetwegen, die Zwiebeln schick' ich ihr, kann ich ja machen.«

Weder sie noch ich hatten Lust, die Bekanntschaft fortzusetzen. Dafür besuchte mich der Mann einer Krankenschwester aus dem Unshlag öfter, ein Sänger vom Ssweschnikow-Ensemble. Wir setzten zusammen ein Gesuch auf. Eine Beschwerde wollte er nicht schreiben, sondern nur um Gnade und Großmut bitten.

Ich kaufte mich förmlich frei von jenen, neben denen ich noch vor kurzem – mir schien, es läge ein ganzes Menschenalter dazwischen – auf den Gefängnispritschen gelegen hatte oder im Stolypin fast erstickt war: Ich erteilte mir selbst Absolution, indem ich versuchte, dem einen oder anderen zu helfen. Mit dem Wissen, daß Millionen hungern, steckte ich den wenigen mir Nahestehenden ein paar Zwiebäcke zu, bestrich eilig einige der unzähligen Geschwüre mit dürftigem Balsam – und im übrigen vergnügte ich mich in Moskau, hörte Mozart im Konservatorium, betrat hellerleuchtete Häuser, war fröhlich mit Freunden, umarmte eine liebe Frau, las Bücher nach eigener Wahl, ging, wohin mir der Sinn stand, aß, trank, hörte Musik, so oft ich nur Lust hatte.

Morgens schlug ich die Zeitung auf und las Neuigkeiten aus meinem sozialistischen Vaterland, dem freiesten Land der Welt, las von Aufständen in Afrika, von der Arbeitslosigkeit in England und in den USA. Abends erzählte ich Freunden von den Begegnungen im Gefängnis, oder wir sprachen von Kriegserlebnissen und von dem, was rings um uns vorging. Die Demontage in Deutschland verlief rigoros und völlig sinnlos – man baute die Ausrüstung ganzer Fabriken ab, riß hervorragende technische Anlagen auseinander – und hier ließ man sie liegen; sie verwandelten sich in rostigen Schrott. In der Ukraine herrschte Hunger. Wiederholte sich etwa das Schreckensjahr 1933? In Moskau, in Leningrad, in allen Städten nahmen die Raubüberfälle überhand. Schamlos blühte der Schwarzhandel: Deutsche Sachen wurden verkauft und gekauft, auch Beutewaffen, Orden, Parteibücher. In Kiew kam es zu einem Pogrom-Versuch: Ein heimgekehrter Flieger wollte seine Wohnung wieder beziehen, aber andere waren fixer gewesen als er, hatten sich in ihr breitgemacht. Sie schrien ihn an: »Jude, wo hast du dir die Orden gekauft?« und gingen auf ihn los. Er schoß, tötete einen; die Beisetzung war eine Haß-Kundgebung, die an Demonstrationen der Schwarzhunderter zur Zarenzeit erinnerte. In den baltischen Republiken mehrten sich Nationalisten-Banden, in der West-Ukraine beherrschten die Bandera-Leute ganze Landkreise. Amerikaner und Engländer versorgten sie mit Waffen und schickten per Fallschirm Diversanten zu ihnen. In Polen war es noch ärger. Wieder und wieder sprach man von der Atombombe.

Die Freude, frei zu sein, satt zu sein, die Freude an all den lang entbehrten Genüssen und Vergnügungen, die Gedanken an Bücher, die ich schreiben wollte, an Reisen in andere Städte und Länder, die Erwartung immer neuer Freuden konnten dennoch Unruhe und Zweifel in mir nicht zum Schweigen bringen. Doch immer schaltete sich dann fast automatisch das erprobte, beschwichtigende Bewußtsein von den »fliegenden Spänen« ein, von den »schlechten Mitteln für den guten Zweck«, vom »Weg des Fortschritts, der nicht dem Newskij-Prospekt ähnelt«, von den Gesetzen der Dialektik, von den »barbarischen Mitteln zur Überwindung der Barbarei«.

Ich glaubte, denn ich *wollte* glauben, daß alles trotzdem gut würde, ganz bestimmt gut. Schließlich hatten wir diesen Krieg allen Gegnern und allem Bösen zum Trotz überstanden, schließlich war Stalin ein Genie; wenn er auch in Einzelheiten irrte, so war er doch im wesentlichen scharfblickend und weise – er hatte Hitler überwunden, und er würde auch alle neuen, um so viel schwächeren Gegner überwinden; schließlich verliefen unsere Grenzen jetzt an der Elbe, und auch in China rückten die Roten

Armeen vor... Ich glaubte, weil es mir unmöglich war, nicht zu glauben, weil ich glauben und hoffen *wollte,* und ich freute mich über jedes Ereignis, das meinen Glauben und meine Hoffnungen stützte.

Am 10. Februar hatte Bjelkin Geburtstag. Es war eine fröhliche, lärmende, angetrunkene Gesellschaft, Stimmengewirr vieler Gäste. Nina Petrowna war wie immer großzügig gastfrei. Der Hausherr setzte mich mit verschmitztem Lächeln neben einen dunkelhaarigen, vierschrötigen Mann in Marine-Uniform mit den Schulterstücken eines Kapitäns zur See.

»Das ist mein Vetter Mischa, ihr werdet euch gut unterhalten.«

Mischa war stellvertretender Militärstaatsanwalt der Baltischen Flotte. Er erkundigte sich genau nach meinem Fall, nach den Menschen in den Lagern und Gefängnissen. Bald duzten wir uns, und er erzählte, wie er verhindert hatte, daß einem Unschuldigen der Prozeß gemacht wurde, und wie er einen zu Unrecht des Mordes Beschuldigten vorm Erschießen gerettet hatte. Später fuhren wir, leicht betrunken, in der Metro ein Stück zusammen. Als Nadja und ich uns von ihm verabschiedeten, drückte er uns kräftig und freundschaftlich die Hand und sagte. »Es hat mich sehr gefreut, dich kennenzulernen. Ich freue mich sehr für dich, du bist ein guter Kerl, mein Vetter mag dich sehr gern. Aber eins muß ich dir sagen: Deinen Fall haben Stümper geführt, das sage ich dir in aller Offenheit. Wenn ich dein Staatsanwalt gewesen wäre – ich hätte solche Pfuscherei nicht durchgelassen. Wenn schon Paragraph 58, dann muß man hart sein bis zum Schluß, muß die Verurteilung durchsetzen...«

Ich verstand nicht, was er meinte, fand keine Antwort. Hinter den Wagenfenstern wurde es schon hell, der rötliche Granit der Stationswände schimmerte. War er betrunken? Aber Mischa wiederholte freundlich schmunzelnd: »Nein, den Achtundfünfziger, den muß man durchdrücken...«

Ich kam nicht zu Wort. Hätte am liebsten zugeschlagen, richtige Lagerflüche gebrüllt – maulgevögelter Schweinehund, Drecksau elende... Aber Nadja zog mich zur Tür. Er winkte fröhlich zum Abschied, und ich schwieg.

An einem der ersten Tage in Freiheit hatte ich an die Parteikommission der Glawpur geschrieben und die Aufhebung meines Ausschlusses aus der Partei beantragt. Der Referent der Revisionsabteilung war bei den ersten Begegnungen freundlich interessiert. Doch als ich mich wiederholt telefonisch nach dem Termin der Ausschuß-Sitzung erkundigte, antwortete er zunehmend kälter, fast gereizt und verlangte zuletzt, ich müsse den vollen Text des Urteils, das mich freigesprochen hatte, vorlegen.

Für die Auszahlung der Haftentschädigung und für die Demobilisierung aus der Armee hatte ein einfacher Auszug aus dem Gerichtsbeschluß genügt. Da die Notariatskanzleien keine Abschriften von Dokumenten anfertigen, die ein Tribunal ausgestellt hat, mußte ich die Abschrift direkt bei der Gerichtskanzlei beantragen.

Als ich zum ersten Mal wieder den bekannten Korridor entlangging, war ich unerklärlich aufgeregt. Ich sah, wie die Wachtposten jemanden in schwarzer Wattejoppe an beiden Armen führten, und stellte mir gleich vor, woher und wohin er geführt würde. Mir war, als atmete ich schon wieder den üblen Gefängnisgestank. In der Kanzlei starrten mich ernsthafte, elegante Mädchen und forsche Männer in Uniformen mit silbernen Schulterstücken wie ein Wundertier an. Ziemlich ungeniert gingen manche hinaus und holten andere ins Zimmer, um mich ihnen zu zeigen: »Der da?«

»Ja, genau der!«

So erhielt ich meinen Auszug. Und als ich wegen der vollständigen Abschrift für die Parteikommission ein zweites Mal kam, hatte ich wieder dieses beklemmende, erniedrigende Gefühl von Angst und Erregung. Wieder kamen Leute, um mich in Augenschein zu nehmen, Zivilisten und Uniformierte. Man sagte mir, ich könne die Abschrift erst in ein paar Tagen abholen.

Doch schon am folgenden Tag wurde ich vor die Parteikommission geladen. Das alte Haus auf der Snamenka in der Frunse-Straße, das einst Kadettenanstalt gewesen war, dann den revolutionären Kriegsrat beherbergte und nun die Glawpur, hatte weiße Säulen und auf den Fluren rote Läufer. An einem langen Tisch saßen Oberste, Oberstleutnants, Marineoffiziere und, wie es schien, sogar Generäle. Vergoldete Schulterstücke, Knöpfe,

Tressen und Ordensschnallen funkelten. Ich wurde an das Tischende plaziert. Der Partei-Revisor erstattete Bericht. Mit gelangweilter, farbloser Stimme las er einen Text vor, der geradezu von Sabaschtanskij stammen konnte. Dann wurden mir Fragen gestellt, bösartige, die die Antwort eigentlich schon enthielten: »Also, wie konnten Sie bloß für deutsche Faschisten eintreten, wie konnten Sie deren Verbrechen vergessen?«

»Was haben Sie sich gedacht, als Sie, statt Ihren Auftrag auf feindlichem Boden zu erfüllen, sich mit Vorgesetzten stritten, Soldaten und Offiziere behinderten?«

»Ihr Kampfauftrag war, die feindlichen Truppen zu zersetzen, ja? Sie haben statt dessen die eigenen sowjetischen Truppen zersetzt. Und danach wagen Sie es noch, Ihren Parteiausweis zurückhaben zu wollen? Womöglich noch einen Orden?«

Meine Erwiderungen hörte niemand an. Sobald ich antwortete, unterhielt man sich, blätterte in Papieren, rauchte. Als ich das Gerichtsurteil erwähnte, rief jemand: »Das Tribunal hat Sie von strafrechtlicher Verfolgung freigesprochen; das bedeutet noch lange keine Empfehlung als Parteimitglied! Wo ist dieses Urteil? Warum ist es nicht bei den Akten? Aha, nicht vorgelegt!«

Ich hatte das Gefühl, mein Kopf sei bis oben hin mit kochendem Wasser gefüllt, Hitze pulsierte in Augen und Ohren. Ich versuchte, von Tatsachen zu sprechen, davon, daß die Verleumder entlarvt worden seien, von den Gründen, die es ihnen seinerzeit ermöglicht hatten, die Parteiversammlung zu betrügen, und weshalb ich nur ungenügend diskutiert hatte.

»Er bezeichnet ehrliche Kommunisten, die sich mit ihm Mühe gaben, als Verleumder! Was für eine Unverschämtheit!«

»Woher kommt das denn? Sie brachten es fertig, sich gegen einen Beschluß des Staatlichen Verteidigungskomitees aufzulehnen, gegen die Beschlüsse der sowjetischen Regierung und des Oberkommandos; und jetzt wagen Sie es, Ihr Parteibuch zurückzufordern?«

Ich sagte, das sei eine Verleumdung; die Parteiakten enthielten Material, das die Verleumdung überzeugend widerlegte – die Erklärung von Major Goldstein, der bei jenem Gespräch anwesend war, das Sabaschtanskij zum Anlaß für seine Denunziation nahm...

»Natürlich – Goldstein tritt für ihn ein«, sagte ein breitwangiger, weißblonder Oberst, scheinbar zu seinem Nachbarn, aber laut genug, daß auch ich es hören konnte. »Wir sollen also einem Goldstein glauben, aber einen kampferprobten sowjetischen Frontoffizier als Verleumder betrachten...«

»Sie sollten sich schämen. Goldstein ist genauso ein sowjetischer Offizier, mindestens ebenso kampferprobt. Solche Worte hätte ich hier nicht erwartet.«

Der Vorsitzende klopfte mit dem Bleistift auf den Tisch – aus der Entfernung konnte ich sein Gesicht nicht deutlich erkennen, hörte nur seine satte, selbstzufriedene Stimme: »Ich rufe Sie zur Ordnung! Wollen Sie etwa die Politische Hauptverwaltung der sowjetischen Streitkräfte belehren? Seinerzeit haben Sie den Deutschen Vorlesungen gehalten, jetzt wollen Sie wohl auch uns Lektionen erteilen – über Humanismus?« Ringsum feixte alles, kicherte, lachte dröhnend.

»Ich glaube, daß wir Ihre Lektionen nicht brauchen. Haben Sie sonst noch etwas zu ergänzen? Aber nur zur Sache, ausschließlich zur Sache, konkret...«

Ich versuchte, mein Schlußwort vor dem Gericht verkürzt zu wiederholen. Hörte mich mit fremder, verklemmter Stimme sprechen. Nach einigen Minuten hörten sie zu. Es wurde still; niemand unterbrach mich. Ich schloß pathetisch etwa so: »Niemals habe ich mich davor gefürchtet, eigene Fehler, eigenes Verschulden einzugestehen, aber in dieser Angelegenheit habe ich mir nichts zuschulden kommen lassen, weder in Worten noch in Gedanken. Ich lebte, lebe und werde bis zum letzten Atemzug leben für die Partei Lenins und Stalins...«

Der Vorsitzende sagte: »Sie können gehen, die Entscheidung der Parteikommission erfahren Sie morgen durch Genossen Soundso.«

Am nächsten Tag vernahm ich am Telefon eine abweisend offizielle Stimme: »Die endgültige Entscheidung der Parteikommission ist aufgeschoben bis zum Eintreffen des vollständigen Textes des Militärtribunal-Urteils in Ihrem Fall.«

Am 20. Februar ging ich wieder zum Tribunal. Derselbe Korridor, dieselbe Kanzlei, dieselben Zivil- und Militärangestellten. Und doch hatte sich etwas unwägbar verändert. Manche sahen mich neugierig an, manche vorsichtig argwöhnisch oder gar feindselig. Ein finster-höflicher Hauptmann führte mich in ein Nebenzimmer: »Nehmen Sie Platz, es dauert ein paar Minuten...« Und plötzlich stand es mir aufdringlich vor Augen: Gleich kommen sie mit dem Verhaftungsbefehl. Was habe ich bei mir? Nicht mehr als dreißig Rubel, ein angebrochenes Päckchen Zigaretten... Für einen Augenblick war ich wieder zum Häftling geworden. Wieder packte mich würgende Verzweiflung. Und wieder befahl ich mir: nicht weich werden, nicht durchdrehen; es wird nicht schlimmer, als es schon war.

»Das Urteil des Tribunals in Ihrem Fall ist aufgrund eines Einspruchs des Militär-Generalstaatsanwalts aufgehoben worden – wegen unzureichender Begründung. Das Militärkollegium hat eine Überprüfung de gerichtlichen Ermittlungen durch ein neu zusammengesetztes Tribunal angeordnet.«

»Was bedeutet das? Bin ich wieder verhaftet?«

»Nein. Ein Beschluß über Maßnahmen der Sicherheitsverwahrung ist nicht gefaßt worden. Sie müssen sich aber schriftlich verpflichten, die Stadt nicht zu verlassen.«

Ein Gefühl, als sei ich von einem Wasserstrudel in die Tiefe gesaugt und wieder herausgezogen worden. Ringsum Helligkeit, Töne, Weite...

»Und wann wird die neue Verhandlung sein?«

»Das steht noch nicht fest. Wahrscheinlich bald.«

Ich ging. Doch auf der Straße überkam mich Entsetzen. Denen hatte bloß der Verhaftungsbefehl noch nicht vorgelegen. Sobald er eintrifft, werden sie kommen. Vielleicht schon heute.

Atemlos vom raschen Gehen und den sich wild jagenden Gedanken kam ich zu Hause an. Meiner Mutter brachte ich es so vorsichtig wie möglich bei, damit sie nicht zu weinen anfing und die Mädchen, die schon aus der Schule zurück waren, erschreckte. Auch die Nachbarn brauchten nichts zu wissen. Ich kramte in Papieren und Büchern, sortierte aus, was vernichtet werden mußte – deutsche Beutezeitungen, Zeitschriften und Broschüren, die ich von meinen Frontaufträgen her aufbewahrt hatte, Bücher der »Volksfeinde« Pilnjak, Babel, Bruno Jassenskij, auch Briefe, die als Belastungsmaterial dienen könnten. All das zerriß ich in kleine Fetzchen, warf sie ins Klosett, verbrannte sie in einer alten Waschschüssel und in aller Heimlichkeit, damit die Nachbarn nichts merkten.[65]

Als Nadja von der Arbeit nach Hause kam, half sie mir. Mutter lief zum Anwalt. Freunde und Bekannte riefen wie gewöhnlich an, redeten von Arbeitsplänen, luden ins Theater ein, zu irgendwelchen Geburtstagsfeiern. Was sollte ich ihnen sagen? Gestern noch war dies alles auch mein Leben gewesen, aber jetzt?

Als im Februar 1940 Wladimir Romanowitsch Grib[66] todkrank in der Klinik lag, erhielt er viel Besuch, und er fragte die Freunde: »Wie ist's dort bei euch im Jenseits?«

Diese Worte hatten mich so tief beeindruckt, daß ich sie fest im Gedächtnis behielt, ohne erklären zu können, warum. Im Vestibül der Klinik drängten sich tagein, taugaus seine Freunde, Studenten und Aspiranten. Ab und zu lief jemand fort, um Zitronen und Ascorbinsäure zu holen – damals noch eine Seltenheit, sie wurde per Flugzeug aus Berlin hergebracht. Wir saßen und standen in dem großen Vestibül herum, rauchten, redeten leise miteinander, wußten alle, daß keine Hoffnung mehr bestand, daß kein Wunder geschehen würde. Er hatte Leukämie. Aber wir fragten die aus seinem Zimmer kommenden Angehörigen aus, freuten uns, wenn die Temperatur von 35,5 auf 35,9 angestiegen war, wenn der Hämoglobinspiegel schon 48 Stunden unverändert geblieben war. Er lebte noch! Wir sprachen über Institutsereignisse, über Meldungen aus Finnland – unsere Truppen griffen Vyborg an – im Theater Lensowjet wurde »Maria Stuart« gegeben, wundervoll spielte die Polowikowa.

Wladimir Romanowitsch lebte noch, aber schon jenseits dieses uns allen gemeinsamen Lebens. Er war auf der Schwelle, hinter der das schwarze Nichts lag. Warum schwarz? Weil der Gedanke an den Tod dieses Gefühl weckte – schwarze, bodenlose Kälte, ohne Grenzen, ohne Ende.

An die letzten Tage Gribs, an seine Frage: »Wie ist's dort bei euch im Jenseits?« mußte ich denken, während ich Bücher zerriß und mechanisch Telefonanrufe beantwortete.

»Ja, ja, natürlich, ich komme gern. Freue mich sehr. Ich komme bestimmt, wenn ich mich irgend frei machen kann.« (Wenn ich noch frei bin!)

»Nein, wieso, ich bin ganz gesund. Habe bloß blöde Kopfschmerzen. Natürlich, ich rufe noch mal an und sage Bescheid. Wenn ich irgend frei bin, komm' ich. Danke. Grüß zu Haus.« (Wenn ich noch frei bin!)

Sie alle gehörten in »jene Welt«. Ich aber wußte nicht, wo ich morgen oder vielleicht schon in einer Stunde sein würde. Vielleicht in einer Box der Butyrka, und alles finge von vorne an.

In dieser Nacht schlief ich nicht, hörte den Schlafgeräuschen im Zimmer zu – wir lebten hier zu sechst: die Eltern, die Töchter, Nadja und ich auf siebzehn Quadratmetern, die wir durch Büfett, Schrank und Wandschirme in Kojen abgeteilt hatten. Ich ging in die Küche und rauchte, schrak bei jedem sich nähernden Motorengeräusch zusammen: Gilt es mir? Und wenn ich mich einfach anziehe und verschwinde? Geld habe ich noch. Muß mich nur wärmer anziehen. Der Paß stammt noch aus der Vorkriegszeit. Ich hatte ihn 1941, als ich mich meldete, nicht abgegeben, hatte ihn zu Hause vergessen. Nach meiner Freilassung war er verlängert worden. Ich brauche nur zum Bahnhof zu gehen und abzufahren, nach Norden oder nach Osten, wie es gerade kommt. Ich kann mich einer geologischen Expedition als Hilfsarbeiter anschließen, kann auch als Feldscher arbeiten. Eine Allunionsfahndung wird nicht stattfinden. Derartige Fahndungen gibt es nur bei Spionage, Terror, »schwerem Vaterlandsverrat« und aktiver Beteiligung an konterrevolutionären Organisationen. Dann kann ich ein ganz anderes Leben anfangen. Ich werde einen anderen Namen annehmen, die alten Papiere verlieren. Werde in der Taiga in irgendeinem abseitigen Nest leben, in der Einsamkeit intensiv arbeiten. Und dann werde ich meine Bücher vorlegen. »Über die Grundlagen der kommunistischen Ethik« und »Warum der Faschismus in Deutschland siegte«.

Und was wird aus Nadja? Sie wurde eben erst zur Vorsitzenden des Betriebskomitees vorgeschlagen, sie ist Parteimitglied. Aber man wird sie natürlich beschuldigen, mir bei der Flucht geholfen zu haben. Und Vater auch. Was wird man mit ihnen machen? Was wird mit den Freunden geschehen, die für mich eingetreten sind?

Wenn man mich nicht schnappt, werden sie es auszubaden haben. Und wenn man mich schnappt, wie kann ich dann noch beweisen, daß ich im Recht bin? Auch wenn ich nicht erwischt werde – Flucht ist schlimmer als Selbstmord. Flucht ist Schuldbekenntnis, Bestätigung dessen, was diese Schurken behaupten. Nein, ich kann nicht fliehen, ich kann nicht vor mir selbst davonlaufen.

Auch die nächsten Nächte schlief ich schlecht. Fuhr oft jäh auf, von Schritten auf der Treppe oder im Hof geweckt – das wachsame Gefangenengehör war wieder da.

Der Anwalt beruhigte mich: Mit einer Verhaftung sei nicht zu rechnen. Wahrscheinlich solle nur die Formulierung des Urteils abgeändert werden, um die Wiederaufnahme in die Partei zu verhindern, damit ich nichts gegen meine Ankläger unternehmen könne. Es gehe jetzt darum, die Richtigkeit des Urteils zu untermauern, dazu brauchten wir neue, objektive Zeugen.

Ich ging zu Isbach und bat ihn um ein Exemplar der Frontzeitung »Für die Heimat« mit meinem Artikel über Ostpreußen. Er enthielt das ganze Arsenal chauvinistischer Schmähworte, die sich von Sabaschtanskijs Reden nur durch gepflegtere Ausdrucksweise, Anspruch auf stilistische Finesse und in bescheidenen Erwähnungen des deutschen Arbeiters unterschieden.

Ich besuchte auch den Kameramann Wladislaw Mikoscha. Er hatte in Graudenz unseren Einsatz miterlebt, war dabeigewesen, als der Divisionskommandeur Generalmajor Rachimow den Tagesbefehl verlas, in dem er unserer Gruppe den Dank für die entscheidende Hilfe bei der Einnahme der Festung aussprach und uns zur Auszeichnung vorschlug. Dann war ich bei Michail Alexandrowitsch Krutschinskij. Er hatte im Bürgerkrieg das Bohun-Regiment unter Schtschors befehligt und in diesem Krieg das gleiche Regiment kommandiert: Bei Stalingrad war er schwer verwundet worden. 1929 hatte er, als ich mit den Trotzkisten in Charkow im Untersuchungsgefängnis saß, meinem Vater geholfen, mich mit Kaution frei zu bekommen. 1945 hatte er meinetwegen an Rudenko geschrieben: »Ich kenne ihn von klein auf, ich kenne die Familie, ich bürge für ihn.«

Gleich nach meiner Freilassung besuchte er uns mit seiner Frau und drei Töchtern. Später war unsere ganze Familie bei ihm zum Abendessen eingeladen. Wir tranken »Naliwka«, hausgebrannten Likör, und er erzählte von Schtschors, vom Bürgerkrieg und von Stalingrad.

Als ich ihm von der Aufhebung des Freispruchs erzählte, erklärte sich Michail Alexandrowitsch sofort bereit, für mich als Zeuge der Verteidigung aufzutreten.

Nach und nach gewöhnte ich mich an den Gedanken, der bevorstehende Kampf gehe tatsächlich nur um die Formulierung – darum, daß irgendwelche einflußreiche Beschützer des Generals Okorokow und Sabaschtanskijs um die »Ehre der Uniform« bangten und deshalb die gerichtliche Bestätigung vonnöten sei, daß ihr Verhalten angesichts der Kriegsbedingungen als richtig zu bewerten sei.

Ich war zu Zugeständnissen nicht mehr bereit. Die Versammlung der Parteikommission der Glawpur hatte mich zu deutlich an jene Parteiversammlung vom 17. März 1945 erinnert, in der ich mich so peinlich, so schändlich inkonsequent verteidigt hatte, indem ich angebliche Fehler zugegeben und auf die Frage: »Warum sagen Sabaschtanskij und Beljajew denn etwas, was nicht wahr ist?« nur stur wiederholt hatte: »Sie haben mich mißverstanden, ich weiß nicht, wieso das möglich war, aber sie haben mich absolut falsch verstanden.«

Weder vor dem Parteibüro noch vor der allgemeinen Versammlung hatte ich sie Lügner und Verleumder genannt. So sehr fürchtete ich, mir die Beschuldigung der »Intrige« zuzuziehen. Mir ging es nur darum, wegzukommen – von der Politverwaltung, von dem eierköpfigen General, der die ihm laut Vorschrift zustehenden Sporen trug und damit durch die Büros klirrte, von den Beute- und Ordensjägern mit ihren goldenen Schulterstücken, von all diesen dreisten, selbstzufriedenen, unersättlichen Schmarotzern eines Sieges, den andere erkämpft hatten. Ich wollte raus, wollte zur kämpfenden Truppe, wollte nicht mehr von Marodeuren sehen, hoffte, dort nicht mehr lügen, mich nicht mehr anpassen, nicht zu Schurkereien schweigen zu müssen. Und vor allem wollte ich, sobald der Krieg zu Ende und meine Pflicht erfüllt ist, raus aus der Armee, um all das, was geschehen war, gründlich zu durchdenken und verstehen zu lernen, wie es entstanden war und entstehen konnte.

Aus Furcht, man würde mich kleinlicher Rankünе bezichtigen, und im drängenden Wunsch, nur endlich fortzukommen, hatte ich mich nur verteidigt und gerade damit den Lumpen in die Hände gearbeitet, ihnen geholfen, mich ins Gefängnis zu bringen. Nein, das würde sich nicht wiederholen: Auch nicht ein halbes Wort der Wahrheit würde ich zurückhalten, würde auf keinerlei Vergleich eingehen. Damals hatte Mulin, dieser leeräugige Arschkriecher und Lügner, mich überredet: »Laß dich nicht in Streitigkeiten ein, tritt nicht gegen den Oberstleutnant auf. Gib im einzelnen deine Fehler zu, dann wird er dir entgegenkommen. Du wirst eine Rüge erhalten und kannst dich dann wieder bewähren.«

Jetzt werde ich mit diesen Lumpen nicht mehr parlamentieren. Zwei Jahre Gefängnis und Lager – das war wohl die verdiente Strafe dafür, daß ich selber auch gelogen hatte, indem ich mich zu feigen Zugeständnissen erniedrigte. Vielleicht eine zu strenge Strafe – aber eben doch verdient; man darf nicht lavieren. Vielleicht war ich bloß zu ungeschickt gewesen? Wenn man schon lügt, muß man es raffinierter, zielstrebiger tun, sie entwaffnen, untereinander entzweien? All das kann ich nicht, könnte es unter gar keinen Umständen, weil ich dann aufhören würde, ich selbst zu sein.

Damals glaubte ich: Es gibt eine Ethik des Mikrokosmos und eine Ethik des Makrokosmos. Im »Makro« – im Klassenkampf, in Revolutionen, in Kriegen, gilt nur das Gesetz der Zielvorstellung, das Ziel heiligt alle Mittel, wenn sie nur wirksam sind. Aber im »Mikro«, in den zwischenmenschlichen Beziehungen, muß es unverbrüchliche Moralgesetze, ja Dogmen geben – da gelten Wahrheit, Uneigennützigkeit, Humanität. Diese Mischung aus christlich-idealistischem Kommunismus und pragmatischem Zweckdenken war viele Jahre mein Glaubensbekenntnis.

Die Tage und Abende gingen hin mit dem Zusammensuchen neuer Zeugen, der Beschaffung neuer Unterlagen für die Verteidigung. Ich sammelte meine alten Artikel, veröffentlichte und zur Veröffentlichung vorbereitete, Gutachten und Zeugnisse über meine wissenschaftliche und pädagogische Arbeit. Ich vermied es, mit Leuten zusammenzutreffen, denen ich von der Aufhebung des Urteils nichts erzählen konnte, weil ich nicht wußte, wie sie es aufnehmen würden, ob sie Angst bekommen oder denken würden: »Aha, die Sache stinkt.«

Oft ging ich zu einer Freundin, die mich in Konzerte mitnahm; das letzte Mal hatten wir Berlioz' Requiem gehört. An Arbeit dachte ich kaum, schob den Gedanken auf bis nach der Verhandlung; man würde mir wohl auch kaum erlauben, wieder zu unterrichten. Nachts wachte ich oft auf, außer Atem vor Schreck, mir war, als führe im Hof der schwarze Wagen ein, als seien sie schon im Treppenhaus. Und tags überkam mich häufig plötzliche Trauer: Wo werde ich morgen sein, übermorgen?

Im Konservatorium las ich die Konzertankündigung, dachte, ob ich an dem oder dem Abend wohl noch frei bin? Traurig und böse stand ich einmal an einer Metrostation. Wohin sollte ich fahren? Zu meiner Freundin, nach Hause oder zu Bjelkin, oder sollte ich über den Roten Platz gehen? Der Abend hatte eben erst begonnen, die frostige Dämmerung durchdrang schon frühlingshafte Leichtigkeit. Und da flog es mich an: Was bist du doch für ein Narr, stehst hier rum, weißt nicht, wohin mit dir. Entschließ dich! Noch kannst du wählen, was du willst. Was auch später geschieht, noch bist du frei! Und ich mußte laut auflachen. Auf der Rolltreppe der Metro bemerkte ich die verwunderten Blicke der Entgegenkommenden: Der lacht – ganz für sich allein, ist wohl besoffen. Und ich mußte noch mehr lachen.

Am 17. März aß ich bei Bjelkins zu Mittag. Wir tranken ausgiebig, Nina Petrowna häkelte oder strickte irgendwas, Boba und ich redeten gelassen, philosophierten.

Dann drängte es mich nach Hause. Gestern abend war Maja krank geworden: Mittelohrentzündung, hohes Fieber. Damals, als Zehnjährige, war sie lachlustig, zärtlich, erzählte hell begeistert davon, wie in der Klasse alle weinen mußten, als die Lehrerin ihnen eine rührende Geschichte vorlas.

»Es ist das beste, das schönste, das allerbeste Buch auf der ganzen Welt...« Aus der Kleinkindersprache war ihr das zärtliche Wörtchen »makolessenjki« – mein Lieberchen – geblieben. Ich wünschte mir so sehr, meinen Töchtern wirklich nahezukommen. Doch wir waren immer nur für kurze Zeit beisammen und fast immer mit anderen Leuten. Noch im Gefängnis hatte ich damit angefangen, für sie »Märchen vom Opa Nimmerruh« zu ersinnen, Märchen eines guten Sonderlings, Büchernarren und Zauberers, der Kinder in die Bücher hereinholt: in die »Odyssee«, in »Don Quijote«, in »Gargantua und Pantagruel«, in die Romane von Tolstoj und Dickens. Diese Märchen, so hoffte ich, würden ihre Neugier wecken und den Wunsch, die Bücher selbst zu lesen. Aber jedesmal, wenn ich drauf und dran war, Maja und Lena zu erzählen, klingelte das Telefon, oder es kam jemand, oder Mama wollte in einer unaufschiebbaren Angelegenheit mit mir sprechen.

Von Bjelkins aus rief ich zu Hause an. Majas Temperatur war noch höher gestiegen. Ich sollte Verbandszeug und Watte mitbringen, für Umschläge.

Zu Hause angekommen, hatte ich noch nicht einmal meinen Mantel ausgezogen und nach Maja gesehen, als es klopfte und zwei Männer im dunklen Mänteln eintraten.

Ohne die Mütze abzunehmen, sagte der eine: »Guten Tag, Lew Salmonowitsch.«

Das war mein Vatersname im Paß[67], der im Gefängnis benutzt worden war – in der Freiheit und später in der Scharaschka nannte man mich nach dem richtigen Vornamen meines Vaters: Sinowjewitsch – in meinem Kopf klickte es: Da sind sie!

»Hier bitte, der Verhaftungsbefehl. Eine Durchsuchung nehmen wir nicht vor. Geben Sie uns nur ihre Ausweise.«

Mutter krampfte die Hände zusammen, fing aufgeregt zu beweisen an: »Er ist doch freigesprochen, er liebt doch das Vaterland und die Partei mehr als die eigenen Eltern, die eigene Familie... und die Kleine ist doch auch so krank...«

Mir war so elend, daß ich mich nicht einmal über Mama ärgern konnte, sondern nur auf mich selbst böse war, weil ich in den letzten Tagen so herumvagabundiert hatte und nun überhaupt nicht vorbereitet war. Was mitnehmen? Was anziehen?

»Regen Sie sich nicht auf, alles wird sich klären. Sie können ihm noch was zum Essen geben und ein paar Sachen zusammenpacken.«

Und zu mir gewandt: »Sie dürfen sich umziehen... Sie möchten nicht, daß die Nachbarn was merken, natürlich, ist auch nicht nötig... wir warten hier.«

Nadja sagte mit gemacht fröhlicher Stimme zu Lena und Maja, die in ihrem Bett hinter dem Schrank lag: »Papa fährt mit den beiden Onkeln auf Dienstreise, kommt aber ganz bald wieder.«

Und sie begann, meinen Sack zu pcken.

Mama schob mir Abendbrot zu. Ich zwang mich, langsam zu essen, ruhig zu denken. Ich zog alte, warme Wäsche an, wattierte Hosen, flüsterte Nadja noch zu, sie solle mir das Datum der Verhandlung durch Zwiebeln und Knoblauch mitteilen: eine Knoblauchzwiebel bedeutet zehn, eine gewöhnliche Zwiebel eins: Verhandlung am 25. hieß also zwei Knoblauchzwiebeln, 5 Zwiebeln. Ich aß, soviel ich konnte, trank Wodka dazu. Einer der »Gäste« saß an der Tür, der andere am Tisch, er sah immer wieder ungeduldig auf die Uhr. Ich verabschiedete mich. Maja, in hohem Fieber und halb im Schlaf, umarmte mich mit heißen Ärmchen: »Du kommst doch bald wieder, makolessenjki, ja?«

»Ganz bald, ich beeile mich sehr. Werd nur rasch gesund. Du mußt unbedingt rasch gesund werden.«

Mama biß sich auf die Lippen, um nicht zu weinen. Nadja versuchte, munter zu sein: »Denk dran, wir sind immer bei dir, überall. Alles wird gut werden.«

Schweigend gingen wir die Treppe hinunter. Einer vor, der andere hinter mir. Im Hof stand ein Lkw. Sie nahmen mich in die Mitte. Wir fuhren schweigend, kamen in die Kropotkinstraße zum Smersch. Hier war ich erst vor vier Wochen gewesen, um meine Ausweise abzuholen, die man mir bei der Verhaftung abgenommen hatte.

Sie führten mich in einen gewöhnlichen Büroraum, dort saß ich eine Stunde lang in der Ecke auf einem Stuhl. Dann kam der Ältere der beiden zurück und sagte: »Na ja, wir sind durch Sie aufgehalten worden. Sie werden hier übernachten.«

Sie brachten mich ins Kellergeschoß in einen halbdunklen Flur. Ein Feldwebel mit rosaroten Backen nahm mir Zigaretten und Streichhölzer ab: nicht erlaubt. Einen Gürtel hatte ich wohlweislich gar nicht erst umgeschnallt. Die Schnürsenkel aus den Schuhen zu ziehen, vergaß er. Gefilzt wurde ich nur ganz oberflächlich.

Die Zelle war fast dunkel, sehr kalt und sehr schmutzig. Anscheinend hatten hier noch kürzlich Kohlen gelagert. Die Fenster hoch oben waren mit schlecht geschichteten Ziegelsteinen gesichert, durch die Spalten zog es kalt. An einem Fenster war ein mit Stacheldraht bespanntes Abzugsloch offen, von dorther drangen fahler Lichtschein und kalte Feuchtigkeit herein.

An der einen Längswand standen zweistöckige Bretterpritschen, am Eingang ein stinkender, verrosteter Kübel. Auf der Pritsche saß zusammengekrümmt ein junger Kerl in zerrissenem, schmutzigem Mantel und speckiger Mütze mit herunterhängenden Ohrenklappen. Sein rundes, stupsnasiges Gesicht war schwarz vom Kohlenstaub.

»Was bist denn du für einer, Schornsteinfeger?«

»Bin bloß weiter weg vom Fenster gekrochen; ist ja so duster, da müssen wohl Kohlen gewesen sein.«

Er sprach leise, langsam, mit heiserer, erkälteter Stimme, hauchte in seine Handflächen, die auch schwarz waren, und schob sie dann kreuzweise über den schmalen Brustkorb unter die Achseln. Das ganze Kerlchen zitterte. Er schaute mit hungrigen Augen auf meinen Sack, aus dem es nach Eßbarem duftete. Mama hatte mir Brot, Fleisch, Zwiebeln und Zucker mitgegeben.

Er aß gierig, stumpfsinnig, wie ein ausgehungertes Hündchen, erst Brot und Zucker, dann auch Fleisch. Aus Belgorod war er und hieß Wolodja. Die Deutschen hatten ihn verschleppt und später in die Armee gesteckt, in die Division »Galizien«, da dienten nur Russen und Ukrainer.

»Ich weiß, SS-Freiwillige.«

Mein neues Leben begann bemerkenswert – im kalten Kohlenkeller zu zweit mit einem SS-Mann. Doch an Zellentüren zu donnern fiel mir jetzt gar nicht ein.

»Hach, Freiwillige! Unter der großen Fuchtel, ja! Sei du mal Ostarbeiter, schieb 16 Stunden am Tag schwere Karren für eine Steckrübe – da gehst du nicht nur freiwillig zur SS, sondern auch zur Gestapo.«

»Warst du im Einsatz?«

»Na, wo denn? Zuerst hat man uns getrimmt, und wie! Bei denen hast du keine Ruh. Drill von Sonnenaufgang bis Sonnenaufgang. Drücken ist nicht, denen kannst du nichts vormachen. Aber der Fraß war gut. Jeden Tag Zusammengekochtes mit Fleisch; viel Brot, Marmelade. Und prima Montur.«

»Wo warst du eingesetzt? Bei Kowel? Bei Warschau?«

»Woher weißt du? Warst du da auch? Bei Kowel hatte ich schon am ersten Tag einen Bauchschuß weg – zwei Meter Darm haben sie mir rausgezogen. Nachher war ich Monate im Lazarett und dann beim Troß. Bin noch mal verwundet, Bombenangriff, aber leichter, unterm Schulterblatt. Hab' also gar nicht gekämpft, und als Unsere kamen, bin ich nicht ausgerissen, bin selber hingegangen, hab' gesagt: So und so ist das gewesen. Naja, da kam ich in diese Filtrierlager. Ein Leutnant gab mir immerzu in die Schnauze: ›Du bist SS, du hast die Tätowierung, du kommst an den Galgen.‹ Und zu fressen, nicht eine Krume. In dem Lager da wurden Unsere gesammelt – diese Repartierten, oder wie das heißt, über tausend Mordskerle waren dabei, die holten sich alles aus der Küche. Und ich bin – ja, siehst ja, was für einer. War doch zweimal verwundet. Und wofür? Für nichts... Vielleicht hätte ich zu den Partisanen gehen können. Aber ich hatte doch gar keine Bewußtheit. War nur vier Jahre in der Schule. Und dann Krieg. Ja, klar war ich Pionier, aber kein bewußter... Als sie uns nach Deutschland fuhren, da freute ich mich noch, ich Stoffel, so eine weite Reise! Noch dazu ins Ausland! Und bei der SS, da hab' ich nur soviel begriffen: prima Uniform, Wolle, dicke Stiefel, Rindsleder, Nagelsohlen wie Eisen, kriegste dein Lebtag nicht kaputt. Aber Bewußtheit – keinen Pfifferling! Woher denn auch? Mein Vater starb, da war ich noch im Kindergarten, weiß gar nicht mehr, wie er überhaupt aussah, war Maschinist auf der Lokomotive ›Felix Dzierżiński‹, hast vielleicht davon gehört. Er starb an 'nem Unglück: Darmverschlingung. Mama war Putzfrau im Depot, die Schwester zwei Jahre älter als ich, die hat der Mama schon im Haushalt und bei der Arbeit geholfen, als sie noch zur Schule ging. Aber ich wuchs auf wie Unkraut, immer draußen, mit anderen Bengeln Tauben gefangen. Lernen – nicht soviel! Woher also Bewußtheit? Und dieser Leutnant, so ein Bulle, haut mir in die Fresse, schreit: ›Vaterlandsverräter, sag, wer noch Verräter ist, nenn alle, die du kennst, wirst sonst sofort aufgehängt.‹ Da bin ich ausgekniffen aus dem Lager. Nach Hause, nach Belgorod, ging ich nicht, wußte ja, daß die mich da auch einsperren würden. Ich arbeitete, wie's grade kam, mal im Dorf, mal in der Stadt. In Polen und Bjelorußland. Hab' angegeben, ich wär' Ostarbeiter gewesen, und erzählt, daß meine Familie umgekommen wäre, das ganze Dorf verbrannt. Ich wußte ja, daß in unserer Gegend viele Dörfer ausgebrannt waren, davon hatte ich gehört. Ich arbeitete, naja, hab' auch geklaut – kam vor. Mußte ja was im Bauch haben. Und dann wurde ich erwischt, hier bei Ljuberzi oder so ähnlich, mit noch ein paar andern. Wir waren in einen Güterwagen mit Fleisch eingestiegen, so'n weißer, sauberer... Aber diese Schweine vom Eisenbahnschutz – ich sag' dir, die sind tausendmal schlimmer als jede Miliz, was die geschlagen haben! Dann zogen sie uns aus, jagten uns in den Schnee. Da sahen sie, daß ich Narben von den Verwundungen hatte, und einer war da der Chef, der sah die Tätowierung unterm Arm, weißt ja, die Blutgruppe. Erkannte sofort: ›Du Schweinehund, warst bei der SS.‹ Da haben sie mich noch schrecklicher verdroschen. Ich fing an zu heulen, hab' gestanden. Und jetzt bin ich hier... Was meinst du, hängen die mich auf?«

»Soviel Stricke gibt's gar nicht, um all solche Trottel, wie du einer bist, aufzuhängen.«

Ich tröstete ihn und fluchte. Vielleicht log er gar nicht. Andererseits gibt es auch raffinierte »Einfaltspinsel«, die es sehr geschickt verstehen, die überzeugendsten Märchen zusammenzufaseln. Auch wenn er log, er war doch noch ein Rotzjunge... Er erzählte gern, fragte aber mich nur nach meinem Rang. Als er »Major« hörte, kicherte er erst ungläubig und »siezte« mich dann.

Seit drei Tagen saß er in diesem Keller und kannte daher schon ein paar von den Posten. Ich sagte, meine Zigaretten, die der Feldwebel mir abgenommen hatte, lägen in der Tischlade. Da ging Wolodja zur Tür und fing an zu betteln: »Bürger Chef, geben Sie bitte die Zigaretten – der hier ist doch Major, Frontoffizier, war nicht in Gefangenschaft...« Der Posten öffnete die Tür. Es war schon spät in der Nacht, und der Wachälteste schlief.

»Bist du tatsächlich Major? Wofür? Mit deinem Chef Krach gehabt? Lügste auch nicht? Na gut, ich gebe euch was zum Rauchen, müßt aber bis zum Morgen fertig sein, denn wenn der Älteste was merkt...«

Wolodja und ich schworen. Er teilte mit uns ein Päckchen, gab auch Streichhölzer dazu. Wir qualmten. Augenblicke der Seligkeit.

Dann legten wir uns eng zusammen, nahmen selbstverständlich nicht mal die Mützen ab, auf seinen und unter meinen Mantel. Und so schlief ich ein, umarmt von dem jungen SS-Mann, der vor Kälte und Aufstoßen zitterte.

Frühmorgens bekamen wir heißes Wasser in rostigen Bechern, die sauer nach fauligem Kohl rochen, und ein Stück Brot. Dann wurde Wolodja abgeführt. Ein paar Stunden blieb ich allein. Bei Tage war die Zelle noch schmutziger, als sich im Dunkeln hatte vermuten lassen. Ich ging auf und ab, schräg von einer Ecke zur gegenüberliegenden waren es etwa 20 Schritte. Drei Kilometer, vier Kilometer. Dann hatte ich es satt, zu zählen. Ich rauchte in der Ecke, in die man vom »Auge« aus nicht hineinsehen konnte. Aber es paßte auch keiner auf. Endlich wurde ich herausgerufen. Am Tisch des Diensthabenden standen zwei Begleitsoldaten mit MPs, von einem Unterleutnant befehligt, einem jungen, mürrischen Kerl mit ernsthaft gerunzelter Stirn und vorspringenden Backenknochen. Ich erhielt die mir gestern abgenommenen Sachen zurück, auch die Zigaretten, und stopfte alles irgendwie in die Taschen. »Hände auf den Rücken!«

Ich verschränkte, wie ich es ja gelernt hatte, die Hände mit dem Sack auf dem Rücken. Plötzlich – am rechten Handgelenk ein eiserner Biß. Handschellen!

Ich riß die linke Hand nach vorn, bemüht, nicht zu schreien: »Was soll das bedeuten? Mit welchem Recht? Ich bin Offizier, freigesprochen! Zwei Jahre war ich in Untersuchungshaft und bin in dieser ganzen Zeit nicht ein einziges Mal gefesselt worden. Ich verlange den Staatsanwalt!«

»Sonst noch was? Sie fahren im offenen Wagen. Für den Transport im offenen Wagen gilt die Instruktion: Handschellen. Ich führe einen Befehl aus. Wenn's stimmt, daß Sie Offizier sind, müßten Sie ja wissen, was ein Befehl ist.«

»Dann will ich wenigstens die Mütze aufsetzen und die Ohrenklappen runterlassen. Schließlich fahrt ihr mich durch die Stadt. Und wenn schon Handschellen, wozu dann noch die Hände auf den Rücken?«

Der Leutnant überlegt ein paar Sekunden, man merkt, daß er ein sehr ernsthafter, sehr gewissenhafter Dummkopf ist. »Ohrenklappen meinetwegen. Aber die Hände gehören auf den Rükken, laut Instruktion.«

»Und womit soll ich meinen Sack halten, mit den Zähnen etwa?«

»Nimm den Sack«, befahl er einem der Soldaten. »Und jetzt Schluß mit dem Geschwätz.« In seiner Stimme schepperte Metall. »Ich warne Sie: bei einem Schritt zur Seite, Aufstehen im Wagen, Sprechen oder Rufen wird ohne Anruf geschossen!« Eine neue Erfahrung: Handschellen. Ich versuchte, die Hände auf dem Rücken etwas lockerer zu halten, nicht zu verkrampfen. Ein kurzes Klicken. Es drückte sehr.

»Wollt ihr mich foltern?«

»Schon gut, ich mach's bißchen lockrer.«

Wieder ein Klick. Der Schmerz ließ etwas nach.

»Und jetzt?«

»Gebt noch mehr nach! Ich habe nicht die Absicht, euch davonzurennen.«

»Maul halten!« Klick. »Schluß jetzt! Noch lockerer geht nicht. Und wenn Sie die Hände dagegendrücken, ziehn sich die Handschellen von selbst enger zusammen.«

Im Hof stand ein gewöhnlicher Lkw. Hinaufklettern konnte ich natürlich nicht. Der Leutnant grübelte düster. Dann kam ihm die Erleuchtung. Ein Soldat mußte einen Hocker holen. Die hintere Wagenklappe wurde heruntergelassen, ich wurde von zwei Seiten gehalten, damit ich auf den Hocker steigen und dann hinaufklimmen konnte. Wie aufs Schafott. Ich setzte mich mit dem Rücken zur Fahrerkabine.

»Lehnen Sie sich nicht an! Das drückt die Handschellen zusammen!«

Ein Begleitsoldat setzte sich neben mich, der andere mir gegenüber. Der Leutnant stieg zum Fahrer. So fuhren wir.

Ich blickte rückwärts, gegen die Fahrtrichtung. Nehme Abschied. Die trüb-rosa Arkaden der Metrostation »Kropotkinstraße« bleiben hinter uns, der finster dreinschauende gußeiserne Gogol, der vertraute Arbat-Platz, das dunkle, säulenartige Timirjasew-Denkmal. Alles zieht rückwärts vorbei, zurück in den eben erst verstrichenen Augenblick, ins Gestern, als ich noch ging, wohin ich Lust hatte, als ich noch nach Hause gehen konnte. Ich sehe Häuser, in denen bekannte und unbekannte »Freie« wohne, freie Menschen! Sie wissen nicht, wie glücklich sie sind. – Wir fahren über die Boulevards; das graue Gespinst der Bäume und Sträucher dunkelt – es dämmert schon –, spult sich zurück, bleibt zurück, Puschkin beugte sich über den Kopf des Begleitsoldaten, eines dunkelgesichtigen, schlitzäugigen, gleichmütigen Kasachen. Menschenstimmen, Pfiffe, Autolärm. Alles bleibt zurück – zurück...

In einer Kurve werde ich gegen die Kabinenwand geworfen. Und plötzlich, klick, ein eiserner Schmerz preßt mir die Gelenke zusammen. Ich kann ein Stöhnen nicht unterdrücken.

Der Begleitsoldat neben mir, weißblond, brauenlos, fragt ärgerlich erschrocken: »Was hast du denn? Was ist los?«

»Die Handschellen sind enger eingeschnappt. Mach sie wieder lockerer.«

»Kann ich nicht. Der Leutnant hat den Schlüssel. Sei still, halt es aus! Wir sind bald da.«

Der Schmerz zieht bis in die Ellbogen. Ich habe Angst davor, mich zu bewegen, vorsichtig strecke ich ein Bein aus ... wieder eine Kurve. Gott sei Dank ohne Ruck und Klick, und der Schmerz scheint auch nachzulassen, aber die rechte Hand schwillt an und wird taub.

»Sitzen Sie ruhig. Dann wird's leichter.«

Wir fahren durch die Tschechowstraße. Das bedeutet: Butyrka! Gut! Jetzt ist es nicht mehr weit. Wir halten. Vermutlich eine Verkehrsstauung oder eine Trolleybus-Haltestelle. Ein Betrunkener in schwarzer Ohrenmütze versucht, raufzuklettern. »Nehmt mich mit, Soldaten ... ich muß zum Sawelowskij-Bahnhof.« Beide Begleitsoldaten springen auf, stoßen seine Hände vom Rand.

»Geht nicht ... geht nicht.«

»Warum geht nicht? Habt ja keine Ladung ... a-aha, einen Häftling fahrt ihr. Einen Juden. Das ist gut, daß man die auch einsperrt.«

Schwerfällig sprang er ab. Schimpfte noch irgendwas hinterdrein. Wie scharfsichtig er war: Trotz der heruntergezogenen Mütze hatte er das erkannt. Woran? An der Nase? An der Schmerzgrimasse?

Endlich. Wir wenden. Wieder ein Ruck, und wieder beißen die Handschellen zu. Ich presse die Lippen zusammen.

Langsam rollen wir in den bekannten grauen Hof. Der zweite Hof. Im Nacken spüre ich schon jenseits der Fahrerkabine das Näherkommen des dunklen Portals. Ich höre, wie der Leutnant aussteigt, schreie: »Nehmen Sie mir die Handschellen ab! Die machen mir ja die Hände kaputt.«

»Ruhe, Ruhe. Wir sind ja schon da!«

»Nimm die Handschellen ab!« Ich brülle es mit fast überkippender Stimme. »Henker! Huren-, Hundesohn, verfluchter Henker!«

Die Begleitsoldaten schweigen. Der Leutnant dreht sich um, guckt blöde: »Maul halten! Für solche Ausdrücke gibt's Strafe.«

Aber zornig ist er nicht, er hat seine Aufgabe erfüllt, hat einen Arrestanten hergebracht und ist nun nicht mehr »zuständig«.

Mit einem zackigen Satz ist er oben auf dem Wagen, ganz Sportsmann. Schließt die Handschellen auf. Ich ziehe die Hände heraus. Der Schmerz wird stumpf, kriecht langsam aus den Ellbogen zurück, klopft in den Handgelenken, die linke Hand ist taub, dick angeschwollen wie ein Kissen. Es beginnt zu stechen. Ich bewege die Finger. Sie gehorchen.

»Na also! Aber erst schreien, unanständige Ausdrücke herausstrompeten! Wir handeln nach Vorschrift. Aber Ihnen fällt nichts Besseres ein als ›Henker‹. Vor dem Begleitkommando muß man Respekt haben.«

Ich sehe in die unerschütterlichen, farblos-grauen Augen des Leutnants, und mir scheint, in der Tiefe, auf dem Grund seines Blickes oder noch tiefer regt sich etwas; nein, kein Gedanke, eher etwas wie Kränkung oder gar Mitleid. Aber jedenfalls keine Bosheit.

»Respekt! Man kann niemanden nach Vorschrift respektieren. Respekt muß verdient werden, Leutnant. Sie sind jung. Ich bin nach Jahren und Rang älter als Sie. Und Sie haben mich so gequält. In unserem Land kann es keine Vorschrift geben, die befiehlt, Menschen zu quälen.«

»Schon gut, hören Sie auf mit dem Gerede. Ist nicht erlaubt. Los, kommen Sie!«

Und ich betrat den vertrauten »Bahnhof« der Butyrka. Die Aufseher erschienen mir wie alte Bekannte. Und wieder war die Butyrka eine Erlösung; diesmal nach dem kalten Keller, nach den beschämenden und schmerzhaften Handschellen: Sanatorium Butjur. Was nun kam, kannte ich ja – die gewöhnliche, alltägliche Ordnung: Filzen – Bad – Zelle – Appell – Austreten – Brot-Ration – Zucker und heißes Wasser – Hofgang – Gespräche: Schicksale und Schicksale – Bücher – Pakete – Schach – Domino – Balanda ...

Und wieder endlose Gespräche über Schicksale. Abends Kascha – Zählung – und das Warten. Das Warten. Tag und Nacht das Warten ... Im Aufnahmebüro der Butyrka, wo die Karteikarten der Zugänge ausgefüllt werden, sagte ein graugesichtiger Hauptmann: »Zum zweiten Mal? Sie hatten Freispruch? War also ein Irrtum, muß nun berichtigt werden!«

Er war nicht schadenfroh, und er gehörte auch weder zu den groben noch zu den fanatisch eifrigen Gefängnisbeamten. Er erinnerte mich an den Staatsanwalt Mischa: »Wenn schon Paragraph 58, dann muß man hart sein, muß die Verurteilung durchsetzen . . .«

Ein Freispruch war nicht »normal«. Damit wurde die natürliche Ordnung »ausgerenkt«. Der Butyrka-Hauptmann erfuhr nur eine schlichte Bestätigung: Mit meiner Wiedereinlieferung war alles wieder eingerenkt.

»Ich glaube fest, daß ich wieder freigesprochen werde!«

»Ja, ja, glauben Sie, glauben Sie nur . . .«

Die Box, in die ich gebracht wurde, lag genau neben der, aus der ich in die Freiheit gegangen war. Wann war das gewesen? Wie lange war das her? Zweiundsiebzig oder dreiundsiebzig Tage. Und doch: Es war, als sei es erst gestern gewesen und zugleich in einem anderen Leben.

Das Zwischenspiel war zu Ende.

Sieber Teil: Triumph der Gerechtigkeit

Nach dem Bad führte man mich in den neuen Spezialbau. Blauweiße Wände, blaue Metalltreppen, blaue Galerien mit Eisengeländern und eisernen Maschennetzen zwischen den einzelnen Stockwerken. In der großen Kleiderkammer erhielt ich nicht nur Matratze und Becher, sondern auch noch eine Decke, Bettwäsche und sogar Leibwäsche: Die Butyrka war reich geworden.

Die Zelle war nicht groß: drei einzelne Pritschen, ein Fenster unmittelbar unter der Decke, trübe Scheibchen, so grade eben konnte man ein Streifchen Himmel sehen – der Fußboden war aus irgendeiner gepreßten Holzmasse, glatt und glänzend.

Von der Pritsche links hob sich ein mit einem Handtuch umwickelter Kopf: »Poschalstwa – Papiross jest? Tabak? Kurit? Bitte, poschalstwa…«

Als ihm auf deutsch geantwortet wurde und er ein Päckchen Zigaretten sah, wickelte sich der Frager flink aus seiner Decke, nahm auch das Handtuch ab und stellte sich, die Unterhosen hochziehend vor: »Dipl.-Ing. Doktor Kurt P., Konstrukteur des Raketenantriebs der V2.« Eiförmiger Kopf, graue Wolle akkurat rings um die runde Glatze, helle Augen in tiefen Höhlen, Bürstenschnurrbart und auf den eingefallenen, fahlgrauen, unrasierten Backen dünne Schmisse.

»Sehr angenehm. Endlich doch ein gebildeter Mensch. Seit einem Monat habe ich kein deutsches Wort mehr gehört. Und ich kann mich schon nicht mehr daran erinnern, wann ich das letzte Mal geraucht habe. Der Soldat da ist ein ganz primitives Subjekt – war bei Wlassow. Ich wurde verhaftet, obwohl ich kein Pg. war, nie. Von Politik habe ich mich immer ferngehalten. Vor dem Umschwung wählte ich die Staatspartei – Stresemann. Ich kannte die Kandidaten – tüchtige, anständige Leute, kerndeutsche, kluge Köpfe. – Der Untersuchungsrichter hat mir erklärt, ich wäre Kriegsverbrecher, weil ich bei der Konstruktion von Waffen beteiligt war, durch die Frauen und Kinder ums Leben kamen. Das ist natürlich schrecklich. Aber schließlich war Krieg… Ihre Alliierten haben deutsche Städte bombardiert. Wissen Sie, was Bombenteppiche sind? Hamburg, Köln, Düsseldorf, Berlin, Essen, Dresden – diese Städte sind vom Erdboden verschwunden. Auch dort sind Frauen und Kinder in Massen umgekommen. Sind nun meine englischen und amerikanischen Kollegen, die diese gigantischen fliegenden Festungen konstruierten, auch Kriegsverbrecher? Ja ja, gewiß, Hitler war ein Abschaum. Ich habe das immer gewußt. Ein Wahnsinniger! Ein Paranoiker! Genialer Redner, großer Organisator, aber verrückt, geisteskrank! Und natürlich – ein Verbrecher, eine Ausgeburt der Hölle. Aber er war nun mal der allmächtige Tyrann und wir – kleine Leute. Wir mußten uns seinen Befehlen beugen oder untergehen. Auf fürchterliche Weise untergehen. Wissen Sie, was das bedeutet: Gestapo? – Ich bin Ingenieur. Ich habe die Befehle meiner Vorgesetzten auszuführen, meiner Direktion. Ich konstruierte Motoren. Und ich gestehe ehrlich: Ich liebte meine Arbeit, sie war hochinteressant, wirklich spannend! Natürlich war ich nicht der einzige Konstrukteur, ich gehörte einer großen Gruppe an. Heutzutage kann ein einzelner derartige Arbeiten überhaupt nicht mehr bewältigen. Die Zeiten der großen einzelnen, der Krupp, Daimler und Diesel, sind vorbei.

Ich tat meine Arbeit in meinem begrenzten Abschnitt. Tat sie mit gutem Gewissen. Was hätte ich sonst tun können? Jede Art von Sabotage wäre entdeckt worden und kostete den Kopf. Niemandem zum Nutzen und meiner Familie zu ewigem Kummer. Ich habe drei Kinder. Die Älteste ist verheiratet und wohl schon Witwe, ihr Mann ist im Osten vermißt. Meine jüngere Tochter und mein Sohn gehen noch aufs Gymnasium. Ich konnte grade noch verhindern, daß sie als Flak-Helfer eingezogen wurden. – Natürlich habe ich immer absolut gewissenhaft gearbeitet, ich bin schließlich *deutscher* Ingenieur. Der Herr Untersuchungsrichter sagte, daß die Russen deutsche Technik und deutsche Ingenieure immer sehr hoch geschätzt haben. – Ich kann nicht anders als erstklassig arbeiten, mit vollem Einsatz. Und bei Ihnen werde ich nicht anders arbeiten. Das habe ich dem Herrn Untersuchungsrichter auch gesagt... Er ist sehr korrekt, ein Oberstleutnant, spricht ausgezeichnet Deutsch, sein Mitarbeiter ist ein Hauptmann, ein gebildeter junger Mensch, offenbar selbst Ingenieur. Auch absolut korrekt. Nein, ich habe nicht zu klagen. Ich war sogar angenehm überrascht. Unsere Propaganda hat uns da völlig irregeführt, hat so viel Fürchterliches über die russischen Untermenschen verbreitet. In den ersten Tagen, nun, natürlich, da hat es Exzesse gegeben, viele Frauen hatten zu leiden. Aber ich habe volles Verständnis dafür: Soldaten verrohen nun mal durch den Krieg, und dann diese Asiaten und Mongolen, allerdings, auch unter den Russen gibt es primitive und rohe Burschen. Bei uns übrigens auch. Man hat mir von der SS erzählt – die müssen wie wilde Bestien gewesen sein. – Nach meiner Verhaftung hat man sich mir gegenüber korrekt verhalten. Gewiß, es wurde gedroht, und jetzt heißt es, wir würden nach irgendwelchen neuen Nürnberger Gesetzen verurteilt, so wie Krupp, Göring, Heß. Aber das wäre wirklich ungerecht: Die waren Machthaber, und ich bin nur ein bescheidener Ingenieur; die haben befohlen, und ich habe nur einige Details ihrer Befehle ausgeführt. Man darf mich doch nicht wie die beurteilen.

Und dann die schlechte Ernährung. Das ist einfach entsetzlich! Kein Fleisch, keine Butter. Die Suppe hier – diese Balanda – hat kein Gramm Fett. Das Brot ist gut, sehr gut sogar. Aber ich bin doch abgemagert, habe 8 oder 10 Kilo verloren und hatte auch schon im Krieg ziemlich viel abgenommen.

Wir hatten ja auch Verknappungen: alles auf Karten, sehr wenig Fett, überhaupt keinen Kaffee. Ein Bekannter, ein Arzt, erzählte mir mal, eine Hungerdiät sei der Gesundheit außerordentlich zuträglich. Das mag wohl stimmen. Ich muß zugeben: Ich fühle mich zur Zeit nicht schlecht. Herz, Lungen, Verdauung sind in Ordnung. Früher litt ich zuweilen an Verstopfung und Schlaflosigkeit. Jetzt klappt es mit Stuhlgang und Schlaf tadellos – und trotzdem, der Hunger, wissen Sie, der ist doch gar zu unangenehm, und dann dieses Abmagern, das ist wirklich zuviel, die Hosen rutschen mir weg, man wird schlapp.«

Mit Doktor P. blieb ich sechs Wochen zusammen, bis zu meiner Verhandlung. Die Inhaber der dritten Pritsche dagegen wechselten mehrmals. Der erste war ein mürrischer, maulfauler Wlassow-Mann. Er selbst fragte nichts, und meine Fragen beantwortete er einsilbig oder gar nicht, als habe er sie nicht gehört; einmal raunzte er mich an: »Was geht dich das an? Wer und wo? Bist du Staatsanwalt? Quatschst germanski, quatsch mit dem da und laß mich in Frieden.«

Es war klar: Er hielt mich für eine »Glucke«, einen Provokateur; ich bekam ja so reichliche Pakete. Wenn ich ihm was anbot, nahm er nur zögernd und widerwillig an. Ich mußte ihm grob kommen: »Zier dich nicht wie'n Drei-Rubel-Flittchen, spiel nicht den feinen Pinkel. Schließlich ist das Zellengesetz: Pakete werden an alle aufgeteilt. Ich geb' dir nix für deine schönen blauen Augen, sondern weil's Gesetz ist.«

»Meinetwegen. Ich trag' dann für dich den Kübel raus.«

Ihn löste ein junger geschwätziger Kerl ab. Der fragte nach den Lagerverhältnissen, nach den Gerichtsverhandlungen, nach den Strafbestimmungen und erzählte gern und eifrig von sich. Er war in Gefangenschaft geraten und nach Italien zu den Partisanen geflohen. Am liebsten erzählte er vom Essen und Trinken in Italien – ausführlich und überschwenglich wie alle, die sich ans Hungern noch nicht gewöhnt haben. Und dann berichtete er von den Italienerinnen, mit denen er geschlafen hatte, beschrieb genau, sehnsüchtig schmatzend, wie das vor sich gegangen war; danach verkroch er sich auf seiner Pritsche unter die Decke und onanierte ächzend. Als ich ein Paket bekam, starrte er gierig, wie hypnotisiert, und zählte zärtlich auf: »Ooooch so was, Eierchen – hart gekocht natürlich – Zucker-Zückerchen ist von ganz großem Nutzen! Und die Frikadellen – Schweine- oder Rindfleisch? Was für ein weißes Brötchen, muß das aber süß sein... Tabakchen! Da gibt's was zum Rauchen. Allen guten Menschen sei Dank!«

Er genierte sich nicht nur nicht, seinen Teil anzunehmen, er wollte mehr haben: »Dem Fritzen da sollten Sie nicht so viel abgeben. Diese Schweinehunde, wissen Sie, haben uns so verdroschen! Der hat ja noch sein eigenes Fett, das langt ihm für ein Jahr. Aber ich, siehst du, was ich für einer bin: Haut und Knochen, bloß noch ein Skelett...«

In unserer kleinen Zelle bekamen wir fünf Bücher für zehn Tage. Einmal strichen sie uns den Bücherempfang, weil unser Fußboden nicht in Ordnung war. Wir hatten ihn mit Wachs einzureiben, dann mit einer Bohnerbürste zu bohnern und schließlich mit einem weichen Lumpen blank zu polieren. Wir waren bis zum Appell nicht fertig geworden, und der Aufseher fand ein paar Brotkrümel. Zur Strafe nahm er uns die Bücher weg und gab uns 10 Tage lang keine neuen. Das fiel gerade mit meinem 35. Geburtstag zusammen. Solche Bagatellen reizten mehr als wirkliche Nöte.

Im Spezialbau war es verboten, tagsüber auf den Pritschen zu liegen, ab und zu schurrte das »Auge«: der Korridoraufseher kontrollierte. Besonders strenge Aufseher ließen uns nicht einmal auf den Pritschen sitzen; zum Sitzen sind die Hocker da. Und abwechselnd spazierten wir auf dem Zellendurchgang hin und her – die Zelle war kaum 10 Schritte lang und drei Schritte breit.

Den größten Teil des Tages – vor allem in dieser verdammten bücherlosen Zeit – verbrachten wir beim Halma- oder Dame-Spiel. Mein hauptsächlicher, meistens sogar mein einziger Partner war P. Schachspielen konnte er nicht, und weil er beim Dame-Spiel meistens verlor, zog er Halma vor. Er spielte mit Leidenschaft und bewies weitschweifig, daß dieses Spiel sehr viel seriöser sei als Dame; hier drücke sich der konstruktive Ingenieursgeist aus. Für Schach dagegen brauche man bloß Phantasie, abschweifende, künstlerische Phantasie. Literatur interessierte ihn nicht.

»Seit dem Gymnasium habe ich keinen Roman mehr in der Hand gehabt. Als Junge liebte ich Karl May – Indianer- und Abenteuerbücher über ferne Länder. Romantische Träume – die gehören nun mal zur Jugend. Natürlich habe ich Schiller gelernt: ›Fest gemauert in der Erden ...‹, auch Goethe, versteht sich. Faust ist ein geniales, unvergleichliches Werk. Aber später hatte ich für diese Dinge keine Zeit mehr: erst die Lehrbücher und nach dem Studium die regelmäßige, genaue Lektüre der Fachliteratur – in unserem Gebiet darf man nicht zurückbleiben: Die Entwicklung schreitet unaufhaltsam fort, ständig gibt es was Neues, man muß auf dem laufenden bleiben. – Die moderne Technik, das ist wie beim Sport, man muß in Form bleiben, ständig trainieren. In freien Minuten sehe ich Zeitungen durch, hin und wieder eine Illustrierte: attraktive Mädchen, rosige Frätzchen, stramme Schenkel, runde Popochen. Man muß ja auch entspannen. Musik zum Beispiel liebe ich außerordentlich: Mein Vater und meine Mutter, alle in der Familie sind sehr musikalisch. Mozart, Beethoven, Wagner – das ist schlichtweg göttlich! Vor dem Krieg ging ich mit meiner Frau oft ins Konzert. Aber später war ich so überarbeitet, daß die göttlichen Klänge mich einschläferten. Meine Frau wurde ärgerlich: ›Das ist regelrecht anstößig, du schnarchst absolut nicht im Takt, ha-ha-ha!‹

Und sie ging nicht mehr mit. Aber ich habe einen erstklassigen Telefunkenapparat. Luxusausführung. Vor dem Einschlafen hörte ich immer etwas von drüben, aus dem Westen. Bei uns war Jazz als nichtarische, negroide Musik verboten. Aber ich stand schon immer über Rassenvorurteilen. Und noch im Krieg habe ich amerikanischen Jazz gehört – tari-ra-ri-ta-titi! Darin liegt exotische Verlockung. Die italienische Musik ist melodiös, erschlaffend-süß, sanft wie Marmelade; die französische ist lieblich, graziös verspielt – pan-pan-lala. Am meisten liebe ich spanische und amerikanische Musik. Und natürlich die russische. Oh, Tschaikowskij! ›Nußknackersuite‹, ›Boris Godunow‹ – das ist prachtvoll, das ist Weltklasse! Und der Donkosakenchor: ›Wolga, Wolga‹, ›Stenka Rasin‹; ich habe die Platten. Diese Musik war bei uns nie verboten, auch im Krieg nicht, wurde bloß seltener gespielt. Nur Jazz, der war immer streng verboten als artfremd, dekadent; aber ich habe ihn doch gehört. Auch BBC habe ich gehört – tum-tum-tum-tomm: das Motiv aus Beethovens Schicksalssymphonie. Lindley Fraser hat ja so geistreich den Führer und Goebbels karikiert. Der englische Humor – also das macht denen keiner nach – trocken, mit Understatement, aber geschliffen wie ein Rasiermesser! Und dann eben der Jazz, prima!«

Manchmal stellte er Fragen über Rußland, auch persönliche Fragen an mich. Er fragte höflich, interessiert; doch wenn ich ausführlich antwortete, merkte ich schnell, daß ich in die Rolle jenes Tölpels geriet, der auf die hingeworfene Floskel »Wie geht's?« weitläufig von seinen Lebensverhältnissen erzählt.

Beim Zuhören sackte er in sich zusammen, die Augen trübten sich, glitten unruhig hin und her. Doch wenn er von sich erzählte, von seinem Haus, seinem Garten, seinen Gewohnheiten, lebte er auf: »Frühmorgens eine Zigarette, bei der Arbeit Pfeife, abends Zigarren. Die Pantoffeln müssen aus Kamelhaar sein, keine grellen Farben. Schlafrock kommt nicht in Frage, das ist spießig. Statt dessen eine gute, bequeme Hausjoppe, kirschfarbig oder nußbraun aus Velvet – das ist hübsch und praktisch. Das Frühstück muß leicht sein: weiches Ei, Butter, Schinken, etwas Räucherfisch, Honig, Kaffee – kein Tropfen Alkohol! Zu Beginn des Arbeitstages muß man einen klaren Kopf haben, und der Magen darf nicht überlastet sein. Gegen Mittag – Lunch; dazu gehört dann schon ein anständiges Stück Fleisch. Gemüse oder Salat, hinterher Mokka und ein Gläschen Cognac. In meiner Familie habe ich das späte Mittagessen eingeführt nach Art des englischen Dinners: Hors d'œuvres, Suppe, Fleisch oder Fisch...«

Geradezu wollüstig beschrieb er einzelne Gerichte. Über Weinsorten sprach er so gefühlvoll-hingerissen wie über lebende Menschen: »›Liebfrauenmilch‹ hat einen wunderbaren Charakter, sanft und zurückhaltend wie ein wohlerzogenes junges Mädchen, er paßt zum Abendessen in Damengesellschaft – übrigens auch zum Mittagessen, besonders zu Fisch. Zum Braten ziehe ich Italiener und Franzosen vor. Chianti – den tiefroten, herben, männlichen. Er disponiert zum schlichten, freundschaftlichen Gespräch. Oder Beaujolais – der ist heiter, elegant, ein liebenswürdiges Getränk.«

Manchmal wehrte ich ab, sagte brummig: »Hören Sie doch endlich mit der gastronomischen Onanie auf!« Dann war er beleidigt, fast bis zu Tränen gekränkt. Am liebsten sprach er von der Villa, die er nach seiner Heimkehr bauen würde: »Auf jeden Fall im Schwrazwald oder in Thüringen. Es gibt zwar auch schöne Fleckchen in Bayern. Aber die Leute dort sind grobschlächtig und beschränkt; sie behaupten von sich: ›Wir Bayern sind ein eigenes Volk.‹ In Wirklichkeit ist es einfach Bauernpack, noch dazu erzkatholisch. Aber ich bin ein nordischer Mensch, Protestant und überhaupt Freidenker, sogar Freimaurer. Schon als Student wurde ich in die Loge »Großer Osten« aufgenommen. Später mußte ich das verheimlichen. Die Nazis verfolgten die Freimaurer.

Nein, ich werde das Haus im Schwarzwald bauen. Meine Mutter stammt daher. Und in den Bergen dort ist auch der Stein billig. In schlaflosen Nächten entwerfe ich schon die Pläne. Es soll nicht hoch werden – zwei Stockwerke. Klinker und der Sockel aus Naturstein. Ich will es so an den Hang bauen, daß man von der Rückseite direkt das Obergeschoß betritt. Der Garten wird groß und schattig, nichts von dieser französisch-gekünstelten Symmetrie. Ich liebe keine graden oder mit dem Kurvenlineal gezogenen Wege, mit Sand bestreut und mit Stein eingefaßt. Auch geometrisch regelmäßige Blumenrabatten sind mir zuwider. Das ist philiströs, aristokratisch-prätentiöser Klassizismus.

Ich bin Romantiker, liebe die Natur in ihrem Urbild. Selbstverständlich muß der Mensch um sein Haus herum ordnend auf die Natur einwirken – aber mit Geschmack. Obstbäume verlangen Pflege, man darf sie nicht in Reihen anpflanzen wie Soldaten. Für den Rasen nehme ich eine erstklassige Grassorte, hoch und saftig; Blumen pflanze ich in malerischen Gruppen die Pfade entlang. Selbstverständlich baue ich ein Schwimmbassin, mit gutem Abfluß, damit es nicht versumpft. Es wird weder rund noch quadratisch, noch rechteckig. Das wäre zu langweilig. Ich will es elliptisch haben, das ist beruhigend, vielleicht aber auch ganz unsymmetrisch, mit Natursteinen umlegt. Reiner Sand muß angefahren werden. Wenn man ringsherum Sand haben will, wird das sehr teuer; andererseits, ein Strand muß natürlich dasein, und dazu braucht man goldfarbenen, samtweichen Sand. Selbstverständlich stelle ich auch Gartenzwerge auf, das ist bei uns ein schöner alter Volksbrauch. Eisengitter als Umzäunung des Anwesens kommt nicht in Frage, so etwas verunstaltet die Natur. Ich stelle mir als Begrenzung meines Besitzes an der einen Seite einen tiefen Graben vor – wie in der Ritterzeit. Der Grabenhang wird ziemlich steil. Obendrauf pflanze ich Schlehdorn. Und dort, wo kein Graben ist, ziehe ich eine Natursteinmauer und schütte einen Wall auf, bepflanze ihn mit dichten Büschen, und in den Büschen bringe ich unsichtbar eine Alarmanlage an, die nur nachts eingeschaltet wird. Wenn ein Tier oder ein Einbrecher durch will, ertönt im Zimmer des Gärtners die Alarmklingel. Beim Eingangstor läßt sich Klinker oder Stein oder Metall nicht vermeiden. Ich bevorzuge brünierten, nichtrostenden Stahl – Kruppstahl ist sowieso der beste in der Welt. Und keine Bronzierung, das ist geschmacklos. Im Haus werden wir natürlich einen Kamin haben. Und in der Küche will ich unter allen Umständen offenes Herdfeuer haben. Man kann Wildleber oder Reh nicht im Gas- oder Elektroherd braten, das ist barbarisch. Auch Wildgeflügel braucht offenes Feuer. Und natürlich, Tapeten kommen überhaupt nicht in Betracht. Eßzimmer, Herrenzimmer und Salon werden bis zur halben Höhe holzgetäfelt. Nuß, Buche, Eiche, das ist echt deutsch, drüber unverputzte Klinker, spezialgereinigt, das ist naturverbunden, wirkt ungekünstelt und hübsch. Und – das versteht sich ja am Rande – gute Bilder. Modernisten kann ich nicht ausstehen –

diese hysterischen Expressionisten und Surrealisten und wie sie alle heißen. Ich weiß, den Franzosen und Russen gefällt das; über den Geschmack soll man nicht streiten. Ich esse auch keine Frösche und könnte auch nicht auf dem Ofen schlafen, wie es bei Ihnen Brauch ist. Die Menschen sollen leben, wie sie es gewöhnt sind und wie es ihnen behagt. Bei mir zu Hause will ich Bilder haben, die mir gefallen, vor allem aber alte Meister: Deutsche, Niederländer, Italiener. Nicht zu grelle Farben. Von den Neueren – romantische Landschaften und das Porträt meiner Eltern, das hat ein nicht sehr bekannter, aber ausgezeichneter Maler gemalt. Dann noch ein paar Bas-Reliefs in Keramik und Holz. Die Schlafzimmer und Gastzimmer bekommen gepreßte Ledertapeten, Korridor und Kinderzimmer werden nur mit Ölfarbe gestrichen. Die Zimmer werden jedes in eigenem Stil möbliert, vor allem schlicht und dauerhaft wie in Bauernhäusern. Schlafzimmer und Gastzimmer: Biedermeier – natürlich nicht Mahagoni, das wäre zu prätentiös. Das Herrenzimmer halte ich in dunkler, glatter Eiche, das Eßzimmer eventuell in einem helleren Ton...« So sprach er Stunden und Stunden und wurde mißmutig, wenn ich nicht zuhörte: »Reißen Sie sich doch mal für eine Weile von Ihren Büchern los. Bücher – das sind doch Gedankenspielereien, aber wir sprechen hier vom realen Leben. Ich habe so lange mit niemandem reden können, der meine Sprache und mich versteht.«

Ende April bekam ich ein Paket, in dem vier Knoblauchzwiebeln und fünf Zwiebeln waren, dann noch einmal vier Knoblauchzwiebeln und fünf Zwiebeln. Daraus schloß ich, daß die Verhandlung auf den 4. Mai anberaumt war. Die Tage, die mir bis dahin blieben, vergingen mit drängenden Überlegungen: was antworten, wenn sie das und das fragen; wie kann ich noch überzeugender beweisen, daß Sabaschtanskij und Beljajew lügen, daß alles Lug und Trug ist.

Als ich mir mein »Schlußwort des Angeklagten« zurechtlegte, dachte ich daran, was sie in der Parteikommission mir regelrecht zugeschrien hatten: »Neue Beschuldigungen liegen nicht vor, neue Argumente wurden nicht beigefügt.« Folglich durfte ich mit einem zweiten Freispruch rechnen.

Doktor P. stellte mir das Horoskop. Er fragte nach meinem Geburtstag, den Geburtsdaten meiner Eltern und meiner Frau.

Ungefähr eine Stunde murmelte er irgendwelche Berechnungen, kratzte auf einer Zigarettenschachtel mit einem abgebrannten Streichholz herum; dann erklärte er, meine besonderen Glückszahlen seien sieben und dreizehn, der Monat Mai sei günstig für geschäftliche Angelegenheiten, irgendein anderer für die Liebe. Schließlich prophezeite er mir noch ein langes Leben und jede Menge Erfolg.

Natürlich glaubte ich ihm nicht die Spur. Trotzdem dachte ich immerfort daran, daß die Ziffern vier und fünf ungünstig für mich seien, daß aber 1947 in der Quersumme 21 ergibt, das heißt drei mal sieben – also ziemlich günstig. Und als ich bei einer Verhandlungspause auf dem Korridor gegenüber einer Reihe numerierter Türen saß, fing ich an, die Nummern zusammenzuzählen und die Summen durch sieben oder dreizehn zu teilen.

P. war überzeugt, ich würde freigesprochen werden. Er bat mich, dann die amerikanische Botschaft in Moskau anzurufen. »Sprechen Sie mit einem Mitarbeiter, der Freimaurer ist. In Amerika sind alle Staatsbeamten Freimaurer, erst recht die Diplomaten. Roosevelt war der höchste – 33. Grad. – Sie brauchen nur zu sagen, daß sich der Ingenieur Dr. Soundso in der Butyrka befindet, Mitglied der Loge ›Großer Osten‹, 14. Grad, aus Stuttgart. Sie brauchen nichts weiter zu tun, als ihnen das mitzuteilen; die finden dann selbst Wege, mir zu helfen. Natürlich nicht von heute auf morgen; bis dahin sollen sie mir bitte einmal im Monat ein Paket schicken mit Fett, Vitaminen und natürlich auch Zucker. Der Sommer steht vor der Tür; ich bitte daher auch sehr um Gemüse und Obst, einerlei was, am liebsten Kartoffeln, Zwiebeln, Radieschen, Tomaten – dafür ist es wohl noch etwas zu früh, aber im Juni gibt es ja schon Mohrrüben ... Bitte, vergessen Sie es nicht, Loge ›Großer Osten‹, Stuttgart, 14. Grad, erbittet bei den Logenbrüdern Hilfe und Pakete ...«

Die Verhandlung fand in einem großen Saal statt. Vorsitzender war der schwarzhaarige, dicke Oberst Kolomijez, die Beisitzer ein hagerer, grauhaariger Generalmajor und ein ziemlich junger Hauptmann. Das Protokoll führte ein schmalgliedriger Leutnant. Sie saßen auf einem Podium hinter einem mit kirschfarbenem Tuch bedeckten Tisch in Sesseln mit wappengeschmückten Lehnen. Die Anklagebank stand links von ihnen auf einem kleinen Podest, von einer Holzschranke umgeben. Unten sah ich den grauen Kopf und den gekrümmten Rücken meines Verteidigers. Er saß dicht vor meiner Umzäunung. Genau gegenüber stand das Tischchen des Staatsanwalts: breiter Kopf, fast ein Kubus, kurz geschoren, eckige Brillengläser, breite Backenknochen, ein schweres Kinn, der ganze Mann war breit, fest eingepackt in eine Uniform mit silbernen Achselstücken, in blitzblank geputzten Stiefeln. Im Saal saßen die Zeugen: Sabaschtanskij und Beljajew für sich. Etwas entfernter Nina Michajlowna und Georgij; Iwan Roshanskij, Galina Chromuschina, Michail Arschanskij saßen nebeneinander, in ihrer Nähe erblickte ich den grauen Schopf und Schnauzbart von Michail Alexandrowitsch. Er war in seiner Paradeuniform gekommen, mit allen Orden. Neben ihm Isbach, ebenfalls glitzernd dekoriert.

Nach der Eröffnung der Verhandlung mußten alle Zeugen den Saal wieder verlassen. Später rief man sie einzeln auf. Der Vorsitzende führte die Verhandlung gelassen, ohne Hast, nicht einmal erhob er die Stimme. Im Unterschied zu dem vorigen Richter, diesem Brummbär Oberst Chrjakow, der mich streng zurechtwies, war dieser geradezu pflegmatisch. Als ich mich bei Sabaschtanskijs Zeugenaussage nicht beherrschen konnte und vernehmlich sagte: »Lüge, infame Lüge«, klopfte er nur mit dem Bleistift auf den Tisch. Er gestattete mir auch, Fragen an die Zeugen zu stellen, und sogar, ihre Aussagen zu kommentieren.

Sabaschtanskij sprach auch dieses Mal »herzlich aufrichtig«, aber mit neuen Varianten, er hatte offenbar aus der »Erfahrung« der letzten Verhandlung gelernt. Gleich zu Beginn bemerkte er, jeder könne Fehler begehen, wenn es um Einzelheiten, Tag und Stunde gehe oder wer das eine Mal den Befehl gehabt hatte und wer das andere Mal. Doch das seien Nebensächlichkeiten: »Die Hauptsache bestand darin, daß seine ungehörigen Äußerungen über allerlei Humanismus Soldaten und Offiziere gekränkt und beleidigt haben, daß es gemeine Nestbeschmutzung ist, wenn so ein Mensch die Größe des Sieges, des Heldentums, des Leidens nicht sehen will, sondern nur darauf herumhackt, daß da und dort irgendein Rowdy sich an einem Weib vergriffen oder jemand irgendwelchen Beutekrempel mitgenommen hat. Und aus diesem kleinlichen Dreck baut so ein ›kritischer Humanist‹ ein Bild unserer ganzen Armee auf...«

Wehmütig sprach er davon, wie meine dekadenten Stimmungen, meine Undiszipliniertheit, Unbeherrschtheit, meine zersetzenden Äußerungen, meine Mißachtung der Autorität der militärischen Führung die Kampfleistung anderer Kameraden gestört und behindert hätten: »Das ging so weit, daß er beispielsweise sagen konnte: ›Unsere Marketendereien sind nächst der Gestapo die gefährlichsten Einrichtungen‹, und das sagte er sogar in Gegenwart von Polen, die zufällig im Hause waren, weil wir einen Film vorführten, zu dem wir Zivilisten eingeladen hatten. Und als ich deswegen eine Bemerkung machte, lachte er nur: ›Das ist doch ein Witz, hast du kein Gefühl für Humor?‹ Damals sagte ich ihm, man müsse ein Gefühl für Parteilichkeit haben, dann werde man solche Witze nicht reißen. Und ein andermal in der Parteiversammlung hatte er die Stirn zu behaupten: ›Wir siegen nicht dank, sondern trotz unserer Kaderverwaltungen und -abteilungen.‹«

Hier wachte der eine Beisitzer plötzlich auf, der Generalmajor. Er begann, hastig etwas zu notieren, und fixierte mich dann sehr ärgerlich. Und als ich bei meinem Kommentar zu Sabaschtanskijs Aussage daran erinnerte, daß er in der letzten Verhandlung schon zweimal der Lüge überführt worden sei, fragte der Generalmajor: »Der Oberstleutnant sprach von Ihren Äußerungen über die Marketendereien und Kaderabteilungen. Sind diese Äußerungen gefallen?«

»Ja! Das ist wohl der einzige Punkt, in dem er nicht gelogen hat. Das habe ich wirklich im Scherz gesagt.«

»Scherz? Sie betrachten das auch jetzt noch als Scherz?« Der Generalmajor war zornig. Auch er sprach nicht laut – der maßvolle Ton beherrschte die Verhandlung von Anfang an–, aber in seiner Stimme vibrierte dieses metallische, routinierte, unheilverkündende Timbre, das die Worte zorniger, aber beherrschter Chefs und überzeugter Ankläger kennzeichnet.

»Natürlich Scherz! Möglicherweise albern und unangebracht, aber doch Scherz. Anders kann man es doch gar nicht auffassen.«

»Das heißt: Sie betrachten diese Worte nicht als schädliche, antisowjetische Äußerungen?«

»Nein, weil sie scherzhaft, wenn auch ungehörig, waren und sich gegen einzelne Einrichtungen richteten, nicht aber gegen die Sowjetmacht. Derartige Äußerungen können Sie oft im ›Krokodil‹[68] lesen, das sich über einzelne Personen oder Mißstände in einzelnen Institutionen lustig macht...«

In der Verhandlungspause flüsterte der Anwalt mir ärgerlich zu: »Wie konnten Sie bloß diese Dummheit begehen; das ist doch ein General, Chef der Kaderverwaltung im MWO[69]. Sie hätten es lieber abstreiten sollen.«

Beljajew wiederholte alles, was er schon früher gesagt hatte: Er war diesmal ruhiger und sicherer. Um unangenehmen Fragen zuvorzukommen, sagte er, natürlich hätte ich nicht allzuviel Zeit damit vergeudet, Deutsche zu retten und mit Soldaten zu streiten, aber meine Stimmung sei durchweg bedrückt und düster gewesen; das habe ihn belastet, behindert, und er habe auch selbst schlechter gearbeitet als sonst. Darum sei die Aufgabe in Ostpreußen nicht so erfüllt worden, wie es notwendig gewesen wäre.

Nina Michajlowna und Georgij sagten wenig, ihre Aussagen waren eher günstig für mich. Galina antwortete auf die ihr gestellten Fragen exakt und bestimmt. Iwan bestätigte und bekräftigte seine früheren Aussagen. Weder Richter noch Staatsanwalt, noch der Verteidiger stellten weitere Fragen an ihn. Mir schien das nicht richtig zu sein. Warum nutzt der Anwalt nicht ein echtes Zeugnis aus, das überzeugend sowohl Sabaschtanskij wie Beljajew der Lüge überführt? Der Vorsitzende lehnte meine Einwände ab mit der Bemerkung, all das sei schon aktenkundig. »Wenn Sie darauf hinweisen wollen, können Sie es in Ihrem eigenen Schlußwort tun.«

Michail Arschanskij sagte als Zeuge der Verteidigung aus, er kenne mich seit vielen Jahren sehr genau, auch im Krieg seien wir uns begegnet – im Januar 1944 in Moskau. Er kenne meine Einstellung und meine Ansichten, sie seien durch und durch parteilich gewesen. Der Staatsanwalt fragte, wie er behaupten könne, jene Stimmungen und Äußerungen zu kennen, auf denen die Anklage basiere, da er zur fraglichen Zeit an einem anderen Frontabschnitt im Einsatz gewesen sei.

Michail erwiderte, Genossen, die alles unmittelbar miterlebt hatten, hätten ihm in allen Einzelheiten davon erzählt. Aufgrund dieser Gespräche und aufgrund all dessen, was er selbst kenne, sei er überzeugt, die Beschuldigungen seien nicht nur erlogen, sondern einfach absurd.

Dann bat er, noch ein paar Worte hinzufügen zu dürfen. In den Monaten nach meiner Freilassung waren wir viel zusammen gewesen. Er hatte mich genau über den Fall befragt, über das Leben im Gefängnis und im Lager. Wir sprachen über die verschiedensten Themen – politische, literarische, persönliche. Er hielt es für seine Pflicht als Kommunist, Bürger und sowjetischer Offizier, dem Tribunal zu sagen, daß durch Verleumdung und unsinnige Verknüpfung von Umständen hier ein Mensch auf der Anklagebank säße, der...

Und nun begann Michail von mir zu sprechen. Aber nicht mit standardisierten Floskeln, wie sie auf den Listen der für Auszeichnungen Vorgeschlagenen, in Nekrologen und Zeitungsartikeln benutzt wurden. Er fand lebendige, gute Worte. Selbst die so strapazierten Vokabeln Vaterland, Partei, Pflicht des Kommunisten und Offiziers klangen bei ihm neu und unverbraucht. Seine Redewendungen und sein Ton waren in diesem Saal ungewohnt. In ihnen äußerte sich eine offene, rechtschaffene Seele. Ich erinnere mich nicht mehr an die Formulierungen im einzelnen, weil ich in diesen Minuten alle Kräfte zusammennehmen mußte, um die Tränen zurückzuhalten. Michail stand unten im Durchgang zwischen den Stühlen, auf denen die bereits vernommenen Zeugen saßen. Sein Blick und seine Worte überwältigten mich durch ihre Freundschaft, ihre Kraft und Mannhaftigkeit.

Der Zeuge Alexander Isbach wurde aufgerufen. Er blieb gleich an der Tür stehen und rapportierte mit schallender Stimme. Der Vorsitzende forderte ihn auf, näherzutreten; er tat noch ein paar Schritte und stand im Durchgang. Der Vorsitzende wiederholte seine Aufforderung, näherzutreten, noch ein-, zweimal. Isbach, rot geworden und häufiger als sonst den Mund wie ein Kaninchen verziehend, begab sich schließlich entschlossen zum Podium, stützte sich auf den Richtertisch. Der Vorsitzende, völlig aus dem Konzept gebracht, wehrte ihn mit den Armen ab. Die beiden Bewacher hinter mir prusteten los.

Isbach skandierte mit Trompetenstimme blecherne Zeitungsworte. Es waren Worte der Zustimmung; er sagte, er kenne mich als einen moralisch integren, ideologisch konsequenten, wertvollen Politoffizier, mehrmals seien mir dafür Dank und Auszeichnungen von der militärischen Führung und der politischen Verwaltung zuteil geworden.

(1948 hat man Isbach diese Ausführungen vorgeworfen, als man ihn als »heimatlosen Kosmopoliten« aus der Partei ausschloß und bald darauf ebenfalls verhaftete.)

Michail Alexandrowitsch Krutschinskij berichtete von meiner Familie als einer »echten sowjetischen, patriotischen Familie«; dann erzählte er, wie er 1929 mit seinen Freunden in der Staatsanwaltschaft und in der GPU-Leitung über mich gesprochen habe; ein sechzehnjähriger Bengel – und den wollten sie als Trotzkisten behandeln? Damals klärte sich rasch auf, daß es sich um Bubenstreiche gehandelt und nur wenige Wochen gedauert hatte. »Der Bursche war unter den Einfluß eines älteren Verwandten geraten. In den folgenden Jahren aber hat er sich vollkommen gerechtfertigt, im Krieg...«

Der Staatsanwalt fragte, was der Genosse Gardeoberst vom Wesen des vorliegenden Falles wisse, ob er an der Front mit dem Angeklagten zusammengetroffen sei? »Ach so, nicht? Das heißt, Sie sprechen sozusagen nur vom Hörensagen?«

Der Advokat versuchte, ein paar richtungweisende Fragen zu stellen. Sie halfen aber nicht weiter, es blieb bei der Wiederholung allgemeiner, wohlwollender Äußerungen über meine Kindheit und die Familie.

Mit einer verächtlichen Replik tat sie der Staatsanwalt ab.

Die Zeugenvernehmung war abgeschlossen, die Verhandlung wurde auf morgen vertagt. In der Butyrka kam ich nicht erst in eine Zelle, sondern übernachtete in einer Box. Am andern Tag fand die Verhandlung in dem großen Zimmer statt, in das ich zum ersten Mal im Oktober geführt worden war, als die Gerichtsverhandlung verschoben wurde. Alle Zeugen vom Vortag erschienen, mit Verspätung auch Arnold Goldstein; das Gericht beschloß jedoch, ihn nicht mehr zu vernehmen. Der Staatsanwalt sprach lange, im gleichen gelassenen Ton, kühl und überlegt.

»Dieser Fall ist ungewöhnlich. Ich kann mich an keinen ähnlichen erinnern. Über den Angeklagten ist viel Gutes ausgesagt worden. Es besteht kein Anlaß, diesen Aussagen nicht zu glauben, wenn auch die positiven Urteile mehr allgemeinen Charakters sind und sich nicht auf den Zeitpunkt beziehen, zu dem jene Handlungen begangen wurden, die im Verlauf der Untersuchung als Verbrechen qualifiziert worden sind. Hier haben wir beispielsweise das Zeugnis, mit dem dieser verdiente Greis auftrat...«

Fast hätte ich bei dieser bösen Kränkung Michail Alexandrowitschs aufgeschrien. Seit meiner Kindheit ist er für mich die Verkörperung des Bürgerkriegshelden. Und da bezeichnet ihn dieser Staatsanwalt als »verdienten Greis«!

»Wir haben keine Veranlassung zu zweifeln: Die Zeugen der Verteidigung sind aufrichtige, gewissenhafte Genossen. Doch auch wenn wir alles glauben, was sie sagen, wird dadurch etwa die Anklage hinfällig? Im Volksmund heißt es: ›Wer viel hat, von dem wird auch viel verlangt.‹ Säße auf der Anklagebank ein einfacher Soldat, ein schlichter Arbeiter oder Kolchosbauer – nebenbei, wenn so ein Bursche mal aus Unwissenheit oder im Suff etwas Ungehöriges sagt, würde man ihn nicht nach Paragraph 58-10 anklagen. Aber hier vor uns sitzt ein Wissenschaftler, Kandidat der Philologie, ein Literat, ein Major. Er muß das Gewicht seines Wortes kennen. Er genoß Ansehen; schon aus den Akten geht hervor, wie viele Leute für ein eintreten. Auch sie sind durchaus gut angesehene Menschen – Wissenschaftler, Offiziere. Das heißt, die Worte eines solchen Menschen muß man mit besonders strengem Maßstab beurteilen. Er streitet viele der Beschuldigungen ab, versucht Zeugen zu desavouieren; aber er gibt zu, daß er sich zu antisowjetischen Witzen hat hinreißen lassen, wie dem über die Kaderabteilungen – welche Kader meinte er, Genossen Richter? Die Kader unserer siegreichen, heldenhaften Armee. Genosse Stalin sagt, ›die Kader entscheiden alles‹. Dennoch erlaubt sich der Angeklagte, seine verleumderische, antisowjetische Äußerung als plumpen Scherz zu bagatellisieren. Im Munde eines Menschen von solchem Rang, in solcher Stellung, mit solchem Ansehen sind derartige Äußerungen ganz besonders schädlich; trotzdem nennt der Angeklagte sie ›Scherze‹.

Man kann mir entgegenhalten, daß es, sozusagen, einzelne, zufällige, dumme Äußerungen waren. Er hätte zuviel getrunken – er bezog sich selbst darauf, daß er seine antisowjetischen Äußerungen in betrunkenem Zustand zum besten gab. Immerhin, auch das ist eine Volksweisheit: ›Was einer betrunken auf der Zunge hat, das hat er nüchtern im Kopf.‹ Und wenn wir es mit gebildeten, gescheiten Leuten zu tun haben, müssen wir uns um so mehr dafür interessieren, was sie ›im Kopf‹ haben – mehr als dafür, was sie ›auf der Zunge‹ haben. Diese Leute verstehen es, sehr schön zu reden, wir haben es gestern zur Genüge gehört. Der Angeklagte ist sehr wortgewandt, nie um eine Antwort verlegen. Und gerade das verlangt von uns, besonders wachsam auf der Hut zu sein.

Gestern trat ein Major auf, von der Verteidigung als Zeuge geladen, brachte irgendwelchen Klatsch vor über den Zeugen Beljajew. Wir haben sein hilfloses Gestammel gehört. Ein derartiges Gestammel – mag es erlogen sein oder nicht – kann niemals so viel Schaden anrichten wie eine sorgfältig ausgearbeitete, wohlgesetzte Rede mit Erudition, mit Pathos, mit allen möglichen stilistisch-rhetorischen Finessen.

Niemals dürfen wir gewisse Ereignisse in der Geschichte unseres Landes, unserer Partei vergessen. Wir dürfen nie vergessen, welch ungeheuren Schaden gewisse Maulhelden angerichtet haben, jene Volksfeinde nämlich, die sich über Jahre hin als große Redner gebärdeten, an jeder Ecke ihr Bekenntnis zur Revolution herausschrien. Und es gab – das muß man zugeben – anständige Menschen, die ihnen geglaubt und sie für echte, treue Revolutionäre gehalten haben. Doch später erkannte man, daß sie in Wirklichkeit die gefährlichsten Feinde, die schändlichsten Söldner der Konterrevolution, Verräter, Spione, Mörder waren.

Ich ziehe hier natürlich keinen exakten Analogieschluß. Ich halte den Angeklagten nicht in allen Stücken jenen Volksfeinden für ähnlich, die, wären sie nicht entlarvt worden, unser Vaterland in tödliche Gefahr gestürzt hätten. Hier haben wir natürlich einen anderen Fall. Aber dieser Fall, ich gestatte mir ein Wortspiel, ist dennoch kein Zufall. Nein, die antisowjetischen Äußerungen, die wir gehört haben, sind keine zufälligen Schnitzer. Der Angeklagte hatte in seiner Jugend Beziehungen zu Trotzkisten, und analysieren wir sein Gerede, sein Verhalten während des Vaterländischen Krieges, das zu diesem Fall geführt hat, dann können wir nicht umhin, eine direkte Verbindung zu seinem Gerede und seinem Verhalten im Jahre 1929 zu erkennen. Von jenem Jahr bis zum Jahr 1945 führt eine grade Linie, sozusagen eine Brücke.

Was tat der Angeklagte in den Jahren, als unsere Partei, unser Volk alle Kräfte anspannte zur sozialistischen Umgestaltung unserer Wirtschaft, unseres gesamten Lebens? Was tat er in jenen ruhmreichen, heroischen, arbeitsreichen Jahren des Kampfes gegen das Kulakenturm, in den Jahren der Kollektivierung, des ersten Fünfjahrplans? Was tat er zur Zeit des großen Aufschwungs, in der Zeit der Entbehrungen, des Enthusiasmus, von dem das ganze Volk ergriffen war? In dieser Zeit gehörte er zu jenen, die hinterhältig unsere Partei, unseren Großen Führer mit Schmutz besudelten, die Mißtrauen in die Möglichkeit des Aufbaus des Sozialismus säten, die verleumdeten, unsicher machten, die schon damals im stillen die Waffen der abscheulichen Mörder-Terroristen luden, die im Bunde waren mit Imperialisten und Faschisten, diesen wütendsten Feinden des ersten sozialistischen Staates der Welt.

Man kann einwenden: Er war damals noch jung; er, versteht sich, wußte nicht alles, durchschaute nicht alles, wollte etwas ganz anderes. Das gebe ich zu; ich glaube es. Aber dieser junge Mensch war auch damals kein Analphabet, kein Besprisornyje[70]. Er las Marx, studierte fremde Sprachen. Und, sehen Sie, er war so klug und gelehrt, daß er uns nicht glauben konnte: Er glaubte weder der Partei noch dem Großen Stalin, noch der Wahrheit des Sozialismus. Statt dessen glaubte er einer Bande unserer erbittertsten Feinde, gewissenloser Opportunisten, glaubte ihrer Phrasendrescherei, ihrer verlogenen Demagogie. Damals meinte man, er habe sich einfach nur zufällig verirrt. Auch damals fanden sich Verteidiger, Männer wie dieser verdiente Greis. Jetzt aber ist klar, daß all das nicht zufällig war. Nein, nicht zufällig wurde er zweimal im Zusammenhang mit seiner trotzkistischen Vergangenheit aus dem Komsomol ausgeschlossen. Und ebensowenig zufällig sitzt er nun hier auf der Anklagebank. Während des härtesten Kampfes der Partei gegen die Trotzkisten traten seine trotzkistischen Sympathien zutage; während des Vaterländischen Krieges gegen den deutschen Faschismus sympathisierte er offen mit den Deutschen: Da trat seine Germanophilie zutage. Man kann nicht umhin, hier ein bestimmtes System zu erkennen – ein ideologisches System. Dieses System wird deutlich darin erkennbar, wohin er seine Gedanken und Sympathien wendet. Dabei ist er nicht irgendein ungebildeter, dummer Spießerjunge, und – das ist besonders wichtig – er steht nicht allein. Wir sehen, wie viele Freunde er hat, sehen, wer diese Menschen sind und wie sie sich dem Angeklagten gegenüber verhalten, wie sie ihm vertrauen, ihn sogar verehren. Das bedeutet, daß seine antisowjetische Einstellung und seine Äußerungen ganz besonders gefährlich werden und ganz besonders schädliche Folgen haben können.

Deshalb war der Freispruch, der auf rein formaler, oberflächlicher Betrachtung dieses komplizierten und ungewöhnlichen Falles basierte, ein fehler – ein ernster politischer Fehler.

Daher – im Interesse der Partei, des Staates und der Armee; im Interesse aller ehrlichen sowjetischen Menschen, die so oder anders mit diesem Fall in Verbindung kamen, die sich täuschen ließen aus naivem Vertrauen oder durch falsch verstandene Kameradschaft; ja im Interesse des Angeklagten, er ist noch nicht alt, er kann und muß seine Vergangenheit ernsthaft prüfen, er kann und muß seine Ideologie entschieden wandeln – darf er nicht unbestraft bleiben. Unter Berücksichtigung des hier Dargelegten und aller mildernden Umstände, in Anbetracht dessen, daß unsere sozialistische Rechtsprechung in erster Linie auf Besserung des Delinquenten bedacht ist, geleitet von den entsprechenden Artikeln des Strafgesetzbuches und der Prozeßordnung, halte ich die Anwendung eines leichteren Strafmaßes für möglich: Ich fordere fünf Jahre Arbeitserziehungslager und anschließend drei Jahre Aberkennung der Bürgerrechte ...«

Mein Verteidiger sprach unsicher; schon in seiner Stimme schwang Unsicherheit. Er reihte endlose Ketten leerer, farbloser Worte auf, sprang von einem Gegenstand zum anderen, ohne einen einzigen Gedanken zu Ende zu führen; er kramte in seinen Papieren.

»Hier ist ein hervorragendes Zeugnis, das unzweifelhaft positiv charakterisiert ... der Genosse Staatsanwalt hat natürlich vollkommen recht mit seiner politischen und parteilichen Beurteilung sozusagen des objektiven Sinnes und der Bedeutung in allgemeinen historischen Maßstäben und sozusagen der konkreten Aspekte der gegebenen Problematik im ganzen; andererseits jedoch bitte ich das Tribunal, derart wesentliche Zeugenaussagen, die meinen Mandanten von einer anderen Seite her charakterisieren, in Betracht zu ziehen und zu berücksichtigen ...«

Dann las er lange Passagen aus Briefen und Erklärungen meiner Freunde vor, aus meinen Artikeln, und wie zum Tort wählte er die phrasenhaftesten, deklamatorischen, die nicht auf Fakten gründenden Sätze, las gekünstelt wie ein Schmierenkomödiant, betonte nebensächliche Wortverbindungen. Dann stürzte er sich plötzlich in eine abstruse Überlegung: »Der Genosse Staatsanwalt sprach von Germanophilie – aber die wird strafrechtlich nicht verfolgt. Dem Genossen Ehrenburg hat man bei uns oft Frankophilie vorgeworfen; mein Mandant ist germanophil! Ich stimme zu, daß man ihn politisch und moralisch für nicht genug gefestigt halten kann, daß er Fehler beging, die zu seinem verdienten Ausschluß aus der Partei führten. Ich persönlich würde ihm auch keine Empfehlung für die Partei geben, wie es einige Zeugen der Anklage immerhin getan haben. Doch der Ausschluß aus der Partei zieht nicht notwendig strafrechtliche Verfolgung nach sich. Dennoch akzeptiere ich als Kommunist, daß die von ihm begangenen Fehler und seine unzulässigen Äußerungen dies erforderlich machten. Mehr noch, ich stimme zu, daß er der Ausführung von Handlungen gemäß Paragraph 193–2G teilweise schuldig ist, nämlich bezüglich ungenügender Ausführung eines Kampfbefehls in Ostpreußen. Jedoch halte ist es für möglich, das Tribunal zu bitten, ihn nach Paragraph 58–10 freizusprechen...« Er las den Artikel vor und begann, ihn wortreich und unzusammenhängend zu kommentieren.

»...Welche Unzulässigkeiten in den Äußerungen meines Mandanten auch enthalten sein mögen, sie hatten nicht das Ziel, die Grundlagen der sowjetischen Gesellschaftsordnung zu unterminieren. Ich halte es für möglich und kann es mit meinem Gewissen als Kommunist vereinbaren, das Tribunal zu bitten, alle Umstände zu berücksichtigen, auch zu erwägen, auf welchem Gebiet mein Mandant den meisten Nutzen bringen kann. Der Genosse Staatsanwalt wies in diesem Zusammenhang selbst auf die unzweifelhaft positiven Eigenschaften meines Mandanten hin... Indem ich die teilweise Schuld anerkenne, bitte ich um Freispruch im Sinne der strafrechtlichen Verantwortung, doch in einer Form, die eine Desavouierung des parteipolitischen Urteils ausschließt.«

Der Staatsanwalt nahm das Wort zur Replik und sagte scharf und verächtlich, der Verteidiger habe sich einer unwürdigen Irreführung befleißigt, indem er die Schuld seines Mandanten im Sinne des Artikels 193 anerkenne und so den Anschein erwecke, als habe er vergessen, daß dieser Artikel als ganzer unter die Amnestie von 1945 falle, also auch nicht mehr herangezogen werden könne.

Als der Vorsitzende sagte. »Angeklagter, Sie haben das Recht auf ein Schlußwort«, stand ich auf. Darauf bedacht, von all den Fakten, Gedankengängen, logischen Konstruktionen, die ich mir in den vergangenen Wochen aufgebaut hatte, nichts zu vergessen, hatte ich während der Stunden, die ich Staatsanwalt und Verteidiger zuhörte, einiges umgebaut. Ich beschloß, meine Rede in drei Teile zu gliedern, die sich im Ton und im Wesen voneinander unterschieden.

»Was der Staatsanwalt sagte, hat mich nicht nur beleidigt und verletzt, sondern auch aufs höchste erstaunt. Erstaunt, weil es mir gänzlich unmöglich ist, zu verstehen, daß ausgerechnet ein Staatsanwalt mit dem Parteiauftrag, Recht und Gesetz zu schützen, so merkwürdig mit der Wahrheit umgehen kann, mit Fakten, die auf der Hand liegen und überprüft wurden in diesem Saal, auf Grund der Materialien, die hier auf dem Tisch ausgebreitet liegen. Der Staatsanwalt (ich vermied die direkte Anrede, weil ich nicht das Recht hatte, ihn mit »Genosse« anzureden, und weil ich ihn nicht nach Häftlingsbrauch mit »Bürger« anreden wollte) sprach lange und pathetisch in dem Versuch, mich als hinterlistigen Helfershelfer der Volksfeinde während der Kollektivierung und des ersten Fünfjahrplans darzustellen. Er weiß, daß dies nicht der Wahrheit entspricht, daß meine Verbindungen zu den Trotzkisten sich auf ein paar Wochen zu Beginn des Jahres 1929 beschränkten, als ich 16 bis 17 Jahre alt war. Danach nahm ich teil an jenen Großtaten, an der Kollektivierung, am Aufbau des ersten Fünfjahrplans, und zwar aktiv und bewußt. Damals war ich Komsomolze geworden, Kandidat 1930, Vollmitglied 1931. Der Staatsanwalt konstruierte eine Brücke, die ihm gestattet, meine jungenhaften Vergehen von 1929 mit jenen Verbrechen zu verbinden, die mir Verleumder sechzehn Jahre später andichteten. Er insistierte hartnäckig auf einer längst vergangenen Dummheit, als könnte sie die jüngsten falschen Beschuldigungen glaubwürdig machen, Beschuldigungen, die mehrmals widerlegt worden sind, sowohl bei der Voruntersuchung wie bei der ersten Gerichtsverhandlung und erneut bei der gestrigen Verhandlung. Ein längst vergangener geringfügiger Tatbestand und eine kürzlich ausgesprochene ungeheuerliche Lüge verbinden sich für den Staatsanwalt zu einem System. Er spricht von einer Brücke. Aber wo sind die Pfeiler dieser Brücke? Sie haben keine einzige Tatsache angeführt, ja nicht einmal erwähnt, daß Ihnen irgendwelche Tatsachen bekannt seien. Mein ganzes Leben während dieser vergangenen 16 Jahre liegt offen da. Alles kann bis ins kleinste nachgeprüft werden: was ich getan, wie ich gearbeitet habe. Es gibt Dutzende von Zeugen, es gibt Zeitungsarchive, es gibt Artikel und Zeitungsnotizen, die ich geschrieben habe und die über meine Arbeit geschrieben worden sind.

Der Staatsanwalt erwähnte mehrfach, daß ich zweimal aus dem Komsomol ausgeschlossen worden sei. Aber warum vergißt er, daß ich beide Male rehabilitiert wurde? Beide Male wurde der Ausschluß rückgängig gemacht, weil es Genossen gab, die die Wahrheit kannten und die unrichtigen, erlogenen Anschuldigungen widerlegten! Ja, ich wurde zweimal ausgeschlossen, beide Male aufgrund der Denunziationen ein und desselben Verleumders, Boris Kublanow. Öffnen Sie das Aktenkonvolut mit dem Untersuchungsmaterial, dort, fast auf dem ersten Blatt, finden Sie einen Brief eben dieses Kublanow an die Redaktion des »Roten Stern«. Die darin enthaltene Verleumdung wurde bereits im Frühjahr 1935 im Komsomol-Gebietskomitee Charkow widerlegt und im Frühjahr 1938 noch einmal in Moskau im ZK des Komsomol. Indessen, sieben Jahre später treffen sich zwei Verleumdungsströme, die Denunziationen Kublanows und Sabaschtanskijs flossen zusammen, und so entstand ein Straffall. Um die absurde Lüge von der Propaganda ›Mitleid mit den Faschisten‹ glaubhaft zu machen, mußte eine Denunziation herhalten, in der ein 16jähriger Bengel als Anführer der Trotzkisten von Charkow dargestellt wird. Diese Verleumdung wurde zweimal von meinen Genossen in der Lokomotivenfabrik Charkow widerlegt, die mir als Komsomolzen und Arbeiterkorrespondenten verantwortungsvolle Parteiarbeit übertragen hatten. Von 1931 bis 1933 war ich Redakteur der Zeitung der Panzerbauabteilung, der wichtigsten Abteilung der Fabrik. Das war ideologische Arbeit, sie fand ihren Niederschlag in Hunderten von Zeitungsspalten. Es leben noch Menschen, die sich daran erinnern, wie wir damals arbeiteten, in der Zeit der ununterbrochenen Sturmarbeit, bei der es keine Ruhepause, oft auch keinen Schlaf gab, bei der auch Kranke mit hohem Fieber weiterarbeiteten. Damals zog ich mir eine Tbc und eine Gallenblasenentzündung zu; nur dadurch wurde es mir möglich zu studieren. Es ist nicht schwer, Zeugnisdokumente und lebende Zeugen über meine Arbeit auf dem Lande zu finden: im Rayon von Nowo-Alexejewka 1930, von Mirgorod, Woltschansk und Staraja Wodolaga 1932 und 1933, in den Komsomolbrigaden für Getreidebeschaffung, als Redakteur der Wander-Redaktionen ...«

Als ich damals vor Gericht meine Jugend erwähnte und auch noch viele Jahre später, war ich stolz darauf, an den Ereignissen der dreißiger Jahre teilgenommen zu haben. Sie waren für mich eine heroische und erhabene Tragödie. Statt des antiken Fatums wirkte die historische Notwendigkeit. An sie glaubte ich bedingungsloser als an den Gott meiner Kindheit. Darum war ich stolz, daß ich mithalf, den Bauern ihr Brot wegzunehmen, daß ich zwanzigjähriger, unwissender Stadtlümmel alte, erfahrene Bauern belehrte, wie sie zu leben hätten, was ihnen schädlich, was nützlich sei. Denn ich schaute von der Höhe der einzig richtigen, allein seligmachenden Gesellschaftswissenschaft auf sie herab. Gewiß, ich habe mich ihnen gegenüber nie so anmaßend und feindselig verhalten wie manche andere »kampflustigere« Genossen, die in allen Dörflern, besonders in denen, die nicht Kolchos-Mitglieder wurden und als Einzelbauern weiterwirtschaften wollten, bösartige Kulakenhelfer sahen oder bestenfalls unwissende Barbaren, »nicht klassenbewußte Elemente«; ich war von klein auf gewöhnt, die Arbeit zu achten, die Achtung vor schwieligen Händen war bei der Mehrheit meiner Altersgenossen aufrichtig. Doch in jedem privaten Grundbesitz sahen wir eine niederträchtige, ekelhafte Sünde, die Grundlage »kleinbürgerlicher Weltanschauung«. Daher war ich überzeugt von meiner ideologischen Überlegenheit über die Bauern, und ich schämte mich des schlichten Mitleids, als wir sie ausraubten.

Es war ja alles so einfach und klar: Ich gehörte zur einzigen rechten Partei, war ein Kämpfer in diesem einzigen gerechten Krieg für den Sieg der fortgeschrittensten Klasse der Geschichte, und das hieß: für das Glück der gesamten Menschheit. Darum mußte ich in jedem beliebigen Augenblick bereit sein, mein Leben zu opfern, und auch von meinen Freunden und Genossen Opferbereitschaft fordern, ich durfte weder Gegner noch »Neutrale« und »Schwächlinge« schonen. In dem geheiligten

Kampf, den viele Millionen führten, ist das Leben eines einzelnen, ja selbst das Leben von Hunderttausenden eine quantité négligeable. Und für den Triumph der Weltrevolution konnten ganze Länder geopfert werden – Polen, Finnland ...

So dachte ich, so glaubte ich, so wollte ich empfinden. Und wenn ich in den letzten Kriegsmonaten mit den Verkündern des neuen Chauvinismus und der »heiligen Rache« stritt, ihren Versuchen, Plünderung, Raub und Gewalttat zu rechtfertigen, leidenschaftlich entgegentrat, tat ich es in der Überzeugung, die Reinheit der Idee zu verteidigen, die Prinzipien des Marx-Leninschen Internationalismus, die realen Interessen meines Staates, meiner Partei und meiner Armee. Denn ihnen drohte Demoralisierung, Verrohung, Entfesselung niedrigster animalischer Instinkte, habgieriger und chauvinistischer Wünsche. Ich wurde bitterböse, wenn man mir vorwarf, ich betriebe Donquichotterie aus irgendwelchen ewigen sittlichen Prinzipien von Humanität und Gerechtigkeit. Denn ich wußte sicher und bestimmt, daß es solche abstrakten Prinzipien nicht gibt und nicht geben kann, weil Moral immer nur gesellschaftlich, sozialhistorisch determiniert ist, daß sie von einem Klassenbewußtsein, mindestens von halbbewußtem Klassengefühl, parteilich bestimmt wird.

Selbst noch in den schwersten, quälendsten Tagen im Gefängnis und im Lager war ich überzeugt, Teil der Partei zu sein, die mich ausgestoßen, Teil des Staates, der mich zu einem rechtlosen Sklaven gemacht hatte. Ich war bereit, wieder und wieder für sie zu kämpfen, an jeder beliebigen Front; zu arbeiten bis zum Umfallen, bis zur totalen Erschöpfung; ich war bereit, jede beliebige Gefahr, auch den Tod, auf mich zu nehmen.

Und ich war vorbehaltlos aufrichtig, als ich, einem Kameraden und mir selbst zu Trost und »Erbauung«, gefühlsduselige Reimereien verfaßte wie diese:

»Und bist du immer noch allein,
mußt du dir selbst ein ZK sein.
Wenn du dein Mitgliedsbuch vermißt,
dein Himmel schwarz vergittert ist,
darfst du nicht jammern, mach nicht schlapp!
Baue dich selber niemals ab!
Vergiß es nicht, trotz Leid und Last,
sei's im Gefecht, in Not, im Knast,
verdammt, verleumdet, vogelfrei,

verbleibe ohne Ruh' und Rast
Soldat der großen Partei.«

Damals und auch noch viel später verstand ich nicht, wollte auch gar nicht verstehen, daß ich auf die Feindschaft Sabaschtanskijs, Mulins, des Generals Okorokow stolz sein konnte, stolz auch auf das Mißtrauen der Untersuchungsrichter, stolz darauf, daß sie mich nicht als einer der Ihren anerkennen wollten. Denn sie verkörperten die wahre Natur, das wirkliche Wesen der Stalinschen Parteilichkeit und des totalitären Staates.

Es mußten noch viele Jahre verstreichen, viele neue Illusionen mußten zerbrechen, viele Selbsttäuschungen erkannt werden, bis ich begreifen lernte, daß meine Ankläger im Grunde recht hatten, daß tatsächlich alle meine Versuche, mich an die Buchstaben der Doktrin, an hoffnungslos wirklichkeitsfremde Ideale zu klammern, das Ergebnis meiner intelligenzlerischen, kleinbürgerlichen Herkunft waren. In meiner Kindheit und Jugend hatten mich Russisch-Lehrer beeinflußt wie Lydia Lasarewna Wojdeslawer, Wladimir Alexandrowitsch Burtschak, Nikolaj Michajlowitsch Bashenow; durch ihre Vermittlung beeinflußten mich Puschkin, Schewtschenko, Lermontow, Nekrassow, Dickens, Schiller, Hugo, Lessing, Nikitin, Nadson, Beecher-Stowe, Iwan Franko, Lessja Ukrainka, Lew Tolstoj, Wladimir Korolenko, Maxim Gorkij, Alexander Kuprin, Leonid Andrejew, Mikola Kulisch, Pawlo Tytschina... Und später, auf der Universität, treten viele andere Große in mein Leben: Dostojewskij, Goethe, Anna Achmatowa, Marina Zwetajewa, Pasternak, Gumiljow, Kipling, Thomas Mann. Widerspruchsvoll waren die Einflüsse von Majakowskij, Jessenin, Wsewolod Iwanow, Boris Pilnjak, Bagritzkij, Swetlow, Chwylowyj, Paustowskij, Jurij Janowskij, Ilf und Petrow; ich verehrte und liebte sie, gleichzeitig waren sie für mich auch noch lebende Bestätigungen der glückbringenden Güte und Gerechtigkeit der Welt, in der und für die ich selbst lebte.

Heute bin ich überzeugt, daß ich gerade dank dieser Erziehung kein würdiger Genosse Sabaschtanskijs, Beljajews, Mulins und aller ihnen Verwandter werden konnte.

Heute begreife ich, daß mein Schicksal, das mir damals sinnlos unglücklich und unverdient hart erschien, in Wirklichkeit gerecht und glücklich war.

Gerecht, weil ich die Strafe verdient hatte – denn ich hatte mich jahrelang nicht etwa befohlenermaßen, sondern freiwillig und sehr eifrig an

Verbrechen beteiligt, hatte die Bauern ausgeraubt, sklavisch Stalin verehrt, im Namen der »historischen Notwendigkeit« bewußt gelogen und betrogen; ich hatte gelehrt, der Lüge zu glauben und Verbrecher anzubeten.

Glücklich, weil die Jahre der Haft mich an der sonst unvermeidlich gewordenen Beteiligung an weiteren Verbrechen, weiterem Betrug hinderten. Und glücklich war die lebendige Erfahrung des Häftlingsdaseins. Was ich in Gefängnissen und Lagern erfuhr, durchdachte, durchfühlte, half mir später. Trotz mancher Rückfälle in komsomolhafte Anwandlungen, trotz neuer Illusionen und neuer Selbsttäuschungen in den fünfziger und sechziger Jahren befreite ich mich – wenn auch mit Mühe und nicht ohne Rückfälle – nach und nach aus dem klebrigen Spinnennetz raffinierter dialektischer Spekulationen, löste mich von dem tiefgründenden Fundament pragmatisch-revolutionärer Syllogismen, von all dem, was auch den integren Menschen in einen Verbrecher, einen Henker verwandeln kann, von der Anbetung solcher Ideen, die, die Massen beherrschend, zu Knechtung und Vernichtung von Millionen, zum Verhängnis ganzer Völker führen können.

Doch damals, im Mai 1947, glaubte ich an die historische Notwendigkeit und Gerechtigkeit dieser Ideen; ich wollte dem Richter und dem Staatsanwalt beweisen, daß ich mit ihnen vom gleichen Holz sei, daß ich zu ihnen gehörte.

»...Wo also ist diese Brücke, von der der Staatsanwalt spricht? Etwa in meinen Artikeln, in meinen wissenschaftlichen Arbeiten? Von einer ›ideologischen Brücke‹ ist ja hier die Rede! In all den Jahren habe ich mich mit ideologischer Arbeit befaßt. Wo und wann hat irgend jemand in meinen Arbeiten ideologische Fehler entdeckt? – Einen Versuch gab es im Frühjahr 1941: Ein Komsomol-Komitee-Mitglied der Literaturfakultät, an der ich studierte, war unzufrieden damit, daß ich in meiner Dissertation über Schiller auf einigen Seiten gegen nazistische Literturwissenschaftler polemisierte. Er sagte, ich betriebe damit ›primitiven Antifaschismus‹, der unserer Freundschaftspolitik mit Deutschland nicht entspreche. Andere politisch-ideologische Vorwürfe hat es nie gegeben. Wo sind also die Brückenpfeiler? Sind sie in der Tatsache zu suchen, daß ich mich freiwillig an die Front meldete und nicht im Hinterland blieb, wie ich es gedurft hätte? Oder daß ich mich standhaft allen Beförderungen auf einen höheren Posten in der Etappe widersetzte? An der Front leistete ich politische Arbeit. An der Front wurde ich in die Partei aufgenommen, wurde mehrmals ausgezeichnet. Das alles sind Fakten. Und diesen Fakten stehen nur die üblen Verleumdungen zweier schon mehrfach entlarvter Lügner gegenüber.

Wo also sind die Pfeiler jener Brücke, von der der Staatsanwalt so eloquent und wortreich sprach, obwohl er selbst sehr richtig den Mißbrauch der Rhetorik verurteilte?

Nein, jene Brücke existiert nicht, genausowenig wie ein System antisowjetischer Ideologie, das mir unterstellt wird. Das beweist mein ganzes Leben, das beweisen die schriftlichen und mündlichen Aussagen von Menschen, deren parteiliche und staatsbürgerliche Integrität hier von niemandem bestritten wird. Warum hält der Staatsanwalt es für angebracht, diese Zeugen der Wahrheit zu ignorieren und seine Phantasie-Brücke auf Aussagen gerichtsnotorischer Lügner zu konstruieren?

Ich habe der Rede des Staatsanwalts sehr aufmerksam zugehört. Aus ihrem Aufbau und aus ihrer Form war klar erkenntlich, daß hier ein kluger, gebildeter Mensch sprach. Das bedeutet aber, daß er selbst unmöglich glauben kann, was er behauptet. Ich begreife einfach nicht – und es schmerzt mich ebenso, wie es mich erstaunt –, warum der Staatsanwalt es für nötig hält, Dinge zu sagen, die er nicht glaubt. Warum also fordert er eine Strafe, die er selbst nicht für gerecht halten kann und die weder der Partei noch dem Staat irgendeinen Nutzen bringen würde?«

Nach diesen Worten wandte ich mich an meinen Verteidiger. Ich wies auf das entschiedenste seine Art der Verteidigung zurück, da ich Mitleid und nachsichtige Herablassung weder brauchte noch wollte; Eingeständnisse einer Teilschuld könne ich nicht ablegen, da es absolut keine Schuld gebe. Ich wies auch den unzutreffenden Terminus »Germanophilie« zurück: »Das ist ein bürgerlicher Begriff – aber ich bin auf die Prinzipien des proletarischen Internationalismus eingeschworen, die sich klar in Stalins Worten ausdrücken: ›Die Hitler kommen und gehen, das deutsche Volk bleibt!‹ Meine Einstellung, meine Worte, meine Handlungen werden nicht von sentimentalen Gefühlsduseleien bestimmt, sondern von den Prinzipien, die der Große Führer unserem Volke und der gesamten fortschrittlichen Menschheit verkündet hat. Von ›Ansichten‹ meiner Ankläger kann nicht die Rede sein: Sie haben keine. Dafür aber Worte und Taten, die den Grundlagen des Lenin-Stalinschen Internationalismus widersprechen.«

Mich ermutigen die aufmerksame Stille im Raum, die Augen der Freunde, der konzentrierte Blick des Staatsanwalts. Er saß unbeweglich, das Kinn auf die verschränkten weißen Hände gestützt. Mir schien, ich könnte ihn überzeugen.

»Das mir zugestandene Schlußwort werde ich nicht zu meiner Verteidigung benutzen. In der vorigen Verhandlung habe ich nicht um Gnade, sondern um Gerechtigkeit gebeten. Der Freispruch des Gerichts war gerecht. Er konnte durch nichts entkräftet werden. Ich will mich also nicht verteidigen. Ich klage an. Ich klage an die hier anwesenden Sabaschtanskij und Beljajew.«

Sie saßen links von mir – getrennt durch einen Bewacher und einen leeren Stuhl. Beide sahen zur Seite oder auf den Fußboden. Als ich über sie sprechen begann, merkte ich mit Genugtuung, daß Sabaschtanskij puterrot wurde und daß Beljajew zusammenzuckte und erschrocken blinzelte.

»Ich klage sie an, zwei Verbrechen begangen zu haben: das eine gegen eine Person, das andere gegen den Staat...«

Diesen dritten Teil meiner Rede hatte ich schon lange ausgearbeitet, jede Wendung genau überlegt, gefeilt und auswendig gelernt.

»Sie begingen und begehen ein Verbrechen gegen den Staat, weil sie vor zwei Jahren einen Politarbeiter ausschalteten, der bei Kriegsende und danach in den besetzten Gebieten in einer Woche, ja an einem einzigen Tag unserem Lande und der Partei mehr konkreten Nutzen gebracht hätte als beide zusammen in ihrem ganzen Leben – diesem Leben von Egoisten, Verleumdern und Karrieristen. Sie begingen und begehen ein Verbrechen an einer Person, indem sie bewußt und in böser Absicht einen ehrlichen Menschen verleumden und einem Staatsbürger, der dem Vaterland und der Partei unverbrüchlich treu ergeben ist, die schwersten politischen Verbrechen zuschreiben. Sie setzen ihn unverdientermaßen beschämenden, erniedrigenden und quälenden Heimsuchungen aus, zum bitteren Kummer seiner Familie...«

Ich hatte meine Kräfte überschätzt. Plötzlich verkrampfte sich meine Kehle, das Genick versteifte sich. Ich hörte meine Stimme heiser erschlaffen. Ich erschrak, fürchtete, umzukippen oder in

Tränen auszubrechen. Das hätte man mir als beabsichtigte Hysterie auslegen können; deshalb schloß ich abrupt: »Das ist alles. Ich bitte nicht um Gnade, sondern um Gerechtigkeit. Ich verteidige mich nicht – ich klage an.«

Das Gericht zog sich zur Beratung zurück. Alle verließen den Raum. Mich führte man wieder in jenen toten Winkel am Ende des Korridors. Der Anwalt kam. Er war ziemlich verwirrt: »Sie hätten sich gar nicht so aufzuregen brauchen – Sie müssen doch verstehen, daß ich als Parteigenosse ... Der Staatsanwalt hat gesagt, ihm habe Ihr Schlußwort sehr gut gefallen. Er sprach geradezu positiv von Ihnen: gescheit, gebildet. Sie müssen doch begreifen – schließlich hat er auch seine Pflichten.«

Die Beratung dauerte mehr als drei Stunden. Ich aß in dieser Wartezeit hin und wieder etwas – Brot, Fleisch, Gebäck – in meinem Sack befanden sich noch allerlei Reste vom letzten Paket. Von weitem sah ich Nadja, Mama und Papa, sie winkten, lächelten mir zu.

Dann, schon gegen Abend, wurde zur Urteilsverkündung in den Saal gerufen. Alle Zeugen fanden sich ein, sie standen in einer Ecke, nahe der Tür, beieinander.

Der Vorsitzende las langsam, mit tiefer Baßstimme. Ich vernahm sattsam bekannte, unsinnig verlogene, unheilschwere Worte. Und zum Schluß: »Drei Jahre Arbeitserziehungslager – zwei Jahre Aberkennung der bürgerlichen Rechte.«

Als ich Iwan, Galina und alle, die mit ihnen dort in der Ecke standen, sah, rief ich laut: »Lebt wohl, Freunde!« Und im selben Augenblick schon schämte ich mich bitterlich meines billigen, deklamatorischen Pathos. In solchem Ton pflegte Mutter manchmal zu sprechen, wenn sie Mitleid erregen oder sonst »Eindruck machen« wollte.

Im Morgengrauen des nächsten Tages war ich schon in einer »Verurteiltenzelle« einquartiert, Nummer 106, genau neben Nummer 105, aus der ich im Dezember zur ersten Verhandlung geholt worden war. Ich traf ein paar alte Zellengenossen. Gierig fragten sie mich aus. Schließlich war ich eben erst aus der Freiheit gekommen, hatte zwei Monate lang durch Moskau spazieren, Zeitungen lesen und Radio hören können, während in dieser Zelle keiner »jünger« war als ein Jahr. Am dringlichsten fragten sie verständlicherweise danach, was man von einer neuen

Amnestie – Erlaß oder Manifest – draußen höre. In den Gefängnis- und Lager-Latrinenparolen tauchte häufig der Begriff »Manifest« auf. Man sprach von einem Manifest, das für alle, die mit einer Frist bis zu fünf Jahren drin saßen, Freiheit verkündete und für Fristen zwischen fünf und zehn Jahren statt Lager nur Verbannung bestimmte. Im Lager würden bloß »Rückfällige« und wirkliche Kriminelle verbleiben – Mörder, Diebe und Gewaltverbrecher.

Ich wollte sie so gern aufmuntern, ihnen Angenehmes, Hoffnungsvolles sagen. Leute, die sich auf diesem Gebiet auskannten, auch mein Verteidiger, waren der Ansicht, daß zum 30. Jahrestag der Oktoberrevolution Vergünstigungen und eine ausgedehnte Amnestie zu erwarten seien, umfassender als die von 1945. Davon erzählte ich ausführlich und weitschweifig. Die ungewöhnlichen Umstände meines eigenen Falles: trotz Paragraph 58 freigesprochen, im wieder aufgenommenen Verfahren nur zu drei Jahren verurteilt, dazu meine in der Propaganda-Arbeit gelernte Beschwichtigungsrhetorik gaben den Gerüchten über eine bevorstehende Amnestie zusätzliche Überzeugungskraft.

Drei Jahre später, in der Scharaschka von Marfino, als die Neuzugänge davon erzählten, daß zu Stalins 70. Geburtstag eine Amnestie und ein Manifest vorbereitet würden, wollte ich genauso wie meine Kumpel in der Zelle 106 glauben und hoffen. Trotzdem lachte ich unfroh und wiederholte den alten Butyrkawitz: Was bedeutet Arsch? ›Auf Amnestie rechnende Schlappschwänze.‹

Am dritten Morgen blinzelte eine fröhliche Sonne durch die düsteren Maulkörbe. Die Fenster hatten die ganze Nacht offengestanden, in die Dumpfheit der Zelle war heitere Frische eingezogen. Kurz nach dem Wecken war plötzlich eine junge Schwalbe zu uns hereingeflogen, sie flatterte verängstigt hin und her in unserem fröhlichen Aufruhr: »Erschreckt sie nicht! Nicht fangen! Treibt sie nicht, ihr Trottel, sie könnte sich den Kopf an der Wand einschlagen! Eine Schwalbe, das bedeutet Freude ... Vielleicht Freilassung für jemanden ... Oder ein Brief wird kommen. Nein, nein das bedeutet Freiheit ... Erschreckt das Vögelchen nicht, ihr Idioten ...«

Das Schwälbchen gelangte wohlbehalten durch das Fenster wieder hinaus, aber in der Zelle wurde noch lange über das gute Omen gesprochen.

Noch vor dem Mittagessen wurde ich »mit Sachen« geholt. Alle meinten, ich käme frei: »Du kommst raus. Die Revisionsfrist ist ja noch nicht abgelaufen, also hat die Staatsanwaltschaft dich amnestiert...« Ich hätte es nur zu gern geglaubt, aber mich irritierte die Tageszeit: Ich wußte, daß Entlassungen nur vor Tagesanbruch vorgenommen werden. So verbot ich mir zu hoffen und hoffte trotzdem. Man führte mich allein in den »Bahnhof« und dann in einen großen Raum, in dem sonst gefilzt wurde. Dort saßen an den Wänden entlang ungefähr zwanzig Männer. Ich setzte mich zu einem jungen, mürrischen in Uniform: »An welcher Front warst du?«

»Am Wolchow.«

»Verurteilt?«

»Ja, zwei Jahre. 162–b. Staatliche Klamotten versoffen, und das stuften sie als Diebstahl ein. Und du?«

Ein buntgemischter Haufen: Einige Ältere waren Bauern, die meisten anderen vorwiegend Städter, sahen aus wie Arbeiter, Techniker, Subalternangestellte. Etwas abseits hockte ein nackter Kerl, der sich notdürftig mit einem Fetzen schmutziger Sackleinwand bedeckt hielt, und starrte stumpfsinnig vor sich hin. Mein Nachbar erklärte: »Der hat alles verspielt. So'n Rotzlümmel, hat keine Ahnung vom Spiel und läßt sich drauf ein.«

Diese merkwürdige Versammlung am hellichten Tag verwirrte mich, ich konnte mir keinen Vers drauf machen. An Freilassung war nicht zu denken. Andererseits mußte man mich nach der Regel bis zur Entscheidung der Revisionsinstanz im Gefängnis lassen.

Ich hörte, wie in meiner Nähe darüber gesprochen wurde, daß der »Käufer«, ein Lager-Beauftragter, der Arbeitskräfte sammelt, gleich kommen würde.

Gefängnisbeamte mit den Häftlingsakten traten ein, mit ihnen ein mittelgroßer Zivilist, der wie ein Lagerverwalter oder Angestellter im inneren Verwaltungsbetrieb aussah.

Er sprach geschäftig und einladend: »Das ist ein neues Lager, nicht weit von Moskau, da habt ihr leichte Arbeit, lebt in sauberer Luft, besser als hier im Gefängnis.«

Unser Transport umfaßte nur etwa dreißig Leute. Wir wurden in einem großen Lastwagen mit Sperrholzaufbau untergebracht und fuhren ein paar Stunden; durch die Ritzen und durch die halboffene Hecktür, hinter der die Posten mit den Hunden saßen, sah man Waldwege, hin und wieder Dörfer. Warmer, wohlriechender Wind wehte.

Mitten im Wald hielten wir – Sandwege, hohe Kiefern. Etwas abseits hinter Schneisen erriet man rote Ziegelbauten, graue Betonskeletts großer Gebäude und gelbe Balken- und Brettergerippe – dort war die Bauzone. In der Wohnzone rochen die neuen Baracken nach Teer, überall lagen Balkenstapel und Bretter, sah man eben erst begonnene und halbfertige Bauten.

Nikola, so hieß mein Krieger, und ich gerieten zuerst in die Brigade der Hilfsarbeiter für alles. Wir gruben Kanäle und Gräben in der Wohnzone, entluden an der Laderampe Bretter und Stämme, räumten Bauschutt fort. Nach ein paar Tagen ließ der Lagerleiter die Neuankömmlinge einzeln zu sich kommen.

Hauptmann Porchow war jung, groß, mit schlanker Taille. In flott und lässig gegürteter Uniform saß er in seinem Büro, die Mütze so in die Stirn gezogen, daß der Lackschirm die schweren, unbeweglich düsteren Augen beschattete. Sein Gesicht war blaß, gutgeschnitten, aber der rote Mund mit den dicken Lippen böse verzogen. Während er oberflächlich die Akte durchblätterte, fragte er abgehackt und gelangweilt: »Kandidat der Wissenschaften? Gelehrter also? Und was kannst du? Hier gibt's keinerlei Wissenschaften! Verstehst du? Kannst du ein Beil halten? Nicht richtig gelernt? Dann lern's gefälligst. Wenn du's nicht lernst, kannst du die Norm nicht schaffen. Und wenn du die Norm nicht schaffst, krepierst du. Hier ist kein Sanatorium. Na schön, wirst erst mal Kandidat der Zimmermannswissenschaft. Los, verschwinde!«

Auf diese Weise wurden ein paar Dutzend Häftlinge zu Zimmerleuten gemacht.

Die Brigade, der Nikola und ich zugeteilt wurden, baute Baracken in der Wohnzone. Der Brigadier, ein älteres, schmächtiges Männchen, stellte uns einfache Aufgaben: nach seinen Markierungen Stämme und Bretter zersägen, schleppen, anreichen.

»Lern erst mal mit der Säge umgehen. Wenn du das kannst, geb' ich dir'n Beil. Ein richtiger Zimmermann muß mit allem umgehen können: mit der Säge, dem Stemmeisen, dem Hobel. Ich kann mit dem Beil Bretter behauen, Löffelchen schnitzen, Fensterumkleidungen mit Ecken aushauen oder ein Sims; mein Vater machte mit dem Beil solche Muster und Verzierungen, wie sie ein anderer nicht mal mit Laubsäuge und Stichel so fein fertiggebracht hätte.«

Zu unserer Brigade gehörten auch professionelle Diebe, die auf dem Standpunkt standen, arbeiten sei unter ihrer Würde. Mein Freund Nikola mit dem Spitznamen Piterskij (er kam aus Leningrad[71]) war ein »Rodytsch« oder auch »Rodskij«, ein »erwachsener«, erfahrener, verdienter Dieb, dann war da Ljocha-Glatzkopf, auch Ljocha-Charkow genannt, nicht mehr jung, eierköpfig, abgezehrt, und ein zweiter Ljocha, »Bart« oder auch »Pop« genannt wegen seines russischen Vollbarts. Gesprächig und freundlich, verstand er es meisterhaft, Meeting-Redner und leitende Genossen zu karikieren.

Unzertrennlich vom »Bart« war Ssaschok-Blockade, der jüngste der Diebe, klein, mager, ein Gesicht wie ein zusammengeknüllter Klumpen schmutzigen Papiers; kleine, böse Augen lagen tief in den Höhlen. Der dünne Mantel war immer schief verkniffen. Schon Vater und Großvater waren Leningrader Diebe gewesen. Beide wurden 1937 erschossen, als man die »Rückfälligen« liquidierte. Ssaschok ging damals noch nicht einmal zur Schule. Seine Mutter starb während der Blockade, er kam in ein Kinderheim. Von der Blockade war ihm eine Erinnerung geblieben – eine Narbe über Ober- und Unterschenkel von einem Granatsplitter. Ssaschok war mundfaul und mürrisch. Ich bedauerte ihn aufrichtig: siebzehn-, achtzehnjährig, wie er war, sah er kaum älter als dreizehn aus. Und der fidele »Bart« wurde mir sympathisch, weil er den Kleinen beschützte. Eines Abends in der Baracke legte sich ein bärenstarker, langer Lulatsch, einer von den Schlägern, mit dem gutmütigen Spaßvogel Bart an. Da warf sich Ssaschok stumm auf den Riesenkerl, rammte ihm seine Schuhspitze gegen den Knöchel, stieß ihm mit dem Kopf unters Kinn und zweimal mit der Faust in den Bauch. Der Lange ging zu Boden.

Nun kamen gemächlich die erwachsenen Diebe dazu: »Du Drecksau, gehst auf einen Kleinen los? Meinst, weil du so lang bist, wär dir alles erlaubt? Los, kriech unter die Pritsche, solang du noch am Leben bist, maulgevögelter Hurensohn – kannst nichts als Leute umbringen!«

Der Lange kroch gehorsam unter die Pritsche. Die Diebe leerten sachkundig seinen Sack. Ssaschok gaben sie ein Jackett, das er bald darauf verspielte.

Nikola, beide Ljocha, der Kleine und ihre Freunde arbeiteten nicht. Sie machten es sich in einer noch nicht fertigen Baracke gemütlich, ließen einige Schmiere stehen, und wenn jemand von der Obrigkeit kam, waren sie rechtzeitig an ihren Arbeitsplätzen, sägten übertrieben eifrig, schleppten Balken oder rauchten: »Von früh an malochen wir, Bürger Chef, haben die ganze Norm übererfüllt, brauchen 'ne Zigarettenpause, steht uns zu.«

Der Brigadier versuchte gar nicht erst, sie zur Arbeit zu nötigen. Anfänglich wunderte er sich sogar, daß ich arbeitete, obwohl mich die Diebe sichtlich protegierten, mich »Major« titulierten, mir Tabak gaben – ein Verhalten, das sie Leuten gegenüber, die nicht zu ihnen gehören, sonst nicht an den Tag legten. Ich hatte schon genügend Erfahrung und besaß genug Verstand, um nicht zu versuchen, sie »umzuerziehen«. Andererseits aber wollte ich mich auch nicht bei ihnen anbiedern. Nikola schimpfte: »Hör auf, Major, mit dem Malochen – davon gehst du ein. Laß die Mushiks schuften, diese Hinz und Kunz, für die ist das richtig, die kennen außer Säge und Beil nichts von der Welt. Aber du bist doch Soldat, verdienter, gelehrter Mann, sitz bei uns, rauch und druck was Spannendes. Der Brigadier weiß selbst, wie er Prozente und Normen macht; der hat Köpfchen, weiß, wie man mit Menschen[72] umgehen muß.«

Ich entgegnete Nikola, ich sei nicht gewöhnt, andere für mich arbeiten zu lassen, und ich wollte mich auch nicht daran gewöhnen.

»Nu was, leb' wie du willst. Ich achte dich natürlich, bin ja Frontsoldat. Du bist mein Freund, werd' nie vergessen, wie du mit mir alles geteilt hast, so was vergißt kein ehrlicher Dieb. Aber ich sag' dir als Freund, und sei nicht beleidigt, Major, du bist noch ein Hornochs[73], genau wie ein dämlicher Freier, machst in Moral – arbeiten, so was! Da werden dich diese Hinz und Kunz schön verschaukeln und für eine halbe Brotration verkaufen. Jetzt sind die friedlich, sehn ja, daß Menschen zu dir halten, daß du mit uns ißt. Vor uns haben die Angst, aber gib dir bloß einmal eine Blöße, und die fressen dich ohne Salz, diese Lumpen, kriechen jedem Mistvieh in den Arsch; aber einen Menschen oder einen Soldaten wie dich, sogar sich selbst gegenseitig, verkaufen sie für eine Kopeke, schneiden ihm die Kehle durch.«

Einen Monat arbeitete ich als Zimmermann, dann wurde ich in die Sanitätsabteilung versetzt. Bei meinen Akten hatte sich eine Bescheinigung befunden, daß ich im Unshlag als Feldscher-Helfer gearbeitet hatte. Ich wurde deshalb zum Arztgehilfen in einer Strafkolonne ernannt, die bei einer Kiesgrube an der Wolga neu eingerichtet wurde. Über hundert Sträflinge wurden in einen offenen Lastkahn verladen, der an den Bordwänden überdachte Nischen hatte, in der Mitte aber nur ein paar Querbalken.

Unser Kahn fuhr lange, mehr als 24 Stunden, hatte an Schleusen zu warten, hielt am menschenleeren Ufer.

Bei Sonnenuntergang wurden wir entladen. Nadja war am Vortag mit Paketen ins Lager gekommen, man hatte ihr gesagt, wohin wir gebracht würden. So fuhr sie per Anhalter dorthin, übernachtete bei Kolchosbauern und wartete nun schon den ganzen Tag auf unsere Ankunft. Man wollte uns ein Wiedersehen nicht erlauben. Der Hauptmann, ein rotgesichtiger, schlitzäugiger, beleibter Kirgise, sagte: »Hier ist noch nichts hergerichtet, überhaupt nichts. Keine Wache, nichts, versteht doch, woher soll ich den Wachmann nehmen? Woher den Aufseher? Hab' überhaupt keine Kader. Die Entladung ist noch im Gang, versteht das doch!«

Schließlich erlaubte er es trotzdem und begleitete mich selbst zu einem Hügel. Hier durften wir eine halbe Stunde sitzen: »So lange, bis das Sönnchen noch nicht ganz versunken ist, versteht ihr, solange es noch hell ist – das kann ich erlauben, versteht ihr? Ich fühle ja mit euch mit, aber ihr müßt auch mich verstehen. So gehört sich das.«

Taktvoll setzte er sich abseits. Auf dem Rückweg gelang es mir ohne große Mühe, ihm ein Viertelliterfläschchen Wodka zuzustecken – Nadja hatte zwei gebracht – und ein Päckchen guter Zigaretten.

»Das, verstehn Sie, ist gänzlich unstatthaft. Da kann man einen Fall draus nähen, wissen Sie ja selbst. Aber wenn Sie mich so richtig menschlich bitten – dann natürlich, versteh ich das auch...«

Die erste Nacht schliefen wir in einer Sandgrube in Reihen nebeneinander auf den Zeltbahnen, aus denen später die Zelte aufgebaut wurden, im Licht zweier Scheinwerfer mit ihrem leichenblaß-violetten, bleich-blendenden, bösen Licht, beim Brummen des Generators, der die Scheinwerfer mit Strom versorgte. Mitten in der Nacht begann es zu regnen. Manche versuchten nun hustend und schimpfend unter die Zeltbahnen zu kriechen, andere schliefen weiter, irgendwo gab es Zank, Lärm, Flüche. Die Posten brüllten, sie waren auch naß und verärgert. Die Hunde bellten nervös, aufgeregt durch die ungewohnte Umgebung.

Am Morgen hatte ich zwei Dutzend Patienten mit Fieber und Schüttelfrost. Gestern hatten alle die Mehrzweckspritze bekommen – eine sehr schmerzhafte Injektion in den Rücken. Fast alle gesetzmäßigen Diebe hatten sich gedrückt. Auch ich hatte mich geweigert, weil ich vom Krieg her wußte, daß diese Impfungen drei bis vier Tage Fieber nach sich ziehen können, und ich war der einzige »Mediziner« für 150 Menschen. Schon auf dem Kahn hatten einige zu fiebern begonnen. An den Einstichstellen hatten sich Geschwülste gebildet. Ich fütterte die Kranken mit Aspirin, Streptozyd und segnete den Verwalter des Medikamentendepots. Er war ein ehemaliger Marineleutnant, wegen Raub verurteilt, ein breitgesichtiger, träger Freßsack und schamloser Schnorrer. Fast alle Zigaretten hatte er mir abgebettelt: »Dir wird's mit Machorka viel gemütlicher sein...« und auch noch andere Sachen; aber dafür gab er mir ohne Beleg aus dem Apothekenvorrat alles, was ich haben wollte, und sogar noch mehr: eine Schachtel Penicillin-Tabletten, Vitamine, eine Menge Ampullen mit einem ganz neuen Herzmittel und irgendwelche amerikanische und englische Medikamente.

Der neue Lagpunkt war bis zum Mittag fertig. Zum Glück hatte der Regen schon früh morgens aufgehört. In einem engen Tal am Fuße eines steilen Sandhanges, durch einen schmalen Hügelkamm vom Wolga-Ufer getrennt, war von einer Doppelreihe Stacheldraht ein Quadrat von etwa 100 mal 100 Schritt umzäunt. Innerhalb des eingezäunten Platzes standen auf Holzrahmen zwei lange Zelte für je 80 Mann. In den Zelten waren an beiden Längswänden durchgehende Pritschen aufgeschlagen und in der Mitte lange Tische aus ungehobelten Brettern in die Erde gepflockt. Im linken Zelt wurden mit Zeltplanen und Sperrholz zwei Verschläge abgeteilt: Sanitätsabteilung und Kanzlei. In der Sanitätsabteilung standen ein weißes Schränkchen, eine weiße Untersuchungsliege, ein kleiner weißer Tisch mit Medikamenten – Spezialmöbel aus dem Hauptlager. An der Wand waren im rechten Winkel zueinander zwei Liegen für den Buchhalter und mich zusammengezimmert worden. Der Buchhalter wohnte bei mir, arbeitete aber im zweiten Verschlag, wo der Normierer und der Registrator schliefen. Der Registrator war außerdem noch für die »Kulturarbeit« verantwortlich. In der einen Zonenecke wurde eine Grube ausgehoben, aus Brettern wurden Latrinensitze zusammengenagelt. In der anderen Ecke, beim Eingangstor, wurde eine große Mulde für zwei Kessel geschaufelt, ein Küchentisch gezimmert, ein Schutzdach, ein hölzerner Vorratsverschlag und so etwas Ähnliches wie ein Schrank. Die Zelte für die Wache und das Holzhäuschen für die Lagerleitung standen höher auf dem Hang. An den Ecken baute man für die Wachtposten hölzerne pilzförmige Unterstände auf, als Sonnen- und Regenschutz.

Der Posten über der Latrinenecke war so angebracht, daß man ihn vom Hang kaum sehen konnte. Hier vollzog sich der »Warenumschlag«.

Zwischen den beiden Stacheldrahtzäunen verlief die verbotene Zone. Aber in der Latrinenecke reichte der Raum für den zweiten Zaun nicht aus, und der Posten konnte ohne Mühe die Ware von dort aus in Empfang nehmen: beim Kartenspiel gewonnene Jacketts, Stiefel, Wäsche – darunter auch eben erst ausgegebene Gefängniswäsche – oder Geld; die Diebe waren immer bei Kasse. Wenige Stunden später, wenn der inzwischen abgelöste Posten zurückkam, brachte er Gurken, Tomaten, Brot, Kartoffeln und das Wichtigste: Wodka. Als Verpackung dienten Wärmflaschen, die sie bei mir erbaten und jedesmal ehrlich zurückbrachten, dazu dem Buchhalter und mir 100 oder 150 Gramm Wodka und einiges zum »Nachessen«. Der Buchhalter Andrej Wassiljewitsch, ein älterer, schmalbrüstiger, graugesichtiger und ungesprächiger Moskauer, war ein sehr angenehmer Zimmergenosse. Als langjähriger Häftling war er oft krank – Gastritis, Gallenblasenentzündung, Lungenentzündung –, und statt ihn in ein Invalidenlager zu schicken, machte man ihn zum Buchhalter in der Strafkolonne: Da gab es wenig Arbeit, er konnte viel liegen und in der Sonne schmoren. Der Normierer und Dispatcher, Onkel Wassja, groß, voll, rötlichblond und rundgesichtig, mit rosiger, sich abschälender Nase, akkuratem Schnurrbart und einem Grübchen im Kinn, war Direktor eines Schuhgeschäfts in Moskau gewesen. Er saß schon zum dritten Mal wegen »Wirtschaftsvergehen«. Diesmal hatte er zehn Jahre bekommen, entsprechend dem Erlaß vom 7. August 1932, der für »Diebstahl sozialistischen Eigentums« sehr strenge Strafen vorsieht. Er trug einen sauberen Offiziersrock, Breeches, Chromlederstiefel – aber seine Manieren und Gebärden waren eindeutig die eines Zivilisten und speziell die eines Geschäftsmannes.

»Nein, an der Front war ich nicht, ist nicht soweit gekommen. Um der Wahrheit die Ehre zu geben, ich hab' mich nicht danach gedrängt. Heldentum, versteht sich, achte ich hoch – die Verteidigung der Heimat ist eine heilige Sache. Hätte man mich eingezogen, hätte ich meine Pflicht und Schuldigkeit getan, wie es sich gehört. Aber von mir aus dem Teufel in den Schlund kriechen, das wäre – entschuldigen Sie – meiner Meinung nach schlicht Dummheit oder einfach gefährliche Waghalsigkeit. Für junge Leute, versteht sich, ist so was sehr gut, im Sinne des Patriotismus. Aber ich bin doch schon Großvater. Das sehen Sie nicht, weil ich noch kein graues Härchen und alle Zähne im Mund habe. Die Gesundheit hab' ich vom Vater und vom Großvater, sind von der Wolga, aus Jaroslawl. Sie waren Altgläubige, ein kräftiger Schlag, tranken keinen Wodka, rauchten keinen Tabak. Und so lebten sie hundert Jahre, brauchten – entschuldigen Sie – keine Doktoren. Und was meinen Sie, wie alt ich bin? Hach, das können Sie gar nicht raten! Bin vom Jahrgang '94, hab schon vor dem Krieg zwei Söhne und ein Töchterchen verheiratet. 1941 hatte ich schon drei Enkel. Kinder? Im ganzen sechs – vier von der ersten Frau, zwei von der zweiten. Mein ältester Sohn ist Jahrgang 1915; Papachen hatte mich verheiratet, als damals der andere Krieg anfing, um mich vor der Einberufung zu bewahren, aber das glückte nicht. Im zweiten Kriegsjahr wurde ich doch eingezogen. Allerdings, nahe an die Front hat's mich nie verschlagen. Ich arbeitete als Schuster, Sattler und Kompanieschreiber. Die erste Frau hab' ich 1933 beerdigt. Sie starb ganz plötzlich an Brustbräune. Die zweite Frau nahm ich auch aus Jaroslawl – nicht irgendeine Hergelaufene. Die Verwandten hatten ein stilles, ordentliches Mädchen ausgesucht, aus guter Familie. Nicht in der Schönheit liegt das Glück; ich brauchte eine Frau im Haus für die Kinder. Die Söhne und die Töchter gingen noch zur Schule. Den Ältesten schickte ich später aufs Institut, sollte Ingenieur studieren. Ich bin Autodidakt. Papachen hatte bis zur Revolution seine Schuhmacherwerkstatt. Aber ich war im Soldatenrat, trat in die Partei ein. Gearbeitet habe ich immer auf dem Wirtschaftssektor, hatte ja vom Vater die Qualifikation für die Schuhproduktionsbranche und ganz allgemein für Lederwaren. Hätte ich die volle Bildung gehabt, wär' ich vielleicht Trustdirektor geworden. Aber wann hätte ich denn lernen sollen? Hatte ja Familie, half Papa und Mama. Die hatte die Revolution so mitgenommen, daß sie auch im NEP nicht mehr auf einen grünen Zweig kamen. Die Zeiten waren nicht danach. Die Gesundheit, versteht sich, war ja eisern, sie arbeiteten noch im Artelj, in der Genossenschaft, meine ich. Aber als dann der Fünfjahrplan anfing, kamen Schwierigkeiten mit der Ernährung und überhaupt so allgemein... Immerhin bin ich Parteimitglied – hier Mobilisierung, da Mobilisierung: Kollektivierung, Getreidebeschaffung oder Rückstand im Versorgungssektor. Das ist nun mal mein Charakter: Von selbst rühre ich mich nicht vom Fleck, drängele nicht; aber schickt man mich, dann tu' ich natürlich mein Bestes. Nach der ersten Verurteilung wurde ich sogar wieder in die Partei aufgenommen. Damals war ich Inspektor bei der Lederversorgung. 1935, gerade als meine Dunja, Jewdokija Kusjminitschna, meine zweite Frau, das Söhnchen bekommen hatte, hängten sie mir Paragraph 128 an: ›Übergriffe‹ und ›Verstöße‹ im Handelssektor; sie gaben mir fünf Jahre, schickten mich zum Holzfällen. Aber schon bald, aufgrund der Revision, versteht sich, wurde ich vollständig rehabilitiert und auch wieder in die Partei aufgenommen. Ich bekam auch wieder verantwortliche Positionen in der Schuhbranche. Den ganzen Krieg über hatte ich Reserven, aber im letzten Jahr plötzlich ›Fehlbetrag‹. Wie es nun mal im Handelssektor heißt: Du kannst nicht am Wasser sitzen, ohne dir die Finger naß zu machen. Aber wenn du ein anständiger Mensch bist, mit Erfahrung, muß bei dir alles auf dem laufenden sein, damit du den Nutzen davon hast und andere neben dir natürlich auch, so wird niemand gekränkt. Das kannst du nur erreichen, wenn du Köpfchen hast und, versteht sich, Gewissen. Aber da war so ein Aasgeier, unersättlich und schlecht; dem war alles zuwenig. So einer nimmt noch dem Bettler die Kopeke und ist stolz darauf. Wirklich, dieser Idiot ist so unverschämt, daß schon jeder junge Pionier auf einen Werst erkennt, was das für ein Gauner ist. Später hat er auch noch andere Leute ins Verderben gestürzt, verleumdet und alles gesagt, was gewesen ist und auch Sachen, die überhaupt nicht gewesen sind. Und sie haben ihm geglaubt wegen seiner ›Offenheit bei der Untersuchung‹. Also durch diese – ich sag's ungeschminkt – Schufte hab' ich vor drei Jahren eine Frist nach dem Erlaß vom Jahr '32 gekriegt. Allerdings, ehrlich gesagt – die Sache liegt ja schon lange zurück –, ich hatte da auch wohl Fehler gemacht. Aber daß sie mir ganze Millionen aufgehängt haben, das war reine Verleumdung und, versteht sich, vollkommen sinnlos, absurd, wie man so sagt. Ich kam in ein nahes Lager, in die Produktionskolonne der Butyrka. Aber ich wurde sehr bald vorfristig freigeschrieben wegen Zwölffingerdarmgeschwüren – und, natürlich, war da der allgemeine Kräfteverfall.

Und jetzt sitze ich schon das dritte Mal, wieder nach dem Erlaß: zehn plus fünf. Aber das Geschwür, das ich hatte, ist mir geblieben. Meine einzige Hoffnung ist nun die Medizin.«

Vom Hauptlager waren auch einige gesetzmäßige Diebe mit in die Strafkolonne geschickt worden. Ihr Oberhaupt, ihr »Pachan«, war Ljocha-Glatzkopf. Zu seiner engsten Umgebung gehörten Nikola-Piterskij, Ljocha-Bart, Nikola-Haken, Ssenja-Bein. Nikola-Haken mit den breiten Backenknochen, den leicht schräg stehenden Augen und dem dunklen Teint, war ein verträglicher Kerl; er glich mehr einem Seemann als einem professionellen Dieb. Ssenja, schmächtig, mit magerem Gesicht, war Frontsoldat gewesen und ist Invalide: An seinem Unterschenkel eiterte eine nicht heilende Fistel von einer Splitterverletzung. Ich dispensierte ihn sofort von jeder Arbeit, fütterte ihn mit Vitaminen, verband ihn sorgfältig, versuchte, ihn zu heilen. Ssenja sprach mit hoher, fast piepsiger Stimme, beklagte sein hartes Diebsgeschick, pries den Edelmut der ehrlichen Diebe und erzählte phantastische Abenteuer, bei denen er sich selbst nur die bescheidene Rolle des Augenzeugen zuteilte. Äußerste man Zweifel, dann schwor er: »Im Gefängnis will ich verfaulen, wenn ich lüge – nie will ich die Freiheit wiedersehen, wenn's nicht die reine Wahrheit ist!«

Ljonja-General kam an einem der ersten Tage nach der Eröffnung der Sanitätsabteilung vor dem morgendlichen Arbeitsbeginn zur Sprechstunde. Vor dem Eingang zu meiner Kabine, wo ich am Abend vorher zwei Bänke für die wartenden Patienten zusammengezimmert hatte, saßen schon ein paar wirklich Kranke und Sieche, frierend in Säcke und Wattejacken eingewickelt.

Plötzlich Schimpferei: »Was drängst du dich vor? Wir sind alle krank! Bildest dir ein, du hättest es nötiger?«

Schreien, Zanken und plötzliche Stille. Der Zeltplanen-Vorhang meiner Kabine wurde scharf zur Seite gerissen; herein kam ein hellblonder Bursche mit knallblauen Augen und einem noch kindlich weichen Mund. »Doktor, ich bin schwer krank, arbeiten kann ich nicht!« Auf der Liege saßen schon zwei Leute mit Thermometern unter den Achseln, jeder hatte zwei, damit beide Hände beschäftigt waren und nicht die eine durch Reiben die Temperatur erhöhen konnte.

»Was fehlt dir? Wo tut's weh?«

»Na so was! Das mußt du mir doch sagen! Dafür bist du Doktor, verdammt noch mal. Los, guck nach ...«

Mit großer Geste öffnete er sein privates Jackett, das er auf dem bloßen Körper trug. Die weiße Jünglingsbrust war über und über mit Tätowierungen bedeckt. Im Gürtel steckte ein Beil. »Laß dich abhorchen.«

Mir war klar: Dies war eine Kraftprobe. Wenn ich versagte, wäre das nicht nur an und für sich schimpflich – es würde darüber hinaus immer neue Erniedrigungen geben. Mich überlief es kalt, es gab kein Entrinnen, ich hatte keine Wahl. Ohne Hast nahm ich mein Stethoskop, steckte die Enden in die Ohren, und mit der Gestik des routinierten Arztes beugte ich mich über den Patienten.

»Tiefer atmen!«

Im selben Augenblick drückte ich ihm mit der linken Hand das Stethoskop fast bis hinauf an die Kehle, mit der rechten packte ich das Beil, zog es mit einem Ruck aus dem Gürtel und stieß ihm den Stiel unter die Herzgrube, nicht sehr kräftig, aber doch fest genug, daß er sich zusammenkrümmte und nach Luft schnappte. Dann drehte ich ihn um, stieß ihn gegen den Vorhang und schrie mit voller Lautstärke: »Du ausgekochter Drecksack, verdammter Hurenhund!«

Er war wieder zu Atem gekommen und erwiderte ganz friedlich: »Schon gut, naja, zum Teufel mit dir, wenn du schon so ein Arschloch bist – aber arbeiten kann ich trotzdem nicht, hab' nämlich Syphilis.«

Er ging wirklich kein einziges Mal mit zur Arbeit, erhielt nur die Strafration von 300 Gramm Brot, bekam aber Pakete, und seine Freunde fütterten ihn zusätzlich. Ein paarmal bat er: »Doktor, nun erbarm dich doch, schreib mich krank. Ich verreck' doch bei 300 Gramm. Geht nicht? Willst du was extra? Unterwäsche, Stiefelchen? Einer von den Freiern hat Größe fünfundvierzig. Die täten dir genau passen. Ich gewinn sie dir ehrlich im Kartenspiel, Gott verdammt, das mach' ich. Willst nicht? Spielst den Moralischen? Ihnen, Doktor, tut's nicht leid, wenn neben Ihnen einer an Unterernährung krepiert, ein junger Mensch, der vielleicht auch gern ein ehrbarer Sowjetbürger, ein Patriot geworden wäre; aber ein heimtückisches Schicksal hat ihn in die bunte Welt gestoßen. Mein Papa ist General, Held der Sowjetunion, und Mama ist Verdiente Künstlerin des Volkes, aber meine Jugend zerstörten mein gutes Herz und eine große Liebe – eine so große Liebe, daß man schöne Gedichte drüber schreiben, sogar einen Film drehen könnte – Millionen Menschen würden weinen...«

Mein Arbeitstag begann um vier Uhr morgens. Der Koch kam, ein älterer Armenier, klein, mager, mit scharfgeschnittenem Gesicht.

»Doktor, komm, Frühstück inspizieren. Diese Schweinehunde haben uns sicher wieder mit dem Fett beschissen...«

Der Kammerbulle der Wachmannschaft, ein engstirniger, semmelblonder Feldwebel, brachte auf einer Schubkarre einen Sack Hirse, Konservendosen – Bohnen und Schweinefleisch –,

Brotstücke, weißliche Klumpen Mischfett, das wie Seife aussah, Stückzucker, auf Einwickelpapier geschüttet.

Kein Zweifel, daß er stahl. Aber weder ich noch der melancholische Koch konnten ihn jemals überführen. Munter leierte er die Ziffern herunter: »Heute kriegst du: Garantieration soundso viel, Prämienration soundso viel, Strafration soundso viel.« Nachzählen und Nachwiegen war ausgeschlossen, denn um sechs mußte das Frühstück ausgegeben werden. Bis dahin hatten der Koch und sein Gehilfe über hundert Portionen Brot zu schneiden und abzuwiegen.

Um halb sechs begann ich mit der Morgensprechstunde. Bis zum Frühappell und Arbeitsbeginn, das heißt bis um sieben Uhr, nahm ich alle dran, die krank, aber noch nicht krankgeschrieben waren, und die, deren Krankschreibung abgelaufen war und erneuert werden mußte. Von sieben bis neun drängten sich am Eingang meines Verschlags die gehfähigen Kranken, danach besuchte ich die Bettlägerigen.

Der Zugführer der Lagerwache, ein stupsnasiger Leutnant, war zugleich Leiter der »Arbeitskolonne« – ein wüster Schreier, der mit dem gutmütigen kirgisischen Hauptmann im Dienst abwechselte. Er sagte schon am zweiten Tag: »Doktor, was fällt Ihnen ein? Willst mich wohl für dumm verkaufen? Fünfzehn Leute krankgeschrieben! Und da ist noch ein ganzer Haufen Faulpelze, denen gar nichts fehlt! Und wer soll die Arbeit tun? Mir ist das scheißegal, ob Sie Doktor oder Professor sind, ich schick dich selbst in die Kiesgrube, los, schieb die Karre, mach Prozente!«

»Bürger Chef, von der Arbeit habe ich nur die wirklich körperversehrten Invaliden und Leute mit hohem Fieber befreit. Die Temperatur kommt von der Impfung. Sie können selbst nachsehen, wie die Rücken geschwollen sind. Die Leute können weder gehen noch arbeiten. Wenn ich so einen nicht krankschreibe und er stirbt in der Kiesgrube, was dann? Ich bekomme dafür wahrscheinlich eine zusätzliche Frist. Und Ihnen wird auch nicht fröhlich zumute sein, schlechter jedenfalls als bei zuwenig Prozent.«

»Da haben Sie recht. Nein, denk bloß, so eine Sauerei: Die haben mir lauter Krepierlinge und Krüppel geschickt, mit denen soll ich täglich hundert Tonnen Kies schaffen! Du, Doktor, streng dich an, mach diese Dünnpfiffschlotzer gesund, daß bei denen die Scheißerei aufhört, stopf ihnen was in den Hals, daß sie trocken werden...«

Kurz nach zwölf inspizierte ich die Zutaten zum Mittagessen, danach mußte ich es probieren.

Beim ersten Mal brachte der Koch mir und dem Buchhalter einen großen Topf Suppe, in der orangefarbenes Fett und Dosenfleischstücke schwammen. Ich mußte sehr scharf und energisch werden. Der Buchhalter und ich waren uns einig: Den Arbeitsmännern was wegessen ist eine Gemeinheit. Soll der Koch selbst sich den Bauch vollschlagen, aber uns soll er geben wie allen.

»Wie allen? Das glaubt doch sowieso keiner. Sie sind – verzeihen Sie, aber alle sagen so – Oberschlauer, und da kriegen Sie auch besseres Essen. So denken alle und werden auch dann noch so denken, wenn Sie überhaupt nichts aus dem Kessel essen, sondern bloß aus Ihren Paketen.«

Wir verboten dem Koch, uns das Essen in unseren Verschlag zu bringen. Die vier Oberschlauen: Onkel Wassja, der Registratur-Kulturfunktionär, der Buchhalter und ich holten uns unsere Portionen in der Küche ab, vor den Augen aller, die in der Zone zurückgeblieben waren, also aller Kranken und der zeitweise zum Holzhacken für die Küche Abkommandierten. Während der einstündigen Mittagspause empfing ich die Arbeitsmänner: verband Wunden und Verletzungen. Gab den Dauerpatienten – den Magen- und Malariakranken – ihre Medikamente. Aushändigen durfte ich die Arzneien nicht, der Kranke mußte sie in meiner Gegenwart einnehmen.

Danach begann die reguläre Ambulanz, anschließend die zweite Besuchsrunde in den Baracken, und danach Inspektion und Probieren des Abendessens. Abends kamen schließlich noch Patienten außer der Reihe mit Herzbeschwerden, mit Brechdurchfall oder solche, denen ich vor dem Schlafengehen Schröpfköpfe ansetzte oder ein Klistier verabreichte.

Trotzdem gab es im Laufe des Tages noch freie Stunden, in denen ich mich mit einem Buch vor unserem Verschlag ins Gras legen konnte, von der Latrine so abgewandt, daß der Wind von der Wolga den Chlorgestank wegtrug.

In diesen Stunden setzten sich Onkel Wassja oder Ssenja-Bein zu mir, manchmal auch Ljonja-General oder der Registrator und Kulturfunktionär Mischa. Er war ein junger Moskauer Rechtsanwalt; zu dick für sein Alter, blickte er traurig aus runden dunklen Augen unter zottigen Brauen. Er hatte erst kürzlich die Universität absolviert und eine Anstellung in der Advokatur in Lwow bekommen. Sein Vater, auch Anwalt und Rechtsberater, war in einen großen Fall verschiedenartiger Wirtschaftsvergehen verwickelt. Mischa ging zum Untersuchungsrichter und bat ihn, dem Vater, der Diabetiker ist, Medikamente zu übergeben. Der Untersuchungsrichter schrieb daraufhin einen Rapport mit der Behauptung, Mischa habe ihn bestechen wollen. Mischa wurde wegen »aktiver Bestechung« der Prozeß gemacht. Er erhielt zwei Jahre. Um die gleiche Zeit wurde der Vater freigesprochen. Er kümmerte sich nun um den Fall des Sohnes. Mischa war mit Swetlana Stalin in dieselbe Klasse gegangen, und er sprach von ihr mit aufrichtiger Sympathie. Durch sie hatte er Jessenins Dichtung kennengelernt: Swetlana hatte einen Jessenin-Band mit in die Schule gebracht, die Mitschüler lasen ihn der Reihe nach. Bei einer Schülerin konfiszierte die Lehrerin das »schädliche Buch«. Eine Untersuchung begann, alle schwiegen. Swetlana meldete sich: »Das ist mein Buch, ich hab' es von Papa geliehen.« Tiefe Stille, eine Stecknadel hätte man fallen hören können.

In der Strafkolonne verhielten sich die gesetzmäßigen Diebe anders als im Hauptlager. Nach einem »Palaver«, bei dem alle, die »nicht nach dem Gesetz leben«, in ein anderes Zelt gejagt wurden und die Kleinen Schmiere standen, daß niemand in die Nähe des Ortes kam, wo sie ihre geheime Beratung abhielten, bildeten sie – entgegen aller sonstigen Sitte – ihre eigene Brigade und wählten Ljocha-Glatzkopf zum Brigadier. Alle, mit Ausnahme von zwei oder drei wirklich Kranken und dem standhaften Ljonja-General, gingen morgens mit zur Kiesgrube. An trüben Tagen blieben die meisten Brigaden nach der Mittagspause in der Zone, zu der Zeit galt die Norm schon als erfüllt oder übererfüllt. Bei gutem Wetter zogen sie es vor, dann in der Kiesgrube in der Sonne zu liegen.

Onkel Wassja und Mischa erklärten, das ginge natürlich nicht ohne »Frisieren«, wenn auch einige Diebe und ein paar besondere Spezialisten in der Brigade tatsächlich schufteten, was das

Zeug hielt. Von den ersten Tagen an rühmte sich der gesetzmäßige Dieb Karapet Arakeljan, genannt Bomber, seiner Rekorde: der gewaltigen Anzahl Schubkarren voll Kies, die er aus der Grube zum Schleppkahn schaffte. Bomber war untersetzt, breitschultrig, fast quadratisch, hatte einen runden Kopf, ein breites Gesicht, grinste fast immer freundlich und glich in nichts einem Dieb. Er war gutmütig, dienstwillig ohne Kriecherei, und – was sich überhaupt nicht mit Kriminellengewohnheiten vereinbaren ließ – er arbeitete gern. Halbnackt, kupferrot, die muskulösen Arme, Schultern und Brust glänzten vor Schweiß, schob er die schweren Karren im Laufschritt, schrie dabei fröhlich: »Platz da, Bahn frei, der Bomber kommt!«

In der Zone fand er gewöhnlich auch noch Arbeit, meist in der Küche. Er aß viel und hatte eine zusätzliche Portion, die ihm der Koch, sein Landsmann, ohne zu knausern gab, ehrlich erarbeitet. Bomber hackte und sägte Holz, reinigte den Herd, zimmerte Regale, trug Abfälle in die Müllgrube. Und trotzdem galt er unangefochten als gesetzmäßiger Dieb. Die ganze Diebsbrigade war stolz auf seine Rekorde. Nur der lange dünne, dunkle, minderjährige Goga-Schlingel haßte den gutmütigen Kraftprotz. Er spielte mit Bomber Karten, betrog ihn, und Bomber weigerte sich, weiter mit ihm zu spielen. »Mach' ich nicht mit. Diebe müssen untereinander ehrlich spielen, ich bin kein Freier...«

Goga fletschte die Zähne und schimpfte drauflos: Bomber halte die Diebsgesetze nicht ein, nannte ihn außerdem einen dickwanstigen kaukasischen Esel. Das empfand Bomber als Beleidigung seiner nationalen Würde, und er klebte Goga eine mit seiner schweren Hand: »Mach's Maul zu, kleiner Kläffer!«

Goga wischte sich die blutende Nase und kreischte: »Er hat einen Dieb geschlagen, der maulgefickte Mistbock, das Arschloch! Unter die Erde mit ihm...!«

Die älteren Diebe umringten sie. Mit krächzendem Tenor schrie Nikola-Piterskij aufgebracht: »Schluß mit dem Krach! Vergeßt nicht, wer ihr seid! Seid ihr etwa keine ehrlichen Diebe, keine anständigen Gauner?«

Das Palaver summte und brummte bis Mitternacht. Die Älteren lehnten es ab, Bomber »zu beerdigen«, das heißt ihn als Gesetzesbrecher aus der Zunft der gesetzmäßigen Diebe auszuschließen und ihm damit seine Rechte und Privilegien zu nehmen, vor allem das Recht, die Freier nach Strich und Faden auszuplündern und von jedem Dieb jederzeit jede Hilfe zu beanspruchen. Goga gab sich nicht zufrieden. Einige Junge unterstützten ihn, sie muckten gegen die Älteren auf, von denen sie behaupteten, sie bildeten einen Kreis Auserwählter und paktierten mit der Lagerleitung, indem sie eine Arbeitsbrigade aufgestellt hatten mit einem Dieb an der Spitze. Die Jungen sahen darin eine Gesetzesverletzung und betrachteten den gutmütigen Bomber, der die Karren so emsig schob und damit nicht nur seinen Diebsgenossen, sondern auch den Freiern Prämien-Rationen erarbeitete, für einen Streikbrecher, der die Würde der echten blaublütigen Diebe verletzte. Zu einem offenen Bruch mit den Führern kam es jedoch nicht, wenn auch viele unzufrieden waren.

Mehr als alle Kranken beunruhigte mich Ljonja-General. Er kam lässig an: »Die Syphilis ist wieder rausgekrochen«, und zeigte mir einen roten Ausschlag an seinem Glied. Mir wurde fast schlecht vor Angst. Bei meinen dürftigen medizinischen Erfahrungen und noch dürftigeren medizinischen Kenntnissen hatte ich bisher noch nichts mit venerischen Krankheiten zu tun gehabt. In der Instruktion für die Sanitätsabteilung stand nur, Fälle von Syphilis und Gonorrhöe seien nach Möglichkeit zu isolieren, aber nicht von der Arbeit zu befreien.

Ich gab Ljonja eine Zink- und Streptozyd-Salbe, einen weißen Streptozyd-Puder zum Drüberstreuen und eine Binde, fütterte ihn mit Streptozyd-Tabletten; ihn zu berühren, konnte ich mich nicht entschließen: »Versteh, ich könnte die andern anstecken.«

Dem Zelt-Ältesten, Ljocha-Glatzkopf, sagte ich es und verordnete für Ljonja einen gesonderten Schlafplatz in der Ecke, von den übrigen entfernt. Auf keinen Fall dürften seine Schüssel und sein Becher unter die der andern geraten, niemand dürfe von ihm eine Kippe annehmen oder mit ihm Karten spielen. Ljocha tat, als höre er genau zu, nickte auch, aber eher so, als höre ein Erwachsener dem Geplapper eines Kindes zu: »Gut, gut, Doktor, machen wir, wir werden diesen verfaulten Schwanz mit aller Wachsamkeit abfertigen. Ich kenn' ihn ja schon aus der Freiheit, ein junger, guter Kerl, reinblütiger Gauner – und schon von der Liebe verfault... Schade um den Menschen; aber um die eigene Gesundheit ist's auch schade.

Nur, nimm's dir nicht so zu Herzen. Ich verstehe dich, ich habe selbst Bildung, noch im Jahr '28 hab' ich das Technikum für Eisenbahnwesen gemacht. Ich verstehe, was das ist, alle diese Mikroben, Fusorien und diese übrigen Scheiß-Bazillen. Von denen kommt die Ansteckung, diese gottserbärmliche hurendreckige. Aber du kannst nicht verlangen, daß einer auf dich hört. Siehst ja, was das für'n Volk hier ist: drei oder vier richtige Menschen, mehr nicht, alles andere ist Gesindel, sind Halbblüten, spielen sich auf wie ›Gesetzmäßige‹, sind aber ordinärstes Pack, Strolche und Stalinsche Diebe. Dort, in der Freiheit, haben die bloß aus Hunger gestohlen oder einfach so, aus Langeweile. Hier im Lager werden sie gleich zu Kötern und Glucken. Soll man mit denen auch noch Mitleid haben? Du sag ihnen, was nötig ist und wie, und fertig! Wenn sie nicht kapieren wollen, laß sie verfaulen! Wenn du dich bei jedem so hast, haut's dich schließlich noch selbst um, hast keine eisernen Nerven. Du hilf Menschen, und paß auf dich selber auf.«

Fast täglich sandte ich dringliche Rapporte an den Leiter der Sanitätsabteilung über Syphilis im Sekundärstadium, über einige Schwerkranke, auf deren Rücken die Geschwüre gräßlich wucherten. Durch Aspirin, Streptozyd und die kostbaren Penicillin-Tabletten fiel zwar die Temperatur, stieg aber dann wieder bedrohlich an. Ein Geschwür war aufgebrochen, dicker, übelriechender grünlicher Eiter quoll heraus; ich manipulierte mit Borsäure, Streptozyd-Salbe und -Puder, fürchtete, die offene Wunde mit Ichthyol zu beschmieren, verband mit riesigen Umschlägen und verabreichte Penicillin.

Endlich kam der Leiter der Sanitätsabteilung, der nicht gefangene Dr. Alexander Iwanowitsch. Er hatte einen langen Oberkörper, kurze Beine, einen kurzen Hals und war ein wenig verwachsen. Der Höcker war nur klein, und es sah so aus, als halte sich der Doktor bloß schlecht. Sein Gesicht war lang und scharf geschnitten, die hohe Stirn ging in eine beginnende Glatze über. Die Augen mit den geröteten Lidern hatte er meist zusammengekniffen, den schmallippige Mund verächtlich verzogen. Seine starken Hände waren lang, mit breiten Gelenken und griffigen Fingern. Er war noch keine vierzig Jahre alt, Sohn eines Geistlichen aus der Gegend von Kujbyschew. Unmittelbar nach dem Studium wurde er in der Sanitätsabteilung der Gulag angestellt, arbeitete nun schon zehn Jahre in den Lagern. Er war ein erfahrener Arzt, handhabte das Skalpell mit souveräner Sicherheit, horchte die Kranken sehr gründlich ab, diagnostizierte genau, sprach mit den Kranken meistens geringschätzig-gleichgültig und grob, konnte auch bestes Rotwelsch parlieren.

Mich betrachtete er neugierig-ironisch. Schon das Verhältnis zwischen meinem Paragraphen und der Frist war auffallend. Bei unserer ersten Bekanntschaft überzeugte er sich davon, daß ich ein paar sorgsam eingepaukte medizinische Kenntnisse und darüber hinaus sogar ein paar praktische Erfahrungen besaß. Er examinierte mich kurz, aber gezielt, zeigte sich zufrieden, daß ich rasch und sicher die Symptome von Pellagra, Skorbut, Dystrophie, Dysenterie und Lungenentzündung aufsagen konnte und Rezepte orthographisch richtig ausschrieb. Mein Arbeitseifer erschien ihm nur natürlich – wer möchte nicht lieber mit Thermometer und Pillen umgehen statt mit Hacke und Schaufel! Andererseits paßte das nicht zu meinen aufdringlich-offenherzigen Eingeständnissen meiner Unwissenheit: Vom Straflager aus hatte ich ihn in meinen Sonder-Rapporten mit Fragen und inständigen Bitten nur so bombardiert; später im Hauptlager bedrängte ich ihn mit Berichten über meine Fehler und Unterlassungen, die schleunigst von ihm korrigiert werden müßten. Ein richtiger Lager-Feldscher würde das nie tun, dem ist nur seine »Autorität« wichtig und die Dauerhaftigkeit des errungenen Postens, nach dem Motto: Einen Tag gefaulenzt ist einen Monat länger gelebt.

Alexander Iwanowitsch überprüfte meine Kranken und untersuchte darüber hinaus alle Straflagerinsassen. Er öffnete geschickt Geschwüre, ich assistierte ihm, sprühte Analgetica, machte Injektionen.

Er bestätigte alle meine Krankschreibungen und bestimmte noch einige Dystrophiker und Skorbutkranke zum Transport in stationäre Behandlung. Lediglich Ljonja-General blamierte mich. Als er mitleidheischend, stöhnend seine Verbände abnahm und den Ausschlag vorwies, der purpurrot durch die Salbe schimmerte, lachte Alexander Iwanowitsch nur: »Na, dann geben Sie mal Jod her.«

»Oj, Doktor, nein, das brennt!«

»Ich werd' dich noch ganz anders ausbrennen! Mich an der Nase rumführen, so siehst du aus. Womit hast du dich eingeschmiert? Mit Mangan oder mit Streptozyd?« Und zu mir: »Haben Sie ihm Kaliumpermangan oder rotes Streptozyd gegeben?«

»N-n-nein.«

Ich log; ich hatte seinem Freund, dem »Grauen«, den ich von schwerem Durchfall kuriert hatte, rotes Streptozyd gegeben. Jeden Diarrhoe-Kranken mußte ich zur Latrine begleiten, um mich zu überzeugen, daß er nicht simulierte. Der ›Graue‹ war wirklich krank, völlig ausgemergelt, mit dünnen vortretenden Rippen, mit Mulden statt Gesäßbacken. Ich machte ihm Manganspülungen, Kamillen-Einläufe, befahl dem Koch, ihm Zwieback zu rösten und für ihn und ein paar andere ständig Diarrhö-Kranke eine Diät-Kascha aus lange gekochtem Weizen oder Graupen zu kochen. Ein paarmal schrieb ich sie krank. Aber der Graue und seine Freunde zogen es vor, mit der Diebsbrigade zur Arbeit aus der Zone zu gehen und die Diät zu sabotieren. Sie wollten so weit herunterkommen, daß man sie wegen ihres schlechten Zustands vor der Zeit »freischriebe«[74]. Alle Überredungsversuche, alle drohenden Warnungen schlugen sie in den Wind; es nützte nichts, wenn ich sie anschnauzte: »Hirnrissige Dünnpfiffschlotzer, wenn ihr so weitermacht, zerfließt ihr bald ganz und gar, kriegt den ›Holzmantel‹ an und segelt auf den Friedhof. Da habt ihr dann eure Freiheit!«

Der Graue war zudem noch ein krankhafter Onanist.

»Doktor, ich kann nicht anders, ich muß wichsen. Wieviel Mal? Das zähl' ich doch nicht. Klar, jeden Tag, hundertmal wohl nicht, aber so zehnmal wird's sein. Vielleicht auch weniger. Ich wichs' ja bloß immer mal ein bißchen. Ein Weib hab' ich im Leben noch nicht probiert, das sind alles geschlechtskranke Hündinnen. Und die Arschficker hasse ich. Mich hat ein Bandit in der Zelle drangekriegt, bei meiner ersten Frist, war noch minderjährig, bin 1931 geboren. Ich hab' ihn gebissen, kannst mir glauben, wie ein Hund, bis ins Blut. Aber er, das Aas, hat mich so gefickt, daß alle Knochen krachten, hat mir wohl die Därme zerrissen. Nachher war ich krank. Und den Dünnpfiff jetzt hab' ich, weil der mir die Därme kaputtgemacht hat. In der Freiheit wichs' ich weniger, in der Freiheit kann man auch herumspazieren, ins

Kino gehen. In der Freiheit, da arbeite ich auch – als Taschendieb, weißt du, höchste Klasse, leichter wie 'ne Fliege nehm' ich die Ührchen von der Hand oder aus der Weste. In der Freiheit, da hab' ich meine Interessen, aber hier gibt's nichts zu tun, kannst eben nur wichsen. Du sagst, davon geh' ich rascher kaputt? Könnt' niemals 'n Weib ficken? Soll doch der Teufel alle Weiber und dieses ganze Leben holen. Aber wenn du Mitleid mit mir hast, dann gib mir 'ne Zeitung, rotes Streptozyd und schwarzen Bleistift – dann kann ich Spielkarten machen. Wenn wir Karten spielen, vergesse ich das Wichsen...«

Das überzeugte mich, und ich gab ihm alles, was er verlangte. Auf diese Weise entstanden ein Kartenspiel und Ljonja-Generals Pusteln. Damals lernte ich vom Chef, daß Streptozyd- oder Mangankörnchen, auf empfindliches Gewebe praktiziert, Ausschlag hervorruft.

Den entlarvten Ljonja machte das nicht verlegen; er stöhnte bei der Jodbehandlung und wiederholte: »Tut mir leid, Bürger medizinische Chefs, aber die Syphilis steckt trotzdem in mir drin, das weiß ich ganz genau, und ich wollte, daß auch andere sich in acht nehmen und daß die Medizin einem jungen Menschen helfen soll, damit er seine Gesundheit wiedererlangt und zum Nutzen der teuren Heimat umerzogen wird.«

Alexander Iwanowitsch sagte zu mir: »Wahrscheinlich lügt er. Aber wir werden später im Lager einen Wassermanntest machen. Möglich ist alles. Zur Arbeit soll er trotzdem gehen.«

Alexander Iwanowitsch fuhr ab, nahm noch ein paar Schwerkranke mit und versprach mir, mich bald ins Hauptlager zurückzuholen.

Für einige Zeit war nun etwas weniger zu tun, und ich konnte tagsüber länger im Schatten des Zelts lesen.

Ljonja-General setzte sich neben meinem Lagerplatz ins Gras: »Brauchst nix zu fürchten, Doktor. Ich setz' mich so, daß der Wind nicht von meiner Seite zu dir rüberkommt, sondern von mir wegweht – kenn' ja die Ansteckungsgefahr. Wenn schon ich in meinem jungen Leben so unglücklich sein muß, sollen andere nicht durch mich leiden. Sehen Sie, Doktor, ich rauch' ganz und gar ordentlich, schmeiß' die Kippen in die verbotene Zone, kommt niemand dran. – In der Nacht war wieder Palaver, haben Sie's gehört, war ganz schöner Krawall. Ihr Kumpel

Nikola hat sogar geheult, von Diebsgewissen gejammert! Und was für'n Gewissen haben die? Ich sag's Ihnen, weil ich Ihnen vertrau'. Vor mir sind die Leute durchsichtig wie Diamant. Brauch' bloß einmal hingucken und durchschau' sie durch und durch. In unserm Beruf ist das das Wichtigste. Man muß sofort kapieren, wen man vor sich hat. Einmal geirrt, schon bist du geliefert, kann für's ganze Leben sein, oder es geht sofort in den hölzernen Mantel. Ein Bandit, der kann ein Idiot sein – sein Geschäft ist primitiv: Geld her oder Leben! Aber ein richtiger Dieb, der muß Verstand haben.

Wenn er in Wohnungen arbeitet, was ist da die Hauptsache? Geschicklichkeit, gutes körperliches Training, damit Leib und Seele jung bleiben. Und Köpfchen ist nötig: Du mußt wissen, wie du rein und wieder raus kommst, mußt dir die richtigen Partner suchen. Und der Taschendieb, der muß dazu noch ein Künstler sein, mit den Händen wie ein Jongleur oder Zauberkünstler umgehen können. Guck dahin – arbeite hier: Entschuldigung, ist das 'n Gedränge hier! Pardon, Bürgerin; ich werd' ja selbst gestoßen, Papachen, wir sind hier nicht im Taxi, muß man doch begreifen – vorübergehende Transportschwierigkeiten – oje, oje, da ist schon meine Station, lassen Sie mich durch, ich muß raus, muß in die Apotheke für meine schwerkranke Mutter. Verzeihen Sie, Pardon... Geschickte Hände und ganz ohne Betrug: das Geld hat dir gehört, jetzt gehört's mir. Wie man so sagt, klau, solange die Straßenbahn fährt, wenn sie steht, hau ab wie'n Bürstenbinder. Aber höchste Klasse ist Eisenbahndiebstahl. Das ist meine Spezialität. Nach alter, ordentlicher Sitte. Nur so einer ist wirklicher Dieb-Aristokrat. Denn dabei braucht man alles: Verstand, Geschicklichkeit und Mut, um von einem Wagendach zum andern zu springen – wie im Kino – und in voller Fahrt runter vom Zug, wenn ein ganzer Haufen hinter dir her ist, schlimmer als Bluthunde und hungrige Wölfe. Und die Hauptsache: Menschenkenntnis brauchst du, damit du so beim Fahren ganz gemütlich alles erfährst über das Privatleben und die internationale Lage. Damit der oder die volles Vertrauen zu dir faßt, guckst du poetisch zum Fenster raus in die Natur: ›Ach, unsere heimischen Birken! Wie ich diese Weite liebe!‹ Summst leise: ›Oh, du mein Heimatland, du meiner Liebe Land...‹ Und dabei schmulst du, wo wer Sores oder Blankes stecken hat. Eine Frau wird immer mal wieder nachfühlen, ob das Moos noch da ist, auf der Brust oder im Rock. Die Intelligenteren haben's meist in der Handtasche. Bei den Männern ist's auch verschieden: Die aus der Stadt haben das Portemonnaie innen stecken oder in der Brusttasche mit einer Sicherheitsnadel festgemacht. Die vom Dorf haben es im Beutel auf der Brust, im Gürtel oder im Stiefel... Das muß man eben ausbaldowern. Wenn es eine Frau oder ein Dämchen ist, biet' ihr Konfekt an, das du angeblich gerade auf dem Bahnhof gekauft hast, ist in Wirklichkeit natürlich präpariert. Wenn es ein Mann ist, mußt du was zum Trinken und Nachessen anbieten, aber mit Geschick, damit er genug kriegt und eine ruhige Nacht hat. Glaub' ja nicht, daß wir irgendwelches Gift geben – ein ehrlicher Dieb tötet niemanden, höchstens, wenn es ums eigene Leben geht. Nein, wir geben nur gute Medikamente aus der Apotheke – Opium und so was, damit er gut schläft und süß träumt. Ich selbst tu' natürlich auch so, als ob ich schlafe. Das muß man verstehen wie ein verdienter Schauspieler des Volkes – richtig mit Schnarchen und Schnaufen und Schmatzen, aber so, daß ich alles richtig sehen und berechnen kann. Und wenn es auf eine Station zugeht, dann gleich: ›Oh Verzeihung, fast wäre ich zu weit gefahren!‹ Und hopp – ab geht's, noch ehe der Schaffner an der Tür ist, der Zug aber schon langsam fährt.

Man kann auch in voller Fahrt die Kohlen abkassieren, und dann geht man ganz langsam, wie schlaftrunken, als ob man zur Toilette wollte oder rauchen. Es geht auch so: du empfiehlst dich, halb ausgezogen im offenen Unterhemd, alles andere klemmst du dir unter den Arm und gehst dann so von einem Wagen in den andern, als ob du besoffen oder noch ganz verschlafen wärst. Mußt aber höllisch aufpassen dabei, wenn mit einem Mal ein Bulle hinter dir ist, dann nichts wie raus, noch ehe der Zug langsamer fährt, und da ist wieder Kühnheit nötig. Und genau hingucken muß man, daß man nicht unter einen Gegenzug gerät, nicht unter die Räder kommt, nicht mit dem Kopf gegen einen Pfahl saust, nicht Arme und Beine bricht. Wie viele von uns als blutige Opfer auf allen Bahnstrecken der weiten Heimat herumliegen, hat niemand gezählt. Und wer sie zählte, würde erschrecken und, wenn er feinfühlig ist, sogar heulen. So ist das in unserem Diebsleben, Doktor. Sie können natürlich unsere

Verbrecherwelt verachten oder fürchten. Aber jeder Mensch mit Gefühl und Verstand muß Erbarmen mit uns haben, muß begreifen, daß es kein leichtes und lustiges Leben ist, wo man ewig singt und tanzt. Und nicht aus Dummheit oder aus Schlechtigkeit kommt ein wirklicher Mensch zu diesem Leben, im Gegenteil, es ist sein Schicksal, daß er die Freiheit liebt, einen guten Verstand und ein kühnes Herz hat und überhaupt eine Psychologie, daß er unter anderen Verhältnissen und in anderen Zeiten ein heldenhafter Ataman, ein Partisan, ein Untergrundbolschewik würde, ein Graf von Monte Christo oder ein hervorragender Sportler. Aber jetzt sind nun mal die Verhältnisse so, daß er Koffer klaut und dafür im Gefängnis verfault. ›Und daheim das Mütterlein wartet auf den Sohn allein, wartet ganz vergeblich...‹ Und du, Doktor, meinst schon wieder, der Ljonja schwindelt, macht dir was vor, plustert sich auf, ich sehe durch alles durch. Nein, Sie sollten nicht so denken. Was, zum Henker, hab' ich nötig zu schwindeln, wenn ich ganz genau weiß, daß du mich ja doch nicht krankschreibst und mich noch dazu verachtest. Nein, nein, Doktor, sagen Sie gar nichts, ich sehe ja alles, so rein menschlich haben Sie Mitleid mit mir, aber Sie achten mich nicht, Sie verachten mich. Ich nehm' Ihnen das nicht übel, ich achte Sie als einen gebildeten Mann vom medizinischen Personal. Gib was zu rauchen, Doktor, von deinem Tabak, ich mag Pfeifentabak so gern. Reiß ein Stück Zeitung ab, schütt drauf, soviel du geben magst. Ah, vielen Dank. Sehr schönes Aroma, aber Machorka ist stärker. In der Pfeife ist deiner natürlich süßer, geht aber auch oft aus – wieviel Streichhölzer du brauchst! – Da, nimm meine Schachtel, ich hab' noch welche. – Oh, Entschuldigung, hab' ganz vergessen, daß Sie sich vor mir ekeln. Und wenn Sie sich nicht ekeln, fürchten Sie immerhin die Ansteckung. Ach, Doktor, hast Angst, dich bei mir anzustecken, bloß weil ich dir die ehrliche Wahrheit gesagt habe! Bist so klug, so gelehrt und so über alle Maßen dumm! Ahnst ja gar nicht, wieviel Geschlechtskranke hier mit allen andern rumlaufen, zu dir kommen, sich ein Klistier und sonst was machen lassen, armselige Dünnpfiffschlotzer. – Wer das alles ist? Ach, weiß doch der Teufel, wenn ich es genau wüßte, würde ich es dir vielleicht als Freund sagen. Aber genau weiß ich's nicht, denk' mir nur mein Teil, weil ich eben das Lagerleben besser kenne als Sie, teurer

Genosse Doktor, wenn du auch Bücher in verschiedenen Sprachen liest und die ›Prawda‹, das Kampforgan unserer Partei – so weiß ich Sachen, über die in keinem Buch und in keiner Zeitung was steht und auch niemals was stehen wird. Warum niemals? Ganz einfach, weil Leute, die in Büchern und Zeitungen schreiben, sie nie erfahren; wer sie erfährt, der versteht nicht zu schreiben. Und wer schreiben kann, tut's trotzdem nicht – aus Angst: Entweder rächen die Diebe sich für den Verrat, oder er wird nach dem Paragraph 58 erschossen wegen bösartiger Verleumdung des glücklichen Sowjetvolkes, das schon während des ersten Fünfjahrplans jegliche Kriminalität mit Stumpf und Stiel liquidiert hat, wie man ja im Kino und im Theater sehen kann und wie es auch in den Zeitungen geschrieben steht.

Nein, Doktor, ohne Witz, ich kann Ihnen sagen, natürlich streng unter uns, Sie verstehen schon etwas von unserem Leben, und wenn irgendein Nikola oder Ljocha erfährt, daß ich mit Ihnen so ein offenes Gespräch hatte – Sie müssen schon verzeihen: Sie sind trotz allem ein Freier, naja, natürlich, ein Soldat und ein Gelehrter, also eine Stufe besser als die blöden Spießer oder Schieber, aber eben doch keiner von uns – wenn die das also erfahren, daß ich Ihnen von uns erzählt habe, werden sie mich ›beerdigen‹ und jeder x-beliebige, sogar ein Kleiner, kann mir ins Maul ficken oder mich einfach abstechen. So ist also mein Leben in Ihren wohlgeborenen Händen. Aber für einen Freund springe ich ins Wasser, und nur zu Ihnen sage ich: In unserer Kolonne hier gibt es überhaupt keine ehrlichen, reinblütigen Diebe mehr. Nicht mehr! – Ich will verdammt sein, ohne Witz, will morgen verrecken, im schlimmsten Gefängnis verfaulen, bis zu meinem Tod die Freiheit nicht mehr riechen, wenn ich lüge: Glaubst du, dein Nikola oder Bart oder Haken wären gesetzmäßige, echte Diebe? Vielleicht waren sie es mal. Ljocha-Glatzkopf war es, das weiß ich genau. Jetzt sind sie alle zu Kötern geworden. Du weißt ja, ich esse nicht mit ihnen, und auf den Palavern schweige ich, denn ich halte das Gesetz streng, und ich gehe deshalb nicht aus der Zone zur Arbeit. Glaub' nicht, daß ich Fisimatenten mache oder verhungern will! In eine andere Brigade würde ich gehen, aber wenn alle Diebe in einer Brigade sind, dann kann ich nicht und will ich nicht; wenn ein Dieb Brigadier ist, dann ist er in meinen Augen kein Dieb mehr, sondern ein ehrloser Köter. Und alle andern ebenso. Die lügen, sie täten nur so, als ob sie arbeiteten, sagen: ›Wir haben bei der Abrechnung Schmu gemacht, haben die Vorgesetzten beschissen ...‹ Und Bomber, der kann ja gar nicht schwindeln! Malocht wie'n Büffel, schuftet, macht Rekorde. Hält sich für'n Dieb, aber das siehst du doch selbst: hat zwar einen großen Kopf, aber Verstand wie'n Säugling. Der ist ebenso Dieb, wie ich Professor bin. Aber alle schmeicheln ihm: ›Ach du, Bomber, was bist du für'n Kerl, reinste Blüte!‹ – und beuten ihn aus wie die letzten Köter. Ausbeuter sind das! Der Obrigkeit die Prozente und ihnen die Prämien-Ration! Sicher, dieser Goga ist unzufrieden, ebenso wie seine ganze rotznäsige Kumpanei, aber richtige Diebe sind das auch nicht, sie kneifen vor den Kötern, fletschen die Zähne nur im stillen Eckchen, aber auf den Palavern kriegen sie das Maul kaum auf. Über Bomber ziehen sie her, wollen ihn beerdigen, Goga hat sich absichtlich mit ihm angelegt, aber vor Glatzkopf ziehn sie den Schwanz ein. Feige sind sie, aber schlauärschig, meinen, wenn sie sich mit Bomber anlegen, können sie Krach und Stunk im ganzen Haufen anzetteln. Ist das vielleicht nach Diebsgesetz? Nein. Hier gibt's nur zwei, Ssenka-Bein und mich, die das Gesetz halten. Aber wir haben keine Macht, können gegen das Gesindel nichts ausrichten – gehst drauf für nichts und wieder nichts. Aber ich sehe es schon kommen: Ohne Beile geht das hier nicht aus. Wenn sie schon das Gesetz verraten haben, muß eines Tages Blut fließen. Denk' dran, was Ljonja-General gesagt hat, trifft sicherer ein als alles, was die Karten sagen. Ich will ein Köter sein, wenn kein Blut fließen wird und keine Köpfe rollen werden.«

Ein oder zwei Tage nach diesem Gespräch, als ich gerade meine normale Sprechstunde abhielt: Sonnenbrände mit Vaseline einschmierte, Verbände wechselte, Thermometer einschob, kamen plötzlich Schreie von draußen: »Mord! Mord! Haltet ihn!«

Eine kurze MP-Salve knatterte.

Ich rannte raus. Am Holzstoß bei der Küche stand Bomber, halbnackt, das Gesicht blutüberströmt, die rechte Hand auf eine Wunde am linken Oberarm gepreßt, sagte er fast fröhlich halblaut vor sich hin: »Teufel auch, ich lebe ja noch, ich lebe ja, Donnerwetter noch mal – bring' jetzt selbst den Köter um ...«

Wenige Schritte von ihm entfernt hielt Onkel Wassja Goga gepackt und wollte ihn wegziehen, der wehrte sich, versuchte, sich loszureißen, hielt mit der rechten Hand eine Axt umkrampft. Er war bleich, rollte die dunklen Augen, in denen das Weiße nicht zu sehen war, fletschte kleine, schwärzliche Zähne, versuchte, zu beißen und zu treten.

Der Posten auf der Plattform unter den hölzernen Pilz schwenkte die MP. Vom Hang herunter rannten Wachsoldaten mit Hunden. Die Menge der Gaffer hielt sich abseits. Nur der kleine Koch stürzte mit seinem Geschrei: »Hilfe! Mord!« bald zu Onkel Wassja, bald zu Bomber, den er mit einem Handtuch zu verbinden suchte. Onkel Wassja schrie: »Nehmt diesem Wahnsinnigen doch endlich die Axt weg! Was steht ihr hier rum, verdammte Feiglinge!«

Ich rannte von rechts heran, entriß Goga mit einem Ruck die Axt, warf sie über den Stacheldraht in die verbotene Zone und lief dann zu Bomber. Der sagte immer noch vor sich hin: »Teufel auch, ich lebe ja noch!«

Seine linke Backe und sein linker Oberarm waren aufgeschlitzt. Goga hatte auf ihn eingehackt, während er nach dem Mittagessen beim Holzstoß schlief, auf dem Rücken liegend, das Gesicht mit dem Arm vor der Sonne geschützt. Bomber erwachte, riß Goga die Axt weg, sie lag jetzt blutig zu Bombers Füßen. Da stürzte Goga zum Holzstoß, wo eine zweite Axt lag, dort packte ihn Onkel Wassja.

Ich band Bomber die Arterie am Oberarm ab, der Koch gab mir seinen Gürtel, er war Soldat gewesen und half vernünftig. Mischa und der Buchhalter kamen aus der Kanzlei mit Verbandzeug und Jod gelaufen. Ich hob die blutige Axt auf, und wir brachten Bomber in die Sanitätsabteilung. Er ging, sein »Teufel auch, ich lebe ja« murmelnd, »Lieber Doktor, ich werd' am Leben bleiben ...«

Plötzlich hinter uns Schreie. In dem Häftlingshaufen bei der Küche entsetztes Durcheinander. Wieder eine MP-Salve. Der Posten schoß in die Luft. Goga hatte sich von Onkel Wassja losgerissen, ein drittes Beil zu fassen bekommen und ein Brecheisen – jetzt aber, um sich gegen die Wachen zu wehren, die drauf und dran waren, in die Zone zu laufen. Axt und Stemmeisen schwingend, rannte er zum Zelt und brüllte vom Eingang aus: »Wer reinkommt, den schlag' ich tot!«

Ich legte Bomber einen Verband an, der sofort durchblutet war: »Freund, Lieber, sprich jetzt nicht. Die Backe darf sich nicht bewegen, mußt sie ganz ruhig halten.«

Ich hatte Metallklammern, um Wunden zu klammern, aber ich hatte sie noch nie benutzen müssen. Ich fühlte, wie meine Hände zitterten, und sah auf die Axt. Was, wenn Goga noch mal angriffe! Er war nur zwei, drei Meter von uns entfernt, nur durch zwei Zeltbahnen von uns getrennt. Ich bat Onkel Wassja und Mischa: »Nehmt Brecheisen und Stöcke, und stellt euch an den Eingang – ich werde ihn mit der Axt abwehren, wenn er hier durch die Zeltbahn rein will.«

Bomber klagte: »Schulter tut so weh.«

Ich nahm zwei Klammern, bestrich sie gut mit Jod; doch kaum hatte ich den Gürtel entfernt, quoll das Blut durch den Verband.

Rufe: »Der Doktor ans Tor, der Doktor soll ans Tor kommen!« Ich lief hin. Vor dem Tor hatten sich die Wachsoldaten zusammengeschart, innen drängten sich die Häftlinge. Wüste Schreierei ging hin und her. Der Leutnant fragte: »Was ist los? Lebt er?«

»Ja, er lebt, ist aber sehr schwer verletzt. Er muß sofort ins Krankenhaus. Die Wunden müssen genäht werden, ich habe hier nicht die notwendigen Instrumente. Geben Sie einen Wagen, und lassen Sie ihn ins Lager bringen. Hier verblutet er.«

»Wo soll ich denn einen Wagen hernehmen? Vorm Abend geht's nicht. Und überhaupt – auch mit dem Wagen sind es bei diesen Wegen drei bis vier Stunden, und die Wege sind so, daß sie schon einem Gesunden die Leber losrütteln.«

»Dann bringen Sie ihn in ein Zivilkrankenhaus. Es wird hier ja irgendwo eins geben. Ohne Hilfe ist er in zwei Stunden verblutet.«

Die Häftlinge waren still geworden, hörten unserem Dialog zu.

Der Leutnant knurrte: »Der stirbt nicht! Der wird uns noch alle überleben, gesund' wie der ist, stark wie'n Bär. Erst mal muß jetzt der Mörder gefaßt werden. Los, Doktor, Sie und der Dispatcher und noch 'n paar Vernünftige, ihr fang ihn jetzt. Dieser Amokläufer bringt sonst noch alle um.«

Im Häftlingshaufen grummelte es böse.

»Los, los, Befehl ausführen! Sonst lass' ich wegen kollektivem Widerstand das Feuer auf die ganze Zone eröffnen.«

Ich antwortete so ruhig wie möglich, aber laut und vernehmich: »Bürger Chef, Ihr Befehl ist gesetzwidrig. Meine Pflicht ist es, Kranke zu heilen und zu pflegen. Die Pflicht des Dispatchers ist es, die Arbeit einzuteilen. Banditen festzunehmen ist Ihre Pflicht, und niemand hat Ihnen gestattet, dies auf Häftlinge abzuwälzen. Von kollektivem Widerstand gibt es hier nicht die Spur. Ihre Drohung ist gesetzwidrig; das wissen Sie selbst sehr genau. Ich erfülle meine Pflicht, und ich wiederhole daher: Der Häftling Arakeljan ist lebensgefährlich verletzt, er muß sofort in chirurgische Behandlung. Sonst stirbt er. Ich schreibe jetzt meine Meldung mit der genauen Zeitangabe. Alle hier Versammelten – Häftlinge und Wachsoldaten – sind Zeugen. Ich will nicht, daß ein Mensch aus Unachtsamkeit und Nachlässigkeit stirbt. Und ich will für seinen Tod nicht verantwortlich sein.«

Der Häftlingshaufen lärmte zustimmend: recht so, Doktor... Richtig gesagt!... Diesen Lumpen gilt ein Mensch weniger als ein Köter.«

Durchdringend schrillte die jammervolle Stimme von Ssenka-Bein aus dem allgemeinen Stimmengewirr: »Was soll das überhaupt? Wo sind wir denn eigentlich, in Rußland, im Sowjetland oder im faschistischen Deutschland? Ein Mensch stirbt, und die Obrigkeit will noch mehr umbringen! Wer kann denn so was tun? Bloß diese Lumpen, diese Henker, diese Bluthunde, aber keine sowjetischen Menschen...« Ssenka-Bein kreischte immer durchdringender, geriet völlig außer sich: »Ich hab' mein Blut an der Front vergossen. Bin zum Krüppel geworden für die Heimat, für Stalin, und jetzt soll mich ein russischer Soldat erschießen?! Wofür? Wofür? Schufte...« Er brach jäh ab, fiel zu Boden zuckte mit Armen und Beinen. Ich brüllte: »Haltet ihm den Kopf! Ihr müßt den Kopf halten.«

Ein paar hielten ihn, drückten ihn zu Boden. Nikola-Piterskij und andere Diebe schrien absichtlich hysterisch: »Soweit bringen die einen Menschen... ist das Gesetz oder kein Gesetz... Dem Staatsanwalt muß man's melden. Dem allerobersten Lagerchef...«

Jenseits des Lagertors drängten sich die Wachsoldaten zusammen. Die Hunde heulten. Der Leutnant stand mit hochrotem

Gesicht, völlig aus dem Konzept geraten. Schließlich befahl er abgehackt: »Her mit dem Verletzten. Doktor und Dispatcher sollen ihn holen. Aber wenn der mit dem Beil auftaucht, wird ohne Anruf geschossen.«

Ich rief Ljocha-Glatzkopf und Nikola-Piterskij: »Bomber ist einer von euch. Ihr könnt mir helfen, damit er nicht auf dem Weg hierher erledigt wird. Ihr prahlt immer mit eurem Gesetz, eurer Ehre, und hier ermordet man euren Genossen...«

»Schon gut, Doktor. Hab' keine Angst, Goga rührt sich nicht aus dem Zelt. Was jetzt nötig ist, ist unsere Sache. Du brauchst uns nicht zu belehren. Du hast dem Lumpen Bescheid gestoßen, basta. Und jetzt spuck du uns nicht in unsere Angelegenheiten, und paß auf, daß auch die Aufseher das nicht tun. Mach' du den Bomber heil und sonst keinerlei Getöse. Goga-Schlingel, den besorgen wir. Wir sind keine Köter und keine Lumpen-Helfer.«

Onkel Wassja, Mischa, der Koch und ich brachten Bomber zum Tor. Onkel Wassja und Mischa hatten sich mit Knüppeln bewaffnet, der Koch mit dem blutigen Beil. Ich hatte Verbandzeug und Novokain mitgenommen.

Der Leutnant sagte: »Der Verletzte kommt mit dem Kutter nach Kimry ins Krankenhaus. Der fährt in einer halben Stunde. Jemand muß ihn begleiten. Sie dürfen nicht, wenn Sie auch Doktor sind«, dabei blinzelte er mir plötzlich zu, »so ein Doktor wie ich General, immerhin, Arzthelfer, Mediziner – Aber Sie haben den Achtundfünfziger, dürfen die Zone nicht verlassen. Der Dispatcher auch nicht, wegen der Frist. Soll der Registrator mitgehen. Geben Sie ihm Medizin, erklären Sie ihm, was er machen muß.«

Bombers Verletzungen bluteten immer noch stark. Mischa, grünbleich – der Blut- und Schweißgeruch machte ihm übel –, wirkte fast elender als ein blutverschmierter Schützling, der gehorsam schwieg, nur laut schnaufte.

Einige Tage später wurde ich abgelöst und fuhr ins Hauptlager zurück.

Ungefähr nach einem Monat kam Goga vor Gericht. In der Eßbaracke stand auf einer hölzernen Bühne ein mit rotem Kattun bedeckter Tisch, an ihm saßen Richter, Beisitzer und Sekretär. Unten direkt vor der Bühne standen die Tischchen für

Staatsanwalt und Verteidiger, an der Wand die Anklagebank. Auf Anforderung des Untersuchungsrichters hatten Onkel Wassja und ich unsere Aussagen vorher schriftlich gemacht, Mischa war nicht mehr im Lager, sondern schon auf Transport zur Freilassung. Onkel Wassja und ich hatten uns miteinander beraten und nur das schriftlich festgehalten, was alle gesehen hatten. Der Untersuchungsrichter verhörte uns nicht.

Bomber antwortete auf alle Fragen des Staatsanwalts und des Richters: »Weiß nich'... hab' nix gesehen, schlief ja, war im Traum.«

Der Staatsanwalt wurde nervös: »Hören Sie, Arakeljan, Sie sind fast erschlagen, fast für's Leben verkrüppelt worden! Und jetzt, wen decken Sie denn? Ihren eigenen Mörder! Wenn er gestern Sie ermorden wollte, kann er morgen einen anderen, übermorgen den dritten umbringen. Warum sind Sie so bockig, verschweigen die Wahrheit, Sie wissen doch, daß er Sie mit dem Beil schwer verletzt hat.«

Bomber antwortete grinsend, wie immer arglos und gutmütig: »Bürger Staatsanwalt, bitte sehr, erzürn' dich nicht... Das, verstehst du, ist eine ganze einfache Sache... Er, Goga, was ist er? Dieb... Ich bin auch Dieb... Wir haben dasselbe Gesetz... Und du, Bürger Staatsanwalt, was bist du? Lump. Und der Bürger Richter ist auch Lump...«

Kichern und lautes Lachen im Saal.

Der Staatsanwalt zog ein saures Gesicht. Der Richter klopfte mit dem Bleistift auf den Tisch.

»Arakeljan, ich bestrafe Sie wegen Beschimpfung und Beleidigung des Gerichts.«

»Wieso beschimpfe ich? Ich beschimpfe nicht. Ich spreche die Wahrheit. Ich will es euch erklären: Der Dieb hat sein Gesetz, der Lump hat sein Gesetz. Der Dieb kann einen andern Dieb nicht den Lumpen verpetzen, sonst wird er Köter.«

Goga rief von seiner Anklagebank aus: »Richtig, Bomber! Richtig hältst du das Gesetz! Scheiß' allen Lumpen in die Fresse!«

Der Richter schrie: »Angeklagter, Sie erhalten für Ihr unverschämtes Benehmen fünf Tage strengen Karzer.«

Der Verteidiger sprach lange und temperamentvoll über die schwere Kindheit des Angeklagten, erinnerte an den Krieg, betonte die offenkundige Unterentwicklung, die Minderjährigkeit, kommentierte den Einfluß des kriminellen Milieus, der mangelhaften politisch-moralischen Erziehung, bat das Gericht, den Gesundheitszustand des Angeklagten zu berücksichtigen und nicht nur zu strafen, sondern auch umzuerziehen. Er plädierte auf die Anwendung des Paragraphen 17: nichtausgeführte Absicht im Zustand außerordentlicher Erregung.

Gogas Schlußwort war sehr kurz: »Bürger Richter, sehen Sie mein junges Leben – ich bekenne offen, daß ich zugeschlagen habe. Aber umbringen wollte ich ihn nicht. Hab' selber Angst vor Blut, und da bin ich durchgedreht. Ich bitte, mein junges Leben zu schonen. Mein Vater ist für die Heimat gefallen. Meine Mutter starb an innerlicher Krankheit. Von fremden Menschen erfuhr ich nur Schlechtes. Alle meine Nerven sind verdreht. Ich bitte um Mitleid.«

Das Gericht verurteilte ihn zu sieben Jahren ohne Anrechnung der alten Straffrist – er hatte noch sechs Jahre und 11 Monate abzusitzen.

32. Sterblichkeit normal

Im August erlaubte man mir ein Wiedersehen mit Nadja. Sie erzählte vorsichtig: das Oberste Gericht habe das Urteil des Tribunals wieder kassiert, wegen zu großer Milde. Der Fall würde einer neuen Revision unterzogen werden. Man hatte auch einen Verfahrensfehler entdeckt: Eine dreijährige Frist unterlag der Amnestie, das Gericht hatte dies nicht berücksichtigt.

Uns blieb jetzt nur die Hoffnung, daß das neue Gerichtsurteil – um die Amnestie zu umgehen – mir vier Jahre eintragen würde oder auch fünf, wie der Staatsanwalt verlangt hatte. Das würde noch zwei bis drei Jahre Lager bedeuten.

Der Anwalt hatte Nadja erzählt, daß der Staatsanwalt sich möglicherweise auf Boris Ssutschkow beziehen würde, der kürzlich verhaftet worden war und den man nun als »Volksfeind« und »Spion« bezeichnete. Boris hatte sich seinerzeit in einem Brief an Rudenko für mich eingesetzt. Dieser Brief war in der Entscheidung des Obersten Gerichts erwähnt worden, und wie er früher zur Entlastung gedient hatte, galt er nun als Belastung. – Auf Freispruch war jetzt also nicht mehr zu hoffen.

Bleischwere, undurchdringliche Trauer überfiel mich. Hoffnungslose Verzweiflung würgte mich manchmal minutenlang. Doch um mich herum waren so viele Kranke und Sterbende, war so viel Elend, Unglück, unheilbares Leid, daß im Vergleich dazu meine Last leicht war.

In diesem Sommer lebten sechs- bis siebentausend Häftlinge im Lager. Mehr als zweihundert Kranke lagen in drei »Jurten«[75] und einer großen neuen Baracke des Krankenreviers. Täglich kamen über hundert ambulante Patienten in die Sprechstunde. Die Sanitätsabteilung hatte nur zwei freie Ärzte, den Leiter Alexander Iwanowitsch und seine Assistentin, eine laute, töricht geschäftige, gutmütige, aber untüchtige und bequeme Person, die ständig über nervliche Erschöpfung und unerträgliche Müdigkeit klagte, sich vor Banditen fürchtete (»Sie werden mich beim Kartenspiel verspielen und erstechen«) und es darauf abgesehen hatte, möglichst früh heimzugehen.

Die junge und sehr hübsche Zahnärztin kam nur alle zwei bis drei Tage. Zwei freie Schwestern versorgten die Ambulanz und die Jurte der Schwerkranken, die an die Sanitätsabteilung angrenzte. Zwei gefangene Feldschere wohnten in einer ziemlich weit von der Sanitätsabteilung entfernten Baracke. Wenn Alexander Iwanowitsch fortging, war ich der einzige »Mediziner« im ganzen Revier.

Als ich im August aus der Strafkolonne ins Hauptlager zurückkam, sagte Alexander Iwanowitsch: »Die Sterblichkeit ist im allgemeinen normal. Letzte Woche hatten wir fünf Tote, im Schnitt also weniger als einer täglich. Die Situation ist schwierig. Das Lager ist noch neu, man schickt uns das Kroppzeug aus anderen Lagern, nach der Regel: ›Nimm, armer Mann, was ich nicht brauchen kann.‹ Sie schieben ihren Ballast an uns ab: Ausschuß, Sieche, Unheilbare. Der Chef protestiert zwar; die da wissen aber genau, daß er sie nicht zurückschickt – und er hat keine Order zum Weitertransport. Wir müssen also sehen, wie wir zurechtkommen. Ich schrieb an die Verwaltung und werde sie weiter löchern. Die Lagerleitung schreibt ebenfalls an ihre nächsthöheren Instanzen. Daß es in einem Arbeitslager ein Krankenrevier mit Hunderten von Betten gibt, ist nicht vorgesehen. Dazu gehört ein extra Lager mit Sonderstatus. Haben wir aber nicht, wir müssen uns einstweilen so behelfen. Die Sterblichkeit wird natürlich ansteigen. Die Ernährung ist einen Dreck wert. Infektionen. Mit Dysenterie werden wir fertig; aber Dystrophie, Pellagra, Skorbut, Herzleiden – damit ist's viel schwieriger. Bald kommt der Frost, die Unterernährten werden eingehen wie die Fliegen. Die chronisch Kranken müßten wir unbedingt loswerden oder ein spezielles Kranken- und Invalidenlager einrichten. Aber hier ist ein besonderer Bauabschnitt, von besonderer und außerordentlicher strategischer Bedeutung. Ich weiß auch nicht, was hier eigentlich gebaut wird – ein Spezialobjekt höchster Kategorie, das ist alles, was man uns sagte. Infolgedessen kann man hier mit Invaliden nichts anfangen und hat daher nichts vorbereitet. Freuen Sie sich also, daß einstweilen nur wenige sterben.«

An der Front habe ich viele Tote gesehen; habe vielleicht auch selbst Menschen getötet – es kam ja vor, daß man auf kaum wahrzunehmende oder nur in der Ferne vermutete Gegner geschossen hat, auch Artilleriekommandos hatte ich manchmal mit unserem Lautsprecher durchzugeben. Unzählige Tote habe ich gesehen, eigene und fremde. Ich begrub Kameraden in Waldschneisen bei Stara Russa, auf Friedhöfen in bjelorussischen und polnischen Dörfern. Im Winter 1941/42 sah ich Soldaten rasten, sie saßen auf knapp vom Schnee bedeckten steifgefrorenen toten Deutschen, aßen und rauchten. Ich sah die gespenstige Allee aus hartgefrorenen Deutschen, die irgendwelche Rohlinge vom Troß errichtet hatten, indem sie die Frostleichen teils breitbeinig hingestellt, teils mit den Füßen himmelwärts in den Schnee hineingesteckt hatten.

Im Sommer 1944 sah ich auf bjelorussischen Feldern und Straßen von der Hitze unheimlich aufgedunsene Leichen in blaugrauen Uniformen, sah an Wegweisern Erhängte in Uniformen und in zivilen Lumpen, barfuß mit großen Plakaten auf der Brust: »Vaterlandsverräter«, »Faschistenhelfer«, »Mörder von Frauen und Kindern«. Später sah ich erhängte deutsche Soldaten in gauen Feldblusen, Adler und Schulterstücke abgerissen, auf der Brust die Palakate: »Ich war feige vorm Feind«, »Ich ließ die Bolschewiken nach Deutschland rein«, »Ich bin ein Verräter«. Ich sah die Körper vergewaltigter Frauen in Ostpreußen, ich sah verkohlte Leichen unserer Soldaten in einem durch eine Panzerfaust in Brand geratenen Haus.

Ich sah im Unshlag, wie man einen Häftling zum Begraben forttrug und der diensthabende Feldwebel mit der Ahle in den von einem groben Tuch bedeckten Leichnam hineinstach – eine der Vorschrift entsprechende Kontrolle, ob der Betreffende sich nicht totstelle, um aus der Zone hinauszukommen.

Aber schmerzlicher und schärfer erinnere ich mich an die, die im Lager »Groß-Wolga« starben, denen ich die Temperatur gemessen, die Medizin gereicht, Spritzen gegeben hatte in der vergeblichen Hoffnung, den Tod abzuwehren. Ich war eben erst Arzthelfer im Krankenrevier geworden, hatte mich noch nicht richtig mit allem vertraut machen können, als in der Schwerkranken-Jurte ein älterer Mann, registriert als skorbutkrank, spät in der Nacht gestorben und in den Vorraum der Ambulanz gebracht worden war. Ich lief in die Verwaltungsbaracke, um den Leiter der Sanitätsabteilung anzurufen. Er wohnte in einem Häuschen unweit vom Lager. Im Apparat brummelte eine schlafbefangene oder auch betrunkene Stimme: »Gestorben? Na und? Wozu bimmeln Sie dann an? Auferwecken kann ich ihn nicht. Sie hätten mit dieser angenehmen Nachricht auch bis morgen warten können. Was heißt Sonderfall? In einem Krankenhaus gehört ein Exitus zum Alltag. Sie sind Mediziner, Arzthelfer, kein Fräulein, das sich vor Toten fürchtet. Oder fürchten Sie sich am Ende doch? Also, wozu dann der Anruf? Den Arzt soll man zu Lebenden rufen, nicht zu Toten, das hat schon Hippokrates gewußt. Was Sie mit ihm machen sollen? Hm – ja, im Korridor werden die Kranken über ihn stolpern, in der Ambulanz ist von früh an Sprechstunde. Auf die Straße – ist nicht erlaubt. Auf der Wache nehmen sie ihn nicht. Nun ja, das ist ein Problem, wenn auch kein medizinisches, kein therapeutisches, aber doch ein Problem... Können Sie das nicht selbst lösen? Müssen Sie deswegen den Chef rausklingeln? Was täten Sie denn, wenn ich verreist oder sonstwie unerreichbar wäre? Na eben, was hätten Sie dann gemacht? Das wissen Sie nicht? Und wozu haben Sie einen Kopf? Sie sind doch ein gebildeter Mensch, nicht bloß Kurpfuscher, auch noch Kandidat der Philologie. Warum können Sie sich dann nicht was Vernünftiges ausdenken? Was für Räume haben wir sonst noch? Nein, im Vorratshaus geht's nicht. Ins

Bad, oder besser vielleicht in den Kesselraum. Aber da ist's heiß, und jetzt ist sowieso Sommer. Die Badewärter werden Sie totschlagen. Und was mach' ich dann mit zwei Leichen, noch dazu ohne Arzthelfer? Ja, so geht's: Legen Sie ihn ins Zahnarztzimmer, da ist morgen keine Sprechstunde. Da geht keine Bahre rein? Dann setzt ihn in den Behandlungsstuhl! Verdammt noch mal! Und noch was: die genaue Todesursache. Die Biopsie muß gemacht werden. Schneiden Sie ihm ein Stückchen Haut aus dem Mund... Das können sie nicht? Was soll denn das heißen – Sie können nicht? Sie schneiden ja nicht ins Lebendige, er wird sich nicht beschweren. Ist ja auch nur offiziell nötig, der Ordnung halber. Gehen Sie gleich zu Alexej in die Baracke, sagen Sie ihm, daß ich befohlen habe, er soll mit Ihnen zusammen etwas Gewebe aus der Mundhöhle nehmen, von verschiedenen Stellen. Er kann das wahrscheinlich besser als Sie. Los, machen Sie voran. Und daß Sie nicht noch mal hier anbimmeln!«

Den verschlafenen Alexej schüttelte es: »Kalt ist das – und Tote liebe ich sowieso nicht... kann ja sein, er hatte was Ansteckendes... wenn man sich bloß nicht verschneidet, da ist doch Leichengift, verstehst du? Das macht einen hin wie nichts.«

Wir holten noch den Sanitäter und packten zu dritt mit Mühe den Körper in den Behandlungsstuhl, in zwei Laken gewickelt. Er war noch nicht starr und erschreckend beweglich. Nachdem Alexej die Gummihandschuhe übergezogen hatte, klemmte er mit der Zahnarztzange die Kiefer auseinander, und ich schnitt mit dem Skalpell Fetzchen Menschenfleisch aus dem Inneren der Backe und legte es in ein Schälchen. Die Nacht war kalt und regnerisch, aber Alexej und ich schwitzten wie Heizer.

In der Mitte der Schwerkrankenjurte stand ein Holzbett mit sehr steilem Kopfende. Hier lag, besser saß, zurückgelehnt der hochstirnige, schmalgesichtigte Lesgine[76] Mussa. Seine großen, dunkelbraunen, taurigen Pupillen schwammen in bläulichem Weiß, dichte schwarze Haare lagen um eine kleine runde Glatze, schwarze Borsten überzogen die eckigen Kiefer und die eingefallenen Backen. Er war mit der Diagnose Lungenentzündung eingeliefert worden.

Das Atmen fiel ihm sehr schwer; wir hatten ihm deshalb ein steiles Kopfteil aus Bretterresten gebaut. Mit langem, verwundertem, gutem Blick sah er uns an: »Danke, Doktor, vielen Dank.«

Mussa war sehr still und beteiligte sich nie an den Streitereien, die gelegentlich in der Jurte aufbrachen: Etwa wenn der Sanitäter schon kalt gewordene Balanda brachte; wenn der Malariakranke sich wild im Fieber wälzte und laut phantasierte; wenn jemandem die Brotration gestohlen worden war; wenn jemand rauchte und die Bettnachbarn den Qualm nicht ertragen konnten...

Mussas rechte Brustseite begann sich zu vergrößern, schwoll von Tag zu Tag stärker auf, er atmete immer mühsamer. Alexander Iwanowitsch machte eine Punktion. Die dicke Nadel ging nur mit Mühe zwischen die Rippen. Mussa, schweißgebadet, stöhnte leise. Alexander Iwanowitsch verzog das Gesicht: »Halt aus, Freund, halt aus, Lieber!« Und zu mir gewandt: »Novokain her, machen Sie die Spritze fertig.«

Fast ein halber Eimer grauer Flüssigkeit wurde ihm abgezapft. Mussa atmete vorsichtig, versuchte zu lächeln: »Besser... kann besser atmen. Danke, Doktor, vielen Dank.« Der Arzt wiederholte die Punktion noch ein paarmal. Von Mal zu Mal kam weniger Flüssigkeit heraus. Aber die Brust schwoll weiter an...

Alexander Iwanowitsch sagte: »Es dauerte bloß noch ein paar Tage. Hinterher müssen wir obduzieren. So ein Krebs ist mir noch nie vorgekommen. Wir haben übrigens Glück: Mit dem gestrigen Transport kam ein guter Prosektor. Mit dem Chef habe ich schon gesprochen. Dem Status nach steht uns kein Sektor zu, er wird als Badewärter eingesetzt, seziert im Nebenberuf.«

Ich hörte stumm zu, sah aber wohl befremdet drein, hatte den Mund krampfhaft verzogen. Der Arzt lachte unfroh auf: »Natürlich, abscheulich ist das. Noch atmet er, und wir haben ihn sozusagen schon beerdigt... So ist das. Spritzen Sie täglich dreimal Pantopon oder Morphium.«

Er nahm eine Handvoll Ampullen aus einem besonderen, verschließbaren eisernen Schränkchen, in dem Narkotika und noch kostbarere Medikamente aufbewahrt wurden: »Da – das ist ein neues Herzmittel – Cordiamin. Mischen Sie es mit Coffein, aber nicht zu üppig, denken Sie dran, andere, bei denen noch Hoffnung besteht, brauchen's auch. Wir können nicht allzu freigebig, allzu mitleidig sein, können uns nicht um einen einzelnen übermäßig kümmern und dafür andere vernachlässigen... Verstanden?«

Mussa keuchte. Die Spritze brachte etwas Linderung. Er bedankte sich leise, schlief ein. An seinen beiden letzten Abenden lebte er etwas auf, begann zu sprechen: »Doktor, ich muß sterben. Schick Brief an mein Haus. Dort leben Vater, Mutter und Frau. Hier, das ist die Adresse. Aber man muß auf russisch schrieben. Der Chef versteht unsere Sprache nicht...«

»Was denn, Lieber, red doch so was nicht. Warum denn sterben? Du wirst leben, lange leben. Bald wird man deine Frist verkürzen, vielleicht sogar streichen wegen der schweren Krankheit. Wirst selbst nach Hause fahren.«

Er war wegen »Banditismus« zu zehn Jahren verurteilt worden. Aus seinem gebrochenen Russisch hatte ich so viel entnommen, daß er Lastwagenfahrer war und zwischen Machatschkala und Ordshonikidse fuhr. Dort gab es einen Milizinspektor: »Sehr, sehr schlechter Mensch... schimpft mit alle Fahrer, aber wenn es ein Unsriger, ein Lesgin ist, schimpft er erst recht.« Mussa hatte diesen Inspektor verprügelt.

»So schrecklich schimpft er, flucht auf Mutter... Lesgin kann nicht hören, wenn man flucht auf Mutter... Lesgin muß den schlagen, der flucht auf Mutter...«

Er wunderte sich sehr darüber, daß ich noch nie im Kaukasus gewesen war.

»Mußt fahren in Kaukasus, Doktor, besuch mein Aul... sehr guter Ort... großer Berg... nicht ein Berg, viele, sehr viele große Berge... hoch, hoch Schnee... Luft so gut, Wald ist am Berg, Feld ist am Berg... gute, große Luft. Und Hammelchen, viele. Sehr gutes Essen ist bei uns.«

Er schloß die Augen und lächelte schwach; er sah wohl seine Berge vor sich, Wälder und Felder, sein Haus, in dem es gutes Essen gibt.

Im Gespräch mit ihm verfiel ich unwillkürlich in seinen lapidaren Stil: »Du schlaf, Mussa, schlaf, dann kommt die Gesundheit schneller. Fährst nach Hause... siehst die Berge... hoch oben weiß – weißer Schnee und noch höher blau-blauer Himmel.«

»Richtig, großer Himmel.«

»Schlaf, Lieber, schlaf. Wenn meine Frist um ist, komm' ich bestimmt zu dir zu Gast. Wir gehen in die Berge, werden Schaschlik essen, Wein trinken, Lieder singen...«

In der Jurte lage noch mehr als zwei Dutzend Kranke. Einige mit hohem Fieber, bewußtlos oder im Dämmerzustand. Andere waren munter, gesprächig oder einfach unverschämt. Auch ein paar gesetzmäßige Diebe waren in der Schwerkrankenjurte, so der über und über tätowierte, malariakranke »Haifisch«. Während der Fieberanfälle rief er bald kläglich nach seiner Mutter, bald fluchte er mörderische, vielstöckige, wüste Mutterflüche.

Es gab stille, vom Wege abgekommene kleine Leute, die einen Gelegenheitsdiebstahl oder ein Dienstvergehen im Lager büßen mußten, großspurige Schieber und mürrische, mißtrauische Arbeitsmänner aus allen Gegenden unseres weiten Landes. Aber keiner beklagte sich oder wurde böse, weil wir – der Doktor, der Sanitäter und ich – uns mehr um Mussa kümmerten als um die übrigen.

Der Sanitäter Ssewa, ein träger, arroganter Schönling mit mattbleichem Jünglingsgesicht und kleinen, müden Augen, war wegen Rumtreiberei und groben Unfugs verurteilt. Im Lager bekam er Angina, danach Lungenentzündung. Nach seiner Genesung behielt Alexander Iwanowitsch ihn wegen einer Herzschwäche als Sanitäter, weil er sauber und einigermaßen gebildet war und die Bitten der Kranken und meine Aufträge gewissenhaft erfüllte. Er bewegte sich langsam, wie im Tran, die Hände in den Taschen, das Käppchen mit dem winzigen Schirm schief aufs Ohr gedrückt.

Ssewa kam, wenn es nötig war, auch nachts zu mir: Ich schlief in einem kleinen Verschlag, der von der zweiten Jurte, die neben der Sanitätsabteilung und der Schwerkrankenjurte stand, abgeteilt war.

»Los, schnell! Mussa atmet kaum noch, rollt die Augen.« In der Jurte brannte die ganze Nacht eine trübe Funzel. Einige wachten auf: »Wer ist da? Was? Mach keinen Krach... Verdammt noch mal, wieder Mussa spritzen? Macht leise, Salbenschmierer, laßt doch die Leute schlafen... Halt die Klappe, gehst ja nicht zur Arbeit, kannst tagsüber pennen.«

Nur an ein einziges Mal erinnere ich mich, daß ein breitgesichtiger, breitschultriger Kerl, der Krächzer genannt wurde, bissig knurrte: »Spritzen, spritzen – wozu den überhaupt noch spritzen, streckt doch sowieso bald alle viere von sich«. Neben ihm lag Haifisch, noch schwach vom letzten Anfall, drehte nur den

Kopf und zischte leise: »Halt den Rand, Brüllaffe, Scheiß-Köter, wirst sonst selbst den Tag nicht mehr erleben, werd' dich erdrosseln, Drecksack...«

In seiner letzten Stunde saß ich bei Mussa. Zwei, drei Spritzen nacheinander wirkten schon nicht mehr. Er atmete immer mühsamer, pfeifend und gurgelnd. Die Augen wölbten sich immer stärker vor, die dünnen Lider mit den dichten Wimpern bedeckten sie nicht ganz, es blieben weiße Streifen. Der Blick des Todes. Aber die Lider flatterten manchmal, ließen die traurigen, leidenden Pupillen frei.

»Sag, Doktor, bitte sag. Bald sterben?«

»Du wirst nicht sterben. Halt noch ein bißchen aus – nur so ein, zwei kleine Tage, dann wird's besser – und dann noch besser. Und dann wirst du gesund sein. Fährst nach Hause in die Berge. Da ist reine Luft, Wald, Felder. Da wirst du wieder stark...«

»Sag, Doktor, sag...«

Die Arme sind so dünn. Unter der spärlichen schwarzen Behaarung schimmern alle Unebenheiten der Speichenknochen, alle Glieder der langen Finger und die Handgelenksknochen. Wieder und wieder stach ich in die trockene, papieren durchsichtige Haut an der Schulter. Die Handflächen waren feucht, klebrigfeucht, der Puls kaum noch zu fühlen. »Danke... sag... zu Hause... Berge...«

Und ich sprach tröstend und merkte nicht, wie er starb, wie er zum letztenmal die Finger bewegte. Die Augen waren offen geblieben. Ssewa berührte mich an der Schulter und nickte, er konnte nicht sprechen.

Wir bedeckten den Kopf mit einem Laken und zogen ihn aus der Jurte. Drei Kranke standen auf, um uns zu helfen. Dürr, krumm, in schmutziggrauer Wäsche schoben sie keuchend das schwere hölzerne Bett. Jemand knurrte: »Gibt's denn keine Bahre?« Man fuhr ihm über den Mund. Noch ein paar wachten auf, flüsterten, schimpften ein bißchen. Eine Greisenstimme murmelte: »Herr, erbarme dich seiner – Herr, erbarme dich seiner!«

Wir hatten noch keine Leichenkammer. So ließen wir das Bett im Durchgang zwischen den Jurten stehen und trugen Mussa ins Chefzimmer im Ambulatorium.

Dort wurde er am nächsten Abend obduziert. Der erfahrene, ältere Prospektor arbeitete leidenschaftlich, wollte zeigen, was er konnte. In einer Wachstuchfleischerschürze, in durchsichtigen, blutbeschmierten Gummihandschuhen trennte er geschickt den blassen, knochigen Körper auf.

»Wir öffenen jetzt die Brusthöhle. Stellen Sie den Eimer drunter. Fließt ja tonnenweise.«

Anfänglich kommandierte Alexander Iwanowitsch nur, aber dann nahm er selber ein Skalpell und erklärte uns, den drei Feldschern und zwei Sanitätern, was Lungenkrebs ist.

»Vom rechten Lungenflügel ist nichts mehr übrig, eine einzige schwarze Blutjauche, vom linken –, da, die paar Reste ... Wie er überhaupt noch leben konnte, ist mir rätselhaft. Ja, das sollten die Wissenschaftler erforschen, wie jemand mit diesem Lungenfetzen leben konnte und in welcher Zeit sich die Lungen in das da verwandelt haben. Dafür das Herz, sehen Sie, prachtvoll ...« Er sprach regelrecht begeistert, als er uns Mussas Herz demonstrierte: »Hier die Aorta, da der Vorhof ...« Ich wollte genau aufpassen, alles sehen, rauchte aus Angst vor Übelkeit Machorka und betrachtete Mussas Gesicht. Es war ruhig, müde, wirkte nicht mehr so abgezehrt und ausgemergelt wie gestern, als er noch lebte.

Als ich Alexander Iwanowitsch sagte, daß ich an Mussas Familie schreiben wollte, wurde er fuchsteufelswild: »Sind Sie komplett verrückt geworden? Sie haben Paragraph 58 wegen Agitation und wollen einen Briefwechsel mit den Angehörigen eines verstorbenen Häftlings führen? Und noch dazu von hier, aus einem Spezialobjekt? Ihnen ist damit eine neue Frist sicher, und mir steigt man auch aufs Dach. Klar? Die kriegen Bescheid, wie es sich gehört. Einen Brief von Ihnen brauchen die so nötig wie der Fisch den Regenschirm.«

Im Krankenblatt des Krächzers stand: eitrige Angina und Kehlkopfgeschwüre. Die Geschwüre wucherten unter dem Kiefer, vergrößerten das Unterkinn um das Doppelte, schließlich um das Dreifache. Alexander Iwanowitsch beschloß zu schneiden. Die Sanitäter hielten den Krächzer, drückten ihn auf den Stuhl, ich sprühte aus dem Pulverisator vereisende Analgetica auf die Geschwüre. Aus den breiten Schnitten floß langsam dicker, grünlicher Eiter. Der Krächzer stieß und strampelte mit den Beinen und fluchte heiser: »Verdammte Menschenschlächter – euch ist das schnuppe, ob ihr ins Lebendige oder ins Tote schneidet.«

Die Operation half nichts. Nach einigen Tagen war klar, daß er Kehlkopfkrebs hatte. Alexander Iwanowitsch sagte: »Hoffnungslos. Wäre er früher erkannt, hätte ein Kehlkopfschnitt die Sache vielleicht hinauszögern können. Jetzt sind schon die Lymphknoten dick geschwollen. Die Diagnose kommt um einige Monate zu spät. Allerdings – im Frühstadium ist so ein Krebs nicht leicht zu diagnostizieren. Und den hier schickten sie aus einem weit entfernten Lager, wo sich die Ärzte kaum mit den einfachsten Krankheiten auskennen...«

Nach einer Woche konnte der Krächzer Brot und Kartoffeln nicht mehr schlucken. Mit Mühe brachte er noch wässerige Kascha und Tee hinunter, sprach in pfeifendem Flüsterton. Er schimpfte aber um so erbitterter mit den Sanitätern und verlangte sein Essen.

»Gib alles, wie's mir zusteht! Und wenn ich ersticke, aber ich will's haben, alles, was mir zusteht.«

Brot, Würstchen, Hering tauschte er für Tabak ein oder gegen bar. Eine Brotration von 400 Gramm kostete drei Rubel, später wurde sie billiger. Er handelte emsig, ging in Unterhosen zur Brotschneiderei. Dort tauschten in der Mittagspause und abends bis zum Zapfenstreich »zufällig« vorbeikommende Häftlinge Brot gegen Tabak, handelten mit Konserven und Lebensmitteln aus ihren Paketen; man konnte alle möglichen Textilien, auch aus Gefängnisbeständen, kaufen und tauschen. Die großen Geschäfte wurden auf diesem Markt nur vorbesprochen, die Ware selbst – nicht selten gestohlende, manchmal sogar erst nach der Absprache gestohlene – wurde an einem geheimen Platz übergeben. Auf diesem schwarzen Markt drückten sich abends einige Kranke herum. Sie wurden von den »Hirten«, den Leuten vom Lagerselbstschutz, der aus Häftlingen bestand, eingefangen. Fand sich bei dem Geschnappten etwas, womit er sich loskaufen konnte, straften sie ihn damit und ließen ihn laufen. Die Hirten waren Kurzfristige, die wegen Rumtreiberei, kleinerer Schiebungen oder Dienstvergehen saßen. Sie waren satt genug, um eine Brotration zu verachten. Fand sich bei dem Delinquenten nichts Interessantes, dann schleiften sie ihn ins

Krankenrevier, riefen mich, drohten mit Rapport und verlangten von mir, »Maßnahmen zu ergreifen«. Die Grundmaßnahme war eine Standpauke, eine absichtlich laute, wüste Schimpfkanonade. Wiederholungstätern wurden die Unterhosen konfisziert – mit nacktem Arsch läuft keiner im Lager herum.

Den Krächzer erwischten die Hirten zweimal beim schwarzen Markt, und ich befahl ihm, sich auszuziehen. Er zischte Flüche, seine haßerfüllten, kleinen graugrünen Augen unter den farblosen, fast weißen, spärlichen Brauen glitzerten giftig. Auf dem Markt hatte er sein Brot, Sardellen und Heringsstücke verkauft. Und durch Vermittlung tätigte er noch Geschäfte anderer Art. In seinem Nachttisch hatte er sich eine ganze Werkstatt eingerichtet: Er flocht aus Stroh Körbchen, Kästchen, Schächtelchen, Zigarettenetuis. Die Strohhalme färbte er mit übermangansaurem Kali, Tinte, Waschbläue und Tusche. Er flocht phantasievolle Ornamente aus Kreuzen, Rhomben, vielzackigen Sternen und Zickzacklinien. Diese Kostbarkeiten verkaufte er an die reicheren Lagerprominenzler, auch an Freie außerhalb der Zone. Die Vermittlung besorgten die Freigänger. Es war erstaunlich, welche feinen, ausgewogen proportionierten Muster diese groben, schwieligen, plumpen Finger mit den langen schmutzigen Nägeln zustande brachten. Einmal betrachtete ich ein elegantes buntes Kästchen mit dreischichtig furniertem Strohdeckel, die Strohmuster waren noch von verschiedenfarbigen Fäden durchflochten, und ich bewunderte seine Phantasie und sein Können.

Er grinste: »Willst eins? Kostet 25. Aber dir mach ich's für fünf – Freundschaftspreis... Gib mir dafür Lebertran, den du sonst nur den Krepierlingen gibst. Und gib auch mehr Rosane, mit den ein, zwei Stück kann kein Schwanz gesund werden.«

Die »Rosanen« waren Vitaminpillen und bei allen Patienten besonders begehrt. Wer mehrere auf einmal schluckte, bekam ein Gefühl aufsteigender Hitze; Ohren, Hals, Leistengegend und Damm brannten. Also eine starke Medizin! Ich mußte sie so gut verstecken wie Gift und Narkotika.

»Ohne Verschreibung kann ich keine Medikamente ausgeben.« Er blinzelte vielsagend: Klar, versteh schon, genierst dich vor den Leuten – aber ich bin ja nicht auf den Kopf gefallen. Und er wisperte: »Ich mach's diese Woche, wird noch schöner als das da.« Bei der nächsten Medikamentenausgabe gab ich ihm keinen Lebertran, und »Rosane« bekam er wie alle: zwei Pillen. Er stierte böse: »Willst wohl nicht? Drückst dich?«

Bei der morgendlichen Medizin- und Thermometerausgabe wachte der Krächzer auf Anruf nicht auf. Er lag mit dem Gesicht nach unten ins Kissen gedrückt. Sein Nachbar, der Hai, keifte: »Das Schwein hat sich wieder vollgeschissen, ich erwürg' ihn noch!«

Er stieß ihn mit der Faust und saß mit einem Ruck hochaufgerichtet: »Der ist ja abgekratzt!«

Bläulich mit hervorgequollenen Augen, ins Kissen verbissen, lag der Leichnam in seinen Exkrementen. Wir trugen ihn auf der Matratze hinaus. Hinter uns Bemerkungen: »Zähes Luder war das... stark vor lauter Bosheit... jetzt ist er frei, der Schieber. Hej, Doktor, der hat noch Moos im Nachtkasten, muß man allen von geben, große Scheine hat der... Einen Dreck kriegste... Reißt sich alles die Obrigkeit unter'n Nagel... Für den Verteidigungsfonds und für die Industrialisierung... Aber die Ration für heute ist schon gebracht. Ssewa, drück dich nicht, soll der Doktor verteilen...«

Und nur die Greisenstimme zitterte: »Seid doch leise, ihr. Ist doch ein Mensch gestorben... Herr, erbarme dich, Herr, erbarme dich, gib seiner Seele Frieden und die ewige Ruh'.«

Bei der Obduktion zeigte uns Alexander Iwanowitsch die Metastasen. Über den aufgetrennten, ausgeweideten Körper gebeugt, tat es mir leid, daß ich ihm den Lebertran und die »Rosanen« nicht gegeben hatte. Das hätte seine letzten Tage verschönt; hätte er doch ruhig glauben sollen, das Geschäft mit mir sei ihm geglückt. Dieser zänkische und selbstsüchtige Schieber war ein wirklicher Künstler gewesen.

Der Verschlag, in dem ich hauste, war von der Jurte der Chronischen und Rekonvaleszenten abgetrennt. Hier arbeitete Goscha als Barackenältester und Tagessanitäter – ein Arbeiterjunge aus Tula. Im letzten Kriegsjahr eingezogen, hatte er nur Garnisondienst getan, war gar nicht mehr an die Front gekommen und wegen eines Zwölffingerdarmgeschwürs vorzeitig entlassen worden. Er feierte die Entlassung mit ebenfalls demobilisierten Zufallskumpanen; dunkel erinnerte er sich, daß es zu einer Schlägerei kam. Richtig wach wurde er erst wieder auf der Miliz.

Dort erfuhr er, daß seine Zellengenossen jemandem Geld und Uhr gestohlen und den Raub mit ihm zusammen versoffen hatten. Goscha bekam ein Jahr. Gegen Ende der Frist kam er wegen seiner Geschwüre ins Krankenrevier, dort blieb er nach der Heilung als Sanitäter, wurde mein Spezi, holte unsere Verpflegung in meinen Verschlag, und »wir aßen zusammen«!

Goscha arbeitete fröhlich, ekelte sich weder vor eitrigen Wunden noch vor Krankenhausschmutz, lernte rasch, ohne unnötige Grobheit auch mit den schwierigsten, widerborstigsten und hinterhältigsten Patienten umzugehen. Auch die Ausgabe der Standard-Portionen an Lebertran und Vitaminen konnte man ihm unbedenklich anvertrauen. Wenn ich erschöpft war und ein, zwei Stunden Ruhe brauchte, schloß er mich im Verschlag von außen mit dem Vorhängeschloß ein und log glaubwürdig: »Ist in der Baracke, da regen sich die Sanitäter wegen irgendwas auf. Muß dann im KWTsch[77] Paket abholen...« Auf unsere Freundschaft war er stolz und prahlte bei jeder Gelegenheit mit meiner Gelehrsamkeit.

»Unser Doktor kennt alle ausländischen Sprachen... Deutsch und Polnisch und Amerikanisch, welche du willst... Bücher hat er auch in allen Sprachen. Und lesen kann er, das ist wie Nüsse klappern... Nimmt sich ein Buch – in anderthalb Stunden – fertig! Durch und durch gelesen. Und die Betonung: nicht schlechter wie'n Schauspieler, sagt dir jeden Roman auf!«

Goscha versprach, er wolle unbedingt auf Doktor lernen: »Das ist eine gute, saubere Arbeit, den Menschen zum Nutzen und bringt mir Respekt...«

Breitstirnig, stumpfnasig, redselig, lächelte er immer freundlich. Auch bei den düstersten Erlebnissen verschwand sein Lächeln nie lange. Wenn er die Brauen zusammenzog, sah er aus wie ein beleidigter oder kranker kleiner Junge. Nach seiner Entlassung besuchte er, ehe er nach Tula heimfuhr, meine Familie in Moskau, entzückte Mama mit seinen Lobliedern auf mich und überging sich selbst dabei auch nicht. Er erzählte, wie er mir geholfen, mich verteidigt hatte, wie er den zerstreuten, vertrauensseligen, lebensuntüchtigen Gelehrten aus allen Lagernöten gerettet hatte.

Wir hatten nun endlich im alten Karzer eine Leichenkammer und eine kleine Anatomie einrichten können. Das war eine kleinere Baracke, deren Keller mit Ziegeln gepflastert und daher kalt war. Für den neuen Karzer war ein großes Backsteinhaus gebaut worden mit einem hellen »Kontor«, vier großen Zellen, die durch kleine vergitterte Fensterchen Licht bekamen, und zwei oder drei kleinen Einzelboxen. Ein Gefängnis im Gefängnis.

Der Tag unserer Kranken begann um sechs Uhr. Ich gab die Arzneien in den beiden Jurten und in der Baracke aus. Temperatur wurde nur auf ausdrückliche Anordnung gemessen. Um neun Uhr mußten alle morgendlichen Anwendungen erledigt sein – Spritzen, Einläufe mit physiologischer Kochsalzlösung. Es kam der Bericht bei Alexander Iwanowitsch über den Verlauf der Nacht und über die Kranken, die er selbst ansehen mußte. Um zwölf Uhr begann die Untersuchung der Durchgangstransporte, Aufnahme neuer Kranker, Gesundschreibungen und Überweisungen in ambulante Behandlung als »chronisch«. Nach der Mittagspause und bis zum Ende des Arbeitstages mußte der reguläre Medikamentennachschub empfangen werden. Die Hauptapotheke befand sich außerhalb der Zone, die freien Schwestern brachten meine Bestellungen hin, die ich auf Anweisung des Arztes zusammenstellte, der sie unterschrieb. Wir bestellten immer »mit Übergewicht«. In dem kleinen, mit einem Spezialschlüssel verschließbaren, eisernen Giftschrank in Alexander Iwanowitschs Büro – einem schmalen, von der Ambulanzjurte abgeteilten Raum – und in meinem großen weißen Holzschrank hatten wir Vorräte von besonders schwer zu beschaffenden Medikamenten angelegt. Trotzdem waren jede Bestellung und jede Lieferung schwierige und mühsame Unternehmen – mal fehlte das eine, mal das andere. Die freien Schwestern, die die Apothekenkisten brachten, verloren mal eine Flasche Lebertran, oder eine Schachtel mit den rosa Vitaminpillen ging unglücklicherweise kaputt. Nachdem die freien Schwestern, die mir manchmal beim Einsortieren der Medikamente halfen, die Zone verlassen hatten, begannen die abendlichen Anwendungen – Schröpfköpfe, Senfpflaster, Spritzen, Klistiere.

Intravenöse Spritzen machte ich nicht, lernte es auch nie, ich hatte Angst. Um so kühner spritzte ich subkutan oder in die Hinterbacken, setzte Schröpfköpfe an, machte Darmspülungen. Doch auch bei diesen nicht eben komplizierten Prozeduren kann zu großes Selbstvertrauen eines noch dazu abgespannten und übermüdeten Heilgehilfen gefährlich werden.

Dem stillen Dystrophiker, der sich gerade von einer Dysenterie zu erholen begann, spritzte ich subkutan etwas mehr physiologische Kochsalzlösung, und es kam Luft mit. Auf dem Oberschenkel bildete sich eine flache Luftgeschwulst, raschelte und knisterte wie Pergament. Der Patient erschrak, ich noch mehr. Ich versuchte, mir nichts anmerken zu lassen; legte ein Heizkissen auf, rieb Streptozyd-Salbe ein, spritzte Novokain. Die Sache hatte sich abends abgespielt, und bis zum Morgen schlich ich mich immer wieder zu ihm, um zu sehen, wie er schlief.

Alexander Iwanowitsch kam gar nicht mal, um sich mein Opfer anzusehen: »Das vergeht nach ein paar Tagen von selbst. Und Sie reiben sich gefälligst unter die Nase: Beeilen darf man sich nur beim Flöhefangen, aber auch dabei muß man hingukken...«

Ein andermal hatte ich einen noch schlimmeren Schrecken. Ein genesender Skorbutkranker quälte sich mit Verstopfung. Der Arzt hatte einen Einlauf mit schwacher Kochsalzlösung verordnet. Die angebrochene Halbliterflasche mit Etikett stand im Aporthekenschrank. Ich goß einen halben Liter warmes Wasser dazu. Der Kranke blieb, wie es sich gehört, noch ein paar Minuten ächzend liegen und lief dann eilig raus. Ich machte noch ein paar Einläufe: Kamille, Rizinus und so weiter. Dann wollte ich Schröpfköpfe holen und fand die Benzinflasche nicht an ihrem Platz. Goscha sagte, er hätte das Benzin aus der schmutzigen Flasche in eine saubere mit dem Etikett »Phys. Lösung« gegossen.

Der dringende Wunsch, den Sanitäter zu erschlagen, wurde nur von dem Bewußtsein zurückgehalten, daß auf keinen Fall der Patient und die anderen Kranken merken durften, daß etwas Entsetzliches passiert war. Ich spielte streng nach Stanislawskij-Schule die Rolle des sicheren, vielbeschäftigten Arztes, ging als sei nichts geschehen, zu dem Patienten, dessen Darm so furchtbar zugerichtet war, und fragte, wie er sich jetzt fühle. Stuhl gehabt? Genügend? Ohne eigentlich zu hören, was er antwortete, ordnete ich nach kurzer Überlegung an: »Dann komm jetzt herüber zu mir in die Kabine, der Doktor hat dir noch eine zweite Spülung zur Sicherheit verordnet. Hinterher gibts dann Zusatzdiät.«

Nachdem ich fast einen Eimer warme, schwach verdünnte Manganlösung für die Spülung verbraucht hatte, schnupperte ich unauffällig, zwang auch den unglückseligen Goscha dazu: »Riecht's nach Benzin?«

Dann gaben wir ihm Reisbrei mit Lebertran, süßen Tee mit Kondensmilch und nötigten ihm eine Roßdosis Salizyl-Phenol auf. In dieser Nacht schlief ich kaum, schreckte bei jedem Geräusch hoch. Als ich in der Frühe meine Runde durch die Jurte machte, mußte ich mich sehr zusammennehmen, um nicht zu rennen. Der Patient fühlte sich nicht schlecht. Er klagte nur über Schwäche und Schmerzen in den Beinen und fragte, ob er wieder eine Spezialdiät haben könnte...

Alexander Iwanowitsch erschütterte meine Mitteilung keineswegs: »Spülung? – Salizyl-Phenol gegeben? Und sonst? Naja, natürlich Lebertran. Vielleicht schreiben Sie mal 'ne Dissertation über Benzintherapie? Ein Dreck wird ihm passieren! Sie haben es ja rechtzeitig gemerkt. Und wenn nicht, wär's auch kein Unglück gewesen, das meiste ging ja sowieso gleich wieder ab. Gefährlich hätte es nur werden können, wenn Sie ihm mit Streichhölzern in den Hintern geleuchtet hätten. Jedenfalls weiß ich nun, was für eine Scheißordnung in Ihrer Apotheke herrrscht: Brand im Irrenhaus während einer Überschwemmung! Hauen Sie dem Sanitäter die Schnauze blau und grün, sagen Sie ihm, wenn er noch einmal seine Nase in die Apotheke steckt, kriegt er Karzer, fünf Tage – und mehr.«

Den Karzer inspizierten Alexander Iwanowitsch oder seine Stellvertreterin einmal wöchentlich. Nach jeder dieser Inspektionen bekamen wir von dort ein paar total Verelendete. Einmal wurde ein zwölf- oder dreizehnjähriger Junge gebracht, ein Skelett mit Knochen wie Fischgräten, von schmutziggrauer Haut überzogen; der kleine Kerl hatte eine schmale Stirn, dunkle Augen, dicht an die scharfe Nase gedrückt, und einen großen, schlaffen Mund. Um den Hals, an Händen und Füßen und unterhalb des Bauches eitrige Pusteln und Schrunden, eindeutige Symptome von Pellagra: »Halsband«, »Handschuhe«, »Strümpfe«, »Gürtel«; statt der Gesäßbacken Mulden.

Er war schon sechzehn; ein Dorfjunge aus der Gegend von Rowno, verurteilt wegen »Diebstahls von Kolchoseigentum«. Er hatte ein paarmal ohne Erlaubnis des Brigadiers was mit nach

Haus genommen – ein paar Handvoll verwehte Weizenkörner, Erbsen und unterm Hemd eine rote Rübe.

»Zu Hause hatten alle Hunger: Mama, die Brüder und das Schwesterchen; ich bin der älteste. Vater haben wir keinen, hat der Deutsche erschlagen; Mama ist krank, alle waren hungrig...«

Er bekam drei Jahre. Die Hälfte der Frist war um, da nahm er im Lager die Stiefel eines anderen. Stahl nicht vorsätzlich. Er nahm bloß ein Paar neue, eben erst ausgegebene Stiefel, tauschte sie auf dem schwarzen Markt gegen Brot. Als man ihn fragte, gab er es ohne weiteres zu: »Hab' ich genommen, war hungrig – wollte Brot.«

Der Bestohlene verprügelte ihn, bekam aber die Stiefel nicht wieder. Der Junge konnte sich nicht erinnern, wem er sie gegeben hatte; er konnte den Betreffenden nicht identifizieren. Der Brigadier mußte eine Akte anlegen. Für Iwanko wurde in der Eßbaracke ein Schauprozeß arrangiert. Das Urteil: fünf Jahre als Rückfälliger. Nach der Verurteilung mußte er in ein anderes Lager verschickt werden. Untersuchungshäftlinge und Verurteilte hielt man bis zu ihrem Abtransport im Karzer, wohin auch die gewöhnlichen Lagerinsassen, die etwas ausgefressen hatten, gesteckt wurden; meist nur für kurze Zeit, die Höchstfrist war zwanzig Tage. Mit Karzer bestraft wurden Drückebergerei, Randalieren und ähnliches. Die Diebe lebten auch im Karzer nach ihrer eigenen Ordnung. Sie nahmen den andern das Brot weg – die Hungerration von 300 Gramm – und sogar die Balanda. Iwanko hatte fast einen Monat im Karzer verbracht. »Und kein Krümchen Brot, Tag für Tag nur die Balanda, und auch nur ganz wenig.«

Alexander Iwanowitsch sagte: »Noch eine Woche, und er wäre abgekratzt. – Sie müssen ihn sehr sorgfältig aufpäppeln. Röstet das Brot, und gebt ihm die Ration nicht auf einmal, verteilt sie über den ganzen Tag. Er darf sich auf keinen Fall überfressen.«

Iwanko aß gierig, leidenschaftlich; kaute, während die wie erloschenen, nichts wahrnehmenden Augen auf einen Punkt starrten, leckte die Krumen von der Handfläche, schabte die Kascha bis zum allerletzten Körnchen aus dem Napf. Er erhielt die doppelte Ration Lebertran; weißen Zwieback, Zucker und Süßigkeiten gab ich ihm aus meinen Paketen. Er bedankte sich nie, kaute emsig und schluckte krampfhaft. Mit niemandem in der Jurte freundete er sich an, stritt auch nicht und sprach sehr wenig. Er lag auf einer der Pritschen in der Mitte beim Ofen, der im Sommer nicht geheizt wurde, zusammen mit jungen Skorbutkranken und Rekonvaleszenten nach Lungenentzündungen. Die Alten waren auf den unteren Liegen in den zweistöckigen Doppelpritschen an der äußeren Wand der Jurte untergebracht. Auf den oberen Liegen lagen die leichteren Fälle: Geschwüre, Lebererkrankungen und genesende Dystrophiker.

In den ersten Tagen lag Iwanko die ganze Zeit, den Kopf mit der groben Decke verhüllt; er richtete sich nur zum Essen auf. Als er Tabakrauch roch, belebten sich seine traurigen Augen: »Gib was ab... bitte!... Laß mich bloß einmal ziehen!« Nach einer Woche kräftigte er sich, die Geschwüre heilten ab, hinterließen dunkle, bräunliche Flecken. Mit denen, die in der Sonne sitzen durften, ging er hinaus. Er wollte sogar den Sanitätern beim Austeilen der Kascha und der Balanda helfen, aber die jagten ihn bald mit Ohrfeigen davon: »... schlürft aus fremden Schüsseln, der Schakal!«

Da machte sich Iwanko daran, das leere Geschirr einzusammeln, leckte die Schüsseln aus. Nun hieß er überall nur noch »kleiner Schakal«. Einmal schleppten ihn abends die Hirten an, sie hatten ihn an der Küchenabfallgrube erwischt, wie er Kartoffelschalen und andere Abfälle aß. Der Obmann des Lagerselbstschutzes hielt den Kranken eine Rede: »Das sind die allerdrekkigsten Schakale, die im Abfall herumwühlten, nicht mal ein anständiger Hund tut das! Aber hier in der Zone gibt's solche angestoßenen Krepierlinge. Der Chef hat jetzt befohlen, daß alle Abfallgruben mit Chlor übergossen werden, damit die Scheißkerle da nicht mehr drangehen. Diese Vollidioten wollen nicht glauben, daß aus dem Dreck Gift wird. Jetzt werden sie's lernen – von dem Chlor verbrennen die Eingeweide...«

Ich versuchte, Iwanko zu überzeugen, freundlich im Guten und auch mit Schimpfen; ich drohte, schüchterte ihn ein, befahl, ihm die Unterhosen wegzunehmen. Aber sie schnappten ihn wieder – im bloßen Hemd. Diesmal brachte ihn der Aufseher, ein Sergeant.

»Dieser Häftling hat eine neue Frist, muß also verschickt werden, wie es sich gehört, an eine andere Lagerörtlichkeit. Man hat Mitleid mit ihm gehabt, weil er minderjährig ist und unterernährt war, ließ ihn im Krankenhaus gesund und dick werden. Aber diese Sau verstößt gegen die Ordnung, rennt nacktärschig durch die Zone. Also werde ich Meldung machen, und das bedeutet: Karzer bis zum Abtransport...«

Ich bat den Sergeanten um Gnade, steckte ihm ein Päckchen Zigaretten zu, bewirtete ihm mit »Rosanen«, versprach, den kleinen Schakal nackt auszuziehen und an der Pritsche festzubinden, brüllte auf Iwanko ein, bis mir die Stimme versagte: »Du dreckiges Kalb... wenn du von dem Aaskram nicht verreckst, kommst du wieder in den Karzer... bist dann ganz ohne Brot. Kein winziges Krümchen gibt's da. Das hast du wohl vergessen?«

Er sah zu Boden; schniefte, rieb seine schmutzstarrenden Hände an seinen schmutzigen spitzen Kinn und murmelte in stimmbrüchigem Baß: »Mach's nicht mehr, bei Gott, bestimmt nicht mehr, ehrlich, will's nicht mehr...«

Der Sanitäter nahm ihm Hemd und Unterhose ab, gab sie ihm erst nach Zapfenstreich zurück. Tagsüber lag er nackt unter der Decke.

Eines Nachts weckte mich Lärm. Aus der Jurte drangen Lachen und Jammern herüber, Schimpfen und Poltern.

»Der lacht auch noch, der Schakal! Läßt andere nicht schlafen, Aasfresser verdammter... führt hier Tänze auf. Halt still, Teufel! Zappel nicht, Drecksköter!«

Die Pritschennachbarn droschen auf Iwanko ein. Er lag auf dem Rücken, lachte konvulsivisch und zuckte krampfhaft mit Armen und Beinen.

Jemand sagte: »Der hat einen Anfall... war wieder bei den Gruben... Ich hab's dem Sanitäter gesagt... aber dann kam er selbst wieder, kaute irgend so'n stickendes Zeug...«

»Wann war das?«

Chlorvergiftung! Ich versuchte, mich zu erinnern, was jetzt das Vordringlichste ist. In meinem Verschlag stand auf dem Regal ein Handbuch für Krankenschwestern... Magen- und Darmspülung... heiße Milch einflößen... Sodalösung, Übermangan...

Ich weckte Goscha; der Nachtsanitäter geriet in Panik. Bald versuchte er den zuckenden, um sich schlagenden Iwanko festzuhalten, bald verfluchte er ihn und alle Aufgewachten wüst, die ihrerseits den Schakal und »dieses Sanitäterarschloch« beschimpften, Ratschläge gaben, verlangten, den Jungen rauszubringen und woanders verrecken zu lassen.

Wir trugen ihn auf eine Einzelliege, die zuckenden Arme und Beine waren steinhart. Ich injizierte Atropin und Kampfer – die Krämpfe wurden schwächer. Goscha wärmte Wasser, machte eine Soda- und Manganlösung. Iwanko lachte nicht mehr, stöhnte aber und knirschte mit den Zähnen. Mit Mühe brachten wir die Kiefer auseinander und flößten ihm etwas Sodalösung, dann von der Manganlösung ein. Er hustete – ich erschrak: Daß nur ja nichts in die Lungen kommt! Er würgte einen stinkenden schwarzen Brei mit Klumpen heraus, der durchdringend nach Chlor roch. Ich machte ihm erst eine Spülung mit warmer Mangan-Lösung, danach mit Sodalösung, spülte schwarze, übelriechende Fetzen heraus. Als ich ihm einen mit Salmiak getränkten Wattebausch unter die Nase hielt, runzelte er die Brauen, nieste, kam aber nicht zu sich. Die Atmung wurde allmählich gleichmäßiger, Stöhnen und Krämpfe hörten auf. Der Puls war schwach, aber regelmäßig. Bis zum Morgen gab ich ihm noch mehrmals Injektionen, flößte ihm mit Goschas Hilfe eine Tasse warme Sodalösung ein. In der Frühe schickte ich den Nachtsanitäter in die Baracke der Freigänger mit einem Zettel für den Feldscher Alexej: Er solle aufstehen, der freien Schwester entgegengehen und sie bitten, Milch zu kaufen.

Schwester Marusja, ein kleines, mageres Mädchen, wohnte in der Nähe der Zone. Sie war nur wenig über zwanzig, hatte aber in dem schmalen, scharfgemeißelten, dunklen Gesicht, den kleinen, dunklen, traurigen Augen, mit dem fettigen, fahlblonden, glatten Haarknötchen, schon die deutlichen Züge des künftigen Alters – eines stillen, sanftmütigen, gewissenhaften und bescheidenen Alters. Sie brachte die Milch, wir wärmten sie, und zu dritt zogen wir die spärlichen dunklen Zähne auseinander und flößten ihm den warmen, wohlriechenden Strahl in den Mund, aus dem es faulig, fast leichenhaft dunstete. Iwanko erbrach sich, würgte wieder, hatte aber trotzdem ein paar Löffel geschluckt.

Alexander Iwanowitsch horchte ihn ab, tastete ihn ab, befragte uns genau. »Stirbt selbstverständlich. Wenn nicht heute, dann morgen. Hat sich selbst umgebracht, der Kretin. Im großen und ganzen haben Sie richtig gehandelt. Spülen und Klistier nützen jetzt nichts mehr. Muß länger als eine Stunde gewesen sein, daß er den Chlordreck im Magen hatte. Die Krämpfe zeigen an, daß das Gift schon im Blut ist. Mag sein, daß das Herz noch eine Weile mitmacht. Aber nicht mehr lange. Lassen Sie ihn in Ruhe.«

»Man hat mir beigebracht: Solange ein Kranker lebt, muß man mit allen Mitteln um sein Leben kämpfen...«

»Das hat man nicht bloß Ihnen beigebracht! Das versteht sich von selbst. Gesetz der Medizin! Ärztliches Ethos! Das alles ist gut für – dort...« Er winkte mit seiner langen Hand irgendwohin in die Ferne... »für die normale oder wenigstens vergleichsweise normale Welt. Hier gelten andere Gesetze. Vollkommen andere. Sie brauchen noch eine Weile, um das zu begreifen...«

»Ich habe das nicht dort gelernt, sondern hier, im Lager. Und meine Lehrer waren Ärzte, Häftlinge. Sie hielten sich an die ärztliche Ethik, obwohl ihnen das sehr viel schwerer gemacht wurde als den freien Ärzten. Darüber entscheiden zu wollen, bei wem die Heilung lohnt, bei wem nicht – das heißt ›Minderwertige‹ zum Tode verurteilen, das ist genau die Eugenik der Faschisten... Nein, das begreife ich nicht, begreife es im Prinzip nicht und werde es auch nie begreifen.«

»Prinzipientreue kann auch zu Dummheit werden, zu selbstmörderisch-bornierter Dummheit... Ihr Glück, daß ich grade niemanden habe, der Sie ersetzen kann, und daß Sie mir außerdem trotz allem leid tun.« Er betrachtete mich mit leicht verächtlicher Neugier, wiegte seinen großen, langen Schädel zwischen den spitz heraussstehenden Schultern. »Ihnen wird man die Hörner schon noch stutzen, und wenn Ihnen dabei nicht das Rückgrat gebrochen wird, dann haben Sie großes Glück gehabt. – Also, meinetwegen, hol Sie der Teufel, ich gebe Ihnen ein paar Ampullen, und Sie machen ein Experiment. Nennen wir's: die Auferweckung des Lazarus-Schakals von den Toten durch den Wundertäter-Heilgehilfen.« Er gab mir eine Handvoll verschiedenfarbiger und verschieden großer Ampullen: amerikanische, englische, deutsche.

»Das da ist fürs Herz, das gegen Krämpfe, dies zur Atembelebung. Spritzen Sie heute alle drei Stunden; wenn die Krämpfe sich wiederholen, öfter. Sehen Sie zu, wie er's verträgt... Kann ja sein, daß dieser Versuch irgendwann mal irgend jemandem nützt. Wenn's auch Blödsinn ist, komplett absurd, l'art pour l'art... Sie sind prinzipientreu und stur, Ihr Chef ist prinzipienlos, aber gutmütig.«

Drei Tage lang spritzte ich Iwanko in regelmäßigen Abständen, ohne daß er zu Bewußtsein kam. Hin und wieder flößten wir ihm Milch ein, machten Nähreinläufe in minimaler Dosierung. Alexander Iwanowitsch bereitete selbst mit den Schwestern eine vitaminisierte Bouillon. Wir jagten in die abgezehrten Knabenhüften fast zwei Liter physiologische Kochsalzlösung. Bepackten ihn mit Wärmflaschen. Der verkrampfte Körper wurde weicher. Der Puls fühlbarer, voller. Er sah aus, als schliefe er einfach. Goscha half mir sehr aufmerksam und sorgfältig bei der Pflege unseres »Patenkindes«. Wir vertrauten ihn den andern Sanitätern nicht an. Goscha stand nachts auf und weckte mich: »Zeit zu spritzen!«

Unablässig beobachtete er die Fortschritte, half bei den Injektionen und Spülungen, besorgte Milch. In der vierten Nacht kam er strahlend: »Schakalchen raucht!...«

Einer der Kranken, der eine Selbstgedrehte rauchte, hatte die schwache Stimme gehört: »Gib was zum Rauchen...« und Goscha wachgerüttelt. Iwanko lag auf der Seite, saugte mit halbgeschlossenen Augen an einer Machorka.

Glücksminuten. Echtes Glück. Am liebsten hätte ich diese dreckige kleine Schnauze geküßt. Um uns fröhliche Stimmen: »Tüchtig, Schakalchen! Hast's überstanden?!«

Wir gaben ihm Lebertran, wärmten einen Rest Milch auf. Er trank nicht gierig, sondern mit langsamen, schweren Schlucken: »Brennt in der Kehle.«

Er bekam seine Injektion und schlief sofort ein. Morgens fütterte Goscha ihn mit einem Milchzwiebackbrei, flößte ihm süßen Tee ein. Er aß langsam und schlief, ohne aufzukauen, wieder ein.

Alexander Iwanowitsch horchte und tastete ihn lange ab, versuchte auch, ihn auszufragen. Doch Iwanko erinnerte sich nicht daran, zur Abfallgrube gegangen zu sein, konnte auch nicht erklären, wie er sich fühlte: »Tut weh ... da tut's weh ... und da.«

»Na also, Ihr Lazarus ist tatsächlich auferstanden. Stinkt zwar scheußlicher als ein Toter, aber leben wird er. Braucht keine Spritzen mehr. Füttern Sie ihn sehr, sehr vorsichtig. Und passen Sie auf ihn auf. Er war auch früher kein Kirchenlicht, aber jetzt ist er debil, und zwar auf Lebenszeit. Sie können sich freuen: haben die Menschheit beglückt.«

»Dann muß er doch freigeschrieben werden.«

»Sehr wahrscheinlich. Ich schreibe das Nötigste, und das kommt zu seiner Akte. Und in der Freiheit – wem wird er da nützen? Nicht den Angehörigen, nicht dem Vaterland...«

Schon nach ein paar Tagen konnte Iwanko aufrecht sitzen, versuchte aufzustehen. Er war noch sehr schwach, aß aber schon wieder mit dem alten Heißhunger. Wir rösteten ihm die Brotration, teilten sie in drei bis vier Portionen, aus meinem von zu Hause geschickten Weißbrot machte ich Zwieback, den er zusätzlich bekam; wir kochten ihm Reis, Haferflocken-Kascha und rote Grütze aus Fruchtkonzentraten, die bekam er statt der Balanda. Aber er forderte: »Meins, was mir gehört«, und er forderte es – anders als früher – böse und gereizt. »Gib mein Brot!... Gib alles!... Gib mein Essen, mein ganzes Essen!... Gib Suppe!... Verfluchte Sau... Gib noch Kascha... Gib... gib her... Gib mein Brot! Hurensau!«

Goscha ärgerte sich: »Schakal bleibt Schakal, kapiert überhaupt nichts, bleckt bloß die Zähne, wird noch zubeißen.«

Bei der Mittagsessenausgabe quengelte Iwanko wieder mißlaunig: »Gib Brot... gib Suppe.«

Ich redete ihm gut zu, erklärte ihm, daß er ja alles bekomme, nur nicht auf einmal, daß er am Abend eine noch größere Brotration kriegt, mehr als alle andern, und statt der Suppe sogar eine extra Kascha. Er starrte mich aus seinen kleinen trüb-dunklen Augen unbeweglich an, und ich merkte plötzlich: Da ist Haß.

»Ich will mein ganzes Brot!... Ich will mein ganzes Essen!«

»Du kriegst ja dein ganzes Essen. Dein Essen ist besser, als was die andern kriegen! Und zum Abend bringen wir dir noch mal Brot. Iß jetzt Zwieback und Kascha. Schluß mit dem Gemecker!« Er nahm den Zwieback, nagte dran herum. Ich ging weiter, und er jaulte hinter mir her: »Ihr habt mein Brot geklaut... Arschlöcher.« Plötzlich bückte er sich, packte seinen Stiefel und warf ihn auf mich: »Saujude, gib mein Brot, Saujude, verdammter!«

Der kraftlose Wurf hatte mich nur eben an der Schulter gestreift.

Ringsum Geschrei: »Wen beschmeißt du da, du verrückter Idiot?! Er hat dich aus dem Grab gezogen ... füttert dich, du Schakal, aus seinen Paketen, wärst ja sonst verreckt, Blödmann!« Ich mußte Goscha festhalten. Er wollte mit den Fäusten auf den Jungen los.

Das Getöse schüchterte Iwanko ein, er verstummte, aß schweigend. Ich erklärte Goscha und Iwankos Bettnachbarn, daß der Schakal nicht mehr normal sei, angeknackst, das Gift hat auf das Gehirn gewirkt – man muß ihn bedauern.

Dann ging ich in meinen Verschlag hinüber. Goscha gab Iwanko den zweiten Schlag Kascha und hielt eine lange pathetische Lobrede auf die unausdenklichen Wohltaten des Doktors, andere Patienten bestärkten Goscha noch, besonders jene, die keine Gelegenheit verstreichen lassen, jeder beliebigen Obrigkeit zu schmeicheln: »Du, Schakal, mußt um Verzeihung bitten, mußt danke sagen, weil man Mitleid mit dir hat.«

Ebenso lauthals erläuterten sie, daß die Juden gar nicht so ein schlechtes Volk seien, und führten Beispiele ganz hervorragender Juden an.

Jenseits der Sperrholzwand klangen die gekünstelten Lobhudeleien und das zusammenhanglose Brummen Iwankos zu mir herüber; anscheinend hatte die doppelte Kascha-Ration ihn friedlich gestimmt. Ich saß auf meiner Pritsche, rauchte und versuchte zu lesen. Aber im Nasenrachenraum schwoll, drückte etwas bitter-feucht Warmes. Scham und Verzweiflung über meine Hilflosigkeit überkam mich, Kränkung, Zorn und trübes Mitleid – Mitleid mit mir und dem unglücklichen Schakalchen. Am andern Tag die gleiche Winselei. Aber Goscha fuhr mit einer so gewaltigen Schimpfkanonade auf, drohte, ihn zu verdreschen und den Zwieback wegzunehmen – da wurde er still.

In der kurzen Zeit bis zu seinem Abtransport kräftigte er sich rasch. Wieder mußte man ihm tags die Kleider wegnehmen und ihn nachts vom Sanitäter zur Latrine begleiten lassen. Alexander Iwanowitsch diktierte mir einen ausführlichen Auszug aus Iwankos Kranken- und Haftgeschichte, mit dem er die psychische Anomalie darlegte und die Notwendigkeit einer vorfristigen Entlassung betonte.

Iwanko ging fort, ohne sich von jemandem zu verabschieden. Goscha gab ihm für die Reise eine Tüte mit Zwieback, Gebäck und Zucker mit, er nahm sie, ohne auch nur zu nicken, und stopfte sie eilig unter sein Hemd.

Als ich sah, wie er hinter dem Aufseher hertrottete – den kleinen geschorenen Kopf auf dem dünnen Hals, der aus der schmutziggrauen Wattejoppe (es war heißer August) herausragte, die ausgelatschten, rötlichen, unsicher auftretenden Stiefel – durchdrang mich scharfer Mitleidsschmerz und zugleich Erleichterung: Wir waren ihn los.

Die Obrigkeit im Lager verkörperten vor allem die leitenden Offiziere: Lagerkommandant war Hauptmann Porchow; der bevollmächtigte Geheimdienstoffizier, der »Gevatter«, war Major; der Stellvertreter des Kommandanten für die »innere Ordnung« und der Beauftragte für »Kultur und Erziehung« waren ebenfalls Hauptleute. Von Zeit zu Zeit tauchten irgendwelche Leutnants auf, auf der Wache regierten großmäulige Feldwebel und Sergeanten, Gefreite und einfache Wachsoldaten mit blauen Schulterstücken. Sie spazierten auch in der Zone herum, hauptsächlich während der Appellzeit. Auf den Baustellen in der Arbeitszone kommandierten die Vorarbeiter, Brigadiere und Baustellenleiter – überwiegend Sträflinge. Auch Achtundfünfziger waren unter ihnen. Die beste Zimmermannsbrigade leitete ruhig und umsichtig ein ehemaliger Pionier-Major. Er war durch Fernurteil zu fünf Jahren verurteilt wegen »Lob und Überschätzung feindlicher Technik«. Er hatte gesagt, die deutschen Lokomotiven und die deutschen Automobile seien vorläufig noch den sowjetischen überlegen.

Eine der wichtigsten Ingenieurspflichten erfüllte Wassilij S., ein stämmiger, lebhafter Moskauer. Als Landsturmmann geriet er im Oktober 1941 in Gefangenschaft, wurde Adjutant bei Gilj-Rodionow, dem Kommandeur der von den Deutschen aus freiwilligen Kriegsgefangenen aufgestellten »I. Kavalleriebrigade zur Bekämpfung des Bolschewismus«. Diese Brigade verwandelte sich sofort nach ihrer Formierung im Frühjahr 1942 beim ersten Einsatz in die »I. Antifaschistische Kavalleriebrigade« und griff die deutschen rückwärtigen Linien in Bjelorußland an. In panischer Angst und Wut warfen die Besatzer nun fast eine ganze Armee gegen Gilj. Das deutsche Kommando gab ein besonderes Flugblatt heraus, das für Gilj tot oder lebendig 50 000 Reichsmark Belohnung versprach. Im Laufe eines Jahres wurde die Brigade aufgerieben und schließlich im Sommer 1943 in den Sümpfen endgültig geschlagen. Im Frühjahr 1943 wurde Gilj mit dem »Roten Stern« ausgezeichnet. Der Erlaß war ungewöhnlich: Selbst die höchsten Auszeichnungen wurden damals in langen Listen bekanntgegeben, und hier gab es einen einzelnen Erlaß mit Kalinins Unterschrift für ein bescheidenes »Sternchen«. Der schwerverwundete Gilj wurde nach Moskau ausgeflogen. Im Sommer 1946 hatte ihn jemand im Krankenrevier der Butyrka gesehen. Was aus ihm geworden ist, weiß man nicht. Vermutlich gestorben, aber wo und wie?

Wassilij hatten die Deutschen noch vor der Zerschlagung der Brigade gefangengenommen und schwerverwundet nach Maidanek geschafft. Nach der Befreiung des KZ Maidanek 1944 wurde er in sowjetischen Lazaretten gesundgepflegt. Als technischer Oberleutnant nahm er an den Kämpfen um Berlin teil, wurde ausgezeichnet, aber bald nach dem Sieg verhaftet und durch Fernurteil zu zehn Jahren verurteilt.

In der Wohnzone – in den Baracken, Jurten, im Eßraum, im Bad, auf den Lagerstraßen, im gesamten Häftlingsalltag regierte unmittelbar der Lagerselbstschutz. Er setzte sich zusammen aus Kurzfristigen mit Delikten wie Rowdytum, Bummelei, Störung der öffentlichen Ordnung, Diebstahl, Unterschlagung, Dienstvergehen. In der letzten Rubrik gab es auch ehemalige Milizionäre. Chef des Lagerschutzes war Ssemjon, der Langzahn: Aus seinem dicklippigen, affenartig vorgewölbten Mund in dem graublassen, immer gelangweilt gereizten Gesicht ragten große Zähne wie eine Klaviatur und Stahlkronen wie Stichel heraus. Er trug keine Häftlingskleidung, sondern ging in Sportmütze, »freiem« Jackett, himmelblauen Breeches und durablen Rindslederstiefeln. Er war Milizbeamter und wegen unerlaubten Waffenbesitzes verurteilt worden.

Ssemjon kam nicht oft zu mir; wenn er mich besuchte, fragte er mich mit mißtrauischer und vorsichtiger Neugier aus; er blätterte in den Büchern und Zeitschriften, manchmal, wie von ungefähr, brachte er das Gespräch auf die internationale Lage, die Atombombe. Offenbar war er vom Gevatter auf mich angesetzt.

Häufiger kam Ssascha-Kapitän, baumlang, mit einer klaren Jünglingsstirn, rosigem Flaum auf den Backen, einem runden eigenwilligen Kinn, vollen Lippen, die ständig verächtlich zusammengepreßt waren. Er war ein Moskauer Bautechniker, zu einem Jahr wegen einer Schlägerei im Restaurant verurteilt. Nach der Freilassung wollte er hier in dem Objekt arbeiten.

»Lohn ist gut, nach Hause ist's auch nicht weit. Richtige Disziplin – randalieren werde ich nicht mehr.« Im Kragen seines Häftlingskittels trug er stets eine weiße Halsbinde, wie sie zur Soldatenuniform gehört. Den Kittel gürtete er mit einem Marinekoppel. Von daher kam der Spitzname Kapitän, obwohl er nur Matrose gewesen war.

»Auf die Maats-Litzen war ich nicht scharf, wollte nach Hause. Hatte die Näse langst voll vom schweren Küstendienst auf den Kamtschatka-Stützpunkten, nicht mal nach Korea kam ich. Paar von unsern Leuten waren da, haben sich Japanerinnen und Koreanerinnen gegriffen, das sind Weiber – ganz große Klasse. Und das Klima! Aber ich bin immer bloß vom eiskalten Meerwasser gepökelt und gesalzen worden. Das härtet den Körper ab, aber der Charakter ist versaut.«

Manchmal kam Ssascha, weil er Lebertran oder Vitamintabletten haben wollte. Beim erstenmal brachte er ein Rezept von Alexander Iwanowitsch, sah aber wohl das Mißtrauen in meinem Blick. Da setzte er sich stumm hin, zog einen gewichsten Rindslederstiefel aus, schob das Hosenbein hoch: auf der weißen, von bläulichen Adern durchzogenen, muskulösen Wade waren dunkelbraune Flecken.

»Klar?«

»Skorbut. Hast du Zwiebeln und Knoblauch? Trinkst du den Kiefernadeltee?«

In allen Baracken standen Tonnen mit Kiefernadeltee – damals unser Hauptmittel gegen Skorbut.

»Zwiebeln und Knoblauch hab' ich, Kiefernadeltee trink' ich becherweise, bis er mir wieder hochkommt. Aber beim Kamtschatka-Skorbut hilft Lebertran besser, wenn du nichts dagegen hast.«

Wir lachten, und seit diesem ersten Besuch entstanden freundschaftliche Beziehungen zwischen uns. Manchmal kam er auch nach dem Zapfenstreich »bloß zu Gast« und erzählte von Lagerereignissen.

Als ich eines Abends vom Rundgang in meinen Verschlag zurückkam, entdeckte ich, daß mein »freier« Anzug verschwunden war; auch Wäsche und Lebensmittel fehlten. Der Anzug hatte an einem Nagel im hintersten Winkel gehangen, vom Fenster aus konnte man nicht dran. Der Verschlag war abgeschlossen, das Schloß heil. Goscha versicherte, er habe die Jurte nicht verlassen und niemandem den Schlüssel gegeben. Das kleine quadratische Fenster schien unberührt, der Vorhang unbeschädigt. Auf dem Brettertischchen, das wie in der Eisenbahn unter dem Fenster angeschraubt war, lagen Bücher, Hefte, Ordner mit meinem Bürokram – auch hier nicht die geringsten Spuren. Goscha war verwirrt und aufgeregt. Er rief die Kranken zu Zeugen auf, schrie, all seine Habe, alles wolle er dafür geben, nichts sei ihm zu kostbar, um den »Ganoven« zu entlarven (Lagerdieben stand der Ehrenname Dieb nicht zu). Dann lief er und holte den Lagerselbstschutz. Ssascha-Kapitän kam mit zwei Hirten. Er führte die Untersuchung wie ein in der Wolle gefärbter Detektiv. Goscha behandelte er besonders streng, obwohl ich ihm gesagt hatte, daß ich auf meinen Spezi nicht den geringsten Verdacht kommen ließe. Von allem andern ganz abgesehen, war er ja kein Dummkopf: Seine Freilassung stand bevor – er hatte nur noch eine Woche –, und daß man ihn bei diesem Diebstahl als ersten verdächtigen würde, war klar, er hatte ja den Schlüssel.

Nachdem Ssascha seine Verhöre beendet hatte, sagte er überzeugt: »Das haben zwei ganz gerissene Ganoven gemacht, und zwar Minderjährige, nur ein spilleriger Bengel kann durch dies Fenster kriechen, und nur ein ganz gerissener Filou kann so arbeiten, daß die Gardine heil bleibt und auf dem Tisch nichts in Unordnung gerät. Du hast Freunde bei den Dieben, sprich mit denen im Guten, daß sie den Dreckfink aufstöbern. Wenn die wollen, finden sie ihn im Nu. Und du«, er wandte sich streng an Goscha, »streich um den schwarzen Markt rum, stell fest, ob's verkauft wurde. Wer kann schon einen Anzug kaufen? Das muß einer von den reicheren Oberschlauen sein oder einer von den Schiebern mit Freigängerschein, der ihn aus der Zone schmuggelt. Los, beeil dich! Wenn die Klamotten erst aus dem Lager sind, sieht sie keiner wieder.«

Schon am andern Tag hatten Goschas und meine Diebsfreunde den Fall geklärt: Irgendwelche Minderjährige hatten den Köchen »freie Kalmotten« verkauft. Zur Abendbrotzeit gingen Ssascha mit zwei Hirten, Goscha und ich in die Oberschlauen-Baracke. Sie war geräumig, hatte keine zweistöckigen Doppelpritschen, sondern eiserne Feldbetten. Die Betten waren säuberlich zugedeckt, auf jedem zwei oder drei Kissen, die großen Nachttische waren mit Vorhängeschlössern gesichert. Der Stubendienst und ein paar Leute, die auf den Betten lagen, zeigten keinerlei Erstaunen beim Anblick der Hirten und meines weißen Kittels. Ssascha ging sofort zu den Betten der Köche und hob eine Matratze nach den andern auf. Unter einer lagen meine Sachen: Jackett und Hose, sorgfältig gefaltet und mit meinem Handtuch zugedeckt.

Er rief den Stubendienst: »Wessen Bett?«

»Ssemjon, dem Koch, seins.«

»Siehst du das?«

»Klar, seh' ich. Bloß wissen weiß ich nichts, hab' mit denen keinen Verkehr.«

»Schon gut, laß man. Nur: du hast gesehen, daß nicht wir den Kram dahin gelegt hben?«

»Hab' ich.«

»Keiner verläßt die Baracke, bis Ssemjon kommt.«

Ein Hirte postierte sich neben das Bett, der andere an die Tür. Wir gingen hinaus.

»Diesen Ssemjon kenn' ich. Vollgefressen bis oben. Spielt sich auf wie der Herrgott persönlich, haut die Krepierlinge halbtot, die nach 'ner überzähligen Schüssel Balanda schielen. Dem werden wir's jetzt zeigen!« Goscha und mich packte die Jagdleidenschaft. Wir brauchten nicht lange zu warten. Der Koch, ein breitschultriger, kugelköpfiger, rotgesichtiger Bursche von etwa dreißig begrüßte Ssascha in gönnerhaftem Baß.

»Grüß dich, Hirtenhauptmann. Führst jetzt auch die Doktoren auf die Weide?«

Ssascha erwiderte im gleichen Ton, fragte, wie es mit dem Abendessen geklappt hätte und nach anderen Küchenangelegenheiten. Der Koch antwortete gelassen und unbefangen.

»Na, alsdann, ich geh' schlafen. Muß in der Nacht wieder hoch, Teig ansetzen.«

»Angenehme Träume! Ach, Moment noch, kleine Frage. Dem Arzthelfer sind gestern abend Jacke und Hose geklaut worden und noch so Verschiedenes. Es heißt, jemand aus eurer Baracke hat so ähnliches Zeug gekauft oder eingetauscht. Hast du was davon gehört?«

»Nein, ist für mich ohne Interesse.«

»Warte noch, halt... Kann doch sein, dir fällt trotzdem was ein, nicht? Weißt ja vielleicht, wo wir mal nachfragen können.«

»Was soll mir denn einfallen, wo ich doch, leck mich am Arsch, von nichts weiß?« In den Brustton der Selbstsicherheit mischte sich Gereiztheit.

»Und wenn wir das Geklaute in deiner Baracke fänden? Was würdest dann saben?«

»Keinen Furz sag' ich, weil ich keinen Furz weiß. Ich steh' – hol mich der Teufel – achtzehn Stunden am Herd. Ich hab' keine Zeit, darauf zu hören, wer wo was kauft, verscheuert, grabscht – leck mich am Arsch.«

»Na, dann ist's ja gut. Gehn wir zusammen, die Baracke filzen. Die Jacke kann ich identifizieren, hab' sie beim Doktor hängen sehen, schickes Muster, ausländisch. Davon gibt's nur die eine in der Zone.«

»Und wer hat euch erlaubt, zu filzen? Sag, wer? Der Gevatter? Oder hast du Befehl? Ich hab' solche Rechte nicht, leck mich am Arsch.«

Er versuchte, großspurig aufzutreten, doch verriet seine Gereiztheit, daß er unsicher war. Wir gingen in die Baracke. Als der Koch die beiden Hirten sah, schrak er unwillkürlich zusammen. Ssascha fragte scharf: »Zum letztenmal frage ich dich vor Zeugen: Weißt du, wer die gestohlenen Sachen hat? – Du weißt's nicht, also filzen wir. Wessen Bett ist das?«

»Das ist verboten! Leck mich am Arsch. Das ist Gott verdammt ungesetzlich! Ohne Chef, ohne Aufseher, leck mich am Arsch, ist filzen nicht erlaubt! Ich lasse das nicht zu.«

»So, läßt du nicht? Ist auch scheißegal, wir machen's schon selbst. Halt, bleib da. Wo willst du hin? Du wolltest doch schlafen gehen?«

Der Koch hatte sich zur Tür gewandt, aber der Hirte und Goscha, der vor zorniger Ungeduld zitterte, ließen ihn nicht durch. »Was haltet ihr mich fest, leck mich am Arsch? Mit welchem Recht? Seid ihr zum Schutz da oder wer?«

»Ist das dein Bett?«

»Meins.«

»Alles deine Sachen?«

»Alles meine.«

»Und was ist das da? Auch deins?«

»Da-as da? Kenn' ich nicht! Hier lag mein Anzug. Und jetzt, leck mich am Arsch, jemand hat mir fremde Lumpen hingelegt. Werd' ich rauskriegen, leck mich am Arsch, was für'n Ganove das war. Welcher Köter meine Sachen geklaut hat und fremde hingelegt hat. Erdrosseln werde ich den Hurenbankert!«

Dann zu mir gewandt: »Ist das vielleicht Ihr Zeug?«

»Ja, gestern abend aus meiner Kabine geklaut.«

»Na also, Kapitän, jetzt filz mal bei denen, vielleicht ist mein Anzug da. Ich brauch' nix Fremdes, leck mich am Arsch. Aber bring mir mein Zeug wieder. Mein Anzug ist noch fast neu, viel besser als diese abgetragenen Fetzen da, leck mich am Arsch. Keinen Groschen tät ich für so'n Schamott geben, Gott verdammt, tät's nicht mal geschenkt nehmen.«

Er bemühte sich krampfhaft, seine Sicherheit wiederzugewinnen, grinste dreist. Ich konnte mich nicht beherrschen und stieß ihm die Faust in die feixende Visage. Er taumelte leicht, ließ sich dann theatralisch auf sein Bett fallen und jaulte stoßweise: »Wo-für – schlägst du mich? – Wo-o-o-für?«

Ssascha nickte, und die beiden Hirten rissen den Koch vom Bett hoch.

»Halt die Fresse. Wir gehn bißchen spazieren.«

Sie brachten ihn zu mir in den Verschlag und begannen das Verhör: Ssascha schlug ihn mit der Faust in den Bauch, in die Seite, mit der Handkante in den Nacken, die Hirten bearbeiteten seinen Hintern und seine Waden mit Stöcken und fragten dabei: »Bei wem gekauft?«

Erst sagte er, irgendein Hungerleider hätte die Sachen zur Küche gebracht, er hätte sie genommen, ohne recht hinzuschauen, und Brot und Kascha dafür gegeben . . . er habe Angst gehabt, gleich die Wahrheit zu sagen, denn in solche Sachen sei er noch nie verwickelt gewesen...

Ssascha schlug, die Lippen verächtlich verzogen.

»Laß das Stöhnen, Schuft! Schrei nicht, Köter! Für einen Schrei gibt's zwei extra. Sag, von wem, sag's genau, red nicht drumrum.«

Er schlug mit kurzen, sicheren Schlägen. Auch Goscha wollte zuschlagen. Sie drängten ihn weg.

»Nicht in die Fresse. Soll'n ja keine Spuren nachbleiben...«

Der Koch fiel hin, sie hoben ihn auf, lehnten ihn an die Wand oder setzten ihn auf die Pritsche. Er schloß die Augen, als verlöre er das Bewußtsein; atmete schwer und keuchend... ich hielt ihm Salmiak unter die Nase... er nieste, sah sich um.

»Und du schimpfst dich Doktor? Hunde, warum schlagt ihr mich?«

Ssascha schlug ihn in die Herzgrube. Der Koch verschluckte sich, wurde blau.

Und ich schritt gegen diese Folter nicht ein, verhinderte nicht einmal, daß sie in meiner Kabine stattfand. Rief nicht zu Mitleid, zu Menschlichkeit auf – und verspürte selbst kein Mitleid. Es war abscheulich, zum Kotzen, wie bei der Obduktion einer schmutzigen Leiche, und gleichzeitig schauerlich interessant: Also so ist das! Das also ist das Verhör dritten Grades!

Der unverschämte Oberschlaue, der tagein, tagaus die Küchenarbeiter ebenso schikanierte wie die hilflosen Unterernährten, war widerlich. Doch mit jedem Schlag wuchs in mir auch ein ungutes Gefühl Ssascha gegenüber, der leidenschaftslos, fast heiter, am Werk war. Er und seine Gehilfen schlugen sorgfältig, kaltblütig und taten nur zornig, um sich recht in Harnisch zu bringen. Sie und mein gutmütiger Goscha, der den Koch haßte und über den Erfolg der Suche jubelnd triumphierte, weckten in mir Schrecken und Widerwillen. Der Widerwille wurde um so stärker, als ich ja selbst zum Schurken geworden war, weil ich die Folter nicht verhindern konnte, auch nicht verhindern wollte. Trotzdem hielt ich Ssascha ein paarmal an: »Laß bitte, ich will diesem Hundesohn sagen...« Und ich versuchte, dem Zusammengeschlagenen Angst einzujagen, drohte ihm die gräßlichsten Qualen an, so fürchterliche Spritzen, nach denen er selbst um seinen Tod flehen würde. Und Ssascha soufflierte ihm, indem er Namen und Spitznamen der minderjährigen Diebe aufzählte: »War's der Graue, der Eisenzahn oder Blockade? Dorn? Kasak? Der Rote?«

Der Koch schüttelte den Kopf: »Ich weiß nicht... ich erinnere mich nicht... schlagt mich tot, ich weiß es nicht.«

Ssaschas Fäuste und die Stöcke der Hirten wirkten stärker als meine rhetorischen Drohungen. Schweiß und Tränen abwischend, gestand er schließlich, er habe alles bei dem minderjährigen Dieb Ljoschka mit dem Spitznamen Dorn gekauft, für 300 Rubel in bar.

Die Schläge hörten auf. Der Koch saß auf dem Fußboden, lehnte sich an die Wand, atmete keuchend wie ein Läufer nach dem Endspurt. Goscha gab ihm Wasser.

»Gib paar Pülverchen oder Tropfen gegen den Schmerz. – Habt mir alle Eingeweide zerschlagen.«

Ich gab ihm zwei Pyramidon und Brom.

»Verarztest mich jetzt, leck mich am Arsch? Erst umbringen und dann heilmachen?«

»Halt's Maul, Hundesohn! Kriegst es für alles zusammen: für Gaunerei und für Mißhandlung der Krepierlinge.«

Die Hirten schleiften einen dünnen, pickeligen, wieselflinken Jungen an. Er heulte ohne Tränen durchdringend auf einem hohen Ton.

»Ich war's nicht... und wenn ich die Freiheit nie wiederseh', ich hab's nicht genommen, keinen Stint hab' ich geklaut, ich war's nicht, und ich weiß nichts... bin doch noch krank.« Als er den Koch hocken sah, schrie er gellend: »Nicht schlagen!!«

Ssascha stieß ihn in die Rippen, er quiekte auf und weinte nun wie ein Kind.

Goscha und ich kannten den Jungen. Er war erst vor vierzehn Tagen aus dem Krankenrevier entlassen worden, hatte Skorbut und Ruhr gehabt und in unserer Jurte gelegen. Goscha rief triumphierend: »Ganove, Parasit, gewissenloser Schuft... Er hat dich gesund gemacht! Und du dreckiges Arschloch, Lumpenhund verfluchter, stinkige Wanze, widerlicher Wurm, räudiger Köter... totschlagen ist noch zuwenig...«

»Ich hab' nicht geklaut... und wenn ich verrecke, ich war's nicht.«

»Nicht geklaut? Heißt das, dein Partner hat's geholt und du hast ihn auf den Weg gebracht? Und die dreihundert hast du genommen! Wer ist dein Partner? Wer ist reingekrochen? Sag's, oder du kommst hier nicht mehr lebendig raus.«

»Weiß nicht, verflucht will ich sein, ich weiß nicht. hab' niemand auf den Weg gebracht. Er lügt, der verfluchte Oberschlaue, Köter, schamloser... Glaubt, mit Minderjährigen kann er alles machen... Ich sag's den Menschen, die werden den Köter erwürgen.«

Der Koch sprang hoch, traktierte den Jungen mit Fausthieben auf Kopf und Brust: »Singen willst du, Ganove?! Maulgevögelter! Bist bloß bange, weil du die Lippen verspielt hast. Gib die Kohlen zurück! Dreihundert, her damit, Dreckskerl, deinetwegen wurde jemand fast totgeschlagen!«

Sie zogen den Koch weg, befahlen mich, sich wegzuscheren. Er verlangte weiter sein Geld.

Dorn kreischte: »Der Köter lügt: hab' ja bloß zwei gekriegt.«

Der Koch gab nicht nach. Er erholte sich, stöhnte nur noch selten und griff sich dabei an die Schulter und in die Seite. Er wollte jetzt nur noch eins – sein Geld zurück. Die Hirten wollten ihn rauszerren, er wehrte sich schimpfend: »Werden noch sehn, wer besser zuhaut. Ihr Köter steckt mit den Dieben zusammen... Habt die Klamotten gegrabscht... Wollt auch die Kohlen noch behalten... seid ein und dieselbe Ganovenbande – Scheißhirten, Scheißärzte und Scheißganoven! So'n Lumpenvieh, schlägt einen für'n paar Kopeken zu Klump, ist sich nicht zu schade dazu.«

Ssascha kickte mit gut gezieltem Tritt den Koch zur Tür hinaus. Goscha war völlig außer sich.

»Wegen so einem Vieh hat man mich beinahe für'n Ganoven gehalten.«

Ich hielt ihn zurück und versuchte auch die Hirten zurückzuhalten, die den Bengel verprügelten, wenn auch nicht so gewaltig wie den Koch, und dabei ständig fragten: »Wer ist dein Partner?... Wer kroch ins Fenster?... Wer stand Schmiere?«

Er heulte durchdringend. Aus der Jurte kamen zornige Stimmen: »Wofür vertobakt ihr den Lümmel?... Verdammte Hirten!... Goscha-Köter, noch nicht in Freiheit und spielst schon den Bullen! Doktor, was machst du da, ist hier'n Krankenhaus oder 'n Karzer?!«

Goscha lief hinüber und schaffte Ruhe: »Wird nur'n Ganove belehrt, sind bald fertig.«

Der verheulte Dorn nannte schließlich seinen Partner, der aber nicht erreichbar war, weil er eben für zehn Tage in den Karzer gekommen war. Dorn beschrieb dann, wie er ins Fenster geklettert war, während der andere Schmiere stand, und wie er auf dem Tischchen alles wieder säuberlich in Ordnung gebracht hatte. Er schwor hoch und heilig, das Geld beim Spiel mit Erwachsenen verloren zu haben, daß er noch von früher für mehrere hundert Rubel Spielschulden habe, nur deswegen habe er klauen müssen, um diese Schulden zu bezahlen. »Ich bin noch minderjährig, kann eben erst auf den Beinen stehn, und schon wollen sie mich beerdigen.« (Spielschulden werden bei den Dieben ebenso ernst genommen wie in der mondänen Gesellschaft, sie sind Ehrenschulden und müssen unter allen Umständen zurückgezahlt werden, andernfalls wird der Dieb »beerdigt«, verliert seine Diebsprivilegien, wird zum Köter.)

Aus dem weiteren, nun schon ganz friedlichen Gespräch ging hervor, warum der Koch, der das Diebsgut gekauft hatte, sich so lange gesträubt hatte, den Verkäufer zu nennen. Er war früher selbst Dieb gewesen, aber Köter geworden, während der kleine Dorn zu den Dieben gehörte. Das Geschäft mit ihm schien nicht nur unmittelbar günstig, er hatte sich davon auch erhofft, daß man ihn nun als gewöhnlichen Oberschlauen und nicht mehr als Renegaten einstufen würde. Die Schläge, Ssaschas unzweifelhafte Informiertheit, die Furcht vor der Feindschaft der Hirten und das kränkende Bewußtsein, sich vergebens in Unkosten gestürzt zu haben, brachten ihn dazu, zu gestehen. Der schwächliche Dorn erwies sich als zäher und schlauer. Er verpfiff niemanden, außer dem nicht greifbaren Partner, der möglicherweise gar nicht beteiligt gewesen war.

Ssascha beschloß, den Fall abzuschließen. Der Koch würde sich nicht beschweren.

»Es käme dabei für ihn nichts heraus. Im Gegenteil: Es könnte für ihn nur schlimmer werden, wenn eine regelrechte Untersuchung eingeleitet würde. Und die erwachsenen Diebe, die uns den Tip gegeben hatten, würden sich nicht dafür rächen, daß wir

Dorn einen Denkzettel verpaßt haben. Das ist eine ganz normale Sache. Dorn ist nun mal ein Risiko eingegangen, als er wie ein Ganove handelte; ein gesetzmäßiger Dieb stiehlt im Lager nicht – er ›erleichtert‹ nur die Freier, nimmt offen, was er will und kann, das steht ihm zu. Wenn sich aber die Obrigkeit einmischt, kann ein neuer Fall entstehen; jemand von den Kleinen singt im Karzer, oder es kommt einer von den Erwachsenen dran – ohne sie geht's ja nicht... Wir wollen natürlich, daß im Lager Ordnung herrscht. Das heißt, wir müssen das Diebsgesindel kleinkriegen, und zwar gnadenlos. Einstweilen sind sie eine Macht, die ganze Bande kriegen wir nicht auf einmal. Also müssen wir schlau vorgehen und auf uns selbst aufpassen.«

An diesem Abend hatten meine freundschaftlichen Beziehhungen zu Ssascha-Kapitän ihren Höhepunkt und zugleich ihren Wendepunkt erreicht. Er war mir unangenehm geworden, sogar beängstigend. In diesem hübschen, flotten Burschen steckte eine seelenlos-grausame Kraft. Einer wie er konnte ein guter Soldat, ein verläßlicher Kerl sein, auf den ersten Blick erweckte er Sympathie bei den Kameraden und natürlich bei den Mädchen, er konnte den bewundernden Neid der Freunde und Zechkumpane erregen. Andererseits konnte so einer, wenn es ihm nach ruhiger Überlegung nötig schien, verraten, denunzieren, plündern, rauben, totschlagen, zum Henker werden, ohne die geringsten Skrupel, ohne Vorurteile der Dankbarkeit, der Familien- oder Freundschaftspflichten.

Ssascha war gescheit genug, zu merken, daß ich mich von ihm zurückhielt, aber nicht gescheit genug, die Gründe zu erkennen, und so versuchte er manchmal, »die Verhältnisse klarzustellen«.

»Komm, wir müssen uns aussprechen... Du hast da irgendwelche Befürchtungen... Aber ich bin doch dein Freund, wirklich... Mir ist es gänzlich schnuppe, ob du den Achtundfünfziger hast; ich kenne die Menschen besser als irgendein Gevatter – und dir vertraue ich. Du vertraust allen möglichen Leuten, zum Beispiel Dieben. Ich weiß, du machst mit denen keine krummen Touren, läßt dich nicht bestechen wie dein Chef... ja, schon gut, werd' nicht ärgerlich. Nichts siehst du, weil du dir die Augen bei den Büchern kaputtgemacht hast. Du hast in der Jurte, wo nur Schwerkranke liegen sollen, schon drei erwachsene Diebe fettgemacht: Hai und Kreml liegen da schon lange, und gestern kam auch noch Ljocha-Glatzkopf dazu. Und wen hast du als Sanitäter? Bomber und Ssewa, diese Halbblüte. Sag ehrlich, sind die wirklich so krank?«

»Hai hat Malaria. Jeden zweiten Tag schwere Anfälle, so schwer, daß er den halben Tag bewußtlos ist und phantasiert. Nicht mal Akrichinin hilft ihm. Heute haben wir ein neues Mittel angewendet, davon wurde er ganz blau, wie angemalt, komm, ich zeig' ihn dir. Und Kreml hat ein Magengeschwür, Magenbluten und Skorbut. Jeder, der Skorbut kennt, sieht das. Glatzkopf ist schwer skorbutkrank, ich kenne ihn schon aus der Strafkolonne, er war in der Kiesgrube.«

Das stimmte alles, und ich konnte Ssascha mit gutem Gewissen widersprechen, ohne irgendwas zu verschleiern oder zu beschönigen. Aber es stimmte auch, daß viele nicht minder schwere Fälle von Skorbut und Geschwüren eben nicht wie die aristokratischen Diebe bei den Schwerkranken lagen, sondern im Ambulatorium oder in der »leichten« Jurte behandelt wurden. Darüber hatte schon Goscha verwundert und vorwurfsvoll mit mir gesprochen.

»Du gibst den Krepierlingen von deinen Paketen, und die sagen noch nicht mal danke; sie meinen, das stünde ihnen zu. Aber der Chef, der versteht zu leben. Dem haben die Diebe einen im Spiel gewonnenen Anzug zugeschanzt, ein fabelhaftes Stück, so was findest du kaum in der Freiheit, Beute1...« Ich versuchte, Goscha zu erziehen, belehrte ihn »pragmatisch«: »Hör nicht auf den Klatsch, und tratsch ihn auch nicht weiter, das bringt dir keinerlei Nutzen, machst dir höchstens Feinde damit. Aber merk dir für dich selbst, daß Gaunerei nur auf den ersten Blick vorteilhaft ist, aber bei genauerem Hinsehen Schaden und schließlich Untergang bedeutet: Früher oder später endet das im Gefängnis, und es ist schmachvoll, mit schlechtem Gewissen leben zu müssen.«

Ich erklärte ihm, daß echte kommunistische Moral aus den besten Eigenschaften des Christentums und den guten, alten Volkssitten erwachse.

Ssascha-Kapitän dagegen betrachtete mich spöttisch, mit dem aufmerksamen Blick eines Untersuchungsrichters: »Du verschleierst was, Freundchen. Och, machst du mir blauen Dunst vor! Und ich komme zu dir ohne Hintergedanken, mit offener

Seele, will dich doch nicht ›aufbrechen‹. Werd' den Teufel tun, bin doch keine Glucke. Mit dem Gevatter hab' ich nichts zu tun. Meine Obrigkeit ist der nicht. Das ist der Vize-Lagerchef für die innere Ordnung. Aber in Wahrheit bin ich mein eigener Chef. Ich habe meine eigenen Glucken. Überall – kannst mir glauben. Und von dir weiß ich mehr, als du selber weißt. Und gegen deinen Chef hab' ich nichts. Ein kluger Mann, ein Arzt, wie er sein muß. Der ganze Führungsstab achtet ihn. Aber er versteht, sein Schäfchen ins trockene zu bringen, weiß zu leben und ist nicht so ein Hornochs wie manche gelehrte Leute. Aber auch er kann sich verrechnen. Die Diebe bringt er im Krankenhaus unter, aber ihr Zunft wird klein beigeben müssen. Mit jedem neuen Transport kommen immer mehr Köter, geraten mit den Gesetzmäßigen aneinander, zücken schon die Messer, Köpfe werden rollen ... Sag' das deinem Chef. Mit den Dieben ist bald Schluß, verstehst du? Wo zwei sich zanken, soll sich kein Dritter einmischen. Und wer's nicht fertigbringt, sich rauszuhalten, muß sich auf die Seite des Stärkeren schlagen.«

Diese Meldung gab ich Alexander Iwanowitsch weiter, wobei ich die Bemerkungen über die materiellen Gründe seiner Wohlgeneigtheit den Dieben gegenüber etwas abmilderte. Er knurrte böse: »Dreckiges Gewäsch. Bei uns liegen Kranke, die nicht simulieren. Aber seien Sie gefälligst vorsichtiger. Man darf keinem einzigen Dieb trauen. Selbst dieser Bomber, so einfältig er wirkt, so gutmütig, ist zu allem fähig, wenn's ihm sein ›Pachan‹ befiehlt. Keiner von denen hat auch nur die Spur von Gewissen. Einfach keinen Funken. So wie es Leute gibt, die kein musikalisches Gehör haben. Aber auch den andern darf man nicht trauen. Die Köter sind ja eben auch Diebe, bloß noch gewissenloser. Und dem feinen Kapitän ist schon gar nicht zu trauen – der gehört zur Köter-Rasse. Und im übrigen: Auch mir können Sie nicht trauen – mich kränkt das nicht. Und ich bin keineswegs ermächtigt, Ihnen zu trauen, im Gegenteil, bin zum Mißtrauen verpflichtet. Ihrem Paragraphen entsprechend, muß ich wachsam sein. Im allgemeinen und im einzelnen ist das alles übler Mist. Gehen wir zu den Kranken!«

Fast täglich kamen neue Transporte aus anderen Lagern und aus Moskauer Gefängnissen, zwanzig, dreißig, manchmal auch mehr Leute. In der Sanitätsabteilung wurde die tägliche Sprechstunde immer voller. Außer den ambulant behandelten Patienten mußten alle Neuankömmlinge untersucht und nach jeder Untersuchung einige in stationäre Behandlung genommen werden. Darum rief Alexander Iwanowitsch mich gelegentlich, wenn er einen Transport untersuchte, und ließ mich seine Anordnungen gleich aufschreiben. Ich fühlte mich erschöpft und stumpf, hatte ständig Kopfschmerzen, schluckte mehrmals täglich Pyramidon und Coffein, manchmal überschwemmte mich trostlose Gleichgültigkeit – Gleichgültigkeit aus Verzweiflung, aus Machtlosigkeit: Heute hilfst du einem unglücklichen Dystrophiker, machst ihn gesund, morgen jagt man ihn zur Arbeit, und nach zwei, drei Tagen ist er wieder krank...

Im Lager verdichtete sich unruhige, gereizte Spannung. Nachdem einem Oberschlauen, Shorka dem Clown, die Flucht geglückt war, wurden die Kontrollen wieder genauer, langwieriger und nervöser. Die Aufseher und die Hirten trieben die Zuspätkommenden mit Stockschlägen zum Appell. Es verging keine Woche bis zur nächsten Flucht, noch dazu aus dem Karzer. Ein Kleiner, der in einer Einzelbox saß, hatte den Holzfußboden aufgerissen und war in den leeren Keller geklettert; dort waren in der Ziegelmauer Luftlöcher ausgespart, er kratzte mit einem Stück Eisen – Gott weiß, woher er es hatte – noch ein paar Ziegel heraus, kroch unbemerkt unter dem Drahtzaun des Karzers und unter der Lagerumzäunung durch, dicht am Wachtturm vorbei.

Ich war in dieser Nacht in der Schwerkrankenjurte aufgehalten worden, als ich die MP-Salve und Rufe hörte. Vom Wachtturm kam das abgehackte Tacken, rote, orangefarbene Streifen strichen schräg in die dunkle Bläue hinauf, in das dichte Sternenfeld.

Eine schrille Frauenstimme: »Da läuft er! Da, da läuft er – Richtung Wolga...« (Bei der äußeren Wache dienten auch weibliche Schützen.)

Bleichviolette Scheinwerfer glitten suchend umher. Die Sirene heulte. Von den andern Wachttürmen prasselten MP-Salven. Außen am Stacheldraht entlang liefen polternd Soldaten, heulten Hunde.

Ein hallender, befehlsgewohnter Bariton fluchte auf das blöde Weib: »Was jagst du Kugeln in den Himmel? Ohne Anruf schießen! Schieß auf den Scheißkerl!« Von den Wachttürmen Rufe: »Marsch, alles in die Baracken – auseinandergehen!«

Ein paar von den Schüssen aufgewachte Häftlinge waren aus den Baracken gekommen, um zu sehen, was vorging.

»Haut ab, ich schieße! Ej, du da, im weißen Kittel, mach, daß du in die Jurte kommst, verdammt noch mal! Gleich knallt's!«

Der Flüchtling wurde nicht gefunden. Beim Morgenappell sagte man uns, er sei im Fluß angeschossen worden und ertrunken. Der Karzer-Chef erhielt einen Verweis, dem Selbstschutzmann, der im Karzer Dienst tat, verpaßten sie zehn Tage strengen Arrest »ohne Arbeit« – das hieß Hunger. Nach einer Woche erhielt einer unserer Kranken, ein junger Dieb, eine Postkarte mit dem Stempel von Orjol. Der Geflohene schrieb: »Ich fahre jetzt in Erholung, es geht mir gut. Grüß die Freunde. Sag Onkel Petja, nie würde ich seine Fürsorge und Zärtlichkeit vergessen...«

Der Zensor hatte sich offenbar für eine offene Postkarte nicht interessiert. Der Adressat stand nicht auf der Liste derer, deren Post besonders sorgfältig zu kontrollieren war. Onkel Petja, der Karzer-Chef, war selbst Häftling, aber privilegiert. Als Milizionär war er wegen irgendwelcher Dienstvergehen verurteilt worden; inzwischen schon Freigänger, wohnte er, wie einige Baustellenleiter, außerhalb der Zone. Graugesichtig, unauffällig, gehörte er zu denen, die man zehnmal treffen kann und beim elftenmal wieder nicht erkennt. Im Karzer hielt er auf Zucht und Ordnung. Für die winzigsten Verstöße strafte er seine Einquartierten gnadenlos mit »Verpflegungsentzug«, das heißt, er entzog ihnen auch noch die kümmerliche Strafration; er schlug mit einem Gummirohr, das er in einen nassen Lumpen wickelte, »sauber und ohne Schaden für die Gesundheit, zum Zwecke der Erziehung, nicht zur Verkrüppelung«. Er schlug kaltblütig, treffsicher und unermüdlich; die Schläge waren sehr schmerzhaft, hinterließen aber keine sichtbaren Spuren.

Die hartnäckigsten Sünder band er ins »Hemdchen«. Das war eine Zeltbahn mit Löchern für die Schnur. Der Delinquent wurde bäuchlings auf die Zeltbahn gelegt, Arme und Beine zurückgebogen, zusammengebunden und dann in die Zeltbahn eingeschnürt. Das höchste Strafmaß war: vier Stunden auf dem Bauch, das mildeste eine Stunde auf der Seite. Onkel Petja regierte schlau. Niemals bestrafte er einen, von dem er wußte, daß er einflußreiche oder rachedurstige Freunde hatte, allzu scharf; er faßte auch keinen erwachsenen Dieb ernstlich an. Dafür hielt er sich an den Einzelgängern, den Halbblüten und den Kleinen schadlos. Er hielt sich für »streng, aber gerecht«, und von den gesetzmäßigen Dieben bekam er Schmiergeld dafür, daß er die Karzer-Wärter nicht hinderte, ihnen Essen und Tabak einzuschmuggeln.

Im Frühsommer war ein mit »Hemdchen« Bestrafter an der Prozedur gestorben. Danach erneuerte der Lagerleiter eine in Vergessenheit geratene Vorschrift: Das »Hemdchen« durfte nur nach vorheriger ärztlicher Untersuchung »verordnet« werden; ein Arzt mußte eine spezielle Akte darüber anlegen. Alexander Iwanowitschs Assistentin hatte ein paarmal die Expertise angefertigt. Einmal hatte sie »zwei Stunden auf dem Bauch« erlaubt.

»So ein baumstarker Bandit, Mörder, Gewalttäter – war wegen einer blutigen Schlägerei in den Karzer gekommen. Dort hatte er wieder jemanden verprügelt, ihm sein Brot weggenommen. Trotzdem: Es ist schrecklich, wenn ein Mensch so zusammengeschnürt wird wie ein Bündel Lumpen. Mit einemmal wird er ganz rot, Schweißausbruch, Pulsbeschleunigung, unregelmäßige Atmung...«

Nach dieser Erfahrung verringerte sie die Frist, erlaubte nur noch »auf der Seite, und nicht zu fest einbinden«. »Trotzdem, wissen Sie, ist es schrecklich – einer hat sich sogar unwillkürlich entleert...«

Später weigerte sie sich überhaupt, wegen einer »Hemdchen-Aktion« in den Karzer zu gehen.

»Ich kann nicht; ich bin nicht gesund, wissen Sie, die Nerven machen da nicht mit.«

Alexander Iwanowitsch verbot zweimal die Strafe. Von den Fällen, in denen er sie erlaubt hatte, sprach er nicht. Einmal wurde ich abends in den Karzer gerufen, »die Akte anlegen«. Ich weigerte mich. Sie sollten bis morgen warten, bis der Arzt käme. Ich hätte dazu keine Genehmigung, sei nur Feldscher und außerdem selbst Häftling. Nach einer Stunde kam ein Aufseher: Der Lagerchef persönlich habe die Bestrafung des Ganoven verlangt, der verrückt gespielt hatte, als der Chef den Karzer besichtigte.

In Onkel Petjas Büro lag schon eine fertige Akte auf dem Tisch: »Gröbliche Verletzung der Karzerordnung... Gewalttätiger physischer Widerstand dem Aufseher gegenüber... ignorierte, sich unqualifizierbar ausdrückend...« Onkel Petja war ein Meister protokollarischer Stilistik. Auf der Bank an der Wand saß ein dürrer, bleicher Bengel, auf dem Kopf große Glatzflechten, seine Augen irrten verstört herum. Vor ihm auf dem Fußboden lag die Zeltbahn mit den trübbraunen und bräunlich gelben Flecken – Spuren der »unwillkürlichen Entleerung«. Ich sah den Kerl mürrisch und streng an, schob ihm unter jede Achsel ein Thermometer, zog erst das eine, dann das andere Lied herunter.

»Mach den Mund auf, zeig die Zunge.«

Ich faßte ihn grob und geringschätzig an, kommandierte barsch, wurde immer finsterer und mürrischer. Als ich die beiden Thermometer herausnahm, fragte Onkel Petja: »Was gibt's da groß zu gucken? Fieber hat er keins, das sieht man auch so.«

Ich blickte herablassend und streng: »Er hat Untertemperatur.«

Dann horchte ich ihn gründlich ab, beklopfte Brust, Rücken und Seiten, tastete den Bauch ab, den ausgemergelten Knabenkörper. Die schmutzigweiße Haut war übersät mit blauen, runzligen Tätowierungen – teils zotigen, teils sentimentalen. Auf den Füßen die Inschrift: »Uns holt keiner ein«, und auf der Brust ein Grabhügel mit Kreuz und dem Schwur: »Nie vergesse ich mein Mütterlein«. Auf Rücken, Schultern, Hüften blaue Flecken, Blutergüsse, Hautabschürfungen.

Er hustete, murrte: »Ihr bringt einen um, quält einen zu Tode, Hunde, verruchte, Blutsäufer! Vernichtet ein junges Leben, Aasbande...«

Ich drehte und wendete ihn noch gröber und gereizter, tat verärgert, mich mit so dreckigem Kroppzeug abgeben zu müssen, beeilte mich bei der Untersuchung aber nicht, damit Onkel Petja nicht glaubte, mein Urteil sei vorgefaßt gewesen. Er zappelte ungeduldig an seinem Tisch: »Was ziehst du's so in die Länge, das ist kein Krankenhaus hier.« Ich beendete die Untersuchung, trat an den Tisch, klopfte mit dem Stethoskop leicht auf die Akte und sagte: »Ich unterschreibe nicht. Vollständige Erschöpfung, außerdem Leber und Niere krank – vermutlich durch Schläge ... Wegen so'nem Dreckskerl will ich keine neue Frist aufgebrummt kriegen.«

Hinter uns fing der Bengel angestrengt zu schnaufen und zu schnauben an. Onkel Petja kniff listig die Augen zusammen.

»Das heißt, Sie wollen ihn retten. Tut Ihnen wohl leid, der Parasit? Oder sind Sie bange, daß seine Kumpels ihn rächen werden? Oder vielleicht grade umgekehrt: Sie hoffen auf reichlichen Dank? Heißt also, nicht einverstanden? – Dein Glück, Hurenknüppel, hast heute Schwein gehabt.«

Als ich am nächsten Tag Alexander Iwanowitsch die Sache erzählte, knurrte er unzufrieden: »Weiß ich, kenn ich, das ist der Grützbeutel, ganz übles Subjekt. Simuliert den Psychopathen – hat den Lagerchef in 'ner Art Anfall wüst beschimpft und verflucht. Der Chef hat mir Ihretwegen schon eins auf den Kopf gegeben, ist überzeugt, daß Sie da eine krumme Tour gedreht haben. Ich ging dagegen an, aber er glaubt's nicht. Seien Sie jetzt ja vorsichtig!«

Bald danach kam es zu der Flucht aus dem Karzer. Der Flüchtling gehörte zu Grützbeutels Kumpanei. Tags drauf kam Ssemjon, der Lagerselbstschutz-Chef, zu mir. Er blickte noch säuerlicher drein als gewöhnlich: »Da haben wir's. Befehl vom Lagerchef: zehn Tage Karzer für Sie. Wegen Übertretung der Lagerordnung und Behinderung der Aufsicht. Du hast da im Karzer so was wie 'ne Intrige gerollt. Mitleid mit 'nem Banditen gehabt. Wirst nun ausprobieren, wie sich's mit denen lebt.«

Ich sagte ihm, daß ich vorher meine Fälle übergeben, die notwendigen Medikamente austeilen, Injektionen machen und Behandlungen durchführen müsse. »Gehn wir, Alexander Iwanowitsch Meldung machen.«

Der wurde bitterböse: »Karzer für meinen Gehilfen bedarf meiner Zustimmung. Im Augenblick habe ich niemanden, der ihn vertreten kann. Warten Sie.«

Er ging zum Lagerchef, kam zornig zurück: »Hab' Ihnen fünf Tage runtergehandelt und Arbeitserlaubnis erwirkt. Passen Sie bloß auf, daß Sie keinen Stunk mit dem Karzerleiter anfangen!

Ein gerissenes, hinterhältiges, rachelüsternes Schwein. Geben Sie ihm was auf die Pfote: Zigaretten, Süßigkeiten, Lebertran, zehn Rubel – seien Sie dem Halunken gegenüber nicht knauserig.«

Abends kam Onkel Petja persönlich mit einem Hirten, der am Zelteingang wartete, um mich abzuholen.

»Na los, Doktor, machen Sie sich fertig, zum Umzug in die neue Wohnung, Hotel Zwinger für fröhliche Kinder. Deine Decke nimm mit, aber zieh schlechteres Zeug an: Das Publikum bei uns ist nun mal so – gibst du ihnen nicht freiwillig, was ihnen gefällt, reißen sie dir's runter und beschädigen womöglich noch dich selbst. Essen mitnehmen ist nicht erlaubt. Außerdem absolutes Rauchverbot. Mit einem Wort: Knast im Knast. Warst du nicht drin, kommst du noch hin; wer drin gesessen, wird's nie vergessen.«

Zwei Päckchen Zigaretten und eine Dose Fisch in Tomatensauce nahm er ohne Umschweife, steckte sie in die Tasche und blinzelte: »Trinken wir noch einen Schluck Lebertran auf den Weg!«

Ich rief die Sanitäter: Goscha und den neuen, eben erst kurierten Wachtang. Umständlich und ausführlich erklärte ich ihnen, welchen Kranken was in der Nacht und bei Zustandsverschlechterung zu geben sei. Und wenn es mit einem ganz schlecht stehe, sollten sie zur Wache laufen und Alexander Iwanowitsch anrufen.

Onkel Petja hörte neugierig zu, guckte interessiert, wie ich die Pülverchen und Schächtelchen auf dem hölzernen Apotheken-Tragbrett verteilte und beschriftete. Goscha spielte den Begriffsstutzigen, fragte das dümmste Zeug, verwechselte absichtlich alles. Und Wachtang redete pathetisch beschwörend auf ihn ein: »Oj, Goscha, schad dir nicht selbst! Warum nimmst du so was auf dich? Kommst morgen oder übermorgen frei und übernimmst jetzt so was! Wenn du nun die Pülverchen und Pillchen durcheinanderbringst, dem Falschen gibst und einer stirbt? Wer ist verantwortlich? Chefdoktor ist weit hinter der Zone, unser Doktor im Karzer. Dich wird man verurteilen. Nimm's nicht auf dich, Goscha, tu's nicht, Bruder, ich will nicht mal hinsehen, ich weiß nichts, ich versteh' nichts. Soll der's verantworten, der befohlen hat, daß die Kranken die ganze Nacht ohne Hilfe bleiben sollen, der unsern Doktor in den Karzer gejagt hat ...«

Onkel Petja feixte immer breiter, kniff Augen zu Schlitzen zusammen. »Och, ist das ein gerissener Freund! Och, hast du schlaue Brüderchen hier – die haben Mitleid mit ihrem Doktor! Hab keine Bange, Freund, keiner stirbt, keiner muß was verantworten. Und telefoniert wird nicht. Der Chef braucht seine Ruhe, das bringt ihm und den Menschen Nutzen. Aber du, Stumpfnase – Hauptgehilfe vom Oberuntergehilfen, spiel hier nicht den Blöden. Onkel Petja lacht bloß über so'n Theater. Und wenn du was nicht kapierst, mach dich schleunigst auf die Socken. Bis Zapfenstreich bin ich da, für später sag' ich dem Wachhabenden Bescheid. Dem mußt du's dann ordentlich erklären, wenn der Arzthelfer gebraucht wird: Abpumpen, Spritze stecken, Leben retten. Onkel Petja ist kein Unmensch – achtet auch die Medizin, begreift, womit ein Mensch atmet und schnauft. Los, gehen wir! Und was hast du da Komisches hängen? Beuteware? Verkaufst du's, oder tauschen wir?«

Mein Angebot, das Hemd anzuprobieren, das hinter der Wäsche über meiner Pritsche hing, nahm er gnädig an – es paßte. »In Ordnung, zahl' ein andermal, ich weiß den Preis nicht, bin ja kein Lumpenhändler. Frag du selbst bei denen, die was davon verstehn. Brauchst dich nicht zu beeilen. Wir kennen uns ja.«

Im Karzer brachte er mich Erster Klasse unter, in einer engen Einzelzelle mit Bretterpritsche.

»Einschließen tu' ich dich nicht. Latrine ist draußen. Wenn du mußt, läßt der Diensthabende dich raus.«

Bald nach Mitternacht kam Goscha atemlos angerannt: »Wo ist hier der Arzthelfer? Wo ist unser Doktor? Drüben kratzen zwei ab, und der Doktor ist hier eingesperrt. Chef hat befohlen, er soll spritzen, sofort!«

Im Karzer verbrachte ich im Laufe dreier Tage höchstens zwölf Stunden. Dann »vergaß« Onkel Petja mich, kam nicht und schickte auch nicht nach mir. Aber Goscha holte ordnungsgemäß für fünf Tage meine Karzerration: 300 Gramm Brot und eine halbe Porton Balanda. Wachtang klagte wortreich: »Wei, Leute, unser Doktor wird vor Hunger krepieren. Guck bloß, Goscha, er wankt schon, ganz dünn, klapprig und durchsichtig.«

Wachtang war mit schwerem Skorbut in meine Jurte gekommen. Das eine Bein war holzsteif verkrampft und gekrümmt, das andere war schon mit dunklen Flecken übersät und zuckte in

Krämpfen; das Zahnfleisch blutete. Der rotblonde, blauäugige, einem Kaukasier so gar nicht ähnliche Junge hatte nichts von einem gesetzmäßigen Dieb. In seinem offenen, fröhlichen Blick lag kein Hauch jener angespannten Vorsicht, die ich auch in den Augen noch der dreistesten Diebe zu sehen gewöhnt war. Aber er war von Nikola Piterskij und einigen seiner Freunde, die ich von der Kiesgrube her kannte, gebracht worden.

»Hör, Doktor, das ist unser Koresch[78] Wassja – Georgier, ganz reine Blüte, fehlerloser Held und tapferer Frontsoldat – mach ihn gesund als Freund und Kamerad.«

Am ersten Tag, als ich sein Bein massierte, ächzte er, knirschte mit den Zähnen, versuchte aber zu lächeln, später, nachdem er sich etwas erholt hat, sagte er: »Doktor, ich hab' Sie früher schon mal woanders gesehen ... Nein, nicht im Lager – und wenn mich der Skorbut noch ganz verkrümmt: Gesehen hab' ich Sie, irgendwo in der Freiheit.« Der übliche Trick anzubändeln, den die Diebe Fremden gegenüber anwenden. »Laß man, hast mich sicher im Traum oder im Kino gesehen. Bloß war das dann wahrscheinlich nicht ich.«

»Nein doch, Doktor, glaub nicht, daß ich schummele. Du bist ja kein Dämchen, und ich bin kein Arschficker, daß ich dir schöntun müßte. – Wo hast du in der Freiheit gelebt? Wo warst du im Krieg?«

Rasch war alles klar: Wir hatten uns tatsächlich im Krieg getroffen. Wachtang war Fahrer des Kommandeurs der 37. Gardedivision, General Rachimow, gewesen; er hatte mich in Graudenz ein paarmal gesehen und erinnerte sich, daß ich den deutschen General angebracht hatte, und auch daran, daß der General vor dem Stab unserer Gruppe sein Lob ausgesprochen hatte ...

Lager, stickige Krankenbaracke. Von Nadja hatte ich erfahren, daß ich bald wieder ins Gefängnis, wieder vor Gericht mußte. Und plötzlich, unverhofft: ein Soldat aus Graudenz, ein lebendiger Gruß aus diesen letzten und fröhlichsten, unwiederbringlichen Tagen – als sei es erst gestern gewesen; seither waren ja auch erst gut zwei Jahre vergangen, und doch war es unendlich ferne Vergangenheit ...

Wachtang war eigentlich kein professioneller Dieb. Zu Anfang des Krieges war er wegen Rowdytums verurteilt und in ein

Strafbataillon gesteckt worden. Dort hatte er sich mit einigen Gesetzmäßigen angefreundet. Später, nach einer Verwundung, war die Strafe annulliert worden, und er wurde Fahrer des Generalsjeeps. Dann, von einer Granate verwundet, die den General tötete, traf er im Lazarett Freunde aus dem Strafbataillon wieder. Sie überredeten ihn, bei der »Bearbeitung« eines Beutedepots mitzumachen. Er klaute einen Studebaker. Den bepackten sie mit allem möglichen Zeug – Lebensmitteln, Wodkakisten; mehr als zwei Monate gondelten sie durch ganz Polen – tranken, strolchten herum, stahlen. »Aber nasse Sachen gab's nicht. Ich will meine Heimat nie mehr wiedersehn, Koresch, will blind werden. Das ganze Leben als Krüppel kriechen: Kein Tröpfchen Blut haben wir vergossen. Wir hatten nur richtige Menschen bei uns, Koresch, ehrliche Diebe. Damals hab' ich die achten gelernt. Die halten das Gesetz, die verstehen Freundschaft richtig, wie es sein muß. Nein, das sind keine Banditen. Sie nehmen Sachen, sie nehmen Geld, aber das Leben nehmen sie nicht. Und die Sachen und das Geld, daran klammern sie sich nicht, nehmen es nicht für sich, sondern bloß, damit alle fröhlich leben, damit es allen Freunden gutgeht. Keinem ist nichts zu schade. Was ich habe, hast du, alles ist unser!

Der Freier lebt hundert Jahre, gestern, heute, morgen, immer gleich. Wie ein Schwein lebt er, wie ein Esel – zum Teufel mit ihm – fickst du ihn ins Maul, sagt er dir noch danke dafür. Für seinen Lohn verrät er Frau und Sohn und Freund. Aber ein Mensch, der lebt einen Tag als Fürst, verschmachtet am zweiten im Kittchen, und am dritten trägt man ihn vielleicht zu Grabe – oder er lebt wieder wie ein General, zecht mit den Freunden, liebt schöne Mädchen. Nein, Doktor, lieber lebe ich einen einzigen Tag als Mensch statt hundert Jahre wie ein Freier...«

Am anderen Tag schleppte er sich in meinen Verschlag und fragte sehr ernst: »Sag, Bruder, hast du eine Mutter? Und hast du einen Vater? Und Frau? Und Kinderchen? Gut! So, und nun bitte ich dich, ich bitte dich in großem Ernst, Freund, wie ein Soldat den Kameraden bittet – bei allem, was dir heilig ist, schwöre bei Gesundheit und Leben von Vater und Mutter, von Frau und Kindern, schwör, daß du mir die Wahrheit sagst, Freund. Schwöre! – Gut. Und jetzt sag mir: Kann ich gesund werden?

Hier, in diesem Krankenhaus?... Du sagst die Wahrheit! Genau? Gut, danke.«

Später, als er allmählich genas, sich kräftigte und nach Goschas Entlassung mein Hauptgehilfe geworden war, fragte ich ihn, warum er damals diesen Eid von mir verlangt habe. Er hob sein Hemd hoch und holte aus seinem selbstgemachten Kuschak[79] unter der Unterhose ein dünnes Stilett in einer Sperrholzscheide. Der Griff war mit Isolierband umwickelt.

»Da siehst du, Koresch, das ist ein gutes Messer, scharf zum Rasieren, rasier' mich selbst damit. Als ich krank wurde, da habe ich zu mir gesagt: Du, Wachtang, wirst leben, wenn du eine schöne Frau, gute Kinder haben kannst. Aber wenn du ein Krüppel wirst – krumme Beine, krummen Rücken, keine Zähne, dann, Freund, kannst du nicht leben. Sich aufhängen und erdrosseln, das ist ein schlechter Tod. Pülverchen schlucken ist Weibersache. Noch dazu muß man wissen, welche, und will man sie kriegen, braucht man Bildung... Aber hier ist ein gutes Messer – empfiehlt sich selbst dem Hals, ein Streich von links herüber – und du stirbst wie ein Mensch, wie ein Soldat.«

Sein Erscheinen in der Jurte hatte sich für alle schwer Skorbutkranken als nützlich erwiesen. Alexander Iwanowitsch sagte, nachdem der ihn untersucht hatte, verärgert: »So ist das nicht heilbar. Zuwenig Medikamente. Zwiebeln und Knoblauch wirken in diesem Stadium zu langsam. Er muß ein paar Wochen mit Vitaminen gepäppelt werden, und trotzdem kann ich in derart vernachlässigten Fällen für nichts garantieren. Wenn wir zehnprozentige Lösungen von Askorbinsäure hätten – und dann zweimal täglich zehn Kubik in den Hintern, dann wäre er nach einer Woche wieder auf den Beinen. Danach noch zwei Wochen mit kleinerer Dosis, zusätzlich Vitamine und Lebertran. So könnte er vollständig gesund werden. Aber so viel Askorbinsäure habe ich nicht, kann ich auch nicht beschaffen. Alles geht in die entfernteren Lager, planmäßig nach Norden und in den Fernen Osten. Bei uns hier ist Skorbut nicht eingeplant. Aber verrecken werden sie ohne Plan.«

Da kam mir eine Erleuchtung: Nadja arbeitete in einer chemischen Fabrik, dort wurde synthetisch Askorbinsäure hergestellt. Alexander Iwanowitsch horchte auf: »Das ist die Lösung! Wie ist die Telefonnummer? Ich rufe sie an. Noch heute. Wenn ich nur zweihundert Gramm Askorbin kriege, verschaffe ich Ihnen zwei Tage Wiedersehen.«

An ihrem nächsten freien Tag brachte Nadja ein großes Schraubglas mit dem weißen Pulver. Wir durften zwei Tage und zwei Nächte in einem besonderen für Übernachtungsbesuche vorgesehenen Kämmerchen zusammen verbringen. Davon gab es vier in der Wachbaracke. Sie waren von innen mit einem Häkchen verschließbar, jedes hatte ein Fenster mit Gardinchen, breite Pritschen, Tisch und Hocker. Der Häftling, dem ein Wiedersehen gestattet worden war, schleppte seine Matratzen, Decken und Kissen hinüber, begleitet von neidischen Zoten.

Alexander Iwanowitsch bereitete selbst die Lösung zu, destillierte das Wasser, wog das Pulver auf der Apothekerwaage ab, sterilisierte die Flaschen. Am selben Tag noch begannen wir mit den Injektionen, machten mit Wachtang den Anfang. Keine Woche verstrich, bis alle Schwerkranken – etwa zehn verkrümmte, nicht gehfähige, Blut spuckende Männer – schon aufrecht gehen konnten, sich zusehends erholten. Wir verminderten die Dosis. Nadja brachte noch einmal Nachschub. Dann bekam auch Alexander Iwanowitsch laut neuem Plan ein kleines Kontingent. Wir besiegten den Skorbut. Und eines Tages, zur Zeit der Morgensprechstunde, sah ich, wie Alexander Iwanowitsch – rotäugig, angetrunken – eine Prise Askorbin in ein Glas Wasser streute, einen halben Löffel Soda zufügte – Zischen, kurzes Aufdampfen, dann trank er schmatzend. Er merkte, wie ich ihn betrachtete, und grinste schief: »Brause-Limonade! Angenehm und gesund. Probieren Sie!«

»Danke. Ich habe keinen Skorbut.«

»Möglich. Und gegen Dummheit hilft es nicht. Welche Arschgeige hat eigentlich die Askorbinsäure offen in den Schrank gestellt? Man muß sie in einem Glas mit Schraubdeckel aufbewahren. Über Prinzipien können Sie großartige Betrachtungen anstellen, aber vom Apothekerwesen verstehen Sie einen Dreck. Schon gut, da gibt's nicht zu glotzen, gehen Sie zu den Kranken.«

Wachtang versorgte ich aus meinen Paketen, Knoblauch und Zwiebeln ließ ich von den freien Schwestern mitbringen. Auch Goscha freundete sich bald mit ihm an. Einmal hatte Goscha von unbewachten Freunden frischen Fisch bekommen. Er briet ihn selbst, hatte aber vergessen, ihn auszunehmen. Wir aßen ihn zu dritt, er hatte einen widerlich bitteren, galligen Beigeschmack. Goscha war verzweifelt und bestrafte sich selbst damit, die von uns weggelegten bittersten Stücke aufzuessen. Aber Wachtang fragte, warum er soviel Zucker an den Fisch getan hätte, und bat um Senf. Zwei Wochen vergingen, da kam Wachtang nach der Abendvisite in meinen Verschlag, wo Goscha und ich zusammen aßen. Er schleppte einen Sack mit, grinste noch breiter als gewöhnlich, schüttete einen Berg Äpfel, Mandarinen, Dörrobst, Tschurtsch cheli[80] auf meine Pritsche.

»Paket von Mama. Alles für dich und Goscha; den Nachbarn drüben hab' ich schon gegeben. Ihr dürft es nicht ablehnen, dann lieber Messer in die Brust.«

Wachtang wurde Nachtsanitäter in unserer Jurte und blieb es auch nach Goschas Freilassung. Tags zu arbeiten, lehnte er strikt ab, und er bedang sich auch kategorisch aus, ihn nicht Sanitäter zu nennen.

»Versteh, Koresch, ich lebe nach dem Gesetz. Und Sanitäter, das ist trotz allem – sei nicht beleidigt – ein Druckposten, ist was für Köter. Stimmt schon, wir haben hier ein besonderes Krankenhaus – und Chef Alexander Iwanowitsch ist ein anständiger Doktor. Du bist mir wie ein leiblicher Bruder. Die Menschen achten euch. Da ist auch Bomber, ein ehrlicher Dieb, er macht Sanitäter, und keiner von den Menschen sagt ihm was nach. Das ist, wie es ist, und es ist gut so. Und ich bitte dich sehr, Bruder, und sag' dir eins: Ich mache alles, was du willst, alles, was nötig ist. Nur eine Bedingung! Alle müssen wissen: Ich bin Kranker, geht mir schon besser, und ich helfe dir als Freund – wir waren zusammen im Krieg, an derselben Front; du hast mich gepflegt, mich kuriert, wir haben zusammen gegessen. Bin kein Sanitäter, nur Freund. Sorg dafür, daß es keinerlei Bürokratismus gibt...«

Auf dieser Basis schlossen wir unseren »Kontrakt«. Den Tagesdienst in der Jurte versahen Frauen.

Im August hatten wir einige kranke Frauen bekommen. Im langen Durchgang zwischen Ambulanz und Schwerkrankenjurte wurde ihnen eine Art Kabine abgeteilt. Die breitgesichtige, sommersprossige, schwerbrüstige Anja aus Moskau war ausgebildete Krankenschwester; sie erholte sich rasch von einem Malaria-Anfall, wurde meine Gehilfin und die Geliebte des

Kammerbullen. Noch ein paar andere Frauen willigten ein, Sanitätsdienst zu tun. Die glubschäugige, stille, etwas verlegene, zugleich zutraulich-freundliche Sina – sie war mit einer Angina zu uns gebracht worden –, fing schon am ersten Tag an, die Jurte aufzuräumen, den Fußboden zu schrubben. Aber Alexander Iwanowitsch sagte nach der Untersuchung zu mir: »Separieren Sie sie von den andern. Lues, Sekundäraffekt. Nicht wie bei Ihrem Mangan-Syphilitiker, sondern eine richtige Infektion. Sie muß so schnell wie möglich hier weg.«

Die stille Sina war gewerbliche Prostituierte. Sie bekam nun eine alleinstehende Liege, während die anderen auf durchgehenden Pritschen oder zweistöckigen Doppelpritschen schliefen.

Die dickliche, stupsnasige, sehr blauäugige Anja aus Kalinin, Kalininskaja genannt, im Unterschied zur Anja aus Moskau, der Moskowskaja, nahm Alexander Iwanowitsch bald als Sanitäterin in die Abteilung der Ruhrkranken. Ein schmaler Bretteranbau an der Schwerkrankenjurte bot Platz für zehn Betten, ein Tischchen und ein Regal für die Schüsseln. Sie gab den Kranken die Diät, die Alexander Iwanowitsch, die Moskauer Anja und ich mit sehr dürftigen Mitteln zusammenstellten. Sie bestand hauptsächlich aus dünnflüssiger Kascha – wir verdünnten die gewöhnliche und kochten sie länger –, Tee und geröstetem Brot. Wir behandelten die Kranken mit riesigen Dosen Bakteriophag, Spritzen, Vitaminen und schwachen Manganlösungen. Die am schlimmsten Verelendeten erhielten subkutan in den Oberschenkel bis zu einem Liter physiologische Kochsalzlösung, die langsam aus einem Spezialapparat tropfte.

Die Brotschneiderei und die Küche lieferten, unbeschadet der Diät, alles, was uns nach der Anzahl der Jurtenbewohner zustand. Die Sanitäter – selber Rekonvaleszenten – brachten zum Frühstück Zucker, Tee und Kascha, zu Mittag Balanda, Kascha mit einem Hering oder einer Sardelle und abends Tee und Kascha. Einen Teil der Brotration, der Balanda und der allen zustehenden Heringe oder Sardellen behielten sie selbstverständlich für sich ein, aber von dem, was die ausgezehrten Ruhrkranken nicht essen konnten und nicht essen durften, blieb noch genug übrig. All das nahmen Anja Kalininskaja und ihre Ablösung, eine magere, zänkische Alte mit einem Leistenbruch, in Empfang.

Ihr reichliches Brot war nicht leicht verdient. In der Ruhrisolierstation vermischte sich saurer Gestank mit dem durchdringenden Geruch von Chlorkalk. Wenn ich hineinging, drehte ich mir vorher eine extra dicke Zigarette aus stärkster Machorka. Dennoch würgte mich jedesmal der Brechreiz.

Auf den der Tür zunächststehenden Betten lagen die schon Genesenden und die leichten Fälle. Sie konnten aufstehen und benutzten einen gesonderten, dick mit Chlorkalk beschmierten Kübel. Sie hatten Matratzen und Laken. Weiter hinten lagen die Schwerkranken-Skelette, mit welker Haut überzogen – auf Wachstuchunterlagen, die kaum mit schmutzigen, zerrissenen Laken bedeckt waren. Sie machten unter sich. Anja betreute sie, trug die Blechschüsseln hinaus, die als Bettpfannen dienten, wusch sie, kam zu mir, wenn es einem so schlecht ging, daß er eine Spritze brauchte. Schlimm war es, wenn ich intramuskulär spritzen mußte und statt Muskeln nur knotige Knochen da waren und unter der schmutzig-porösen Haut kaum noch eine weiche Schicht lebendigen Fleisches zu spüren war.

Nach ein, zwei Wochen war Anja, die schon vorher gut genährt aussah, dick geworden, ihre Backen leuchteten wie Preiselbeeren, die Augen schienen kleiner, die Bläue der Iris dunkler geworden zu sein. Ich besorgte ihr eine Wachstuchschürze und Fausthandschuhe. Die Schürze glänzte immer feucht und stank nach Chlor: »Na ja, ich wasch' sie eben ab, mindestens hundertmal am Tag – hab' Angst vor der Ansteckung.«

Das Gesicht unter dem tief in die Stirn gebundenen Kopftuch glänzte fettig.

Wenn ich in ihr Krankenzimmer kam und dicken Machorkaqualm verbreitete, sah ich sie manchmal essen. Ohne die nasse, übelriechende Schürze abzunehmen, aß sie gemächlich aus dem Kochgeschirr, brach sich ein Stück von dem auf Zeitungspapier auf dem Tisch liegenden Brot ab, einen halben Meter entfernt von den Fausthandschuhen, und biß mit kleinen weißen Zähnen zu.

Von einer der entfernteren Betten kam Stöhnen: »Oj, Schwester, schon wieder!«

»Jaja, schon gut, halt ein bißchen aus – nicht mal essen lassen die einen ... Na, hast dich schon vollgeschissen, dann lieg still ... Ich esse schließlich ... Laß mich wenigstens fertigessen, dann mach' ich dich sauber.« Manchmal kam sie mir wie eine feiste Ratte vor.

Einige Kranke beschwerten sich: »Anja, diese Hündin, frißt in einem fort, betrügt uns um unsere Ration und tauscht sie gegen Klamotten ein, hat schon einen ganzen Kasten voll. Wo es was zu holen gibt, da ist sie dabei, und hier kann man verrecken, ehe sie einem einen Becher heißes Wasser bringt.«

Wenn ich versuchte, mit ihr über die Beschwerden zu reden, war sie gekränkt: »Was redest du da, schämst du dich nicht? Ich sitze den ganzen Tag in dieser, na, Scheiße! Du kommst bloß mal auf 'ne Minute rein, qualmst wie 'ne Lokomotive. Ich bin aber doch Nichtraucher, kann bei dem Gestank kaum atmen und schnaufen. Alles, was ich weiß, ist, sie abzuwaschen und ihre Gerippe abzureiben. Und wenn ich dann mal ein Stück mehr esse – das wär' doch sowieso weggeworfen worden. Wer will denn schon ein Stück Brot aus unserer Leichenhalle? Ich sehe ja, wie du die Nase rümpfst, wenn ich esse...«

Ein andermal giftete sie böse wie eine Ratte zurück: »Warum hörst du überhaupt auf diese Dünnpfiffschlotzer? Denen ist doch das Gehirn zusammen mit der Scheiße ausgeflossen, und mir wollen die Moral predigen! Wenn das so ist, werfe ich die Schürze weg und höre auf, mich abzuschinden. Will doch sehn, was für 'ne Dumme du an meiner Stelle findest! Die Alte hat auch schon paarmal schlappgemacht, getan, als ob sie schwer krank wär', und ich mußte rund um die Uhr Dienst machen. Hab' hier auf dem Hocker geschlafen, an die Wand gelehnt. In der Freiheit bekommt man für so eine Arbeit gut und gern doppelte Lebensmittelkarten – und du gönnst mir nicht mal 'ne Schüssel Fraß extra...«

Dagegen war nichts zu sagen. Ich versuchte nur, nicht zu zeigen, wie sehr ich erschrocken war. Wenn sie tatsächlich streikte, würde es sehr schwer, vielleicht gar nicht möglich sein, Ersatz für sie zu finden.

Als Goscha in die Freiheit ging, ernannte Alexander Iwanowitsch zwei Mädchen, Walja und Mila, zu Sanitäterinnen. Hinter meiner Kabine wurde noch ein schmaler Raum abgetrennt und dahinein ein doppelstöckiges Bett, Nachttisch und Hocker gestellt.

Walja, rundgesichtig, sommersprossig, mit Zöpfen von der Farbe alten Strohs, runden, grauen, verschlafenen Augen, hatte in einer Textilfabrik nahe bei Moskau gearbeitet. Alle ihre Kolleginnen nahmen Tag für Tag ihre »Schabaschka« mit heim – Stoff- und Bandrestchen, ein Büschel Watte – alles, was in ihrer Abteilung weggeworfen wurde und zu Haus noch gut gebraucht werden konnte. Bei einer überraschenden Kontrolle am Ausgang wurde Walja mit zwei Röllchen Nähgarn erwischt, die sie in der Tasche ihres Arbeitskittels hatte. Sie schwor, sie hätte einfach vergessen, sie nach der Arbeit herauszunehmen. Es handelte sich um Pfennigbeträge. Aber es war gerade eine »Kampagne für Ehrlichkeit« im Gange – auf Versammlungen wurden drohende Reden geschwungen, »Räuber des Volkseigentums« an den Betriebswandzeitungen gebrandmarkt. Die Verhandlung gegen Walja und noch ein paar Mädchen fand aus erzieherischen Gründen im Fabrik-Klub statt. Das Urteil lautete: sieben Jahre Lager wegen »Entwendung von 200 Metern Nähgespinst« (auf jeder Rolle sind hundert Meter Garn).

Mila wurde von ihren Freundinnen »Ljudka, die Schauspielerin«, genannt. Mager, aber kräftig, wirkte sie jünger als ihre sechsundzwanzig Jahre. Sie hatte das blaßbräunliche Gesicht einer Halbwüchsigen und einen leuchtendroten, festen Frauenmund – die Unterlippe dunkelrot, voll, ein wenig kindlich-schmollend vorgeschoben, die Oberlippe schmaler, heller, mit einem runden Grübchen. Die Nase war grade, verlief in einer Linie mit der Stirn, fast ohne Wurzel wie auf griechischen Vasenbildern. Die dunkelkastanienfarbenen Haare trug sie zu einem großen, schweren Schweif zusammengebunden; wenn sie ihn aufmachte, hingen ihr die Haare in die Augen und über die Schultern.

Sie kam von der Krim in unser Lager.

»Mein Vater kam aus einer Seemannsfamilie, meine Mutter stammt von Fischern aus Balaklawa ab. Mamas Mutter war Griechin. Ich bin in Sewastopol geboren, als Papa noch Kapitän bei der Handelsflotte war. Später wurde er sehr krank, hatte Angina pectoris, arbeitete dann an Land in der Verwaltung und starb im ersten Kriegswinter. Mama kam kurz danach beim Bombenangriff um, und ich blieb als Waise zurück, war noch nicht zwanzig, gerade ein Jahr verheiratet...«

Mila hatte vor dem Krieg die Schauspielschule besucht und den Regisseur einer Varietétruppe geheiratet, die Kurorte auf der Krim und im Kaukasus bereiste.

»Mein Anatolij ist sehr begabt. Er hatte nur noch nicht genug Erfahrung, natürlich auch noch nicht genug Bildung – hatte eben erst die Schauspielschule absolviert. Aber sein Talent wurde überall anerkannt. Alle Instrumente spielte er: Klavier, Geige, Gitarre, Mandoline, Akkordeon und sogar verschiedene Blasinstrumente. Er spielt jede beliebige Rolle – heroisch-romantische, komische und kabarettistische, kann Zaubertricks und den doppelten Salto. Als die Deutschen uns besetzten – wir waren gerade in Jalta, als sie landeten –, das war ein Schrecken, alle hatte Angst! Später trat Anatolij dann als Musik-Clown auf, blies auf dem Kamm und fiedelte auf Saiten, die er zwischen Stuhlbeine spannte; er hatte großen Erfolg, alle Deutschen riefen: Klasse!«

Mila wurde Sängerin: Sie sang Romanzen, Volkslieder und Filmschlager. Im stillen träumte sie von einer Operetten-Karriere – das Varieté sagte ihr im Grunde nicht zu. Während der Okkupation übten sie und ihr Mann weiter ihren fröhlichen Beruf aus, sie gaben ihre Vorstellungen auch in deutschen Lazaretten, Sanatorien und Offizierskasinos. Daher bekamen sie dann auch Paragraph 58 – 1a und 3. Das brachte für Anatolij zehn Jahre, für sie fünf, von denen sie schon fast drei verbüßt hatte.

Wir kamen uns schnell näher. Von den Kranken und den Sanitätern der ganzen Sanitätsabteilung hatte nur wir beide den Achtundfünfziger – war das nicht ein Wink des Schicksals? Zudem kannte ich einige Lieder ihres Repertoires; ich kannte auch die Texte deutscher Soldatenlieder: »Lili Marleen« und »Es geht alles vorüber, es geht alles vorbei, nach jedem Dezember kommt wieder ein Mai«. Sie hatte immer nur ein, zwei Strophen auswendig gelernt, ich kannte aber alle, noch dazu »mit Aussprache«. Die rasche geistige Annäherung konnte aufs angenehmste ergänzt werden durch Süßigkeiten, Kekse, echte Brötchen – ein lange nicht genossener Luxus. Sie hatte niemanden, der ihr Pakete schicken konnte.

Manchmal kamen die Sanitäter nach dem Zapfenstreich noch bei mir in der Kabine zusammen – Wachtang erzählte irgendeine lustige Geschichte. Aber nebenan hinter der Trennwand schliefen die Kranken. Wir durften keinen Lärm machen. Er ging dann mit Walja, und ich blieb mit Mila allein.

Ich verheimlichte ihr nicht, daß ich bald zu einer neuen Verhandlung fortkäme und nichts Gutes erwartete, zeigte mich aber mutig und redete ihr und mir ein, mehr als fünf Jahre würde ich nicht bekommen. Sie komme also bloß ein halbes Jahr vor mir frei, und wenn sie dann ernstlich wolle, könnte sie mich finden. Sie versprach es. Wir glaubten es beide nicht sehr. Liebe im Lager ist wie Liebe an der Front – und wenn es nur eine Stunde ist, aber die gehört uns.

Wachtang und Walja wurden ebenfalls ein Paar.

Abends nach der Zählung tauchte regelmäßig Ssascha-Kapitän bei mir auf. Wenn ihn ein freier Aufseher begleitete, dauerte der Besuch nur wenige Minuten: Er fragte nach Neuigkeiten im Krankenrevier, trank seinen Lebertran und wünschte angenehme Träume. Hatte er Hirten bei sich, ließ er sie vor der Tür stehen, sagte: »Gib ihnen Rosane oder Süßigkeiten, können sich ein bißchen ausruhn«, dann setzte er sich und erzählte von Lagerereignissen.

»Im BUR war schon wieder eine nasse Sache: Kopf abgeschnitten und auf dem Zaun aufgespießt. Wie im Altertum! Toll, wie sie das angestellt haben – ihre Baracke ist doch die ganze Nacht abgeschlossen. Wann haben sie bloß den Kopf rausgebracht? Sie müssen irgendwo ein Schlupfloch haben, oder sie haben ihn zum Fenster rausgeschmissen, und irgendwer draußen hat ihn geschnappt. Der Posten hat ihn dann vom Zaun runtergenommen. Aber nachts in die Baracke zu gehen, waren die auch nicht dumm genug. Wenn schon einer erschlagen wurde, bedeutet das, die drinnen haben Beile und Messer. Der Diensthabende rief den Kommandanten an, fragte, ob er den Wachzug alarmieren, alles unter Waffen, und mit Hunden filzen sollte, nach Strich und Faden – immerhin lag da ja noch die Leiche ohne Kopf rum. Aber der Kommandant gab nur Befehl, die Außenposten rings um die BUR und auf den nächsten Wachttürmen zu verstärken. Im übrigen: bis zum Morgen warten. Sollen die da drin mit dem Toten schlafen...«

Einmal mußte der Zug doch alarmiert werden. Im neu eingetroffenen Transport kamen einige Köter mit. In einem der vorigen waren Diebe angekommen, die mit eben diesen Kötern in einem andern Lager Krieg geführt hatten. Nach der abendlichen Zählung begann zwischen zwei Baracken der Kampf. Von den Wachttürmen knallten die ersten Warnschüsse. Im Laufschritt eilte der Wachzug herbei, ein Lkw mit aufgeblendeten Scheinwerfern rollte ins Lager. Über den schwarzen Barackendächern, die sich scharf vor dem grellen violett weißen Licht abhoben, schwirrten die Leuchtspurgeschosse der MP-Garben. Es wurde nur in die Luft geschossen. Gut eine halbe Stunde knatterten die Schüsse, bellten die Hunde, waren aus dem chaotischen Lärm einzelne hysterische Schreie herauszuhören.

Am nächsten Tag erzählte Ssascha vergnügt und mit vielen Einzelheiten, wie die Kämpfenden sich gegenseitig die Schädel mit Ziegeln eingeschlagen, die Knochen mit Brecheisen, Spaten und Zaunpfählen zertrümmert hatten, wie sie aufeinander mit Beilen losgegangen waren und mit Messern und Glasscherben zugestoßen hatten. Drei waren auf der Stelle tot gewesen, mindestens zehn schwer verwundet. Man hatte sie auf Lastwagen gepackt und nach Moskau ins Gefängniskrankenhaus gebracht. Sicher sind unterwegs auch noch ein paar gestorben. Hierher ins Krankenrevier hätte man sie nicht bringen können. Bei dem jetzigen Wirrwar kann man nicht wissen, wer sich an wem und weswegen rächen würde. Das gäbe in der Zone immer neuen Mord und Totschlag.

Nach den beiden gelungenen Fluchtversuchen, einigen Morden und der nächtlichen Schlacht wurden die abendlichen Zählungen sehr lang und sehr nervös. Alle Häftlinge mußten in Marschkolonne zu fünft auf der Lagerhauptstraße antreten. Zu uns in die Krankenjurten und -baracken kamen die Aufseher mit Hirten und zählten mehrfach die Bettlägerigen; die Gehfähigen mußten raus. Bisher hatten wir Arzthelfer und Sanitäter die Zählung selbst durchgeführt und den Aufsehern die Gesamtzahl angegeben. Fast in jeder Arbeiterbaracke gab es ambulant Kranke, von der Arbeit Befreite. Normalerweise zählte sie der Barackenputzer. Jetzt wurden sie auch zum Antreten hinausgetrieben. Die Aufseher brüllten, die Hirten jagten alle, die nicht schnell genug kamen, mit Knüffen, Tritten und Stockschlägen zum Antreten.

Eines Abends kamen gleich nach der Zählung zwei Hirten zu mir. »Los, kommen Sie schnell, da ist ein alter Mann vom Bett gefallen.«

In einer Arbeiterbaracke lag im Durchgang zwischen den doppelstöckigen Betten ein schwerer alter Mann mit kurzen, grauen Haaren. Hirten und Aufseher drängten die Zuschauer in die Tiefe der Baracke ab.

»Los, hilf, der ist vor Schreck ohnmächtig geworden, ist bewußtlos!«

Aus einer entfernten Ecke kamen aufgebrachte Stimmen: »Vor Schreck? Sie haben ihn totgeschlagen, die Schufte, umgebracht haben sie ihn, und jetzt wollen sie ihn kurieren.«

Den alten Mann kannte ich. Es war ein Moskauer Ingenieur, wegen irgendeines Unfalls im Betrieb verurteilt. Er hatte einen dekompensierten Herzfehler. Alexander Iwanowitsch legte solche Fälle nicht ins Krankenrevier: »Der bleibt besser in seiner Baracke, da hat er tagsüber mehr und bessere Luft als bei uns, seine Medikamente kann man ihm mitgeben, ist ja ein intelligenter Mensch. Soll zu den angegebenen Zeiten sein Digitalis und sein Maiglöckchenpräparat selbst einnehmen. Er muß überhaupt freigeschrieben werden.«

Der Mann war tot. Aus dem Mundwinkel lief Blut in einem dünnen Rinnsal.

»Warum liegt er hier auf dem Fußboden? Woher kommt das Blut? Was war hier los?«

»Nichts Besonderes. Wir kamen, die Leute zum Appell rauszutrommeln, da lag der hier schon und stöhnte.« Der stämmige weißblonde Hirte sieht mich frech, aber unruhig an. Von den Betten her lärmt es: »Der Hund lügt. Sie haben ihn mit Knüppeln gejagt, ihn totgeschlagen.«

»Schnauze halten, ihr Kröten! Wer macht hier Krach? Hast du gesehen, wie er geschlagen wurde? – Oder ihr? – Also nicht – dann halt auch die Fresse, sonst ficken wir dich ins Maul und hängen dich zum Trocknen auf! Und was bist du? Doktor oder Untersuchungsrichter? Kurier ihn, und mach keine Panik, für die Verzögerung bist du verantwortlich!«

»Da gibt's nichts zu kurieren. Der Mann ist tot. Ihm war Bettruhe verordnet. Strengste Bettruhe. Die, die ihn rausgejagt haben, die haben ihn getötet.«

»Niemand hat ihn angerührt. Und Sie, Doktor, machen hier keinen Wirbel! Überhaupt, was sind Sie schon für'n Doktor? Elender Salbenschmierer, gottverdammter. Kann Lebende nicht von Toten unterscheiden! Mach deine Spritzen, und quatsch hier nicht rum, hast schon viel zuviel gequatscht, den Leuten die Ohren vollgesungen und hast selber von nichts eine Ahnung. Wenn er durch deine Schuld verreckt, sind wir hier Zeugen.«

»Er war längst tot, ehe ich kam. Das wird die Obduktion beweisen. Und auch, woran er gestorben ist. Bringt ihn in die Leichenkammer.«

Später am Abend kam Ssascha zu mir und klagte, im Lager sei es jetzt schlimmer als im Krieg an der Front.

»An der Front weiß ein Soldat wenigstens, wo der Feind steht und wo die eigenen Leute sind, aber hier ist überall Gesindel. Von wo man was zu erwarten hat, kann keiner erraten. Nachts spielen sie in den Baracken Karten, und wenn irgend so'n mieser, halbgarer Bengel alles Geld und alle Klamotten verspielt hat, dann spielt er um fremdes Blut. Und wenn er dann wieder verliert, muß er den, der vorher ausgemacht ist, umbringen oder einfach irgendeinen: vielleicht den ersten, den er morgens beim Rausgehn aus der Baracke trifft. Und so ein erbärmlicher Scheißkerl, den du nicht vom Straßendreck unterscheiden kannst und von dem du nichts Böses ahnst – der schleicht mit einem Beil hinter dir her, heimlich ... Eins, zwei und fertig. Und das alles um nichts und wieder nichts! Wir haben Befehl, für Ordnung zu sorgen, deshalb hat man uns jetzt auch Knüppel erlaubt. Aber die haben Beile, Brecheisen, Messer! Kann man die denn mit Knüppeln abschrecken? Totquetschen muß man sie wie Läuse. Worte verstehen die nicht. Die muß man fesseln, in den Karzer stecken, vor den Staatsanwalt bringen, ins ›Hemdchen‹ schnüren. Die sind zu allem fähig, das sind keine Menschen mehr, schlimmer als wilde Tiere, ärger als Giftschlangen. Der Skorpion greift nie als erster an, er sticht nur, wenn du auf ihn trittst. Du behandelst sie, fütterst und tränkst sie, ekelst dich nicht davor, ihnen in den Arsch zu gucken, ihnen alle möglichen Spritzen und Klistiere zu machen, schonst dich und deine Gesundheit nicht – bist du sicher, daß sie dich nicht schon verspielt haben? Weißt du, ob nicht schon einer mit dem Beil hinter dir her ist? Vielleicht bloß so, vielleicht auch aus Interesse. Du hast Ja prima Sachen, Offiziersklamotten, Breeches, und außerdem heißt es, du hättest jede Menge Bargeld. Ich weiß, wer du bist, ich verstehe, was das ist – Soldatenehre; aber die anderen glauben nicht, daß du im Revier arbeitest und kein Schmiergeld nimmst. Die haben ihre Kriminellenpsychologie. Du gibst ihnen deine letzte Brotration, verteilst dein ganzes Paket an diese Scheißer, kommst dabei selber auf den Hund, und die glauben noch, du wärst ein ganz Gerissener, der kopekenweise gibt und rubelweise einsackt. Die verstehen nichts Gutes. Da, dieser Dorn, dieser Ganove – du hast ihn gesund gemacht, und er stemmt dir deinen Anzug. Ein andermal wird er dich von hinten mit einem Ziegel niederschlagen oder dir mit der Rasierklinge das Gesicht aufschlitzen. Und schützen tut dich niemand. Unsere Chefs hier sind nicht die Schlauesten. Der Kommandant, jung und hübsch wie er ist, hält viel von sich und benimmt sich wie ein nervöses Fräulein: heute hihi – haha, hierhin – dorthin, ihr könnt mich alle mal. Und morgen kriegt er's vom Bauleiter, dem General, so übergebraten, so um die Ohren, daß er nicht mehr weiß, wer er ist – Arbeitsfähige mit Ach und Krach vierzig Prozent, und von denen, die zur Arbeit gehn, malochen höchstens die Hälfte, die andern schummeln, pfuschen irgendwas, und die Pläne sind beim Teufel. Und schon ist er außer sich: Was soll ich machen? Keiner hilft mir! Alles ist im Eimer – das ist ja kein Lager mehr, das ist ein Müllhaufen. Und mit jedem Transport kommen bloß Krepierlinge. Durchfallkranke, Kerle mit Hungerödemen, Kriminelle und Faulpelze. Er spielt verrückt, säuft in seinem Dienstzimmer, geht auf die Leute los. Der Gevatter ist krank, preßt ständig die Hand aufs Herz, nuckelt Tropfen. Man hat ihn aus Moskau sozusagen zur Erholung zu uns geschickt – Kiefernwald, die Wolga, erstklassiges Klima. Einen Tag kommt er her, dann liegt er wieder eine Woche aufgedunsen in seinem Cottage rum. Der frühere Kulturchef, dieser schwarzäugige Kirgise oder Baschkire, war den ganzen Tag besoffen, kroch auf dem Zahnfleisch, und der neue, dieser Kanzleibandwurm, sieht nichts, denkt nichts außer seinen Papierchen, will nur was zum Vorzeigen haben, daß Plakate dahängen und die Wandzeitung irgendwie zusammengekleistert wird, und natürlich will er die Post kontrollieren und daß von jedem Paket was für ihn abfällt. Nur der Ordnungsvize ist ständig auf den Beinen – wenn man an dem einen Riemen aufzöge, könnte er den Generator antreiben. Uns treibt er ja auch an, Ssemjon und mich, damit wir alle auf krummen Knien ... Wie oft droht er nicht, uns in Ketten legen zu lassen! Wir ziehen daraufhin natürlich auch die Schrauben an, daß es nur so quietscht. Und was haben wir davon? Zerschlissene Nerven, zum Teufel... Heute war schon wieder was los. Hab' gehört, daß du meine Jungs angeschnauzt hast von wegen ›erschlagen‹ oder ›totschlagen‹. Das geht so nicht. Du mußt doch verstehen, was passiert: Bei uns allen liegen die Nerven blank, hinter uns schleichen sie mit Beilen...«

Ssascha wollte bei Alexander Iwanowitsch erreichen, daß der Fall »zugeschmiert«, daß keine Autopsie vorgenommen würde, sondern ein normaler Totenschein und als Todesursache »Herzversagen« eingetragen würde. Schließlich stand in allen Papieren des Alten, daß er schwer herzkrank war.

Alexander Iwanowitsch schwankte erst: »Was können wir schon erreichen? Einen Toten kann ich nicht wieder aufwecken. So oder so hätte er nicht mehr lange zu leben gehabt, vielleicht Tage, vielleicht Wochen. Und was für ein Leben! Wir unterschreiben den Totenschein zusammen mit dem Ambulatoriums-Feldscher Kulikow, der ihn versorgt hat, damit Ihr empfindliches Gewissen ruhig ist.«

Aber Kulikow weigerte sich, den Totenschein zu unterschreiben. Er habe zwar den Mann ambulant versorgt, aber seinen Tod nicht festgestellt; soll der unterschreiben, der ihn als erster gesehen hat: »Was kann da alles draus werden? Braucht nur einer zu verpfeifen, daß der Alte geschlagen worden ist, also gewaltsam ums Leben kam ... Und ich? Wird sofort heißen, ich hätte einen falschen Totenschein unterschrieben ... Nein, entschuldigen Sie, das bedeutet für mich eine neue Frist ... Nein, es ist schon besser, die Leiche zu obduzieren, kann ja sein, daß sich wirklich nichts findet und alles ehrlich zuging...«

Alexander Iwanowitsch sah uns aus düster-traurigen Augen an, die von den geschwollenen, roten Lidern fast verdeckt waren. Er befahl uns allen, bei der Obduktion zugegen zu sein, und verlangte auch die Anwesenheit eines Vertreters der Lageraufseher.

Der breitschultrige, rotgesichtige Sergeant stand am Sektionstisch und wurde schon nach ein paar Minuten erdfahl, geriet in Schweiß, bat kläglich darum, rauchen und hinausgehen zu dürfen.

Am Eingang zur Leichenkammer standen ein paar Hirten.

Die Sektion ergab: dreifacher Rippenbruch, Fraktur des linken Schulterblatts, Hämatome und Beulen auf Rücken und Hüften als Folge von Schlägen mit einem »stumpfen Gegenstand«. Alexander Iwanowitsch schrieb im Totenschein, daß keine der einzelnen Verletzungen ursächlich und direkt den Tod herbeigeführt habe, der aufgrund einer akuten Herzdekompensation eingetreten sei – einer Krankheit, die, wie aus dem Krankenblatt ersichtlich, sich im Laufe mehrerer Jahre entwickelt habe. Der Sergeant unterschrieb den Totenschein widerspruchslos und ohne hinzusehen. Als wir die Leichenkammer verließen, fragte er Alexander Iwanowitsch so laut, daß auch entfernter Stehende es hören konnten: »Das heißt also, er ist am Herzen gestorben und nicht an was anderm ...?«

»Am Herzen. Aber vorher ist er geschlagen worden: Die Rippen sind gebrochen. Man hat ihm sterben geholfen. Inwieweit, muß das gerichtliche Gutachten erweisen. Und wer mithalf, wird das Untersuchungsverfahren klären.«

Als Ssascha abends zu mir in die Kabine kam, setzte er sich nicht hin, bat auch nicht um Lebertran: »Ihr glaubt wohl, ihr hättet was Gutes damit angerichtet, daß ihr den Alten aufgeschnitten habt und die Sache jetzt vor Gericht kommt?«

»Wir glauben gar nichts. Die Autopsie ist gesetzlich vorgeschrieben. Keiner hat Lust, vor Gericht zu kommen. Hätte Alexander Iwanowitsch nicht obduziert, wäre gegen ihn gerichtlich vorgegangen worden. Dem Alten wurden Knochen gebrochen. Das ist deutlich zu sehen, und zwar auch noch nach zehn Jahren am Skelett. Ist nicht erst einmal vorgekommen, daß man jemanden exhumiert hat und der Obduktionsbefund Mord ergibt...«

»Weiß ich, hab' ich gelesen, im Kino gesehn. Aber du willst immer nach Büchern und Filmen leben. Dabei kommt überhaupt nichts Gutes raus. Jetzt seid ihr verdammten Mediziner dran schuld, daß gegen unsere Jungs ein Verfahren eröffnet wird. Und wem nützt das? Der Kommandant ist wütend wie ein Tiger. Deinen Alexander Iwanowitsch möchte er am liebsten ohne Brot fressen. Und unsere Jungs haben ihrerseits auch gute Freunde, die sind zwar keine Diebe, aber von Freundschaft verstehen sie vielleicht noch mehr als die. Der Chef der Sanitätsabteilung ist weit, zum Pflasterkleisterer ist's näher. Der alte Salbenschmierer, der Kulikow, hat schon bei allem, was ihm heilig ist, geschworen, daß er unschuldig ist und von nichts weiß, daß er dieses Aufschlitzen nicht und auch nichts Geschriebenes wollte. Er sagt, warst alles wieder du – Prinzipienreiter, hast am lautesten getönt von Leiche-Aufmachen und Totenschein-Schreiben. Und ich hab' dich für meinen Freund gehalten! Nie hab' ich dir was Böses getan, meine Jungs auch nicht. Keiner hat sich dir quergelegt. Weißt hoffentlich noch, wie wir uns wegen deinem Krempel die Fäuste wundgeschlagen haben... Oder bist du Ssemjon böse wegen dem Karzer? Das hat doch er nicht angeordnet. Im Gegenteil: Wir haben alle geschwiegen, als du, statt im Karzer zu hocken, auf deiner Pritsche gefaulenzt hast... Und wir wissen auch von deiner Kleinen mit den dicken Lippen und was ihr da für Romanzen singt. Dich hat niemand gestört. Aber du willst Prinzipien? Na schön, sollst erfahren, was Prinzipien einbringen, sollst es erfahren und bedauern. Bloß, ich fürchte, dann ist es zu spät...«

Spät abends nach dem Zapfenstreich kamen drei Hirten in meine Jurte – düstere, verkniffene Gesellen. Der Anführer war hochgewachsen, dunkel wie ein Zigeuner, hochmütig und mißtrauisch.

»Warum ist hier nach Zapfenstreich noch Radau? Warum schlafen nicht alle, wie's Vorschrift ist?«

Ich antwortete flüsternd: »Leise! Hier liegen Kranke... die gehen morgen nicht zur Arbeit. Und schreien Sie nicht so laut.«

»Die Vorschrift ist für alle da! Und das hier, das ist kein Krankenrevier, das ist ein Puff. Hier fressen sich die Drückeberger dicke Wänste an. Schreib auf, wer die Ordnung verletzt. Wird morgen gemeldet. Macht jetzt, daß ihr in die Betten kommt, sonst bringen wir euch Ordnung bei!« Sie schwangen drohend ihre Knüppel.

Ich antwortete immer noch im Flüsterton: »Gut, melden Sie es morgen. Aber schreien Sie jetzt hier nicht rum! Sonst schreibe ich eine Meldung, daß Sie zu nachtschlafender Zeit ins Krankenrevier eingedrungen sind wegen zweier Kranken, die nicht schlafen konnten und rauchten, und daß Sie die ganze Jurte in Unruhe versetzt haben.«

»Schreiben kannst du ja, du dreimalverdammter Salbenschmierer – schreib, bis man dir die Hände abhackt.«

Aus seiner Ecke kam Wachtang angehumpelt. Er hinkte sehr malerisch, seine schwere Krücke, auf die er sich stützte, war mit Eisen beschlagen. Er flüsterte auch, wobei er sie nachäffte: »Warum ist hier nach Zapfenstreich Radau? Warum läßt man uns Kranke nicht schlafen? Warum, lieber Doktor, läßt du Fremde hier rein?«

»Wenn du krank bist, du Aas, dann lieg gefälligst im Bett! Sonst legen wir dich so hin, daß du nicht so bald wieder aufstehst...«

Nun fauchte Wachtang mit voller Stimme: »Wer legt mich hin? Etwa du, dreckiger Köter! Du heulst von uns beiden als erster, kriegst den Holzmantel an, Aas, vollgefressener Blutsäufer! Auf solche wie dich scheiß' ich und häng' dich zum Trocknen auf! Und wenn ich dafür im Gefängnis verfaulen muß: aber du krepierst!«

Auf den Doppelstockbetten und Pritschen richteten sich die Leute auf, sprangen hinunter. Ich griff nach dem hinter dem Türpfosten bereitliegenden Feuerhaken. Vor den drei Hirten standen nun schon mehrere Patienten. Zwei hielten Bretter in der Hand, die sie aus den Pritschen gerissen hatten. Lärm von allen Seiten: »Was ist los? Was soll der Krawall? Verdammte Hunde, lassen einen nicht mal hier in Ruhe! Gottverfluchte Saubande! Sich an Kranke ranzumachen – Parasiten! Schlagt sie doch tot! Du da, Schwarzfresse, Hundeseuche du, schwenk deinen Knüppel nicht so, hinter dir geht ein Beil...«

Hinten scharrte jemand ostentativ unter seiner Pritsche und murmelte: »Gleich, gleich. Gleich kriegt ihr...«

Mit dem Feuerhaken gegen die Tür schlagend, brüllte ich: »Ruhe! Sofort Ruhe! Nicht verrückt spielen! Alle in die Betten! Und ihr schert euch raus! Sofort! Schöne Ordnungshüter, drei gesunde Kerle – aber Kranke nicht schlafen lassen, Kranke aufregen! Hier liegen Herzleidende. Wenn es jetzt einem von ihnen schlechter geht, seid ihr dran schuld! Alle sind Zeugen. Ihr sorgt nicht für Ordnung, ihr verletzt sie.«

»Richtig! Schmeiß sie raus, die Aasbande, zum Teufel mit ihnen. Glauben, sie wären allmächtig, keiner könnte gegen sie an. Vor Gericht gehören sie, diese Köter, diese gesetzlosen... Nicht vor Gericht! Erwürgen! Worte verstehen die nicht...«

Fluchend gingen die Hirten davon. Der Dunkelhäutige blitzte mich zum Abschied haßerfüllt an und flüsterte: »Du, Salbenschmierer, lebst nicht mehr lang! Mach dein Testament...«

Morgens, als ich Alexander Iwanowitsch die nächtlichen Vorkommnisse berichtete, verzog er das Gesicht, als habe er Zahnschmerzen: »Da haben wir's!... Ich hab' Sie ja gewarnt. Nun denken Sie mal hübsch drüber nach, wie Sie Ihren Hals retten können... Prinzipien helfen hier gar nichts. Schreiben Sie keinerlei Meldung. Ich rede selber mit dem Ordnungsvize und mit dem Gevatter. Vom Kommandanten ist nichts zu hoffen. Der springt jeden an, beim geringsten Anlaß. Im Lager ist der Teufel los. Krieg zwischen Kötern und Dieben, regelrechter Krieg. In der Nacht wieder zwei Tote. Einer vom Selbstschutz wurde in der Latrine erwürgt und mit dem Kopf in die Sitzöffnung gesteckt. Bei den Abfallgruben haben die Hirten einen Krepierling mit Knüppeln erschlagen. Die Hirten sind wie tollwütig, und der Kommandant deckt sie. Diebe und Dystrophiker will er nicht verteidigen, von denen hat er keinerlei Nutzen, und für euch Achtundfünfziger setzte er sich erst recht nicht ein. Man hat mir versprochen, die Papiere für den Abtransport rasch fertigzumachen. Die wüstesten Rädelsführer kommen weg, dann wird es wohl etwas stiller. Aber bis dahin ist Krieg. Und Sie haben sich da eingemischt...!

Wieviel Diebe liegen bei uns im Revier? Bei den Schwerkranken: Hai, Kreml, Bomber, Glatzkopf und offenbar noch zwei. Bei Ihnen sind es der Georgier und Stahlzahn, von den frischen Skorbutfällen gehören auch zwei, drei dazu, bei den Geschwüren auch... Stellen Sie bei den Schwerkranken noch zwei Betten einzeln auf – da läßt sich jetzt eine Ecke abteilen – und lassen Sie die beiden Syphilitiker, den Roten und Onegin, aus der großen Baracke herbringen, das sind auch ›Gesetzmäßige‹. Der Gevatter hat erfahren, daß die beiden als erste erschlagen werden sollen. Wir holen sie her, nicht auf lange. Ende dieser Woche gehen sie auf Transport. Und Sie schließen sich über Nacht ein. Machen Sie nur den Aufsehern auf. Wenn Sie doch bloß bald geholt würden!«

Alexander Iwanowitsch wußte, daß mir ein neues Verfahren bevorstand. Während ich noch in der Schwerkrankenjurte zu tun hatte und im Ambulatorium wie gewöhnlich Sprechstunde war, kam Mila gelaufen, mit vor Angst aufgerissenen Augen und bebenden Lippen. »Ssascha-Kapitän ruft nach dir. Ich hab' ihn nicht hereingelassen. Er wartet mit zwei Hirten auf der Straße.«

Ssascha, elegant wie immer, die Mütze schief auf dem Kopf, stand an der Tür, mit beiden Händen auf einen weißen, frisch abgeschälten Stock gestützt: »Hab' was zu bereden.«

In meinem Kämmerchen setzte er sich auf die Pritsche, rauchte, schwieg, stand jäh auf, sah erst zum Fenster, dann zur Tür hinaus, ob niemand horchte. Dann beugte er sich vor und flüsterte: »Was hast du geschrieben?«

»Über den Krach gestern? Nichts hab' ich geschrieben – vorläufig.«

»Und wem hast du davon erzählt?«

»Alexander Iwanowitsch, in großen Zügen.«

»Was will er tun?«

»Er sagt: erst mal nachdenken. Will sich mit dem Gevatter beraten. Immerhin, ihr habt ja so was wie Krieg.«

»Das ist es, Krieg! Diebszeug, kriminelles Lumpenpack, Banditen! Heute haben sie wieder einen unserer Jungs umgebracht. Hast du's gehört?«

»Ja, und wer hat beim Abfall den Krepierling totgeschlagen?«

»Weißt du's schon? Den Fall klären wir und werden den Schuldigen bestrafen. Obwohl ich genau weiß, daß keiner ans Totschlagen dachte. Sie wollten den Schakal nur erschrecken, haben ihn dann aber 'n bißchen angestupst, an der falschen Stelle, und der, wahrscheinlich schon halbtot, streckt gleich alle viere von sich. Aber das kann man doch gar nicht damit vergleichen, wo um Menschenleben Karten gespielt wird, wo man Beile speziell dafür versteckt, um Leute zu erschlagen! Die lauern doch bloß drauf, daß sie mit der ganzen Horde über einen einzelnen herfallen können. Ist da ein Unterschied oder nicht?«

»Natürlich ist da einer. Nur haben gestern deine Hirten mir gedroht, mich totzuschlagen. Das heißt, sie machen sich gezielt auf, um zu töten. Dabei habe ich ihnen nichts getan. Und ich beteilige mich nicht an eurem Krieg.«

»Hast dich selbst reinverwickelt. Deinetwegen haben sie den alten Mann aufgeschnitten und eine Untersuchung eingeleitet. Und du versteckst hier Diebe. Hilfst der Aasbande, krank zu spielen.«

»Das ist nicht wahr. Ich verstecke niemanden. Und das weißt du ganz genau, mußt es wissen, bist ja kein Analphabet. Selbst wenn ich wollte, könnte ich niemanden ins Krankenrevier aufnehmen. Der Chef entscheidet, der ist Arzt; ich bin nur Feldscher. Er befiehlt mir, nicht umgekehrt. Der alte Mann kam zur Obduktion, weil es Vorschrift ist. Wir müssen alle, die plötzlich gestorben sind, obduzieren. Der Fall wurde auch nicht meinetwegen aufgegriffen, sondern weil der Mann erschlagen worden ist. Glaub ja nicht, daß ich den Kopf hinhalten werde: ›Hier, liebe Ordnungshüter, hackt ab nach Herzenslust‹! Nein, wenn es ans Verrecken geht, dann in Gesellschaft. Und bis ihr mich erledigt, habe ich nicht nur einem die Kehle rausgerissen. Ich werd' schon was zum Zuschlagen finden. Und ich werde auch niemandes Hilfe zurückweisen – ganz gleich ob Dieb oder Bandit oder der Teufel persönlich. Wer mir hilft, dem helfe ich auch, und wenn mich einer umlegen will, versuche ich meinerseits den umzubringen, allein oder mit Helfern.«

»Markier hier nicht den Verrückten! Brüll nicht so! Ich bin im Guten zu dir gekommen, und du röhrst los, daß es das ganze Lager hören kann. Wenn man dir wirklich an den Kragen wollte, käm' keiner vorher zu dir. Beschnüffeln wir uns doch erst mal. Sag ehrlich: Machst du Meldung gegen meine Jungs?«

»Hab' ich vorläufig nicht vor; ich verpetze Häftlinge nicht bei der Lagerleitung. Das ist mein Gesetz. Aber wenn ihr anfangt, im Krankenrevier Krieg zu führen und Kranke totzuschlagen oder mich ...«

»Wer will das denn? Bist wohl übergeschnappt! Nimm mal was gegen die Nerven!«

Er setzte sich wieder auf mein Bett, grinste, wobei die Augen hinter den schweren Lidern in den dichten Wimpern verschwanden, und stützte die Hände auf seinen Stock zwischen den Knien. Leise, mit übertriebener Herzlichkeit, sagte er: »Also jetzt mal vernünftig und in Ruhe. Du hast einen Kopf, mußt also begreifen. Ich hab' gar nichts gegen dich, obwohl du dich nicht mit mir befreunden willst und auf Prinzipien rumreitest. Aber für das Diebspack reichen deine Prinzipien nicht! Unterbrich mich nicht, laß mich ausreden! Du hast den Achtundfünfziger, bist gegen die Obrigkeit und glaubst, wir helfen ihr... Du meinst darum, für dich wären die Diebe besser als wir... weil die ja auch dagegen sind. Ich sag' dir ganz offen: Vom Leben verstehst du einen Scheißdreck. Kein Kommandant, auch nicht der schlimmste Lumpenhund, ist für dich so gefährlich wie die Diebsbande. Der Kommandant steckt dich im äußersten Fall ins Loch, streicht die Besuchserlaubnis oder bestraft dich sonst irgendwie. Aber die da, die küssen dir heute den Arsch – lieber Doktor, wir sind Freunde bis ins Grab –, und morgen erstechen sie dich für nichts und wieder nichts – für ein Stück Zucker oder weil sie im Spiel verloren haben. Meine Kerle – da sind natürlich auch Schweine drunter, wir sind ja im Lager und nicht in einer Gardedivision oder im Höheren-Töchter-Institut –, meine Kerle wollen Ordnung, damit diese Brut nicht allen auf dem Kopf rumtanzt, keinen ausraubt oder verspielt. Und dagegen hast du dich quergelegt, ihnen Knüppel ins Rad geschmissen. Du sagst selbst, daß Krieg ist – und wer im Krieg querkommt, auf den wird geschossen, ohne Ansehen der Person. Du wirst schreiben, und man wird gegen dich schreiben. Gibt genug Schreiberlinge. Und gibt genug Halsabschneider. Wink nicht ab, du weißt genau, daß dir kein Doktor in so einem Fall hilft. Auf deinen Chef ist man auch böse. Er läßt sich von den Dieben bestechen und versteckt sie. Ich warne euch im Guten, gegen dich hab' ich nichts, im Gegenteil. Ich bin mit offenem Herzen zu dir gekommen, vollkommen ehrlich...«

Er wollte klären, ob ich mich über ihn und seine Hirten beschweren würde, wollte herausfinden, ob das Krankenrevier zum Widerstandsnest der Diebe geworden sei, und gleichzeitig nicht nur mich und jene, die möglicherweise mir helfen würden, einschüchtern, sondern auch Alexander Iwanowitsch. Ich tat, als vertraute ich seiner guten Absicht, und versicherte wieder und wieder, daß ich die Diebe ganz gewiß nicht seinen »Jungs« vorziehe und daß Alexander Iwanowitsch keineswegs Dieben Asyl gewähre, sondern nur ernsthaft Kranke aufnähme. Allenfalls isoliere er in Einzelfällen Leute auf Wunsch der Lagerleitung, Leute, die in der Baracke oder auch im Karzer blutige Schlägereien anstiften könnten, und selbstverständlich isoliere er alle mit ansteckenden Krankenheiten, zum Beispiel Syphilitiker.

»Weiß schon, die mit den Geschwüren – die sollte man fertigmachen, aber nicht heilen! Weißt ja, wieviel Blut die an den Händen haben. Für die ist ein Mord dasselbe wie für dich, eine Fliege totzuklatschen oder eine Laus zu zerdrücken.«

Wir sprachen nun ganz friedlich miteinander. Ich bewirtete ihn wie immer mit Lebertran und Rosanen. Zum Abschied wisperte er: »Hör zu, aber das ist nur für dich bestimmt: Geh nach der Zählung nicht weit vom Zelt weg. Paß auf dich auf. Bei den Hirten sind Neue – Köter. Die hasse ich ebenso wie die Diebe – gehören zur selben Meute, wenn sie sich auch gegenseitig totbeißen. Sind welche dabei, die sich am liebsten gleich auf mich stürzen würden, und dich fressen sie sowieso ohne Salz. Sind auch Spezis vom Koch dabei. Weißt ja. Auch noch andre, die eine Rechnung mit dir haben, weil du mit deinen Prinzipien den Dieben in die Hände arbeitest. Jetzt ist Krieg, keiner wird je beweisen können, wer wen erstochen oder mit Ziegelsteinen den Schädel eingeschlagen hat. Vergiß das nicht. Paß auf dich auf. Und zu niemandem ein Wort.« Gegen Abend kam Wachtang, ungewöhnlich ernst.

»Die Köter wollen in der Nacht das Krankenrevier überfallen. Hatten eine Beratung. Unsere Leute wissen es. Die Aasbande will Hai, Kreml und noch andere erstechen. Unsere werden die Verteidigung übernehmen. Mach das Fenster zu, mach es gut zu, steck kein Licht an. Noch besser wäre es, wenn du zum Schlafen zu Mila gingst, da ist auch das Fenster noch kleiner. Und geh nicht allein in die große Baracke – sie wollen auch dir den Hals abschneiden. Wenn du zum Medizinverteilen hingehst, kommen wir mit. Ich und Ssewa und Bomber.«

Ich begann die abendliche Arzneiausgabe früher als gewöhnlich und in der großen Baracke. Den schweren Kasten mit Flaschen und Schachteln schleppte wie immer Bomber. Heute ragte aus seinem Gürtel ein Stück Eisenstange heraus. Wachtang und Ssewa waren mit Knüppeln und Feuerhaken bewaffnet. Wir gingen durch die schmale Gasse zwischen den Baracken, es war Abendbrotzeit; alle Arbeiter mußten im Speisesaal sitzen oder am Eingang warten, bis sie an der Reihe waren. Deshalb erschien jeder einzelne, der uns entgegenkam, verdächtig. Aber niemand fing Streit mit uns an. In der Baracke die übliche Ausgabe: Lebertran, Vitamine, Tropfen, Pillen. Ssewa und Wachtang halfen, sie kannten sich schon gut in meinen Verordnungslisten aus, die ich nach der Barackengeographie zusammengestellt hatte, in der Reihenfolge, wie die Empfänger in Feldbetten, Pritschen und Doppelstockbetten lagen. In der Baracke gab es sechs Sanitäter, zwei davon betreuten drei Geisteskranke. Aber beim Ausgeben halfen alle.

Wir wollten an diesem Abend früher fertig werden, wobei ich mir Mühe gab, meine Eile nicht zu zeigen. Doch wie zum Tort kam es zu Verzögerungen: Einer beschwerte sich, seine Lebertranration sei zu klein gewesen, ein anderer rief, er habe von den Pulvern die Nase voll, sie nützten nichts, er verlangte Spritzen und Schröpfköpfe. Aus der mit leeren Doppelstockbetten abgeteilten Ecke der Geisteskranken klangen Schreie, Heulen, Fluchen herüber. Ich lief hin, doch da hatte die beiden Sanitäter den Tobenden schon gefesselt. Die beiden anderen weinten bloß friedlich. Kaum hatte ich mich erkundigt, was los gewesen sei, wurden in einer anderen Ecke Stimmen laut: »Der ist doch schon krepiert... Fühl doch, ist ganz starr... Schaff ihn weg... Wir wollen essen, und wie soll man das neben einer Leiche?... Wir sind doch keine Tiere.«

Der Tote lag unten auf einem Vierer-Doppelstockbett seitlich zusammengekrümmt. Einige Kranke standen im Gang, vom Oberbett schnatterte ein Dystrophiker, der seinen gelbschorfigen, großohrigen Kopf hinunterhängen ließ. Sein Alter war kaum festzustellen, der zahnlose Mund konnte auch vom Skorbut herrühren. Er redete unheimlich schnell daher, wobei seine Worte fast fröhlich klangen – so als freue er sich über seine Informiertheit und sein Beteiligtsein an dem Ereignis.

»Da ist er selbst dran schuld – ist vor lauter Gier gestorben, vor nichts als Gier. Vor drei Tagen kam er hier an, hat immerfort gejault und gejammert – will sein Paket von der Kammer haben, und die Doktors und Sanitäter und der Kammerbulle, das wären alles Gauner; hat gesagt: ›In meinem Paket sind reine Lebensmittel, aber die geben es mir nicht, lügen mir vor, die täten schaden, dabei sind es reine Produkte, von der Frau und von der Schwiegermutter geschickt, und das sind saubere, akkurate Frauen. Aber die Gauner hier wollen mein Paket klauen. Sagen dann später, es wär' verdorben...‹«

In dem dunkel angelaufenen Gesicht mit den geschwollenen, zerbissenen Lippen konnte man kaum noch den rundköpfigen, rüstigen, älteren Mann erkennen, der vor knapp einer Woche von der Ruhr geheilt und aus Anjas Isolierstation in die allgemeine Baracke verlegt worden war. Damals gab es in der Lagerküche schon Diätkost. Für ihn war strenge Diät vorgeschrieben, aber noch in der Ruhrstation hatte er immer wieder um sein Paket gebettelt. Bettlägerigen Kranken wurden ihre Pakete ans Bett gebracht und vor ihren Augen geöffnet. Wer Diät benötigte, bekam dann Graupen, Dörrbrot, Kekse und ähnliches ausgehändigt, damit die Sanitäter ihnen zusätzlich Brei kochen konnten. Konserven, Speck, Wurst, Räucherwaren kamen in die Kammer zur Aufbewahrung mit einem Inhaltsverzeichnis, das Empfänger, Kammerverwalter und ein Sanitäter unterschrieben hatten.

Der alte Mann hatte ständig Händel mit Anja gehabt, sie des Diebstahls beschuldigt: mit seinen Graupen füttere sie angeblich ihre Freunde. Wenn er mich sah, verlangte er jedesmal, ich solle nachsehen, ob der Hauptinhalt des Pakets unversehrt vorhanden sei: Speck, Wurst, Pilzpiroggen. Ich schlug ihm vor, die Piroggen an seine Freunde zu verteilen. Er dürfe mindestens noch einen Monat nicht mal dran riechen, bis dahin seien sie hart und verdorben. Er antwortete listig schmunzelnd, daß er drüber nachdenken wolle – aber seine Frau hatte die Piroggen für ihn gebacken und für keinen andern. Wieder und wieder bat er, das Paket zu überprüfen, und erreichte ein paarmal, daß man es ihm ans Bett brachte und er sich selbst überzeugen konnte. Den Sanitätern gab er dafür ein paar Piroggen und etwas Tabak. Er wühlte alles um und um, prüfte anhand der Kopie seines Inhaltsverzeichnisses und packte es neu ein. Als er aus der Ruhrstation in die Baracke entlassen worden war, sehr abgemagert, aber munter und lebhaft, bat er Alexander Iwanowitsch, ihm sein Paket endlich aushändigen zu lassen, schwor hoch und heilig, es nicht aufzuessen, solange der Doktor es nicht erlaube. Er begreife ja alles, er wäre schließlich fast gestorben... »Wenn nicht Sie, mein Wohltäter..., dann wären meine Kinder jetzt Waisen und meine Frau Witwe...«

Als er in der Baracke lag, besorgte er sich von der Zimmermannsbrigade, in der er früher gearbeitet hatte, einen Koffer aus Sperrholz mit einem Schloß, zeigte ihn herum und erklärte, dahinein wolle er sein Paket legen und dann verstecken, dann wäre ihm leichter in der Seele – das Paket sei doch seine einzige Habe, Frau und Schwiegermutter hätten es für ihn gepackt.

Der Bettnachbar erzählte ganz berauscht von seinen Kenntnissen: »Also, und heute kam jemand von der Obrigkeit hier rein – Ordnungs-Chef oder Chef von der Wachmannschaft – jedenfalls so ein solider, mit goldenen Schulterstücken. Bei dem hat sich der Alte beschwert, hat gebettelt und gebettelt... Der hat's dann erlaubt – das war vor dem Mittagessen. Dann ging er selbst zur Kammer, brachte sein Paket, steckte es in den Koffer. Als wir zu Mittag Bouillon kriegen, seh' ich, daß er Schmalz dran tut. Und dann in die Kascha frischen Speck, mindestens dreißig Gramm... Ich sag' ihm noch: ›Was machst du da, Petrowitsch, jagst dich ja selbst wieder in die Krankheit. Wir sind hier doch alle noch schwach, für uns ist so ein Essen zu schwer. Hat dir doch der Doktor alles ganz genau erklärt, hast doch auch versprochen, nicht dran zu riechen!‹ Aber der hat mich weggejagt, hat gesagt, das wären alles reine Lebensmittel, könnten nur nützen, wären gesund. Ich höre, wie der schmatzt und kaut, von unten kommt auch so ein Geruch wie von Wurst, und ich sehe, wie er wieder im Koffer wühlt. Die Nachbarn waren zum Rauchen rausgegangen. Hat ein Riesenstück Wurst und kaut Zuckerstücke dazu. Sag' ich wieder: ›Solltest Mitleid mit deiner Gesundheit haben. Deine Därme sind noch ganz schwach, so ein Essen reißt die glatt kaputt.‹ Schickt er mich wieder zum Teufel, sagt, ich wär' bloß neidisch, soll doch die Augen zumachen, damit ich's nicht sehe. Sag' ich: ›Weswegen soll ich neidisch sein, darauf, daß du nachher wieder krummliegst und scheißt wie aus'm, Wasserhahn?‹ Ich war so böse, daß der so kaut und nach Wurst riecht, daß ich mit dem Kopf unter die Decke bin und geschlafen hab'. Später höre ich so was wie Stöhnen oder Zähneknirschen. Frage ihn: ›Wie steht's, Petrowitsch, was sagt dein Bauch zu den reinen Produkten?‹, aber der rülpst bloß, ist also satt und böse... Ich dachte mir natürlich, daß er Schmerzen hat, ist ja selbst schuld – alles allein fressen, niemanden auch nur riechen lassen, wo er doch nur Diät darf. Denk' ich mir, quäl dich selbst. Der knurrt und ächzt, sagt kein einziges Wörtchen, war so seine Art. Dann war's still. Ist eingeschlafen, denk' ich, hat den Bauch vollgefressen, sich gequält, schläft jetzt. Und dabei ist er tot...«

Wir trugen den Toten zum Ausgang, brauchten nun nicht mehr zu verbergen, daß wir uns beeilten. Medikamente und Abendessen wurden ausgegeben, zwei Sanitäter und zwei freiwillige Kranke trugen den Leichnam auf hölzernen Pritschenbrettern. Zwei weitere gingen mit zum Ablösen der Träger, damit sie nicht im Lager mit einer solchen Last anhalten und ausruhen mußten. Wir gingen in einem ganzen Rudel. Zwischen den Baracken huschten schwarze Schatten – kalter Schreck durchfuhr mich ... Und doch hatten wir Glück, daß dieser Tod gerade jetzt kam. Wir waren ein gutes Dutzend. Sie riskierten nicht, uns anzugreifen.

Am späten Abend erhielten wir in beiden Jurten, der der Schwerkranken und unserer, neue Besucher. Einige kannte ich: mein alter Spezi Nikola-Piterskij, Ljocha-Bart, Nikola-Haken; die anderen waren mir fremd, aber ihre ganze Art, ihr Gang, ihr Tonfall, ihr Grinsen, erlaubte keinen Zweifel: reine Blüten, ehrliche Diebe.

»Wir sitzen bloß so hier am Eingang, rauchen – sorg dich nicht, wir sind ganz leise –, haben so eine Kriegsordnung, schieben Wache. Deinen Krepierlingen wird keiner was zuleide tun. Die Köter trauen sich nicht her. Diese Feiglinge wissen genau, daß wir hier die Verteidigung übernommen haben. Wir erlauben nicht, daß unseren Freunden was passiert. Wir erlauben auch nicht, daß dir was zustößt.«

Wegjagen konnte und wollte ich sie nicht. Sie waren mein einziger Schutz. Sonderbar war das Bewußtsein, in einen fremden Krieg geraten zu sein, den schrecklichen Krieg zwischen Dieben und Kötern. Gehört hatte ich schon viel über derartige Kriege. Wer sofort erschlagen wurde, hatte noch Glück, es gab Sadisten, die raffiniert folterten, den Feind in der Latrinengrube ersticken ließen. Ein gräßlicher Tod! Ungeheuerlich sinnlos! Wegen nichts und für nichts. Wegen der Obduktion dieses unglückseligen alten Mannes. Deswegen, weil ich die Hirten gegen mich aufgebracht hatte. Dabei wollte ich sie gar nicht bekämpfen, sondern mich nur von ihnen distanzieren ...

Es war eine warme Nacht, Tür und Fenster standen offen. Wachtang und Nikola beruhigten mich – alles würde ruhig bleiben: »Wir wachen, wenn jemand von den Kranken was braucht, rufen wir dich. Geh und ruh dich aus.«

Ich ließ sie in meinen Verschlag kommen, gab ihnen Zigaretten, nahm meine Waffen, den Feuerhaken und das Skalpell, und ging zu den Sanitäterinnen hinüber.

Walja schnarchte friedlich im oberen Bett, aber Mila schlief nicht, sie zitterte vor Angst. Sie wußte von dem Gespräch mit Ssascha heute morgen und war erschrocken, als sie Fremde in unsere Jurte kommen und uns flüstern hörte, aber nicht verstand, wovon die Rede war. Sie schmiegte sich an mich und wisperte: »Ich lasse es nicht zu, ich lasse es nicht zu, daß sie dir was tun...«

Die nächtlichen Gäste waren beim Wecken gegangen. Alexander Iwanowitsch war mißgelaunt, man sah ihm den Kater an. Mürrisch hörte er meinen Bericht über den Todesfall.

»Dafür sorgt man sich um so einen, bringt ihn auf die Beine, gönnt sich keine Ruhe. Alle Ihre Prinzipien, der ganze Humanismus ist einen Dreck wert. Haben wir Spiritus?«

»Nur denaturierten.«

»Geben Sie her. Und gucken Sie mich nicht an wie der Pope den Juden. Bringen Sie Kohletabletten und Gaze. Sie sind zwar sehr gelehrt, aber einiges kann ich Ihnen doch noch beibringen.«

Er zerstieß die Tabletten zu Pulver, schüttete es auf die Gaze, goß durch diesen Filter ein Glas denaturierten lilablauen Spiritus, wiederholte es zweimal, jedesmal mit frischem Filter. In den gereinigten Alkohol warf er eine paar Körnchen Permangant; unten bildete sich ein trüber Bodensatz. Vorsichtig goß er das Klare ab, fügte Kochsalzlösung hinzu. Schenkte zwei Meßgläschen ein.

»Trinken Sie. Essen Sie Pektussin dazu, und nehmen Sie etwas Baldrian hinterher, damit es nicht riecht. Haben Sie sich diese Wissenschaft angeeignet? In vino veritas! Das ist die reine Wahrheit, alles andere – Scheiße. Warum, glauben Sie wohl, daß ich während der Arbeitszeit mit Ihnen trinke? Wie erklären Sie sich das aus der Perspektive Ihrer Prinzipien? Wissen Sie nicht? Sie wissen noch sehr vieles nicht. Aber dies hier kann ich Ihnen erklären. Ich nehme Abschied von Ihnen. Dies ist ein Satteltrunk. Morgen, gleich nach dem Wecken, gehen Sie auf Transport. Amtlich erfahren Sie es erst heute abend bei der Zählung. Aber sie können schon jetzt damit anfangen, Anja und Kulikow die Arbeit zu übergeben. Anja wird an Ihrer Stelle Oberfeldscher der stationären Abteilung, Kulikow ihr Gehilfe. Zu den Schwerkranken kann man ihn nicht lassen, er ist überzeugt, daß es keinen Puls gibt und daß Läuse vom vielen Denken kommen. Trinken Sie noch, Sie kriegen so bald nichts wieder. Ich wünsche Ihnen – na ja, was kann man schon wünschen, ohne daß es nach hohler Phrase klingt? Keine Sentimentalitäten – so was halte ich nicht aus. Ich wünsche Ihnen, daß Sie am Leben bleiben, nicht verrecken, nicht verzweifeln und daran denken: So lange man lebt, ist noch Hoffnung. Und wünschen Sie mir, daß das keine leeren Worte sind; wünschen Sie mir, daß ich nicht soviel saufe, nicht zum Alkoholiker werde und überhaupt...«

»Und überhaupt – danke für alles, Alexander Iwanowitsch. Ich wünsche Ihnen Gesundheit – das ist keine Floskel – ich meine es ganz wörtlich: körperliche und seelische Gesundheit, ich glaube auch, solange man am Leben ist, kann vieles noch besser werden.«

Vormittags kam Ssascha. Ich saß mit Anja und Kulikow über einem Haufen von Heften, Krankenblättern und Schachteln mit Karteikarten.

»Machst wohl Inventur?«

»So ähnlich: Hab' Vertrauen, tu auf die Finger schauen!«

»Gehn wir für eine Minute.«

Wir gingen aus der Jurte. Wachtang und zwei seiner Freunde folgten uns. Ssascha grinste schief: »Deine Leibwache. Und alles ›Gesetzmäßige‹. Und du sagst, du wärst neutral?«

»Ich sage es, und ich bin es. Die da sind meine Patienten. Ich pflege und kuriere sie, und sie wollen nicht, daß sie und ich umgebracht werden.«

»Meinst du, ich wollte dich umbringen? Das hab' ich, weiß der Teufel, nicht nötig!«

»Ich weiß, daß du's nicht tust. Aber die da sind offenbar nicht so sicher. Und du bist auch nicht der einzige, der einen Stock bei sich hat.«

»Ach, scheiß drauf! Warum die Inventur? Hast schon erfahren, daß du wegkommst?«

»Woher hast Du das? Wieso wegkommen?«

»Tu nicht so, ich weiß, daß man's dir schon gesagt hat. Morgen kommst du weg. Was glaubst du, Freilassung? Neue Verhandlung? Na, egal. Jedenfalls besser für dich, als hier zu bleiben. Heute nacht haben die Diebe hier Wache geschoben. Weiß ich alles. Die Nacht war ruhig. Aber vor einer Stunde hat man auf einen meiner Leute einen Ziegelstein geworfen. Hätte er ihn an den Kopf gekriegt, wäre er erledigt. Aber es traf ihn nur an der Schulter, Knochenbruch. Er ist aus der Zone weggeschafft worden, ins freie Krankenhaus. Hier bei euch würde man Hackfleisch aus dem machen. Du brauchst gar nicht abzuwinken. Ich weiß besser als du, wer da drin ist. Und ich sag's dir im Guten und mit reinem Herzen. Heute nacht ist nichts passiert, weder dir noch deinen Spezis. Und warum? Du meinst, weil die Bande hier übernachtet hat? Ach, du Blödmann! Ich und meine Leute haben die Köter zurückgehalten, daß sie nicht herkamen. Die hatten schon Beile und Brechstangen zurechtgelegt. Sie hätten alle Jurten kurz und klein geschlagen, und euch dazu.

Wir haben's dem Chef gemeldet. Ich hab' dich gestern warnen lassen, war mit meinen Leuten auf dem Sprung. Wir haben die ganze Nacht nicht geschlafen. Ich sage dir offen: nicht etwa aus Mitleid mit der Bande. Aber wenn's hier Hauen und Stechen, Mord und Totschlag gibt, brächte das auch für uns ein Minus. Verstehst du? So ist das, diese Nacht brauchst du nichts zu befürchten, und morgen bist du weg. Nachts werden die Wachen verdreifacht – Aufseher und von meinen Leuten nur die zuverlässigsten, die ich genau kenne, von denen ich genau weiß, daß sie mit den Kötern nichts zu tun haben. Ich komme heute abend, mich von dir verabschieden. – Hast du Sprit? Keinen? Schwindelst du nicht? Na, dann gib Tschifir[81] oder wenigstens Lebertran.«

Wachtang erzählte, daß ein paar unserer nächtlichen Gäste heute für einen Tag in den Karzer gesteckt worden seien und morgen mit zum Transport kämen. Er hatte auch selbst den verstärkten Aufseherschutz vor der Prominenzlerbaracke gesehen, in der die Köche, Rechnungsführer, Badewärter, Hirten, Magazinaufseher und die Leute wohnten, die außerhalb der Zone die Häuser der Lagerobrigkeit saubermachten. Offenbar wollte die Lagerleitung unter allen Umständen neue blutige Zusammenstöße verhindern. Trotzdem brachte Wachtang abends ein paar Freunde mit. Wir verlegten drei Skorbut-Rekonvaleszenten in die große Barcke und brachten unsere Nachtgäste auf den freigewordenen Plätzen unter. Ich wußte, daß auch in der Schwerkrankenjurte solche Schlafburschen einquartiert waren. Und als ich meine Sachen packte, fand ich unter meinem Bett Beil und Brecheisen.

Wachtang sagte: »Mach dir nichts draus, Doktor, das liegt heute da, wird auch morgen da liegen. Du gehst weg, dich stört's nicht. Wir bleiben, uns nützt's.«

Bald nach dem Zapfenstreich kam Bomber, hinter ihm Ssewa und Anja Moskowskaja. Mila brachte die verschlafene Walja mit. Wachtang stellte eine Flasche auf den Fußboden, über den Tisch breitete er eine Zeitung, brachte Brot, Fischstücke, Nüsse und Tschurtschcheli, öffnete eine Dose Fisch in Tomatensauce und wirtschaftete vergnügt herum.

»Mein Vater ist der beste Tamada[82] im ganzen Kreis. Überall, wo Hochzeit ist, Jubiläum, Geburtstag, wird er geholt. Jetzt werde ich der Tamada sein. ›Heute verabschieden wir unseren Lieben ...‹«

Er sprach mit halber Stimme. In der Jurte schliefen alle. Die Nachtsanitäter standen abwechselnd Schmiere, auch sie wurden bewirtet. Das Fensterchen hatten wir verhängt, damit kein Lichtschimmer nach draußen drang. Wachtang brachte prachtvolle Trinksprüche aus, pries die wundervollen Mädchen, unsere tapferen Schicksalsgefährtinnen, pries mich, pries »das Wichtigste in unserem schweren Leben, das uns allen im Krieg, im Knast und in der Freiheit hilft – das Wichtigste – die Freundschaft ... Das ist, wenn du Freunde hast, oder wie wir sagen ›Koreschi‹, und wie man in einem ausländischen, aber trotzdem schönen Lied singt ›Für den Freund bin bereit ich, ins Wasser zu gehn‹. Aber besser, wir trinken Wein oder Wodka ...«

Jeder bekam genau abgemessen 100 Gramm Wodka – die Mädchen verzichteten. Mila nippte an meinem Becher. Wir saßen auf den beiden Feldbetten, einige auf dem Fußboden. Saßen eng beieinander. In mir mischten, verwirrten, verknäulten sich die Eindrücke der letzten Tage, die Drohungen, die angstvolle Unruhe, all die Gespräche, alte und neue Schrecken, Erinnerungen – bittere, beschämende, traurige, rührende Erinnerungen, ein Klumpen undurchdachter Gedanken, halbbewußter Gefühle. Gut, daß ich aus diesen stinkenden Baracken wegkomme, die so vollgestopft sind mit fremdem Unglück, mit Kranken, denen ich nicht helfen kann, mit Leichen von morgen – gut, daß ich wegkomme von den Dieben und von den Kötern, von der schändlichen Todesangst.

Aber was wird mit Mila? Sie sitzt neben mir, an meine Schultern gelehnt, warm, traurig, ihre dünnen, aber kräftigen Finger pressen meinen Ellbogen. Was wird aus ihr? An wen wird sie sich anlehnen? Wem wird sie ihr Vertrauen schenken? Und was wird aus mir? Wohin wird man mich nach der neuen Verhandlung bringen? Werde ich dann nicht alles Gestrige, alles vorgestrige als nie wieder erreichbares Glück empfinden? Wachtang brachte immer schönere Trinksprüche aus, bei jedem Schluck und noch bei längst geleerten Bechern. Für Mila und mich blieb nur noch sehr wenig Zeit übrig. Sie weinte. Und ich konnte mich aus dem verworrenen Gestrüpp meiner Gedanken nicht befreien, zwang mich aber zu leidenschaftlicher Umarmung – vielleicht war es das letzte Mal im Leben, vielleicht würde ich nie wieder eine Frau berühren, im Straflager zugrunde gehen, und ganz bestimmt war es das letzte Mal mit Mila. Ich redete zärtlichen Unfug, versprach, an sie zu denken, ihr zu schreiben, später in der Freiheit zu ihr zu kommen, log ihr zum Trost, verlangte, sie solle mir treu bleiben.

Kurz vorm Wecken war ich eine halbe Stunde eingenickt. Mila nähte oder stopfte noch irgend etwas. Als ich aufwachte – Wachtang hatte an die Wand geklopft –, saß Mila tief über ein Blatt Papier gebeugt. Es war ein Abschiedsbrief. Sie brachte ihn selbst zur Wache und steckte ihn mir zusammen mit einer Tüte Brot zu. Abgedroschene Worte, von Liebe, Trennung, Herzeleid, Bitten, nicht zu vergessen, Versprechen, ewig zu gedenken. Die Worte stammten aus Büchern und Liedern, aber die Tränen waren ihre eigenen und echt.

An der Wache wurden wir – etwa zwei Dutzend – auf einen Dreitonner verladen. Es waren Bekannte dabei: Goga-Schlingel, Bomber, die glubschäugige Sina, die beiden Syphilitiker. Sie griffen Sina immer wieder unter den Rock, und sie kicherte kokett. Dem Schimpfen der Begleitsoldaten entgegneten die beiden: »Wir haben alle drei dieselbe Krankheit, das gleiche verfaulte Schicksal. Wir können's nur mit ihr ohne Schaden treiben.«

Glatzkopf, Nikola-Haken, Ljocha-Bart, der alle mit seinen Witzen und Geschichten erheiterte, begrüßten mich als ihren Kumpel. Dann waren noch ein paar finstere Burschen mit auf dem Wagen, die Bart höhnisch »gnädige Herren Köter«, »Eure hochwohlgeborene Köterschaft« anredete. Sie saßen zusammengedrängt im Winkel an der Fahrerkabine. Vier Begleitsoldaten saßen an den Seitenwänden, der fünfte mit einem Hund an der Rückwand.

Wir fuhren Waldstraßen entlang. Die Birken hatten schon gelblichen Septemberhauch. Der Morgen war kühl und sonnenlos.

In Moskau war unsere erste Station das Transit-Gefängnis »Krasnaja Presnja«; dort standen wir zwei Stunden im Hof. Zuerst wurden die Kranken ausgeladen, dann die Köter, dann die neu Verurteilten – Goga und einige zerlumpte arme Teufel – und zuletzt die Diebe. Nun waren wir nur noch drei, außer mir zwei junge Kerle, die zur Wiederaufnahme des Verfahrens gebracht wurden. Uns eskortierten zwei Begleitsoldaten ohne Hund.

Dann ging es weiter zum Gefängnis für leichte Fälle in der Matrosenruh Straße, aber nicht bis in den Hof. Der Wagen blieb auf der Straße. Ein Begleitsoldat führte meine letzten Weggenossen ab. Als ich ganz in der Nähe einen Briefkasten sah, bat ich den älteren trägen Posten, eine Postkarte schreiben zu dürfen, und kritzelte rasch: »Ich fahre da hin, wo ich schon mal gewesen bin, bringt bitte Zwiebeln, Knoblauch und Machorka.«

Der Posten gab die Karte einer vorübergehenden Frau. Er hatte unter den Passanten eine ältere in Kopftuch und abgetragener Jacke ausgewählt. Sie begriff sofort – gegenüber das Gefängnis –, eilig steckte sie meine Karte in den Briefkasten. Ich kam noch bei Tageslicht in der Butyrka an. Das bekannte grüne Tor schloß sich leise hinter mir. Das bekannte Portal. Die bekannten alltäglichen, ruhigen Worte: »Durchgehen. Hände auf den Rücken!«

Das bekannte Schlüsselklappern.

Und wieder, wie beim erstenmal nach der mörderischen Herumfahrerei im Schwarzen Raben und wie beim zweitenmal nach der Nacht im Smersch-Keller und der Fahrt nach Moskau in Handschellen, spürte ich dieselbe Erleichterung – Sanatorium Butjur!

Ich kam wieder in eine kleine saubere Zelle mit drei Pritschen im Spezialtrakt.

Drei Wochen später lagen im Paket von zu Hause fünfzehn Zwiebeln und zehn Knoblauchzwiebeln: also Verhandlung am 15. Oktober, an Lenas Geburtstag. Vor einem Jahr hatte an diesem Tag meine erste Verhandlung stattgefunden. Was hat dieses Zusammentreffen zu bedeuten? Gutes oder Schlechtes?

Wieder wurde ich an den Armen geführt, wieder sah ich im Korridor des Tribunals Nadjas und Mamas gequältes Lächeln, ihre leidenen Augen. Der bekannte Saal, der Richtertisch auf der Tribüne, die Anklagebank auf dem Podest hinter einer Balustrade. Der Staatsanwalt Miljzyn ist groß, voll, rotbackig, helläugig, seine Stiefel auf Hochglanz poliert. Der Vorsitzende, Oberstleutnant Werjowkin, mit kränklich galliger Visage, unterdrückt Gereiztheit – gereizt ist er entweder aus Langeweile oder weil er sich unpäßlich fühlt. Mir gegenüber verhält er sich völlig unbeteiligt, als sei ich überhaupt nicht vorhanden. Dann saßen auf der Tribüne noch zwei gesichtslose Beisitzer und ein junger Sekretär.

Mein Anwalt, den Kopf mutlos gebeugt, begrüßt mich kaum, wendet sofort die Augen wieder ab, kramt in seinen Papieren. Als einziger Zeuge ist Iwan Roshanskij geladen. Im großen Saal sitzen nur zwei Männer: der Haus-Kommandant des Gerichts, ein dunkler, braungebrannter, leicht ergrauter Hauptmann, auf dem Uniformrock das Gardeabzeichen, gelbe und rote Verwundetenabzeichen, dreifache Ordensspange. Er hatte mich im Pkw hergebracht und erklärt, Begleitsoldaten seien nicht verfügbar, nur einen Leutnant hatte er bei sich. Er sprach mit kaukasischem Akzent. Die übliche Prozedur begann: Der Sekretär verlas den Beschluß des Militärkollegiums über die Aufhebung des Urteils. Ich stellte den Antrag, Zeugen vorzuladen. Der Anwalt unterstützte mich matt. Der Staatsanwalt sprach sich gegen den Antrag aus: Er halte das für überflüssig, das vorliegende Material reiche aus. Das Gericht stimmte dem Staatsanwalt zu. Ich stellte den Antrag, dem Protokoll der neuen gerichtlichen Ermittlung die schriftlichen Erklärungen meiner Freunde und Kameraden von der Front und während meiner Vorkriegsarbeit, die nach Aufhebung meines Freispruchs abgegeben worden waren, beizufügen. Der Advokat unterstützte mich matt. Der Staatsanwalt sprach lange und unverständlich, ergötzte sich an der Modulation seiner Stimme und der Rundung seiner sinnlosen Phrasen.

»In gewissem Sinne erlaubt die juristische Praxis die Kongruenz sozusagen mündlicher direkter Aussagen, andererseits auch schriftliche und sogar, in gewissem Sinne, sozusagen indirekte, aber erhellende Aussagen, wenn sie ein prozessuales Erfordernis zur Beleuchtung einzelner Momente darstellen. Im gewissen Sinne Details der zu betrachtenden Handlungen, über die im gegebenen Falle begründete Zweifel oder in gewissem Sinne eine Überzeugung gegenteiligen Charakters bestehen ...«

Er sprach, den Kopf neigend, die Stimme bald hebend, bald senkend, mit rudernden Bewegungen seiner gepflegten Hände, artikulierte übersorgfältig wie ein Laienschauspieler, betonte bedeutungsvoll absolut unbedeutende Worte und Wortverbindungen, schaltete abrupt von Ironie zum Vorwurf um, ging von belehrender Sachlichkeit in anklagendes Pathos über.

Was er eigentlich sagen wollte, habe ich nicht verstanden. Doch das Gericht stimmte ihm zu, und mein Antrag wurde abgelehnt.

Dafür hinderte aber auch mich niemand, zu sprechen. Ich konnte reden, was und wieviel ich wollte. Richter und Staatsanwalt stellten Fragen.

»Wie konnten Sie sich erlauben ... zu verurteilen die heroischen ... diskreditieren ... verleumden ...«

Der Anwalt fragte: »Wofür wurden Sie ausgezeichnet? – Wie erklären Sie Ihre schlechten Beziehungen zu den Zeugen so und so?«

Ich antwortete ausführlich, höflich, sicher, leidenschaftlich. Aber vor mir sah ich die gedankenlos unbeteiligten Augen des Staatsanwalts; manchmal tat er, als fiele ihm plötzlich etwas auf oder ein, dann runzelte er die Stirn, kritzelte etwas auf einen Zettel. Ich sah die stumpfen, gleichgültigen, gelangweilten Gesichter am Richtertisch. Manchmal hörten sie anscheinend doch zu, sogar der Sekretär wandte sich um. Dann sprach ich noch überzeugter, noch eindringlicher; ich sah den grauen Nacken, den krummen Rücken des Anwalts vor mir...

Nur der Hauptmann-Kommandant und sein Leutnant hörten gespannt zu, sogar teilnahmsvoll. Und ich sprach für sie, damit diese beiden – der Frontoffizier und der junge Neuling – es erführen, meine Wahrheit verstünden.

Die Befragung Iwans begann. Er wiederholte alles, was er bei der ersten und zweiten Verhandlung gesagt hatte. Er rieb sich die Hände, sah zu Boden, hielt gelegentlich inne, die überbrükkenden äh – äh's dehnte er länger als gewöhnlich, häufiger als gewöhnlich flocht er ein »nun, ja – das heißt« ein. Aber sicher und überzeugt bekräftigte und bestätigte er alles, was er bisher über Sabaschtanskijs und Beljajews Verlogenheit gesagt hatte, über die Zielstrebigkeit, mit der die Anklage gegen mich zusammengebraut worden war.

Es war mittlerweile Abend geworden. Die Sitzung wurde vertagt. Der Kommandant brachte mich im Pkw in die Butyrka zurück.

»Du bist also Major, wo warst du? Nordwest-Front? Dann Bjelorußland? Ich war zuerst am Dnjestr, Schütze: MG-Schütze Eins. Bei Stalingrad wurde ich Leutnant. Später kam ich mit der 4. Ukrainischen nach Rumänien, da war ich schon Oberleutnant. Als wir Wien nahmen, kommandierte ich ein Bataillon, wurde Hauptmann. Mit besserer Schulbildung wäre ich rascher avanciert. Aber ich hab' nur acht Klassen, und die auch nicht etwa in Eriwan, sondern in einer Dorfschule in den Bergen hinter Kirowokan. Ich war Schafzüchter, Stoßarbeiter. Wollte Tierarzt werden. Arbeitete im Komsomol, im Kolchos, war Pionierführer, hatte überhaupt Interesse an der Wissenschaft, las Bücher, hörte Radio. Stimmt, der Krieg, das war natürlich auch eine Universität. Und jetzt bin ich also Gardehauptmann. Meine Frau ist Ärztin, Moskauerin. Sie hat mich im Lazarett behandelt, zehn Splitter hat sie mir rausgezogen. Und ich hab' ihr dafür einen Sohn gemacht: Iwan – in unserer Sprache Owanes –, Augen wie Schwarzkirschen, die Nase wird mal groß, genau wie meine; aber die Haare sind ganz hell und der Mund klein wie bei ihr. Drei Jahre ist er und spricht besser als dein Staatsanwalt... Mach weiter, Fahrer, gondel noch ein bißchen rum. Wenn ein Mensch schon in den Knast muß, soll er vorher noch Luft schnappen... Aber du hast gut gesprochen, Major, und zwar die Wahrheit. Ich merke immer, wer lügt und wer die Wahrheit sagt. Ich sehe das sofort an den Augen. Dein Freund, der Hauptmann, spricht leise, überlegt viel; bis er ein Wort sagt, sind ihm zehn Hammel ausgerissen. Aber er spricht gut und, das sieht man sofort, die Wahrheit. Dein Staatsanwalt dagegen, der redet, redet, redet; redet schön und schnell wie im Radio, oder wie man's in der Zeitung liest. Ich hab' gleich gesehen, der schwatzt viel und denkt nichts. Wie nennst du das doch, Leutnant?«

»Das nennt man rhetorische Kunst.«

»Kunst! Taugt einen Scheißdreck, diese Kunst, die einen Menschen ins Gefängnis bringt. Warst du in Gefangenschaft, Major? Warst nicht. Bist du von der Front getürmt? Bist nicht. Selbstverstümmelung? Keine. Verwundungen? Hast du. Kampfauszeichnungen? Hast du auch. Wie lange an der Front? Vier Jahre. Also weswegen wollen sie dich denn nun verurteilen? Weil du Marodeure auch Maurodeure genannt hast? Weil du dagegen warst, daß deutsche Weiber vergewaltigt wurden? Dafür sollte man sich bei dir bedanken und dich nicht bestrafen – na ja, wenn du deinen Chef beschimpft hast, so was kann man schon zum Vorwand nehmen. Dein Vorgesetzter ist ein Schwein. Aber das Tribunal, das sind auch Vorgesetzte. Sollen sie dir ein Urteil verpassen – meinetwegen degradieren oder sogar aus der Armee entlassen. Aber ins Gefängnis? Nein, so was ist doch unmöglich...«

Meine Einwände ließ er nicht gelten. Und seine gesprächige, polterndgutmütige Anteilnahme tat mir wohl, ließ sogar wieder eine schwache Hoffnung aufglimmen: Wenn sie mich so aburteilen, daß die Frist unter die Amnestie fällt?

In der Butyrka kam ich nicht in eine Zelle – die Verhandlung war ja noch nicht abgeschlossen; man brachte mich in eine zum Glück ziemlich geräumige Box, ich legte mich auf den Fußboden und schlief bis zum Wecken; später döste ich in der Einsamkeit wieder ein bis zum Frühstück. Man brachte mir ein Paket, ich aß, rauchte, bereitete mich auf mein Schlußwort vor, rekapitulierte alle neuen Argumente, numerierte sie, um keins zu vergessen, und ritzte die Ziffern mit einem abgebrannten Streichholz auf einer Zigarettenschachtel ein. Erst nach dem Mittagessen wurde ich geholt. Derselbe Hauptmann mit dem Leutnant und dem Pkw. Er begrüßte mich wie einen alten

Freund. Nadja und Mutter waren nicht im Korridor (man hatte ihnen gesagt, heute fände die Sitzung nicht statt). Es begann mit Iwans Verhör. Der Sekretär las Auszüge der Aussagen von Sabaschtanskij und Beljajew aus dem Untersuchungsprotokoll vor. Ich durfte darauf erwidern, aber dann fragten sie wieder und wieder Iwan aus.

Der Staatsanwalt fragte hochtönend und mit seiner Stimme spielend: »Gestatten Sie, wie reimt sich das zusammen? Einerseits verfechten Sie als Offizier, als Mitglied der Kommunistischen Partei, als Front-Politarbeiter in gewissem Sinne eine kämpferische, ideologische Position – andererseits erlauben Sie sich, sozusagen unbeachtet zu lassen, zu ignorieren, in gewissem Sinne versöhnlerisch zu unterschätzen, zu verteidigen...«

Hier wurde der Vorsitzende zum erstenmal richtig wach. Er beugte sich über den Tisch, weit vor wie zum Sprung, und sagte schon nicht mehr, sondern schrie Iwan böse an: »Wie war das mit Ihnen? Antworten Sie genau auf die Frage! In der geschlossenen Partei-Versammlung sind Sie nicht gegen seinen Parteiausschluß aufgetreten? Antworten Sie: ja oder nein! Keine Ausflüchte!«

»Nein. Ich stimmte nicht gegen den Ausschluß, aber das bedeutet: Ich stimmte auch nicht dafür.«

»Hier gibt's kein ›aber‹! Kein Einerseits-Anderseits! Vergessen Sie nicht, daß Sie einem Militärtribunal Auskunft zu geben haben. Vergessen Sie nicht, daß Sie für jedes einzelne Wort der Partei und dem Gericht gegenüber verantwortlich sind. Verstanden? Also antworten Sie exakt. Sie haben an den Genossen Generalstaatsanwalt einen Brief zur Verteidigung eines Menschen geschrieben, gegen dessen Beschluß aus der Partei Sie nicht gestimmt haben. Haben Sie so einen Brief geschrieben?«

»Ja, das habe ich.«

Ein paar Minuten kollerte der Staatsanwalt wieder wie ein Truthahn. Ich sehe, wie konzentriert Iwan hinhorcht, um den Sinn zu begreifen. Dann von neuem die blaffende Stimme des Vorsitzenden: »Muß man Sie daran erinnern, oder erinnern Sie sich selbst, Genosse Hauptmann Roshanskij? Sie sind Parteimitglied, sind ein gebildeter Offizier, Wissenschaftler... Und was tun Sie? Erst treten Sie nicht gegen den Parteiausschluß auf, der ja nicht für eine Lappalie beantragt worden war – nicht für Trunksucht, nicht für Dienstvergehen, sondern für schwerwiegende, politisch feindliche Äußerungen unter den Frontbedingungen des Großen Vaterländischen Krieges, was einem Verbrechen gleichbedeutend ist. Und danach schreiben Sie einen Brief zur Verteidigung des Ausgeschlossenen. Bei der Untersuchung und bei der Gerichtsverhandlung machen Sie Aussagen, die die Behörden nur desorientieren und desinformieren. – Wie soll man das bezeichnen, frage ich Sie? Antworten Sie konkret und exakt.«

Eiskalter Zorn stieg in mir auf. Ich konnte mich nicht beherrschen und fragte laut meinen Anwalt: »Warum protestieren Sie nicht? Das ist doch gesetzwidrig! Der Zeuge wird ja unter Druck gesetzt! Das ist keine Einvernahme eines Zeugen, sondern das Erpressen einer Anklage.«

Erschrocken drehte sich der Anwalt zu mir um: »Wollen Sie wohl still sein! Sie schaden damit nur sich und ihm... Sie schaden sich sehr...«

Der Vorsitzende hatte mich gar nicht beachtet. Er lag fast auf dem Richtertisch, starrte unverwandt Iwan an und blaffte immer heiserer, immer böser: »Los, antworten Sie! Warum antworten Sie nicht? Wie nennt man ein Verhalten wie das Ihre?«

Iwan steht ruhig da. Allein. Hinter ihm der leere halbdunkle Saal. Vor ihm auf erleuchteter Tribüne über dem tuchbedeckten Tisch die wütende, zähnfletschende Visage des Vorsitzenden des Militärtribunals. Iwan steht, den Blick gesenkt, aber nicht demütig, sondern nachdenklich. Den Mund geschlossen, die Lippen etwas nach unten gebogen; er reibt sich die Hände, gelassen wie bei der Vorlesung, wenn er Kreide benutzt hat.

Links von ihm soufflierte der Staatsanwalt in rollendem Bariton, plötzlich fast verständlich: »Zeuge, scheint es Ihnen denn nicht auch, daß ein derartiges Verhalten in gewissem Sinne als Doppelzüngigkeit zu qualifizieren ist, insofern Sie und wir Parteimitglieder sind...«

Der Vorsitzende, schreiend: »Doppelzüngigkeit gegenüber der Partei und falsche Aussagen zur Verteidigung des Verbrechens in strafrechtlichem Sinne. Antworten Sie, was hat Sie dazu veranlaßt? Wie erklären Sie ihre Handlungweise?«

Iwan hebt den Kopf. Sieht gelassen hoch. Keine Spur von Eingeschüchtertsein: »Ich bin mit... äh... mit dieser Formulierung nicht einverstanden. Nein... Ich habe auf der Versammlung nicht mit abgestimmt... Und warum ich nicht gesprochen habe, das habe ich Ihnen schon auseinandergesetzt. Damals hielt ich mich für verpflichtet, einen Befehl auszuführen... Später, als ich von der Verhaftung erfuhr, habe ich an den Generalstaatsanwalt geschrieben. Das ist alles... das heißt, ich habe die Wahrheit geschrieben...«

»Und auf der Versammlung, da haben Sie die Wahrheit nicht gekannt?«

Der Vorsitzende sprach leiser, offenbar beeinflußte Iwans gelassene Ruhe auch ihn.

»Ich kannte sie... Aber...«

»Warum haben Sie dann nicht gegen den Ausschluß gestimmt? Wie erklären Sie das jetzt?«

»Weil ich einen Fehler beging... Nun ja, damals habe ich einen Fehler begangen – und dann habe ich ihn korrigiert. Das ist alles.«

»Und wer hat Sie darum gebeten? Wer hat Ihnen das angeraten. Oder hat Ihnen das etwa wieder jemand befohlen?«

»Wer? Ich selbst natürlich... es war meine moralische Pflicht, von meinem Gewissen... Meinem Parteigewissen diktiert.«

»So! Sie bestätigten Ihre Aussagen zur Verteidigung des Angeklagten? Sie bestätigen sie, unbeschadet der Tatsache, daß das Militärkollegium des Obersten Gerichts zweimal das Gerichtsurteil als zu milde verworfen hat?«

Der Vorsitzende brüllte nicht mehr, sondern artikulierte die Worte mit jenem knirschenden, drohenden, gutturalen Beiklang, der stärker als lautes Schelten einschüchtern soll. Iwan sah ihn unverändert ruhig und nachdenklich an.

»Natürlich bestätigte ich sie. Ich habe die Wahrheit geschrieben und vor Gericht die Wahrheit gesagt. Nur die Wahrheit.«

»Sie können gehen.«

Der Staatsanwalt sprach über eine Stunde, las aus einem dikken Aktenordner vor. Er las, nachdem er eine große Hornbrille aufgesetzt hatte, die Worte durcheinanderbringend, manche Phrasen mit unsinnigem Pathos, andere ebenso unsinnig schnell herunterrasselnd. Häufig endete er abrupt mitten in einer langen Satzperiode und schloß lautstark und überzeugt: »Daraus folgt absolut augenfällig, daß der Angeklagte vergeblich versucht, uns von seiner Unschuld zu überzeugen, indem er offensichtlich annimmt, er könne in gewissem Sinne das Gericht des Militärtribunals beeinflussen wider alle augenfälligen und konkreten Anklagepunkte, die ihn vollständig überführen und die nicht nur bestätigen, sondern in gewissem Sinne die Qualität der Anklageschrift...«

Er sprach und sprach, verlas, sprach wieder. Einmal stand er plötzlich auf – vielleicht war ihm ein Bein eingeschlafen –, stellte sich neben sein Tischchen malerisch in Positur, knallte die Absätze seiner blitzblanken Stiefel zusammen. Ohne auch nur für einen Augenblick seinen Redestrom zu unterbrechen, setzte er irgendeine Satzperiode fort, deklamierte, gestikulierte fast tänzerisch, als treibe er Gymnastik! »So stehe ich zum Beispiel hier, ich, der stellvertretende Staatsanwalt des Moskauer Wehrkreises, Oberst der Justiz Miljzyn, stehe hier vor Ihnen, Genossen Richter, mit aufrichtigem Herzen meiner Dienstpflicht gehorchend. Aber der Angeklagte will bewiesen, daß ich weder Staatsanwalt noch Oberst, noch Genosse Miljzyn bin, sondern in gewissem Sinne irgend jemand vollkommen anderes, den er, der Angeklagte, scheinbar besser sieht, besser kennt und versteht als Sie, Genossen Richter, besser als die Partei, als das sowjetische Volk. Können wir mit dem Angeklagten in solchen Prätentionen übereinstimmen, können wir wegen solcher in gewissem Sinne sogar origineller Prätentionen von unserem Parteistandpunkt, der Treue zu unseren marxistisch-leninistischen und patriotischen Prinzipien, der Treue zu unserem heldenhaften sowjetischen Volk abweichen? Ich wage zu glauben, daß wir das nicht können: weder von unserem Standpunkt noch von unseren Prinzipien, weil dies der Standpunkt und die Prinzipien der großen Partei Lenins und Stalins sind, die Vernunft und Gewissen unserer Zeit bestimmen; wir können niemandem erlauben, unsere Heiligtümer mit Füßen zu treten.«

Er sprach und sprach. Es war deutlich zu erkennen, daß er gänzlich vergessen hatte, wessen ich überhaupt angeklagt war, welche Vergehen mir zur Last gelegt wurden. Möglicherweise kannte er sie auch gar nicht, hatte sich mit den Akten überhaupt nicht vertraut gemacht. Er vergaß sogar die abschließende Vernehmung Iwans und sagte: »Die allen offenkundige Schuld des Angeklagten ist bewiesen durch zahlreiche Zeugenaussagen, zum Beispiel ...« – und nach den Namen Sabaschtanskij und Beljajew nannte er Chromuschina, Belkin, Roshanskij.

Ich rief aus: »Aber das sind doch die Zeugen der Verteidigung!«

Der Vorsitzende klopfte nur mit seinem knöchernen Finger auf den Tisch. Der Staatsanwalt schwieg eine Sekunde und lächelte dann geradezu schelmisch: »Gewiß, gerade die Zeugen der Verteidigung überzeugen uns in gewissem Sinne noch mehr als die Zeugen der Anklage. In diesem Prozeß haben wir erkannt, daß die Zeugen der Verteidigung den Angeklagten gerade in dem Punkt überführen, den er abzustreiten versucht. Man kann ihn da natürlich verstehen, sozusagen menschlich – niemand sitzt gern im Gefängnis. Ich sehe hier sogar eine gewisse Folgerichtigkeit. Unser Gericht – das großmütigste Gericht der Welt –, unsere Staatsanwaltschaft – die humanste der Welt – können jedoch nicht unbestraft lassen ...«

Er sprach und sprach. Mir fielen fast die Augen zu, das Gähnen überkam mich. Ich vernahm nur noch einzelne Wörter und Wortverbindungen, das samtene Rollen der Stimme, die eintönige Melodie grenzenloser Selbstverliebtheit, akustischen Narzißmus.

Endlich erklangen die Schlußakkorde. Nicht laut, fast schon erschöpft, aber deutlich: »... ausgehen von all dem, was wir aus diesem sehr ausgedehnten, komplizierten und zweifellos hochpolitischen Fall erkannt haben, aus all dem, was wir hier gehört haben, ziehe ich den notwendigen Schluß, vor Gericht das höchste Strafmaß zu beantragen – jedoch unter Friedensbedingungen: Zehn Jahre Freiheitsentzug und fünf Jahre Verlust der bürgerlichen Rechte, Aberkennung des militärischen Ranges und Antrag beim Obersten Sowjet auf Aberkennung der Orden und Auszeichnungen ...«

Der Anwalt lobte die Rede des Genossen Oberst Miljzyn in den höchsten Tönen: tief parteilich und prinzipientreu, hervorragend argumentiert. Aber ausgehend von den bemerkenswerten Gedanken des Staatsanwalts über Großmut und Humanität des sowjetischen Gerichts bitte er das Tribunal, die große Zahl der unbedingt positiven Charakteristiken, die über den Angeklagten vorgelegt worden seien, zu berücksichtigen, er bitte ferner, die Verdienste des Angeklagten im Krieg in Betracht zu ziehen, seine Verwundungen, seinen Gesundheitszustand und auch die mildernden Umstände nicht außer acht zu lassen: Die begangenen Vergehen fielen in die Kriegsjahre, jetzt im Frieden sei die Anwendung eines milderen Strafmaßes möglich. Und darum bitte er, Rechtsanwalt und Parteimitglied seit 1921, im Bewußtsein seiner Verantwortung das großmütige Gericht, die Straffrist zu vermindern, die Möglichkeit der Besserung ins Auge zu fassen...

Als mir das Wort erteilt wurde, distanzierte ich mich vor allem entschieden von den Worten des Verteidigers. Ich sagte, daß ich nicht eine einzige der vom Staatsanwalt gegen mich vorgebrachten Beschuldigungen anerkennen könne, da sie sich überhaupt nicht auf meinen Fall bezögen. Wies darauf hin, daß der Staatsanwalt nicht einmal gewußt habe, was die Zeugen ausgesagt hätten. Ich bat das Gericht, die in den Akten vorliegenden Aussagen mit dem zu vergleichen, was der Staatsanwalt gesagt habe...

Der betrachtete mich mit herablassend-mitleidigem Lächeln, wiegte den rosigen Kopf, hob die fetten Schultern mit den silbernen Achselstücken, als wolle er sagen: Er ist nicht ganz bei sich, der armselige Tropf.

Ich sagte, der Antrag des Staatsanwalts sei ungeheuerlich, er widerspreche sowohl dem Geist und Buchstaben des Gesetzes wie den Interessen von Partei und Staat. Dann wiederholte ich alles, was ich bei der ersten und bei der zweiten Verhandlung gesagt hatte, nur kürzer und konzentrierter.

Das Gericht zog sich zur Beratung zurück.

Der Hauptmann kam zu mir. Er war nun nicht mehr so optimistisch. »Was ist das bloß für ein Richter! Ich hätte nie geglaubt, daß es solche überhaupt gibt. Wie der deinen Freund angeschnauzt hat! Aber der ist ein fabelhafter Kerl, der Hauptmann. Wirklich fabelhaft! Der Richter schreit, als wollte er ihn ohne Brot fressen, aber der, dein Freund, steht wie ein Fels. Ein sehr guter Mensch ist das. Und der Staatsanwalt, als ob's ein Kinderspiel wär', plappert einfach: zehn Jahre. Ich weiß nicht: Ist der besoffen, oder war er mal verschüttet? Der Anwalt, dieser schlappe Greis, hat Angst. Aber wovor denn bloß? Sagt, er ist alter Parteigenosse, also braucht er sich nicht zu fürchten. Du hast wieder gut gesprochen. Hast es ihnen richtig gegeben, dem Staatsanwalt und dem Advokaten. Richtig, wie ein Soldat. Und dieser Richter ist doch Jurist, Oberstleutnant... Nein, sie müssen doch begreifen...«

Die Beratung währte nur kurz. Der Vorsitzende verlas eine knappe Einführung mit der bösen Bemerkung: »... da er ein ehemaliger aktiver Trotzkist ist...« Weiter ging es à la Sabaschtanskij, und zum Schluß folgte das Gericht dem Antrag des Staatsanwalts: Zehn Jahre plus fünf: Aberkennung von Rang und Orden. »Angeklagter, haben Sie verstanden?«

»Nein, nicht verstanden.«

Mit krächzender, eintöniger Stimme leierte er den Schlußpassus noch einmal herunter: »Zehn plus fünf.«

»Jetzt haben Sie hoffentlich verstanden?«

»Nein, nicht verstanden. Wo ist da Gerechtigkeit?«

Im Frühling, als ich zu drei Jahren verurteilt worden war, hatte ich kaum die Tränen zurückhalten können, da stockte mir der Atem, ich keuchte vor Verzweiflung. Jetzt empfand ich nur eine seltsame Erschöpfung, aber auch Zuversicht: Nein, ein solches Urteil kann gar nicht real sein.

Richter und Staatsanwalt verließen sofort den Saal. Der Anwalt flüsterte beim Abschied hastig, ohne mich anzusehen: »Ich lege Berufung ein... Wir werden weiter hoffen... Fristverkürzung ist möglich. Bleiben Sie gefaßt.«

Der Hauptmann brachte Iwan zu mir.

»Verabschiedet euch, Freunde. Ist nun vielleicht für lange. Nein, daß so was möglich ist! Nie hätte ich das geglaubt. Zehn Jahre für nichts... Verurteilen da einen Menschen mir nichts, dir nichts, als wär's nichts anderes, als auf zwei Finger zu pissen.«

Er wiederholte es mehrmals. Warum gerade zwei Finger? Voriges Jahr, nach dem Freispruch, schirmten mich die Begleitsoldaten von den Verwandten und Freunden ab; sie erlaubten ihnen nicht mal, mir zu gratulieren. Und jetzt zeigte dieser Kommandant offen sein Mitgefühl. Iwan und ich sprachen ein paar Minuten miteinander, umarmten uns. Niemals vorher oder nachher habe ich bei ihm einen so unendlich traurigen Blick gesehen.

Der Hauptmann befahl dem Fahrer: »Fahr noch mal ordentlich in der Stadt herum. Soll er sich Moskau noch mal besehen... Nein wirklich, einen Menschen zu vernichten – wie auf zwei Finger pissen...«

Der neben mir sitzende Leutnant fragte teilnehmend: »Aber Sie können doch noch Berufung einlegen, wie heißt das gleich, Appal... Appellation? Geht das? Gut, dann kann sich ja alles ändern... Bloß nicht den Mut verlieren. Es kann doch unmöglich so bleiben...«

»Natürlich nicht. Einen Frontsoldaten für irgendwelche unbedachten Worte – zehn Jahre!«

Am Majakowskij-Platz ließ der Hauptmann eine Weile Halten, auch auf der Gorkij-Straße und an der Manege: »Sieh dir alles gut an. Du bist doch Moskauer? Liebst du deine Stadt?«

Er ging in einen Laden, brachte eine Flasche Bier, Äpfel und Süßigkeiten.

»Trink das Bier gleich hier im Wagen, das andere steck in die Taschen.«

Wir kamen zur Butyrka. Die Aufseher, die den Häftling in Empfang nahmen, guckten verdutzt: Der Hauptmann streckte mir schwungvoll die Hand entgegen: »Bleib gesund, Major, auf Wiedersehen. Halt die Ohren steif. Bist an der Front durchgekommen, wirst überall durchkommen.«

»Danke, Hauptmann, vielen, vielen Dank! Laß es dir immer gutgehen!« Schlüsselklappern am Koppel. Schlüsselknirschen im Schloß. Die vielstimmigen Geräusche der Gefängnisnacht wogten auf und ab.

Die Ewigkeit dauerte an.

Während der Lektüre dieses Buches, das Züge eines »Simplicissimus« hat, sollte man keinen Augenblick lang das Motto vergessen: »Aufbewahren für alle Zeit.« Das war der Standardvermerk auf allen Gerichtsakten für Vergehen nach Paragraph 58, dem Paragraphen für Staatsverbrechen. Und hinter diesem Motto der persönliche Vermerk des Autors: »Dies ist die Geschichtes *eines* Falles und zugleich der Versuch eines Bekenntnisses.« Das Buch beginnt dann auch mit dem Titel »Die ersten Tage der Ewigkeit«, und sein Schlußkapitel heißt »Die Ewigkeit dauert an«. Liegen schon die Begriffe »ewig« und »Ewigkeit«, wie Lew Kopelew die diesseitig bürokratische Anweisung »für alle Zeit« versteht, außerhalb aller marxistischen Kategorien und deuten sie eine überraschende Wende ins fast Metaphysische an, so bietet das Buch selbst weit mehr Überraschungen. Es enthält zwischen diesen beiden Überschriften ein umfassendes Kompendium und Bestiarium, es werden verschiedene Prozesse ineinander und übereinander geschildert, Prozesse im doppelten Sinne des Wortes: im Sinne von Gerichtsverhandlungen und im Sinne von Entwicklungsprozeß, und auch dies wieder jeweils doppelt zu verstehen: ein Prozeß der Behörden der Sowjetunion gegen den Autor, ein Prozeß des Autors gegen die Sowjetunion; die Entwicklung der Sowjetunion, die Entwicklung des Autors und die Entwicklung der Gesellschaft und des Bewußtseins auf den verschiedensten, auf fast allen Stufen der sowjetischen Gesellschaft, von Dirnen und Dieben bis zu Generälen und Staatsanwälten.

Man sollte auch während der Lektüre nicht vergessen, womit es angefangen hat bei diesem Major Kopelew, einem überzeugten Kommunisten, der Überzeugung und Dogmatismus nie miteinander verwechselt, schon gar nicht miteinander identifiziert – und darüber stolpert, daß er angeklagt wird, kein Partei-Rückgrat zu haben. Es fängt an im Jahre 1945 bei der Eroberung und Besetzung der ersten deutschen Provinz, Ostpreußens, durch die Armee, der Kopelew angehört. Er wird Augen- und Ohrenzeuge von Vorgängen, die nicht nur seinem *sozialistischen* Gewissen und Instinkt widersprechen, für die es auch in keiner marxistischen Theorie eine Rechtfertigung gibt. Er protestiert dagegen und wird schließlich denunziert, »Deutsche und ihre Habe gerettet und Mitleid mit den Deutschen gepredigt zu haben«. Bevor ich eine entscheidende Passage aus dem ersten Teil des Buches, das von diesem Konflikt bestimmt wird, zitiere, möchte ich darauf aufmerksam machen, daß dieses Problem nicht nur ein deutsch-russisches ist, nicht nur ein nationales, wenn es sich auch auf beiden Seiten in nationale Empfindlichkeit verwandelt hat. Immerhin spielen die Bundesrepublik Deutschland und die Deutsche Demokratische Republik innerhalb der internationalen Politik eine gewisse Rolle, und es ist wichtig zu wissen, daß sich manche deutsch-russische Annäherung über die Deutsche Demokratische Republik hinweg und an ihr vorbei entwickelt hat. Man kann die Entwicklung und Entstehung, man kann die Politik dieser beiden deutschen Staaten nicht verstehen, wenn man nicht weiß, daß der eine, die DDR, die Vorgänge, die zum Prozeß gegen Kopelew führten, einfach geleugnet oder übergangen hat, während der andere, die Bundesrepublik Deutschland, fast immer die Vorgeschichte, den Krieg gegen die Sowjetunion mit seinen unbeschreiblichen Verheerungen (zwanzig Millionen Tote allein) übergeht und immer erst mit den Vorgängen, die bei der Besetzung Deutschlands stattfanden, zu denken und zu reagieren anfängt. Betrachtet man immer wieder den Wortlaut der Anklage gegen Kopelew, die Entstehung der Denunziation, die Verhandlungen gegen ihn, die sich durch das ganze Buch ziehen, dann wird man verstehen, wie *international* wichtig das Problem ist: Denn anläßlich dieser Vorgänge in Ostdeutschland im Jahre 1945 hat in manchem sowjetischen Intellektuellen ein Umdenkprozeß begonnen, der für die innere Entwicklung in der Sowjetuion und damit für die ganze Welt wichtig, interessant und schmerzlich ist – und man versteht auch, warum dieser Umdenkprozeß systematisch unterdrückt, oder besser: die Auseinandersetzung mit ihm verdrängt wird. Ein ähnlicher Prozeß findet in allen sozialistischen Ländern statt oder wird in ihnen unterdrückt: nicht nur die Behandlung der Deutschen nach 45, auch die Behandlung der verschiedensten Arten von Verrätern und »Verrätern«.

Der Zweite Weltkrieg hat in den meisten Ländern, die in ihn verwickelt waren, Entwicklungen verlangsamt oder gar gestoppt, die schon im Gange waren, als er ausbrach, und es gab dann allenthalben jene notwendige »Einigkeit«, die darin bestand, erst einmal den äußeren Feind zu besiegen, dann sich den inneren Problemen zuzuwenden. Es war für den größten Teil der Welt eine Überraschung, fast ein Schock, als man Churchill kurz nach Kriegsende abwählte; und mir scheint, daß eine innere Umwandlung der Sowjetunion lange fällig war, bevor man mit Begriffen wie Stalinismus oder Entstalinisierung das Problem personifizierte. In Diktaturen enden Epochen eben nur mit dem Tod oder Sturz des Diktators; in den parlamentarischen Demokratien enden Perioden durch Abwahl. Es kommt, was Rußland und die Sowjetunion betrifft, etwas hinzu: Fremdenfurcht und Angst vor der Verachtung durch die Fremden. Bis auf den heutigen Tag, dreißig Jahre nach Kriegsende, leben die sowjetischen Truppen, etwa in der DDR, fast völlig isoliert von der Bevölkerung. Durchlässigkeit herrscht nur in der Internationale der Intellektuellen. Es läßt sich an der russischen wie der westlichen Literatur ab-, es läßt sich aus ihr herauslesen, was es da alles an gegenseitiger Bewunderung, an Einflüssen, auch an Mißtrauen, Haß und Frucht gegeben hat – ein gegenseitiges Gefälle von Ablehnung, Arroganz und Bewunderung, und ich halte es für eine der wichtigsten Erkenntnisse aus Kopelews Bekenntnis, daß er ein wahrer Internationalist ist, den die Liebe und Bewunderung zu Rußland, zur Sowjetunion, seine Kenntnis der großen russischen Kultur keinen Augenblick lang veranlassen kann, andere Völker und ihre Kultur pauschal zu sehen, in überlieferten oder gar von irgendeiner Propaganda gelieferten Klischees. Schließlich ist er als Germanist, als Kenner der deutschen Sprache, Literatur und Kultur, als Aufklärer an den deutsch-sowjetischen Fronten in Kampf gegen den Faschismus tätig gewesen. Es gehört zu den – und nicht nur für einen Deutschen – erstaunlichsten Szenen, wenn er etwa den deutschen Kriegsgefangenen ihre eigene Kultur, von der sie wenig wissen, nahezubringen versucht; er lehrt die Deutschen, was Deutschland außer Hitler war, ist, sein könnte, er spricht zu ihnen über Gutenberg, Dürer, Cranach, Holbein, über Hölderlin, Heine und Luther, Kant, Leibniz, Hegel; und diese Vorlesung vor den Kriegsgefangenen wird später als »Glorifizierung der bürgerlichen deutschen Kultur« einer der Anklagepunkt gegen ihn. Daß er auch Brecht, Weill,

Weinert, Seghers und Thälmann einbezogen hatte, wird dann [illegible]hr erwähnt.

[illegible]ew wußte genau, unter welchen Bedingungen, mit wel[illegible]ahrungen konfrontiert, die Rote Armee nach Deutsch[illegible]marschierte. »In unserer Armee kämpfen 20 Millionen [illegible] Klar, daß in dieser Riesenarmee auch Schweinehunde dabei sind. Und viele unserer Leute sind sehr verbittert. Wir kamen hierher aus Moskau, aus Leningrad, aus Stalingrad, von der verbrannten Erde, aus Ruinen, rauchenden Trümmer- und Brandstätten. In jeder Familie gibt es Tote.«

Dagegen die Position des Vorgesetzten und Hauptfeindes Sabaschtanskij in einem Gespräch mit Kopelew: ». . . der Soldat muß den Feind hassen wie die Pest, muß ihn mit Stumpf und Stiel vernichten wollen. Und damit er seinen Kampfwillen nicht verliert, damit er weiß, wofür er aus dem Graben springt, dem Feuer entgegen in die Minenfelder kriecht, muß er wissen: Er kommt nach Deutschland, und alles gehört ihm – die Klamotten, die Weiber, alles! Mach, was du willst! Schlag drein, daß noch ihre Enkel und Urenkel zittern!« Kopelew: »Heißt das also, er darf Frauen und Kinder umbringen?« Sabaschtanskij: »Was kommst du mit Kindern, Idiot. So was gibt's doch nur in Ausnahmefällen. Längst nicht jeder wird Kinder totschlagen. Wir beide jedenfalls nicht. Aber wenn du schon davon anfängst: Laß die, die es in blinder, wilder Aufwallung tun, auch kleine Fritzen töten, bis es ihnen selbst über ist . . . Das ist Krieg, Bruder, keine Theorie und keine Literatur. In Büchern, natürlich, da muß es das alles geben: Moral, Humanität, Internationalismus. Das ist alles schön und gut und theoretisch richtig. Aber jetzt lassen wir erst mal Deutschland in Rauch und Flammen aufgehen, danach kann man dann wieder richtige und schöne Bücher schreiben über die Humanität und den Internationalismus. Jetzt kommt es darauf an, im Soldaten den Kampfwillen zu stärken. Das ist der Kern der Sache!«

Nach diesem Teil *eines* von vielen Dialogen zwischen Kopelew und seinem Vorgesetzten ist festzustellen: Die Veränderung des Menschen in einen sozialistischen Menschen hat noch nicht stattgefunden; der Mensch, der Rache und Nationalität nicht kennt, ist nicht entstanden. Ein Mensch, der nicht etwa »verzeiht«, sondern marxistischen Maximen gemäß »historisch denken« und sich sagen würde: Diese Menschen, mögen auch viele von ihnen Faschisten sein, mögen sie dumm sein, haben noch viel zu lernen; aber sie waren ihrem eigenen historischen Prozeß unterworfen, und wir müssen ihnen zeigen, daß der Sozialismus Rache nicht kennt.

Kopelew schildert dann erschütternde Einzelfälle, die leider einer Gesamttendenz entsprechen, und er zitiert auch den Tagesbefehl des Oberkommandierenden in diesem Frontabschnitt, des Marschalls Rokossowskij: »Für Plündern, Vergewaltigung, Raub und Mord von Zivilpersonen das Kriegsgericht; wo notwendig – auf der Stelle erschießen.« Und es gibt auch Fälle, wo diese Vergehen bestraft werden; aber das ändert wenig an der Politik gegenüber den Deutschen. Es ist nur logisch innerhalb der Absurditäten der Besatzung, daß auch der erste und einzige wahre Genosse, ein Mitglied der illegalen KPD, den Kopelew in Ostpreußen trifft, nicht anders behandelt wird als der übrige Teil der Bevölkerung; und hier sehe ich wieder einen Ansatz für die nicht nur nationale, sondern auch internationale Wichtigkeit des Buches. Hat man sich je überlegt, ist man sich je klar darüber geworden innerhalb der westlichen Kommunistischen Parteien, innerhalb der gesamten »linken« internationalen Szene, warum Deutschland, das einst die stärkste KP hatte, auf die man viele Hoffnungen setzte, nach 1945 die schwächste kommunistische Bewegung gehabt hat – *trotz* aller Einsicht in den Wahnsinn des Faschismus? Ob für die überlebenden und heimkehrenden Kommunisten dieser Anschauungsunterricht nicht weitaus abschreckender war als aller gepredigter Antikommunismus – und wie viele ehemalige Kommunisten haben in ihn eingestimmt? Ob das ohne Verrenkungen, ohne Krämpfe ausgeht in einem Land, das nicht nur Fachleute im Sinne von informierten Leuten, das profunde Kenner der ausländischen Kultur und Literatur hat? Es gab ja nicht nur den einen Major Kopelew, es gab viele Germanisten, und es gibt viele sowjetische Intellektuelle, die besser über Geschichte und Kulturgeschichte des Landes informiert sind als mancher Intellektuelle, der aus dieser Kultur nach Moskau kommt und sich – meist ziemlich verlegen – mit Zitaten, Analysen, genauen Kenntnissen seiner eigenen Kultur konfrontiert sieht. Das Bewußtsein und Wissen der eigenen großen Literatur und Kultur macht die sowjetischen Fachleute so souverän, über fremde Kulturen informiert zu sein, und es macht die sowjetischen Leser zu so erstaunlichen Büchernarren. Diese Kenntnis, dieses Wissen und diese Einsicht vergrößern die Scham und auch die Empfindlichkeit.

Es besteht wenig Ursache für einen Deutschen, den Sowjetbürgern, was die Konfrontation und die mögliche Verarbeitung unerfreulicher geschichtlicher Vorgänge betrifft, Vorwürfe zu machen. Als Volk, als Ganzes pochen wir noch zu sehr auf das, was uns *nach* 1945 angetan worden ist, und vergessen zu leicht, was wir vor 1945 anderen angetan haben; und wenn wir Kopelews Bekenntnis akzeptieren oder es gar propagandistisch auswerten oder ausnutzen wollen, so mißverstehen wir Kopelew auf eine Weise, die der der sowjetischen Behörden vergleichbar ist. Der *ganze* Zusammenhang muß hergestellt, gemeinsam erörtert und analysiert werden; und dazu ist Kopelews Buch besser geeignet als manche andere Publikation. Sein Eisntieg ist *nicht* die Auseinandersetzung mit den inneren Vorgängen in der Sowjetunion, seine Reflexion, der eine ganze Abwicklung von anderen Reflexionen folgt, setzt in dem *historisch* wichtigen Augenblick ein, in dem die Rote Armee zum ersten Mal ein fremdes Land besetzt oder beweisen muß, wie oder ob sie überhaupt sozialistisch ist oder nicht. Was sich bei der Besatzung Polens im Jahre 1939 nach dem Stalin-Hitler-Pakt im Bewußtsein der Offiziere und Soldaten der Roten Armee abgespielt hat, wie dieser absolut »unsozialistische«, rein imperiale Akt verarbeitet worden ist, wäre gesondert zu analysieren, als psychologische Vorbereitung. Wie die Polen diese von Marxisten und Faschisten gemeinsam betriebene vierte Teilung Polens (eine fünfte folgte dann nach 1945) empfunden haben, welche Folgen sie gehabt hat, wie sie das traditionell schlechte polnisch-russische Verhältnis bis auf den heutigen Tag bestimmt, daran ändern auch brüderliche Umarmungen und Küßchen auf Flugplätzen und an Bahnhöfen wenig.

Kopelew macht der Sowjetarmee und der Sowjetunion diesen Prozeß, aus dem sein Bericht besteht. Es ist der Bericht eines Angeklagten, der zum Ankläger wird, weil man ihm etwas menschlich und allen sozialistischen Theorien gemäß Selbstverständliches vorwirft: sich gegen Haß, Rache, Vergewaltigung, Plünderung ausgesprochen zu haben. Erst nachdem er selbst zum Häftling geworden ist, führt dieser Prozeß ihn zur Erkenntnis der Problematik sowjetischer Anklage- und Strafpraktiken, und aus dieser Optik heraus beschäftigt er sich auf seine Weise mit dem, was wir aus anderen Publikationen kennen, die sich mit der stalinistischen Ära befassen. Er ist Russe, aber nicht russozentrisch, er bleibt nicht in der innersowjetischen Problematik: Er wird von außen nach innen auf sie gestoßen und sieht sie im internationalen Zusammenhang, und das macht sein Bekenntnis international so wichtig.

Die ganze unermeßliche Skala absurder »Vergehen« und Anklagen, die sowjetische Gesellschaft »umgestülpt« in Zellen und Lagern, wo die Opfer eines wahnwitzigen Mißtrauens auf ihre Prozesse warten oder ihre Strafe absitzen: vom General oder Staatsanwalt bis hinunter zum einfachen Soldaten oder der Kuhmagd wird die »Klassenlosigkeit« des Wahnsinns sichtbar gemacht. Hier wird die sowjetische Prominenz, werden alle Privilegierten, zu denen man auch Kopelew selbst zählen kann, mit sich selbst und den unfaßbaren Schicksalen ihrer weniger begünstigten Landsleute konfrontiert, und man beginnt zu begreifen, welche Furcht da geherrscht haben muß: in den Lagern und Zellen – und draußen. Da trifft man Walja, die sieben Jahre Haft bekommen hat, weil sie zwei Rollen Garn unterschlagen hat; ein anderer hat fünf Jahre bekommen, weil er »die Technik des Feindes gelobt« hat. Man trifft den Staatsanwalt, der – wie so viele, denen er es nicht geglaubt hat – seine Unschuld beteuert. Jede Variation politischer Häftlinge: weiße, rote, rot-weiße; Jugoslawen, Deutsche, Polen, jede Variation von Wlassow-Männern, alle Variationen von Verrätern und Spitzeln und »Spitzeln« und »Verrätern«, von Kriminellen, die man wieder in »echte« einteilt, die keine Spitzeldienst tun, und »unechte«, die beides zugleich sind: echte Kriminelle und echte Spitzel. Ein Dschungel, in dem keiner weiß, wer nun – nach welchen Gesichtspunkten immer – »echt« ist. »An der Front«, sagt einer, »weiß ein Soldat wenigstens, wo der Feind steht und wo die eigenen Leute sind. Aber hier ist ringsum und überall Gesindel, kannst überhaupt nicht erraten, von wo du was zu erwarten hast.« Ist nun der Lagerkommandant »echt« – im Sinne von: ein überzeugter Sozialist, von dem man ungefähr wissen kann, wie er sich in einer Situation verhalten wird – oder ist der zum Spitzel degenerierte Dieb

»echt«? Es gibt Kämpfe, ja Kriege zwischen Kriminellen, Halbkriminellen, von kriminellen Gruppen gegen politische, und alle Möglichkeiten der »Koalition«. Kaum abzusehen, wieviel Möglichkeiten von Verwicklungen und Verstrickungen.

Indem Kopelew seinen Weg von der Verhaftung durch verschiedene Gefängnisse, Zellen, Lager schildert – mit einem Blick für Menschen und Schicksale, die ihm alle gegenwärtig bleiben, ausgestattet mit seiner unersättlichen Neugierde und einer unglaublichen Portion Leichtsinn, Opfer nicht nur von Denunziationen, auch von Eifersüchteleien (man müßte da an verschiedenen Stellen an den Rand schreiben: cherchez les femmes!), rutscht er von Unglück in noch mehr Unglück, wieder zurück in etwas mehr Glück oder weniger Unglück, wieder weiter in etwas weniger Glück oder mehr Unglück – man darf nicht vergessen, daß es die Deutschen sind, die sein Unglück verursacht haben, nachdem sie erst sein Land ins Unglück stürzten –, rutscht er weiter auf dieser schiefen Ebene der Paradoxie, wie sie nur einem hartnäckigen und uneinsichtigen Intellektuellen blühen kann, und es gibt da keine moralische Pose außer der des Sozialisten und Marxisten, der seine Schwächen, seine geringe Disziplin, seine lebensgefährliche Spontaneität, seine Naivität und seinen Leichtsinn nicht verbirgt. Er schildert seine Verstrickungen mit – und weiß gleichzeitig als »Materialist«, daß sie dazugehören. So leidet und erleidet Kopelew sehr viel, und doch ist sein Bekenntis keine Leidensgeschichte. Er selbst ist gar nicht der Mittelpunkt seiner Geschichte – und doch tritt er in jedem Satz heraus und hervor.

Man vergesse nicht: Hier schreibt einer, der gegen seinen Parteiausschluß protestiert; der die absurd verlogene »Korrektheit« mehrerer Gerichtsverfahren erlebt, mit umfangreichen Akten, zahlreichen Zeugenaussagen, bei denen scheinbar gute Freunde sich als Denunzianten erweisen und andere, die er unterschätzt hat, als zuverlässig. Diesem Dickicht von verlogenem Formalismus stellt Kopelew mit seinem Buch seine Anklageschrift entgegen; und doch – das ist die Überraschung – ist er kein Don Quichote und ebenfalls kein Sancho Pansa. Er ist beides zu seiner Zeit; in ihm, auch im Menschen Kopelew, wie ich ihn persönlich aus zahlreichen Gesprächen und Begegnungen kenne, ist die klassische Spaltung aufgehoben, und ich denke mir, das macht ihn so »gefährlich«, weil er – jeweils zu seiner Zeit – beides ist. Und in diesem Sinne ist er auch kein »Intellektueller«, was bedeutet: Natürlich ist er einer, und doch versteht er das »Volk«, zählt sich zu ihm, gehört zu ihm, versteht seine Sprache und seine Probleme – und wahrscheinlich macht auch das ihn so gefährlich. Ideologisch – als Theoretiker – ist er uneingeschränkt Don Quichote: Er diskutiert und argumentiert nach seiner Vorstellung von Internationalismus, läßt nichts, gar nichts durchgehen, und er tut das unerschrocken, unermüdlich und logisch gegen diese übermächtigen, langweiligen Windmühlen, den grausam phantasielosen Funktionären ins Gesicht. »Privat« ist er eingestandenermaßen menschlichen Schwächen erlegen; in seinem fast schon metaphysischen Materialismus weiß er, was eine Zigarette, und wären es nur ein paar Züge aus einer Kippe, für jemanden bedeutet, der lange nichts zu rauchen gehabt hat, und er weiß immer noch und immer wieder, was Wasser für den Durstigen und Brot für den Hungrigen bedeutet; seine Dulcineen – es gibt deren einige – sind keine platonischen Phantasiegebilde, sondern, was er keineswegs verachtet, aus Fleisch und Blut. Er läßt alle seine Schwächen nicht aus, er bekennt sie (gelegentlich bereut er sie sogar!) – und doch bleibt und ist sein Bekenntnis keine Verteidigungsschrift, es ist und bleibt eine Anklageschrift, alle Probleme der sowjetischen Rechtsprechung und des Strafvollzugs werden aufgewickelt an Lebensläufen, Prozeßakten, und sie werden gleichzeitig international, marxistisch am Internationalismus analysiert; und nicht nur »humanistisch«, sondern, das ist eine weitere Dimension der Gefährlichkeit Kopelews – human! Daß sich das alles nach 1945 abspielt, nach einem glorreich gewonnenen Krieg, beweist den Umfang des Mißtrauens.

Der Prozeß gegen Lew Kopelew hat viele Vorstufen: Verhöre, Einzelhaft, Transporte – lange bevor die erste offizielle Verhandlung gegen ihn stattfindet, und es wird im Verlauf seiner Bekenntnisse sichtbar, worin wahrhaft der »neue Mensch« besteht: Es ist der wie geölt arbeitende, funktionierende Funktionär, das Muster des Apparatschiks, der inzwischen international auch im Bereich anderer Ideologien etabliert ist, eines Formalisten ganz besonderer und besonders liebenswürdiger Art, der den Angeklagten sofort als Formalisten beschimpft, sobald er sich auf seine Rechte beruft, gleichzeitig aber einen Funktionärsformalismus gegen ihn anwendet. Ob die Kulturpäpste deshalb so schrecklich zornig auf »Formalisten« sind? Was Kopelew letzten Endes sowohl zum Verhängnis wird wie ihn in der Haftzeit rettet: Seine ungebrochene Naivität, sein Humor und seine unersättliche Neugierde für alle Formen und Erscheinungsweisen des menschlichen Lebens, bis hinab zu den proletarischen und sogar kriminellen und allen Formen und Mischformen der Prostitution. Außerdem eine Eigenschaft, die osteuropäische Provenienz zu sein scheint, vielleicht auch speziell sich in Lagern entwickelt: ein verblüffendes Gedächtnis.

Manche Kapitel sind Charakterstudien besonderer Art; in anderen erfährt der Leser, wie ökonomisch sinnlos, wie verschwenderisch, wie absurd die Sklavenarbeit in den Lagern ist: Das wird exakt nachgewiesen; und den zahlreichen absurden Dimensionen wird damit eine weitere hinzugefügt: daß nicht einmal vom ökonomischen Standpunkt dieser gigantische Apparat des Mißtrauens etwas eingebracht hat; und dann schildert der »freundliche und gesellige Fedja«, ein Dieb, seelenruhig einen Fall von Kannibalismus. Daß es trotz der offiziellen Prüderie in den Kriegs- und Nachkriegsjahren in der Sowjetunion, auch in ihren Lagern jede Art von camp-love gegeben hat, Ansätze einer permissive society, ist eine weitere Überraschung, und daß die (wieder eine Überraschung) Räume, die in den Lagern für vierundzwanzigstündige Besuche von Ehegatten zur Verfügung standen, nicht nur *ehelichen* Besuchern dienten, wird offensichtlich. Eine Dimension der verhängnisvollen Entwicklung zur Funktionärsherrschaft wird ebenfalls sichtbar: Daß die Funktionäre es sind, die die Intellektuellen vom Volk trennen; die Sensibilität, mit der sie eben Don Quichote und Sancho Pansa, also Klerus und Volk, zugleich sind, macht sie wahrscheinlich so gefährlich.

Doch Kopelews Bekenntnis hat noch eine Dimension, von der ich nur zögernd spreche, weil ihre Bezeichnung so mißverständlich, eine der mißverständlichsten überhaupt ist: eine religiöse. Nimmt man das Wort Religion beim Schopf, so bedeutet es immer noch Bindung; und in diesem Bekenntnis Kopelews wird eine Bindung an den Menschen, ans Menschliche und auch Allzumenschliche sichtbar – und noch mehr: eine, ich möchte fast sagen, neue Sakramentallehre der elementaren Bindungen des Menschen, die vielleicht nur möglich war nach der Erfahrung des philosophischen Materialismus, der eine Erkenntnis jenes Materials, aus dem das Menschliche besteht, nicht ausschließt. Die »Heiligkeit« einiger Züge an einer Zigarette, die er an sich selbst erfährt, die ihm aber aus dem Mund eines kriegsgefangenen deutschen Hauptmanns zu einer hymnisch intonierten Litanei wird, weil Rauchen für ihn mehr ist als Tabak für den Süchtigen: Es ist Brüderlichkeit, Barmherzigkeit, Liebe in ihrer Verkörperung. Dieser kriegsgefangene deutsche Hauptmann, dem es an nichts gefehlt hat, dessen Leben – nach seinen Kategorien und denen seiner Umwelt – das eines »Glückspilzes« gewesen ist, wird durch ein paar Züge an einer Zigarette fast franziskanisch. Es gibt andere Situationen ähnlich sakramentaler Art, die Verteilung von Brot und Wasser im Gefängnis von Brest etwa, die unter Kopelews Leitung und Aufsicht stattfindet: Er wird zum Priester, fast Hohenpriester des Brotes und des Wassers. Wer je in einem Lager oder in einer Zelle saß, wird sich erinnern, welche von absolutem, fast geheiligtem Vertrauen getragene Bedeutung der Brotverteiler hatte (wer gegen dieses Vertrauen verstößt, begeht wirklich ein Sakrileg). Kopelew wird zum Joseph des Alten Testaments – und vielleicht ist die Qualität des Verteilten in solchen Augenblicken wichtiger als die Quanität: das wäre eine neue Interpretation der wunderbaren Brotvermehrung (weil eben Brüderlichkeit und Barmherzigkeit *mit*gegeben werden, die ja auch den Begriff der Sättigung relativ, zumindest dehnbar machen). In dieser Nacht im Gefängnis von Brest geschieht noch mehr: Es gibt da einige »Augenblicke«, die fast eine halbe Stunde lang dauern, wo Wärter und Gefangene eins werden. »Und in diesem Augenblick wurde sichtbar, daß sie, die Wärter selbst, Bauernsöhne waren, daß sie Ehrfurcht vor dem Brot haben, ja, es verehren, daß sie wissen, was Hunger ist, und sie haben gesehen, was Durst ist.« (Es gibt da ein gewisses Neues Testament, wo gesagt wird, man soll die Hungernden sättigen und den Dürstenden zu trinken geben.) »Brot und Wasser, danach begehrte man jetzt mehr und brauchte sie mehr als ›Schätze‹.« Und es gibt da, in späteren Partien, einen merkwürdigen, bemerkenswerten Gottesdienst völlig unkirchlicher Art, den Tante Dunja und Onkel Ssenja abhalten, wo die Frage, ob einer gläubig *war* oder ist, ob er Atheist war oder *ist,* wo der Übergang von einem ins andere sich in einer neuen, einer brüderlich barmherzigen Menschlichkeit darstellt – und bei diesem Abendmahl ist natürlich der Verräter (der in diesem Fall Stepan heißt) ebenfalls anwesend. Zu dieser neuen Art der Religiosität und der Sakramentalität zählen wohl auch die verschiedenen Formen des »Beilagers«, des legitimen und illegitimen, wie Kopelew eins, das voller Zärtlichkeiten ist, schildert. Aus dem scheinbar so nackten Materialismus wird mehr, weitaus mehr als aus einer abstrakten, total entsinnlichten Sakramentallehre, wenn man Brüderlichkeit und Barmherzigkeit *mit*empfängt, außerhalb der Rechtlichkeit, denn es handelt sich immer um »unrechtmäßige Situationen«. Kopelews Religiosität ist nicht angenommen oder aufgesetzt, sie ist erfahren – nicht wie ein deus ex machina, der alles regelt und auf seiner »Rechtmäßigkeit« besteht. In diese neue Kategorie der Religiosität zähle ich auch die Rebellion der Frauen und einiger Kriegskrüppel auf einer Bahnstation, die *gegen* den Befehl der Wachsoldaten und Funktionäre, diese sogar beschimpfend: »Ihr habt euch vollgefressen, während sie an der Front waren«, an die Häftlinge Lebensmittel verteilen.

Kopelews Bekenntnis gibt Auskunft über viele Unmenschlichkeiten und erbringt dennoch den Nachweis einer tiefen, alten Reserve an Menschlichkeit, die sich gerade an dieser Szene auf dem Bahnhof erweist.

Heinrich Böll

Erläuterungen

1 Antifa-Männer (Antifa = Abkürzung für Antifaschismus). Die Politische Hauptverwaltung der Roten Armee (Glawpur) eröffnete im Früjahr 1943 eine Zentrale Antifa-Schule in Krasnogorsk bei Moskau und eine Front-Antifa-Schule an der Nordwestfront südlich vom Ilmensee. Die Front-Antifa-Schule war der 7. Abteilung der Glawpur unterstellt, die zuständig für Propaganda unter den Truppen des Gegners und unter der Feindbevölkerung war. 1944 wurde die Front-Antifa-Schule geteilt in eine an der Baltischen Front und eine an der 2. Bjelorussischen Front. An anderen Fronten entstanden ähnliche Schulungseinrichtungen, allerdings handelt es sich dort mehr oder weniger um improvisierte Kurse. Geeignet erscheinende Kriegsgefangene und Überläufer wurden als Antifa-Schüler angeworben und zu Propagandisten und Agitatoren ausgebildet, besonders Befähigte wurden nach Schulung in Spezialgruppen im Rücken des Gegners als Aufklärungs- und Spähtrupps eingesetzt. In Ausnahmefällen erhielten die Antifa-Schüler Waffen, beispielsweise kämpfte vor Königsberg eine Kompanie Antifa-Männer mit. In der Regel wurden je 40 bis 50 Mann in einem Lehrgang zusammengefaßt. Die Ausbildung dauerte zwei bis drei Monate, später, mit fortschreitender Offensive, verkürzte sich die Schulung auf vier bis sechs Wochen.
2 Smersch. Militärischer Sicherheits- und Spionageabwehrdienst. Wörtlich: smert' spionam = Tod den Spionen.
3 Balanda. Wäßrige Suppe mit Kohl- und Kartoffel- oder Fischresten.
4 Sergej Netschajew (1847–1882) gehörte zu den Initiatoren der ersten russischen revolutionären Bewegungen.
Narodowolzen: Angehörige der revolutionären Partei »Narodnaja Wolja« (Volkswille bzw. Volksfreiheit), die nach mehreren mißglückten Attentaten den Zaren Alexander II. im März 1881 ermordet hatten.
5 Boris Klimow brachte meinen Angehörigen die erste Nachricht von meiner Verhaftung. Als er im Sommer 1945 auf seinem Weg nach Jugoslawien durch Moskau kam, schickte er meiner Frau die Mitteilung.
1961 besuchte er mich im Moskau. Er hatte einen Lehrstuhl an der Technischen Hochschule in Leipzig. Aus Jugoslawien war er 1948 als sowjetischer Bürger und »Anhänger des Kominform« ausgewiesen worden. Wir haben uns in den darauffolgenden Jahren noch ein paar Mal wiedergesehen, sowohl in Moskau wie in der DDR. Er starb 1965 in Leipzig.
6 Andrej Andrejewitsch Wlassow. Sowjetischer General, geriet im Sommer 1942 in deutsche Gefangenschaft, kollaborierte seit Herbst 1942 mit den Deutschen, wurde Kommandierender der Russischen Befreiungsarmee (RAO), fiel am 12.5.45 in sowjetische Hände, wurde am 2.8.45 mit neun seiner Offiziere gehenkt.
7 Jeshowschtschina. Die Zeit der großen Säuberung 1936–1938. So benannt nach Nikolai Iwanowitsch Jeshow, der vom September 1936 bis Dezember 1938 Volkskommissar des Inneren (NKWD) war.
8 Das Nationalkomitee Freies Deutschland, gegründet am 12./13. Juli 1943, bestand zu einem Drittel aus kommunistischen Emigranten, zu einem Drittel aus kriegsgefangenen Offizieren und zu einem Drittel aus kriegsgefangenen Mannschaften. Erich Weinert, Oberleutnant Heinrich Graf Einsiedel und Major Hetz bildeten das Präsidium.
Das Komitee gab die Zeitung »Freies Deutschland« heraus, die in den Gefangenenlagern verteilt und als Flugblatt über der deutschen Front abgeworfen wurde. Zu jeder sowjetischen Armeegruppe (russisch Front genannt) wurde ein Beauftragter des Nationalkomitees entsandt, um an der Frontpropaganda der 7. Abteilung der Glawpur mitzuwirken.
9 Dmitrij Sacharowitsch Manuilskij (1883–1959) war von 1928–1943 Sekretär der Komintern.
10 Glawpur: Politische Hauptverwaltung der Roten Armee.
11 Das neue Ehegesetz bestimmt unter anderem, daß Mütter unehelich geborener Kinder keinerlei Unterhaltsansprüche an den Kindesvater hatten; der Name des Vaters wurde nicht aktenkundig gemacht, die Kinder als »vaterlos« registriert. Dieses Gesetz blieb bis 1965 in Kraft.
12 »Haidamaken«: Historisches Epos von Taras Schewtschenko (1814–1861).

13 Nestor Machno (1884–1934). Partisanenführer in der Ukraine während des Bürgerkrieges. Er stand anfänglich mit seinen Truppen auf seiten der Bolschewiki, seit 1919 kämpfte er sowohl gegen die Roten wie gegen die Weißen und emigrierte 1921 nach Rumänien.
14 Im Herbst 1956 wurden meine Freunde und ich von der Zentralkontrollkommission des ZK wieder in die Partei aufgenommen. Zu dieser Sitzung war auch General a. D. Okorokow vorgeladen. Er erschien: alt geworden, zerknittert, verwelkt. Bei der Besprechung unserer Fälle kam unter anderem zur Sprache, daß Okorokow 1950 eine strenge Parteirüge erhalten hatte wegen umfangreicher Plünderungen. Er hatte waggonweise kostbare Möbel, Bilder, Museumsstücke aus deutschen Städten, die jetzt zu Polen gehörten, fortbringen lassen.
15 Grunwald: 1944 wurde für besondere Verdienste im Zweiten Weltkrieg die polnische Auszeichnung »Grunwald-Kreuz« gestiftet, in Erinnerung an die »Schlacht bei Grunwald«. Dies ist die polnische Bezeichnung für den polnischen Sieg über den Deutschen Orden bei Tannenberg 1410.
16 Erzählung von Iwan Turgenjew. Enthalten in: »Aufzeichnungen eines Jägers.«
17 In einigen in der DDR erschienenen historischen Arbeiten bezeichnet Major Bernhard Bechler sich als Leiter unserer Gruppe in Graudenz. Bechler war Abteilungschef im Stabe Paulus gewesen, später wurde er Frontbeauftragter des Nationalkomitees Freies Deutschland und nach dem Krieg Generalmajor der Volkspolizei der DDR. Bechler arbeitete in der Tat gut in unserer Gruppe, hatte aber keinerlei Kompetenz, Entscheidungen in eigener Verantwortung zu treffen. Er beobachtete peinlich genau die Subordination, und wenn ich nicht erreichbar war, wandte er sich an Galina. Er tat nichts ohne ausdrückliche Erlaubnis.
Bernhard Bechler: Die Lehren von Graudenz. In: »Zur Geschichte der deutschen antifaschistischen Widerstandsbewegung 1933 bis 1945«, Berlin 1958.
18 Sampolit: politischer Stellvertreter.
19 Bechler erwähnt in seinen Erinnerungen die beiden Männer namentlich: Obergefreiter Erich Konrad aus Bernburg a. d. Saale (geb. 1912) und Obergefreiter Wolfgang Machatzek aus Ahrensburg (geb. 1923).
20 Bechler urteilt in seinem Buch positiver über Findeisen. Offenbar hat er ihn später näher und besser kennengelernt.
21 Felix Edmundowitsch Dzierżiński (1877–1926). Organisator der 1917 gegründeten »Außerordentlichen Kommission zur Unterdrückung der Gegenrevolution« (Tscheka).
22 Sergej Mironowitsch Kirow (1886–1934). Seit 1926 Erster Sekretär des Parteigebietskomitees Leningrad, wurde am 1. 12. 1934 ermordet. Obwohl eine Reihe schwerwiegender Indizien darauf deutet, daß Stalin den Mord veranlaßte, gibt es bisher keinen schlüssigen Beweis dafür. Kirows Tod wurde zum äußeren Anlaß der großen Säuberung, die ihren Höhepunkt 1937/38 erreichte.
Oberst Rossijskij meint den Studenten L. Nikolajew, von dem angenommen wird, er sei als Mörder gedungen worden.
23 Opposition. Es handelt sich um die parteiinternen schweren Meinungsverschiedenheiten der frühen zwanziger Jahre in industrie- und agrarwirtschaftlichen Fragen, ferner um gegensätzliche Auffassungen über innerparteiliche Demokratie, um Stalins Forderung nach »Aufbau des Sozialismus in einem Lande« und Trotzkijs Theorie von der permanenten Revolution. Nach dem XV. Parteitag im Dezember 1927 (Trotzkij war schon am 14. 11. aus der Partei ausgeschlossen worden und nach Alma-Ata in Kasachstan verbannt) setzte Terror gegen die Angehörigen aller oppositionellen Richtungen ein. Am 18.1.1929 wurde Trotzkij ausgewiesen. Die überwiegende Mehrheit der Opposition schwenkte auf Stalins Linie ein.
24 Auf dem XIV. Parteitag im Dezember 1925 konnte Stalin sich mit seinen Anhängern gegen die oppositionellen Parteiführer behaupten. Seine Parole »Sozialismus in einem Lande« wurde akzeptiert.
Der XV. Parteitag im Dezember 1927 bestätigte den Parteiausschluß von Trotzkij und Sinowjew und schloß weitere 75 Mitglieder der Trotzkij-Sinowjew-Fraktion sowie 18 Demokratische Zentralisten aus der Partei aus.
25 Kascha: Grütze aus Hirse oder Buchweizen.
26 Dezist. DZ=Demokratische Zentralisten. Linke Opposition. Besonders rege 1922/23, kleinere Gruppen dieser Richtung hielten sich bis über die Mitte der zwanziger Jahre hinaus.

27 Bohun-Regiment. Nach dem ukrainischen Freiheitshelden Iwan Bohun (gest. 1664) benannt.
Nikolaj Schtschors (1895–1919), ein schon zu Lebzeiten legendärer Roter Heerführer und Bürgerkriegsheld.
28 Smirnow-Formel. Die Wortführer der verschiedenen oppositionellen Richtungen schworen 1929 in öffentlichen, in der Presse publizierten Reuebekenntnissen ihre politischen Irrtümer ab. Ihre Anhänger, soweit sie inhaftiert waren, schlossen sich den Absageformeln der reuigen Führer an. Die zurückhaltendste und würdigste Absage schrieb Smirnow.
29 1937 traf ich einmal mit Emmanuil Kasakjewitsch zusammen. Selbst vor seinen Angehörigen gaben wir nicht zu erkennen, daß wir gemeinsame Erinnerungen hatten. Nur einer der von mir Verschwiegenen, Ilja L., wurde 1937 verhaftet. Jemand, der ihn von 1929 her kannte, hatte ihn denunziert. Auf Bitten seiner Frau schrieb ich an die Staatsanwaltschaft, Ilja habe sich an der Opposition nicht beteiligt, im Gegenteil, gerade seine Argumente hätten mich dazu veranlaßt, mich von der Opposition loszusagen. Ich wurde vor die Staatsanwaltschaft zitiert und befragt. Die Zeit war spannungsgeladen. Ich war schon wieder aus dem Komsomol ausgeschlossen worden. Doch offenbar erhärtete gerade dieser Umstand die Glaubwürdigkeit meiner Aussagen. Ilja kam bei der Teilamnestie 1939 frei. Von da an ließ man ihn in Ruhe. Er wurde ein bedeutender Wissenschaftler, während des Krieges arbeitete er in der Rüstungsindustrie.
30 Libkes: Liquidiation des Analphabetentums.
31 Schwarzhunderter. Erzengel-Michailbund.
Während der Revolution von 1905 waren einige radikal-reaktionäre Organisationen, von Polizei und Regierung subventioniert, entstanden: »Bund des russischen Volkes«, »Erzengel-Michailbund«, »Schwarzhunderter«. Sie machten es sich zur Aufgabe, örtliche oder regionale revolutionäre Regungen niederzuknüppeln, Judenpogrome anzuzetteln, politische Meetings teils mit Waffengewalt zu sprengen. Diese Bünde wurden erst 1917 nach der Februar-Revolution von der Provisorischen Regierung aufgelöst.
32 »Entladung der Gefängnisse«. Nach Jeshows Sturz 1938 wehte unter seinem Nachfolger Lawrentij Berija (1889–1953) für kurze Zeit ein milderer Wind, der eine Teilamnestie mit sich brachte.
33 Wladimir Galaktionowitsch Korolenko (1853–1921) gehört zu den begabtesten realistischen Erzählern seiner Zeit. In seinen späteren Jahren widmete er sich jedoch fast ausschließlich der Aufdeckung und Publikation von Fehlurteilen und Übergriffen der Justiz und der Polizei. Nach 1906 leitete er eine große Kampagne ein gegen die Militärtribunale und gegen die Todesstrafe. Das einzige literarische Werk seiner letzten Schaffensperiode – vielleicht sogar sein bestes – ist die autobiographische »Geschichte meines Zeitgenossen«. Eine deutsche Neuausgabe in der Originalübersetzung von Rosa Luxemburg erschien 1970.
1913 setzte Korolenko sich intensiv für den jüdischen Arbeiter Mendel Bejlis ein, der eines Ritualmordes angeklagt war. Nach 33tägiger Verhandlung sprach ihn das Schwurgericht frei.
34 Andrej Januarewitsch Wyschinskij (1883–1954). Generalstaatsanwalt der UdSSR von 1935–1939; Justizminister von 1939–1949; Außenminister von 1949–1954.
Georgij Wassiljewitsch Tschitscherin (1872–1936). Volkskommissar des Äußeren 1918–1930.
35 Scharaschka. Spezialgefängnis für Wissenschaftler und Ingenieure mit Sonderaufgaben.
36 Das bedeutete, der Fall würde zunächst der Sonderkommission (OSO) beim Innenministerium (MWD) übergeben werden.
37 Bandera-Partisanen (russisch: Bendera). Stepan Bandera (1909–1959) war Führer der ukrainischen Unabhängigkeitsbewegung (OUN). Er wurde 1934 verhaftet, 1936 zu lebenslänglicher Haft verurteilt, kam Anfang des Krieges frei, wurde im September 1941 von der Gestapo verhaftet, kam ins KZ Sachsenhausen, wurde dort Ende 1944 entlassen. Bandera wurde zur Symbolfigur der ukrainischen Nationalisten und der ukrainischen Aufständischen Armee (UPA), obwohl er an militärischen Aktionen nicht beteiligt war. Nach dem Krieg lebte er unter dem Namen Popel in München und wurde 1959 ermordet. Die UPA unter Führung von Roman Schuchewytsch (Deckname Taras Schuprynka) führte ihren Partisanenkrieg in der Ukraine bis in die frühen zwanziger Jahre weiter.
38 Plus drei. Drei Jahre Verlust der bürgerlichen Rechte.

39 Dankschreiben. Erfolgreiche Einheiten erhielten als Auszeichnung gedruckte Dankurkunden, den »Stalinsdank«.
40 Stolypin-Wagen, Pjotr Arkadjewitsch Stolypin (1863–1911), 1905 russischer Innenminister, 1906 russischer Ministerpräsident, 1911 ermordet, ordnete während seiner Amtszeit den Bau verbesserter Eisenbahnwagen für den Gefangenentransport an.
41 Pawel Nikolajewitsch Krasnow (1868–1947). Zaristischer General, lebte nach seiner Emigration in Berlin und stellte sich im Zweiten Weltkrieg der Wehrmacht zum Kampf gegen den Bolschewismus zur Verfügung. Er wurde am 17. 1. 1947 in Moskau gehenkt.
42 Lagerzone, Arbeitszone, verbotene Zone.
Die Lagerzone ist das »Zuhause« der Häftlinge. Hier amtieren unbewaffnete Aufseher und der aus Häftlingen gebildete Lagerselbstschutz. Die Wachsoldaten haben nur den Außendienst als Posten auf den Wachttürmen, als Begleitmannschaften auf Transport oder zur Arbeit; sie werden in der Lagerzone nur eingesetzt, wenn Häftlingsmeutereien »befriedet« werden müssen. Arbeitszone ist der bewachte, häufig auch eingezäunte Arbeitsplatz außerhalb des Lagers, etwa beim Holzschlag, auf Baustellen, in der Landwirtschaft, im Bergbau etc. Verbotene Zone ist der gepflügte und geharkte, mehrere Meter breite Streifen zwischen innerer und äußerer Umzäunung der Lagerzone.
43 Zarin Tamara. Georgische Königin (1184–1213). Unter ihrer Regierung reichte Georgien vom Kaspischen Meer bis Trapezunt und schloß zeitweise auch Erzerum und Kars ein.
44 Semjon Konstantinowitsch Timoschenko (1895–1951). Stellvertretender Volkskommissar für Verteidigung 1940–1945, Marschall der Sowjetunion.
45 Muselmänner: Dystrophiker.
46 Blaue Blusen. Beliebte Agitprop-Laien-Kabarettgruppe der zwanziger Jahre.
47 Schöpfe. Anspielung auf die alte ukrainische Männerhaartracht der Langschopfigen, Mittelschopfigen und Kahlgeschorenen.
48 BUR-Brigaden. Häftlinge, die für eine bestimmte Zeit strafweise zu besonders schwerer Arbeit verurteilt waren, wurden bei verminderter Verpflegungsration in gesonderten Brigaden zusammengefaßt und in Sonderbaracken untergebracht.
49 MWD. 1946 wurden die Volkskommissariate in Ministerien umbenannt. Das NKWD (Volkskommissariat für Inneres) wurde zum MWD (Innenministerium).
50 Lenin-Aufgebot. Nach Lenins Tod (Januar 1924) wurde eine große Werbekampagne für den Parteieintritt veranstaltet. Die Partei erhielt dadurch einen Zuwachs von ca. 200 000 Mitgliedern.
51 Pjotr Fjodorowitsch Kriwonos: Berühmter »Stoß«-Lokomotivführer. Er führte Stachanow-Methoden im sowjetischen Eisenbahnwesen ein.
52 Der sogenannte Bummelanten-Erlaß qualifizierte bereits eine halbe Stunde Verspätung am Arbeitsplatz als kriminelles Delikt. Ein Tag unentschuldigtes Fehlen wurde mit Straflager geahndet.
53 »Richtige« Menschen sind nach Auffassung der »reinblütigen«, ehrlichen Diebe nur Kriminelle, die streng nach den Diebsgesetzen leben. Die Hierarchie vom Standpunkt der »gesetzmäßigen« Diebe aus hat folgende Stufen:
1. Menschen, »echte Blüten«. Zu ihnen gehören auch Jugendliche, die nach den Diebsgesetzen leben.
2. Halbblüten, Stalinsche Diebe und Gesindel: Nichtprofessionelle Diebe. Sie werden von den Reinblütigen verachtet, aber nicht als Feinde betrachtet.
3. Banditen = Raubmörder.
4. Köter. Ehemals echte Blüten, die die Diebsgesetze verletzt haben. Sie werden »beerdigt«, d. h. aus der Diebszunft ausgeschlossen und als Feinde verfolgt.
Der ehrliche, gesetzmäßige Dieb erkennt keinerlei Gesetze und Konventionen der bürgerlichen Gesellschaft an. Um so genauer nimmt er es mit seinem eigenen Kodex. Dazu gehört, daß er keine »nassen Sachen« macht, Mord und Raubmord verabscheut. Zur Waffe darf er nur in Notwehr greifen oder wenn er sich oder einen Kumpan rächen muß. Er muß jederzeit bedingungslos für einen anderen einstehen, auch wenn er sich dadurch selbst gefährdet. Wer geforderte Hilfe nicht leistet, gilt als Gesetzesbrecher. Wer mit der bürgerlichen Ordnung in irgendeiner Weise paktiert oder gar Polizeispitzeldienste tut, ist Verräter und wird »beerdigt«.